Heiner Legewie · Wolfram Ehlers

HANDBUCH MODERNE PSYCHOLOGIE

Mit 235 überwiegend farbigen Abbildungen,
davon 139 Zeichnungen von Armin M. Boerne

Bechtermünz Verlag

Genehmigte Lizenzausgabe
für Weltbild Verlag GmbH, Augsburg 2000

Dieses Buch wurde auf chlor- und säurefreiem Papier gedruckt.
Umbruch: Ventura Publisher im Verlag
Umschlaggestaltung: Atelier Bachmann & Seidel, Reischach
Gesamtherstellung: Druckerei Appl, Wemding
Printed in Germany
ISBN 3-8289-1826-3

Inhalt

Vorwort

Die Psychologie hat in den letzten Jahrzehnten einen Boom wie nie zuvor erlebt. Die Zahl der Psychologen hat sich in diesem Zeitraum fast verzehnfacht. Psychologische Sichtweisen und Argumentationsmuster sind in fast alle Bereiche unserer Gesellschaft eingedrungen: in Erziehung und Ausbildung, Partnerschaft und Familie, Freizeit und Arbeitsleben, Werbung und Verbrechensbekämpfung, ins Gesundheits- und Sozialwesen und in die Politik.

Populärpsychologische Bücher sind »Renner« auf dem Sachbuchmarkt. Vorliegendes Handbuch grenzt sich von diesem Trend zur Populärpsychologie ab. Es wendet sich als *wissenschaftliches Sachbuch* an den anspruchsvollen und kritischen Leser, der mehr wissen will und sich über den neuesten Stand unterschiedlicher Forschungsrichtungen informieren möchte. Darüber hinaus ist es als *Einführung in die wissenschaftliche Psychologie* für Berufsgruppen gedacht, die in Studium und Praxis auf psychologisches Wissen zurückgreifen: Psychologen, Ärzte, Sozialarbeiter, Lehrer und Erzieher, Angehörige von Pflege-, Management- und Beratungsberufen, aber auch Informatiker, Ingenieurwissenschaftler und Betriebswirtschaftler.

Seit seinem ersten Erscheinen vor fast 30 Jahren erlebte das Buch mehrere, jeweils aktualisierte Auflagen und wurde in verschiedene Sprachen übersetzt. 1992 legten wir eine völlig überarbeitete und wesentlich erweiterte Neuausgabe vor. Die erste Fassung haben wir als junge Wissenschaftler geschrieben, die sich selber noch das Rüstzeug der wissenschaftlichen – und das hieß damals der experimentellen – Psychologie erwarben. Wir haben 1972 aber auch aus der Studentenbewegung stammende Forderungen nach einer gesellschaftlich relevanten Psychologie aufgegriffen. Dadurch war das Buch schon damals von einer kritischen Grundhaltung gegenüber den herkömmlichen wissenschaftlichen Ansätzen geprägt und berücksichtigte neben den experimentalpsychologischen Befunden auch deren Anwendung auf die alltägliche Lebenspraxis.

Die Entwicklung der Psychologie und unsere eigenen beruflichen Erfahrungen haben den Ansatz des Buches im Prinzip bestätigt und im Detail erweitert: Das Programm der Psychologie ist seit 1972 vielschichtiger und widerspruchsvoller, aber auch konkreter und anwendungsbezogener geworden.

Die Psychologie ist heute weit davon entfernt, ein einheitliches wissenschaftliches System zu bilden. Sie zerfällt in eine Vielzahl von Richtungen, die einander teilweise befehden und deren Methoden, Konzepte und Ergebnisse sich oft widersprechen. Im wesentlichen stehen sich zwei Richtungen gegenüber: eine auf das Experiment und das Messen bauende naturwissenschaftlich orientierte Psychologie und eine auf Kommunikation setzende verstehende Psychologie. Wir sind der Überzeugung, daß keine dieser beiden Richtungen *allein* dem Gegenstand der Psychologie – dem menschlichen Erleben und Handeln – gerecht werden kann, sondern daß sie sich ergänzen.

Deshalb sind die Unterschiede unserer wissenschaftlichen Positionen für die Neuausgabe so wichtig: Der eine von uns (W. E.) fühlt sich in seiner Forschungstätigkeit der experimentellen Psychologie und ihrer Methodik verpflichtet – in seiner Praxis als Psychoanalytiker baut er dagegen auf das Verstehen. Der andere (H. L.) legt den Schwerpunkt seiner Arbeit auf kommunikationspsychologische Methoden und Konzepte in der gemeindepsychologischen und ökologischen Feldforschung, Gesundheitsförderung und Konfliktberatung. Er ist Mitbegründer der »Neuen Gesellschaft für Psychologie«, die für ein erweitertes Wissenschaftsverständnis im Sinne einer verstehenden Psychologie eintritt. Entsprechend diesen beiden Positionen muten wir dem Leser zu, daß er sich sowohl mit experimentellen Befunden und zentralnervösen Grundlagen menschlichen Verhaltens als auch mit psychoanalytischen, linguistischen und kommunikationspsychologischen Konzepten auseinandersetzt. So entstehen unterschiedliche Facetten und Perspektiven der Psychologie, die nicht immer zu einer einheitlichen Sichtweise führen, die sich aber – wie in einem kubistischen Menschenbild – ergänzen. Nur durch eine solche Vielfalt der Perspektiven läßt sich heute der Anspruch einer »modernen Psychologie« rechtfertigen.

Zur besseren Übersicht seien ein paar Erläuterungen zum Inhalt des Buches angefügt. Das 1. Kapitel (»Psychologie als Wissenschaft«) handelt von den wissenschaftstheoretischen Voraussetzungen der Psychologie und von den theoretischen, methodischen und gesellschaftlichen Kontroversen um die »richtige« Art, Psychologie zu treiben. Es wurde in weiten Teilen neu geschrieben. Das 2. Kapitel (»Physiologische Grundlagen«) bringt einiges über den Bau und die Funktion des Nervensystems, das zum Verständnis der psychologischen Forschungsmethoden und -ergebnisse wichtig ist. (Wer sich zunächst mehr für die konkreten Resultate interessiert, sollte mit der Lektüre des 3. Kapitels beginnen und die ersten Kapitel nach Bedarf später lesen.) Kapitel 3.–7. (»Wahrnehmung«, »Bewußtseinsprozesse«, »Emotionen«, »Motivation«, »Lernen«) enthalten den Stoff üblicher Lehrbücher der Allgemeinen Psychologie, soweit er uns für eine moderne Konzeption der Psychologie von Bedeutung erschien. Kapitel 2.–7. wurden gegenüber der Erstauflage überarbeitet und teilweise erheblich erweitert. Das neu geschriebene 8. Kapitel entfernt sich am weitesten von der experimentalpsychologischen Sichtweise und bietet für sich genommen eine Einführung in die verstehende Psychologie. Das 9. Kapitel (»Psychotherapie und seelische Gesundheit«) wurde wegen der Umwälzungen auf diesem wichtigen Anwendungsgebiet ebenfalls neu geschrieben und berücksichtigt den Diskussionsstand der Gutachten zum Psychotherapeutengesetz (1992) und das Thema Gesundheitsförderung. Das 10. Kapitel wurde neu hinzugefügt. Hier geht es ausblickartig um die Krise der modernen Zivilisation (einschließlich der modernen Psychologie) und um den möglichen Beitrag der Psychologie zur Bewältigung dieser Krise.

Man kann das Buch aber auch anders als kapitelweise lesen. Einzelne Abschnitte sind als Kästen (blauer Untergrund) in den Text eingestreut. Sie enthalten Ergänzungen, Darstellungen von Methoden und Theorien oder interessante Einzelergebnisse. Die Abbildungen haben unterschiedliche Funktionen: Zum Teil bringen sie Erläuterungen zum Text, zum Teil Informationen, die besser visuell als sprachlich vermittelt werden können, oder sie dienen zur Anregung der »assoziativen Phantasie«. Zu manchen Bildern wird man vergeblich nach Hinweisen im Text suchen: Sie machen auf Aspekte aufmerksam, für die sonst kein Platz war. Die Kästen und Abbildungen, aber auch das Sachregister und die Querverweise sollen das »Stöbern« erleichtern, bei dem der Leser sich nicht von einer vorgegebenen Systematik, sondern von seinem Interesse an psychologischen Themen leiten oder von den Bildern ansprechen läßt.

Wir danken allen Mitarbeitern des Droemer Knaur Verlages, die zum Gelingen der 2. Auflage beigetragen haben, für ihre sorgfältige Arbeit, insbesondere Andreas Hagenkord, Ilona Matschiner, Franz Mehling und Peter Sutterlitte. Astrid Birkl hat in hervorragender Weise den bisherigen Stil der Abbildungen in den hinzugefügten Zeichnungen fortsetzen können. Unser Dank gilt weiterhin allen, deren kritische Lektüre des Manuskripts zu Anregungen für die Neuausgabe geführt hat: Andreas Böhm, Hildegund Ehlers, Gitta Mahnke, Thomas Muhr, Barbara Scherier-Legewie.

1. Psychologie als Wissenschaft

1.1 Psychologie des psychologischen Experiments

1.11 Die Geschichte vom »klugen Hans«

Der Göttinger Mathematiklehrer von Osten besaß ein Pferd, das in die Geschichte der Psychologie eingegangen ist: den »klugen Hans« (s. Abb.). Hans konnte durch wiederholtes Stampfen mit dem Vorderhuf zählen, addieren, subtrahieren, multiplizieren und dividieren. Ebenso konnte er lesen, indem er die Stelle eines Buchstabens im Alphabet abzählte. Herr von Osten war selber am meisten über die Fähigkeiten seines »klugen Hans« erstaunt, denn er hatte das Pferd nicht wie im Zirkus auf irgendwelche Tricks dressiert. Der Beweis: Hans konnte seine Lese- und Rechenkünste auch Fremden vorführen, wenn Herr von Osten gar nicht anwesend war.

Schließlich ließ er sein »Wundertier« von zwei Experten untersuchen, den Psychologen O. Pfungst und Carl Stumpf. Als erstes entdeckten die Psychologen, daß der »kluge Hans« nur klug war, wenn er den Fragesteller *sehen* konnte. Auch wenn der Fragesteller die Antwort selber nicht wußte, versagte das Tier. Gaben die Fra-

Aus einem alten Fotoalbum: Der Psychologe O. Pfungst testet den »klugen Hans«.

gesteller dem Pferd vielleicht irgendwelche Zeichen, wann es mit Stampfen beginnen und wann es aufhören mußte, ohne es selber zu bemerken? Pfungst entdeckte, daß eine kleine Neigung des Kopfes genügte, um Hans mit dem Stampfen beginnen zu lassen – ein Heben des Kopfes oder auch nur der Augenbrauen beendete das Stampfen. Die meisten Menschen verhalten sich unwissentlich so, wenn sie eine Frage stellen und auf die Antwort warten. Pfungst übte selber die Beobachtungskunst des »klugen Hans«. Bald konnte er seine Mitmenschen dadurch in Erstaunen versetzen, daß er sie bat, sich Rechenaufgaben auszudenken und auf einem Zettel zu notieren – er präsentierte dann durch wiederholtes »Tippen« mit der Hand die Lösung.

In einem Experiment signalisierten 23 von 25 Fragestellern dem »klugen Pfungst« die richtige Antwort – kein einziger bemerkte, daß er sich dabei durch irgendwelche Zeichen verriet. In seinem Bericht »›Der kluge Hans‹ (Herrn von Ostens Pferd): Ein Beitrag zur experimentellen Tier- und Humanpsychologie« (1907) faßt Pfungst seine Untersuchungen zusammen: »Das Talent des ›klugen Hans‹ blieb so lange verborgen, weil man *beim Pferd suchte, was man beim Menschen hätte finden können.*«

1.12 Der »Rosenthal-Effekt«

Der amerikanische Psychologe Robert Rosenthal nahm Pfungsts anekdotischen Bericht zum Anlaß für systematische Untersuchungen zur *Psychologie des psychologischen Experiments:* Er analysierte, welchen Einfluß der *»Versuchsleiter«* (Vl) in psychologischen Experimenten auf das Verhalten von *»Versuchspersonen«* (Vpn) oder auch Versuchstieren hat.

Für ein Lernexperiment mit Ratten instruierte Rosenthal zwölf Psychologiestudenten als Versuchsleiter. Die Versuchs-

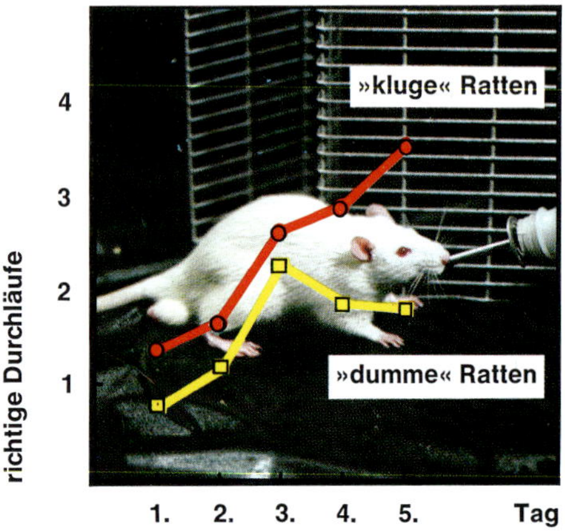

Versuchstiere gehorchen dem *»Rosenthal-Effekt«:* Obwohl die Ratten sich nur im Vorurteil ihrer Versuchsleiter unterschieden, fanden die »klugen« Tiere im Durchschnitt häufiger den richtigen Weg durch das Labyrinth als die »dummen«.

tiere (60 Albino-Ratten) sollten lernen, in einem einfachen »Labyrinth« den richtigen Weg zur Futterstelle zu wählen. Robert Rosenthal erläuterte seinen studentischen Vl, daß die Hälfte der Versuchstiere aufgrund von Zuchtwahl besonders lernfähig, die andere Hälfte besonders »dumm« sei. Die Ratten wurden den Vl streng nach dem Zufall zugeteilt, sechs Vl waren jedoch im Glauben, daß ihre Tiere zum Stamm der »klugen« Ratten gehörten, die anderen sechs, daß sie mit »dummen« Ratten experimentieren würden. Jeder Vl hatte die Aufgabe, mit einer Gruppe von fünf Ratten an fünf Tagen je zehn »Trainingsläufe« im Labyrinth durchzuführen und zu notieren, ob die Tiere den richtigen Ausgang wählten. Die Abbildung oben zeigt die Mittelwerte der Ergebnisse für die Vl mit vermeintlich »klugen« und »dummen« Ratten. Die »klugen« Ratten waren entsprechend den Erwartungen ihrer Vl an jedem Versuchstag den »dummen« Ratten überlegen. Des Rätsels Lösung ist aus einer Befragung der Studenten nach dem Experiment zu erschließen: Die Vl mit vermeintlich »klugen« Ratten beurteilten ihre Versuchstiere wesentlich positiver und behandelten sie dementsprechend liebevoller, als Vl mit vermeintlich »dummen« Ratten dies taten!

Der »Rosenthal-Effekt« – *Beeinflussung des Ergebnisses durch die Erwartungen des Experimentators* – ist bei menschlichen *»Versuchsobjekten«* noch wesentlich wirksamer als im Tierexperiment. Rosenthal testete z. B. zu Beginn eines Schuljahres alle Kinder der 18 Klassen einer Schule. Dann gab er den Lehrern die Namen einzelner Schüler, die dem Testergebnis zufolge eine »ungewöhnlich gute schulische Entwicklung« nehmen sollten (insgesamt 20% der Schüler). Die Namen der »Hochbegabten« waren wiederum streng nach dem Zufallsprinzip ausgewählt. In den höheren Schulklassen hatte die Lehrererwartung nur einen geringen Einfluß auf die Leistung der Schüler, in den unteren Klassen war der Effekt jedoch dramatisch: Am Ende des Schuljahres hatten die vermeintlich »Hochbegabten« nach dem Ergebnis eines Schulleistungstests einen großen Vorsprung gegenüber den anderen Schülern (s. Abb. rechts). Die Tendenz psychologischer Testergebnisse, die Umwelt des Getesteten so zu beeinflussen, daß die »Test-Prophezeiung« auch wirklich eintritt (»sich selbst erfüllende Prophezeiung« = »self-fulfilling prophecy«) ist nur ein Sonderfall des »Rosenthal-Effekts«.

In seinem Buch über »Einflüsse des Versuchsleiters in der Verhaltensforschung« (»Experimenter Effects in Behavioral Research«, 1966) gibt Rosenthal eine Übersicht über weitere mögliche Einflüsse von seiten des Versuchsleiters bei psychologischen Experimenten:

- Schon vor Beginn jeder wissenschaftlichen Untersuchung wirken sich die Interessen, Einstellungen und Erwartungen des Wissenschaftlers auf die *Art der Fragestellung*, die *Formulierung der Hypothesen* sowie die *Auswahl der Methoden und der Versuchspersonen* aus.

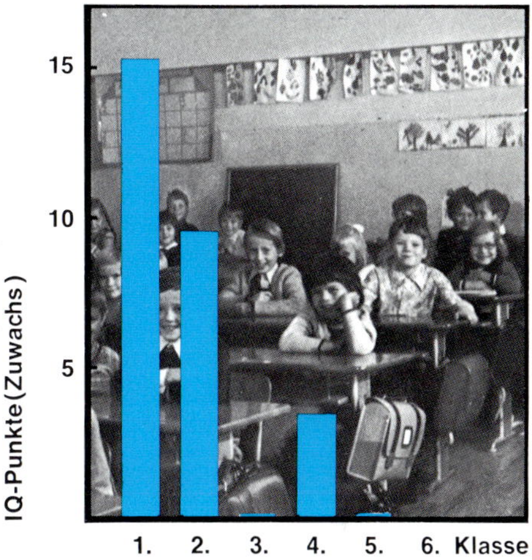

Der *»Rosenthal-Effekt«* in der Schule: Kinder, die der Lehrer fälschlicherweise für besonders intelligent hielt, zeigten am Ende des Schuljahres einen meßbaren Zuwachs des Intelligenz-Quotienten (IQ s. S. 327). Die Säulen geben den durchschnittlichen Zuwachs pro Jahrgang an (6 Jahrgänge in je 3 Parallelklassen). Wie man sieht, wirkt sich die Lehrererwartung bei den Jüngsten am stärksten aus.

- Beim Registrieren und bei der Auswertung experimenteller Ergebnisse schleichen sich häufig Fehler ein. Rosenthal präsentiert zahlreiche Belege dafür, daß diese Fehler – auch bei gewissenhaften und erfahrenen Wissenschaftlern – überwiegend zugunsten der Hypothesen des Untersuchers zu Buche schlagen.
- Eine besondere Komplikation gegenüber den Naturwissenschaften entsteht im psychologischen Experiment durch die Interaktion zwischen Versuchsleiter und Versuchsperson. Beide sind konkrete Menschen mit unterschiedlicher Geschichte und unterschiedlichen Erwartungen und Einstellungen. Im psychologischen Experiment übernehmen sie vorübergehend ein »Rollenspiel« (s. S. 309):

Der Vl spielt die Rolle des »objektiven Wissenschaftlers«, der seine Erwartungen und Hypothesen »methodisch einwandfrei« bestätigen möchte. Die Vp dagegen spielt die Rolle der »blinden Kuh«, sie wird über diese Hypothesen meist absichtlich im unklaren gelassen. Die Vp hat aber gewöhnlich eine Vorstellung davon, was der Vl von ihr erwartet, mag diese Konzeption nun stimmen oder nicht – und der der Vl trägt nach Rosenthals Ergebnissen durch eine Fülle von Informationen unwissentlich dazu bei, daß dieses Bild entsteht.

● Bei der Interpretation und Veröffentlichung der Ergebnisse machen sich schließlich wiederum die Interessen der Wissenschaftler und der wissenschaftlichen Institutionen bemerkbar, z. B. durch Nichtveröffentlichung von Befunden, die den Erwartungen widersprechen oder »unbequem« sind.

● Anders als in der Physik wirkt die Veröffentlichung psychologischer Ergebnisse auf das Verhalten der Menschen zurück (s. die »sich selbst erfüllende Prophezeiung«). Dieser *»geschichtliche* Rosenthal-Effekt« macht deutlich, daß die Psychologie immer auch unter historischem Aspekt gesehen werden muß.

Die Abhängigkeit der gesamten psychologischen Forschung von den Einstellungen und Vorurteilen der daran beteiligten Psychologen hat der Philosoph Bertrand Russell schon 1927 konstatiert: »Die Art und Weise, in der Tiere lernen, wurde in den letzten Jahren oft und mit großer Gewissenhaftigkeit untersucht. Im großen und ganzen kann man sagen, daß alle Tiere, die so sorgfältig beobachtet wurden, sich so verhielten, daß sie die Philosophie bestätigten, an die der Untersucher schon vor Beginn des Experiments glaubte. Noch mehr als das, die Tiere zeigten sogar die Nationalcharaktere ihrer Untersucher: Tiere in amerikanischen Laboratorien sausen erregt umher, mit unglaublichem Wirbel und Schwung, um schließlich die Lösung durch Zufall zu finden. Von deutschen Forschern beobachtete Tiere sitzen still da und denken, bis ihnen schließlich die Lösung aus ihrem inneren Bewußtsein zufällt.« (zit. nach Rosenthal, 1966).

1.2 Systeme der Psychologie

1.21 Entwicklung der Schulen

Um die moderne Psychologie zu verstehen, dürfen wir die Einstellungen und Vorurteile der Forschenden nicht einfach als deren private Neigungen hinnehmen: Der Wissenschaftler entwickelt sein »Weltbild« in einer konkreten geschichtlichen Situation. Wir wollen deshalb kurz auf die frühe Geschichte der Psychologie eingehen (s. Kasten S. 13).

Die moderne Psychologie ist kein einheitliches wissenschaftliches System, wie z. B. die Physik, sondern sie umfaßt verschiedene, z. T. gegensätzliche Forschungsrichtungen. Diese Richtungen haben ihre Wurzeln in der abendländischen Philosophie, aus der sich im vorigen Jahrhundert die Psychologie entwickelte.

Die *Psychologie als selbständiger Wissenschaftszweig* entstand in der 2. Hälfte des vorigen Jahrhunderts. Als »Geburtsjahr« gilt 1879, das Datum der Gründung des ersten experimentalpsychologischen Laboratoriums durch Wilhelm Wundt (1832–1920) in Leipzig. Durch Wundts Veröffentlichungen auf allen Gebieten der Psychologie (ca. 54 000 Seiten!) und durch den Einfluß seines Labors, das bald – besonders für amerikanische Wissenschaftler – zum »Mekka« der Psychologie wurde, entstand die erste »psychologische Schule«, der zu Beginn dieses Jahrhunderts weitere folgten. Hier die wichtigsten dieser Schulen:

● Wundt und seine Nachfolger schufen die *Psychologie der Bewußtseins-Elemente.* Durch die Methode der systematischen Selbstbeobachtung (»wissenschaftliche Introspektion«, s. S. 161) sollten die *einfach-*

Anfänge der experimentellen Psychologie:

ca. 350 v. Chr.	Aristoteles: Erstes »Lehrbuch der Psychologie« (»Über die Seele«).
1823	Der Astronom F. W. Bessel stellt individuelle Unterschiede in der Reaktionszeit bei der Beobachtung von Sterndurchgängen mit dem Fernrohr fest: »Persönliche Gleichung«.
1826	Der Physiologe J. Müller entwickelt die Lehre von den »Spezifischen Sinnesenergien«.
1834	Der Physiologe E. H. Weber zeigt an Untersuchungen des Muskelsinns, daß der »eben merkliche Unterschied« zweier Gewichte proportional zur Größe der Gewichte ist (Webersche Konstante).
1852	Der Physiologe H. von Helmholtz stellt im Anschluß an T. Young (1802) seine Drei-Farben-Theorie des Farbsehens auf (Young-Helmholtz-Theorie).
1860	G. Th. Fechner (»Elemente der Psychophysik«) entwickelt die wichtigsten psychophysischen Methoden (zur Feststellung der erlebten Intensität eines physikalischen Sinnesreizes) und erweitert Webers Befunde zum »Weber-Fechnerschen Gesetz« (logarithmische Beziehung zwischen physikalischem Reiz und erlebter Intensität).
1872	Ch. Darwin (»Der Ausdruck der Emotionen bei Mensch und Tier«) begründet die »Vergleichende Verhaltensforschung« und betont die Kontinuität der Entwicklung vom Tier zum Menschen.
1879	W. Wundt gründet in Leipzig das erste psychologische Laboratorium.
1883	Der Engländer F. Galton (»Untersuchungen über die menschlichen Fähigkeiten und ihre Entwicklung«) führt die Statistik in die Psychologie ein und begründet die empirische Persönlichkeitsforschung aufgrund von Tests und Fragebogen.
1885	H. Ebbinghaus (»Über das Gedächtnis«) entwickelt die wichtigsten Methoden der Gedächtnisforschung und ermittelt aufgrund von Selbstversuchen die »Vergessenskurve«.
1890	Ch. von Ehrenfels (»Über Gestaltqualitäten«) zeigt an Melodien, daß die Wahrnehmung komplexer Muster sich nicht additiv aus den Elementen herleiten läßt.
1895	S. Freud veröffentlicht zusammen mit J. Breuer die erste Fallstudie einer »psychoanalytisch« behandelten Patientin (»Studien über Hysterie«).
1898	E. L. Thorndike publiziert erste Tierexperimente zum Lernen durch »Versuch und Irrtum« in seiner Dissertation über »Tierische Intelligenz: Eine experimentelle Studie der assoziativen Prozesse bei Tieren«.
1900	S. Freud (»Die Traumdeutung«) stellt die Grundzüge der Psychoanalyse anhand der Analyse seiner eigenen Träume dar.
1904	I. P. Pawlow veröffentlicht erste Untersuchungen an Hunden zum »bedingten Reflex« (»Über die psychische Sekretion der Speicheldrüse«).
1904	C. Spearman (»Allgemeine Intelligenz, objektiv bestimmt und gemessen«) leitet aus einer statistischen Analyse von Intelligenzleistungen ab, daß sich jede Leistung aus einem allgemeinen und einem spezifischen Faktor zusammensetzt.
1905	A. Binet erstellt zusammen mit T. Simon in Frankreich die erste Intelligenzskala für Kinder (»Intelligenzalter«).
1911	W. Stern entwickelt das Konzept des Intelligenz-Quotienten (IQ).
1912	M. Wertheimer (»Über das Phi-Phänomen«) begründet mit seiner Untersuchung von Scheinbewegungen die Gestaltpsychologie.
1913	J. B. Watson (»Psychologie aus der Sicht des Behavioristen«) entwickelt programmatisch die methodischen Prinzipien des Behaviorismus.

sten Elemente der *bewußten Erfahrung* isoliert werden. Es wurde erwartet, daß sich komplexere psychische Erscheinungen durch *Assoziationsgesetze* (= Verbindungsgesetze) aus den Elementen ableiten ließen. Die *Psychologie der Bewußtseins-Elemente* ist für die moderne Psychologie nur insofern von Bedeutung, als sie die Gegenbewegungen der nachfolgenden Schulen Behaviorismus und Gestaltpsychologie hervorrief.

- Die von Sigmund Freud (1900) entwickelte *Psychoanalyse* ist zunächst eine Methode zur Behandlung von Neurosen (s. S. 379), zugleich eine in sich geschlossene Theorie des Verhaltens, die besonders die Bedeutung des *Unbewußten* betont. Grundlegend ist die Annahme, daß in der Kindheit verbotene oder bestrafte Wünsche aus dem Bewußtsein ins Unbewußte »verdrängt« werden, sich jedoch auf das Verhalten weiterhin gesetzmäßig auswirken. Die wichtigste Methode der Psychoanalyse ist die »freie Assoziation«, die unter der Leitung des Analytikers zu den Inhalten des Unbewußten führen soll – also eine besondere Form der Introspektion. Die Psychoanalyse hat eine von der experimentellen Psychologie weitgehend unabhängige Entwicklung genommen, übt aber bis heute einen starken Einfluß auf deren Konzepte und Theorien aus (s. S. 138).
- Die *Gestaltpsychologie* entstand aus Wahrnehmungsuntersuchungen (Max Wertheimer, 1912), wonach die *Gestalt* oder *Struktur* psychischer Prozesse besonders bedeutsam ist: »Das Ganze ist mehr als die Summe seiner Teile.« Sie bedient sich der Introspektion durch die *»phänomenologische Methode«* (= unvoreingenommene Beschreibung des Wahrgenommenen und Erlebten). Gestaltpsychologische Ansätze finden sich in der modernen Psychologie in zahlreichen *kognitiven Theorien,* die die *Bedeutung komplexer innerer Konzepte* für alle psychischen Prozesse betonen.
- Der *Behaviorismus* wurde offiziell von John B. Watson (1913) begründet, geht aber auch zurück auf den russischen Physiologen Iwan Pawlow (1904). In seiner ursprünglichen Form lehnt der Behaviorismus alle Begriffe ab, die auf Introspektion beruhen, also auf subjektiven Erfahrungen oder Erlebnissen. Gegenstand der behavioristischen Psychologie sind dagegen ausschließlich objektiv beobachtbare Reizsituationen und motorische oder sekretorische Reaktionen des Organismus (Reiz-Reaktions- oder *S-R-Psychologie,* s. S. 31). Es erwies sich jedoch als notwendig, zur Erklärung komplexer Verhaltensweisen »Innere Prozesse« zu berücksichtigen *(Neobehaviorismus).* In der modernen Psychologie wird teilweise am *methodischen Standpunkt des Behaviorismus* festgehalten, die nicht beobachtbaren Variablen soweit als irgend möglich aus objektiven Bedingungen abzuleiten.
- Als »dritter Weg« neben Psychoanalyse und Behaviorismus hat sich seit Ende der 50er Jahre in den USA die *Humanistische Psychologie* entwickelt (Gründung der »American Association of Humanistic Psychology« 1962 durch Psychologen wie Abraham Maslow, Carl Rogers, Charlotte Bühler, Rollo May). Die Humanistische Psychologie wandte sich in der Zeit des Kalten Krieges unter dem Eindruck von Massenkonsum, Naturzerstörung und atomarer Bedrohung gegen kulturelle und zwischenmenschliche Entfremdung, Sinnverlust und eine entmenschlichte Wissenschaft. Sie vereinigte Einflüsse der europäischen Existenzphilosophie (Kierkegaard, Heidegger, Merleau-Ponty, Sartre) und der fernöstlichen Philosophie (Zen und Taoismus) mit Ansätzen aus Psychoanalyse und Gestaltpsychologie. Ihre Konzepte betonen die Ganzheitlichkeit menschlicher Erfahrung, das Streben nach Selbstverwirklichung und Sinnfindung und die Bedeutung zwischenmenschlicher Erfahrung. Ihr Einfluß auf den Zeitgeist (Wertewandel, Psychoboom) ist ebenso

bedeutsam wie ihre Beiträge zur klinischen Psychologie (Gesprächs- und Gestalttherapie), zur pädagogischen Psychologie (themenzentrierte Interaktion, schülerzentrierter Unterricht, Selbsterfahrungsgruppen in der Erwachsenenbildung) sowie zur Arbeits- und Organisationspsychologie (Organisationsentwicklung, Humanisierung der Arbeit).

● In eine andere Richtung weist die *Kognitive Psychologie,* die etwa zur gleichen Zeit den Behaviorismus als Hauptströmung der wissenschaftlichen Psychologie abzulösen begann. In ihrem programmatischen Buch »Strategien des Handelns. Pläne und Strukturen des Verhaltens« (»Plans and the Structure of Behavior«, 1960, 1973) unterziehen die Amerikaner Miller, Galanter und Pribram aufgrund der Erkenntnisse von Neurophysiologie und von Kybernetik das Reiz-Reaktions-Modell einer radikalen Kritik. Die Kognitive Psychologie erlebte in den 60er und 70er Jahren vor allem im Zusammenhang mit dem Siegeszug des Computers eine große Blüte, in Verbindung mit Neurologie und Informatik wurde sie teilweise zur neuen Leitwissenschaft (Cognitive Science, d.h. »Denk-Wissenschaft«) für das Entwicklungsfeld der Künstlichen Intelligenz (Künstliche und leibhaftige Intelligenz [KI], s. S. 316). Grundlegend für die Kognitive Psychologie ist die Annahme, Denken, Sprechen und das Lösen von Problemen ließen sich als Informationsverarbeitung bzw. Manipulation von Symbolen beschreiben. Ebenso wie die Humanistische ist die Kognitive Psychologie in unsere Alltagssprache und in den Zeitgeist eingegangen, nämlich durch die Computermetaphern für menschliches Denken und Handeln, d.h. die Gleichsetzung von Mensch und Computer. Anwendung findet die Kognitive Psychologie nach wie vor besonders in der KI-Forschung und bei der Untersuchung von Mensch-Maschine-Systemen; darüber hinaus ist sie für einen Großteil der psychologischen Forschung und Lehre von erheblicher Bedeutung.

● Unter dem Eindruck der Studentenbewegung entwickelte der Berliner Psychologe Klaus Holzkamp die bis heute im deutschen Sprachraum einflußreiche *Kritische Psychologie* (z.B. »Kritische Psychologie – Vorbereitende Arbeiten«, 1972; »Grundlegung der Psychologie«, 1983). Anknüpfend an die marxistische Ideologiekritik und die »Kritische Theorie« der Frankfurter Schule (Max Horkheimer, Theodor W. Adorno, Jürgen Habermas u.a.), unterzieht die Kritische Psychologie die Grundbegriffe der traditionellen Psychologie (Variable, Experiment, Reiz, Reaktion, Verhalten, Motivation etc.) einer historisch-kritischen Analyse. Dabei stellt sich heraus, daß die psychologischen Grundbegriffe in ihrer Ungeschichtlichkeit das spezifisch Menschliche, nämlich das handelnde Subjekt als Produkt *und* Produzent seiner materiellen und gesellschaftlichen Lebensbedingungen, systematisch ausblenden. Die Kritische Psychologie bemüht sich demgegenüber um eine »Psychologie vom Standpunkt des Subjekts« und steht somit in der selben Tradition wie die Psychoanalyse und die Humanistische Psychologie. Ihr Einfluß äußert sich weniger in der Anregung neuer praktischer Möglichkeiten als vielmehr im Aufweis der theoretischen Defizite herkömmlicher Ansätze, so besonders in der Kritik des psychologischen Experiments und in der Reflexion des Relevanzproblems in der Psychologie (s. S. 24).

1.22 Wissenschaftliche Paradigmen

Die Vielfalt der Schulen und Richtungen in der Psychologie steht im Widerspruch zum althergebrachten Anspruch der Wissenschaft, der »Erkenntnis der objektiven Wahrheit« zu dienen. Diese Auffassung von Wissenschaft wird vor allem vom *Po-*

sitivismus in seinen verschiedenen Spielarten vertreten. Zunächst wurde angenommen, wenn man nur »die Natur befrage«, ergebe sich aus den Beobachtungsdaten durch Verallgemeinerung und Abstraktion die Wahrheit in Form von Naturgesetzen *(naiver Empirismus).* Doch die Natur kann dem Forscher nicht offenbaren, welche Aspekte beobachtenswert sind – er muß immer schon Fragestellungen, Begriffe und Theorien an sie herantragen, um unter den praktisch unbegrenzten Beobachtungsmöglichkeiten eine Auswahl treffen zu können.

In der modernen Psychologie ist der Einfluß des Positivismus nach wie vor groß. Allerdings handelt es sich dabei um eine modifizierte Form von Positivismus, nämlich um den *Kritischen Rationalismus,* wie ihn der Wissenschaftstheoretiker Sir Karl Popper formuliert hat (»Logik der Forschung«, 1966). Nach Popper muß zwischen der Entstehung und der Überprüfung wissenschaftlicher Theorien unterschieden werden. Die Entstehung wird der Intuition des einzelnen Wissenschaftlers überlassen, während die Überprüfung das eigentliche Thema der Wissenschaft darstellt. Wenn eine Theorie einmal formuliert ist, werden aus ihr empirische Folgerungen oder Hypothesen in Form von Wenn-dann-Sätzen abgeleitet. Diese können dann an Beobachtungsdaten, z. B. im Experiment, überprüft werden. Bei fehlender Übereinstimmung zwischen der Theorie und den Beobachtungsdaten gilt die Theorie als widerlegt und muß durch eine bessere ersetzt werden (Falsifikationsprinzip). Der wissenschaftliche Fortschritt erscheint in Anlehnung an die biologische Evolution als ein ständiger Prozeß von Versuch und Irrtum zur Auswahl immer besserer Theorien.

Diese Auffassung hat der Wissenschaftshistoriker Thomas S. Kuhn in seinem Buch »Die Struktur wissenschaftlicher Revolutionen« (1962/1976) gründlich widerlegt. Kuhns Ausgangspunkt ist eine historische Untersuchung der Physik und der Chemie. Dabei stieß er auf die zentrale Bedeutung wissenschaftlicher *Paradigmen* (»Muster«) für die gesamte Organisation der Forschung. Der Begriff Paradigma wird häufig als Synonym für wissenschaftliches Modell verwendet – z. B. für das psychoanalytische Modell oder das behavioristische Modell.

Ein Paradigma umfaßt weit mehr als eine Theorie, die durch Beobachtungsdaten widerlegt werden könnte; es handelt sich vielmehr um ein Netz von Überzeugungen und selbstverständlichen Denkweisen der Wissenschaftler eines Faches, um deren gemeinsame »Weltsicht«. Das Paradigma bestimmt die Art der Problemlösung und wirkt sich auf den gesamten Wissenschaftsbetrieb aus, von der Auswahl der für »wissenschaftlich« gehaltenen Fragestellungen über die zugelassenen Methoden bis zu den aufgestellten Theorien.

Der wissenschaftliche Fortschritt verläuft nach Kuhn – zumindest gilt dies für die Naturwissenschaften – in drei Phasen:

- In Phasen der *normalen Wissenschaft* bestehen die Tätigkeit des Wissenschaftlers und der Fortschritt im »Lösen von Rätseln« im Rahmen des allgemein verbindlichen Paradigmas. (Das kommt der Auffassung Poppers nahe.)
- In Phasen der *Paradigmakrise* ergeben sich mehr und mehr für das bewährte Paradigma »unlösbare Rätsel«. Dies führt dazu, daß das Selbstverständnis der wissenschaftlichen Gemeinschaft in Frage gestellt wird, die allgemeinen Grundlagen werden in Zweifel gezogen, und es treten widersprüchliche Konzepte als Anwärter auf ein neues Paradigma auf.
- Die Paradigmakrise wird durch eine *wissenschaftliche Revolution* beendet, wenn sich die wissenschaftliche Gemeinschaft einem neuen Paradigma zuwendet, das die Rätsel besser zu lösen verspricht. Das neue Paradigma führt zur Umstrukturierung der gesamten wissenschaftlichen

Fragestellungen, Methoden und Theorien und zur Neufassung der Lehrbücher.

Entscheidend für die wissenschaftstheoretische Diskussion ist die Erkenntnis, daß ein Paradigma nicht allein logisch zu begründen ist, sondern durch die historisch entstandene wissenschaftliche Gemeinschaft konstituiert wird.

Für die Wissenschaftstheorie stellt Kuhns Arbeit ihrerseits eine wissenschaftliche Revolution dar: Die Wahrheit einer Theorie hängt nicht in erster Linie von der Übereinstimmung mit der Wirklichkeit ab (Abbildtheorie der Wahrheit), sondern vom Konsens der Fachleute (Konsenstheorie der Wahrheit). Anders ausgedrückt: Die wissenschaftliche Erkenntnis wird von der Gemeinschaft der Wissenschaftler durch ihre Problemwahrnehmung, ihre Begriffe und Methoden buchstäblich konstruiert. Dies entspricht der wissenschaftstheoretischen Position des *Konstruktivismus.*

Kuhn fand, daß nur im Frühstadium einer Wissenschaft mehrere Paradigmen nebeneinander bestehen. Erst wenn die Wissenschaft einen gewissen Reifegrad erreicht, setzt sich ein Paradigma durch. Bei der Übertragung von Kuhns wissenschaftshistorischen Ergebnissen auf die Psychologie muß geprüft werden, ob sich die moderne Psychologie überhaupt schon zu einer »normalen Wissenschaft« entwickelt hat. Die Tatsache der ständig neuen Schulenbildung scheint eher für ein Verharren im vorwissenschaftlichen Stadium zu sprechen.

1.23 Weltbild und Wissenschaftsverständnis

Die Ansicht, daß sich die Psychologie noch im vorwissenschaftlichen Stadium befinde, wird oft mit der Forderung nach »mehr Wissenschaftlichkeit« verbunden. Dabei bleibt allerdings unklar, was mit Wissenschaftlichkeit gemeint ist. Der Sprachphilosoph Ludwig Wittgenstein schreibt in seinen »Philosophischen Untersuchungen« (1960): »Die Verwirrung und Öde der Psychologie ist nicht damit zu erklären, daß sie eine ›junge Wissenschaft‹ sei; ihr Zustand ist mit dem der Physik z. B. in ihrer Frühzeit nicht zu vergleichen ... Es bestehen nämlich, in der Psychologie, experimentelle Methoden *und Begriffsverwirrung* ... Das Bestehen der experimentellen Methode läßt uns glauben, wir hätten die Mittel, die Probleme, die uns beunruhigen, loszuwerden; obgleich Probleme und Methode windschief aneinander vorbeilaufen.«

Die von Wittgenstein diagnostizierte Begriffsverwirrung bezieht sich nicht zuletzt auf grundlegende Fragen des Wissenschaftsverständnisses der Psychologie. Diese Fragen werden gewöhnlich aus der Wissenschaft ausgeklammert. Jede Schule, jede Richtung setzt stillschweigend ihre Sicht als selbstverständlich voraus. Wilhelm *Wundt,* der Gründungsvater der modernen Psychologie, ging noch von einer Zweiteilung des Faches in eine naturwissenschaftlich orientierte physiologische Psychologie und eine sprach- oder geisteswissenschaftlich orientierte Völkerpsychologie aus. Durch den Einfluß des Behaviorismus und die Entwicklung einer quantitativ-statistisch orientierten Persönlichkeitspsychologie wurde die positivistische Wissenschaftsauffassung auf die gesamte Psychologie übertragen. Ein früher Kritiker dieser Entwicklung war der Philosoph Wilhelm *Dilthey,* der 1894 in einem einflußreichen Aufsatz mit dem Titel »Ideen über eine beschreibende und zergliedernde Psychologie« die Formel prägte: »Die Natur erklären wir, das Seelenleben verstehen wir.« Nach dieser Auffassung unterscheiden sich Natur- und Geisteswissenschaften grundsätzlich durch ihre differierenden Erkenntnisweisen, wobei die Psychologie zu den Geisteswissenschaften gerechnet wird. Wissenschaftstheoretisch ist der Gegensatz von

Cartesianisches Wissenschaftsverständnis	**Hermeneutisches Wissenschaftsverständnis**
● Erkenntnis raum- und zeitlos	● Historisch-kulturelle Bedingtheit von Erkenntnisobjekt und -subjekt
● Strikte Trennung zwischen erkennendem Subjekt (»denkende Substanz«) und Erkenntnisobjekt (»ausgedehnte Substanz«)	● Wissenschaftler als Teil des Erkenntnisprozesses (»Selbstaufklärung« durch »Gegenstandsaufklärung«)
● Zerlegung des Erkenntnisobjekts in meßbare »Variablen«	● Verstehen von Sinnzusammenhängen als methodisches Grundprinzip
● Ableitung des Zusammenwirkens der Variablen aus allgemeinen Gesetzen	● Theoriebildung als »Textinterpretation« (hermeneutischer Zirkel!)
● Maschinenmodell (heute: Computermodell) des Menschen	● Handlungsmodell des Menschen
● Ziel: Vorhersagbarkeit/Beherrschbarkeit des Erkenntnisobjekts	● Ziel: Verstehen von Zusammenhängen als Grundlage von Veränderungen

Erklären und Verstehen heute nicht mehr aktuell. Es hat sich nämlich herausgestellt, daß auch die exakten Naturwissenschaften bei ihren Erklärungen auf interpretierendes Verstehen zurückgreifen müssen. Der Paradigmenstreit betrifft nicht mehr die Grenze zwischen Natur- und Geisteswissenschaften: In die Krise geraten ist vielmehr das in der abendländischen Zivilisation vorherrschende Weltbild und Wissenschaftsverständnis. Dabei stehen sich das nach objektiven Gesetzmäßigkeiten strebende cartesianische Wissenschaftsverständnis und das geschichtlich-kulturelle Zusammenhänge betonende hermeneutische Wissenschaftsverständnis gegenüber (s. Kasten).

Das *cartesianische Wissenschaftsverständnis* steht in der philosophischen Tradition des bis Platon zurückreichenden *Rationalismus* (ratio = Vernunft). Seine prägnanteste Fassung stammt von dem französischen Philosophen René Descartes. Descartes ging von einer strikten Trennung zwischen dem erkennenden Subjekt (dem Wissenschaftler) und seinem Erkenntnisobjekt aus. Durch Zerlegung des Erkenntnisobjektes in meßbare Elemente und durch Ableitung des Zusammenwirkens der Elemente aus allgemeinen mathematischen Gesetzen sollten Natur und Mensch wie eine perfekte Maschine in ihrem Verhalten berechenbar und vorhersagbar werden. Diese Prinzipien sind bis heute trotz aller Kritik nicht nur die Grundlage von Naturwissenschaft und Technik, sondern sie haben sich auch die Sozialwissenschaften und die Psychologie erobert und in Planung, Bürokratie und Verwaltung als äußerst erfolgreich erwiesen. Seine Anziehungskraft und seine Erfolge verdankt das cartesianische Weltbild dem Anspruch, die Zukunft berechenbar und damit beherrschbar zu machen. Die Tatsache, daß weder die Natur noch der Mensch wie ein Uhrwerk funktionieren – wie Descartes sich das vorstellte –, wird im modernen Rationalismus durch Einführung der Wahrscheinlichkeitsrechnung und den Computer als neues Maschinenmodell berücksichtigt. Das cartesianische Weltbild hat im Verein mit dem biblischen Auftrag »Macht euch die Erde untertan« den weltweiten Siegeszug der abendländischen Zivilisation mitbegründet. Heute stößt dieses Weltbild an seine Grenzen, die am deutlichsten in der globalen ökologischen Krise sichtbar werden.

Das *hermeneutische Wissenschaftsverständnis* (von *hermeneuein* = interpretieren) basiert auf der viel weiter in die Menschheitsgeschichte zurückreichenden Tradition des Naturverstehens durch »Zeichendeutung«, wie sie z.B. Jäger und Medizinmänner praktiziert haben. Die Natur ist nach dieser Auffassung ein Buch, dessen Wörter und Sätze der Kundige auf der Grundlage seines Erfahrungswissens lesen und auslegen kann (s.S.287). Die Bedeutung eines Zeichens erschließt sich nicht aufgrund von mathematischen Gesetzen, sondern durch den Zusammenhang, in dem es steht. In der philosophischen Hermeneutik wurde diese Erkenntnisweise insbesondere am Beispiel der *Interpretation sprachlicher Texte* (Bibeltexte, Gesetzestexte, literarische Texte) untersucht. Das Verstehen und die Interpretation eines Wortes oder Satzes sind immer nur mittels des Gesamtzusammenhangs möglich, gleichzeitig setzt sich eben dieser Gesamtzusammenhang aus einzelnen Wörtern und Sätzen zusammen. Die Interpretation macht dementsprechend eine Kreisbewegung vom Detail zum Ganzen und wieder zurück zum Detail erforderlich (*hermeneutischer Zirkel;* s. Abb. unten). Die gleiche Kreisbewegung findet auch zwischen Erkenntnisobjekt und Erkenntnissubjekt statt.

Der Philosoph Hans-Georg Gadamer hebt in seinem Buch »Wahrheit und Methode« (1960) die geschichtliche Bedingtheit jeder Interpretation hervor. Um seine Welt zu begreifen, ist der Mensch fortwährend in Interpretationstätigkeiten verwikkelt. Jede Interpretation baut auf geschichtlich gewordenen »Vorurteilen« auf, die sich z.B. in der Sprache und in geschichtlich-kulturellen *Deutungsmustern* für unsere Weltsicht niederschlagen. Gadamer schreibt dazu: »Lange bevor wir uns in der Rückbesinnung selber verstehen, verstehen wir uns auf selbstverständliche Weise in Familie, Gesellschaft und Staat, in denen wir leben. Der Fokus der Subjektivität ist ein Zerrspiegel. Die Selbstbestimmung des Individuums ist nur ein Flackern im geschlossenen Stromkreis des geschichtlichen Lebens. *Darum sind die Vorurteile des einzelnen weit mehr als*

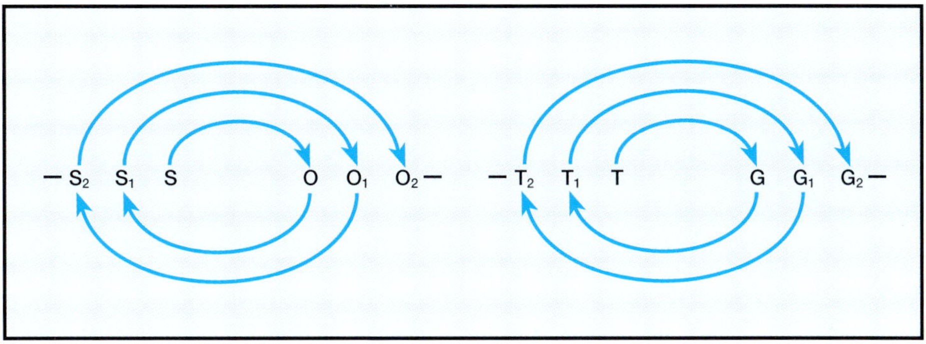

Hermeneutischer Zirkel (nach Danner 1979).
links: Subjekt-Objekt-Beziehung;
S_1, S_2 = um Verständnis bereichertes Subjekt (S),
O_1, O_2 = besser verstandenes Objekt (O)
rechts: Teil-Ganzes-Beziehung;
T_1, T_2 = um Verständnis bereicherter Teil (T),
G_1, G_2 = um Verständnis bereichertes Ganzes (G).

seine Urteile die geschichtliche Wirklichkeit seines Seins.« Gadamer formuliert hier nur scheinbar eine Absage an die Möglichkeit der Erkenntnis, denn er wendet den Begriff des Vorurteils ins Positive. Durch Aufklärung über die eigenen Vorurteile bzw. das eigene Vorverständnis können wir im hermeneutischen Zirkel die Grenzen unserer Erkenntnis im Austausch mit dem Erkenntnisgegenstand schrittweise erweitern – ohne daß allerdings jemals eine geschichtslose »objektive« Erkenntnis erreichbar wäre.

Gadamer hat seine hermeneutische Erkenntnistheorie zunächst nur auf die Geisteswissenschaften bezogen. Doch inzwischen haben ähnliche Überlegungen auch für die exakten Naturwissenschaften Bedeutung erlangt. So weist etwa der Philosoph Gernot Böhme in seinem Buch »Alternativen der Wissenschaft« (1980) darauf hin, daß die geschichtliche Entwicklung zu Beginn der Neuzeit zu einer »menschenfreien« Natur als Gegenstand der Naturwissenschaft geführt hat. Ausgeklammert blieb dabei, daß der Mensch durch Wissenschaft und Technik die ihn umgebende Natur immer mehr verändert, daß also (mit Ausnahme von Astronomie und Mikrophysik) kaum noch eine menschenfreie Natur existiert. Böhme sieht deshalb die Notwendigkeit, zu einer *sozialen Naturwissenschaft* überzugehen, deren Gegenstand nicht mehr die menschenfreie Natur, sondern der »Stoffwechsel zwischen Mensch und Natur« ist. Angesichts der für unsere Lebensgrundlagen äußerst bedrohlichen Entwicklung des Stoffwechsels zwischen Mensch und Natur kann die soziale Naturwissenschaft nicht wertfrei sein, sondern sie muß vielmehr »Kriterien entwickeln, inwieweit menschliche Eingriffe mit außermenschlichen Regelzyklen harmonisieren bzw. wo Raubbau und Destruktion ökologischer Teilsysteme einsetzt«.

Als Vorbild für die notwendige normative (= an Werten orientierte) Ausrichtung der sozialen Naturwissenschaft kann die Medizin dienen, die neben der bloßen Beschreibung von Stoffwechselprozessen normative Kriterien für die Unterscheidung von Krankheit und Gesundheit und Strategien zum Erhalt bzw. zur Wiederherstellung von Gesundheit entwickelt hat. Während es aber in der Medizin um den Stoffwechsel einzelner Menschen mit der sie umgebenden Natur geht, müßte sich der »Gesundheitsbegriff« der sozialen Naturwissenschaft auf einen wünschenswerten Gesamtstoffwechsel zwischen Natur und Gesellschaft beziehen. Die von Böhme konzipierte soziale Naturwissenschaft verträgt sich insofern mit dem hermeneutischen Wissenschaftsverständnis, als in ihr eine geschichtliche Naturbetrachtung angelegt ist und die cartesianische Trennung von Subjekt und Objekt aufgehoben wird. Die bisherigen Naturwissenschaften werden damit aber keineswegs überflüssig, sondern sie sind in diesem Wissenschaftsverständnis ebenso wie die bisherigen Sozialwissenschaften »aufgehoben«. Ihre Erkenntnisse und Methoden bleiben weiterhin gültig, werden aber in einen größeren Zusammenhang gestellt.

Für die moderne Psychologie machen diese Überlegungen deutlich, daß die alten Denkmuster mit ihrer Gegenüberstellung von Natur- und Geisteswissenschaften mehr und mehr ihre Gültigkeit verlieren. Nicht im Sinne einer »Einheitswissenschaft«, wie sie der Positivismus angestrebt hat, sondern im Sinne einer Wissenschaftsauffassung, der zufolge statt eines beherrschenden Paradigmas *unterschiedliche Perspektiven auf den Gegenstand der Psychologie* einander ergänzen müssen. Hier hilft uns die hermeneutische Sicht, die historische Bedingtheit jeder dieser Perspektiven im Blick zu behalten – einschließlich der zunächst so überaus erfolgreichen und heute zunehmend destruktiven cartesianischen Perspektive.

1.24 Systemtheorien als neue Denkansätze

Das intuitive Wissen, daß »das Ganze mehr als die Summe seiner Teile ist« (s. Gestaltpsychologie, S. 84), hat durch die Entwicklung von *Kybernetik* (= Steuerungslehre) und Systemtheorie zu neuen Denkansätzen in der Physik, der Biologie und den Sozialwissenschaften geführt. Ein System ist definitionsgemäß »eine Menge von Elementen zusammen mit den Beziehungen zwischen den Elementen und ihren Eigenschaften«. Die Systemtheorie liefert wissenschaftliche Modelle für so verschiedenartige Phänomene wie chemische Reaktionen, Zellstrukturen, Nervennetze, Bewußtseinsprozesse, zwischenmenschliche Kommunikation in Familien, Arbeitsgruppen, Wirtschaft und Gesellschaft. In der Psychologie sind Menschen unter sehr unterschiedlichen Systemaspekten betrachtet worden, z. B. als Träger von Eigenschaften, als Organismen, als Rollenträger. Verwirrung entsteht immer dann, wenn die *Verschachtelung* differierender Systeme nicht beachtet wird. Hier bietet die von Kenneth Boulding in einem Artikel über »Allgemeine Systemtheorie als Grundgerüst der Wissenschaft« (1956) beschriebene Hierarchie (= Rangordnung) von Systemen eine Orientierung. Jedes ranghöhere System baut auf allen vorausgehenden auf, enthält aber zugleich qualitativ neue Ordnungsprinzipien:

- Statische Systeme (»frameworks«). Sie sind durch feststehende Eigenschaften und Beziehungen der Elemente beschreibbar. Beispiele: System der Pflanzen; testpsychologische Eigenschaftsdiagnostik (s. S. 324).
- Mechanische Systeme sind »Uhrwerksysteme« mit fest programmierten Ursache-Wirkungs-Beziehungen. Beispiel: Reiz-Reaktions-Modell des Organismus (s. S. 31).
- Einfache dynamische Systeme sind Regelkreis-Systeme (»Thermostaten«), kybernetische Systeme, die bei Störungen von außen durch Rückkoppelung (Feedback) einen Soll-Zustand beibehalten können. Beispiele: Heizungssystem mit Thermostat, einfaches biologisches Motivationsmodell (s. S. 207).
- Offene Systeme (»Zellen«). Charakterisiert durch Selbstorganisation und Aufrechterhaltung innerer Ordnungsstrukturen durch den Austausch mit der System-Umwelt (Stoffwechsel und Informationsaustausch). Alle lebenden Systeme sind offene Systeme, d. h. ohne ihre Umwelt nicht sinnvoll beschreibbar. Beispiele: Zellen in Nährlösung, im Organismus; Individuen in ihrer Bezugsgruppe, Familien oder Gruppen im Gemeinwesen.
- Organismische Systeme (»Pflanzen«). Nach einem genetisch festgelegten Bauplan entsteht aus einer einzigen Zelle ein neuer Organismus mit spezialisierten Zellen, die wechselseitig voneinander abhängig sind (Prinzip der Arbeitsteilung). Beispiel: Freuds »psychischer Apparat« (s. S. 133).
- Wahrnehmende Systeme (»Tiere«). Durch die Sinnesorgane und das Zentralnervensystem wird innerhalb des Systems ein Abbild oder Modell der Umwelt erzeugt, das zu zielgerichtetem Verhalten befähigt. Beispiel: Wahrnehmungssystem des Menschen (s. S. 103).
- Systeme mit reflexivem Bewußtsein. Durch die Symbolfunktion der menschlichen Sprache (s. S. 287) wird die »Wahrnehmung der eigenen Wahrnehmung« (Bewußtsein) und damit eine weitreichende bewußte Planung des Verhaltens ermöglicht. Beispiel: der Mensch als »Individuum« in der Psychologie.
- Soziale Systeme. Die Übernahme der gesellschaftlich definierten »Rollen« geschieht im Sozialisationsprozeß (s. S. 270) durch die Vermittlung sprachlicher Symbole. Danach existiert das Individuum nicht unabhängig von der Gesellschaft – sein sprachlich vermitteltes Bewußtsein ist

immer ein »Spiegel der gesellschaftlichen Organisation«. Die gesellschaftliche Organisation ist aber ihrerseits vom Menschen selber geschaffen und wird von ihm ständig verändert, d. h., sie unterliegt einer historischen Entwicklung. Beispiele: der Mensch als Sozialwesen in Psychologie, Soziologie und Geschichtswissenschaft.

Diese Einteilung der Systeme macht die Unzulänglichkeit der »Sprache« der Psychologie deutlich: Die meisten theoretischen Ansätze erfassen statische, dynamische oder höchstens kybernetische Systemaspekte – die Beschreibung des konkreten menschlichen Verhaltens jedoch würde die Einbeziehung von Aspekten aller acht Stufen erfordern. Die Vereinfachung kann zwar Einzelerkenntnisse über Gesetzmäßigkeiten niederer Systeme liefern, diese Gesetzmäßigkeiten sind aber häufig für das menschliche Sozialverhalten unwesentlich.

Neuere Entwicklungen der Systemtheorie beziehen sich insbesondere auf die Entstehung von Ordnungsstrukturen (Chaostheorie) und auf selbstorganisierte und selbstreflexive Systeme. Diese Ansätze liefern mathematische Modelle zur Beschreibung komplexer nichtlinearer Strukturveränderungen.

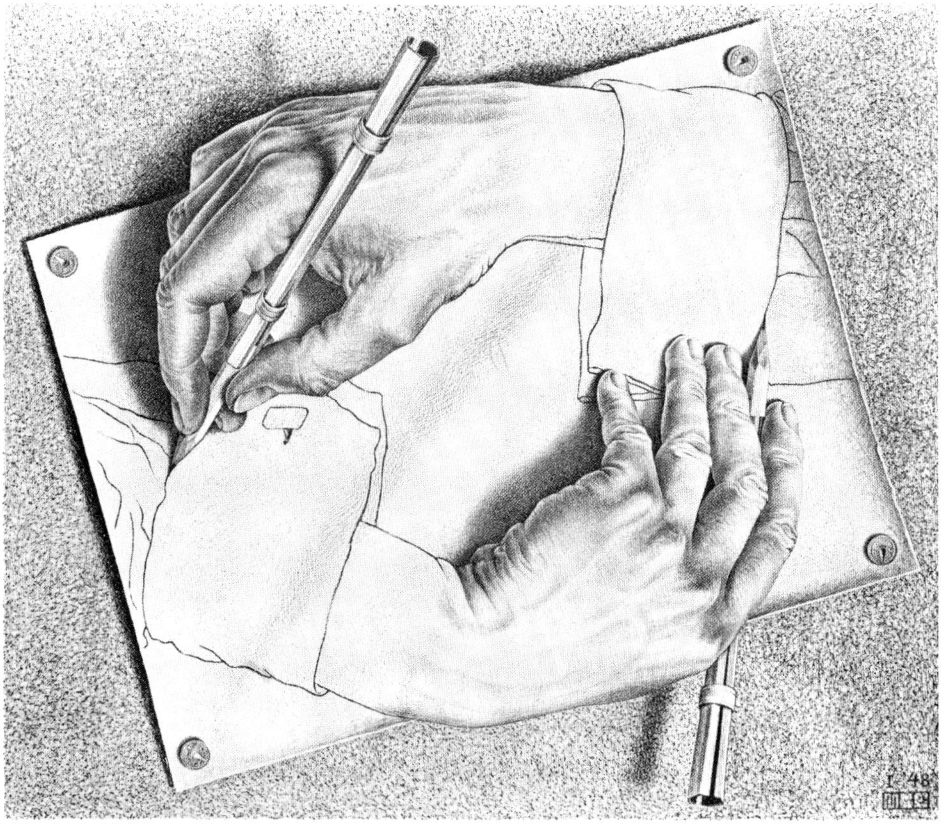

»Zeichnen« – Selbstorganisation in einer Graphik von M. C. Escher. © M. C. Escher/Cordon Art, Baarn,Holland.

Der theoretische Physiker Hermann Haken (1990) entwickelte die *Synergetik* (Lehre vom Zusammenwirken), mit deren Hilfe qualitative Systemveränderungen von mikroskopischen bis hin zu makroskopischen Strukturen beschreibbar sind. Anwendungsbeispiele waren anfangs die Laserphysik oder die Zustandsänderungen in sich erhitzenden oder abkühlenden Flüssigkeiten. Später konnte Haken die synergetische Beschreibung auf biologische Systeme (z.B. Gestaltwandel beim Wachstum) und auf Wahrnehmungsphänomene (z.B. Kippfiguren, s. S.88) übertragen. In der Ökonomie wurden das Wachstum der Städte und der Einfluß technischer Neuerungen auf den Produktionsprozeß vorhersagbar. Diese Anwendung auf ganz unterschiedlich komplexe Systeme ist aber nur überprüfbar, wenn biologische, psychologische oder gesellschaftliche Phänomene vorliegen, deren Struktur und Dynamik *meßbare Wirkungen* erzeugen.

Die Biologen Humberto Maturana und Francisco Varela stellen den Begriff der *Autopoiese* (= Selbsterzeugung, Selbstorganisation) in den Mittelpunkt ihrer Betrachtung lebender Systeme und formulieren eine »biologische Erkenntnistheorie« (»Der Baum der Erkenntnis«, 1987). Die Selbstorganisation eines Systems – ein synergetischer Vorgang – führt zur *Abgrenzung einer Struktur* von der Umwelt, wobei der Unterschied zwischen System und Umwelt zum Wesen des Lebensprozesses gehört. Sterben bedeutet Auflösung der System-Umwelt-Grenze und Zerfall des Systems in seine Bestandteile. Lebewesen »erkennen« ihre Umwelt entsprechend ihrer eigenen Struktur, sie filtern sich aufgrund »struktureller Koppelung« diejenigen Informationen aus der Umwelt heraus, die zu ihrer inneren Struktur passen und die Aufrechterhaltung der Selbstorganisation ermöglichen. Das Lebewesen schafft also kein »Abbild« der Umwelt, sondern es schafft sich *gleichzeitig* die innere Struktur und die dazu passende Umwelt. Nach dieser Erkenntnistheorie gibt es keine objektive Außenwelt, die unsere Wahrnehmung »abbilden« würde, sondern wir »konstruieren« zusammen mit unserer inneren Struktur auch unsere Umwelt *(»radikaler Konstruktivismus«)*.

Der Soziologe Niklas Luhmann überträgt diese Überlegungen auf die Gesellschaftsebene (»Soziale Systeme«, 1984). Luhmann unterscheidet drei Systemklassen, die füreinander Umwelten bilden: ein biologisches, ein psychisches und ein soziales System. Allerdings bleibt bei ihm im Gegensatz zu Maturana und Varela nicht nur die Möglichkeit objektiver Erkenntnis, sondern auch das handelnde Subjekt auf der Strecke.

Innerhalb der Psychologie sind die Systemtheorie und ihre erkenntnistheoretische Wende besonders von der *systemischen Familientherapie* (s.S.366) aufgegriffen worden: Die Familie wird nicht nur als ein Interaktionssystem betrachtet, sondern auch als System, das seine eigene Umwelt konstruiert. – Kritisch sei allerdings angemerkt, daß die Bemühung systemtheoretischer Konzepte in der Psychologie nicht in jedem Fall einen Erkenntnisfortschritt liefert. Ihre bloße Verwendung ergibt noch keine wissenschaftliche Erklärung, bisweilen werden lediglich die Einsichten des gesunden Menschenverstandes im Gewand einer pseudowissenschaftlichen Sprache dargeboten.

1.25 Menschenbilder in der Psychologie

Die Frage »Was ist der Mensch?« ist so alt wie die Geschichte der Menschheit. Religion, Philosophie und Politik haben dazu immer wieder neue Antworten formuliert. Das Menschenbild der Psychologie steht in engem Zusammenhang mit dem Wissenschaftsverständnis: Der Mensch als

Maschine entspricht dem cartesianischen Rationalismus, der Mensch als historisches Handlungssubjekt dem hermeneutischen Wissenschaftsverständnis.

Das mechanistisch-rationalistische Menschenbild hat sich gemäß dem technischen Fortschritt gewandelt vom Modell eines Uhrwerks bei Descartes zum Computer-Modell einer informationsverarbeitenden Maschine.

Folgenreich für die Psychologie war besonders die mechanistische Auffassung des Organismus, die im 19. Jahrhundert von der Darwinschen Evolutionslehre und der Physiologie entwickelt wurde und bis heute in Teilen der Neurophysiologie, Kybernetik und Systemtheorie ihre Fortsetzung findet. Das mechanistische *Organismusmodell* bietet den – zweifelhaften – Vorteil, den Menschen aus einer objektivierenden Beobachterperspektive erforschen zu können, wobei sich Funktionen und Variablen des menschlichen Verhaltens abgrenzen und mit naturwissenschaftlich-experimentellen Methoden untersuchen lassen. Gegen das Organismusmodell wird aus philosophischer und sozialwissenschaftlicher Sicht das *Handlungsmodell* des Menschen gesetzt: Der Mensch ist sich durch Sprache und Geist seiner selbst als handelndes Subjekt bewußt. Die Reduktion auf einen objektiv beobachtbaren Organismus wird dieser entscheidenden Besonderheit menschlichen Handelns nicht gerecht. Handlungen sind definitionsgemäß absichtsvolle menschliche Tätigkeiten, die in einem Sinnzusammenhang stehen (s. S. 277). Für den handelnden Menschen sind nicht die objektiven Reizqualitäten wichtig, sondern die *Bedeutung,* die er diesen Reizen gibt. Der Sinn und die Absichten menschlichen Handelns erschließen sich dem Psychologen nicht durch objektivierende Beobachtung, Experiment und Messungen, sondern durch »teilnehmende« Beobachtung und Gespräche, also durch kommunikative oder dialogische Methoden. Gerade die Stärke des Handlungsmodells, sein Ansetzen bei der Reflexions- und Kommunikationsfähigkeit des Menschen, bedingt für seine Kritiker die »Unwissenschaftlichkeit« dieses Modells.

Während in großen Teilen der Psychologie am mechanistischen Organismusmodell festgehalten wird – so z. B. in der Kognitiven Psychologie an der Vorstellung vom Menschen als »informationsverarbeitendem System« (s. S. 15) –, findet in der modernen Biologie und in biologischen Systemtheorien ein Wandel statt hin zu einem neuen Verständnis des *Organismus als eines selbstorganisierten Systems.* Für die Psychologie der Zukunft wird aufgrund dieser Entwicklung ein neues Menschenbild vorstellbar, das es erlaubt, das Handlungsmodell mit einem »postrationalistischen« Organismusmodell zu verbinden.

1.3 Psychologie und Gesellschaft

1.31 Das Relevanzproblem

Welchen gesellschaftlichen Zielen dient die Psychologie? Die positivistische Wissenschaftsauffassung geht von einer Trennung zwischen der Grundlagenforschung und der praktischen Anwendung aus. Die Grundlagenforschung hat »wertfrei« zu sein und soll der »Erkenntnis der Wahrheit« dienen. Erst mit der Anwendung in der Praxis stellen sich demnach Fragen der ethischen Verantwortbarkeit psychologischer Methoden und Erkenntnisse. Diese Position ist weder wissenschaftstheoretisch noch historisch haltbar. Wissenschaftstheoretisch folgt aus der Paradigmenabhängigkeit wissenschaftlicher Theorien deren Gebundenheit an historische Strömungen. Wissenschaftshistorische Untersuchungen haben zudem gezeigt, daß die Trennung von Grundlagenforschung und praktischer Anwendung für die Naturwissenschaften allenfalls bis Ende des vorigen Jahrhunderts zutraf. Heute werden nicht nur die Fragestellungen, sondern auch die Theorien durch großangelegte Förderprogramme von wissenschaftsexternen gesellschaftlichen Zielen mitgeprägt.

Wenn sich die Wissenschaft nicht mehr mit dem Argument der wertfreien Wahrheitssuche rechtfertigen läßt, ist es erforderlich, die Frage nach ihren Zielsetzungen und gesellschaftlichen Auswirkungen in die wissenschaftliche Diskussion einzubeziehen. Es ist das Verdienst des Kritischen Psychologen Klaus Holzkamp, die Diskussion um die *gesellschaftliche Relevanz* der Forschung in die Psychologie getragen zu haben.

In Anlehnung an Überlegungen des Soziologen Jürgen Habermas (1968) unterscheidet Holzkamp zwei Arten der Relevanz psychologischer Forschung für die Praxis:

- Forschungsergebnisse besitzen *»technische Relevanz«*, soweit sie die *Vorhersage* und *Kontrolle* menschlicher Verhaltensweisen in ökonomischen oder gesellschaftlichen Bereichen ermöglichen. Dieser Gesichtspunkt bestimmt die praktische Arbeit, die heute von Psychologen erwartet wird, z. B. in der *Eignungsdiagnostik, Werbepsychologie, Erziehungsberatung* oder der *Klinischen Psychologie.*
- Die *»emanzipatorische Relevanz«* begnügt sich nicht mit der Lösung von bestehenden »technischen« Problemen, sondern sie betrifft die *Aufklärungsfunktion der Wissenschaft:* »Emanzipatorisch relevant wäre psychologische Forschung, sofern sie zur Selbstaufklärung des Menschen über seine gesellschaftlichen und sozialen Abhängigkeiten beiträgt und so die Voraussetzungen dafür schaffen hilft, daß der Mensch durch Lösung von diesen Abhängigkeiten seine Lage verbessern kann.«

Wir wollen diese Unterscheidung durch ein konstruiertes Beispiel erläutern: Angenommen, die Strafbarkeit der Schwangerschaftsunterbrechung führe zu Millionen von illegalen Abtreibungen und zu einer Vielzahl unerwünschter Kinder, die unter ungünstigen psychischen und sozialen Bedingungen aufwachsen müssen. Diese Annahme könnte in einer vergleichenden Felduntersuchung von Gesellschaften mit unterschiedlicher Gesetzgebung (z. B. BRD und frühere DDR) empirisch überprüft werden.

Psychologische Forschungsergebnisse, die eine wirkungsvolle Einschränkung der illegalen Abtreibungen zur Folge hätten, ohne die Lebensbedingungen der Betroffenen zu ändern, besäßen eine große technische Relevanz. Forschungsergebnisse mit emanzipatorischer Relevanz dagegen würden auf einen Wandel der bestehenden Verhältnisse hinzielen, z. B. auf eine Änderung der Gesetze, so daß Abtreibungen nicht mehr illegal geschehen müßten – und auf eine Umgestaltung der Lebensbedingungen, so daß der Anlaß für eine Abtreibung weniger häufig gegeben wäre.

Betrachten wir zunächst die technische Relevanz psychologischer Forschungsergebnisse. Die Tendenz der modernen Psychologie, zugunsten einer möglichst großen Exaktheit alle »Störfaktoren« auszuschalten, führt zu dem Bestreben, im psychologischen Experiment (s. Kasten S. 26) die Ausgangsbedingungen streng zu kontrollieren und den »Versuchspersonen« wenige oder gezielt irreführende Informationen über den Sinn und Zusammenhang der Untersuchung zu geben. Die so gewonnenen Ergebnisse können nur technisch relevant sein, soweit in der Praxis Bedingungen vorliegen, die eine genügend große Ähnlichkeit mit den psychologischen Experimentalsituationen haben. Diese Ähnlichkeit mit Experimentalsituationen findet sich in einer Reihe von Anwendungsbereichen der Psychologie, nämlich in solchen Lebenssituationen, die durch die technische Entwicklung ebenfalls ein hohes Maß an künstlicher Kontrolle aufweisen: z. B. bei der Arbeitsplatzgestaltung im hochindustrialisierten Be-

Experiment und Aktionsforschung in der Psychologie

Die *experimentelle Methode* wurde in den Naturwissenschaften zur Überprüfung von wissenschaftlichen Theorien entwickelt. Seit Wilhelm Wundt wird sie auch in der Psychologie als eine der wichtigsten Erkenntnisquellen angesehen.

Ziel der experimentellen Methode ist der Nachweis eines gesetzmäßigen und reproduzierbaren Kausalzusammenhanges (Wenn-dann-Beziehung) zwischen einer Klasse von Ausgangsbedingungen (unabhängige Variablen) und einer Klasse von Folgebedingungen (abhängige Variablen) in einem Bereich der Realität. Der angenommene Kausalzusammenhang wird *vorab* in Form einer Hypothese formuliert, die durch das Experiment bestätigt oder widerlegt werden soll. Zu diesem Zweck

- wird vom Experimentator eine Klasse von Versuchsobjekten ausgewählt (Definition des Gegenstandsbereichs),
- werden die Versuchsobjekte – unter Kontrolle möglicher Störfaktoren – einer systematischen Variation der Ausgangsbedingungen unterworfen (experimentelle Variation der unabhängigen Variablen),
- werden die Auswirkungen dieser Variation auf die abhängigen Variablen an den Versuchsobjekten beobachtet (Messung des Ergebnisses),
- wird anhand der Messungen mit Hilfe eines statistischen Tests geprüft, ob die vorab formulierte Hypothese durch das Experiment bestätigt werden kann.

Im Unterschied zum naturwissenschaftlichen sind beim psychologischen Experiment die »Versuchsobjekte« ebenso wie der Experimentator Menschen (»Versuchsperson« und »Versuchsleiter«). Nach dem Organismusmodell unterscheidet sich die Versuchsperson nicht grundsätzlich von den Versuchsobjekten naturwissenschaftlicher Experimente, z. B. in der Biologie. Das Verhalten der Versuchsperson (Vp) wird als Reaktion auf die vom Versuchsleiter (Vl) manipulierten Reizbedingungen interpretiert, alle anderen verhaltensrelevanten Einflüsse gelten als Störfaktoren, die durch ausgeklügelte Versuchsanordnungen und den Einsatz statistischer Methoden möglichst vollständig kontrolliert werden sollen.

Nach dem Handlungsmodell dagegen stellt sich die experimentalpsychologische Versuchssituation als eine sehr spezielle und einseitige soziale Interaktion dar. Die Reaktionen der Versuchspersonen im Experiment sind nicht von den objektiven Reizen, sondern von deren Interpretation durch die Vp abhängig. Die angestrebte Objektivität ist also auch im Experiment nicht erreichbar. Zudem lassen sich die eingeschränkten Reaktionen im Experiment nur sehr beschränkt auf komplexe Alltagssituationen übertragen. Somit liefert die experimentelle Methode in der Psychologie Ergebnisse, die für die Praxis häufig unbrauchbar sind.

Als Alternative entwickelte der Sozialpsychologe Kurt Lewin während der Nachkriegszeit in den USA die *Handlungs-* oder *Aktionsforschung:* »Die für die soziale Praxis erforderliche Forschung läßt sich am besten als Forschung im Dienste sozialer Unternehmungen oder sozialer Techniken kennzeichnen. Sie ist eine Art Tat-Forschung [»action research«], eine vergleichende Erforschung der Bedingungen und Wirkungen verschiedener Formen des sozialen Handelns und eine zu sozialem Handeln führende Forschung.«

Die Aktionsforschung läßt sich durch folgende Besonderheiten kennzeichnen:

- Die Problemstellung erfolgt nicht primär aus wissenschaftlichem Erkenntnisinteresse, sondern entsteht aus konkreten Mißständen für eine soziale Gruppe.
- Das Forschungsziel besteht nicht vorrangig im Überprüfen theoretischer Aussagen, sondern in der praktischen Veränderung der untersuchten Problemlage.
- Die Problemlage wird als sozialer Prozeß aufgefaßt, aus dem nicht einzelne Variablen isoliert und als »objektive Daten« erhoben werden können, sondern die Datenerhebung wird als Teil des sozialen Prozesses aufgefaßt und interpretiert.
- Der Forscher gibt seine Distanz zum Forschungsobjekt auf, er ist selbst in den untersuchten Prozeß einbezogen, von der teilnehmenden Beobachtung bis zur gezielten Einflußnahme auf die soziale Gruppe. Ebenso geben die anderen Gruppenmitglieder die Rollen von Befrag-

ten und Beobachteten auf, indem sie sich aktiv an der Zieldiskussion, Datenerhebung und Auswertung beteiligen.

Aktionsforschungsprojekte entstanden in der Bundesrepublik vorwiegend im universitären Bereich sowie in der Randgruppen- und Stadtteilarbeit. Aktuelle Beispiele finden sich auch in Gemeinwesenprojekten in Lateinamerika, die unter der Anleitung von Sozialpsychologen standen (s. Sonderband der Zeitschrift »Applied Psychology« 1991). Schwierigkeiten der Aktionsforschung sind in ihren theoretischen Defiziten und in den Zufälligkeiten des jeweils zwischen Forschern und Beforschten ablaufenden Gruppenprozessen begründet.

Das (fast ausschließlich) vom Forscher kontrollierte Laborexperiment und die (weitestgehend) von den Beforschten bestimmte Aktionsforschung bilden Extrembeispiele psychologischer Methoden. Zwischen diesen Extremen finden sich jedoch auch Übergänge wie das Feldexperiment und die Feldstudie, bei denen der Forscher zwar in der natürlichen Umwelt der Beforschten arbeitet, seine Forschungsziele und Erhebungsmethoden aber aus einer theoretisch begründeten Fragestellung herleitet. In der psychologischen *Praxisforschung* muß im Einzelfall entsprechend der Zielsetzung und sozialen Situation entschieden werden, inwieweit eine distanzierende Trennung zwischen Forschern und Beforschten sinnvoll und notwendig ist.

trieb, im Cockpit eines Düsenflugzeugs, beim Autofahren, beim programmierten Lernen. Tatsächlich ist in solchen Anwendungsbereichen die technische Relevanz psychologischer Forschungsergebnisse unbestritten.

In anderen wichtigen Anwendungsbereichen, wie z.B. der *Erziehungs- und Eheberatung,* der *Persönlichkeitsdiagnostik,* der *Psychotherapie,* besteht ein krasser Unterschied zwischen dem komplexen Bedingungsgefüge jeder praktischen Aufgabe und den aus »methodisch einwandfreien« Experimenten gewonnenen Forschungsergebnissen. Der Praktiker ist hier weitgehend auf seine Intuition und Erfahrung angewiesen. Die Diskrepanz zwischen den Anforderungen der Praxis und der eigenen Unsicherheit treibt ihn häufig dazu, wissenschaftliche Ergebnisse zur Rechtfertigung seiner komplexen Entscheidungen heranzuziehen, die unter völlig anderen, nämlich unter »Experimentalbedingungen«, gewonnen wurden. Die Wissenschaft erhält hier einen »Fetischcharakter« zur Legitimierung rational nicht begründbarer Entscheidungen.

Holzkamp sieht zwei Möglichkeiten zur Steigerung der technischen Relevanz der psychologischen Forschung:

- Die psychologischen Experimente werden in angemessener Weise den realen Lebenssituationen angenähert. Das würde zunächst eine sehr gründliche Analyse der in der Praxis vorliegenden Bedingungsgefüge voraussetzen. Außerdem müßte die *Forderung der Ähnlichkeit* zwischen Experiment und Realität der Forderung *methodischer Exaktheit* übergeordnet werden. Konkret würde das bedeuten, daß man in Experimenten zu komplexen Fragestellungen die methodische Exaktheit nur so weit treiben dürfte, wie sie die zu untersuchenden Phänomene nicht beeinträchtigt.
- Ein ganz anderer Weg zur Erhöhung der Relevanz besteht in der Annäherung der alltäglichen Lebenssituationen an die Bedingungen psychologischer Experimente. Beispiele hierfür sind die durch Maschinen, Computer und Medien zunehmend kontrollierten Lebensbedingungen in Arbeit und Freizeit.

Die Tendenz zur Anpassung der Realität an kontrollierbare Experimentalsituationen zeigt drastisch den möglichen *Konflikt zwischen technisch und emanzipatorisch relevanter Forschung.* Wenn technisch relevante Ergebnisse benutzt werden, um im Interesse von Macht und Geld Menschen zu manipulieren und zu unterdrücken, bekommt die Psychologie eine *emanzipationsfeindliche Funktion.*

1.32 Wissenschaftskritik und soziale Bewegungen

Der französische Ethnologe und Psychoanalytiker Georges Devereux legte in seinem Buch »Angst und Methode in den Verhaltenswissenschaften« (1973) eine Fülle von Material aus Ethnologie, Medizin und Psychologie vor, aus dem eine oft groteske Verzerrung des untersuchten Gegenstandes durch den jeweiligen »wissenschaftlichen Blick« deutlich wird. Für Devereux sind es die Verstrickungen und Ängste des humanwissenschaftlichen Forschers gegenüber seinem Gegenstand, die ihn für bestimmte Aspekte dieses Gegenstandes »blind« machen. Der Forscher wehrt seine Angst unter anderem dadurch ab, daß er zwischen sich und den Gegenstand ein ganzes Arsenal »objektivierender« Methoden schiebt. So wenn ein Psychologe an Menschen in einer Krisensituation Fragebögen verteilt, statt sich z. B. im Gespräch mit der Krise unmittelbar auseinanderzusetzen. Die Einengung und Verzerrung des Forschungsgegenstandes durch Affekte ist nur ein Beispiel für die Wirksamkeit von Vorurteilen, mit denen der einzelne Wissenschaftler ebenso wie die wissenschaftliche Gemeinschaft, die durch ein Paradigma geprägt ist, behaftet sind.

Eine andere Quelle für verzerrende Vorurteile, die sich auch in vermeintlich »wertfreie« wissenschaftliche Erkenntnis einschleichen, sind gesellschaftliche Macht- und Herrschaftsinteressen. Ein Vorbild für die Entschleierung von Herrschaftsinteressen liefert die im vorigen Jahrhundert von Karl Marx entwickelte *Ideologiekritik* im Dienst der Arbeiterbewegung. Die Ausgangshypothese der marxistischen Ideologiekritik lautet: »Das (gesellschaftliche) Sein bestimmt das Bewußtsein«. Marxistische Wissenschaftler haben auf dieser Grundlage in verschiedenen Bereichen »bürgerlicher Wissenschaft« – von der Philosophie über die Ökonomie bis hin zur Psychologie – immer wieder aufgezeigt, wie scheinbar wertfreie wissenschaftliche Theorien in den Dienst gesellschaftlicher Machterhaltung gestellt werden. Die marxistische Ideologiekritik ist heute in Mißkredit geraten, weil sich marxistische Wissenschaftler in einem unvorstellbaren Ausmaß selber den Herrschaftsinteressen im »real existierenden Sozialismus« unterworfen haben und weil sie es weitgehend versäumt haben, das Werkzeug der Ideologiekritik auf die eigene Wissenschaft anzuwenden. Das kann jedoch ihre prinzipielle Notwendigkeit nicht antasten.

Die Rolle der Arbeiterbewegung im 19. Jahrhundert haben in der gegenwärtigen gesellschaftlichen Situation vor allem die *neuen sozialen Bewegungen* übernommen, die auf neuartige gesellschaftliche Problemlagen hinweisen. Dabei machen sie auch auf Einseitigkeiten und Verzerrungen der etablierten Wissenschaften aufmerksam und geben Anstöße zur Entwicklung wissenschaftlicher Gegenentwürfe. Der Einfluß neuer sozialer Bewegungen auf die Psychologie soll an drei Beispielen erläutert werden:

- Die einseitig naturwissenschaftliche und kurative (an der Heilung von schon bestehenden Krankheiten orientierte) Medizin provozierte bereits in den 20er Jahren die Gegenbewegung einer ganzheitlichen, psychosomatischen Medizin, wie sie etwa durch Viktor von Weizsäcker vertreten wurde. Die Kritik an der mehr und mehr als unmenschlich erlebten »Apparatemedizin« führte dann in den 70er Jahren zur »Gesundheitsladen- und Selbsthilfebewegung«, deren medizinkritische Forderungen und Alternativen nicht zuletzt deshalb bis heute so viel Überzeugungskraft besitzen, weil die kurative Medizin durch die Kostenexplosion im Gesundheitswesen auch ökonomisch in die Krise geraten ist. Psychosomatik, medizinische Psychologie, Selbsthilfe und Gesundheitsförderung sind inzwischen teilweise in die Schulmedizin integriert – durchaus mit zwiespältigen Folgen für ihr wissenschaftskritisches Potential. Für die Psychologie ergeben sich in diesem Zusammenhang neue theoretische Konzepte und Anwendungsfelder etwa in der Gemeinde- und Gesundheitspsychologie (s. S. 412).

- Die Wirkungen, die seit Beginn der 70er Jahre von der Frauenbewegung auf die Psychologie ausgehen, demonstrieren populärpsychologische Bestseller wie Robin Norwoods »Wenn Frauen zu sehr lieben« (1986). Die Soziologen Ulrich Beck und Elisabeth Beck-Gernsheim (»Das ganz normale Chaos der Liebe«, 1990) haben die gesellschaftlichen Wandlungsprozesse untersucht, die den Veränderungen des öffentlichen Bewußtseins ebenso wie dem wachsenden gesellschaftspolitischen Einfluß der Frauenbewegung zugrunde liegen. Der Übergang zur »Dienstleistungsgesellschaft« in den Jahrzehnten nach dem Krieg war verbunden mit einer zunehmenden *Individualisierung* der Menschen, d. h. mit einer Auflösung traditioneller Bindungen und mit Vereinzelung. Die Arbeitsmarktveränderungen gingen einher mit einer Bildungsoffensive, die den Frauen zwar weitgehende Chancengleichheit in der Ausbildung, nicht aber beim beruflichen Fortkommen brachte. Ein Ergebnis dieses gesellschaftlichen Wandels sind neue Formen der Familien- und Arbeitsorganisation und damit einhergehend eine breite Auseinandersetzung um das Geschlechterverhältnis und die gesellschaftlichen Rollen von Männern und Frauen. Feministische Sozialwissenschaftlerinnen haben im Zuge dieser Auseinandersetzung auch damit begonnen, die »männliche Wissenschaft« zu kritisieren – so der Titel eines 1986 erschienenen Sammelbandes von Helga Nowotny und Karin Hansen. Die feministische Wissenschaftskritik beginnt bei der Sprache (Mensch = Mann). Sie bezieht sich ebenso auf die Einseitigkeit der Themenwahl wie auf die unkritische Übernahme gesellschaftlicher Vorurteile in wissenschaftliche Theorien (z. B. Sigmund Freuds Ableitung des angeblichen weiblichen Unterlegenheitsgefühls aus dem Penisneid). Nicht zuletzt haben Feministinnen den männlich bestimmten und zum Teil »männerbündlerisch« organisierten Wissenschaftsbetrieb angegriffen, der von Konkurrenzverhalten und einer kalten »männlichen« Vernunft bestimmt sei. Maria Mies (»Frauenforschung oder feministische Forschung?«, 1984) charakterisierte die dominante »männliche« Wissenschaft als »statisch, dualistisch, unhistorisch, mechanisch und additiv«. Feministische Forschung solle sich demgegenüber die Sicht der Frauen zu eigen machen und zu einer Verbesserung weiblicher Lebensbedingungen beitragen. Im Zuge der auf politischer Ebene angelaufenen Frauenförderprogramme erfahren Projekte der Frauenforschung inzwischen eine gezielte Unterstützung. Es darf bezweifelt werden – und dies geschieht nicht zuletzt auch von seiten engagierter Feministinnen –, ob eine eigenständige feministische Wissenschaft bzw. Psychologie überhaupt möglich und sinnvoll ist. In jedem Fall aber liefert die feministische Kritik wichtige Impulse für die Weiterentwicklung einer Psychologie, die erst begonnen hat, sich mit dem Geschlechtsunterschied als Grundkategorie der menschlichen Existenz auseinanderzusetzen.

- Als Reaktion auf die ökologische Krise entstand in den 70er Jahren weltweit die *Umweltbewegung*. In der Bundesrepublik führte vor allem die Auseinandersetzung um die wirtschaftliche Nutzung der Kernenergie zu Massendemonstrationen und Konflikten mit der Staatsgewalt, aber auch zu Kritik an Wissenschaft und Expertentum. Dies wird besonders deutlich in der Diskussion um die Risiken großtechnischer Anlagen. Der wissenschaftliche Risikobegriff wurde Ende der 50er Jahre in betriebswirtschaftlich-technische Überlegungen eingeführt, um Kosten und Nutzen unterschiedlicher Planungen im militärischen Bereich und in der Weltraumfahrt *berechenbar* zu machen. Risiko wird in diesem Zusammenhang definiert als Ausmaß des Schadens (zum Beispiel zu erwartende Todesfälle oder finanzielle Verluste bei einer Reaktorkatastrophe), multipliziert mit der geschätzten Auftretenswahrscheinlichkeit des Schadens (zum Beispiel die Wahrscheinlichkeit eines GAU pro Betriebsjahr des Reaktors). Die Angemessenheit des wissenschaftlich-technischen Risikobegriffs wurde von der Umweltbewegung grundsätzlich in Frage gestellt. In der öffentlichen Diskussion konnte sich ein sehr viel umfassenderer Risikobegriff durchsetzen. Diese öffentliche Risikodebatte hat in den letzten Jahrzehnten auch zu einer Erweiterung des wissenschaftlichen Risikobegriffs geführt. Der Soziologe Ulrich Beck vertritt in dem Wissenschaftsbestseller »Risikogesellschaft« (erschienen im Tschernobyl-Jahr 1986) die These, daß wir uns in einer Phase des gesellschaftlichen Umbruchs *von der Klassen- zur Risikogesellschaft* befinden. In der fortgeschrittenen Moderne geht die Produktion von Reichtum mit einer stetig wachsenden Produktion ökologischer, sozialer und gesundheitlicher Risiken einher. Die soziale Frage der gerechten Verteilung des gesellschaftlichen Reichtums wird zunehmend überlagert von der Frage nach den ökologisch, medizinisch, sozial und psychisch »zumutbaren« Technikfolgen. Tatsächliche oder vermeintliche Risiken sind inzwischen zu einem ökonomischen Faktor ersten Ranges geworden und entscheiden über Gedeih oder Untergang ganzer Wirtschaftszweige. Zudem macht die Gefährdung der Lebensgrundlagen tendenziell weder vor Klassen- noch vor Staatsgrenzen halt: »Not ist hierarchisch, Smog ist demokratisch.« Beck charakterisiert das mit diesen gesellschaftlich-technischen Wandlungsprozessen einhergehende alltägliche *Risikobewußtsein* als »Nichterfahrung aus zweiter Hand«: Unsere Sinne sind untauglich geworden, die Gefahren vergifteter Nahrungsmittel oder verstrahlter Sandkästen zu erkennen. Diese Grunderfahrung unserer Zeit führt gleichzeitig zu einer tiefen Verunsicherung und zu einem wachsenden Angewiesensein auf die zunehmend kritischer betrachteten Experten. Das Risikobewußtsein des modernen Menschen ist von *anthropologischer Bedeutung.* Der Umgang mit Angst und Unsicherheit wird zur zivilisatorischen Überlebensfrage: »Wie können wir auf dem zivilisatorischen Vulkan leben, ohne ihn bewußt zu vergessen, aber auch ohne an den Ängsten – und nicht nur an den Dämpfen, die er ausströmt – zu erstikken?« Hier wird deutlich, welcher Herausforderung Natur- und Sozialwissenschaften angesichts der ökologischen Krise gegenüberstehen. Im Gegensatz etwa zur Soziologie und Philosophie hat die psychologische Fachwelt diese Herausforderung bisher allerdings nur in begrenztem Maß wahrgenommen (s. hierzu ausführlich Kap. 10).

2. Physiologische Grundlagen

2.1 Der Bauplan des Nervensystems

2.11 »Black-Box-Modelle« des Verhaltens

Stellen wir uns vor, unsere Erde erhält Besuch aus dem Weltall. Es handelt sich um eine Forschungsexpedition, die Teilnehmer haben mit uns Menschen keinerlei Ähnlichkeit, außer in drei Punkten: Sie besitzen Meßinstrumente oder »Sinneswerkzeuge« für physikalische Vorgänge, sie unterliegen den Gesetzen der Physik, und sie haben die Fähigkeit, aus Beobachtungen Theorien zu bilden, also Wissenschaft zu treiben.

Einer dieser Forscher beobachtet einen Menschen, z.B. Herrn X, in seinem Büro. Für den Forscher ist X zunächst nichts weiter als ein »Schwarzer Kasten« (englisch *black box*), und konsequenterweise wendet er die »Black-Box-Methode« an: Er protokolliert, was um X herum vor sich geht und wie X darauf reagiert. Wir geben das Protokoll in unserer Umgangssprache wieder.

1. Beobachtungsserie:
X sitzt an seinem Schreibtisch. In unregelmäßigen Abständen klingelt das Telefon. Nach dem Klingelzeichen führt X jedesmal den Telefonhörer zum Ohr und spricht einige Zeit.

1. Hypothese
Die »Black Box« besitzt einen Motor, der gespeicherte Energie in Bewegungsenergie umsetzen kann. Durch einen Außenreiz (Stimulus S), hier das Klingeln, wird der Motor eingeschaltet und bewirkt eine Bewegung (Reaktion R), hier den Griff nach dem Hörer, und das Sprechen (*Reiz-Reaktion: S→R-Modell*).

2. Beobachtungsserie:
Ohne äußeren Anlaß holt X nach einiger Zeit sein Frühstück aus der Aktentasche hervor und beginnt zu vespern. Das Telefon läßt er klingeln, ohne sich beim Kauen stören zu lassen.

2. Hypothese:
Nicht nur durch Außenreize (S), sondern auch durch einen offenbar im »Schwarzen Kasten« befindlichen »Inneren Prozeß« (I) kann der Motor eingeschaltet werden. Der Zustand des inneren Impulsgebers löst einerseits »spontane Aktionen« aus, andererseits beeinflußt er auch die Beantwortung von Außenreizen (*Reiz–Innerer Prozeß–Reaktion: S→I→R*-Modell).

Der Bauplan für eine solche »Black Box« nach dem einfachen »S→R-Modell« enthält außer dem Gehäuse folgende Bestandteile:

(1) Vorrichtung zur Reizaufnahme *(Rezeptor)*
(2) Leitungsbahn zum Schaltzentrum (*afferente = hinführende Bahn*)
(3) Schalt- oder Entscheidungszentrum
(4) Leitungsbahn vom Zentrum zum Effektor *(efferente = wegführende Bahn)*
(5) Bewegungsvorrichtung *(Effektor)*

Beim S→I→R-Modell kommen noch zwei weitere Bestandteile hinzu:
(3a) interner Impulsgeber (Generator für den *Inneren Prozeß*)
(3b) Leitungsbahnen zwischen dem Schaltzentrum und dem internen Impulsgeber (*zentrale Verbindungsbahnen*)

Die »Black-Box-Methode« wird in der Nachrichtentechnik und in der Kybernetik ebenso angewendet wie in der experimentellen Psychologie: Ein zu untersuchender Apparat oder Organismus wird

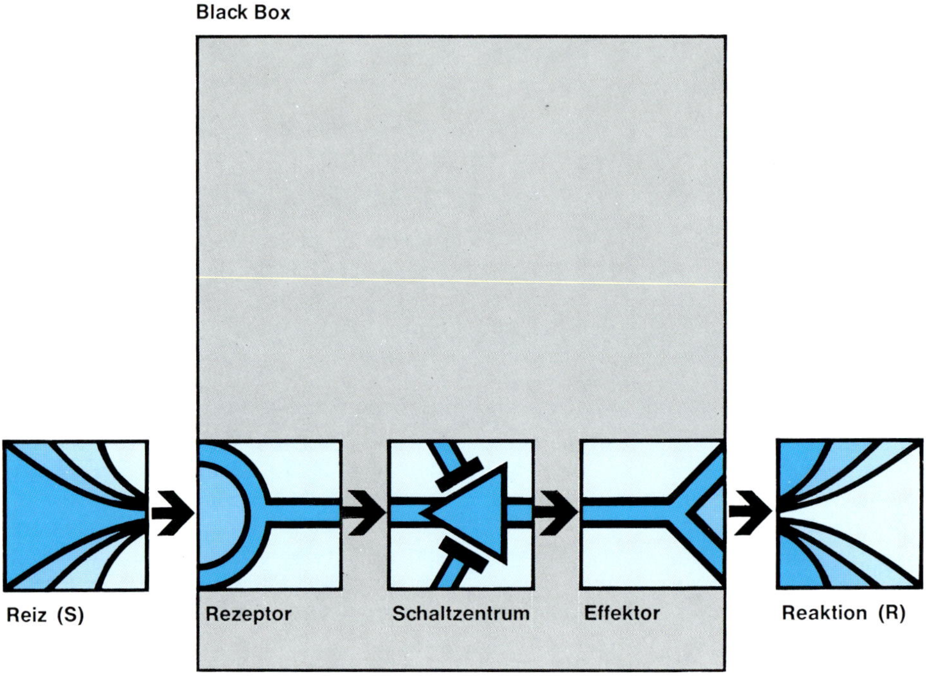

S-R-Modell der Organismus-Umwelt-Interaktion: Ein Reiz (S) der Umwelt löst eine Reaktion (R) des Organismus aus. Wenn alle Reaktionen aus Umweltreizen ableitbar sind, kann sich die Psychologie auf die Untersuchung der Reiz-Reaktions-Beziehungen beschränken (S-R-Psychologie).

systematischen Änderungen der Reizbedingungen (S) ausgesetzt – die auftretenden Reaktionen (R) erlauben dann Rückschlüsse auf den grundsätzlichen Bauplan des »Kastens«. In der Sprache der Nachrichtentechnik fragt man, wie der Input (Eingabe) eines Systems seinen Output (Ausgabe) beeinflußt (s. »Knaurs Buch der Denkmaschinen«).

Die erste Beobachtungsserie in unserem Beispiel enthält das einfache *Reiz-Reaktions-Modell* der *Reflexpsychologie und des Behaviorismus.* Dieses Modell erweist sich nach der zweiten Beobachtungsserie als nicht ausreichend. In der modernen Psychologie wird heute mit einem erweiterten Modell unter Berücksichtigung des Inneren Prozesses (»mediating process«) gearbeitet. Bei Gültigkeit des »S→R-Modells« ließe sich das Verhalten eines Organismus genau vorhersagen, wenn nur die Reizbedingungen bekannt sind. Verhaltensvorhersagen sind jedoch auch bei bekannten Reizbedingungen fast nie exakt, sondern höchstens mit einer gewissen *Wahrscheinlichkeit* möglich. Der Innere Prozeß sorgt auch in streng kontrollierten Versuchssituationen für Überraschungen – sehr zum Ärger von Psychologen, deren Wissenschaftsideal an der klassischen Physik mit ihren exakten Vorhersagen orientiert ist.

Wir wollen jetzt unsere Beschäftigung mit der »Black-Box-Methode« fürs erste beenden und uns mit Hilfe der Methoden der *Anatomie* und *Physiologie* ein Bild davon machen, wie der Kasten im Innern konstruiert ist.

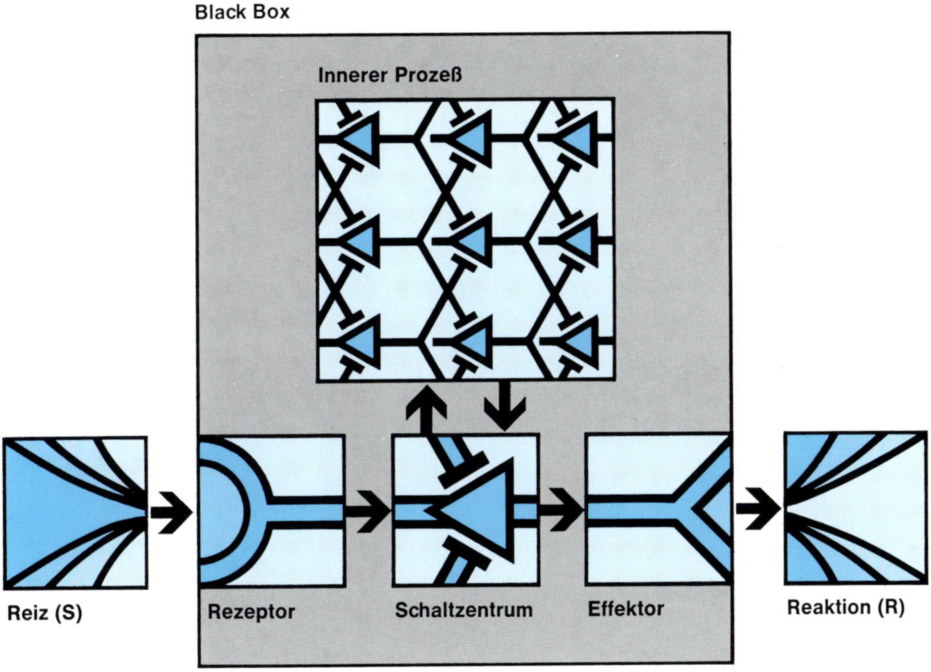

S-I-R-Modell: Ein Reiz (S) der Umwelt und/oder ein Innerer Prozeß (I) löst eine Reaktion aus. Die Reiz-Reaktions-Beziehungen sind nur analysierbar, wenn auch die dazwischengeschalteten Inneren Prozesse (Motivation, kognitive Verarbeitung, Bewußtsein) berücksichtigt werden.

2.12 Die »Betriebsorganisation«

Die verschiedenen *Systeme des Organismus* (Bewegungsapparat, Verdauungs-, Atmungs- und Kreislaufsystem) arbeiten zusammen wie die verschiedenen Abteilungen eines industriellen Großbetriebes. Die *Betriebsleitung* dagegen, die Koordination der einzelnen Abteilungen, ist Aufgabe des *Nervensystems.* Betrachten wir diese vielseitigen Aufgaben etwas ausführlicher (s. Abb. S. 34):

- Die Betriebsleitung verschafft sich zunächst *Informationen* über die Marktlage (*Sinnesorgane*).
- Entsprechend dem Marktbedarf wird die Produktion gesteuert (*Bewegungsimpulse an die Muskulatur*).
- Für den Kontakt zwischen den einzelnen zentralen Abteilungen steht ein ausgedehntes Haustelefonnetz zur Verfügung (*Zentralnervensystem, ZNS*).
- Eine eigene, relativ selbständige Abteilung der Betriebsleitung kontrolliert den Materialnachschub entsprechend dem Bedarf der verschiedenen Produktionsgruppen: Das Energieversorgungssystem besitzt ein eigenes *autonomes Nervensystem* (ANS).
- Bei Mitteilungen, die gleichzeitig viele Arbeitsgruppen erhalten sollen, bedient sich die Betriebsleitung zusätzlich eines Systems für »Postwurfsendungen« (*Hormone,* die über die Blutbahnen viele Zellen erreichen).

Die Betriebsleitung des Organismus ist streng hierarchisch gegliedert:

- Zahlreiche Angelegenheiten erledigt

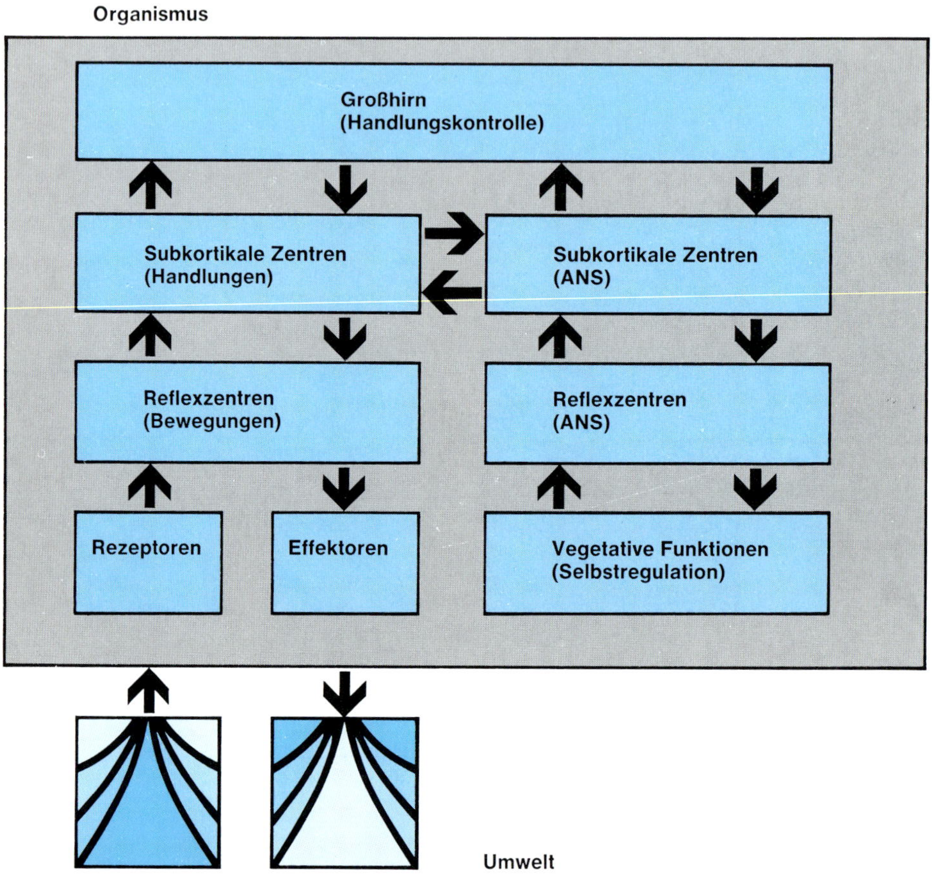

Organisationsschema des Nervensystems (S-I-R-Modell). Es lassen sich zwei Grundfunktionen des Nervensystems unterscheiden: (1) die Steuerung der Organismus-Umwelt-Interaktion und (2) die Regulation der biologischen Lebensbedingungen im Körperinnern (»inneres Milieu«). (1) erfolgt über die Rezeptoren und Effektoren in der Körperperipherie und über die zugehörigen Nervenzentren links (»animalisches« Nervensystem). (2) erfolgt über innere Organsysteme, die teilweise »automatisch« funktionieren (periphere Selbstregulation vegetativer Funktionen) und über die zugehörigen Nervenzentren rechts (»vegetatives« oder »autonomes« Nervensystem). Für beide Arten von Funktionen bestehen untergeordnete Reflexzentren und höhere Koordinationszentren (hierarchischer Aufbau). Die Handlungsplanung und -kontrolle des Individuums, auf die alle Teilfunktionen des Organismus abgestimmt werden, ist vorwiegend eine Funktion des Großhirns.

jede einzelne Produktionsgruppe selber (*Selbstregulation,* z.B. Sauerstoffentnahme aus dem Blut entsprechend dem Energiebedarf der Zellen).

- Die Tätigkeit mehrerer Arbeitsgruppen wird koordiniert von relativ unselbständigen Entscheidungsgremien (Reflexzentren in den unteren Abschnitten des ZNS, z.B. zur Koordination der Atembewegungen).

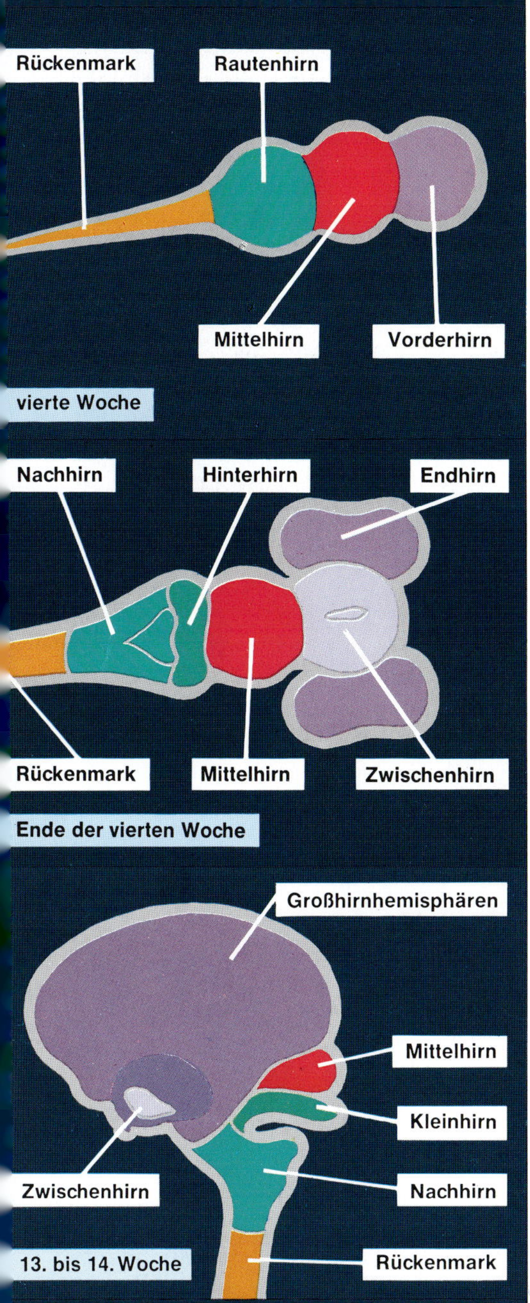

- Übergeordnete Gremien der Betriebsleitung regeln alle Angelegenheiten, die den Gesamtbereich betreffen, wie die Festlegung der Arbeitszeit (z.B. Regulation des Schlaf-Wach-Rhythmus).
- Vom »Aufsichtsrat« werden schließlich die unternehmerischen Entscheidungen über neue Investitionen gefällt (Handlungsplanung durch das Großhirn).

Wie unser Beispiel zeigt, eignen sich von Menschen geschaffene Ordnungssysteme wegen ihrer allgemeinen Bekanntheit recht gut zur Veranschaulichung biologischer Zusammenhänge. Das umgekehrte Vorgehen, soziale Ordnungen durch biologische Vergleiche zu erläutern, ist dagegen sehr gefährlich: Zu leicht erliegt man aufgrund solcher Vergleiche dem Trugschluß, die historisch gewachsenen sozialen Gegebenheiten seien unabänderliche Naturgesetze. Diesen Fehler geißelt schon Friedrich Engels (1878) als »die Anmaßung, die Naturtheorien auf die Gesellschaft anzuwenden«.

2.13 Anatomie des Nervensystems

Anatomie bedeutet »Aufschneidekunst«. Ihre Ergebnisse sind in Anatomieatlanten zu studieren. Zum Verständnis der biologischen Aspekte der Psychologie haben wir einen kleinen »Anatomieatlas für Psychologen« zusammengestellt.

Der Bauplan des Nervensystems wird deutlich, wenn wir seine *Entwicklung* in den ersten Lebenswochen verfolgen. Zunächst entsteht eine einfache Röhre, das *Neuralrohr,* das den jungen Embryo in der Längsachse durchzieht, dessen Studium allerdings nicht zur Pflichtlektüre für jeden Leser gehört.

Etwa um die 4. Woche (obere Abb.) verdickt sich das Neuralrohr im Kopfbereich, so daß wir die Anlage für *Gehirn* und *Rückenmark* unterscheiden können. Die Gehirnanlage besteht aus drei Verdickungen, die den späteren Hirnabschnit-

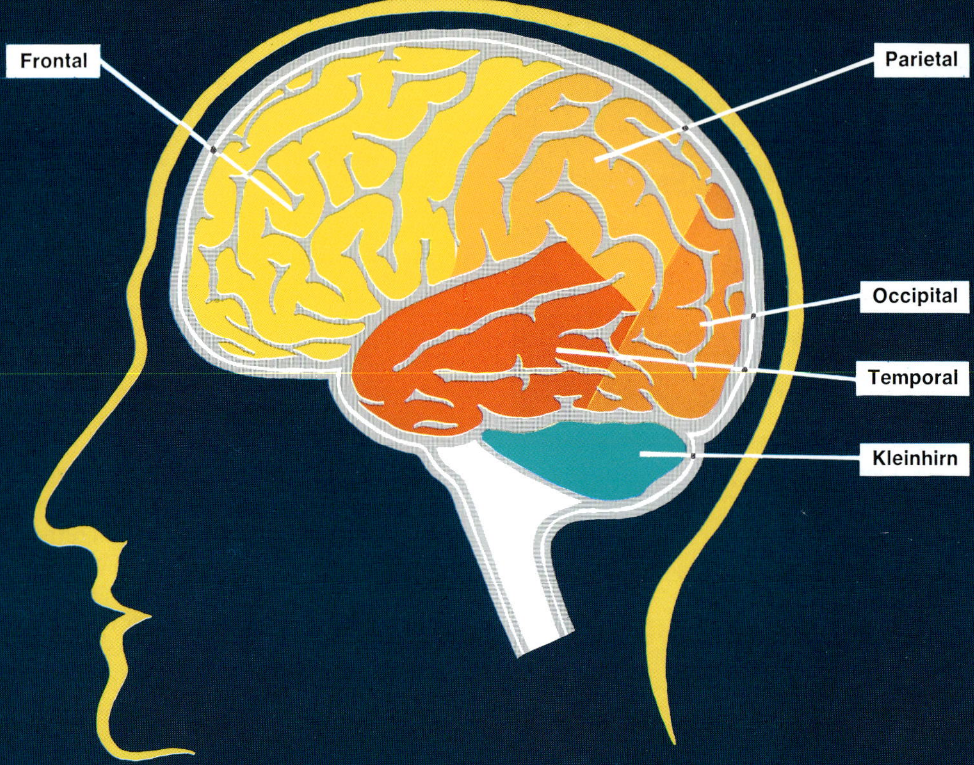
Frontal
Parietal
Occipital
Temporal
Kleinhirn

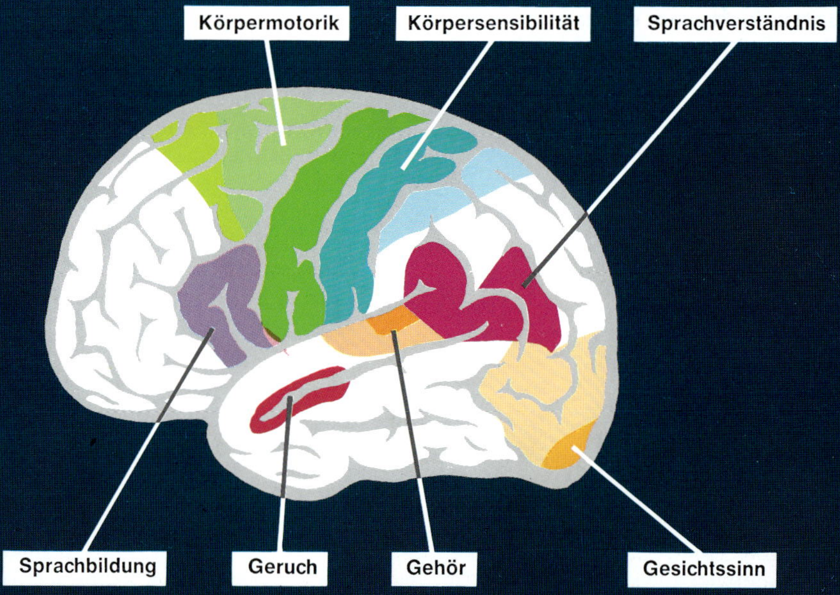
Körpermotorik
Körpersensibilität
Sprachverständnis
Sprachbildung
Geruch
Gehör
Gesichtssinn

Wie werden die Funktionen der Hirnzentren bestimmt?

Die Anatomie sagt uns nichts über die Funktionen der Hirnabschnitte. Zur Bestimmung der Funktionen gibt es mehrere Methoden:
1. Ausschaltungsexperimente:
Bei Tieren werden durch Operationen, Chemikalien oder feine Heizdrähte gezielt einzelne Hirnzentren zerstört. Anschließend lassen sich die Funktionsausfälle beobachten. Beim Menschen entstehen gelegentlich durch Unfallverletzungen bestimmte Krankheiten oder als Folge von Hirnoperationen isolierte Zerstörungen von Hirnzentren. Der Arzt verzeichnet alle Funktionsausfälle im Krankenblatt. Wenn nach dem Tode das Hirn seziert wird, können die gestörten Funktionen mit den zerstörten Hirnregionen in Beziehung gesetzt werden.
2. Reizexperimente:
Hirnzentren können durch Stromstöße geringer Stärke von außen in Tätigkeit gesetzt werden. Man sticht mit einer sehr feinen Nadel, der Reizelektrode, in ein Hirnzentrum. (Der dünne Stichkanal bewirkt kaum Störungen der Hirnfunktion.) Wenn nun durch die Reizelektrode ein kurzer Stromstoß gesendet wird (etwa 2 Volt Wechselstrom für 0,5 Sekunden), so antwortet der Organismus mit Verhaltensweisen, die Rückschlüsse auf die Funktion des gereizten Zentrums erlauben. Solche Reizexperimente an Tieren gehören zur Standardmethode der Neurophysiologie.

Ähnliche Reizexperimente sind auch bei gewissen Hirnoperationen notwendig: Sie dienen z. B. zur Abgrenzung von gesunden und kranken Hirnbezirken während der Operation. Wenn das Hirn freigelegt ist, kann der Operateur bei vollem Bewußtsein des Patienten einzelne Bereiche elektrisch reizen. (Im Gegensatz zur gängigen Meinung ist die Hirnsubstanz völlig schmerzunempfindlich; Kopfschmerzen entstehen nicht im Gehirn, sondern an seinen Häuten und Blutgefäßen.) Der Arzt beobachtet nach jedem Reiz, welche Muskeln zucken, und der Patient kann über seine Empfindungen berichten: Kribbeln, Geschmackswahrnehmungen, oft aber auch längst vergessene Szenen aus der Vergangenheit. Viele Lokalisationen von Hirnfunktionen konnten mit dieser Methode auf der Hirnkarte eingetragen werden (s. S. 36).
3. Ableitung der elektrischen Nervenaktivität:
Die Tätigkeit der Nervenzellen wird begleitet von elektrischen Vorgängen. Wenn man eine Nadelelektrode in ein Hirnzentrum sticht, kann die elektrische Aktivität einer großen Gruppe von Zellen oder auch einer einzelnen Zelle durch geeignete Registriergeräte sichtbar gemacht werden. Bei Reizen, die auf das untersuchte Zentrum treffen, ändert sich seine elektrische Aktivität. Aus diesen Änderungen nach Anwendung natürlicher Sinnesreize oder auch nach elektrischer Reizung anderer Hirnregionen ergeben sich Rückschlüsse auf die Funktion des untersuchten Zentrums und auf seine Verknüpfung mit anderen Zentren. In geringerem Umfang ist diese Methode sogar anwendbar ohne Verletzung des Gehirns – durch Registrierung elektrischer Vorgänge an der Kopfhaut (Elektroenzephalogramm, s. S. 58).

Die Ergebnisse von Lokalisationsexperimenten dürfen allerdings nie absolut genommen werden: Ein Zusammenhang eines Zentrums mit einer Funktion besagt nicht, daß die Funktion dort lokalisiert ist, sondern nur, daß das Zentrum irgendeinen Einfluß auf die Funktion besitzt.

ten entsprechen: *Vorderhirn – Mittelhirn – Rauten-* oder *Nachhirn.* Etwas später wachsen aus Hirn- und Rückenmarksanlage die peripheren Nerven hervor, es ergibt sich die zusätzliche Gliederung in *peripheres* und *zentrales Nervensystem* (ZNS).

Gegen Ende der 4. Woche (mittlere Abb.) entwickelt sich ein Teil des Vorderhirns zum *Zwischenhirn.* Die Seitenwände des Vorderhirns wachsen rechts und links zu den *Endhirn*-Bläschen aus. Ihre Wände werden später zu den beiden *Großhirnhemisphären* (das griechische Wort für Halbkugeln), die Hohlräume bleiben erhalten und bilden die vorderen *Hirnkammern* (Ventrikel).

Die typische Form des menschlichen Gehirns ist in der 13. bis 14. Woche erkennbar (untere Abb.). Der *Hirnstamm* (Zwischenhirn bis Nachhirn) ist gegenüber dem Rückenmark nach vorn abgeknickt und wird von den stark gewachsenen Großhirnhemisphären wie von einem Mantel überdeckt. Aus dem Nachhirn wächst hinten die Anlage für das *Kleinhirn.*

Gliederung des Kortex (s. S. 36): Beim Erwachsenen hat sich die Oberfläche des Großhirns (*Hirnrinde* oder *Kortex*) noch beträchtlich ausgedehnt, so daß nur noch ein Teil des Kleinhirns sichtbar bleibt. Die beiden Großhirnhälften (*Hemisphären*) sind in der Scheitellinie durch die »interhemisphärische Spalte« getrennt. Jede Hemisphäre ist durch tiefe Furchen in vier *Hirnlappen* geteilt: Frontallappen (Stirn), Parietallappen (Seite), Occipitallappen (Hinterhaupt), Temporallappen (Schläfe). Die Grenze zwischen Frontal- und Parietallappen bildet die »zentrale Furche«. Der Schläfenlappen ist durch die »Sylvische Spalte« vom Frontal- und Parietallappen getrennt. Der Occipitallappen hat keine natürlichen Grenzen. Jeder Hirnlappen ist außerdem durch weniger tiefe Furchen in einzelne *Hirnwindungen* (Gyri) aufgeteilt. Das Relief der Furchen und Windungen trägt beträchtlich zur Vergrößerung der Hirnoberfläche bei. Die *Funktionen der Rindenfelder* (s. S. 36) wurden mit Hilfe verschiedener Lokalisationsmethoden bestimmt (s. Kasten S. 37). Nach moderner Auffassung ist zwar *bei jeder Funktion das Hirn als Ganzes* beteiligt, die Lokalisation von Teilfunktionen macht sich aber geltend, wenn bei Hirnverletzungen isolierte Störungen auftreten (z. B. Blindheit, Lähmungen, Sprachstörungen). Die *Körpermotorik* wird von den grün dargestellten Feldern (Frontalhirn) kontrolliert. In der

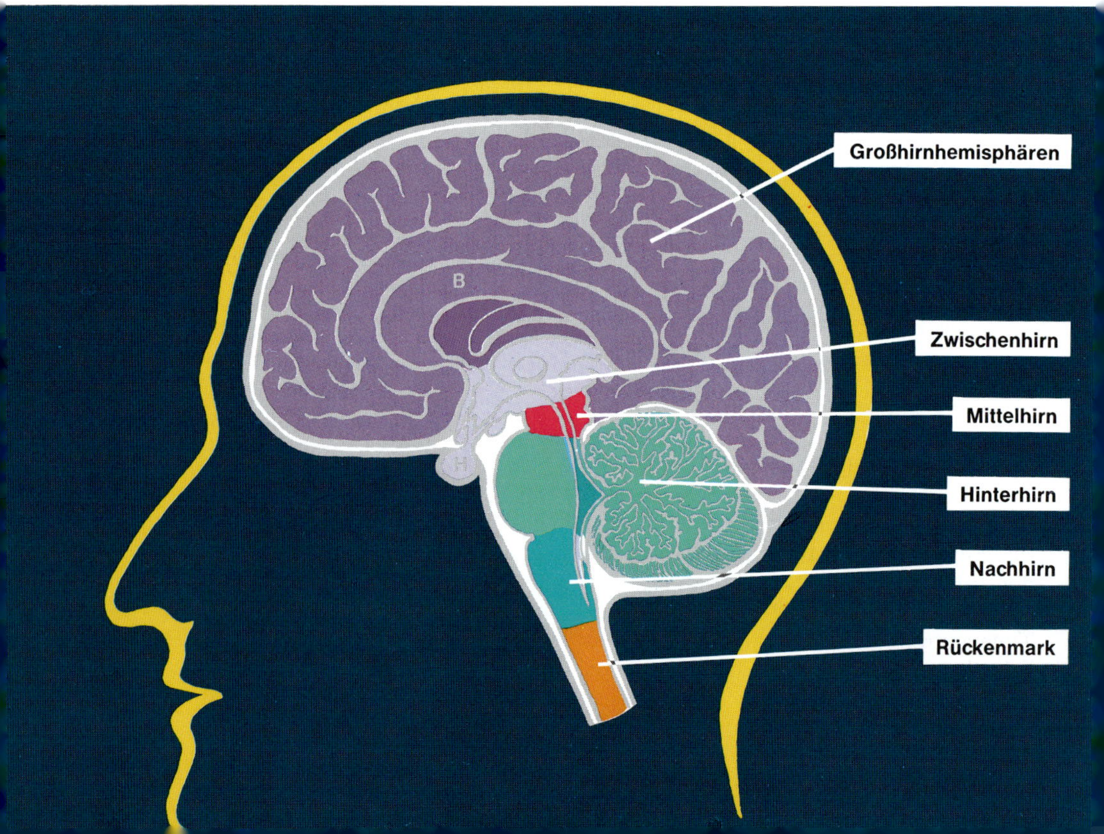

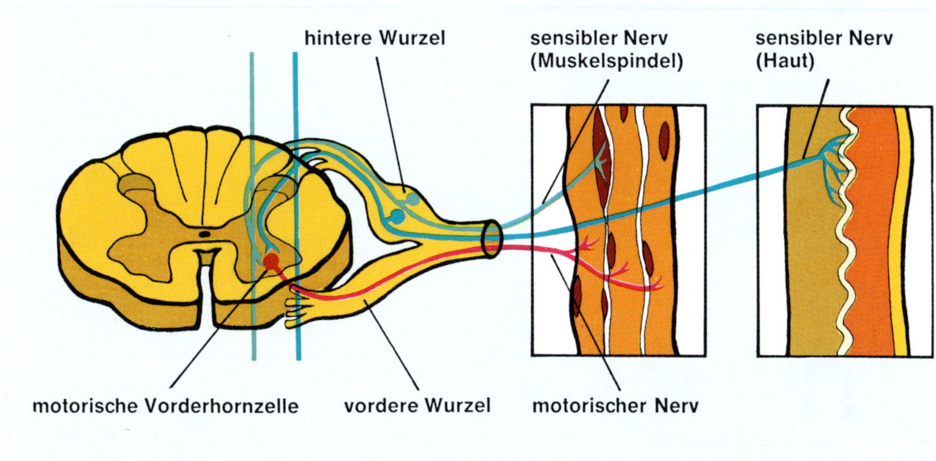

Windung vor der »zentralen Furche« (Gyrus praecentralis, tiefgrün) löst elektrische Hirnreizung (s. S. 56) an jedem Punkt eine andere Muskelzuckung aus, es läßt sich ein regelrechtes motorisches »Körperschema« auf dieser Windung abtragen. Hirnreizungen in den benachbarten Feldern (helleres Grün) führen dagegen zu komplexen Bewegungsabläufen (primäre, sekundäre und tertiäre Rindenfelder, s. S. 36). Die gleiche Aufteilung in primäre Rindenfelder für elementare und in höhere (sekundäre und tertiäre) Felder für komplexere Funktionen gilt für die *Körpersensibilität* (dunkel- und hellblau) sowie für die sensorischen Felder (*Gesichtssinn, Gehör* und *Geruch*). Die Sprachzentren (motorisch und sensorisch) sind nur auf einer Hemisphäre zu finden (beim Rechtshänder gewöhnlich auf der linken), zu ihrer Bestimmung siehe das Operationsprotokoll (s. S. 56).

Die *tieferen Hirnabschnitte* werden beim Schnitt durch die Mittellinie (Sagittalschnitt) sichtbar (S. 38). Man erkennt die Innenseite der rechten Hemisphäre (»interhemisphärische Spalte«). In der Tiefe erstreckt sich das stammesgeschichtlich älteste »Randgebiet« der Hirnrinde, das *Limbische System* (*limbus* = Rand), das beim Menschen vorwiegend der Steuerung der *Emotionen* dient. Darunter sind die Nervenfasern des *Balkens* (B) im Querschnitt getroffen. Der Balken besteht aus *Verbindungsbahnen zwischen den beiden Hemisphären.*

Das anschließende *Zwischenhirn* ist teils im Schnitt getroffen, teils sieht man auf die Wände der 3. Hirnkammer (oberer Abschnitt), die hier in der Mittellinie liegt. Die Wände der Hirnkammer bilden den *Thalamus* (nach dem griechischen Wort für Brautgemach), eine *Schaltstation für alle zum Großhirn führenden Bahnen.* Der *Hypothalamus* darunter ist das wichtigste *Koordinationszentrum des autonomen Nervensystems* (Stoffwechsel, Körpertemperatur u. a.). Er kontrolliert auch die *Hypophyse* (H) oder Hirnanhangdrüse, deren Hormone auf hormonbildende Drüsen in der Körperperipherie steuernd einwirken.

Das *Mittelhirn* wird von allen auf- und absteigenden Bahnen durchzogen und ist *Ursprungsgebiet der Hirnnerven* für Augen- und Gesichtsbewegungen. Darüber hinaus enthält es das *Retikulärsystem,* das für den *Wachheitsgrad* des Organismus

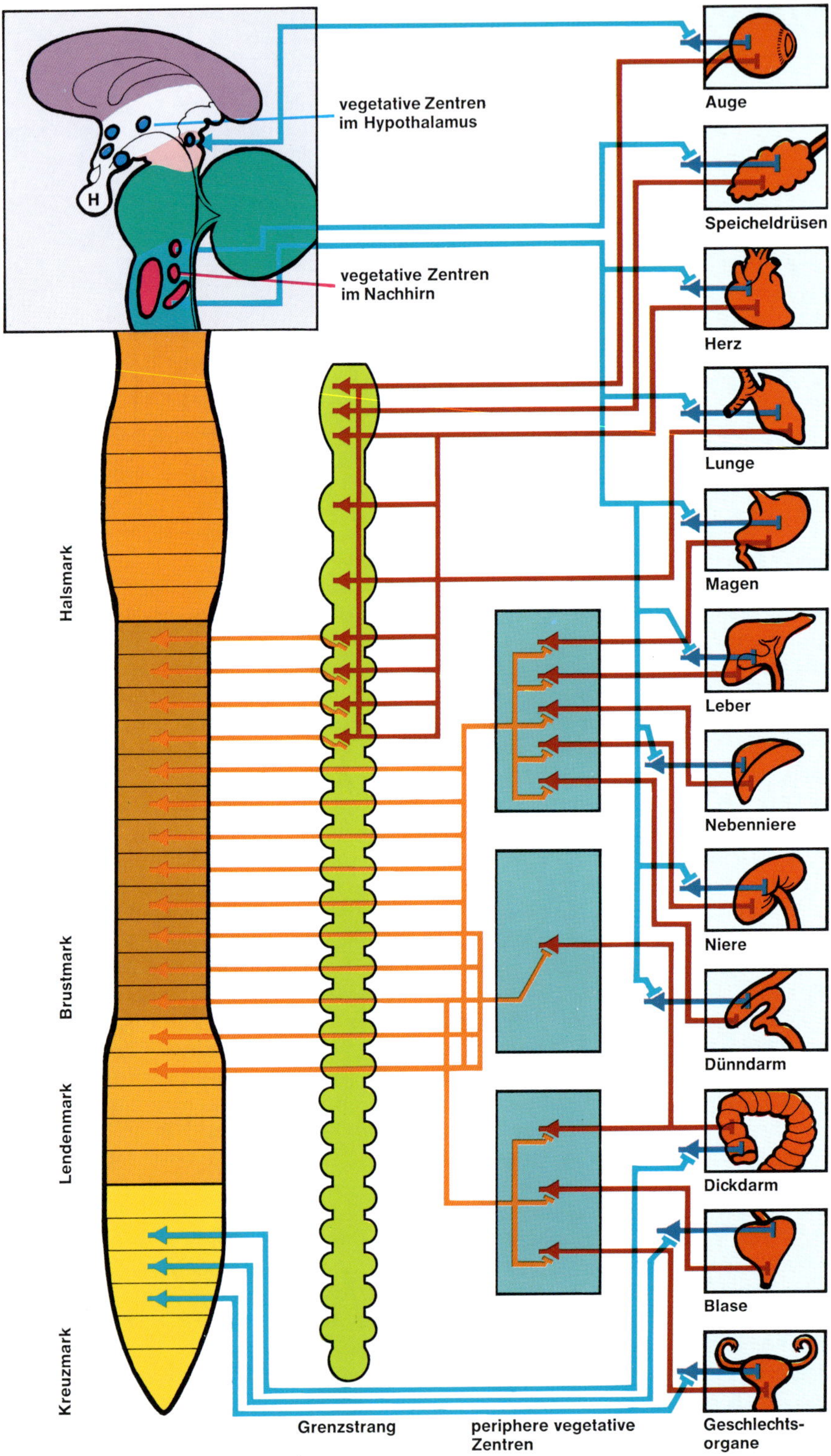
vegetative Zentren im Hypothalamus
H
vegetative Zentren im Nachhirn
Halsmark
Brustmark
Lendenmark
Kreuzmark
Grenzstrang
periphere vegetative Zentren
Auge
Speicheldrüsen
Herz
Lunge
Magen
Leber
Nebenniere
Niere
Dünndarm
Dickdarm
Blase
Geschlechts-organe

von Bedeutung ist. Das Hinterhirn trägt vorn einen dicken Wulst, die *Brücke,* und hinten das *Kleinhirn,* das vor allem der feinen Abstimmung bei präzisen Körperbewegungen dient. Im vorderen Teil des Nachhirns liegen lebenswichtige *autonome Reflexzentren* wie das Atem- und Kreislaufzentrum. Als *Rückenmark* setzt sich das Zentralnervensystem (ZNS) im Hohlraum der Wirbelsäule bis in die Lendengegend fort.

Das *Rückenmark* besteht aus 30 *Segmenten* (Abschnitten), die den einzelnen Wirbeln entsprechen. Die Abb. S. 39 oben zeigt schematisch den Querschnitt durch ein Rückenmarksegment und seine Verbindungen mit den Rezeptoren und Effektoren (Haut und Muskeln). Vorn entspringen auf beiden Seiten die effektorischen Nerven (motorisch und autonom), hinten münden die rezeptorischen (sensiblen) Nerven (vordere und hintere Wurzeln; in der Abbildung ist nur eine Seite dargestellt). Die *motorischen Nerven* entstammen Nervenzellen im vorderen Teil des Rückenmarks, den *motorischen Vorderhornzellen.* Die Zellkörper der *sensiblen Nervenfasern* liegen in der hinteren Wurzel, sie senden einen peripheren Ast zu den Rezeptoren (in Haut, Muskeln, Gelenken, Sehnen, Eingeweiden) und einen zentralen Ast ins Rückenmark, der sich aufspaltet und teils zu den Vorderhornzellen des gleichen Segments und teils zu höher oder tiefer liegenden Schaltzentren zieht. Die Zentren des Rückenmarks koordinieren *einfache reflektorische Abläufe,* z. B. reflektorische Muskelbewegungen und autonome Reflexe (spinale Reflexzentren). Daneben ist das Rückenmark von *auf- und absteigenden Bahnen* durchzogen, die jedes Segment mit dem Gehirn verbinden.

Das *vegetative* oder *autonome Nervensystem* (s. S. 40) dient der Anpassung der inneren Organfunktionen an die Erfordernisse des Organismus in seiner Interaktion mit der Umwelt. Die übergeordneten vegetativen *Koordinationszentren* finden sich vorwiegend im Hypothalamus (z. B. diejenigen für die Wärmeregulation und die »Notfallfunktion« bei drohender Gefahr). Im Nachhirn und Rückenmark liegen vegetative *Reflexzentren* (z. B. für Kreislaufreflexe oder den Orgasmusreflex). Das *periphere vegetative Nervensystem* gliedert sich anatomisch und funktionell in zwei Teilsysteme, den *Sympathikus* (rot) und den *Parasympathikus* (blau). Die effektorischen Neurone des Sympathikus entspringen Segmenten des Brust- und Lendenmarks (hellrot) und werden im *Grenzstrang* (längs der Wirbelsäule) und in *peripheren vegetativen Zentren* auf ein zweites Neuron umgeschaltet (dunkelrot). Demgegenüber hat der Parasympathikus seinen Ursprung in Kerngebieten des Nachhirns (besonders der Nervus Vagus) und im Kreuzmark (hellblau); die Umschaltung auf ein zweites Neuron erfolgt erst am Erfolgsorgan (dunkelblau). Die Erregungsübertragung zwischen dem zweiten Neuron und dem Effektor geschieht durch Freisetzung unterschiedlicher und antagonistisch (gegensätzlich) wirkender chemischer Überträgersubstanzen im Erfolgsorgan (Adrenalin beim Sympathikus und Acetylcholin beim Parasympathikus). Da diese Substanzen auch als Hormone im Blutkreislauf vorkommen, kann die Sympathikus- oder Parasympathikus-Aktivität zusätzlich an allen Organen beeinflußt werden (Streß und Angst führen z. B. zu einer Adrenalinausschüttung durch die Nebennieren und damit zu einer allgemeinen Zunahme der Sympathikus-Aktivität).

Wie man auf der Abb. S. 40 sieht, werden die meisten Organe von Sympathikus und Parasympathikus gleichzeitig innerviert (Ausnahme: Schweißdrüsen). Ein System bewirkt eine Zunahme, das andere eine Abnahme der jeweiligen Leistung – so steigern Sympathikus-Impulse die Kraft und Häufigkeit von Herzmuskelkontraktionen, während Parasympathikus-Impulse die Herzleistung drosseln. Die Höhe der Organleistung wird also bestimmt vom jeweiligen Gleichgewichtszustand zwischen Sympathikus und Parasympathikus. Stark vereinfacht gilt für viele Funktionen die Faustregel, daß der Sympathikus Organleistungen steigert, die mit *erhöhter Aktivität* des Organismus einhergehen (Arbeit, Kampf, Flucht, Streß – *ergotropes* System = auf »Arbeit« gerichtet), während der Parasympathikus die »Erholungsfunktionen« fördert (Verdauung, Entspannung, Schlaf – *trophotropes* System = auf »Ernährung« gerichtet.) Es muß aber berücksichtigt werden, daß es sowohl bei Arbeit als auch bei Entspannung immer auf die Koordination beider Systeme ankommt.

Hierfür bietet die körperliche Arbeit ein gutes Beispiel: Der Sympathikus bewirkt eine Durchblutungszunahme in der Arbeits- und Herzmuskulatur, in den meisten anderen Organen dagegen eine Durchblutungsabnahme. Gleichzeitig schützt der Parasympathikus das Herz-Kreislauf-System durch Gegenregulation vor Überlastung.

2.2 Informationsverarbeitung im ZNS

2.21 Das Neuron

Das Nervensystem stellt in seiner *mikroskopischen Feinstruktur* ein hochkompliziertes *Kommunikationsnetz* dar, zu dem weit mehr »Gesprächsteilnehmer« (Nervenzellen) gehören als zum Telefonnetz der gesamten Welt. Die Funktion der Nervenzellen – Übertragung und Verarbeitung von *Informationen* (s. Kasten »Informationstheorie«, S. 82/83) – wird erst aus der Feinstruktur des ZNS verständlich. Eine Nervenzelle mit ihren Verzweigungen wird *Neuron* genannt. Das Neuron ist die kleinste Funktionseinheit im Nervensystem. Alle komplizierteren Funktionen lassen sich ableiten aus der Zusammenarbeit verschiedener Neuronen.

Betrachten wir ein typisches Neuron aus dem peripheren Nervensystem (s. Abb. S. 43). Der Zellkörper (Soma) mit dem Zellkern verzweigt sich in zahlreiche Fortsätze. Diese Äste heißen *Dendriten* (nach dem griechischen Wort für baumartig). An einem Pol geht der Zellkörper in einen besonders langen und dünnen Fortsatz über, das *Axon* oder den *Neuriten*. Während die Dendriten sich nur in der Nachbarschaft des Zellkörpers verzweigen, stellen die Neuriten die Fernverbindungen im Nervensystem her (maximale Länge mehr als ein Meter). An seinem Ende teilt sich jeder Neurit in zahlreiche feine Verzweigungen auf, die in kleinen, knopfartigen Verdickungen auslaufen.

Elektronenmikroskopische Untersuchungen haben gezeigt, daß die Wand oder *Membran* der Nervenzellen (Soma- und Dendritenmembran) über und über bedeckt ist mit den Endverzweigungen anderer Nervenfasern. Die Verbindung zwischen der Endverzweigung einer Nervenfaser und der Membran der nächsten Nervenzelle heißt *Synapse* (griechisch; Verknüpfung).

Jedes Neuron besitzt also folgende Abschnitte:

(1) die synapsenbesetzte Membran (Soma und Dendriten),
(2) den Zellkörper mit dem Ursprung des Neuriten,
(3) den Neuriten mit seinen Endverzweigungen.

2.22 Nervenleitung und Synapsenübertragung

Sticht man mit einer extrem feinen Nadel ins Innere eines Neurons, so kann man mit einem empfindlichen Meßinstrument zwischen innen und außen eine elektrische Spannung messen, das *Ruhepotential* des Neuriten (s. Abb. S. 44). Die elektrische

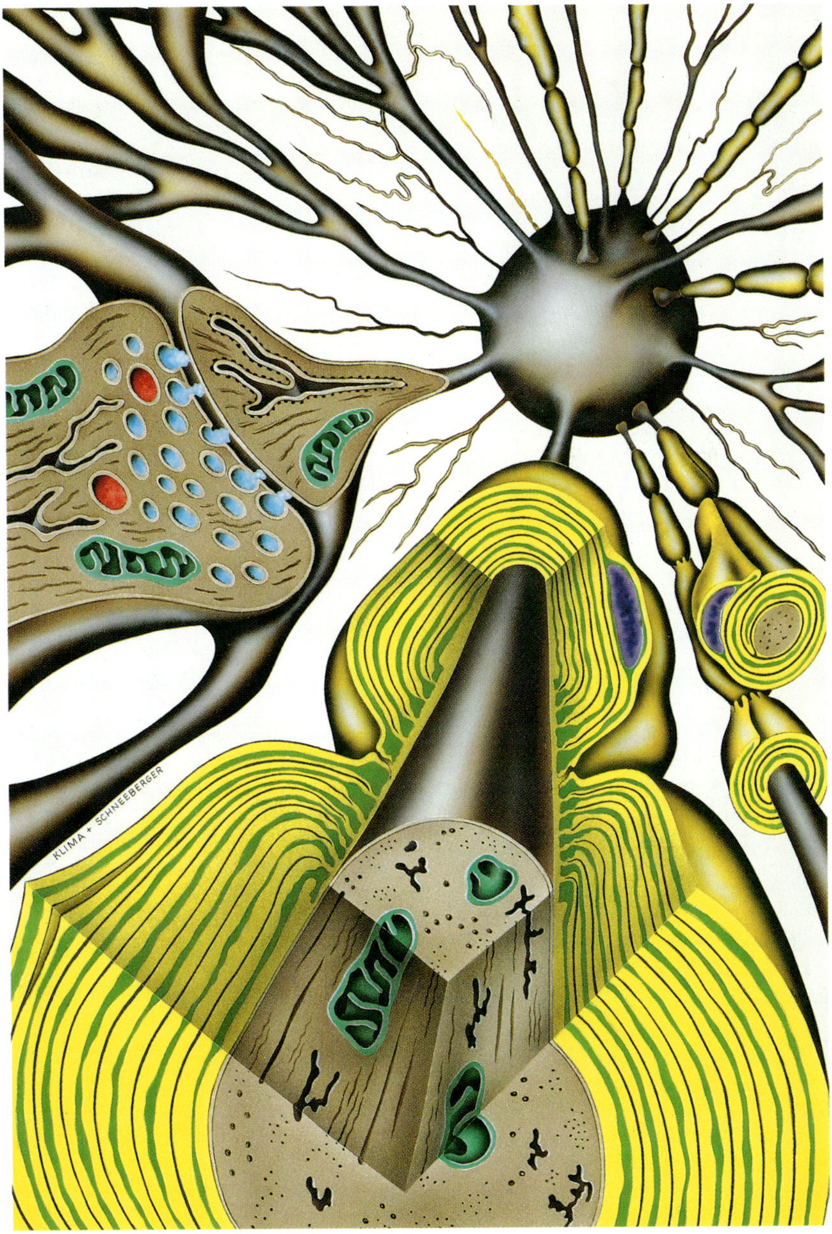

Nervenzelle (braun) mit verzweigten Fortsätzen (Dendriten) und unverzweigtem Fortsatz (Neurit). Die Dendriten empfangen die Erregung von anderen Nervenzellen. An dem aufgeschnittenen Dendriten ist der Endkolben (Synapse) einer erregungsbringenden anderen Zelle angelagert. Die Erregung wird durch besondere Transmitter (blau) übertragen. Der unverzweigte Neurit (nach unten weisend) ist aufgeschnitten. Der Neurit (Axon) leitet die Erregung von der Nervenzelle weiter und endet an einer Synapse. Markhaltige Scheiden umgeben den Neuriten.

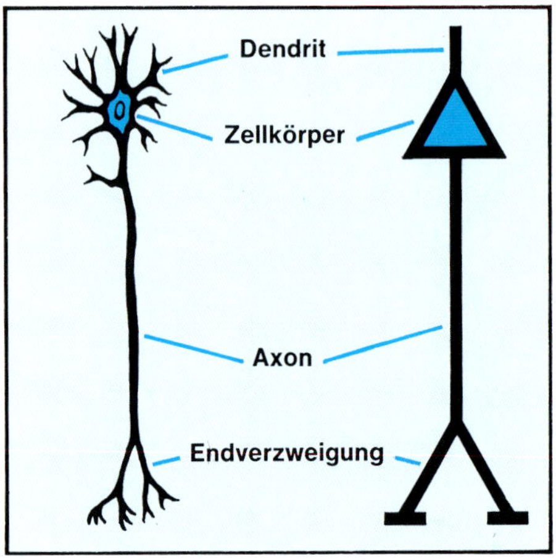

< Das *Neuron* (Nervenzelle mit Verzweigungen) ist die kleinste Funktionseinheit des Nervensystems. Links halbschematisch, rechts als Element für »Blockschaltbilder« des Nervensystems.

Spannung dieser »Nervenbatterie« wird durch ständig ablaufende Stoffwechselvorgänge unterhalten, die ein »Ionengefälle« zwischen der Innen- und Außenseite der Membran erzeugen (s. »Knaurs Buch der modernen Chemie«).

Wenn das Ruhepotential durch äußere Einwirkung, z. B. einen elektrischen Reiz, etwas vermindert wird (*Depolarisation*), kommen zunächst elektrische Gegenkräf-

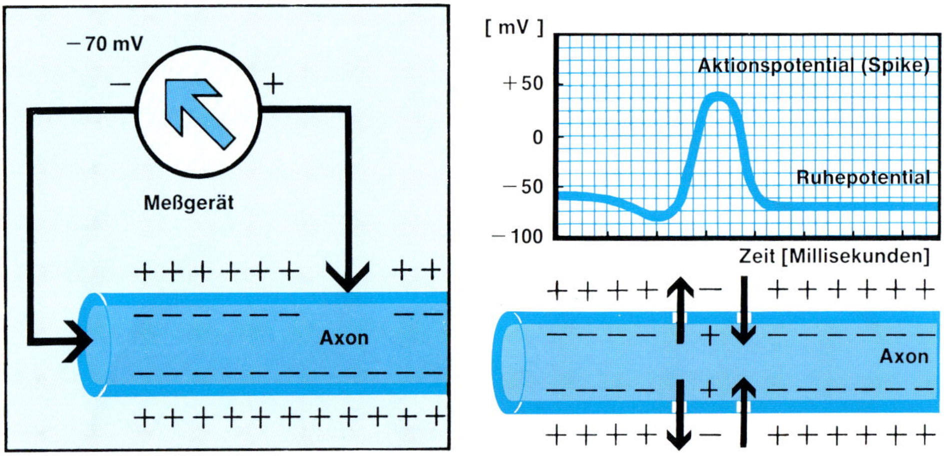

Das *Ruhe-* und *Aktionspotential* eines Axons (Neuriten). Unter Ruhebedingungen (links) ist die Axon-Membran nur für Kalium(+)-Ionen durchlässig. Da im Inneren des Axons die Kalium(+)-Konzentration überwiegt, »schlüpft« ein Teil der Kalium(+)-Ionen durch die Membranporen auf die Außenseite. Das Überwiegen von (+) außen gegenüber (−) innen läßt sich an dem Meßgerät als *Ruhepotential* von etwa −70 mV (Millivolt, tausendstel Volt) ablesen.

Verlauf des Aktionspotentials (rechts): Durch Verminderung des Ruhepotentials (Depolarisation) um etwa +10 mV ändert sich kurzzeitig die Membrandurchlässigkeit. Die außen überwiegenden Natrium(+)-Ionen strömen plötzlich ins Innere des Axons. Dadurch wird für etwa eine Millisekunde (tausendstel Sekunde) das Innere gegen außen positiv (Aktionspotential oder Spike, +40 mV). Da das Aktionspotential gewöhnlich seine Nachbarschaft »ansteckt« (depolarisiert), läuft es mit großer Geschwindigkeit über das ganze Neuron. Im Bild ist der Potentialverlauf längs der Axon-Membran dargestellt, während ein Spike von links nach rechts wandert. Hinter dem Spike (Pfeile von innen nach außen) erhöht sich das Ruhepotential kurzzeitig besonders stark (−80 mV, Hyperpolarisation). Hier ist die Membran unerregbar (refraktär) – folglich kann sich das Spike nur vorwärts bewegen.

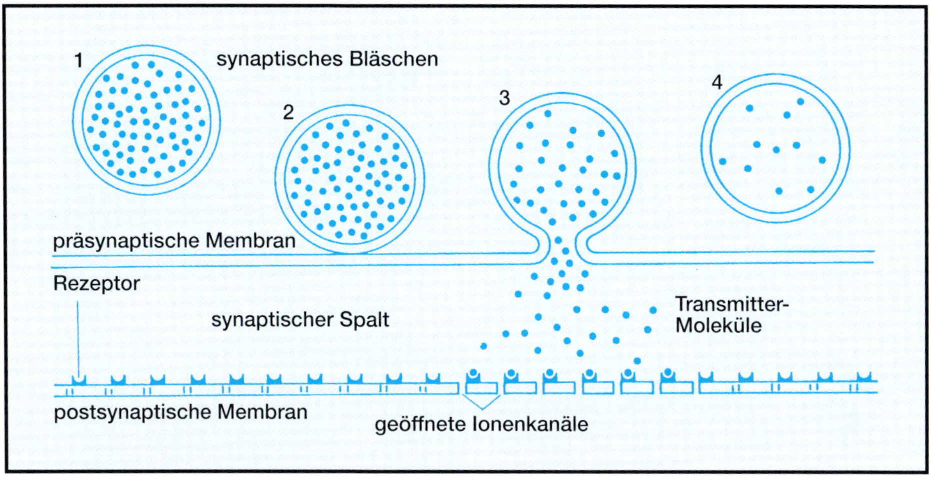

Der Übertritt der Transmittersubstanz in den synaptischen Spalt erfolgt durch Ausschüttung der erregenden oder hemmenden Transmitter aus dem synaptischen Bläschen durch die präsynaptische Membran. Die Transmittermoleküle werden dann an der postsynaptischen Membran durch Rezeptormoleküle aufgenommen. Dies bewirkt die Öffnung der K+ und Na+ – Ionenkanäle, wodurch das Aktionspotential gesteuert werden kann (nach Stevens, 1979).

te zur Wirkung. Sobald jedoch das Ruhepotential eine *kritische Schwelle* erreicht (Depolarisationsschwelle), setzt selbständig eine explosionsartige Entladung der »Batterie« ein: Der Nerv (Neurit) ist für kurze Zeit erregt oder in Aktion, man spricht deshalb vom *Aktionspotential* (s. Abb.). Das Aktionspotential läuft mit großer Geschwindigkeit (0,5 bis 120 Meter pro Sekunde) vom Ursprungsort (Zellkörper des Neurons) über die gesamte Länge des Neuriten bis zu seinen Endverzweigungen. Aktionspotentiale, die als »Nervenimpulse« über den Neuriten wandern, stellen die Grundlage der *Nervenleitung* dar.

Die Auslösung des Aktionspotentials erfolgt im intakten Organismus an der synapsenbesetzten Zell- und Dendritenmembran. Die *Depolarisation* der Membran wird *durch Nervenimpulse von anderen Neuronen* bewirkt, die mit der Membran durch Synapsen verbunden sind. Für die *Synapsenübertragung* gelten folgende Gesetzmäßigkeiten (s. Abb. S. 46):

- Das Aktionspotential eines erregten Neuriten (a) springt nicht einfach auf die Membran des folgenden Neurons (c) über, sondern es *läuft nur bis zu den Synapsen.*
- Nach einer deutlichen Verzögerung antwortet das folgende Neuron (c) auf die einlaufende Erregung (a) mit einer Abnahme (Depolarisation) seines Membranpotentials. Das Ausmaß der Depolarisation nimmt zu mit der *Anzahl der erregten Synapsen* (Summation: a + b).
- Erst wenn an der »postsynaptischen« Membran (c) die kritische *Depolarisationsschwelle* überschritten ist, entsteht ein neues Aktionspotential, das vom Axon der Zelle (c) weitergeleitet wird.

Wie entsteht die verzögerte Erregungsübertragung an den Synapsen? Nach elektronenmikroskopischen Aufnahmen besitzen die synaptischen »Endknöpfchen« der Neuriten feine Bläschen (s. Abb. oben), deren Inhalt über andere synaptische Verbindungen durch einlaufende Aktionspotentiale freigesetzt wird. Der Bläscheninhalt wird als chemische Überträgersubstanz (Transmitter) bezeichnet, die nach Übertritt in den synaptischen Spalt an der postsynaptischen Membran (s. Abb. S. 45) von Rezeptormolekülen aufgenommen wird und die nachgeschaltete Nervenzelle erregend oder hemmend beeinflußt.

Die Synapsen sind auf die Erzeugung und Ausschüttung bestimmter Transmittersubstanzen spezialisiert. Die hemmende oder erregende Wirkung richtet sich nach der Wirkung der freigesetzten Transmittersubstanz an der postsynaptischen Membran (s. Abb. S. 45). Diese Botenstoffe im Gehirn, wie sie von dem Neurowissenschaftler F. F. Bloom auch genannt werden, sind chemisch mit Hormonen eng verwandt. Als Überträgersubstanz im autonomen Nervensystem wurde schon vor längerer Zeit das Acetylcholin identifi-

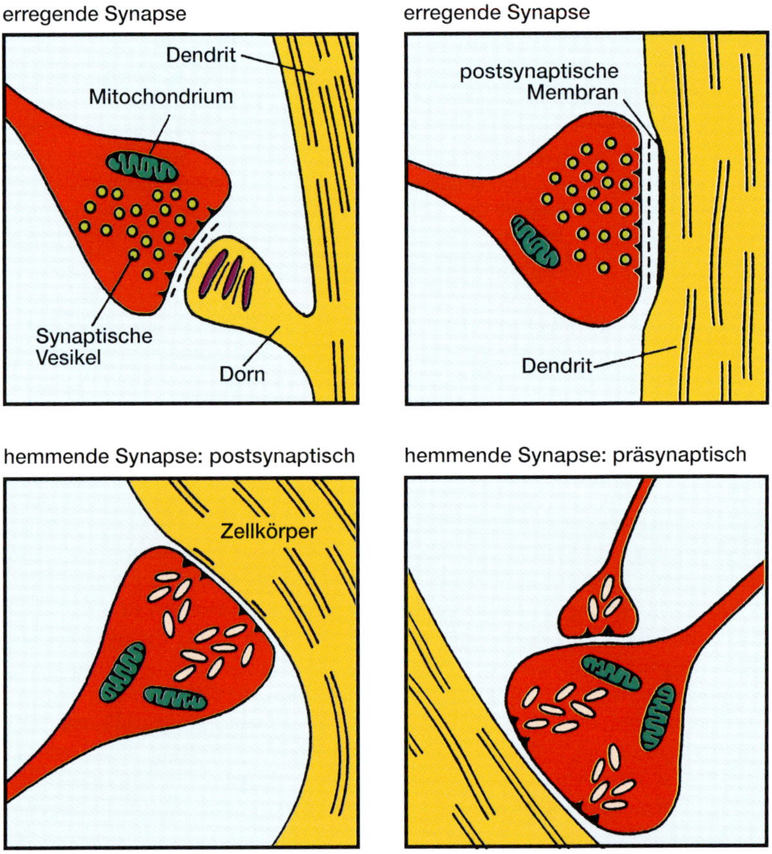

Die erregende oder hemmende Synapse ist in der Funktion durch die Position am Zelleib oder am Dendriten bestimmt, wie auch durch die von den synaptischen Bläschen ausgeschüttete spezifische Transmittersubstanz. Für die postsynaptische Hemmung muß die hemmende Synapse direkt am Zellkörper ansetzen. Für die präsynaptische Hemmung muß die hemmende Synapse an einer zweiten Synapse ansetzen. Die erregende Synapse setzt am Dendriten oder an einem Dornfortsatz des Dendriten an, der somit die postsynaptische Membran liefert (nach Stevens, 1979).

ziert. Aber nur etwa 10% der Synapsen des zentralen Nervensystems benutzen Acetylcholin als Transmitter. Auch die für die Motorik, das Denken und das emotionale Verhalten so wichtigen Catecholamine (Dopamin, Noradrenalin und Adrenalin) machen kaum mehr als 2% der Transmittersubstanzen im ZNS aus. Das größte Kontingent der Botenstoffe bilden die Aminosäuren, die an der Steuerung des Kurzzeitgedächtnisses beteiligt sind.

Die Entschlüsselung der neurochemischen Steuervorgänge an den Synapsen im Gehirn hat der Psychopharmakologie das Grundlagenwissen für die Behandlung von psychiatrischen Patienten geliefert (s. S.150). Es wäre jedoch eine Illusion zu glauben, daß sich damit schon ein kausales Verständnis der Entstehung psychischer Erkrankungen gewinnen ließe.

Neben den Synapsen mit depolarisierender Überträgersubstanz (*erregende Synapsen*) gibt es auch Synapsen, deren Überträgersubstanz das Ruhepotential der folgenden Zellmembran erhöht und damit die Erregbarkeit der Zelle herabsetzt (*hemmende Synapsen*). Erregung und Hemmung sind von gleicher Wichtigkeit für die Funktion des Nervensystems (s. Abb. S.46).

Zusammenfassend ergibt sich für die Erregung eines Neurons folgendes Bild: Die Oberfläche der Zellmembran (s. Abb. S.43) ist bedeckt mit ungefähr 10 bis 1000 erregenden und hemmenden Synapsen, die die *einlaufenden Informationen* (Input) von zahlreichen anderen Neuronen übertragen. Das Neuron wird nur dann eine Erregung (Aktionspotential) weiterleiten, wenn die Gesamtheit der erregenden und hemmenden Synapsen-Eingänge die kritische Schwelle für die Entladung (Depolarisation) erreicht. Dazu sind immer Eingänge von mehreren erregenden Synapsen notwendig. An der Zellmembran wird also durch »Abwägen« des erregenden und hemmenden Inputs *entschieden,* ob sie eine Erregung weiterleiten soll (*Entscheidungsfunktion*), während das Axon (Neurit) das Ergebnis der Entscheidung (Aktionspotential) zu anderen Zellmembranen *weiterleitet.*

2.23 Verschaltung und Kodierung

Wenn wir die Entscheidungsfunktion der Nervenzellen betrachten, drängt sich der Vergleich mit den Bausteinen eines Computers auf. Der Computer besteht aus Schaltelementen und Verbindungskabeln (s. Abb. S.44). Die Schaltelemente führen bestimmte »Entscheidungen« oder »logische Operationen« durch, die Kabel leiten die Ergebnisse dieser Entscheidungen weiter. Die wichtigsten logischen Operationen, aus denen alle komplizierten Entscheidungen abgeleitet werden können, sind für Nervensystem wie für Computer die Grundoperationen der Logik: (a) UND, (b) ODER, (c) NICHT (s. Abb.).

Wie wir noch sehen werden, bestehen jedoch auch wesentliche Unterschiede zwischen der Arbeitsweise des Gehirns und eines Computers (s. S.62).

Fragen wir uns zum Abschluß, wie die Information im Nervensystem verschlüsselt oder »kodiert« wird (s. Kasten »Informationstheorie« S.82/83). Auf das Neuron treffen ständig Impulse. Gelegentlich führen diese Impulse zur Entladung der Zelle; sie sendet ein Aktionspotential aus. Wenn nun die erregenden Eingänge überwiegen und stärker werden, beginnt die Zelle immer häufiger zu feuern, die Impulsfrequenz (Zahl der Impulse pro Sekunde) wird größer. Wenn dagegen die hemmenden Eingänge überwiegen, verringert sich die Entladungshäufigkeit, die Zelle wird »stumm«. Diese Art der Informationsübertragung heißt *Impuls-Frequenz-Modulation* (s. Abb. S.77) Die Impulsfrequenz im Neuron kann zwischen 0 und etwa 250 pro Sekunde variieren.

Von großer schaltungstechnischer Bedeutung bei dieser Impulsübertragung ist

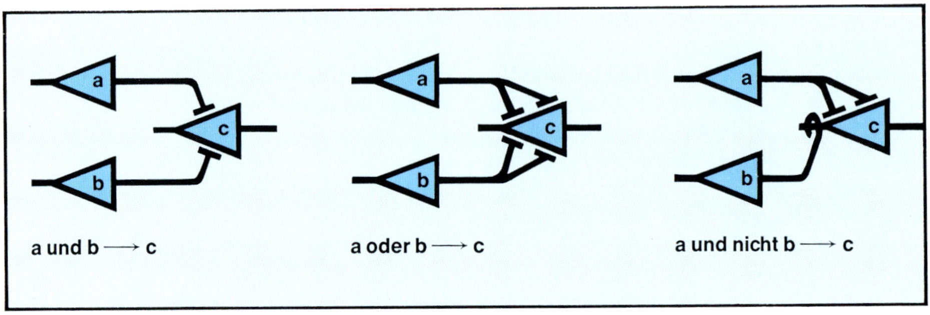

Neuronale *Verschaltung der logischen Grundfunktionen.* Wir nehmen an, daß die Erregungsschwelle von c erreicht wird, wenn über mindestens 2 *erregende Synapsen* gleichzeitig Impulse eintreffen. Links: UND-Schaltung – c wird aktiviert, wenn a *und* b erregt sind. Mitte: ODER-Schaltung – c wird aktiviert, wenn a *oder* b (oder beide) erregt sind. Rechts: NICHT-Schaltung – c kann nur dann von a aktiviert werden, wenn b (*hemmende Synapse*) *nicht* erregt ist.

Die Verschaltungen sind stark vereinfacht: Im Nervensystem treffen auf ein Neuron meist mehrere hundert erregende und hemmende Synapsen. Wichtig ist jedoch, daß mit dem vereinfachten Modell die logischen Grundfunktionen realisierbar sind, denn aus den Grundfunktionen läßt sich *jede überhaupt formulierbare logische Funktion* aufbauen. So betrachtet, stellen die neuronalen Verschaltungen die *materielle Grundlage des Denkens* dar.

die Unterscheidung von postsynaptischer und präsynaptischer Hemmung (s. Abb. S. 46. Der Amerikaner E. W. Kent hat bei der Erforschung der neuronalen Netzwerke mit Recht darauf hingewiesen, daß für die postsynaptische Hemmung alle auf die Zelle einwirkenden erregenden Synapsen relevant sind. Bei der präsynaptischen Hemmung hingegen können gezielt ganz bestimmte Eingänge gehemmt werden, nämlich diejenigen, an denen die hemmenden Synapsen aufsitzen. Die Einführung von Schwellenregulierung durch präsynaptische Hemmung ist äußerst wichtig für eine differenzierte Gewichtung des Informationseinganges. Schon 1943 wurde von den Neurobiologen W. S. McCulloch und W. S. Pitts ein System logischer »Schaltneuronen« (s. Abb. oben) ausgetüftelt, dessen biologischer Sinn sich erst in unseren Tagen richtig erschließt. Die Theorie neuronaler Netzwerke, die gerade wieder im Aufschwung begriffen ist, entwickelt immer genauere Modelle zur Simulation der neuronalen Prozesse (s. S. 106).

2.3 Subkortikale Organisation

2.31 Der Reflexbogen

Wir sprachen bisher von der Informationsverarbeitung der einzelnen Nervenzelle. Das menschliche Nervensystem besteht aber aus etwa 15 Milliarden Neuronen, und jedes Neuron ist mit etwa 10 bis 1000 anderen verknüpft.

Die genaue Erforschung des gesamten Informationsflusses im menschlichen Nervensystem ist wegen der großen Zahl von Elementen und Verknüpfungen unmöglich. Als Alternative bietet sich die Untersuchung größerer Funktionssysteme an, wobei allerdings nur global die Informationsverarbeitung aller beteiligten Neuronen erfaßt werden kann. Das »Dilemma der Hirnforschung« – winzige Details auf Kosten des Ganzen oder Übersichtlichkeit auf Kosten der Genauigkeit – erfordert eine Kombination von Mikro- und Globalmethoden.

Als »kleinste Funktionseinheit« ist der *Reflexbogen mit nur einer Schaltsynapse*

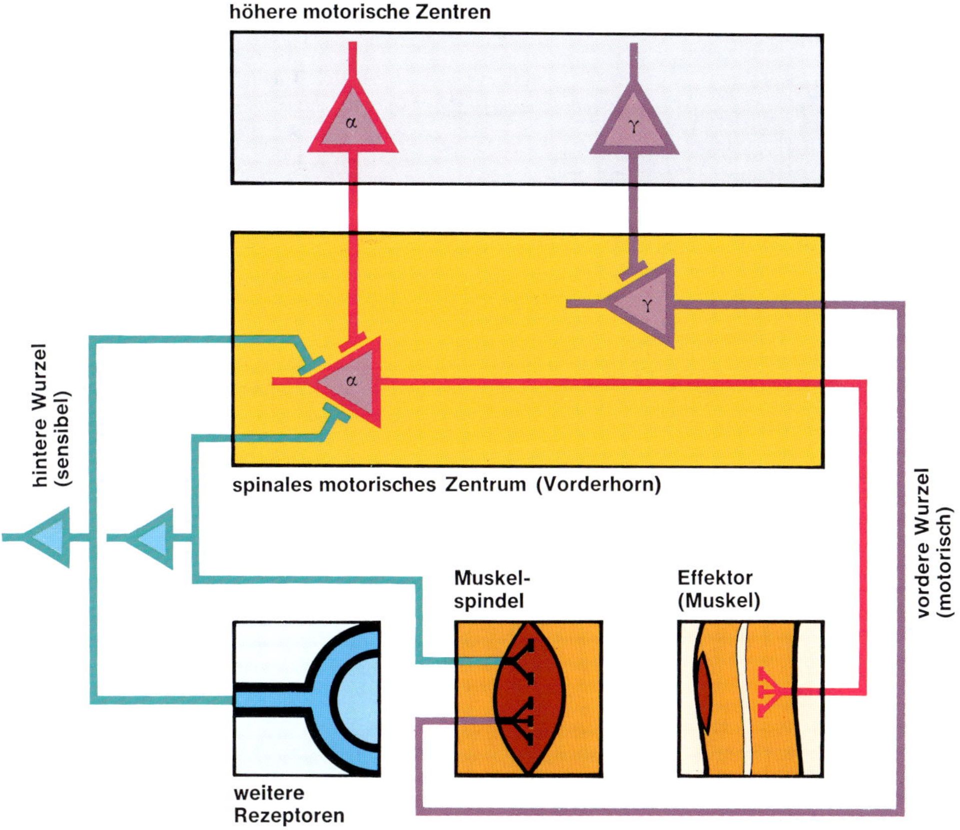

Einordnung des Eigenreflexes in die Bewegungskoordination: Eine Muskelkontraktion erfolgt nur bei Erregung der motorischen Vorderhornzelle (α, Alpha-System). Diese Erregung kann ausgelöst werden (1) von Synapsen aus den Muskelspindeln (z. B. beim Eigenreflex), (2) von anderen Rezeptoren (z. B. von Schmerzrezeptoren beim »Fluchtreflex«), (3) von höheren motorischen Zentren (z. B. bei »Willkürbewegungen«). Die Dehnungsrezeptoren im Muskel (»Muskelspindeln«) sind zusätzlich mit kleinen Muskelfasern versehen. Die Kontraktion dieser Fasern bewirkt eine *höhere Empfindlichkeit* der Dehnungsrezeptoren – sie erfolgt über eigene motorische Vorderhornzellen (γ, Gamma-System). Das Gamma-System wirkt also indirekt auf die Bewegungsabläufe ein, indem es die Empfindlichkeit oder Ansprechbarkeitsschwelle der Dehnungsrezeptoren verstellt.

(»Eigenreflex«) zu betrachten. Der bekannteste Eigenreflex ist der »Kniesehnen-Reflex«, der bei der ärztlichen Untersuchung des Nervensystems geprüft wird. Durch einen Schlag auf die Sehne unterhalb der Kniescheibe wird der Streckmuskel am Oberschenkel plötzlich gedehnt. *Dehnungsrezeptoren* im Muskel senden daraufhin Aktionspotentiale mit hoher Frequenz über sensible Fasern ins Rükkenmark. Die sensiblen Fasern bilden Synapsen mit *motorischen Neuronen* im vorderen Abschnitt des Rückenmarks (»motorische Vorderhornzellen«). Jede

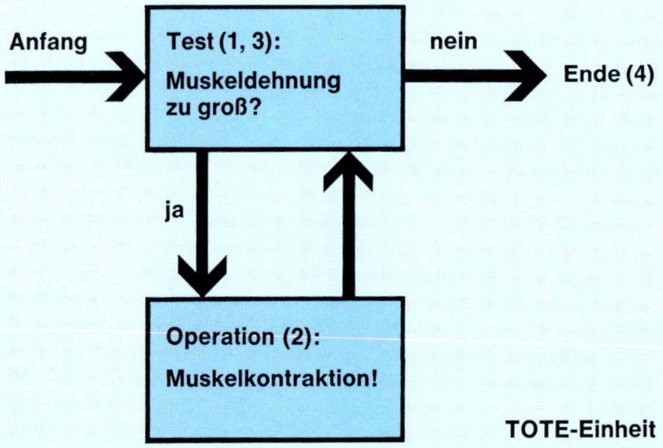

Die TOTE-Einheit als Funktionsprinzip des Nervensystems. Ebenso wie die Muskeldehnung kann auch eine lebenswichtige Entscheidung nach dem Prinzip der TOTE-Einheit beschrieben werden. In solchen Fällen handelt es sich um eine Entscheidungsfunktion, die selber aus zahllosen TOTE-Untereinheiten besteht.

Vorderhornzelle schickt einen Neuriten zurück in den Streckmuskel, der sich dort verzweigt und ca. 10 bis 100 Muskelfasern gemeinsam innerviert (»motorische Einheit«). Durch die sensiblen Synapsen mit Neuriten aus den Dehnungsrezeptoren werden die motorischen Vorderhornzellen bei der plötzlichen Muskeldehnung zur Entladung gebracht – sie bewirken, daß sich der Muskel »reflektorisch« kontrahiert (zusammenzieht).

Der Eigenreflex scheint dem »S-R-Modell« voll zu entsprechen (s. Abb. S. 32): Reiz (Schlag auf die Kniesehne) – reflektorische Synapsenschaltung – Reaktion (Muskelkontraktion). Das Modell gilt jedoch nur für die »künstliche« Reizsituation bei der ärztlichen Reflexprüfung.

Aber normalerweise schlagen wir uns nicht auf die Kniesehne, sondern der Reflexbogen hat eine ganz andere Funktion: Durch das Körpergewicht entsteht beim Aufrechtstehen eine andauernde Tendenz zum Beugen des Kniegelenks, der Streckmuskel am Oberschenkel wird dementsprechend ständig etwas gedehnt. Dieser Dehnungsreiz bewirkt über den beschriebenen Reflexbogen fortlaufend fein abgestufte Kontraktionen verschiedener motorischer Einheiten, so daß die Beugetendenz ausgeglichen wird.

Die Innervationen von Beuge- und Streckmuskeln müssen allerdings bei jeder Bewegung neu aufeinander abgestimmt werden. Der »Schaltkreis« des Eigenreflexes ist deshalb an zwei Stellen jederzeit modifizierbar (s. Abb. S. 49).

- Die Erregbarkeitsschwelle der motorischen Vorderhornzellen wird durch Synapsen von der Körperperipherie und von höheren Zentren mitbestimmt.
- Die Dehnungsrezeptoren können vom ZNS in ihrer Empfindlichkeit verstellt werden (»Muskelspindeln«).

Wie wir sehen, wird ein einfaches »S-R-Modell« der Komplexität des Eigenreflexes nicht voll gerecht, wir haben es vielmehr mit einem System zu tun, das besser nach dem *Regelkreismodell* zu beschreiben ist (s. S. 207).

Die Amerikaner Miller, Galanter und Pribram ziehen in ihrem Buch über »Pläne und die Struktur des Verhaltens« (»Plans and the Structure of Behavior«, 1960) eine radikale Konsequenz aus der Regelkreis-Analyse des Reflexbogens. Sie verwerfen den Reflex-Begriff (S-R-Modell) als ungeeignet für die Verhaltensanalyse. Als kleinste *Funktionseinheit* nehmen sie ein in vier Phasen arbeitendes Regelsystem an, die »TOTE-Einheit« (Test – Operation – Test – Exit; s. Abb. S. 50):

(1) Die *Test*-Phase (Muskeldehnung zu groß?) entspicht der Reizaufnahme bis zur Synapsenmembran.

(2) Die *Operations*-Phase (Korrektur durch Muskelkontraktion) entspricht der Reaktion der motorischen Einheit.

(3) Die zweite *Test*-Phase stellt die Rückmeldung (Feedback) des »Operationserfolgs« dar. Wenn die Korrektur nicht ausreicht, wird die Operations-Phase (2) wiederholt, andernfalls ist der Zyklus (Reiz–Reaktion–Rückmeldung) beendet mit (4) der *Exit*- Phase (Exit = Ende).

Sie sind zur Analyse komplexer Verhaltensmuster und Handlungspläne geeignet.

Diese komplexen TOTE-Einheiten sind nach dem Prinzip flexibler Computer-Programme aufgebaut.

2.32 Höhere Zentren

Mit dem Reflexbogen haben wir das einfachste Beispiel für einen Regelkreis ken-

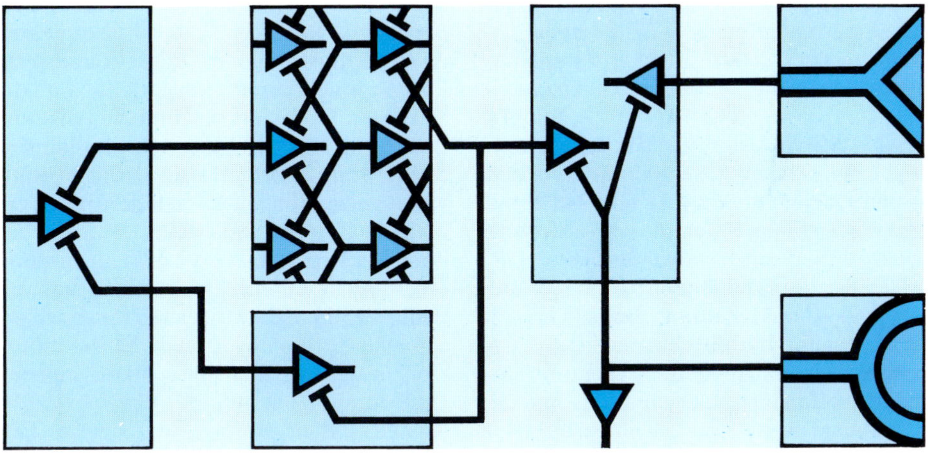

Sensible Eingangsbahnen: Von den *sensiblen Rezeptoren* an der Körperperipherie (Haut, Muskeln, Sehnen, Gelenke, Eingeweide) führt das 1. *sensible Neuron* bis ins Rückenmark. Hier verzweigen sich die sensiblen Neuriten und bilden Synapsen mit motorischen Vorderhornzellen (spinale Reflexe) und mit dem 2. sensiblen Neuron. (Die Umschaltung auf das 2. Neuron erfolgt teilweise auch in Zentren des Hirnstammes.) Das 2. sensible Neuron wird im *Thalamus* auf das 3. Neuron umgeschaltet, es sendet aber gleichzeitig eine *Kollaterale* (= Verzweigung) *ins Retikulärsystem.* Das 3. Neuron führt vom Thalamus zu Zellen im *primären sensiblen Rindenfeld* (*spezifische Eingangsbahn*). Daneben treffen auf die Rindenzellen Synapsen aus dem Retikulärsystem, deren Aktivität von der Summe aller sensiblen und sensorischen Eingänge abhängt (*unspezifische Eingangsbahn*). Die *sensorischen Eingangsbahnen* sind nach dem gleichen Prinzip verschaltet (Hörbahn; Sehbahn, s. S. 96).

nengelernt. Im Zentralnervensystem steht eine Reihe von höheren Zentren mit dem Reflexbogen in Verbindung; das höchste Integrationsorgan ist die Hirnrinde.

Betrachten wir zunächst die *Eingangsbahnen* (Input) zu den höheren Zentren (s. Abb. S. 51). Die *sensiblen* Neuriten der hinteren Wurzeln (*erstes Neuron*) verzweigen sich nach ihrem Eintritt ins Rükkenmark: Ein Teil der Äste bildet Synapsen mit den motorischen Vorderhornzellen (Reflexbogen), ein anderer Teil wird umgeschaltet auf ein *zweites Neuron,* dessen Neuriten in den sensiblen Bahnen des Rückenmarks aufwärts bis zum *Thalamus* im Zwischenhirn ziehen. Der Thalamus ist eine große Schaltstelle für alle sensiblen und sensorischen Eingänge zur Hirnrinde (außer der Riechbahn). Hier werden die sensiblen Impulse auf ein *drittes Neuron* umgeschaltet, das die Botschaften aus jeder Sinnesmodalität (s. S. 75) zu *einem besonderen Hirnrindenfeld* weiterleitet (spezifisches Eingangssystem). Von den ersten oder *primären* sensiblen Rindenfeldern (s. Abb. S. 36) werden die Sinnesinformationen zu benachbarten sekundären und tertiären Rindenfeldern umgeschaltet, in denen zunehmend komplexere Informationsverarbeitungen stattfinden.

Die Impulse der Sinnesbahnen gelangen jedoch zusätzlich auf einem Umweg zur Hirnrinde: Im Mittelhirn liegt ein engmaschiges Netz von kleinen, dicht miteinander »verfilzten« Neuronen, das *Retikulärsystem* (von *reticularis* = netzartig). Bei ihrem Weg durch das Mittelhirn geben die sensiblen Fasern Zweige (Kollateralen) an das Retikulärsystem ab (s. Abb. S. 109). Durch die enge Verflechtung der Neuronen im Retikulärsystem vermischen sich alle einströmenden Sinnesreize, es entsteht eine weitgehend *unspezifische Erregung,* die zu einem »Bombardement« der gesamten Großhirnrinde führt. Die Impulse vom Retikulärsystem zur Rinde sind ebenso wichtig für die Reizwahrnehmung wie die spezifischen Sinnesimpulse: Sie setzen die Hirnrinde insgesamt in einen Erregungs- oder *Aktivationszustand* (s. S. 108), der erst die Voraussetzung für die spezifische Reizverarbeitung schafft, die wir als Wahrnehmung im Wachzustand erleben (*unspezifisches Aktivationssystem*). Das Retikulärsystem stellt eine physiologische Grundlage für die *Aufmerksamkeit* dar.

Die Kontrolle der Aufmerksamkeit erfolgt durch ein Regelsystem, dessen anatomische Grundelemente zur Steuerung von Erregung, Aktivierung und Leistung von den Neuropsychologen Karl Pribram und Diana McGuinness dargestellt wurden (s. Kasten S. 54). Die willentliche Anstrengung (engl. *effort*) bei der kontrollierten Suche nach Informationen wird benötigt, um Entscheidungen über Reaktionsalternativen treffen zu können, wie sie bei komplexen psychischen Leistungen meist erforderlich sind. Diese Anstrengung kann sowohl die Aktivierung sensorischer Systeme (*arousal*) wie auch die der motorischen Systeme (*activation*) beeinflussen.

Doch nun zum »Output des Schwarzen Kastens«, dem motorischen System. Die sensiblen Eingangsbahnen (s. Abb. S. 51) sind über mehrere »Assoziationszentren« mit dem motorischen System verknüpft.

> Modell zur Verschaltung der Hirnstrukturen, die an der Aufmerksamkeitssteuerung beteiligt sind. Nach Pribram und McGuinness gehören zur Steuerung von Aufmerksamkeitsprozessen drei Untersysteme, die unterschiedliche Aufgaben haben: Das Subsystem »Arousal« wird vom Reiz-Input angeregt und reguliert die sensible Erregung. Das Subsystem »Activation« regelt die vorbereitende Aktivierung von zielgerichteten Handlungen.
Das Subsystem »Effort« (Leistung) koordiniert die Steuerungsprozesse zwischen den beiden anderen Systemen. Für jedes dieser Systeme finden sich bestimmte Komponenten in den Biosignalen, die reiz- und antwortspezifisch ermittelt werden können (s. S. 117) (nach Pribram/McGuiness, 1975).

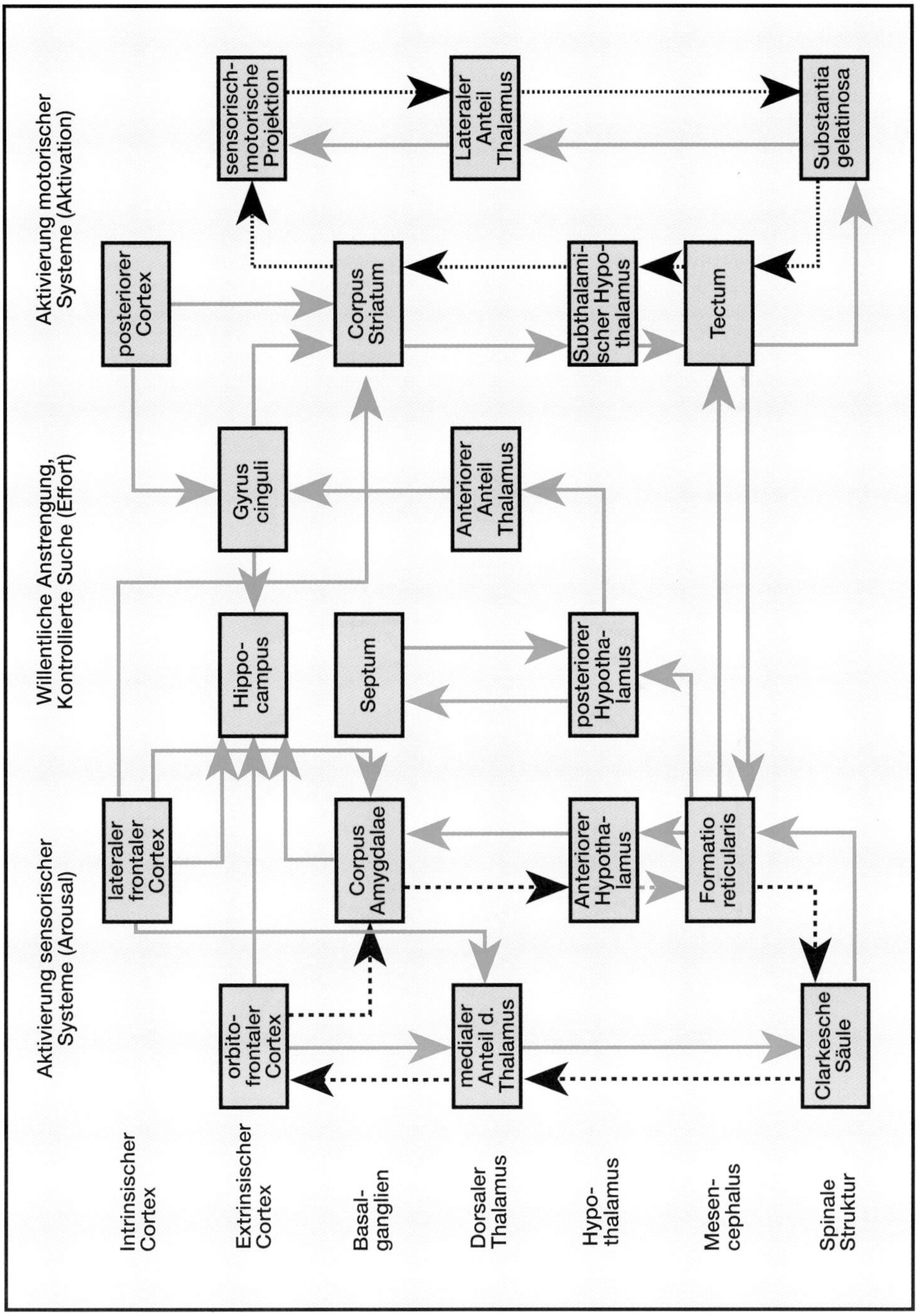
Aktivierung sensorischer Systeme (Arousal)
Willentliche Anstrengung, Kontrollierte Suche (Effort)
Aktivierung motorischer Systeme (Aktivation)
Intrinsischer Cortex
Extrinsischer Cortex
Basalganglien
Dorsaler Thalamus
Hypothalamus
Mesencephalus
Spinale Struktur
lateraler frontaler Cortex
posteriorer Cortex
orbitofrontaler Cortex
Hippocampus
Gyrus cinguli
sensorisch-motorische Projektion
Corpus Amygdalae
Septum
Corpus Striatum
medialer Anteil d. Thalamus
Anteriorer Anteil Thalamus
Lateraler Anteil Thalamus
Anteriorer Hypothalamus
posteriorer Hypothalamus
Subthalamischer Hypothalamus
Formatio reticularis
Tectum
Clarkesche Säule
Substantia gelatinosa

Hirnstrukturen für die Aufmerksamkeitssteuerung

Das hypothetische neuronale Regelsystem (s. Abb. S. 53) für die Steuerung der Aufmerksamkeit besteht nach Karl Pribram und Diana McGuinness aus drei Untersystemen, die unterschiedliche Aufgaben erledigen. Jedes dieser Systeme manifestiert sich in den unterschiedlichen Komponenten von Biosignalen (s. 4.45), evozierten Potentialen und langsamen kortikalen Potentialen. Die hypothetische neuronale Verschaltung basiert auf den Ergebnissen von zahlreichen neuropsychologischen Untersuchungen und neuroanatomischen Studien über die Verbindung der Subsysteme. So erfordert die willentliche Anstrengung (*effort*) bei der »kontrollierten Suche« in experimentellen Situationen zur Musterextraktion und Reaktionsauswahl neben der kortikalen Aktivität des Limbischen Systems (Hippocampus und G. cinguli) auch die Aktivierung von Basalganglien, dorsalem Thalamus und posteriorem Hypothalamus. Die Aktivierung der sensorischen Systeme führt zum multisensorischen Vergleich der Reizmodelle mit den eingehenden Informationen beim Input. Die Aktivierung der motorischen Systeme dient der Planung und Ausführung der zum Reizmuster gehörenden Reaktionen. Bei einer automatischen Verarbeitung ist der Einfluß der willentlichen Anstrengung (*effort*) äußerst gering.

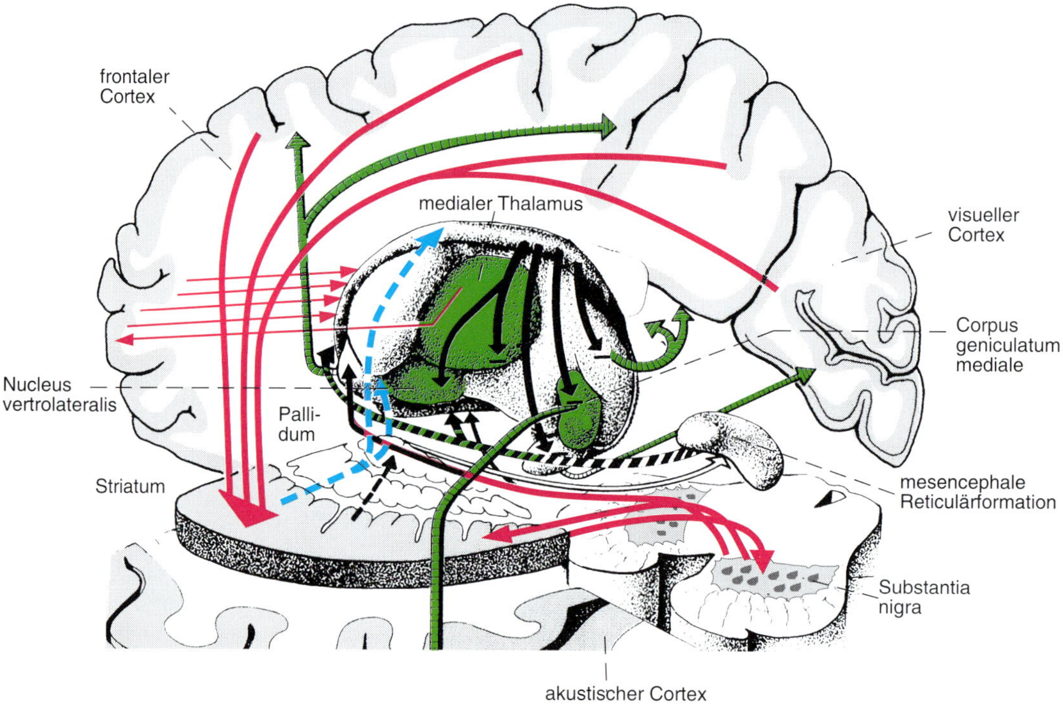

Anatomisches Modell für die Darstellung der Hirnstrukturen, die an der Aufmerksamkeitssteuerung beteiligt sind, nach einem Konzept von Dr. Thomas Elbert, das dem Modell von Pribram und McGuinness in wesentlichen Teilen entspricht. Bei den Verbindungen zwischen diesen Hirnstrukturen sind drei wichtige Informationswege zu unterscheiden: 1. Medio-thalamisch-frontocorticales System (Farbe 1). 2. Thalamocorticale Afferenzen (Farbe 2). 3. Cortex-Basalganglien-Thalamus-Verbindungswege (Farbe 3) (nach Birbaumer et al. 1990).

Den primärsensiblen Rindenfeldern entsprechen auf der Ausgangsseite die primären motorischen Rindenfelder. Wenn man hier durch eine Elektrode einen elektrischen Reiz an ein spezifisches Hirnareal anlegt, kommt es in dem zugeordneten Muskel (topologische Ordnung) zu einer Zuckung. Diese Erregung des Muskels erfolgt über die sogenannten *Pyramidenbahnen*. Sie stellen den kürzesten Weg vom Hirn zur »motorischen Einheit« dar und leiten die motorischen Impulse für die willkürlichen Körperbewegungen. Eine Anzahl weiterer motorischer Verbindungen mit anderen Kerngebieten des Gehirns (*extrapyramidales* System) sorgen für komplizierte Regelprozesse, die Feinabstimmungen unserer Willkürmotorik ermöglichen. Die Neuriten der Pyramidenbahn und des extrapyramidalen Systems bilden teils erregende, teils hemmende Synapsen mit den motorischen Vorderhornzellen. Haltung und Bewegung sind das Resultat oder die Summe aller dieser Eingänge neben den Eingängen, die über Reflexbögen im Rückenmark auf die motorische Vorderhornzelle treffen (s. Abb. S. 49).

2.4 Die menschliche Hirnrinde

2.41 Funktion der Rindenfelder

Die höheren Verarbeitungs- oder Assoziationszentren des Gehirns nehmen ebenso wie die primären sensiblen, sensorischen und motorischen Zentren mit fortschreitender Entwicklung der Säugetiere ständig zu. So entstehen zwischen den primären motorischen und sensiblen Feldern und dem visuellen und akustischen sensorischen »Projektionsfeld« neue Funktionsfelder (*Parietal- und Temporallappen*), *in denen alle Sinnesqualitäten zusammenströmen*. Das *Frontalhirn* tritt erst bei den Menschenaffen auf und hat *beim Menschen eine besonders starke Ausprägung*. Seine Schädigung hat *komplexe Persönlichkeitsstörungen* zur Folge. Unsere Kenntnisse über die Funktion der menschlichen Hirnrinde entstammen zum Teil den Protokollen von Hirnoperationen, die bei örtlicher Betäubung durchgeführt wurden. Der kanadische Neurochirurg Wilder Penfield operierte in den vierziger und fünfziger Jahren eine große Zahl von Patienten mit lokalisierten epileptischen Krampfanfällen, über die er in einem Buch über »Sprache und Hirnmechanismen« (1959) ausführlich berichtet.

Ein anschauliches Beispiel für diese Technik bietet das Operationsprotokoll des Patienten C. H., der im Alter von 37 Jahren nach einer Kopfverletzung an einem linksseitigen Krampfleiden erkrankte. Die epileptischen Anfälle waren durch Medikamente nicht zu beherrschen. Nach sechs Jahren wagte Penfield die Operation. An der linken Schädelseite wurde unter örtlicher Betäubung ein größeres Hirnrindenfeld freigelegt. Die Hirnströme (EEG, s. S. 58) konnten so direkt von der Hirnrinde abgeleitet werden. Gleichzeitig begannen die Chirurgen, durch elektrische Reizung (1–3 Volt Wechselstrom) die Funktionen verschiedener Hirnregionen zu prüfen. Die Reizpunkte erhielten zur Identifizierung sterile Fließpapierplättchen mit Zahlen. Die verschiedenen Reizwirkungen sind im Operationsprotokoll (s. Kasten S. 56) festgehalten. Die elektrische Reizung von Punkt 30 löste regelmäßig die typischen Krampfanfälle aus, an denen der Patient litt. Penfield konnte durch seine Reizmethode sehr genau lokalisieren, welche Hirnbereiche für eine Heilung entfernt werden mußten.

Penfields Operationstechnik wird heute kaum noch angewandt, weil sie häufig zu Gedächtnisstörungen führte. Dagegen haben sich Eingriffe am Gehirn unter örtlicher Betäubung eingebürgert, bei denen durch ein kleines Bohrloch im Schädel *Elektroden mit einem Zielgerät in verschie-*

Operationsprotokoll (zur Funktion der Hirnrindenfelder)

Patient: C. H.
Diagnose: Temporallappenepilepsie links
Diktat bei freigelegter linker Hemisphäre (die Zahlen beziehen sich auf Reizpunkte in der Abb.):

1. Prickeln im rechten Daumen und leichte Bewegung.
11. »Gefühl in der Kehle, das mein Sprechen unterbrach.«
13. Zucken des Unterkiefers nach rechts.
23. Stimulation, während der Patient spricht. Er unterbricht sich, gibt aber einige Laute von sich. Nach Aufhören der Stimulation sagt er, daß er nicht sprechen konnte. Wenn der Patient nicht spricht, bemerkt er eine Reizung an der gleichen Stelle nicht.
24. Der Patient versucht zu sprechen, der Mund bewegt sich etwas nach rechts, er bringt jedoch keinen Laut hervor.
25. Der Patient hat die Aufgabe, Bilder zu benennen. Er zögert, dann sagt er richtig »Schmetterling«. Anschließend wird die Reizung zwischen 24 und 25 ausgeführt: Keine Störung bei Benennen!
26. Der Patient sagt: »Oh, ich weiß, was das ist, das steckt in Ihren Schuhen.« Als die Reizelektrode weggezogen wird, sagt er »Fuß«.
27. Er ist nicht in der Lage, einen Baum zu benennen, der ihm gezeigt wird, statt dessen: »Ich weiß, was es ist.« Als die Elektrode weggezogen wird, sagt er »Baum«.
28. Der Patient kann nichts mehr benennen, sobald die Elektrode hierhin gesetzt wird. Auf die Frage, warum er das Bild (einen Schmetterling) nicht benennen könne, antwortete er später: »Ich konnte nicht auf das Wort ›Schmetterling‹ kommen, dann habe ich nach dem Wort ›Motte‹ gesucht.«
30. Der Patient versucht zu sprechen, bringt aber nichts heraus. Die Stimulation ruft die typischen Zeichen eines Krampfanfalles in den Nachbargebieten hervor. Nachher sagt der Patient: »Ich versuchte zu antworten, aber ich konnte nicht.«

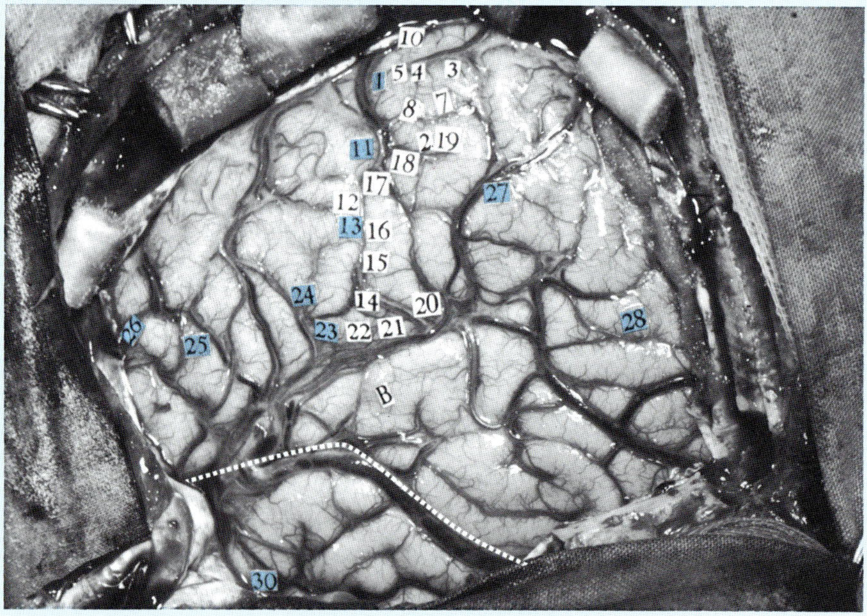

dene Hirnzentren eingeführt werden (*Stereotaxie,* s. S. 99). Mit Elektroden läßt sich die elektrische Aktivität dieser Zentren (EEG) registrieren, es können Hirnreizungen durchgeführt und gestörte Hirnzentren durch Hitzeeinwirkung ausgeschaltet werden.

2.42 Die kortikale Funktionseinheit

Es besteht kein Zweifel, daß die Überlegenheit des Menschen den Tieren gegenüber unmittelbar mit der Entwicklung der Hirnrinde verknüpft ist. Wenn wir uns mit deren Bau und Funktion beschäftigen, dürfen wir uns nicht darüber wundern, daß die Kenntnisse hier so unvollständig sind. Die Schwierigkeit der Hirnforschung liegt vielleicht darin begründet, daß wir die Kompliziertheit des Gehirns mit eben diesem Gehirn entschlüsseln müssen. Nach Ansicht der »erkenntnistheoretischen Pessimisten« ist das menschliche Gehirn zu kompliziert (und gleichzeitig nicht kompliziert genug), um seine eigene Funktionsweise erklären zu können.

Trotz dieser Schwierigkeit wollen wir uns jetzt die Frage stellen, wie die Neuronen der Hirnrinde arbeiten. Zunächst zur Feinstruktur. Die Hirnrinde des Menschen (s. Abb. S. 57) besteht aus einer 5 bis 6 mm dicken Schicht, die auseinandergefaltet eine Oberfläche von 2500 cm^2 bedeckt. Die Zahl der Nervenzellen schätzt man auf 5–10 Milliarden, ca. 100 000 Zellen pro mm^3. Die Neuronen sind in 6 bis 7 Schichten angeordnet. Es lassen sich mehrere Zelltypen mit speziellen Aufgaben unterscheiden, eine grobe Einteilung ergibt zwei Zelltypen:

- Die großen *Pyramidenzellen* mit baumartig verzweigten Dendriten, die sich in vertikaler Richtung durch mehrere Rindenschichten erstrecken. Ihre Neuriten verlassen zum Teil die Hirnrinde.
- Die kleineren und in der Form variableren *Sternzellen,* deren Dendriten und

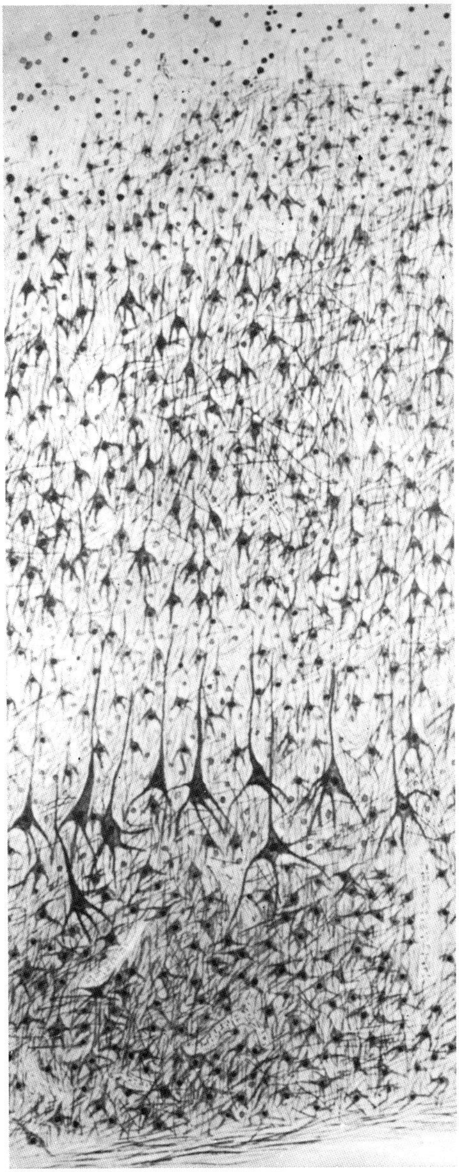

Schnitt durch die motorische *Großhirnrinde* des Menschen (Mikrofotografie, ca. 40fache Vergrößerung). Man erkennt die Anordnung von verschieden geformten Nervenzellen in *Schichten,* im unteren Drittel die großen *Pyramidenzellen,* ganz unten sind hin- und wegführende Nervenfasern im Längsschnitt sichtbar.

Das Elektroenzephalogramm (EEG)

Der deutsche Psychiater Hans Berger entdeckte Ende der zwanziger Jahre, daß an der menschlichen Kopfhaut ständig elektrische Spannungsschwankungen auftreten, die Rückschlüsse auf die Hirntätigkeit erlauben. Diese Spannungsschwankungen (*Elektroenzephalogramm oder EEG*) sind etwa 100 mal kleiner als die Spannungsschwankungen bei der Herztätigkeit (EKG). Die Registrierung erfolgt ähnlich dem EKG, das Registriergerät muß aber sehr viel empfindlicher sein (Verstärkung 1:1 000 000). An verschiedenen Punkten der Kopfhaut werden feuchte Silberplättchen mit Gummiband oder Klebstoff befestigt, die durch Kabel mit dem Registriergerät verbunden sind. Der *Spannungsunterschied zwischen zwei Elektroden* wird elektronisch verstärkt und mit Hilfe einer beweglichen Schreibfeder als Kurvenzug auf Registrierpapier aufgezeichnet (s. Abb.). In einem modernen EEG-Gerät werden meist 8 bis 16 EEG-Kurven von verschiedenen Punkten des Kopfes gleichzeitig registriert. Es ist auch möglich, neben dem EEG andere physiologische Funktionen wie EKG, Atmung und elektrische Hautleitfähigkeit zu erfassen (»Polygraphie«, s. S. 162).

Das EEG stellt ein Gemisch verschiedener »Wellen« dar, deren Form für unterschiedliche *Bewußtseinsprozesse* (s. S. 144) charakteristisch ist. Üblicherweise unterscheidet man die Wellentypen nach der *Häufigkeit des Auftretens pro Sekunde* (*Frequenz*):

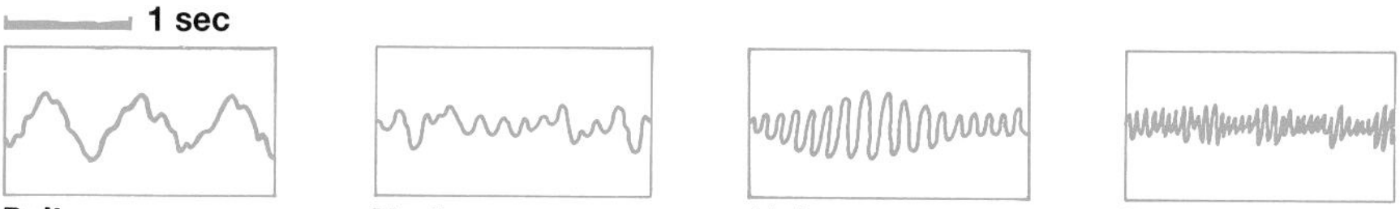

Delta **Theta** **Alpha** **Beta**

a) Delta-Wellen (unter 4 pro Sekunde) treten im Tiefschlaf oder bei schweren Störungen der Hirnfunktion (z. B. Bewußtlosigkeit) auf.
b) Theta-Wellen (4–7,5 pro Sekunde) finden sich besonders beim »Dösen« und Einschlafen.
c) Alpha-Wellen (8–12 pro Sekunde) fallen vor allem durch ihre Regelmäßigkeit auf. Sie sind charakteristisch für den *entspannten Wachzustand* bei geschlossenen Augen und – weniger ausgeprägt – bei offenen Augen. Bei Eintreffen eines neuen Sinnesreizes wird der Alpha-Rhythmus für einige Sekunden »blockiert« (*Orientierungsreaktion,* s. Abb. S. 162).
d) Beta-Wellen (12,5–40 pro Sekunde) treten besonders bei offenen Augen und bei *psychischer Anspannung* auf.

Man nimmt heute an, daß die verschiedenen EEG-Rhythmen von tieferen Hirnzentren *ausgelöst* werden (z. B. der Alpha-Rhythmus vom Thalamus). Die Zentren bilden den »Zeitgeber«. Sie senden in rhythmischen Intervallen »Salven« von Aktionspotentialen in die Hirnrinde. Die kortikalen Neuronen antworten mit Schwankungen ihres Membranpotentials – diese Potentialschwankungen, die bei vielen hunderttausend Zellen gleichzeitig ablaufen, addieren sich und bilden das EEG.

Berger hatte an das EEG die Hoffnung geknüpft, daß es endlich den langgesuchten objektiven Zugang zur »psychischen Energie« eröffnen könnte. Was von dieser hohen Erwartung hat sich in 60 Jahren EEG-Forschung bestätigt?

- Das EEG ist ein bewährtes Routinevefahren für einige neurologisch-psychiatrische Erkrankungen (Epilepsie, Hirntumoren) und bei Untersuchungen der Bewußtlosigkeit.
- Verhaltensrelevante Aussagen liefert das EEG vor allem bei der Beurteilung des Wachheitsgrades (Aktivationsniveau, s. S. 144). Einen Aufschwung hat die psychologische EEG-Forschung hier besonders durch die Entdeckung der Schlaf- und Traumphasen erfahren (s. S. 142).
- Die Alpha-Blockierung durch Sinnesreize (vor allem durch visuelle Reize) und durch psychische Anstrengung eignet sich zum Studium von Aufmerksamkeits- und Lernprozessen (Habituation, s. S. 162).
- Die reiz- oder reaktionsabhängigen EEG-Veränderungen sind meist so minimal, daß sie in der ständig ablaufenden »Spontanaktivität« des EEG untergehen. Durch eine besondere Auswertungstechnik – die »Mittelung« (*averaging*) mit Hilfe eines Computers – können die »Spontanschwankungen« eliminiert werden, so daß die reizabhängigen EEG-Potentiale deutlich hervortreten (»evozierte Potentiale«).

Axone sich überwiegend zwischen den Pyramidenzellen verzweigen.

Die senkrecht zur Oberfläche angeordneten Pyramidenzellen bilden mit ihrem Dendritenbaum kleine Säulen, die als kleinste *Arbeitseinheiten der Hirnrinde* betrachtet werden können. Diese Einheiten sind in der Rinde dicht an dicht gepackt, die Säulen überlappen sich und treten, besonders über die Sternzellen, miteinander in engen Kontakt. Betrachten wir eine kortikale Einheit, z.B. in der Sehrinde. Aus dem zugeordneten spezifischen Thalamusbereich erhält die Einheit ihren spezifischen Input von etwa 5–10 Neuriten. Gleichzeitig treffen mehrere 100 unspezifische Eingänge aus anderen Hirnregionen auf die Einheit. Alle diese teils erregenden und teils hemmenden Eingänge treten außerdem in Interaktion mit den Nachbarsäulen. *Durch diesen vielfachen Input,* der sich in jeder Millisekunde ändert, schwankt das *Membranpotential der Pyramidenzelle im Zentrum der Säule ständig hin und her.* Jedesmal, wenn die Entladungsschwelle überschritten wird, antwortet die Zelle mit ihrem *Aktionspotential, das eine Resultante aus allen Eingängen darstellt.* Besondere Sternzellen bilden zusammen mit benachbarten Arbeitseinheiten hemmende Synapsen, so daß die *erregte Einheit umgeben ist von einem Ring gehemmter Zellen.* Dieser Mechanismus ist von besonderer Bedeutung für die Entwicklung wohlgeordneter Erregungsmuster: *Ohne die umgebende (laterale) Hemmung würde sich eine Erregung diffus auf die Umgebung ausbreiten!*

Die Informationsverarbeitung der Hirnrinde muß man sich also vorstellen als ein ständiges Auf und Ab vieler Millionen von sich überschneidenden Erregungsfeldern, die von Hemmungsfeldern umgeben sind. Die Grundoperation jeder kortikalen Einheit ist ein stetiger Vergleich aller auf sie einströmenden Eingänge. Ihr Ausgang (Output) gelangt zur Weiterverarbeitung entweder zu einer anderen kortikalen Einheit, oder er wird durch einen längeren Neuriten aus der Rinde zu einem subkortikalen Zentrum geleitet.

Es ist charakteristisch für das lebende Gehirn, daß viele Hunderttausende kortikaler Neuronen in einem bestimmten *Rhythmus gleichzeitig* erregt oder gehemmt werden. Die rhythmischen Schwankungen ihrer »Membranpotentiale« lassen sich mit Hilfe empfindlicher elektronischer Verstärker an der unverletzten Kopfhaut nachweisen (s. Kasten »Das Elektroenzephalogramm [EEG]«, S. 58).

Wenn wir uns die komplexe Erregungs-Hemmungs-Verarbeitung der Hirnrinde vor Augen halten, die von Punkt zu Punkt und von Zehntelsekunde zu Zehntelsekunde wechselt, sind die Ergebnisse von elektrischen Hirnreizungsversuchen fast unvorstellbar. Bei der Hirnreizung mit einer Elektrode werden durch einen groben unspezifischen Stromimpuls viele Hunderttausende von Zellen in »mechanischer« Weise ganz einseitig erregt! Wie ist es möglich, daß die Ergebnisse koordinierte Bewegungen, strukturierte Wahrnehmungen und geordnete Gedächtnisinhalte sein können?

Der Neurophysiologe José Delgado, der vor längerer Zeit als »Stierkämpfer« bekannt wurde (s. Abb. S. 60), beschreibt die Start- oder Auslösewirkung der Hirnreizung durch einen anschaulichen Vergleich:

»Wenn wir überlegen, ob ein einfacher elektrischer Impuls die Ursache für die vielen Einzelheiten einer Verhaltensreaktion sein kann, könnten wir ebensogut fragen, ob ein Finger, der durch einen Knopfdruck einen Menschen in den Weltraum befördert, verantwortlich ist für die komplizierte Maschinerie und die ganze Serie von technischen Operationen. Der Finger ist offensichtlich wie ein einfacher Reiz nur der Auslöser für eine programmierte Serie von Ereignissen, und dementsprechend können elektrische Hirnreizungen

José Delgado in der Arena: Der Stier trägt eine Elektrode in einem Hirnzentrum, dessen elektrische Reizung – über Funk – »aggressionshemmend« wirkt.
Der angreifende Stier (oben) wird durch die Hirnreizung schlagartig im Lauf gestoppt (unten). In der linken Hand des »Stierkämpfers« erkennt man seine »Waffe« – ein kleines Sendegerät mit Antenne!

nicht als direkte Ursache für eine Beinbewegung oder für eine Aggressionshandlung angenommen werden. Der Effekt des Stroms ist lediglich, einige Neuronenmembranen zu depolarisieren und dadurch eine *Kettenreaktion* auszulösen.«

2.43 Hirn und Computer

Die psychischen Leistungen des Menschen sind an seine Hirnprozesse geknüpft, an das Zusammenwirken von 10 bis 15 Milliarden Neuronen. Viele dieser

Leistungen lassen sich mit modernen Computern (Digitalrechnern) nachahmen oder »simulieren«: Das Ersetzen »geistiger Routinetätigkeiten« – Rechenarbeiten, Sucharbeiten in großen Karteien, Speichern und Abrufen von Informationen, Aufstellen ganzer Bilanzen, Lösen komplizierter mathematischer Gleichungen und vieles andere – ist längst zum »Routinejob« für Computer geworden.

Neue Entwicklungen der Computerwissenschaft führen noch weiter. So gibt es Computerprogramme, die sich aufgrund früherer Erfahrungen selbständig abändern (»lernende Automaten«), Verfahren zum Erkennen von Gesichtern, Handschriften, gesprochener Sprache (Mustererkennung, s. S. 106), Programme zum Lösen von Problemen und »Expertensysteme« (»künstliche Intelligenz« s. Kap. 8.41). Es besteht also kein Zweifel, daß moderne Computer Leistungen vollbringen, die traditionsgemäß als typisch »geistig« galten.

Auf Ähnlichkeiten in Bauplan und Arbeitsweise von Neuronen und Computer-Bausteinen haben wir schon hingewiesen (s. S. 44): Hier wie dort finden sich »logische Schaltstellen« zur Informationsverarbeitung (Zellmembranen – Transistoren) und Verbindungswege zwischen den Schaltstellen zur Informationsübertragung (Neuriten – elektrische Leitungen). Auch die Gesamtorganisation eines Computers entspricht in groben Zügen dem »S-I-R-Modell des Nervensystems« (s. Abb. S. 33):

- Rezeptoren für den Input (Eingabemedien: elektronische Wandler von Umweltinformationen in computerinterne elektrische Impulse)
- Schaltzentrum (Rechenwerk mit Verbindungen zu Input und Output)
- Innerer Prozeß (Daten- und Programmspeicher)
- Effektoren (Ausgabemedien: Schnelldrucker, Impulsgeber zum Steuern von Maschinen).

Fragen wir uns abschließend, welche *Unterschiede zwischen Hirn und Computer* bestehen. Die Verfechter der »grundsätzlichen Einmaligkeit« des menschlichen Geistes führen für ihre Position mit gutem Recht an, daß die heutigen Computer noch nicht »daran denken«, schöpferisch zu sein oder gar Bewußtsein und Gefühle zu entwickeln. In der Tat sind selbst die modernsten Rechenanlagen mit den raffiniertesten Programmen dem menschlichen Leistungsvermögen weit unterlegen, wenn es gilt, Aufgaben zu bewältigen, die nicht eindeutig definierbar sind und mit dem »gesunden Menschenverstand« zu tun haben. Demgegenüber schreibt etwa ein führender Spezialist für »künstliche Intelligenz«, der Amerikaner Marvin L. Minsky vom Massachusetts Institute of Technology: »Es ist unvernünftig zu denken, daß Maschinen einmal *beinahe* so intelligent werden wie wir und dann aufhören; oder anzunehmen, daß wir für alle Zeiten in der Lage sein werden, mit ihnen in bezug auf ›Witz und Weisheit‹ zu konkurrieren. Ob wir nun eine Art von Kontrolle über die Maschinen behalten werden oder nicht, vorausgesetzt, daß wir das überhaupt wollen: Die Art unserer Aktivitäten und unseres Ehrgeizes würde grundlegend verändert durch die Anwesenheit von intellektuell überlegenen ›Wesen‹ auf der Erde.« Da niemand die künftige Entwicklung der Computertechnologie absehen kann, läßt sich zum Ausgang dieser Kontroverse noch nichts sagen. Wir wollen deshalb einige grundsätzliche Unterschiede zwischen dem ZNS und den bisher entwickelten Computern betrachten:

- *Baumaterial:* Die Schaltelemente und Leitungen im Computer bestehen aus chemisch relativ einfach gebauten niedermolekularen Substanzen (Metalle und »Halbleiter«). Im Nervensystem dagegen finden sich chemisch äußerst kompliziert gebaute hochmolekulare Verbindungen (Eiweiß-Fett-Membranen als chemisch steuerbare »selektive« elektrische Leiter). Die physikalisch-chemischen Prozesse im technischen System laufen mit einer sehr viel größeren Geschwindigkeit ab (Fortleitung elektrischer Impulse mit Lichtgeschwindigkeit!). Die organischen Systeme dagegen arbeiten mit Reaktionen, die zwar viel langsamer, dafür aber feiner zu steuern sind. Das biologische Baumaterial ist noch für einen weiteren Unterschied verantwortlich: Computer löten ihre Bauteile nicht selber zusammen, Organismen dagegen konstruieren sich selber aufgrund ihres genetischen Kodes (s. »Knaurs Buch der modernen Biologie«) einschließlich des Nervensystems aus den einfachen Bausteinen der Nahrung!

● *Komplexität:* Die organischen Bausteine des Nervensystems sind sehr viel kleiner als die modernsten Computerbausteine. Dementsprechend besteht ein moderner PC (Personal Computer) aus 10–100 Millionen Schaltelementen, während im menschlichen Nervensystem auf etwa 2 Litern Rauminhalt 10 bis 15 Milliarden Neuronen untergebracht sind, etwa 1 Million mal mehr Elemente als bei den größten Rechenanlagen! Nimmt man hinzu, daß die Neuronen untereinander sehr viel komplexer verbunden sind (jedes Element ist mit bis zu mehreren tausend anderen verknüpft), so läßt sich erahnen, um wieviel komplizierter das menschliche Nervensystem im Vergleich zum Computer ist.

● *Unterschiedliche Arbeitsweise:* Den diversen Vor- und Nachteilen technischer bzw. organischer Informationsverarbeitungssysteme – hohe Zuverlässigkeit und Geschwindigkeit gegenüber hoher Komplexität – entspricht eine unterschiedliche Arbeitsweise beider Systeme. Der Computer führt nach weitgehend festgelegten Programmen mit hoher Geschwindigkeit und Zuverlässigkeit seine einzelnen Operationen durch. Der Digitalrechner ist eine »deterministische« Maschine, d. h., jeder Folgezustand ist eindeutig durch den vorherigen Zustand und das Programm festgelegt. Jeder Rechenvorgang ist an das Rechenwerk gebunden, jedes Ergebnis wird an einem wohldefinierten Platz gespeichert. Im Zentralnervensystem existiert eine Trennung von Rechenwerk und Speicher in dieser Form nicht. Wir haben es vielmehr mit Zellverbänden zu tun (neuronalen Netzen), deren Einzelelemente (die Neuronen) nicht streng deterministisch, sondern nach Prinzipien der Wahrscheinlichkeit arbeiten. Die neuronalen Netze reagieren als Ganzes, Strukturveränderungen (Mustererkennung und »Lernen«) sind nicht durch ein gespeichertes Programm festgelegt, sondern durch Schwellenveränderungen an einer großen Zahl von Synapsen innerhalb des Netzes. Das Ergebnis ist daher weitgehend unbeeinflußt von möglichen Störungen und Fehlern einzelner Elemente. Die Vorteile dieser *»statistischen« Arbeitsweise* zeigen sich besonders deutlich, wenn durch Verletzung oder Krankheit große Hirnbezirke vernichtet werden: In vielen Fällen können die Ausfälle von anderen Neuronengruppen kompensiert werden, die Hirnfunktionen werden aufrechterhalten – lediglich die maximale Leistungsfähigkeit ist etwas herabgesetzt.

● Ein weiterer Unterschied zwischen Hirn und Computer ist auf einer höheren Ebene als der von Komplexität und Arbeitsweise angesiedelt: Im Digitalcomputer kann zwar die Außenwelt als Modell repräsentiert werden, er *besitzt* aber *keinen Körper.* Die »Körperlosigkeit« und damit verbunden das Abgekoppeltsein des Computers von seiner jeweiligen Umwelt spielt neuerdings auch in der Diskussion um die Grenzen der Künstlichen Intelligenz eine Rolle (s. S. 317).

Von einer neuen Richtung der Künstlichen Intelligenz, dem *Konnektionismus* (nach dem lateinischen Wort für Verknüpfung), wird die Arbeitsweise neuronaler Netze mit Hilfe von Digitalrechnern simuliert, was unter anderem zu Fortschritten bei der Mustererkennung geführt hat (s. S. 104). Ob und inwieweit der Konnexionismus tatsächlich den erwarteten Durchbruch zum Verständnis und zur Simulation höherer Hirnfunktionen liefern wird, ist noch völlig offen.

In unserer Alltagssprache ebenso wie in der Wissenschaft haben wir uns an die Gleichsetzung von Hirn und Computer gewöhnt, wir sprechen von »Elektronengehirnen«, »Denkmaschinen« und »Künstlicher Intelligenz«. Das täuscht darüber hinweg, daß die Funktionsweise des Nervensystems trotz aller Fortschritte noch kaum durchschaut ist. Die Unterschiede zwischen Hirn und Computer werden besonders deutlich, wenn man einer Überlegung des englischen Neurologen und Kybernetikers W. Ross Ashby folgt. Ashby geht aus von der absoluten physikalischen Grenze für die Informationsverarbeitungskapazität der Materie (Bremermanns Grenzwert = 10^{47} Bit pro Gramm pro Sekunde). Bei komplexen menschlichen Tätigkeiten – eine wissenschaftliche Theorie entwickeln, Tennis spielen, ein Buch von 400 Seiten schreiben – würde der Grenzwert nach Ashbys Analyse um ein Vielfaches überschritten, wenn diese Leistungen wie im Computer programmiert wären. Ashby schreibt: »Dieser Grenzwert erscheint so extrem einengend, daß deutlich wird: Entweder unsere Gehirne benutzen keine gewöhnliche Materie (heutzutage kaum eine ernst zu nehmende Hypothese), oder sie benutzen Methoden, die von sehr viel größerer Effizienz sind als die Methoden, nach denen heutige Computer arbeiten!«

Diese Methoden sind Thema der Psychologie.

3. Wahrnehmung

3.1 Reizentzug

Solange wir leben, sind wir einem ständig wechselnden Strom von Reizen ausgesetzt, der aus der Umwelt durch Augen, Ohren, Haut und andere Sinnesorgane, aber auch aus dem eigenen Körper auf uns zuströmt.

Was geschieht, wenn dieser Strom unterbrochen, wenn der Input künstlich abgeschaltet wird?

Die ersten systematischen Experimente zur Wirkung eines solchen Reizentzuges – man spricht auch von *sensorischer Deprivation* (*sensory deprivation*) – führte ein Forscherteam unter Leitung des kanadischen Psychologen Donald O. Hebb 1951 bis 1954 an der McGill University durch. Die Vpn (College-Studenten) erhielten eine hohe Bezahlung für das reinste Faulenzen: Sie hatten nichts weiter zu tun, als zwei bis drei Tage und Nächte auf einem bequemen Bett zu liegen. Das Bett stand in einem schallarmen, schwachbeleuchteten Raum; die Studenten trugen Spezialbrillen aus Milchglas, so daß sie keinerlei Konturen erkennen konnten und ein völlig gleichförmiges Gesichtsfeld hatten (s. Abb. S. 67). Zur Verminderung von Berührungsreizen waren Hände und Arme bis zum Ellenbogen mit Spezialhandschuhen bedeckt. Jede Art von Umgebungsgeräusch wurde ausgeschaltet durch ein ständiges, vollkommen gleichförmiges »weißes Rauschen«, ein Gemisch aus allen Tönen, so wie weißes Licht aus sämtlichen Farben besteht. Der Reizentzug war damit natürlich noch keineswegs vollkommen; es handelte sich eigentlich mehr um eine Reizsituation ohne Abwechslung für die Wahrnehmung – um einen »Wahrnehmungsentzug« (*perceptual deprivation*).

Versuchen wir uns einmal vorzustellen, welche Auswirkungen diese Einschränkung der Wahrnehmung hat . . .

Wer besonders experimentierfreudig ist, sollte vielleicht die nächsten Seiten überschlagen und das McGill-Experiment zunächst an sich selber erproben: Man legt sich mit leichter Kleidung in einem ruhigen Raum bei angenehmer Temperatur auf ein bequemes Bett. Die Milchglasbrille ist ersetzbar durch die zwei Hälften eines aufgeschnittenen Tischtennisballs (es dürfen aber keine Schatten darauf fallen!), das »weiße Rauschen« erzeugt ein Radiolautsprecher, wenn man ihn »aufdreht«, ohne daß ein Sender eingestellt ist, z. B. in der Stellung »CD-Player«. Das Rauschen muß so laut sein, daß die in der Umgebung auftretenden Geräusche verschwinden. Schon zwei bis drei Stunden genügen, um einen Eindruck zu erhalten vom Reiz einer »Welt ohne Reiz«.

Kehren wir zurück zu den getesteten Studenten. Zunächst versuchten sie eine Zeitlang, sich in Gedanken mit irgend etwas zu beschäftigen: mit ihrer Arbeit, mit persönlichen Problemen. Mit der Zeit hatten sie jedoch immer mehr Schwierigkeiten, sich zu konzentrieren; sie ließen »die Gedanken treiben«. Schließlich kamen immer häufiger Perioden, in denen sie an überhaupt nichts mehr denken konnten. Sie fühlten sich zunehmend stimmungslabil und verwirrt. 24 der 29 Vpn sahen im Laufe des Experiments lebhafte Bilder in ihrem Gesichtsfeld (*Trugwahrnehmungen*). Drei Studenten waren regelrecht überzeugt von der Existenz dieser Bilder – sie hatten echte *Halluzinationen.* Nach längerem Reizentzug (Stunden bis Tage) wurde das Gesichtsfeld zunächst heller, dann tauchten Lichtpunkte oder Streifen auf, die später in Muster, Figuren oder sogar lebhafte Szenen übergingen. Bei einigen Versuchspersonen waren die Illusionen ebenso lebhaft und intensiv, wie man es von Berichten über den Einfluß bewußtseinsverändernder Drogen kennt (LSD, s. S. 154).

Abgesehen von den Trugwahrnehmungen zeigten die Studenten auch deutliche Leistungsstörungen, die durch Konzentrations- und Denkaufgaben nachweisbar waren. Häufig konnten sie sich gegen Ende des Experiments kaum noch orientieren und benötigten Hilfe, wenn sie zur Toilette mußten. Nach Wegnahme der Schutzbrille waren die meisten für einige Minuten bis Stunden in ihrer Wahrnehmung beeinträchtigt – die Wände bewegten sich, Ecken und Flächen waren verbogen, eigene Kopfbewegungen wurden als Bewegung der Umgebung erlebt, intensive Farb- und Kontrasterlebnisse traten auf.

Offenbar hatte der relative Reizentzug zu einer Beeinträchtigung der normalen Hirnfunktionen geführt. Dieser Schluß wurde auch durch die fortlaufend registrierte elektrische Hirnaktivität nahegelegt: die EEG-Wellen verlangsamten sich während des Reizentzugs – es traten Theta-Wellen auf, die typisch für das Einschlafstadium und für leichte Formen von Bewußtseinstrübung sind (s. S. 58).

Die Erlebnisse der sensorischen Deprivation müssen aber nicht notwendig unangenehm sein, wie die Verwendung von Reizentzug bei verschiedenen *Meditationstechniken* zeigt (s. S. 158). Bedrohlich werden Reizentzugssituationen erst, wenn man sie nicht selber abbrechen kann. Eine solche Möglichkeit erwähnte D. O. Hebb auf einer Tagung über sensorische Deprivation 1958: »Unsere Untersuchungen an der McGill-Universität begannen eigentlich mit dem Problem der ›*Gehirnwäsche*‹ (*brainwashing*). In der ersten Veröffentlichung durften wir davon aber nichts schreiben.« Länger dauernder Reizentzug ist tatsächlich eine Methode, Menschen nicht nur völlig »mürbe« zu machen, sondern die Deprivation erhöht auch den Hunger nach jeder Art von Information und die Beeinflußbarkeit durch Suggestion und Propaganda. Doch auch ohne Gewaltanwendung geraten immer wieder Menschen in Situationen extremer Reizarmut oder Monotonie, z. B. bei manchen Krankheiten (Liegen in einem großen Gipsverband oder in einer »Eisernen Lunge«), bei Nachtfahrten auf der Autobahn, bei Höhen- und Weltraumflügen, am Fließband und in Kontrollräumen der automatisierten Industrie, bei Grubenunglücken (s. Kasten S. 68).

Zahlreiche weitere Reizentzugsexperimente nach der McGill-Untersuchung haben ziemlich übereinstimmende Ergebnisse erbracht:

- Durch Reizentzug werden nicht nur die Wahrnehmung, sondern auch die psychische Leistungsfähigkeit und die Stimmung beeinflußt.
- Bei längerem Reizentzug kommt es einerseits zu einem großen »Reizhunger«, andererseits entstehen bei vielen Menschen Trugwahrnehmungen (»Selbstreizung des Organismus«).
- Diese Erscheinungen lassen sich nicht nur durch totalen Reizentzug hervorrufen, sondern auch durch ständig gleichbleibende Reizsituationen (Monotonie).
- Die Beeinflußbarkeit durch Reizentzug und das Auftreten von Halluzinationen sind sehr unterschiedlich ausgeprägt. Sie hängen ab von den Einzelheiten der Versuchssituation und von der Einstellung und Persönlichkeit der Vpn.

Die Ergebnisse der Reizentzugsexperimente zeigen drastisch, wie *die Außenreize und ihre Wahrnehmung unser gesamtes Verhalten beeinflussen*: Das normale Wachbewußtsein setzt ausreichend variable Reizbedingungen voraus; wenn diese

Länger dauernder *Reizentzug* (sensorische Deprivation) führt zu Halluzinationen und zur Verlangsamung des EEG.

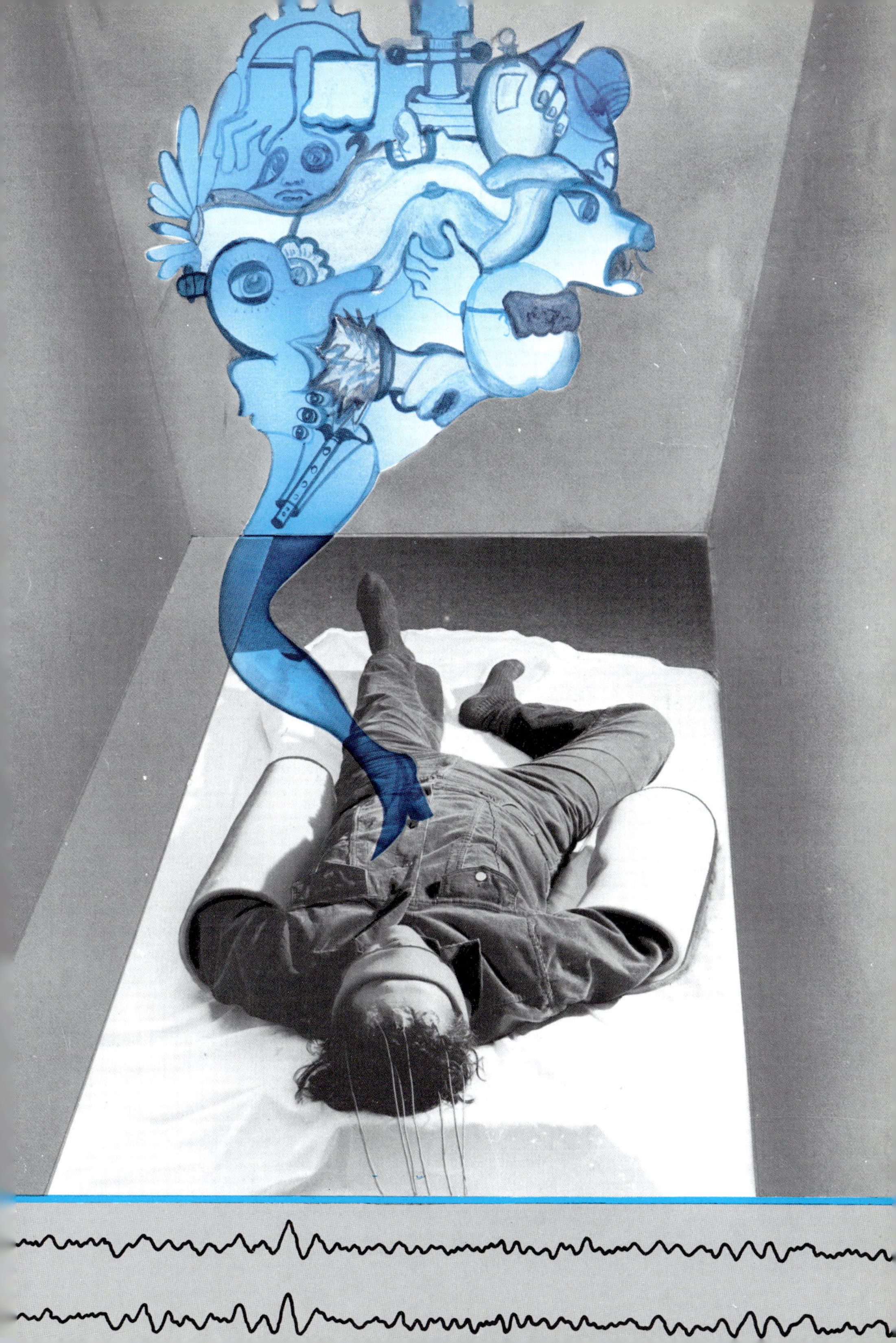

Die Verschütteten von Lengede

Elf Überlebende der Bergwerkskatastrophe (1963) waren 14 Tage lang in 55 Meter Tiefe in einer engen, völlig dunklen Höhle eingeschlossen. Die Psychiater Werner Mende und Andreas Ploeger befragten und untersuchten die elf Geretteten nach der Bergung.
Nicht der Hunger, nicht einmal der drohende Tod, sondern die völlige Finsternis wurde durchweg als »grausam und furchtbar«, als »das Schlimmste« erlebt. Einer der Bergleute versuchte in den ersten Tagen, seinem Leben ein Ende zu machen, weil er »die furchtbare Finsternis« nicht länger ertragen konnte. Allen schien die Dunkelheit mit der Zeit nachzulassen. Bei neun der elf Bergleute kam es zu Trugwahrnehmungen: Lichtkreise, bunte Punkte oder Ringe vor den Augen, auch lebhaftere farbige Sinnestäuschungen. Drei erlebten echte *Halluzinationen* (Halluzinationen sind Trugwahrnehmungen, die nicht als »Einbildung« erkannt, sondern als Wirklichkeit erlebt werden.).
Hier der Bericht eines 44jährigen Kumpels, der etwa vom vierten Tage an halluzinierte: »Ich sah einen Obstgarten mit Apfelbäumen, Palmen, grünen Wiesen, weidenden Kühen, fremden Menschen ... Ich glaubte, ich sitze im Garten und spiele Karten ... Manchmal dachte ich: ›Donnerwetter, du liegst ja auf dem harten Gelump, und nebenan ist alles grün, hell und schön. Wenn ich nur dort wäre!‹ Ging ich dann hin, fiel ich über andere und rannte mir an dem Gestein den Schädel ein. Dann war man plötzlich wieder wach und dachte: ›Ach, du bist ja doch wieder mitten drin in den Bildern.‹ – Das Schönste ist, ich weiß alles. Ich habe alles ganz natürlich gesehen, genauso, als ob es wahr wäre. So kann man das in einem normalen Traum gar nicht erleben.«

Bedingungen geändert werden, entstehen »veränderte Bewußtseinszustände« (s. S. 150).

3.2 Psychophysik und das Messen von Erlebnissen

3.21 Bewußte Reizverarbeitung

Was ist Wahrnehmung? Zur Definition erinnern wir uns an die beiden Modelle des Organismus (s. S. 32). Jede Veränderung der Umwelt, die im Nervensystem des Organismus eine Reaktion (R) auslösen kann, wollen wir *Reiz* (S) nennen (S-R-Modell). Zum Zustandekommen einer Wahrnehmung gehört jedoch mehr als nur eine einfache Reizantwort: *Wahrnehmung läßt sich beschreiben als komplexer Innerer Prozeß* (I) *der »bewußten« Reizverarbeitung.* Innere Prozesse sind der wissenschaftlichen Untersuchung nicht unmittelbar zugänglich, sondern sie werden *aus Reaktionen erschlossen* (S-I-R-Modell). Für die Wahrnehmungspsychologie ergibt sich hieraus, daß die *Wahrnehmungsphänomene niemals direkt untersucht* werden können, sondern daß wir in Wahrnehmungsexperimenten immer nur eine *Reaktion* auf den bewußten Inneren Prozeß der Wahrnehmung erfassen, sei diese Reaktion nun eine verbale Beschreibung des Wahrgenommenen oder ein Tastendruck als Antwort auf einen Reiz. Dabei wollen wir uns mit dem Sprachgebrauch des Alltags zufriedengeben, wonach Innere Prozesse »bewußt« genannt werden, wenn sie im Wachzustand ablaufen und wenn wir über sie auf Befragen Auskunft geben können (»bewußt« kommt von »wissen«).

Mit dem Versuch, Innere Prozesse der bewußten Reizverarbeitung »meßbar« zu machen, begann im 19. Jahrhundert die experimentelle Psychologie.

3.22 Schwellenbestimmung

Zunächst gilt es, die *Reize, die zu einer Wahrnehmung führen,* etwas genauer anzuschauen. Nehmen wir z. B. das Licht einer Kerze, das Ticken einer Uhr, Zuckerwasser, Parfüm oder ein Sandkorn, das auf die Haut fällt. Für den Physiker handelt es sich jedesmal um eine Form von Energie: um elektromagnetische Wellen, Druckschwankungen der Luft, Beschleunigungsenergie. Für jede dieser Energieformen gibt es einen Minimalbetrag, der auf die *Rezeptoren,* die »Reizempfänger« des Organismus, treffen muß, damit eine Wahrnehmung zustande kommen kann. Man nennt ihn die *»absolute Schwelle«*. Wenn weniger Energie auf die Rezeptoren trifft, bleibt der Reiz *»unterschwellig«*.

Absolute Schwelle der Wahrnehmung

Sehen:	Kerzenlicht in klarer, dunkler Nacht aus 40 km Entfernung
Hören:	Ticken einer Armbanduhr aus 6 m Entfernung
Geschmack:	1 Teelöffel Zucker in 10 Liter Wasser
Geruch:	1 Parfümtropfen in einer 6-Zimmer-Wohnung verteilt
Berührung:	1 Sandkorn aus 1 cm Höhe auf die Wange fallend

Extrem hohe physikalische Energiebeträge schädigen das Gewebe der Rezeptoren, sie vermitteln Schmerzempfindungen. Die *»Schmerzschwelle«* stellt dementsprechend die obere Grenze der Wahrnehmung dar. Für das Sehen und Hören liegt die Schmerzschwelle um 1 bis 100 Billionen Energieeinheiten (1 Billion = 1 000 000 000 000!) oberhalb der absoluten Schwelle.

Ebenso wichtig wie das Entdecken eines überschwelligen Reizes ist die Fähigkeit, *zwei in der physikalischen Größe verschiedene Reize voneinander unterscheiden* zu können. Auch hier gibt es eine Schwelle: die Schwelle für den *»eben merklichen Unterschied«*. Der Leipziger Physiologe Ernst Weber (1795–1878) entwickelte eine einfache Methode, um diese

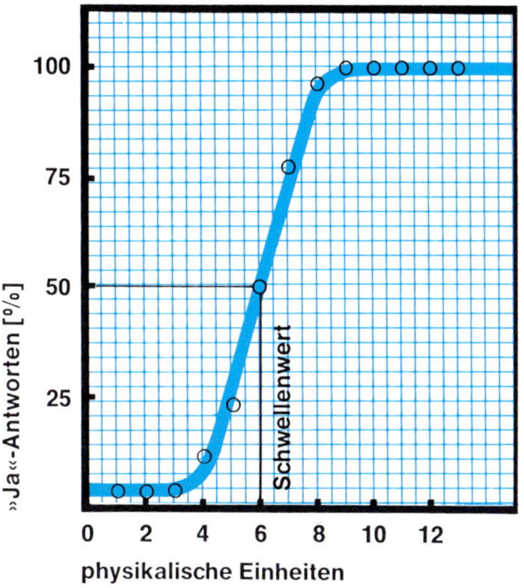

Die *»Psychophysische Funktion«*: Bei einem Unterschied von bis zu 3 physikalischen Einheiten zwischen Standard- und Vergleichsreiz im dargestellten Experiment wird subjektiv keine Diskrepanz bemerkt (keine »Ja«-Antworten), bei mehr als 8 Einheiten Unterschied werden Standard- und Vergleichsreiz nicht mehr verwechselt (100 % »Ja«). Der Schwellenwert für den *»eben merklichen Unterschied«* liegt definitionsgemäß bei 6 Einheiten (50 % »Ja«).

»Unterschiedsschwelle« experimentell zu bestimmen. Er legte seinen Vpn Paare von gleich aussehenden, aber verschieden schweren Gewichten zur Beurteilung vor. Durch Hochheben der zwei Gewichte mußten sie herausfinden, ob beide gleich oder ob eines schwerer war. Innerhalb einer Versuchsserie blieb ein Reiz immer gleich (Standardreiz S), während der zweite von Mal zu Mal variierte (Vergleichsreiz S'). Weber ließ jedes Reizpaar mehrmals beurteilen und notierte, bei welchem Unterschied der Vergleichsreiz als schwerer erlebt wurde. Als *»eben merklichen Unterschied«* (dS) definierte er einen Unterschied zwischen Standard- und Vergleichsreiz, der in 50 Prozent der Urteile bemerkt wurde (s. Abb.).

Weber fand, daß der »eben merkliche Unterschied« gesetzmäßig von der Größe des Standardreizes abhing: Bei einem Standardreiz von 50 Gramm wurde ein Vergleichsgewicht von 51 Gramm als schwerer wahrgenommen, bei 100 Gramm mußte das Vergleichsgewicht 2 Gramm schwerer sein, bei 200 Gramm sogar um 4 Gramm, ehe die Versuchspersonen die Diskrepanz konstatierten. Das Verhältnis zwischen dem »eben merklichen Unterschied« und dem Standardreiz war also immer gleich (1/50 = 2/100 = 4/200 = 0,02 = 2%)! In der Schrift »De tactu« (Über den Tastsinn) veröffentlichte Weber seine Entdeckung, die er später auch bei anderen Sinnesqualitäten (Schätzen von Längen und von Helligkeitsunterschieden) bestätigt fand und die als *»Webersches Gesetz«* in die Psychologie einging:

»Der eben merkliche Unterschied zweier Reize (dS) steht zur absoluten Größe des Standardreizes (S) in konstantem Verhältnis« (dS/S = k).

Wenn also der Standard- oder Ausgangsreiz nicht sehr intensiv ist, bemerken wir schon eine kleine Intensitätszunahme; bei einem intensiven Ausgangsreiz dagegen muß eine beträchtliche Änderung eintreten, bevor wir sie wahrnehmen. Wir sehen, daß die *Prozentrechnung* bereits bei den elementaren Wahrnehmungsvorgängen in Anwendung kommt! Trotz mancher Ausnahmen (z.B. bei sehr niedriger oder sehr hoher Intensität) erweist sich das Webersche Gesetz bei fast allen Wahrnehmungsqualitäten als recht treffsicher. Selbst in anderen Bereichen können wir diese Gesetzmäßigkeit finden, z.B. beim Wert des Geldes (eine Preissteigerung um 50 Pfennig ist bei 1 DM »Standardpreis« etwas ganz anderes als bei 10 DM!) oder bei der moralischen und rechtlichen Beurteilung von Verbrechern (es ist ein großer Unterschied, ob jemand einen oder zwei Morde verübt hat; bei 20 Morden fällt ein weiterer für das Urteil kaum noch ins Gewicht!).

Im Weberschen Gesetz ist die *Verhältniszahl* (eben merklicher Unterschied in Prozent des Standardreizes) ein direktes *Maß für die Feinheit des Unterscheidungsvermögens.* Diese *»Webersche Konstante«* ist für jede Sinnesqualität verschieden. Tonhöhen können wir besonders gut, Geschmackskonzentrationen dagegen nur schlecht unterscheiden.

Eben merklicher Unterschied in Prozent des Ausgangsreizes

Tonhöhe	0,3
Helligkeit	1,6
Gewichte (gehoben)	2,0
Lautstärke	10,0
Geschmack (Salzlösung)	50,0

3.23 »Elemente der Psychophysik«

Weber war sich der weitreichenden Bedeutung seiner Entdeckung selber gar nicht bewußt. Das blieb einem Physiker mit Sinn fürs »Spintisieren« vorbehalten, Gustav Theodor Fechner (1801–1887). Fechner hatte sich nicht nur mit Fragen der Physik und der Physiologie befaßt, sondern sich schon an sehr viel schwierigeren Problemen versucht (z.B. dem, eine »Vergleichende Anatomie der Engel« aufzustellen!), als ihm »am Morgen des 22. Oktober 1850 im Bette« eine Inspiration kam, die ihn – neben Wundt – zum *Begründer der experimentellen Psychologie* machte: Er wollte *»den relativen Zuwachs der physikalischen Energie* (also dS/S) *zum Maßstab für die korrespondierende Erlebnisintensität«* machen. Nach zehn Jahren konsequenter experimenteller und theoretischer Arbeit erschien Fechners epochemachendes Buch »Elemente der Psychophysik« über »die exakte Wissenschaft der funktionalen Beziehungen oder Abhängigkeiten zwischen Körper und Geist«. Es enthielt die erste

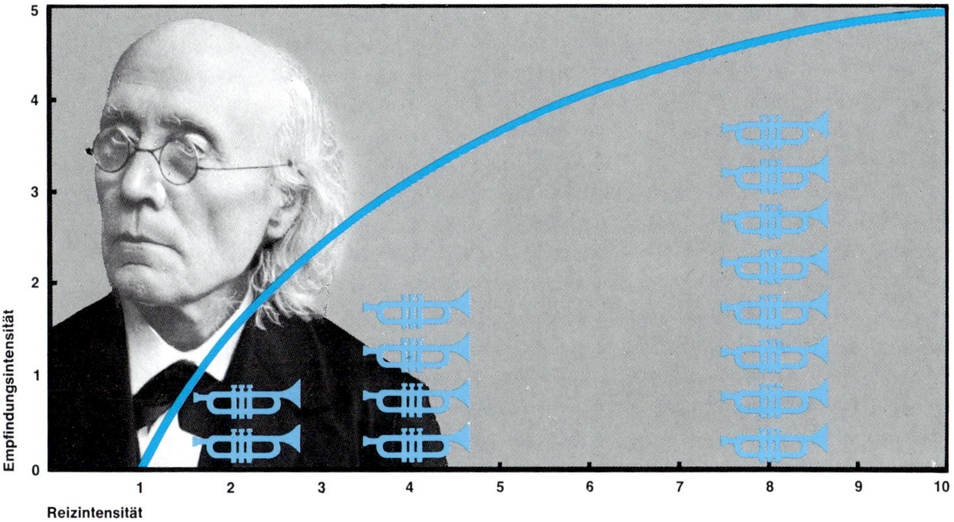

Das *Fechnersche Gesetz*: Bei »logarithmisch« wachsender physikalischer Reizintensität (1 – 2 – 4 – 8 Trompeten) wächst die Empfindungsintensität »linear« (Lautstärken 1 – 2 – 3 – 4).

Theorie zum Messen psychischer Phänomene aufgrund physikalischer Reize (daher Psychophysik!) und die wichtigsten auch heute noch angewendeten experimentellen Meßmethoden (s. S. 72).

Fechners Ziel war eine Messung der *»erlebten Intensität«* (I) von Wahrnehmungsempfindungen. Zum Messen braucht man eine Maßeinheit. Die kleinste Einheit der *erlebten Intensität* (dI) leitete Fechner aus dem Weberschen Gesetz ab: Er benutzte den relativen »eben merklichen Unterschied« (dS/S) als *Erlebniseinheit*:

»Wenn ein Gewicht von 50 auf 51 Gramm steigt, ist der erlebte Intensitätszuwachs ebenso groß, wie wenn ein 100-Gramm-Gewicht um 2 Gramm schwerer wird, nämlich 1 *Intensitätseinheit* (dI). Und zwar ist dI = dS/S«. Diese Definition enthält eine wichtige Annahme – nämlich die, daß die »eben merklichen Unterschiede« an verschiedenen Stellen der Intensitätsskala als gleich erlebt werden.

Welche erlebte Intensität I entspricht nun einem beliebigen Reiz S? Wenn dI die Einheit der Empfindungsintensität ist, gelangt man offenbar zu I, indem man auszählt, wie viele Einheiten dI zwischen dem »Nullpunkt des Erlebens« (*der »absoluten Schwelle«*) und der Intensität beim Reiz S liegen. Eine allgemeine Lösung fand Fechner durch die mathematische Umformung: $dI = dS/S \rightarrow I = k \cdot \log S$ (*»Fechnersches Gesetz«*). In Worten: *»Die erlebte Intensität wächst proportional zum Logarithmus des physikalischen Reizes.«*

Wir wollen uns die Bedeutung des Fechnerschen Gesetzes am Beispiel einer Jazzband veranschaulichen (s. Abb.). Zunächst besteht die Band nur aus einem Trompeter; wenn ein zweiter Bläser hinzukommt, wird die Musik doppelt so laut. Der dritte Mann bringt jedoch nicht soviel: Für dreimal so laute Musik sind vier Trompeter nötig, für viermal so laute sogar acht, und den zehnfachen Lärm einer Trompete würde schließlich erst eine Big

Das Messen psychischer Phänomene

Wenn wir die Länge einer Tischkante messen wollen, legen wir einen »Maßstab« oder eine »Skala« an: Wir vergleichen ihre Länge mit einem Standardwert, der Maßeinheit. Das Ergebnis dieser Meßprozedur ist eine Zahl, die uns angibt, wie oft die Maßeinheit (z. B. Millimeter) in der gemessenen Länge enthalten ist.

Das Messen psychischer Phänomene beruht auf dem gleichen Prinzip: Das zu messende Phänomen wird mit einer Skala von *»Standard-Phänomenen«* verglichen (*»Phänomenskala«*). Voraussetzung dafür ist die Fähigkeit des Organismus, verschiedene psychische Phänomene (= verschiedene Innere Prozesse, repräsentiert durch unterschiedliche Zustände im Nervensystem) miteinander vergleichen und unterschiedlich auf sie reagieren zu können, z. B. durch eine Wahlreaktion oder ein sprachliches Urteil, etwa »gleich« bzw. »größer«.

Wenn man nun dasselbe Phänomen mehrmals beurteilen läßt, stellt man fest, daß die Urteile nicht identisch sind, sondern von Mal zu Mal etwas variieren. Fechner erkannte, daß diese *Urteilsvariationen den Meßfehlern entsprechen,* wie sie auch bei physikalischen Messungen auftreten (z. B. wenn wir die Tischkante mehrmals genau messen). Folgerichtig übertrug er die aus der Physik stammende *Theorie der statistischen Fehlerrechnung* auf die Messung psychischer Phänomene. Danach enthalten jede Messung und *jedes Urteil eine Fehlerkomponente unbekannter Größe, den »Meßfehler«.* Wenn man annimmt, daß der Meßfehler bei jeder Messung einen anderen, *zufällig variierenden Wert* hat (mal mißt man die Tischkante zu lang, mal zu kurz!), läßt sich der *wahre Wert* angenähert ermitteln: Man mißt mehrfach und berechnet den Mittelwert. Nach der statistischen Fehlertheorie ist *der Mittelwert die »beste Schätzung« für den »wahren Wert«.* Je stärker die Einzelwerte von diesem Mittelwert abweichen, desto ungenauer ist jede Einzelmessung (große *Streuung*), desto mehr Wiederholungen der Messung sind notwendig, um eine gute Schätzung des wahren Wertes zu erhalten – die *Größe der Streuung* ist geradezu ein *Maß für die Meßgenauigkeit.*

Psychologische Messungen unterscheiden sich von physikalischen dadurch, daß sie im allgemeinen mit einer sehr viel größeren Streuung oder Ungenauigkeit behaftet sind: Während für die meisten alltäglichen Anwendungen physikalische Größen (Tischkante) bei einmaliger Messung genügend genau erfaßt werden (kleine Streuung, der wahre Wert liegt nicht allzu weit vom zufälligen Meßwert!), müssen psychische Phänomene meist mehrfach gemessen werden, damit der wahre Wert annähernd abgeschätzt werden kann. (Eine Konsequenz dieser Ungenauigkeit: In der experimentellen Psychologie kommt man selten ohne Statistik aus.

Doch wie gelangt der Psychologe zu den Skalen von *»Standard-Phänomenen«*? Sie sind nicht wie ein Metermaß zu kaufen, sondern sie müssen aus einer Serie von Standardreizen »konstruiert« werden aufgrund der Reaktionen oder Urteile von Vpn. Bei den von Fechner entwickelten *»psychophysischen Skalierungsmethoden«* (Grenzmethode, Fehlermethode, Konstanzmethode) müssen die Reize in physikalischen Maßeinheiten variiert werden (z. B. Länge, Gewicht, Schallenergie). Die später entwickelten rein *psychologischen Skalierungsmethoden* (Paarvergleich, Rangplatzmethode, »Rating-Skalen«) setzen dagegen nur noch voraus, daß die Reize eindeutig definiert sind (z. B. eine Serie von Fotos, die Namen von bekannten Personen, die sprachlichen Bezeichnungen für verschiedene Gefühlszustände).

Hier die wichtigsten Skalierungsmethoden:

- *Grenzmethode* (Bestimmung der absoluten Schwelle): Der Experimentator steigert langsam die physikalische Intensität eines unterschwelligen Reizes, bis die Vp ihn wahrnimmt (»aufsteigendes Verfahren«), oder ein überschwelliger Reiz wird langsam verkleinert, bis er nicht mehr wahrgenommen wird (»absteigendes Verfahren«). Die absolute Schwelle ergibt sich als Mittelwert aus mehreren Bestimmungen.
- *Fehlermethode* (Unterschiedsschwelle): Die Vp verändert einen von zwei zunächst gleichen Reizen (physikalische Skala), bis er ihr unterschiedlich erscheint. Bei mehrfacher Wiederholung läßt sich ein mittlerer Unterschied berechnen, bei dem die Reize als verschieden erlebt werden.

● *Konstanzmethode* (Unterschiedsschwelle): Ein konstanter Standardreiz wird nacheinander mit verschiedenen Vergleichsreizen dargeboten. Die Vp muß beurteilen, ob die Reize gleich oder unterschiedlich sind. Ein »eben merklicher Unterschied« wird angenommen, wenn ein Vergleichsreiz in 50 Prozent der Urteile als unterschiedlich erkannt wird (Webers Methode).
● *Methode des Paarvergleichs* (z. B. Beliebtheit von Waschmitteln): Jeder Reiz oder Beurteilungsgegenstand wird mit jedem anderen kombiniert. Diese Paare werden der Vp nacheinander zur Beurteilung vorgelegt (z. B. jedes Paar auf einem Kärtchen oder alle hintereinander auf einer Liste). Die Vp muß zu jeder Kombination ein Urteil abgeben (»X gefällt mir besser als Y«). Aus der Tabelle der Urteile läßt sich für jeden einzelnen Reiz ein Skalenwert aus der Anzahl positiver Urteile errechnen, die er erhalten hat.
● *Rangplatz-Methode* (im täglichen Leben besonders häufig bei Wettbewerben): Der Beurteiler bekommt alle Reize gleichzeitig vorgelegt mit der Aufgabe, sie nach einem bestimmten Kriterium zu ordnen (z. B. für zehn Waschmittel eine Rangliste zu erstellen, die vom unbeliebtesten bis zum beliebtesten reicht). Der Skalenwert eines Reizes ist sein Rangplatz; bei mehreren Beurteilern wird der mittlere Rangplatz für jeden Reiz berechnet.
● *Methode der »Rating-Skalen«* (Farben, Gefühle, Personen, Einstellungen zu Menschen oder zu Behauptungen usw.): Dies ist die verbreitetste Skalierungsmethode; sie ist jedermann von Zeugnissen und Fragebögen her bekannt. Es wird eine Skala vorgegeben, in die das zu Beurteilende eingeordnet werden muß, z. B. die Noten von 1 bis 6 für die Leistungen oder das Betragen eines Schülers. Ein naheliegendes Beispiel für eine Rating-Skala: »Wie interessant finden Sie den Abschnitt über das Messen psychischer Phänomene?«
1 sehr langweilig – 2 ziemlich langweilig – 3 mittelmäßig – 4 ziemlich interessant – 5 sehr interessant . . .
● *Mehrdimensionale Skalierung* (komplexe psychische Phänomene): Wenn wir psychische Phänomene nach einfachen Skalen beurteilen sollen, geraten wir häufig in Schwierigkeiten: Die Filmschauspielerin X hat ein hübsches Gesicht, die Schauspielerin Y schöne Beine und die Z spielt sehr gut – wie sollen wir sie bezüglich ihrer Beliebtheit einordnen? Ein möglicher Ausweg ist dieser: Man läßt die Reize (hier also die Schauspielerinnen) nicht nur nach einer einzigen Skala beurteilen, sondern nach einer ganzen Reihe von Skalen, die möglichst alle relevanten Aspekte der Reizserie erfassen. Durch anschließende mathematische Analyse der Ergebnisse (»Faktorenanalyse«, s. S. 325) wird dann ermittelt, wie viele Aspekte oder Urteilsdimensionen wirklich relevant sind (siehe Dimensionen der Abwehr S. 124).
Mit den beschriebenen Methoden lassen sich Gewichte, Farben, Filmschauspielerinnen, Gefühle, Persönlichkeitseigenschaften und vieles mehr durch *»Phänomenale Skalierung«* ordnen oder »messen«. Im allgemeinen sind allerdings diese Messungen um so weniger zuverlässig und um so problematischer, je komplexer die Phänomene sind. Oft ist es fraglich, ob tatsächlich das Phänomen »gemessen« wird, das den Psychologen interessiert, oder ob die Urteile der Versuchsperson sich auf etwas ganz anderes beziehen oder gar reine »Gefälligkeitsantworten« darstellen.
Bei der Interpretation psychologischer Messungen muß diese Problematik berücksichtigt werden.

Band von 512 Trompetern zustande bringen! Diese Zahlen klingen vielleicht abenteuerlich. Doch wir müssen bedenken, daß der zweite Trompeter die Lautstärke verdoppelte, während in der Big Band ein Musiker mehr oder weniger kaum bemerkt wird. Entsprechendes gilt für andere Sinnesqualitäten (Tonhöhe, Helligkeit, Gewicht usw.): Immer wächst die erlebte Intensität »linear« (1, 2, 3, 4, 5 . .), wenn die physikalischen Reize »logarithmisch« wachsen (1, 2, 4, 8, 16 . . . oder 1, 10, 100, 1000, 10000).

Das *Fechnersche Gesetz* ist seit seiner Formulierung im Jahre 1860 verschiedentlich kritisiert worden. Strittige Punkte sind

Die Rezeptoren und ihre Wahrnehmungsleistung

Physikal. Reiz	*Organ*	*Rezeptoren*	*Modalitäten und Qualitäten*
Lichtwellen (elektromagnet. Wellen von 0,7–0,4 μ)	Auge	Netzhaut (Retina)	Helligkeit, Farben; Gegenstände, Raum, Bewegung
Schallwellen (Luftdruck-schwankungen 16–20000/Sek)	Innenohr	Schnecke (Cochlea)	Töne, Geräusche; Sprache, Musik; Lokalisation von Tonquellen im Raum
Schwerkraft Körper-beschleunigung	"	Sacculus, Utriculus	Körperposition bezügl. Erdanziehung; Körperbeschleunigung
Kopfrotation	"	Bogengänge (Labyrinth)	Kopfbewegungen
Moleküle im Gaszustand	Nase	Riechepithel sensible Nerven in Nasenschleimhaut	Gerüche allgemeine Reizirritation (z. B. durch Rauch)
Moleküle in Lösung	Zunge, Mund-Rachen-schleimhaut	Geschmacksknospen	Geschmacksrichtungen (süß, salzig, sauer, bitter)
Druck, Temperatur, Gewalteinwirkung	Haut	verschiedene Endorgane und Nervenendigungen	Berührung, Druck, Temperatur, Schmerz, Kitzel, Vibration
Druck, Temperatur, chemische Veränderungen	Genital-schleimhaut	verschiedene Endorgane	sexuelle Erregung, Orgasmus
	innere Organe	Nervenendigungen in Muskulatur, Schleimhaut, Bindegewebe	Dehnungsschmerz, z. T. Berührung, Temperatur, Druck (Gefühle)
Druck, Zug	Muskeln, Sehnen, Gelenke	Muskelspindeln (Muskeldehnung) Sehnenspindeln (Muskelkontraktion) Druckrezeptoren	Position und Bewegung der Körperteile
»Inneres Milieu«, Aktivitätszustand u. a.	Gehirn	zahlreiche Zentren	Wachheitsgrad, Gefühls- und Motivationszustände, Bewußtsein

besonders die Annahme, die »eben merklichen Unterschiede« würden in gleicher Weise empfunden, und die Frage, was durch die *»psychophysischen Methoden«* überhaupt gemessen wird. In der berühmten »Geschichte der experimentellen Psychologie« schreibt der amerikanische Psychologe Edwin Boring hierzu:

»Fechners große Leistung war eine neue Art des Messens. Die Kritiker mögen sich darüber streiten, was er letzten Endes gemessen hat; die Tatsache bleibt bestehen, daß er neue Methoden entwarf und erprobte und daß diese Methoden wirklich die ersten psychischen Meßverfahren darstellen und damit den Beginn der quantitativen experimentellen Psychologie. Und mehr als das: Die Methoden haben den Test der Zeit überstanden. Sie erwiesen sich als brauchbar für alle möglichen psychologischen Probleme und Situationen, von denen sich Fechner niemals etwas hätte träumen lassen, und sie werden mit nur geringfügigen Abänderungen noch heute in den meisten quantitativen psychologischen Untersuchungen angewendet.«

3.3 Sinnesqualität und Informationsleistung

3.31 Unmittelbarkeit der Wahrnehmung

Schauen wir auf den Farb  vor uns: Er ist rot! Kneifen wir uns in den Handrücken: Es tut weh! Schnalzen wir mit der Zunge: Es »knallt«! Diese Erlebnisse sind uns unmittelbar gegeben, sie lassen sich nicht aus anderen Erlebnissen ableiten. Wie der rote Farbfleck aussieht, kann ich einem anderen Menschen nicht beschreiben, ich kann es nur *demonstrieren,* indem ich ihm den gleichen Fleck zeige. Erlebt er wirklich dasselbe Rot wie ich, wenn er den gleichen Farbfleck sieht? Im täglichen Leben gehen wir mit gutem Recht davon aus, daß es so ist, weil die meisten Menschen auf dieselben Reize in gleicher Weise reagieren. Tatsächlich haben wir hinsichtlich der unmittelbaren Erlebnisse unserer Mitmenschen keinen anderen Anhaltspunkt als ihre Reaktionen; wenn die Wahrnehmung eines Menschen einmal ausnahmsweise anders arbeitet, merken wir das nur an Unterschieden in der Reaktion, z.B. wenn ein Farbenblinder Rot und Grün verwechselt (Abb. S.76).

Woher stammen diese unmittelbaren Erlebnisse? Weshalb sehen wir einen Farbfleck so, wie wir ihn sehen? Weshalb hören wir so, wie wir hören? Weil der Farbfleck vor uns diese rote Farbe hat, wäre die Antwort eines »naiven« Menschen – wenn der Fleck grün wäre, hätten wir eine andere Empfindung. Dieser »naive Realismus« ist die Wahrnehmungstheorie des Alltagslebens: Unsere Wahrnehmung ist ein Spiegelbild der Umwelt; schließlich liefert sie uns ja Informationen über die Umwelt, damit wir uns in ihr zurechtfinden.

3.32 Sinnesmodalitäten und -qualitäten

Das Reizobjekt der Wahrnehmung ist jedoch nur das erste Glied einer langen Kette. Machen wir hierzu ein kleines Experiment: Schließen wir die Augen, und drükken wir mit beiden Zeigefingern ein wenig auf die Augäpfel. Bei etwas stärkerem Druck haben wir verschiedene Farbempfindungen: Ob durch Druck oder Licht gereizt, die Netzhaut im Auge »meldet« Farbe. Der »Vater der experimentellen Physiologie«, Johannes Müller (1801–1858), formulierte diesen Tatbestand in seiner Lehre von den *spezifischen Sinnesenergien.* Unsere Wahrnehmung beruht demnach auf Nervenimpulsen, die von den Umweltreizen in den Sinnesorganen erzeugt werden. Jeder Nerv hat seine spezifische »Energie« oder »Modalität« – gleichgültig, wodurch er erregt wird: »Die Erregungen mögen in jedem Nerven von gleicher Art sein, trotzdem lösen sie ganz verschiedene Wahrnehmungsempfindungen aus, *weil die Hirnregionen, mit denen die Nerven verbunden sind, verschiedene Eigenschaften haben.*«

Bei der Analyse der »spezifischen Sin-

Die relativ häufigen, meist angeborenen *Störungen der Farbwahrnehmung* (etwa 10 % aller Männer und 1 % aller Frauen sind davon betroffen) bleiben im täglichen Leben meist unbemerkt, weil jedermann *lernt,* daß Blut rot und Gras grün ist, auch wenn er ausnahmslos nur »schwarz« sieht. Die Fotos demonstrieren, welche Farben bei verschiedenen Formen der *Farbenblindheit* wahrgenommen werden: Links oben das Spektrum des Farbtüchtigen; rechts daneben die erste Form der Rotgrünblindheit (*Protanopie* – das Spektrum ist im Rotbereich verkürzt); links unten die zweite Form (*Deuteranopie* – Verkürzung im Grünbereich); rechts unten die seltene Blaugelbblindheit (*Tritanopie*).

nesenergien« oder »Modalitäten« können wir das Märchen von den »fünf Sinnen« getrost vergessen: In den Wahrnehmungsprozeß gehen sehr viel mehr »Sinne« ein, die Einteilung in »Gesicht, Gehör, Geruch, Geschmack, Gefühl« ergibt nur eine grobe Übersicht (s. Kasten S. 74). Wie wir sehen, existieren mehr als zehn verschiedene Sinnesmodalitäten, die in verschiedenen Rezeptoren ihren Ursprung haben und somit voneinander unabhängige Informationen über dasselbe Reizobjekt lie-

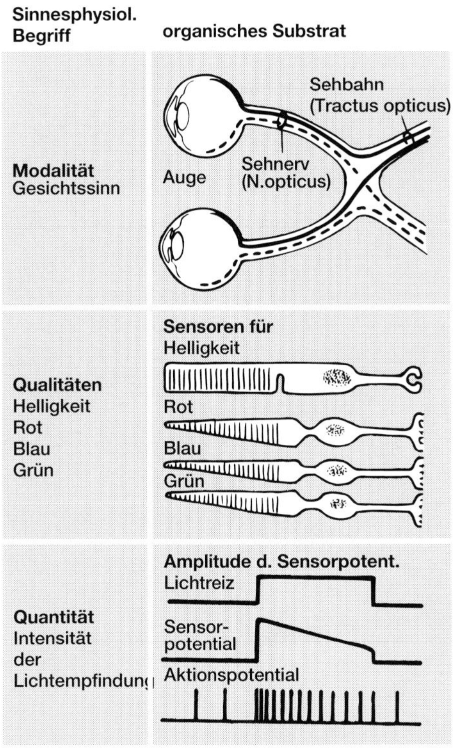

Zur Analyse der spezifischen Sinnesmodalitäten existieren Zusammenhänge zwischen den Sinnesmodalitäten und ihren organischen Substraten, die der spezifischen Informationsverarbeitung dienen. So existieren für den Gesichtssinn spezifische Sensoren für die Sinnesqualitäten Helligkeit und Farbe (rot, grün, blau) wie auch Kodierungsmöglichkeiten für die Intensität der Lichtempfindung über die Amplitude der Sensorpotentiale und die Aktionspotentiale der Neuriten. Die logarithmische Beziehung zwischen Reizintensität und Entladungsfrequenz wird schon im ersten sensorischen Neuron hergestellt (nach Birbaumer et al. 1990).

fern können. Den Zusammenhang von Modalität, Qualität und Quantität des Sehens mit dem dafür zuständigen organischen Substrat verdeutlicht die Abbildung auf dieser Seite.

Innerhalb jeder Sinnesmodalität lassen sich mehrere *Qualitäten* unterscheiden: beim Gesichtssinn die Helligkeiten und Farben, beim Gehör die Töne und Lautstärken usw. Wir gingen davon aus, daß uns diese Qualitäten unmittelbar gegeben sind, daß man sie nicht von anderen Erlebnissen ableiten kann. Nichtsdestoweniger sind sie bestimmten Gesetzmäßigkeiten unterworfen. Wir wollen hierzu ein weiteres Experiment machen: Mit Hilfe einer Schere schneiden wir die zwölf Farbplättchen der Abb. S. 79 aus, die verschiedenen Wellenlängen des Spektrums entsprechen. Dann stellen wir uns oder anderen die Aufgabe, die Farben so in einer Reihe anzuordnen, daß jede Farbe zu ihren beiden Nachbarfarben die größtmögliche *Ähnlichkeit* besitzt.

Wir werden feststellen, daß Anfang und Ende der Reihe – gleichgültig, mit welcher Farbe wir angefangen haben – nicht extrem verschieden, sondern einander sehr ähnlich sind: Die Farbreihe »beißt sich in den eigenen Schwanz«! Wir müssen die Farben in einem *Kreis* anordnen, wenn wir alle Ähnlichkeitsbeziehungen berücksichtigen wollen. Diese Farbanordnung wird von den meisten Vpn als »richtig« empfunden, auch von Mitgliedern ganz verschiedener Kulturkreise.

Der Versuch zeigt, daß sich in die Mannigfaltigkeit der Sinnesqualitäten mittels unserer Fähigkeit der *»Ähnlichkeitsanalyse«* eine »natürliche« Ordnung bringen läßt. Diese Grundfähigkeit ist eine der wichtigsten Voraussetzungen für alle Wahrnehmungs- und Erkenntnisprozesse – beim Tier ebenso wie beim Menschen.

3.33 Informationsleistung der Sinne

Statt die Sinnesqualitäten im einzelnen zu erörtern, wollen wir uns jetzt die Frage stellen, welche relative Bedeutung die verschiedenen Modalitäten für die Wahrnehmung besitzen, wieviel uns jeder »Sinn« von der Umwelt »erzählt«. Moderner aus-

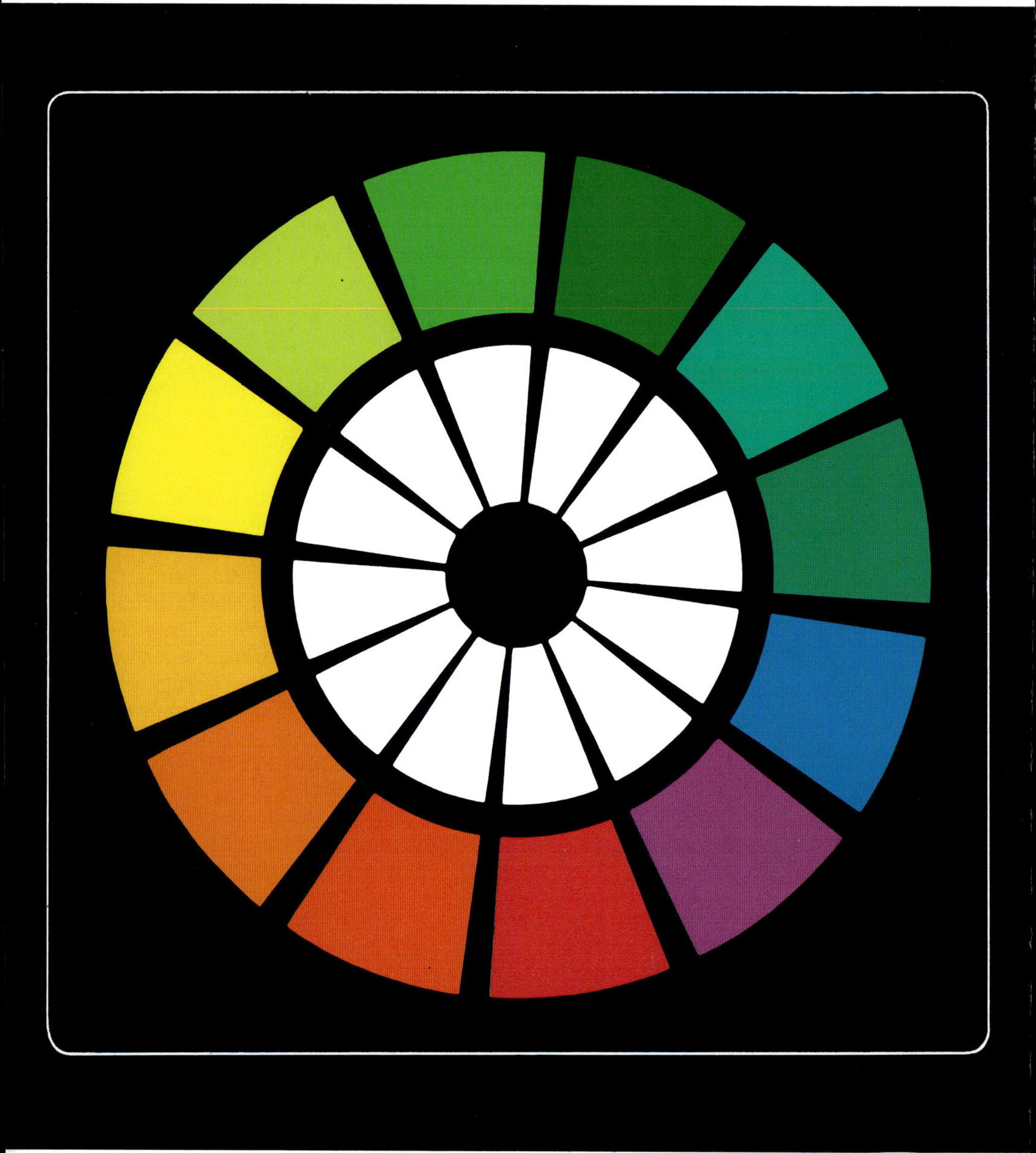

Das sichtbare *Farbspektrum* reicht etwa von den physikalischen Wellenlängen 380 bis 760 Millimykron (violett bis rot). Für das subjektive Erleben schließt sich das physikalische Kontinuum durch die Ähnlichkeit von Anfang und Ende des Spektrums zum *Farbkreis.*

Arbeitsunterlage zum Ausschneiden: Mit Hilfe einer Schere lösen wir die Seite 79 aus dem Buch heraus, schneiden die Farbplättchen aus und beginnen mit unserer Ähnlichkeitsanalyse (s. S. 77). Wir mischen die Farbplättchen und versuchen sie nach Ähnlichkeit zu ordnen. Später legen wir die Plättchen einer unwissenden Person mit der Aufgabenstellung vor, sie ebenfalls nach Ähnlichkeit zu ordnen.

gedrückt: Welche *Informationskapazität* haben die sensorischen Eingangskanäle? Damit stecken wir mitten in einer *informationstheoretischen Betrachtung der Wahrnehmung* (Informationstheorie s. Kasten S. 82/83).

Das Nervensystem ist ein sehr viel komplexeres Gebilde als ein Telefonnetz; die informationstheoretischen Begriffe sind hier nur in grober Annäherung anwendbar. Trotzdem gibt uns die zahlenmäßige Abschätzung des Informationsflusses in Bit einen Einblick in die Natur des Wahrnehmungsprozesses und erlaubt uns, die verschiedenen Sinnesmodalitäten (die »Eingangskanäle in die Black Box«) miteinander zu vergleichen. Solche Vergleiche haben durchaus eine praktische Bedeutung, z.B. bei der Entwicklung von »Sinnesprothesen« (Sehhilfe für Blinde, s. Kasten S. 106).

Wie groß ist der Informationsfluß der Wahrnehmung? Der englische Kybernetiker W. Ross Ashby schreibt hierzu in einer Untersuchung über die »Informationsverarbeitung bei Alltagstätigkeiten des Menschen«: »Wir fanden bei unseren Untersuchungen bald, daß man ohne Schwierigkeiten zu zahlenmäßigen Abschätzungen gelangt; diese Abschätzungen fielen aber so unterschiedlich aus – sie unterschieden sich z. T. um das Millionenfache oder mehr –, daß uns klar wurde, wo das tatsächliche Problem liegt: nicht in der Berechnung von Zahlen, sondern im Durchsichtigmachen und in der logischen Rechtfertigung der angewendeten Methode!« Bevor wir also Zahlen anführen, wollen wir uns klarmachen, welche Methoden in der Wahrnehmungspsychologie zur Informationsberechnung benutzt werden.

Die Messung oder Berechnung einer Informationsmenge setzt einen Übertragungskanal mit Sender und Empfänger voraus. Außerdem muß ein Vorrat von möglichen Zuständen definiert sein, etwa die unterscheidbaren Reizintensitäten. In der Wahrnehmung reicht der »Übertragungskanal« vom Reizobjekt über die Rezeptoren bis zum Wahrnehmungserlebnis. Sender ist die physikalische Energiequelle, Empfänger das hypothetische Bewußtsein, soweit es sich in Urteilen über das Wahrgenommene niederschlägt. Die Meßdaten lassen sich mit den gebräuchlichen psychophysischen Methoden ermitteln. Hier eine typische Abschätzung für den Gesichtssinn, wie sie der deutsche

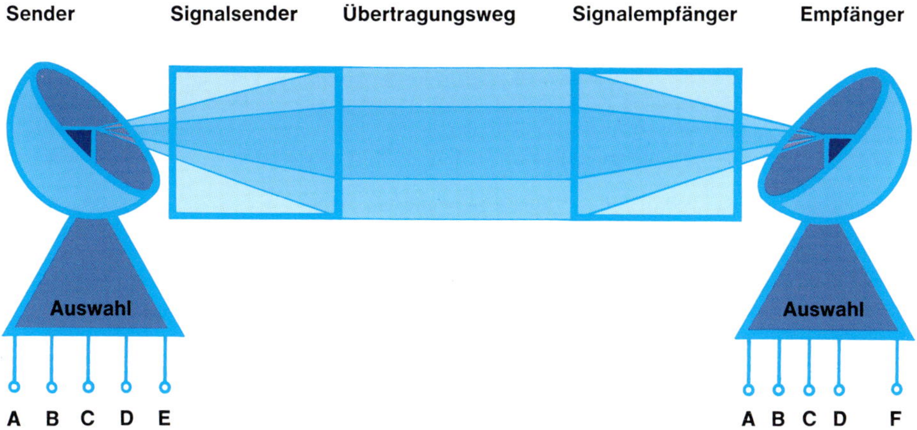

Das *Kommunikationssystem* der Informationstheorie.

Informationstheorie

Die Informationstheorie (begründet 1948 von dem amerikanischen Nachrichtentechniker Claude E. Shannon) beschreibt den *Nachrichtenfluß über einen Übertragungsweg oder Nachrichtenkanal* (z.B. Telefonleitung, Nerv, »Hörraum« beim Sprechen) *mit Hilfe statistischer Begriffe.* Von der Bedeutung der Begriffe für Sender und Empfänger wird dabei abgesehen. Der mathematische Informationsbegriff ist also streng zu unterscheiden von der umgangssprachlichen Verwendung des Wortes Information. Die Entwicklung einer den Sender und Empfänger einbeziehenden »psychologischen Informationstheorie« ist bisher noch nicht gelungen. Zur Beschreibung einzelner Aspekte des Verhaltens (z.B. Funktion des Nervensystems, Wahrnehmungs- und Denkleistungen, Sprachanalyse) sind die Grundbegriffe und Meßmethoden der Informationstheorie jedoch sehr nützlich. Sie sollen deshalb kurz erläutert werden (für eine ausführliche Darstellung s. »Knaurs Buch der Denkmaschinen«).

Das *Kommunikationssystem:* Die informationstheoretische Betrachtung setzt ein Kommunikationssystem voraus, das aus folgenden Teilen besteht: *Sender* (Sprechwerkzeuge) → *Übertragungskanal* (Hörraum) → *Empfänger* (Ohr) (s. Abb. S.81). *Informationsübertragung ist die Übertragung eines Ordnungszustandes* (z.B. Klangmuster, sprachlicher Text, Bild) *vom Sender über den Übertragungskanal zum Empfänger.* Damit eine Information oder eine Folge von Informationen übertragen werden kann, müssen Sender und Empfänger einen *gemeinsamen Vorrat von Ordnungszuständen* oder Begriffen besitzen (sie sprechen die gleiche »Sprache«). Zur Übertragung einer Nachricht wählt der Sender eine dieser Möglichkeiten aus und verschlüsselt oder kodiert sie: Er verändert eine physikalische Eigenschaft des Übertragungskanals in einer dem Empfänger bekannten Weise (Veränderung des Luftdrucks beim Sprechen, Veränderung der elektrischen Spannung im Telefonkanal oder Nerv). Die veränderten oder »modulierten« physikalischen Zustände des Kanals nennt man *Signale.* Der Empfänger entschlüsselt oder *dekodiert* die eintreffenden Signale, d.h., er wählt aufgrund der ihm bekannten Zuordnung aus dem Vorrat der möglichen Begriffe die speziell gesendete Nachricht aus. Jedes Signal wird in der Informationstheorie statistisch beschrieben, d.h. nach der *Wahrscheinlichkeit* seines Auftretens.

Die *Informationseinheit:* Im einfachsten Falle stellt ein Signal eine von zwei gleich wahrscheinlichen Möglichkeiten dar (z.B. das Signal »rechts« bei einer Weggabelung). Die durch ein solches Signal übertragbare Informationsmenge wurde zur *Einheit* für alle Informationsmessungen gemacht, sie heißt 1 Bit (von binary digit = »Zweierzahl«, im Englischen zugleich »Häppchen«). 1 »Häppchen« Information ermöglicht uns also, den richtigen von 2 Wegen zu wählen. Wie viele Bit benötigen wir für den richtigen Weg an 2 Gabelungen, also bei 4 Möglichkeiten? Offenbar 2 mal 1 Bit: »Gehen Sie erst rechts (1. Bit), dann links (2. Bit).« Mit 3 Bit würden wir sogar unter 8 Möglichkeiten den richtigen Weg finden usw. (1 Bit = 1 von 2 Möglichkeiten, 2 Bit = 1 von 4, 3 Bit = 1 von 8, 4 Bit = 1 von 16, 5 Bit = 1 von 32, . . . 10 Bit = 1 von 1024 Möglichkeiten). Eine Dezimalziffer enthält demnach eine Informationsmenge von etwas mehr als 3 Bit (1 von 10 Ziffern), ein Buchstabe zwischen 4 und 5 Bit (einer von 26 Buchstaben), ein beliebig herausgegriffenes Wort aus dem Duden etwa 16 Bit (1 von etwa 32000 deutschen Wörtern!).

Optimale Kodierung und Redundanz: Eine vorgegebene Informationsmenge kann unterschiedlich kodiert sein: Einmal sehr »sparsam«, mit der unbedingt notwendigen Anzahl von Zeichen (*optimale Kodierung*), zum andern »weitschweifig« (*redundant*), indem manche Einzelheiten mehrfach kodiert werden. Die optimale Kodierung ist zwar besonders ökonomisch (Telegrammstil), jede Störung in der Informationsübertragung kann jedoch die Nachricht verstümmeln. Bei redundanter Kodierung dagegen kann der Empfänger etwaige Übertragungsfehler häufig ausgleichen. Die *Redundanz* einer Nachricht ist definiert als die Differenz zwischen der tatsächlich benutzten und der optimalen Kodierung.

Informationsfilter: Jede Vorrichtung, die aus der Menge der gesendeten Signale systematisch einzelne Signale hervorhebt und andere unterdrückt. Übertragungskanäle haben oft unerwünschte Filtereigenschaften (z. B. eine schlechte Radioanlage, die sehr hohe und sehr tiefe Frequenzen nicht wiedergibt, sondern »herausfiltert«). Häufig werden Filter auch absichtlich eingesetzt, um relevante von irrelevanten Signalen zu trennen (z. B. »Herausfiltern« des Rauschens). Bei der Informationsverarbeitung im Organismus spielen sehr komplexe Filter eine bedeutende Rolle (etwa bei der Beschränkung der Umweltinformationen auf das »Wesentliche«, s. Mustererkennung, S. 105).

Informationstheorie und Psychologie: Wenn Informationsmessungen in »nicht-technischen« Kommunikationssystemen durchgeführt werden, ergeben sich folgende Schwierigkeiten:

- Bei der biologischen und besonders bei der zwischenmenschlichen Informationsübermittlung ist der gemeinsame Vorrat an Zuständen oder Begriffen meist nicht genau bekannt (z. B. der Wortschatz beim Sprechen), oft ist seine Definition fragwürdig. Die Informationsmenge kann in solchen Fällen nicht exakt berechnet, sondern nur grob geschätzt werden.
- Die Informationstheorie behandelt den Signalfluß im Übertragungskanal als *Zufallsprozeß*; vom Sender wird vorausgesetzt, daß seine statistischen Eigenschaften sich nicht ändern. Bei biologischen und psychologischen Prozessen gelten diese Voraussetzungen – wenn überhaupt – nur in grober Annäherung, so daß in vielen Fällen ein informationstheoretisches Modell nicht angemessen ist.
- Der Inhalt der Nachrichten und ihre Bedeutung für Sender und Empfänger werden in keiner Weise berücksichtigt; das psychologisch oft Entscheidende kann also mit der Informationstheorie nicht erfaßt werden. Die Informationstheorie in ihrer heutigen Form ist also keineswegs eine Universalsprache für die Psychologie: Ihre Bedeutung liegt einerseits in der Anwendung auf Spezialprobleme und andererseits in der Anregung einer neuen Betrachtungsweise in manchen Fragestellungen.

Nachrichtentechniker Karl Steinbuch vorgelegt hat:

Die 250 psychophysisch unterscheidbaren Helligkeitsstufen entsprechen 8 Bit (256 ist 8 mal durch 2 teilbar!). 8 Bit Helligkeitsstufen mal 400 000 Bildpunkte der Retina mal 60 unterscheidbare Bilder pro Sekunde ergibt 200 Millionen Bit pro Sekunde! Diese Schätzung ist offenbar zu hoch, u. a. weil die Helligkeitsempfindlichkeit und das zeitliche Auflösungsvermögen zur Peripherie des Auges hin abnehmen. Unter Berücksichtigung solcher Einschränkungen ergibt sich ein Wert von 3 Millionen Bit pro Sekunde.

Einen Vergleich der einzelnen »Sinne« bietet eine Zusammenstellung von Steinbuch (siehe die nebenstehende Tabelle).

Wenn wir es hier auch mit sehr groben Schätzungen zu tun haben, so geben sie doch einen Eindruck von der *relativen Leistung* der einzelnen Sinneskanäle: Der Gesichtssinn liefert die mit Abstand meisten Informationen (mehr als 90 %), dann folgen Tastsinn und Gehör. Obwohl der Tastsinn das Gehör fast um das Zehnfache an Kanalkapazität übertrifft, erhalten wir zweifellos durch das Gehör gewichtigere und letzten Endes auch mehr Informationen: Durch die Erfindung der *Sprache* ist eine sehr ökonomische und wirkungsvolle Informationskodierung über den Gehörsinn möglich. Die Informationskapazität des Berührungs- und Drucksinnes wird unter den heutigen Lebensbedingungen

Modalität	Anzahl der Nervenfasern	Informationskapazität (Bit pro Sek.)
Gesicht	1–2 000 000	3 000 000
Gehör	10–20 000	20–50 000
Druck / Berührung	10 000	200 000
Temperatur		2 000
Geruch	2 000	10–100
Geschmack	2 000	10

nicht annähernd ausgenutzt; der Hautsinn bietet sich deshalb in besonderem Maße für den Ersatz defekter Sinnesorgane an (s. Kasten S. 106).

Die Schätzungen in der Tabelle auf S. 83 beziehen sich auf die *Eingangskapazität der Sinnesorgane* – keiner von uns ist in der Lage, 400 000 Bildpunkte gleichzeitig bewußt zu verarbeiten. Was geschieht mit der Eingangsinformation, wieviel davon nehmen wir tatsächlich wahr? Schätzen wir unter diesem Gesichtspunkt den Informationsfluß bei einer relativ gut definierten Tätigkeit, dem Lesen:

Ein durchschnittlicher Leser liest mit einer mittleren Geschwindigkeit von 3 Wörtern (= 15 Buchstaben) pro Sekunde. Zum Erkennen eines Buchstabens dienen etwa 200 Bildpunkte, von der Retina werden dementsprechend pro Sekunde 15 mal 200 Bildpunkte abgetastet (je 1 Bit: schwarz oder weiß). Die beim Lesen ausgenutzte Eingangskapazität beträgt also 3000 Bit pro Sekunde – die Informationsmenge der restlichen retinalen Bildpunkte (fast 100 %) bleibt beim *Lesen* unberücksichtigt. Wir nehmen jedoch keine 200 Bildpunkte wahr, sondern Buchstaben oder Wörter; unter der Voraussetzung, daß die Bildpunkte in der Hirnrinde zunächst in Buchstaben umkodiert werden, jeder Buchstabe zu etwa 4 Bit: 15 mal 4 = 60 Bit. Schließlich ergeben sich in einem weiteren Schritt der kortikalen Informationsverarbeitung aus den Buchstaben die wahrgenommenen Wörter. Im Wortzusammenhang besitzt jeder Buchstabe nach einer Schätzung von Shannon etwa 1 Bit, so daß wir beim Lesen von drei Wörtern (= 15 Buchstaben) zu einer Informationsaufnahme von 15 Bit pro Sekunde gelangen!

Das stimmt recht gut überein mit anderen Schätzungen der bewußten Informationsverarbeitung. Ross Ashby berechnete für eine typische Alltagsbeschäftigung (Nachschlagen eines Wortes im Lexikon) einen Minimalbetrag von nur 3 Bit pro Sekunde, die höchsten Schätzungen liegen bei etwa 50 Bit pro Sekunde. Anhand des *Lesebeispiels* können wir jetzt die Frage beantworten, was mit der millionenfach größeren Eingangsinformation geschieht (hier steckt die millionenfache Abweichung, von der Ross Ashby sprach):

- Der Hauptanteil der Eingangsinformation wird als irrelevant für die bewußte Wahrnehmung *ausgefiltert.* Dieser Informationsanteil ist jedoch die Voraussetzung für zahllose »unbewußte« Reaktionen, z. B. wenn wir unsere Sitzhaltung »automatisch« beim Lesen ändern, *bevor* uns eine unangenehme Druckempfindung der Stuhlkante bewußt wird.
- Nur ein geringer Teil der Eingangsinformation wird für die tatsächliche Wahrnehmung verwertet. Dabei erfolgt eine zunehmende *»Abstraktion des Wesentlichen«,* wodurch die Informationsmenge nochmals stark reduziert wird (aber offenbar nicht die Bedeutung!).

Der erste Vorgang innerhalb des Wahrnehmungsprozesses wird als *selektive Aufmerksamkeit* bezeichnet (s. S. 107), der *zweite* als *Mustererkennung oder Invariantenbildung* (s. S. 105). Beide Vorgänge zusammen bewirken, daß zur bewußten Informationsverarbeitung, dem offenbar komplexesten Vorgang innerhalb des Wahrnehmungsprozesses, nur ein sehr kleiner, aber relevanter Informationsanteil gelangt (»Flaschenhalsmodell« der Wahrnehmung, s. Abb. S. 85).

3.4 Struktur der Wahrnehmung

3.41 Gestaltpsychologie

Was wir wahrnehmen, wenn wir den Raum um uns her betrachten, sind nicht Fechners »Empfindungsintensitäten«, nicht Johannes Müllers »spezifische Sinnesenergien«, sondern *Gegenstände, die sich in einem Raum befinden, und Ereig-*

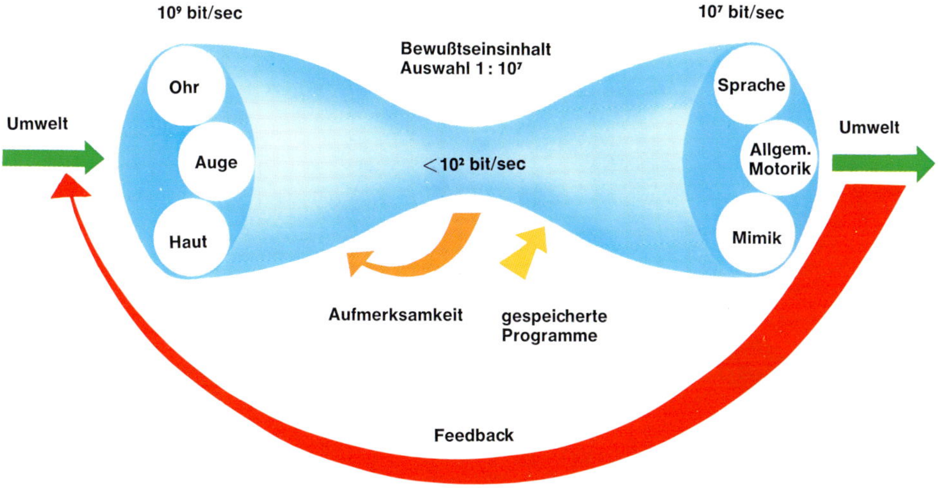

Das *Flaschenhalsmodell der Wahrnehmung* (nach Wolf Keidel): Die maximale Informationsmenge aus den Rezeptoren wird durch Auswahl und Invariantenbildung zur bewußten Informationsverarbeitung im Verhältnis 1:10 bis 100 Millionen eingeschränkt. Der motorische Output enthält annähernd die gleiche Informationsmenge wie der sensorische Input, wobei unbewußt gespeicherte Informationen den Hauptanteil ausmachen. Das Flaschenhalsmodell ist eine Weiterführung der Modelle der Black-Box-Methode (s. S. 31 f.).

nisse, die in der Zeit ablaufen. Die unterschiedlichen Helligkeiten, Farben, Töne, Tasteindrücke, Gerüche werden in der Wahrnehmung nicht losgelöst von den Gegenständen erlebt, sondern als Eigenschaften der Gegenstände und Ereignisse.

Nachdem Sinnesphysiologen und Psychologen im vorigen Jahrhundert die »Atome der Wahrnehmung« so ausgiebig untersucht hatten, entdeckten die Gestaltpsychologen, daß unsere Wahrnehmung eigentlich aus komplizierten »Molekülen« besteht, deren Eigenschaften nicht einfach aus den »Atomen« ableitbar sind: *»Das Ganze ist mehr als die Summe seiner Teile!«*

Der deutsche Psychologe Max Wertheimer (1880–1943) begründete mit seiner Schrift »Experimentelle Studien über das Sehen von Bewegung« im Jahre 1911 die »neue Welle« der Psychologie. Er schreibt: »Ich stehe am Fenster und sehe ein Haus, Bäume, den Himmel. Rein theoretisch könnte ich das alles zahlenmäßig erfassen: Es sind ... 327 Farbtöne und Helligkeitsstufen vorhanden. Sehe ich tatsächlich 327 Unterschiedsstufen? Nein: Himmel, Haus, Bäume – die Gegebenheit der 327 Abstufungen kann kein Mensch realisieren.«

Die Gestaltpsychologen entwarfen und untersuchten eine Reihe von originellen Reizanordnungen, um die Struktur der komplexen Wahrnehmungsprozesse zu analysieren. Ihre Beobachtungen formulierten sie in sogenannten *»Gestaltgesetzen«*. Diese »Gesetze« sind als eine Bestandsaufnahme oder Beschreibung von Wahrnehmungsphänomenen aufzufassen, also eigentlich als das Rohmaterial für künftige Wahrnehmungsgesetze. Erst die Strukturmodelle der *Kybernetik* und die neueren Ergebnisse der Neurophysiologie (s. S. 95) lassen ein besseres wissenschaftli-

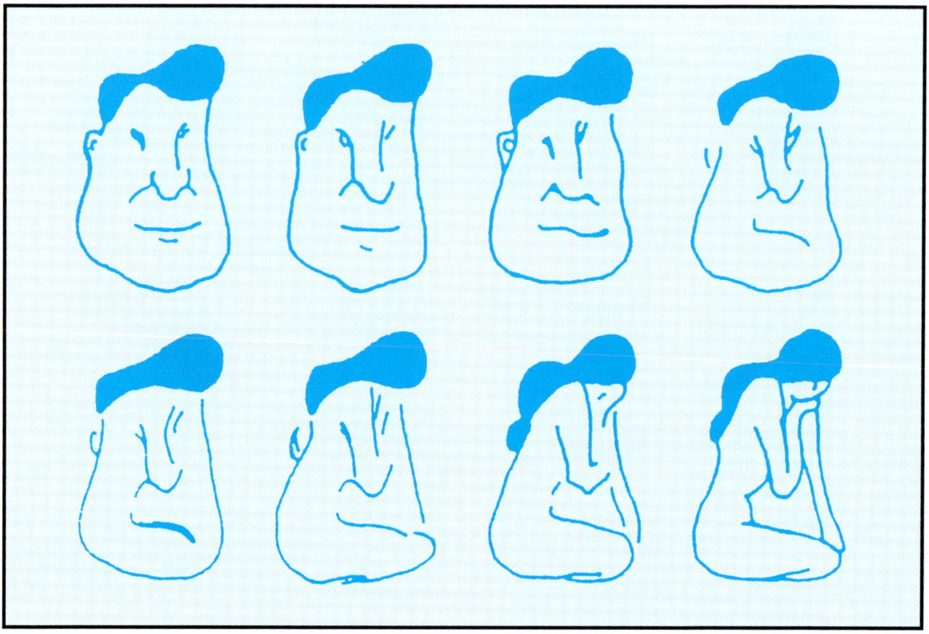

Beschreiben Sie, was Sie sehen, wenn Sie die Bilder in der Reihenfolge von links oben nach rechts unten anschauen und wenn Sie dies in der umgekehrten Reihenfolge tun. Die Hysteresis (nach dem griechischen Wort für zurückbleiben) beim Umschlagen der Kippfiguren verdeutlicht den Einfluß von bereits existierenden Perzepten auf die aktuelle Wahrnehmung (nach Ditzinger und Haken, 1989).

ches Verständnis der Gestaltphänomene erwarten.

Auf der Grundlage der Synergetik (s. Kap. 1.24 Systemtheorien als neue Denkansätze) hat der Physiker Herrmann Haken ein Modell zur Erklärung von Kippfiguren (s. Abb. oben und S. 88) ausgearbeitet, das genaueste Vorhersagen über experimentelle Messungen zur Oszillation der Kippwahrnehmungen erlaubt. Vergleichbar den Gesetzen der Psychophysik (s. Kap. 3.2), konnte für die Eigenarten der Wahrnehmungsstruktur somit ein mathematisches Modell entwickelt werden, das Wahrnehmungsbevorzugungen bezüglich Figur und Grund ebenso berücksichtigt wie die Fluktuation des Zeitpunktes, an dem ein Bild umschlägt in die Wahrnehmung des anderen Bildes. Dieser sogenannte Hysteresis-Effekt kann erprobt werden, wenn die Abbildung auf dieser Seite einmal von links oben nach rechts unten betrachtet wird und das andere Mal in der umgekehrten Reihenfolge. Beim ersten Durchgang schlägt das Bild des Gesichtes in das des sitzenden Mädchens gewöhnlich erst in der zweiten Reihe nach dem 2. Bild (von links) um. Im zweiten Fall tritt der umgekehrte Effekt dagegen schon in der oberen Reihe beim 3. Bild von links ein. Die theoretisch berechneten Umschlagspunkte für diesen Vorgang stimmen mit den empirisch ermittelten Werten sehr gut überein. Im Gegensatz zur Psychophysik werden hier Strukturveränderungen und keine Intensitätsänderungen beschreibbar. Dies eröffnet der Wahrnehmungslehre neue Möglichkeiten der Theoriebildung, die bis vor wenigen Jahren noch undenkbar waren.

3.42 Das Ganzfeld

Beginnen wir mit der einfachsten denkbaren Reizsituation. Stellen wir uns vor, unser Gesichtsfeld sei ausgefüllt mit einer etwa 1 m entfernten homogenen Fläche ohne jede Oberflächenstruktur, die gleichmäßig beleuchtet ist (sogenanntes *Ganzfeld,* s. Abb.). Der Wahrnehmungsein-

Der *Ganzfeld-Versuch*: Das Innere der Halbkugel ist eine homogene graue Fläche ohne sichtbare Struktur. Von einem Diaprojektor hinter der Versuchsperson können unterschiedliche Lichtreize auf die Fläche geworfen werden.

Wahrnehmung im Ganzfeld: (a) Die einheitlich graue Fläche (oben) wird als homogener »Nebel« wahrgenommen (unten). (b) Der kontinuierliche Übergang von Dunkelgrau zu Hellgrau erscheint ebenfalls als homogener »Nebel« (Wirkung der Assimilation). (c) Die Trennlinie bewirkt, daß eine gleichmäßig dunkelgraue und eine gleichmäßig hellgraue Halbfläche wahrgenommen werden (Kontrast zwischen den Halbflächen und Assimilation innerhalb der Halbflächen).

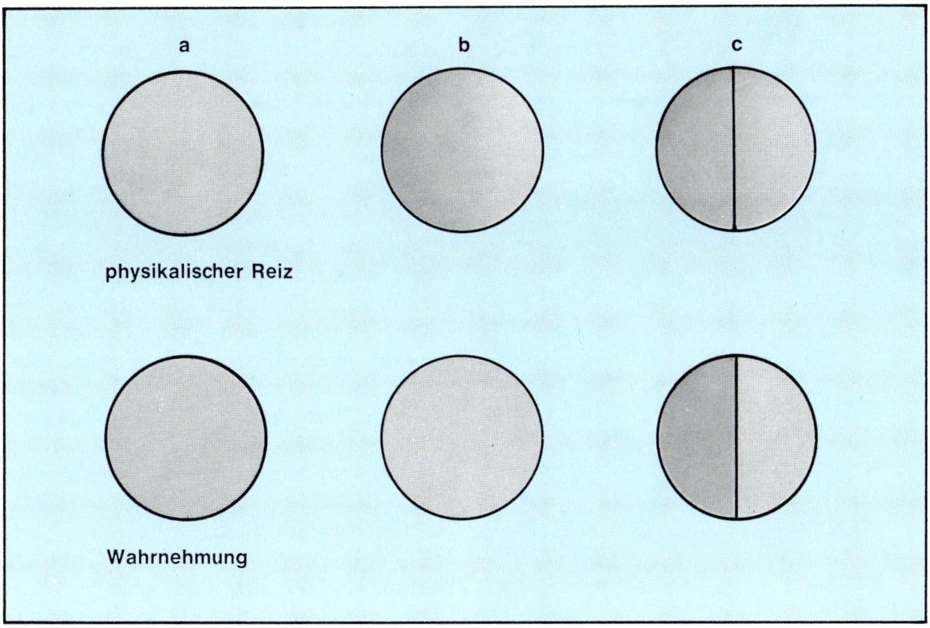

Der *Kontrastring* eignet sich zum Selber-Experimentieren. Wenn wir einen dünnen Faden oder auch einen Bleistift zwischen dem gelben und dem blauen Feld auf den Ring legen, erscheint das Grau rechts mit einem gelblichen und links mit einem bläulichen Schimmer (Farbkontrast). Wenn die Trennungslinie fehlt, wirkt der Ring einheitlich grau (die »gute Gestalt« unterstützt die Assimilationstendenz, s. S. 89).

Kippfigur: Ein Pokal oder zwei Gesichter? Durch das Umschlagen von Figur und Grund wird hier besonders deutlich, daß die Unterscheidung von Figur und Grund eine *aktive Wahrnehmungsleistung* ist.

druck ist überraschend: Wir können die Fläche vor unseren Augen gar nicht »sehen«, wir haben statt dessen das seltsame Erlebnis, in eine Nebelwand zu schauen, die sich zur Ferne hin verdichtet. Wenn nun auf dieser Fläche eine Struktur sichtbar wird, etwa – durch die Unebenheit der Oberfläche – ein Schatten, so dehnt sich vor unseren Augen plötzlich ein Raum aus, und wir sehen die Fläche in angebbarem Abstand. Dieses Experiment zeigt, daß ein Raumerlebnis nur zustande kommen kann, wenn *Reizunterschiede* oder Unstetigkeitsstellen in der Reizsituation vorhanden sind. Die Helligkeit im homogenen Ganzfeld dagegen ist dem *»subjektiven Augengrau«* ähnlich, das wir bei geschlossenen Augen im Dunkeln vor uns »sehen«.

In einem weiteren Experiment wird das Ganzfeld nicht gleichmäßig beleuchtet, sondern die Beleuchtung nimmt von der rechten zur linken Gesichtshälfte hin kontinuierlich ab. Obwohl der Helligkeitsunterschied zwischen rechts und links beträchtlich ist, bleibt der Eindruck, daß wir in eine gleichmäßige graue Nebelwand schauen. Jetzt ziehen wir einen feinen Strich senkrecht durch die Mitte der Fläche: Plötzlich sehen wir rechts von dem Strich eine gleichmäßig helle und links eine gleichmäßig dunklere Fläche. Hier kommen zwei Grundphänomene der Wahrnehmung zur Wirkung: *Assimilation* (Angleichung) und *Kontrast.*

- Die nach der physikalischen Reizverteilung durchaus nicht gleichmäßige Fläche wird zunächst aufgrund der *Assimilation* als homogen erlebt. Die Assimilation führt zur Vereinfachung der wahrgenommenen Welt, indem sie kontinuierliche Übergänge verwischt.
- Die Helligkeitswerte unmittelbar rechts und links vom Trennstrich sind physikalisch nicht sehr unterschiedlich, durch den *Kontrast* wird dieser Unterschied aber verstärkt. Der Kontrast führt zur Betonung von Unterschieden an Grenzlinien;

Gruppierungstendenzen

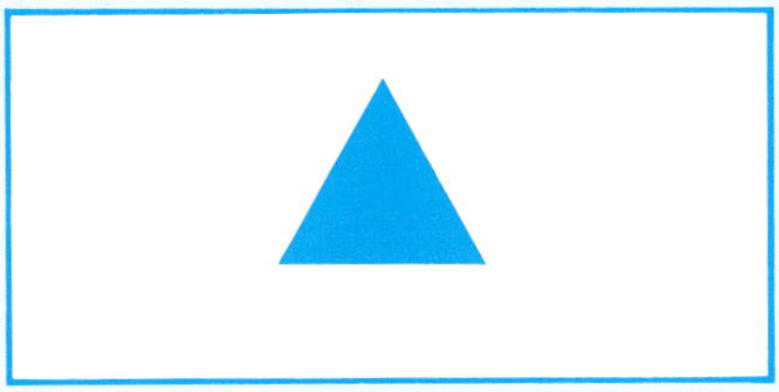

a

b

a) *Geschlossenheit*: Das blaue Dreieck hat eine geschlossene Kontur, die es als Figur vom Grund absetzt.
b) *Verteilung im Gesichtsfeld*: Hier ist die weiße Fläche Figur, die Dreiecke aus a erscheinen als Hintergrund. Der kleinere Teil eines Reizmusters wird als Figur erlebt.

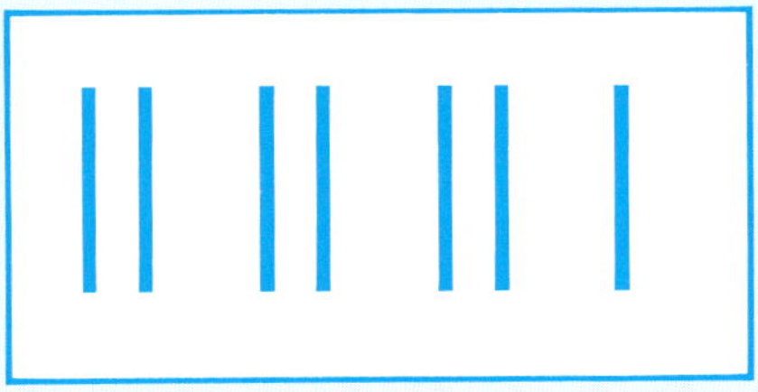

c

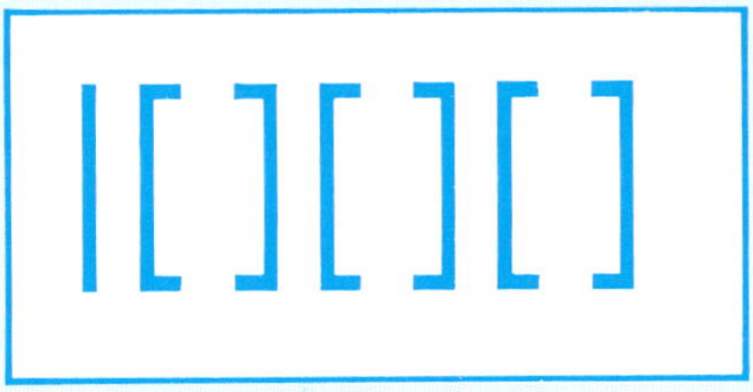

d

c) *Gruppierung nach Nähe*: Wir sehen drei Paare von Strichen und einen Einzelstrich.
d) *Bildung »guter« Gestalten*: Wir sehen die Striche (c) nicht mehr als Paare, sondern wir sehen Rechtecke, die »in Wirklichkeit« gar nicht vorhanden sind. Die Lücken werden ergänzt, die Gruppierungstendenz nach Nähe wird überspielt.

e

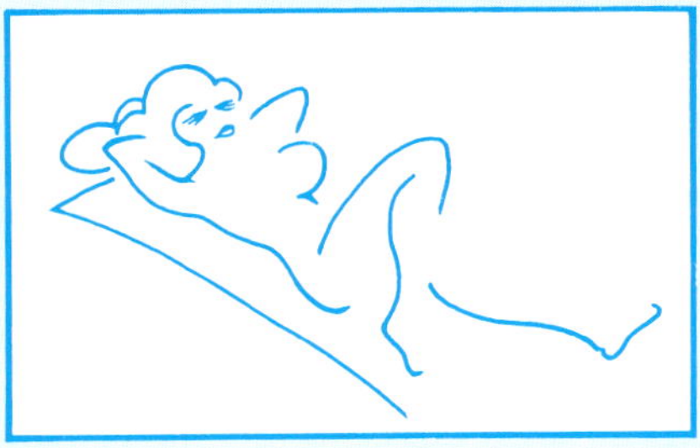

f

e) *Einfachheit*: Obwohl die blauen und weißen Streifen die gleiche Fläche einnehmen, sehen wir weiße Streifen auf blauem Grund – offenbar, weil sie ein regelmäßigeres Bild ergeben. Sie sind überall gleich breit.
f) *Vertrautheit*: Diesem hübschen »Figürchen« fehlen die meisten Umrisse, trotzdem liegt die Badenixe leibhaftig vor uns!

er trägt also dazu bei, daß die wahrgenommene Welt eine prägnante »Holzschnitt-Struktur« erhält.

Assimilation und *Kontrast* sind Phänomene, deren Wirkung weit über die Wahrnehmung hinausreicht: Beim Fühlen, Denken und Werten neigen wir ebenso dazu, fließende Übergänge zu vernachlässigen, wie Unterschiede zwischen »diesseits und jenseits der Grenze« überzubetonen! Besonders deutlich wird diese Tendenz in der Beurteilung von »Freund und Feind« (soziale Wahrnehmung, s. S. 123).

3.43 Figur und Grund

Assimilation und Kontrast sind allgegenwärtig. Nehmen wir z. B. diesen schwarzen Fleck auf dem weißen Papier: Scheint nicht der Fleck kompakter zu sein, sozusagen auf dem Papier zu liegen, setzt sich nicht die weiße Fläche unter ihm fort? Das Papier als Hintergrund ist gleichmäßig, unstrukturiert, ohne Grenzen; der Fleck dagegen hat eine bestimmte, durch seine Kontur gegebene Form: Wir sehen kein Loch im Papier, sondern eine schwarze Figur auf weißem Grund! Die Differenzierung in *Figur und Grund* tritt zwangsläufig ein, wenn wir kein Ganzfeld vor uns haben, sondern wenn sich irgendwelche Einzelheiten im Wahrnehmungsfeld befinden. Die *Figur* wird durch Kontrastphänomene hervorgehoben und akzentuiert, der *Grund* erscheint durch Assimilationswirkungen unstrukturiert. Die Grenze zwischen Figur und Grund, die doch physikalisch zu beiden Bereichen gehört, wird als Teil der Figur erlebt, der Grund setzt sich subjektiv hinter der Figur fort und hat keine Grenze. Daß auch der Grund »eigentlich« Grenzen besitzt, sieht man sehr schön beim Ausstechen von Nikolausgebäck: Neben den Herzen und Weihnachtsmännern bleiben Zwickel und krumme Vielecke übrig, die wir als Negativ-Umrisse der Figuren normalerweise »übersehen«.

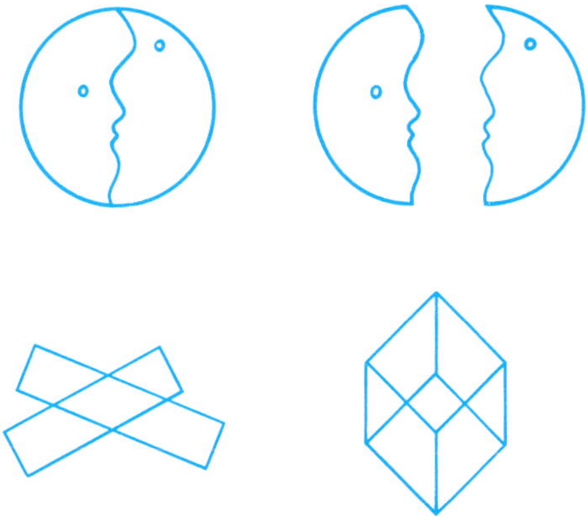

a b

»Gute Gestalt«: (a) 5 Vierecke oder 2 Rechtecke? (b) 7 unregelmäßige Flächen in der Ebene oder ein Würfel im Raum?
(Frage zu b: Welche der beiden mittleren Würfelecken liegt vorn? Was ändert sich bei längerem Hinschauen? Zur Erklärung siehe die »unmöglichen Gestalten« S. 91.)

Die Reizsituationen des täglichen Lebens sind meist sehr komplex: Wir sehen verschiedene Figuren oder Gegenstände auf einem gemeinsamen Grund, die Figuren überschneiden einander, sie besitzen Einzelteile. Oft bildet eine Figur den Grund für eine andere, oft fügen sich mehrere Figuren zu einem größeren Ganzen zusammen. Die Gestaltpsychologen haben ausgiebig die Reizgegebenheiten untersucht, nach denen sich »Figuren« vom Grund abheben und gliedern (Gruppierungstendenzen, s. Kasten S. 89). In anderen Modalitäten (Hören, Tasten, Riechen, Schmecken) lassen sich analoge Prinzipien der Figur-Grund-Unterscheidung nachweisen.

3.44 Die »gute Gestalt«

Alle Gruppierungsgesichtspunkte scheinen eine gemeinsame Tendenz zu besitzen, nämlich die, die Welt möglichst einfach und übersichtlich zu machen. In der

Formulierung der Gestaltpsychologie: Die Wahrnahmung strukturiert die Reizsituation so, daß »prägnante« und »gute Gestalten« entstehen. Die Tendenz zur »guten Gestalt« oder die *»Prägnanztendenz«* ist allerdings als Erklärungsprinzip ziemlich wertlos, solange man nicht definieren kann, was eine »prägnante«, »einfache« oder »gute« Gestalt ist. Dieses Zentralproblem der Gestaltpsychologie ist bis heute ungelöst. Die von den Gestaltpsychologen ausgearbeiteten Kriterien für *»gute Gestalten« (kontinuierliche Linien, Symmetrie, Geschlossenheit, Regelmäßigkeit, Ähnlichkeit)* sind selber nicht eindeutig definiert und lassen sich nicht allgemein anwenden. Versuche, das Problem der Einfachheit zu lösen, wurden mit Hilfe der Informationstheorie (s. Kasten S. 82/83) unternommen. Zur Veranschaulichung dieses Ansatzes soll eine Figur dienen. Theoretisch könnten wir die Vorlage auf Seite 90 wahrnehmen als fünf unregelmäßige Vierecke oder als zwei sich überkreuzende Rechtecke. Die erste Lösung würde die Aufnahme von beträchtlich mehr Information erfordern: fünf verschiedene Figuren, jede mit anderem Umriß und anderen Winkeln, außerdem die Beziehung der Teile zueinander. Die zweite Lösung: zwei gleiche Figuren, nur rechte Winkel, eine Lagebeziehung! Die Informationsersparnis bei der »einfacheren« Rechteck-Version läßt sich quantitativ in Bit angeben und als Maß der Einfachheit definieren. Die *Prägnanztendenz* würde demnach informationstheoretisch formuliert besagen, daß in einer beliebigen Reizkombination diejenige Struktur wahrgenommen wird, deren Übertragung die geringste Informationsmenge erfordert. Erinnern wir uns an die Abschätzung der Informationsreduktion beim Lesen (s. S. 84): 3000 Bit pro Sekunde werden vom Auge aufgenommen zur Analyse der Helligkeitsunterschiede auf dem Papier, 15 Bit pro Sekunde (5 Wörter) werden bewußt wahrgenommen. Der Wahrneh-

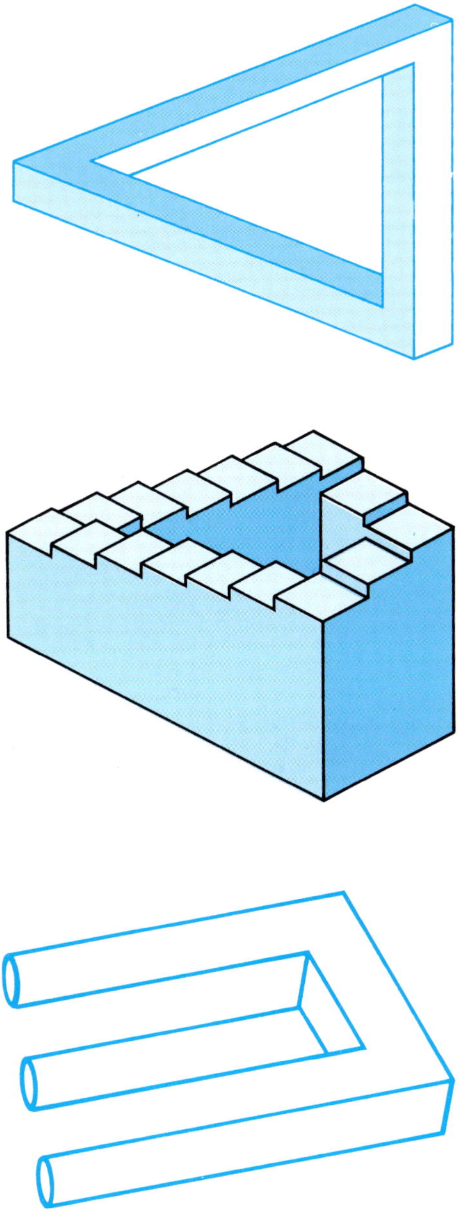

Vexierspiel mit *»unmöglichen Gestalten«*. Der Trick: In der Ebene werden »widersprüchliche« Informationen angeboten, die die Wahrnehmung mehrerer gleichwertiger Gestalten im Raum provozieren (s. auch den Würfel auf S. 90).

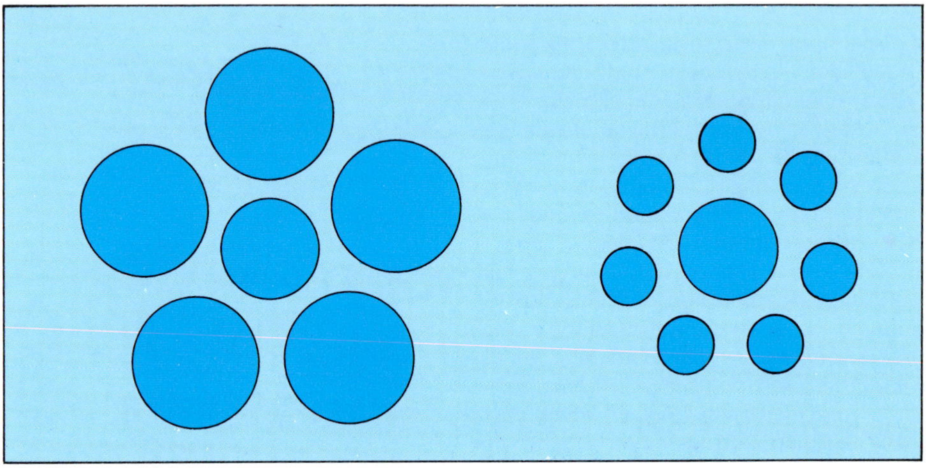

Optische Täuschungen: Daß unsere Wahrnehmung im allgemeinen eine zuverlässige Widerspiegelung der physikalischen Umwelt darstellt, erweist sich in der Praxis des täglichen Lebens. Diese Zuverlässigkeit ist aber nicht selbstverständlich – die Wahrnehmungsgesetze können durch gezielte Täuschungen überlistet werden: Der mittlere Kreis erscheint in der linken Abbildung kleiner als in der rechten (bitte nachmessen!), ein Beispiel für den »Größenkontrast«, der für Wahrnehmung und Denken bedeutsam ist.

mungsprozeß ist vielleicht gerade deshalb so kompliziert, damit das Ergebnis, die wahrgenommene Welt, zur »einfachsten aller Welten« werden kann. Daß diese Einfachheit nicht selbstverständlich ist, sondern offenbar komplizierte »Berechnungen« des Nervensystems voraussetzt, wird immer dann deutlich, wenn das System gestört ist und plötzlich »Fehler« macht, sei es nach Verletzung, Krankheit oder Drogeneinfluß, sei es durch trickreiche Reizanordnungen von Zauberkünstlern, Umweltgestaltern und Wahrnehmungspsychologen (s. die »optischen Täuschungen« und »unmöglichen Gestalten« auf S. 91 und 92).

»Tag und Nacht«
von M. C. Escher (1938)

Ames' Zimmer: Zwerg und Riese oder Fotomontage? Zur Erklärung siehe die Abbildung auf S. 94.

3.45 Wahrnehmungskonstanz

Schauen wir uns hierzu ein Experiment des amerikanischen Wahrnehmungspsychologen A. Ames an (Abb. oben). Eine Fotomontage? Oder hat Dr. Ames Riesen und Zwerge zu sich zu Gast gebeten? Keineswegs, er hat nur einen Prozeß »überlistet«, der normalerweise dazu beiträgt, unsere Welt zu vereinfachen, nämlich die *Größenkonstanz*. Ob wir einen Menschen aus 2, 4 oder 6 m Entfernung sehen, seine wahrgenommene Körpergröße bleibt ungefähr gleich. Nicht so das Bild auf der Netzhaut unseres Auges: Bei 4 m Abstand schrumpft es gegenüber 2 m auf die Hälfte, bei 6 m auf ein Drittel! Wie kommt es zur wahrgenommenen Größenkonstanz, obwohl die Reizgröße bei 6 m Entfernung ein Drittel gegenüber derjenigen bei 2 m beträgt? Man könnte zunächst annehmen, daß wir eben »wissen«, wie groß unser Mitmensch ist, und ihn deswegen aufgrund unserer Erinnerung immer gleich groß erleben.

»Ames' Zimmer« (s. oben) widerlegt diese Annahme gründlich: Derselbe Mensch schrumpft von Riesengröße zu Zwergwuchs, wenn er von der rechten in die linke Ecke des Zimmers geht. Der dabei ablaufende Prozeß ist folgender: Das Auge nimmt gleichzeitig Informationen

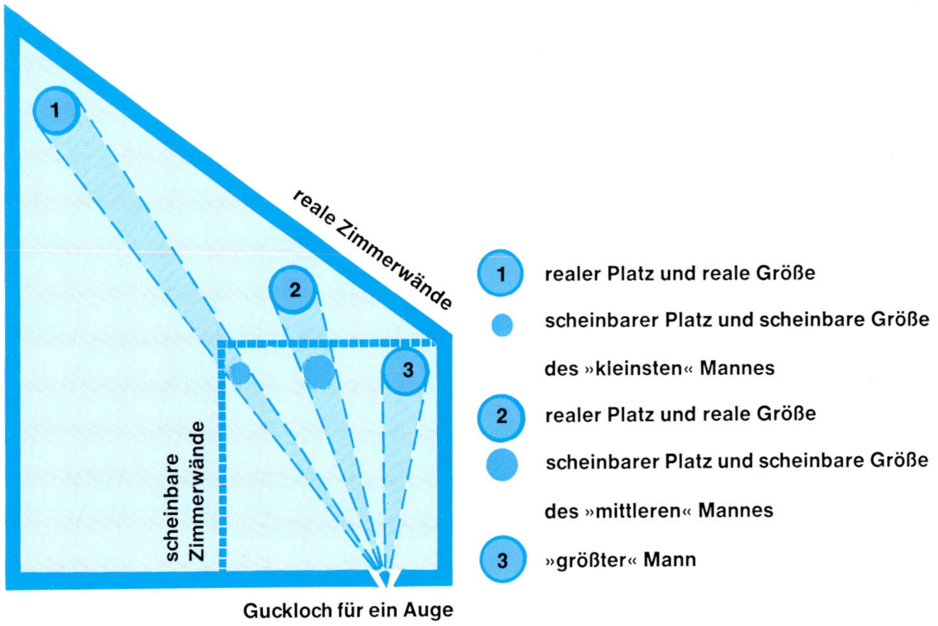

Ames' Zimmer besitzt schiefe Wände, die durch die Wahrnehmungsfaktoren »gute Gestalt« und »Erfahrung« sogar auf dem Foto (!) zum gewohnten rechtwinkeligen Raum »zurechtgebogen« werden. Der Mann bei (1) hat dadurch scheinbar die gleiche Entfernung vom Betrachter wie der Mann bei (3), sein Netzhautbild ist aber nur halb so groß. In die Berechnung der wahrgenommenen Größe (»Größenkonstanz«) geht damit ein falscher Entfernungswert ein.

über die Reizgröße (Netzhautbild) und über die Entfernung (Perspektive u.a.) des Gegenstandes auf. An irgendeiner Stelle des Wahrnehmungsprozesses wird die Reizgröße mit der geschätzten Entfernung des Gegenstandes »multipliziert«, z.B. bei 4 m Entfernung mit dem doppelten Betrag wie bei 2 m. Das Ergebnis: *Größenkonstanz.* Ames' Raum führt die Entfernungsschätzung in die Irre: Die rechte Ecke ist tatsächlich ca. 2 m entfernt, die linke 6 m, die Verzerrung des Raums wird aber nicht wahrgenommen (Wirkung der »guten Gestalt« und der »Vertrautheit«!), die Entfernungen werden rechts und links als gleich geschätzt. Die tatsächlich verschiedenen Netzhautbilder werden dementsprechend mit demselben Entfernungsfaktor multipliziert, woraus die Täuschung resultiert.

Es wird behauptet, daß Eheleute ihre Partner in Ames' Zimmer nicht wachsen und schrumpfen sehen, wenn sie von einer Ecke in die andere gehen, statt dessen wird plötzlich eine Verzerrtheit des Raums wahrgenommen. Die Welt bleibt offenbar »heiler«, so können wir spekulieren, wenn sich die Wände biegen, als wenn ein Mensch zum Zwerg oder Riesen wird.

Die Größenkonstanz ist nur eines von vielen Konstanzprinzipien der Wahrnehmung. Aufgrund dieser Konstanzprinzipien leben wir in einer »stabilen« Welt, obwohl sich deren physikalische Reizcharakteristika ständig ändern: Ob im hellen Sonnenlicht oder in der Dämmerung, Papier bleibt weiß und Kohle schwarz (*Helligkeitskonstanz*); ob wir die Augen bewegen, den Kopf drehen oder umhergehen, die Gegenstände bleiben an ihrem Ort (*Ortskonstanz*); gleichgültig, aus welchem Blickwinkel wir die Teller und Tassen auf dem Küchentisch betrachten, sie bleiben kreisrund (*Gestaltkonstanz*). Für jeden dieser Fälle von Konstanz bei sich ändernden Reizbedingungen müssen wir entsprechende »Verrechnungsprozesse« im Nervensystem voraussetzen, ohne diese Prozesse würden die Gegenstände um uns herum normalerweise nicht so brav an ihrem Platz bleiben, sie würden ständig andere Lagen, Formen, Helligkeiten und Farben annehmen. In einer solchen Welt dürfte es ein äußerst schwieriges Unterfangen sein, sich eine Tasse Kaffee zu kochen!

3.5 Neurophysiologie des visuellen Systems

3.51 Die Sehbahn

Nachdem wir uns durch rein psychologische Experimente davon überzeugt haben, daß die Wahrnehmung alles andere als eine einfache Spiegelung der physikalischen Reizbedingungen ist, stellen wir uns die Frage, wie das Nervensystem arbeitet, wenn es die Wahrnehmungsstruktur aus den physikalischen Reizen »herausfiltert«. Diese Probleme der *Wahrnehmungsphysiologie* sind bisher am ausgiebigsten für den Gesichtssinn (das »visuelle System«) untersucht worden. Wir wollen deshalb die Reizverarbeitung vom Auge zur Hirnrinde verfolgen – die hier entdeckten Prinzipien gelten mit entsprechenden Abänderungen auch für die anderen Sinne. Wenn wir die Augen öffnen und einen Gegenstand der Umwelt anschauen, entsteht durch den optischen Apparat des Auges zunächst ein Bild auf der lichtempfindlichen *Netzhaut* oder *Retina,* ganz wie das Bild auf der Filmschicht einer Kamera. Es ist ein zweidimensionales, seitenverkehrtes und »auf dem Kopf« stehendes »Foto« des Gesichtsfeldes. Jeder Bildpunkt besitzt eine charakteristische Helldunkel- und Farbverteilung auf der Netzhaut (s. Abb. S. 77). Hier wird diese Farb- und Helligkeitsverteilung umgeformt in den Kode des Nervensystems, in charakteristische Folgen von Nervenimpulsen, die von den Fasern des Sehnervs zu den höheren Hirnzentren weitergeleitet werden. Der Hauptweg führt zu einer Schaltstation im *Thalamus* und danach zur *primären Sehrinde im Hinterhauptlappen* (s. Abb. S. 96). Ein Teil der Bahnen zweigt vor Eintritt in den Thalamus zum Mittelhirn ab, diese Bahnen dienen vorwiegend der reflektorischen Koordination der Augenmuskelbewegungen.

3.52 Reiztransformation in der Retina

Die erste Station der Reizverarbeitung, die Umsetzung von optischen Bildpunkten in elektrische Nervenimpulse durch die Retina, liefert das Rohmaterial für alle höheren Wahrnehmungsprozesse. Zum Verständnis dieser Phase wollen wir den Schaltplan der Retina studieren (s. Abb. S. 97). Jede Faser des Sehnervs oder Nervus opticus (insgesamt ca. 1 Million je Auge) ist ein Informationskanal von einem bestimmten Retinabereich zum Gehirn. An der Stelle des deutlichsten Sehens (*Fixationspunkte,* entsprechend der Mitte der

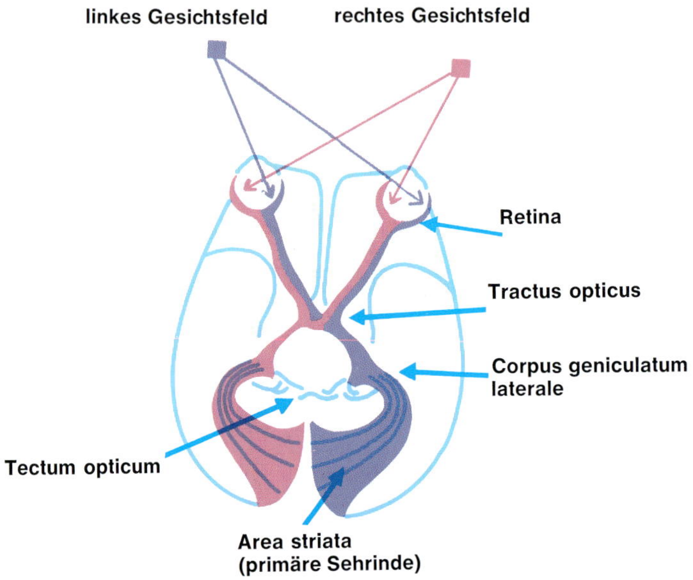

Die *Sehbahn*: Durch den optischen Apparat des Auges wird das Gesichtsfeld auf die Retina beider Augen projiziert. In den Retina-Zellschichten erfolgt die Umwandlung der Lichtreize in Nervenimpulse (s. Abb. S. 97). Die Neuriten der *Ganglienzellen* (3. Neuron) sammeln sich im »blinden Fleck« der Retina und verlassen hier das Auge als *Sehnerv* (Nervus opticus). Die Sehnerven beider Augen ziehen zur Hirnbasis. Beim Eintritt ins Zwischenhirn (s. S. 38) kreuzt ein Teil der Fasern zur Gegenseite (Chiasma opticum, siehe Farbverlauf). Als *Tractus opticus* erreichen die Fasern auf beiden Seiten den *»seitlichen Kniehöcker« des Thalamus* (Corpus geniculatum laterale). Hier werden die Impulse ebenso wie bei den anderen Eingangsbahnen (s. S. 51) auf das 4. Neuron umgeschaltet und über die fächerförmige Sehstrahlung zur *primären Sehrinde* (Area striata) des Großhirns geleitet. Eine Nebenbahn des Tractus opticus führt zum Mittelhirnzentrum für die Koordination der Augenbewegungen (Tectum opticum).

Retina) ist jede Opticus-Faser mit einem oder nur wenigen Rezeptoren verbunden. An der Netzhautperipherie treffen dagegen mehrere hundert Rezeptoren aus einem größeren Umkreis auf eine Opticus-Faser. Eine Faser mit sämtlichen zugehörigen Rezeptoren heißt *sensorische Einheit.* Der zugehörige Bereich auf der Retina ist das *rezeptive Feld* der Einheit. Das Unterscheidungs- oder *»Auflösungsvermögen«* für Einzelheiten hängt von der Größe und Dichte der *rezeptiven Felder* ab, ähnlich wie bei graphischen Bildreproduktionen die Rastergröße die Feinheit der Wiedergabe bestimmt. Das bessere »Auflösungsvermögen« im Retinazentrum (Fixationspunkt) ist also durch die unterschiedliche Größe der *rezeptiven Felder* bedingt (s. Abb. S. 98).

Die Gliederung in *rezeptive Felder* und *sensorische Einheiten* findet sich in allen Sinnesmodalitäten. Mit einem Stechzirkel kann man die unterschiedliche Feldgröße an der Haut leicht nachweisen: An den Fingerspitzen lassen sich deutlich zwei Druckpunkte unterscheiden, selbst wenn sie nur wenig auseinanderliegen; auf dem Rücken ist eine Unterscheidung erst bei sehr viel größerem Abstand möglich.

Zur Untersuchung der Retina wird im

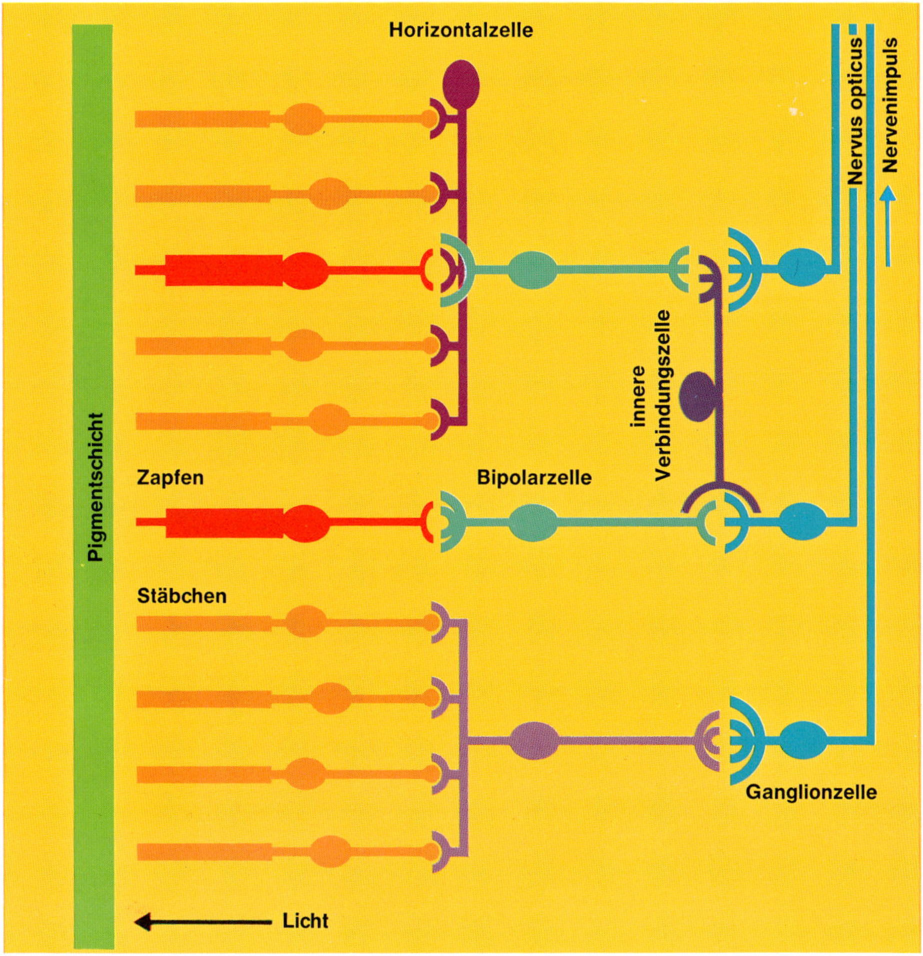

Die *Netzhaut* des Auges (*Retina*): Das Licht erreicht die vor der schwarzen Pigmentschicht gelegenen Rezeptoren (die helligkeitsempfindlichen *Stäbchen* und die farbempfindlichen *Zapfen*), nachdem es durch die darüberliegenden Zellschichten gedrungen ist. Die Lichtreize erzeugen in den Stäbchen und Zapfen *Rezeptorpotentiale,* die durch die *Bipolarzellen* auf die *Ganglienzellen* des Sehnervs (Nervus opticus) übertragen und von dort als Nervenimpulse über die Sehbahn weitergeleitet werden. Die Horizontalzellen und die inneren Verbindungszellen stellen Querverbindungen zwischen benachbarten Retinabereichen her. In der Mitte ist ein Zapfen dargestellt, der mit einer eigenen Ganglienzelle verbunden ist (hohe *Auflösung* im Zentrum der Retina), rechts und links sind jeweils mehrere Rezeptoren mit einer Ganglienzelle verbunden (geringere Auflösung an der Netzhautperipherie).

Tierexperiment (z. B. bei einer Katze) eine Elektrode in den Sehnerv geschoben, so daß ihre Spitze in unmittelbarer Nähe einer Opticus-Faser liegt (s. Abb. S. 99). Mit Hilfe von Testreizen läßt sich das zur angestochenen Nervenfaser gehörige rezeptive Feld ermitteln. Ein Meßinstrument an der Elektrode registriert, was die

Die Anzahl der Bildpunkte bestimmt das *Auflösungsvermögen*: A = sehr groß = Druckraster (B = 2400, C = 600, D = 150, E = 37,5, F = 9,4 Bildpunkte; nach K. Steinbuch). Das Phänomen des abnehmenden Auflösungsvermögens bei bewegten Objekten wurde erstmals von Rainer Maria *Rilke* (»Das Karussell«, 1906) beschrieben: »Und auf dem Löwen reitet weiß ein Junge/und hält sich mit der kleinen heißen Hand,/dieweil der Löwe Zähne zeigt und Zunge./Und dann und wann ein weißer Elefant./. . . Ein Rot, ein Grün, ein Grau vorbeigesendet,/ein kleines kaum begonnenes Profil –.«

Stereotaktische Hirnoperation (Elektrodenlokalisation im Gehirn mit Hilfe eines Zielgeräts): In einem genauen Hirnatlas werden die Koordinaten der Hirnregion ermittelt, in der die Elektrodenspitze liegen soll. Dann wird der Schädel unter Narkose an genormten Orientierungspunkten im »Stereotakter« befestigt. Durch ein Bohrloch läßt sich anschließend die Elektrode in die gewünschte Hirnregion schieben. Die Koordinaten der Elektrodenspitze werden an Meßskalen an der Elektrodenhalterung abgelesen. Die stereotaktische Operationstechnik wird in gleicher Weise auch beim Menschen für gezielte hirnchirurgische Eingriffe angewendet (s. S. 56).
Bei Betrachtung dieses Bildes sei aber auch daran erinnert, daß eine zunehmend sensibilisierte Öffentlichkeit das Ausmaß und die Berechtigung derartiger Tierversuche in Frage stellt.

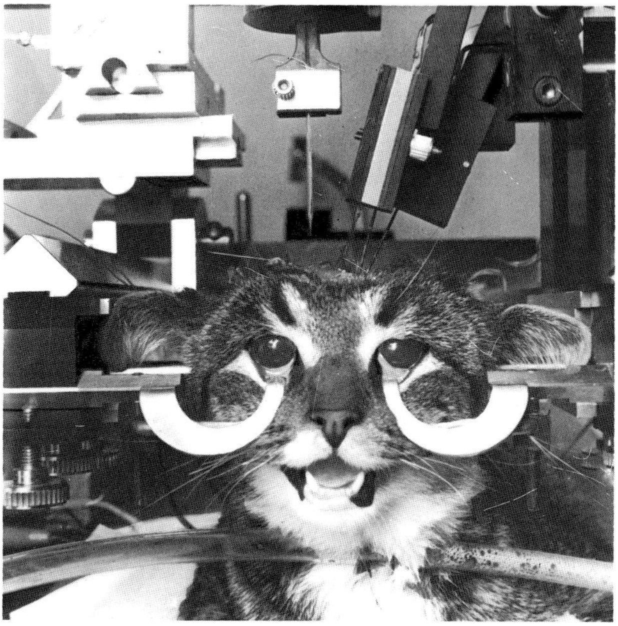

sensorische Einheit dem Gehirn über die verschiedenen Testreize zu »melden« hat:

- Die sensorische Einheit sendet fortwährend Nervenimpulse zu den höheren Hirnzentren, auch wenn gar kein Licht auf ihr rezeptives Feld trifft. Diese sogenannte »Spontanaktivität« schwankt ständig (»Zufallsschwankungen«), beim Sehnerven beträgt sie im Mittel 40 Entladungen pro Sekunde. Ein Lichtreiz erhöht diese Entladungsrate – »erkannt« wird er nur dann, wenn die höheren Zentren die Steigerung (z. B. 50 statt 40 Entladungen) aus den spontanen Zufallsschwankungen herausfiltern (Signal und Rauschen). Die höheren Zentren lassen sich durch die ständig auftretenden Zufallsschwankungen aber nicht so leicht »aus der Ruhe bringen«: Nur wenn eine Entladungszunahme *gleichzeitig über verschiedene Fasern* eintrifft, wird sie als Signal akzeptiert (Redundanz).
- Wenn die sensorische Einheit mit Lichtpunkten von zunehmender Helligkeit gereizt wird, antwortet das Neuron mit erhöhten Entladungsfrequenzen. Die Beziehung zwischen Reizintensität und Entladungsfrequenz läßt sich in einer Kurve darstellen, die uns schon vertraut ist (s. S. 71): Die Entladungsfrequenz entspricht dem Logarithmus der Reizintensität. Die logarithmische Beziehung zwischen Reiz und Wahrnehmungsintensität (*Fechnersches Gesetz*) wird also offenbar schon im Rezeptor bzw. im ersten sensorischen Neuron hergestellt. Für die Informationsübertragung im Nervensystem ist diese Rezeptorleistung sehr sinnvoll: Wenn die Umformung erst in höheren Zentren stattfände, müßte die gesamte Skala der physikalischen Intensitäten übertragen werden – durch die logarithmische Umwandlung wird die physikalische Skala entsprechend »zusammengestaucht« (von 1-10-100 auf 1-2-3).
- Unmittelbar nach dem Reizeinsatz

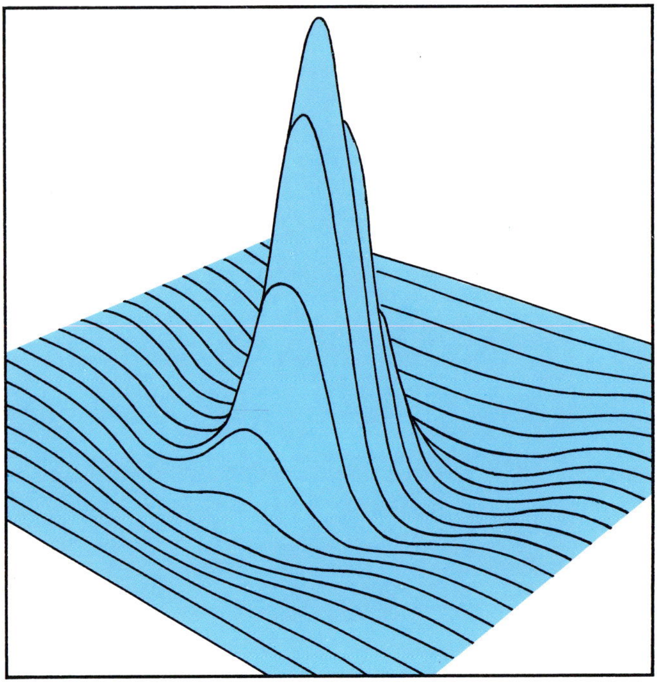

Erregbarkeitsverteilung eines rezeptiven Feldes: Der gleiche Lichtreiz löst im Feldzentrum maximale Erregung aus (»Berggipfel«), am Feldrand wirkt er dagegen hemmend (ringförmige »Eindellung«).

antwortet das Neuron zunächst mit einer Salve von Entladungen, um sich allmählich auf eine neue Entladungsfrequenz einzustellen, die zwischen der Spontanaktivität und der Salve bei Reizeinsatz liegt. Das Neuron antwortet also besonders auf die *Reizänderung*, bei länger anhaltendem Reiz läßt die Stärke der Antwort nach. Dieses Phänomen, das im Nervensystem überall zu beobachten ist, heißt *Adaption* (Anpassung). Wenn wir längere Zeit starr auf einen Farbfleck schauen, können wir die Adaption auch subjektiv erkennen: Die Farbe wird blasser.

● Wenn ein kleiner Lichtpunkt durch ein rezeptives Feld von einem Rand zum anderen wandert, ändert sich die Entladungsfrequenz: Je weiter sich der Punkt von der Mitte des Feldes entfernt, desto geringer wird die Entladungsfrequenz, die der Reiz auslöst. Am Rande des Feldes findet sich sogar eine ringförmige Zone, von wo aus die Entladungsfrequenz gehemmt wird – wenn hier ein Reiz auftritt, sinkt die Entladungsfrequenz unter die Spontanaktivität! Jedes erregende Feldzentrum ist umgeben von einem solchen hemmenden Feldrand (s. Abb. oben). Der Feldrand entsteht durch zwischengeschaltete Hemmneuronen (seitliche oder *laterale Hemmung*). Welche Bedeutung hat diese *laterale Hemmung* für das Sehen? Wenn ein Reiz ein rezeptives Feld nur partiell bedeckt, liegt ein Teil des Feldrandes im Dunkeln und kann sich daher nicht hemmend auswirken: Die Gesamterregung ist somit größer, als wenn das Feld voll ausgeleuchtet wäre. Das rezeptive Feld spricht deshalb besonders auf örtliche Helligkeits*sprünge, Übergänge* oder

Konturen an. Weil sich die rezeptiven Felder in der Retina stark überlappen, kommt jeder Helligkeitssprung, jede Kontur bei einer Reihe von rezeptiven Feldern so zu liegen, daß sie mit maximaler Entladungsfrequenz antworten. Das Ergebnis erleben wir subjektiv als *Simultankontrast.* Die laterale Hemmung bewirkt im Nervensystem ganz allgemein, daß Erregungsfelder scharf abgegrenzt werden von nicht erregten Bereichen.

● Die sensorischen Einheiten reagieren nicht alle gleich: Manche Einheiten feuern vermehrt bei Reizbeginn (sogenannte »*Ein-Einheiten*«), andere dagegen werden bei Reizbeginn gehemmt und feuern vermehrt, wenn das Licht *ausgeschaltet* wird (*Aus-Einheiten*). Durch diesen Doppelmechanismus wird jede zeitliche Reizänderung (Reizbeginn, Reizende) hervorgehoben (sogenannter *Sukzessivkontrast*).

Fassen wir kurz zusammen, was die Retina dem Gehirn »erzählt«: Das Netzhautbild, das wie ein Foto der Umwelt entspricht, wird verwandelt in ein Auf und Ab von Erregung und Hemmung der rezeptiven Felder, die einen millionenfachen, ständig wechselnden Impulsstrom in den Fasern des Sehnerven bedingen. Räumliche und zeitliche Reizunterschiede treten in diesem Impulsstrom durch den *Simultan-* und den *Sukzessivkontrast* verstärkt hervor. Das Erregungs-Hemmungs-Mosaik der rezeptiven Felder ist das Rohmaterial für die Wahrnehmung, aus dem alle komplexeren Wahrnehmungsqualitäten (Aussonderung von Figur und Grund, Konstanz, räumliche Tiefe, Bewegungssehen) von höheren Zentren »herausgefiltert« werden.

3.53 Höhere Sehzentren

Im *Thalamus* (Corpus geniculatum) werden die Opticus-Neuronen umgeschaltet auf die Thalamus-Neuronen, die dann zur Sehrinde führen. Der Impulsstrom wird hierbei normalerweise nur unwesentlich verändert. Er kann aber an dieser Stelle durch Einflüsse von anderen Hirnregionen beeinflußt werden: Zu den Thalamus-Neuronen gelangen außer den spezifischen Eingängen vom Sehnerv reichlich Eingänge vom Großhirn und vom Retikulärsystem, also dem *unspezifischen Aktivationssystem* (s. S. 109). Vermutlich werden hier die wichtigen Informationen ausgesondert und die unwichtigen blockiert (*selektive Aufmerksamkeit,* s. S. 121). Vom Thalamus führt die Sehbahn zur *primären Sehrinde* im Hinterhauptlappen des Großhirns. Bei der Untersuchung einzelner Neuronen in der primären Sehrinde machten die amerikanischen Neurophysiologen Hubel und Wiesel eine erstaunliche Entdeckung: Die Hirnrindenzellen hatten nicht mehr die einfache und einheitliche Feldanordnung der Opticus- und Thalamus-Neuronen. Ihre Felder auf der Retina erwiesen sich vielmehr als sehr unterschiedlich, sie verfügten z.T. über ein langgestrecktes *Ein-Zentrum,* flankiert von zwei ebenso langgestreckten, hemmenden Randzonen, z.T. über nur *einen* hemmenden Rand. Schauen wir uns ein solches Rindenneuron mit langgestrecktem Erregungszentrum genauer an. Die Zelle wird offenbar am wenigsten gehemmt und am stärksten erregt, wenn ein balkenförmiger Lichtreiz das Zentrum bedeckt. Eine solche Zelle wird damit zum *Richtungsdetektor*: Sie »filtert« aus einer Fülle von Reizkombinationen strichförmige Reize heraus, die eine ganz bestimmte Richtung haben. Jede kortikale Zelle spricht, gemäß ihrer besonderen Feldstruktur, auf ganz spezifische optimale Reize an. So wurden *Richtungs-, Winkel-, Kurven- und Bewegungsdetektoren* nachgewiesen.

Es ist nicht schwer, sich vorzustellen, wie es die Kortex-Neuronen anstellen, diese Spezialinformationen aus den einfachen Mosaiksteinchen der Thalamus-Felder abzuleiten: Mehrere Eingänge sind of-

Rezeptive Felder in der menschlichen Sehrinde

Bei epileptischen Patienten sind bisweilen EEG-Ableitungen mit ins Hirngewebe eindringenden »Tiefenelektroden« notwendig. Einem amerikanischen Team von Neurochirurgen und Neurophysiologen unter E. Marg gelang es, hierbei auch eine Reihe von Einzelzellen aus dem visuellen Kortex des Menschen zu untersuchen. Die Befunde stimmen recht gut mit den Tierexperimenten überein:

- Eine Anzahl von Zellen zeigte keine Beeinflussung durch die verschiedensten Sinnesreize.
- Eine zweite Gruppe von Neuronen antwortete auf unstrukturierte visuelle Reize (z. B. sich bewegende Konturen vor einförmigem Hintergrund), ohne daß ein charakteristisches Reizmerkmal zum Austesten eines rezeptiven Feldes zu entdecken war.
- Die rezeptiven Felder von insgesamt fünf Zellen konnten genauer bestimmt werden. Zwei der Felder waren annähernd kreisförmig, der Rest langgezogen oder balkenförmig. Die Größe der Felder variierte zwischen weniger als 1 Grad und etwa 10 Grad. Reizantworten konnten teils von beiden Augen, teils von einem Auge ausgelöst werden.
- Eine der Zellen zeigte »Habituation« und »Plastizität«: Der optimale Reiz war zunächst ein horizontaler Strich von etwa 1 Grad Länge, über 12 Grad auf- und abbewegt. Nach 10 Minuten antwortete die Zelle nicht mehr (Habituation). Nach einer halben Stunde konnte sie wieder zu einer Reizantwort gebracht werden. Allerdings hatte sich die Größe und Lage ihres rezeptiven Feldes verändert (Plastizität).
- Wenn sich die Patienten die optimalen Reize intensiv vorstellten, änderte sich die Aktivität der Zellen nicht. Diese Zellen waren also an der visuellen Vorstellung nicht beteiligt.

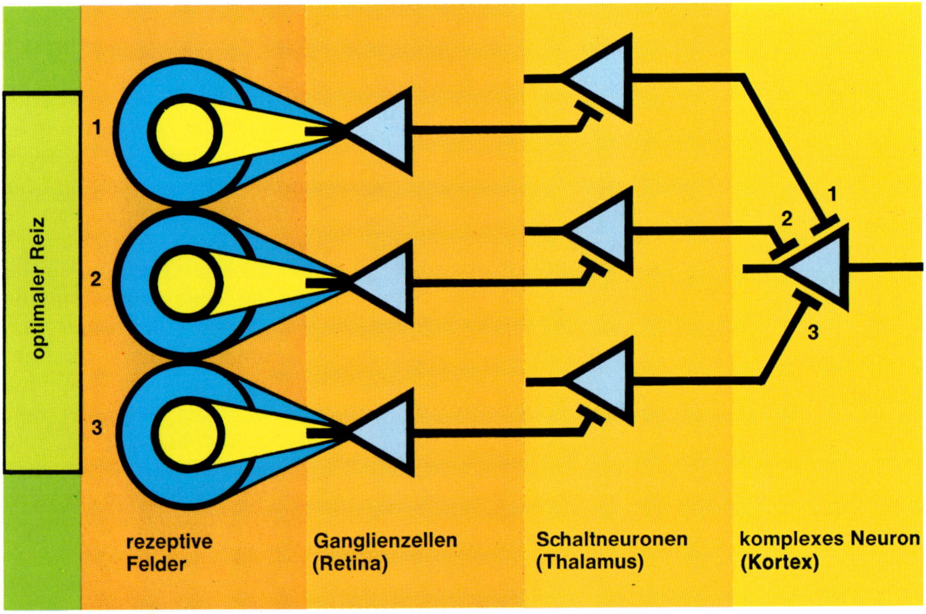

Balkenförmiges rezeptives Feld eines komplexen Neurons im visuellen Kortex: Die Zelle erhält Eingänge von 3 untereinanderliegenden rezeptiven Feldern der Retina. Der optimale Reiz ist ein Lichtstreifen, der senkrecht auf die Retina-Felder fällt. Das Kortex-Neuron ist somit ein *Richtungsdetektor.*

fenbar in spezifischer Weise mit einem Kortex-Neuron verknüpft. Die Zelle wird nur antworten, wenn alle Eingänge gleichzeitig Erregungen zuleiten, also bei optimalem Reiz (s. Abb. S. 102). Die Kortex-Neuronen im primären Sehfeld erfassen nach diesen Befunden also relativ »einfache« Gestaltaspekte. Die Annahme liegt nahe, daß die Neuronen höherer Zentren durch entsprechende Kombinationen dieser einfachen Strich-, Winkel- und Bewegungsdetektoren die Gestaltqualitäten höherer Ordnung ableiten. Tatsächlich konnten Hubel und Wiesel in Nachbar-Arealen der primären Sehrinde sogenannte »komplexe« und »hyperkomplexe« Neuronen nachweisen, bei denen die strenge Zuordnung zu einem engen Retinafeld nicht mehr gegeben ist. Diese Zellen sprechen auf spezielle Reize in größeren Gesichtsfeldbereichen an, etwa auf Bewegungen in einer Richtung.

3.54 Zur Wahrnehmungstheorie

Mit dem Prinzip der hierarchischen Verschaltung von »einfachen« rasterförmigen Rezeptor-Feldern zu komplexeren Detektoren einfacher »Gestalteigenschaften« scheint ein erster Schritt zur Analyse der Wahrnehmung getan.

Wir sind aber noch weit davon entfernt, die Prinzipien der Umweltanalyse durch das Gehirn zu durchschauen. John von Neumann, der Begründer der mathematischen Spieltheorie, hat in einem Aufsatz über die »Allgemeine und logische Theorie der Automaten« (1951) die grundsätzlichen Schwierigkeiten dieser Forschung am Beispiel der visuellen Ähnlichkeitsanalyse umrissen: »Niemand würde versuchen, auf einer zumutbaren Menge Papier etwa den allgemeinen Begriff der Ähnlichkeit zu beschreiben und zu definieren, der unsere Interpretation des Sehvermögens beherrscht. Es gibt überhaupt keinen Anhaltspunkt dafür, ob solch ein Unternehmen Tausende oder Millionen oder eine ganz und gar unpraktikable Anzahl von Bänden erforderte. Nun ist es sehr wohl möglich, daß der einfachste und einzig praktikable Weg, wirklich anzugeben, was eine visuelle Analogie bildet, darin besteht, den für das Sehen zuständigen Teil des Gehirns zu beschreiben. Dies alles ist sehr verwickelt und steht in keinem Verhältnis zu irgend etwas, das wir je kennengelernt haben. Wir haben kein Recht anzunehmen, daß die Bezeichnungsweise und das Vorgehen der Logik, wie sie in der Vergangenheit üblich waren, für diesen Teil des Gegenstandes geeignet sind. Es ist überhaupt nicht sicher, ob in diesem Bereich ein reales Objekt nicht die einfachste Beschreibung seiner selbst darstellt. Möglicherweise sind die Schaltmuster des Sehhirns selbst der einfachste logische Ausdruck oder die einfachste Definition des Prinzips der ›visuellen Ähnlichkeit‹.«

Von Neumanns Überlegungen klingen entmutigend. Doch die Erfolge des Digitalrechners (»Von-Neumann-Automat«) haben in den 60er und 70er Jahren dazu geführt, daß auch die Wahrnehmung als ein Prozeß der Informationsverarbeitung in Analogie zum Computer gesehen wurde. Die »Abbildtheorie« der Wahrnehmung läßt sich in folgenden Punkten zusammenfassen:

- Kognitive Systeme sind Symbolsysteme, die über grundlegende symbolverarbeitende Prozesse verfügen.
- Wahrnehmung besteht aus einer Kette von Symbolverarbeitungsprozessen, die ihren Ausgang von den physikalischen Reizen der Außenwelt nehmen und im Nervensystem ein *symbolisches Abbild* (Modell) der Außenwelt erzeugen.
- Das »innere Modell« der wahrgenommenen Außenwelt erlaubt es dem Organismus, durch Symbolmanipulation Entscheidungen für sein Eingreifen in die äußere Welt zu treffen (Problemlösen).

Das auf diesen Annahmen aufbauende

Forschungsprogramm der »künstlichen Intelligenz« stieß Ende der 70er Jahre zunehmend an seine Grenzen (s. S. 317). Das führte zur Wiederbelebung eines anderen Konzepts des Nervensystems, des »Konnektionismus«. Schon 1949 hatte der Psychologe Donald O. Hebb in seinem Buch über die »Organisation des Verhaltens« die Grundidee des Konnektionismus formuliert: Beliebig komplexe und abstrakte Gestalteigenschaften sind nicht durch einzelne Neuronen (»Muster-Detektoren«), sondern durch sogenannte »Zellverbände« repräsentiert. Diese Zellverbände (*cell assemblies*) sind nicht von vornherein festgelegt (erblich determiniert), sondern entstehen durch elementare Lernvorgänge. Hebb nennt zwei Voraussetzungen für die Bildung von »Zellverbänden«:

- In den höheren Hirnzentren (Assoziationszentren, s. Kap. 2.32) sind die Neuronen zunächst weitgehend zufällig miteinander verknüpft (»Zufallsnetz«).
- Jedesmal, wenn ein Neuron A ein Neuron B erregt, wird die synaptische Schwelle von A nach B durch einen bleibenden Wachstums- oder Stoffwechselprozeß geringfügig erniedrigt (»synaptisches Gedächtnis«).

Stellen wir uns vor, daß in einem solchen Zufallsnetz eine Anzahl sensorischer Neuronen S mit einer Anzahl von Assoziationsneuronen I verknüpft sind, die ihrerseits eine Anzahl motorischer Zellen R erregen. Wenn nun die Kette S→I→R mehrfach durch das gleiche Reizmuster M erregt wird, bildet sich durch die Schwellenerniedrigungen ein spezieller Zellverband I_M, der wie ein Schloß auf den Reizschlüssel (M) anspricht. Der Zellverband verfügt, verglichen mit dem ursprünglichen Zufallsnetz, über zwei neue Funktionen:

- Durch die erniedrigten Schwellen wird auch dann eine Verbindung I_M hergestellt, wenn auf die sensorischen Eingangszellen nicht das ursprüngliche Muster M, sondern ein ähnliches Muster M trifft (Ähnlichkeitsanalyse, Mustererkennung, Invariantenbildung).
- I_M kann nicht nur von den sensorischen Eingangszellen erregt werden, sondern ebenso von benachbarten Zellverbänden. I_M läßt sich somit unabhängig vom äußeren Reizmuster M aktivieren (»Innerer Prozeß«, Idee, Vorstellung).

Die Ideen von Donald Hebb und anderen Pionieren des Konnektionismus haben seit Anfang der 80er Jahre einen großen Aufschwung erfahren. Neue Denkansätze in der Systemtheorie (Synergetik und Selbstorganisation, s. S. 22) brachten theoretische Fortschritte. Eine neue Generation von miniaturisierten Hochleistungsrechnern erlaubt heute die Simulation auch größerer »neuronaler Netze« nach dem Vorbild des »Pandämoniums« (s. Abb. S. 105). In technischen Anwendungen ist es gelungen, solche Netze darauf zu trainieren, unterschiedlich gedruckte oder sogar handgeschriebene Ziffern und Schriftzeichen zu identifizieren. Eine Anwendung ist das Lesegerät »NETtalk« (s. Kasten S. 106).

Auch auf dem Gebiet der Wahrnehmung wird unter dem Einfluß dieser Entwicklung die Abbildtheorie immer zweifelhafter. Neue Befunde haben ergeben, daß die »Gestalteigenschaften« einzelner Neuronen nur bei betäubten Versuchstieren in einer extrem kontrollierten Umwelt nachweisbar sind (s. Abb. S. 99). Beim wachen, sich frei bewegenden Tier hängen die Reaktionen dieser »Gestaltdetektoren« in hohem Maße von der Umgebung und der Aktivität des Tieres ab. Diese Befunde unterstreichen die von Phänomenologen betonte »Leibhaftigkeit« unserer Wahrnehmung (s. S. 317). Gleichzeitig stützen sie die »konnektionistische« Auffassung, daß nicht eine symbolische Repräsentation der Außenwelt, sondern ein mit der Außenwelt in Wechselwirkung stehender Gesamtzustand des Nervensystems unsere Wahrnehmungsleistungen ermöglicht. Ob der Konnektionismus in

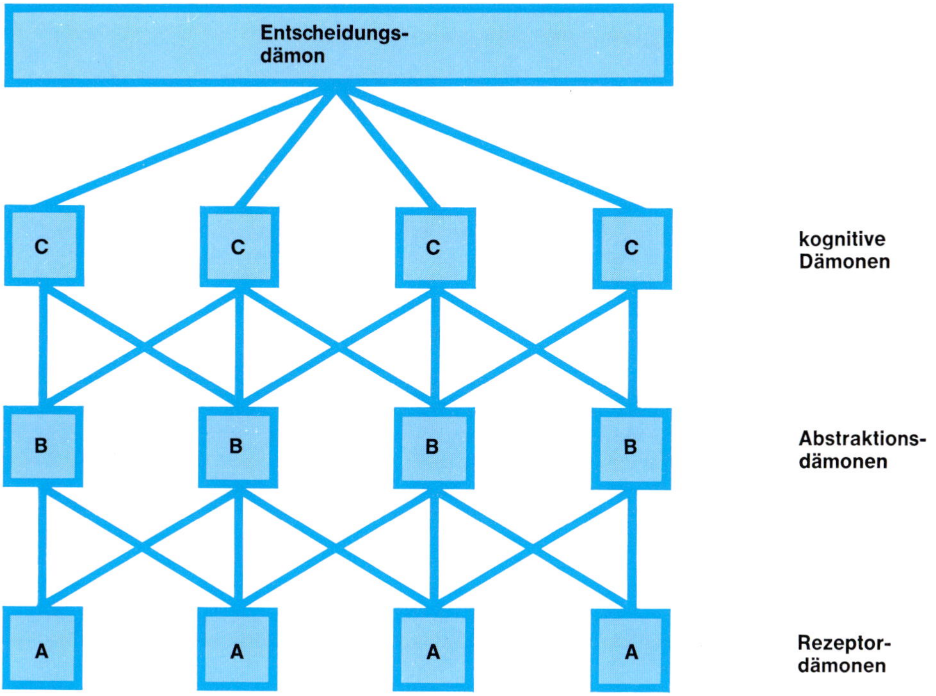

Computer-Simulation der Mustererkennung: Das »Pandämonium« (Selfridge und Neisser, 1960) wurde programmiert zur Erkennung handgeschriebener Buchstaben. Die »Rezeptordämonen« entscheiden, ob die Rasterpunkte des zu identifizierenden Musters schwarz oder weiß sind. Die »Abstraktionsdämonen« filtern aus den Kombinationen verschiedener Rasterpunkte charakteristische Merkmale der Buchstaben (z.B. »Querbalken«, »Krümmung«) heraus. Die »kognitiven Dämonen« prüfen die verschiedenen Merkmalskombinationen daraufhin, wie weit sie zu den in Frage kommenden Buchstaben passen. Aufgrund dieser Schätzungen ordnet der »Entscheidungsdämon« das zu identifizierende Muster dem wahrscheinlichsten Buchstaben zu. Im »Pandämonium« sind die Leistungen der »Abstraktionsdämonen« fest vorprogrammiert (wie die festliegende Verschaltung des Kortex-Neurons als »Richtungsdetektor« (Abb. S. 102)). Die »kognitiven Dämonen« dagegen können aus der Erfahrung »lernen«. Sie speichern Merkmalskombinationen, die zu richtig identifizierten Buchstaben geführt haben, und verwenden sie für spätere Identifikationen (»Lernen am Erfolg«, s. S. 257). Neuere Computersimulationen »neuronaler Netze« arbeiten nach dem gleichen Grundprinzip.

seiner heutigen Form tatsächlich die Grundlage einer umfassenden Wahrnehmungstheorie liefern kann, muß die Zukunft zeigen.

Die Beschränktheit aller bisherigen Versuche, Wahrnehmungsleistungen nachzuahmen, ist offensichtlich. Auch auf den fortgeschrittensten Rechenanlagen lassen sich heute kaum mehr als 100000 Neuronen simulieren. Verglichen mit dem Nervensystem mit seinen 15 Milliarden Zellen sind ihre Leistungen entsprechend kümmerlich. Ein realistischerer Test wird vielleicht in Zukunft möglich sein, wenn durch die noch weitere Miniaturisierung und automatische Herstellung

Vom »Sehen« mit dem Rücken und lauten Lesen

Die bisher geringe Ausnutzung der Informationskapazität des Berührungs- und Drucksinnes veranlaßte 1969 den Psychologen Laurence Scadden, bei sich und anderen einen Apparat zu testen, der die 256 Bildpunkte einer Fernsehkamera in die Vibrationsimpulse eines »Vision Substitution Systems« übersetzt und somit ein »Sehen« mit dem Rücken ermöglicht. Der seit seinem vierten Lebensjahr blinde Scadden schreibt über die dabei gemachte Erfahrung: »In wenigen Trainingsstunden lernt der Blinde, Alltagsgegenstände zu erkennen. Mit fortschreitender Übung kann er auch komplexe Anordnungen der Gegenstände identifizieren. Er lernt, die charakteristischen Eigenschaften seiner Mitmenschen zu erkennen (z. B. Haartracht und Körperhaltung) und sogar Blockschrift zu lesen.«

Das »Vision Substitution System« beruht auf einer starren Verschaltung zwischen Input (Kamera) und Output (Vibratoren). Neuere Sehhilfen dagegen machen sich die Flexibilität von »lernenden Systemen« zunutze, wie sie aufgrund der Ergebnisse des Konnektionismus (s. S. 104) entwickelt wurden. Dieser Lösungsweg sei am Problem des lauten Lesens erläutert, das von einem Netzwerk-Computerprogramm mit dem Namen NETtalk gemeistert wurde. Ein Kognitionstheoretiker der alten Schule würde das Problem des lauten Lesens möglicherweise so anpacken, daß er Tausende von Regeln der englischen Sprache samt Kommentaren niederschriebe, wobei er nicht sicher sein könnte, ob ein Ingenieur imstande wäre, diese Regeln dann auch in ein Computerprogramm umzusetzen. Die Konnektionisten Terrence J. Sjenowski und Charles R. Rosenberg lösten das Problem mit Hilfe mehrerer parallel arbeitender Netzwerke, die lernen konnten, englische Texte mit über 1000 Wörtern laut auszusprechen, nachdem diese in Buchstabenform entziffert waren. Das Herzstück dieses »neuronalen Netzes« bildet eine Schicht von 80 »versteckten Einheiten«, die dem Erlernen der Repräsentationen von Worten und Sätzen dienen. Die Konnektionisten entschieden sich, dieses Netzwerk nicht von Hand zu verkabeln, sondern sie überließen es ihrem System, die zum Lernen notwendigen Verbindungen zu arrangieren. Das System vergleicht den Output, den das Neuronalnetz produziert, mit dem angestrebten Ergebnis. Ist der Output nicht in Ordnung, werden die Verbindungswege rückwärts durchlaufen, um die Gewichtung der Verbindungsmuster zu korrigieren. Schon nach einem Trainingstag konnte NETtalk den Text mit einer Genauigkeit von 95 % lesen.

von »Neuronen« Computeraggregate hergestellt werden können, die dem Gehirn in quantitativer Hinsicht näherkommen. Diese Computer würden sich nicht mehr eindeutig vorprogrammieren lassen, sondern sie müßten sich aufgrund von Lernprozessen (Erfahrungsbildung) selbst organisieren. Erst wenn das der Fall ist, werden wir eine Antwort auf die Frage erhalten, ob künstliche neuronale Netze Leistungen vollbringen können, die unserer Wahrnehmung vergleichbar sind.

Die zukünftigen Modelle der Wahrnehmung (und anderer psychischer Funktionen) dürften sich, entsprechend John von Neumanns Überlegungen, durch dieselbe Kompliziertheit auszeichnen wie das Gehirn, das sie »erklären« sollen. Wir müssen uns zum Verständnis solcher Entwicklungen vom alten Wissenschaftsbegriff freimachen: *An die Stelle einer Analyse hochkomplexer Systeme tritt deren Synthese, der Wissenschaftler baut das Nervensystem nach, statt es zu entschlüsseln!* Daß sich dadurch vielleicht noch ernstere soziale und ethische Probleme ergeben als durch die Gentechnologie, liegt auf der Hand.

4. Bewußtseinsprozesse

4.1 Aufmerksamkeit

4.11 Die »Kameraführung«

Man kann den Wahrnehmungsprozeß mit einer Fernsehübertragung vergleichen – der Weg der Bildinformation von der Fernsehkamera bis zur Mattscheibe des Wiedergabegerätes läßt sich unschwer verfolgen. Wer aber ist der Programmdirektor, wer der Regisseur und wer der Kameramann, die die Szenen für die Reportage auswählen, die Kamera führen und für Bildausschnitt, Beleuchtung und Scharfeinstellung sorgen? Wodurch wird also schließlich bestimmt, was aus der Flut der Umweltreize für die bewußte Informationsverarbeitung ausgewählt wird?

Mit dieser Frage gelangen wir zur aktiven Seite des Wahrnehmungsprozesses, zur *Aufmerksamkeitssteuerung.* Die Aufmerksamkeit wurde von Wilhelm Wundt (s. S. 12 und Kasten S. 13) als Schlüsselbegriff der Psychologie entdeckt. Weder die

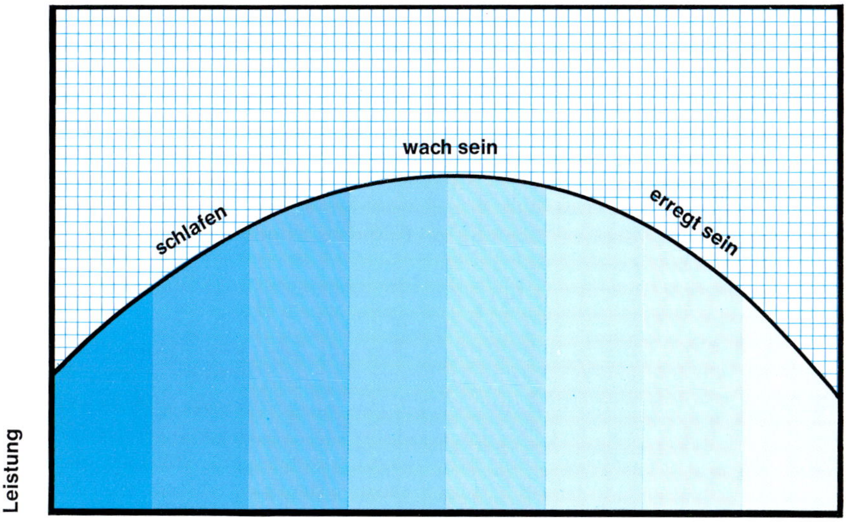

Der *Zusammenhang zwischen Aktivation und Leistung* ist nicht geradlinig (steigende Leistung bei steigender Aktivation), sondern »kurvilinear«: Bei steigender Aktivation wächst die Leistung bis zu einem Optimum (optimale Aktivation), bei weiter steigender Aktivation sinkt die Leistung wieder ab (überschießende Aktivation). Dabei muß beachtet werden, daß für verschiedene Leistungen nicht immer die gleiche Aktivation optimal ist: Bei sehr hoher Aktivation (Panik) gelingt es vielleicht recht gut, eine Tür aufzubrechen, zum Einfädeln eines Fadens ist dagegen »ruhig Blut« erforderlich. Je komplizierter die jeweilige Leistung, desto niedriger ist im allgemeinen die optimale Aktivation. Der »kurvilineare« Zusammenhang zwischen Aktivation und Leistung wird in der Psychologie nach seinen Entdekkern »Yerkes-Dodsonsche Regel« genannt (s. auch S. 207).

Behavioristen noch die Gestaltpsychologen haben jedoch Wundts Spur weiterverfolgt. Erst der Einfluß von Informationstheorie und Kybernetik führte in den letzten Jahren zu einem erneuten, ständig wachsenden Interesse am Problem der Informationsauswahl (*»selektive Aufmerksamkeit«*).

Seit den Tagen Wundts wird die Aufmerksamkeit als Voraussetzung dafür angesehen, daß eine Reizkonstellation überhaupt »ins Bewußtsein tritt«. Wir wollen uns diesen *Zusammenhang zwischen Aufmerksamkeit und Bewußtsein* an einer Beschreibung des Psychiaters und Philosophen Karl Jaspers klarmachen (aus seinem 1913 erschienenen Buch über »Allgemeine Psychopathologie«): »*Bildlich* stellen wir uns das Bewußtsein gewissermaßen als die *Bühne* vor, auf der die einzelnen seelischen Phänomene kommen und gehen; oder als das *Medium,* in dem sie sich bewegen. Dieses Bewußtsein, das jedem psychischen Phänom zu eigen ist, wechselt seine Art auf sehr mannigfaltige Weise. Im Bilde gesprochen wird z. B. die Bühne sehr eng (Bewußtseinsenge), das Medium wird trübe (Bewußtseinstrübung) usw. Um den *Blickpunkt* des Bewußtseins lagert sich ein nach der Peripherie hin immer dunkler werdendes *Blickfeld.* Bei planmäßiger Selbstbeobachtung kann man diese Bewußtseinsgrade (Aufmerksamkeitsgrade, Bewußtseinsstufen) untersuchen.«

Jaspers Bild von der »Beleuchtung der Szene« des Bewußtseins durch den »Scheinwerfer der Aufmerksamkeit« läßt sich nach dem heutigen Stand der Forschung weiter präzisieren: Die *Klarheit* des Bewußtseins (Gesamtbeleuchtung) wird vom Wachheits- oder Aktivationsgrad bestimmt, der eine Funktion des unspezifischen Retikulärsystems ist. Die *Weite* des Bewußtseins ist dagegen abhängig von der *»selektiven Aufmerksamkeit«,* deren neurophysiologische Grundlagen noch erforscht werden.

4.12 Der Aktivationsgrad

Die »Beleuchtungsstärken« des Bewußtseins lassen sich auf einer Skala anordnen, die vom tiefen Schlaf bis zur angespannten Aufmerksamkeit und schließlich zur überstarken Erregung reicht (Skala der Aktivationsgrade). Von den Träumen wissen wir, daß auch während des Schlafzustandes komplexe psychische Prozesse ablaufen können (s. S. 143). Die *bewußte Wahrnehmung* hat jedoch ein höheres »Aktivationsniveau« zur Voraussetzung, nämlich den Wachzustand. Für jede Wahrnehmungsleistung, wie z. B. das Entdecken eines Straßenschildes, gibt es ein Optimum der Aktivation: Bei zu geringer Wachheit, aber auch bei überstarker Erregung (Panik) verschlechtert sich die Leistung, oder sie wird unmöglich.

Eine neurophysiologische Grundlage für die allgemeine Aktivationssteuerung ist das *»aktivierende Retikulärsystem«* im Stammhirn (s. S. 109). Das Nervengeflecht des Retikulärsystems erhält als »Input«

- erregende Impulse von Sinnesreizen aller Modalitäten (über Abzweigungen [Kollaterale] der sensorischen Bahnen zur Hirnrinde),
- erregende und hemmende Impulse von der Hirnrinde,
- erregende und hemmende Impulse von anderen Zentren des Stammhirns.

Als »Antwort« auf alle diese Eingänge entsendet das Retikulärsystem einen ständigen Impulsstrom, der sich über die gesamte Hirnrinde verteilt (s. Abb. S. 109). Seine Intensität – die Resultante aller erregenden und hemmenden Eingänge ins Retikulärsystem – bestimmt die Höhe des allgemeinen Aktivationsgrades. Eine gewisse Mindestintensität der Retikulär-Aktivation ist die *unabdingbare Voraussetzung* für alle Leistungen des Wachbewußtseins.

Bei Wegfall der erregenden Impulse aus den Sinnesreizen ergeben sich Veränderungen von Wahrnehmung und Denken

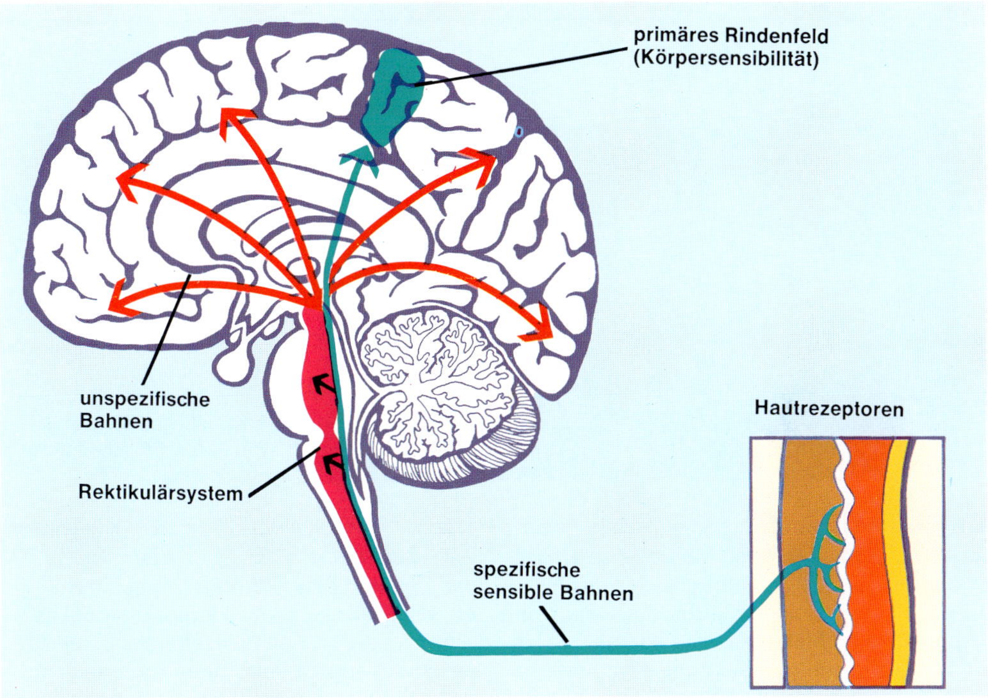

Jeder überschwellige Sinnesreiz (z.B. ein Händedruck) hat eine zweifache Wirkung: (1) Über die *spezifischen sensiblen Bahnen* gelangt er zu den Rindenfeldern für die Körpersensibilität und wird dort als spezifische Information verarbeitet (»Händedruck«). (2) Über Abzweigungen (Kollaterale) stimuliert der Reiz das *Retikulärsystem,* dessen Erregung sich über die *unspezifischen Bahnen* auf die gesamte Hirnrinde überträgt (»Aktivationswirkung« des Händedrucks).

(s. sensorische Deprivation, S.66). Im Schlafzustand wird das Retikulärsystem durch andere Hirnzentren (Schlafzentren) gehemmt. Nur ein genügend starker Sinnesreiz, der die erhöhte Erregungsschwelle erreicht, kann eine Aktivation der Hirnrinde bis zur Wachheit auslösen (Weckreaktion). Beim Menschen ist die Erregungsschwelle des Retikulärsystems über die Eingänge von der Hirnrinde auch durch Bewußtseinsprozesse steuerbar (s. Komponenten der Orientierungsreaktion, S.114).

Innerhalb gewisser Grenzen können wir »vorsätzlich« unseren Aktivationsgrad erhöhen (Anspannung) oder senken (Entspannung).

4.13 »Augenblick« und »Bewußtseinsstrom«

Wie fein die »Kameraführung« normalerweise ohne unser Wissen gesteuert wird, veranschaulicht ein Experiment des Moskauer Nachrichtentechnikers Alfred Yarbus. Schauen wir das Bild eines russischen Mädchens (Abb. S.110) einige Sekunden an. Daneben sehen wir Yarbus' Aufzeichnungen der Augenbewegungen: Ein Betrachter des Bildes hat in einer Minute etwa 250mal seinen Blickpunkt gewechselt! Das sind also pro Sekunde 3 bis 5 »Augenblicke«, in denen die Augen von einem Blickpunkt zum anderen gesprungen sind, um jedesmal einen anderen »Schnapp-

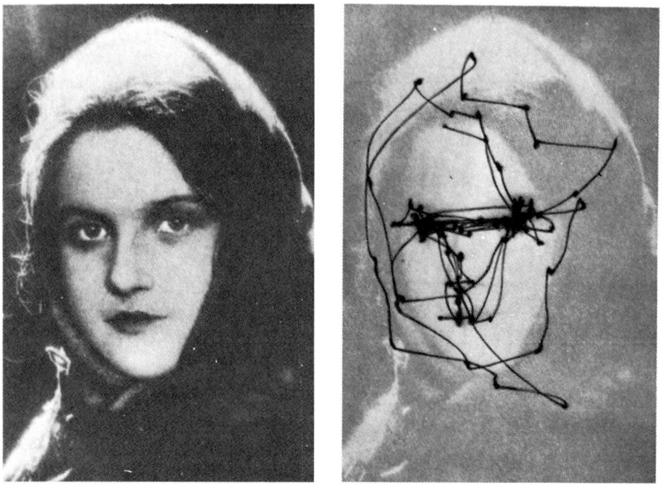

Foto eines Mädchens; daneben die Aufzeichnung der Augenbewegungen beim Betrachten des Bildes während einer Minute. Auszählungen ergaben etwa 3 bis 5 Blickwechsel pro Sekunde.

schuß«, einen anderen kleinen Ausschnitt der Bildpartien zu sammeln.

Das Experiment erlaubt, die Dauer eines »Augenblicks« abzuschätzen. 3 bis 5 Blickwechsel pro Sekunde ergeben eine Fixationsdauer von 0,2 bis 0,3 Sekunden. Wenn man die schnelle »Sprungbewegung« der Augen zwischen den einzelnen Fixationsstellungen und die Nervenleitung vom Auge zum Gehirn abzieht, bleibt eine zentrale Verarbeitungszeit von etwa 0,1 Sekunden für jeden »Augenblick«.

Zum gleichen Ergebnis gelangen wir durch ein anderes »Aufmerksamkeitsexperiment«: Wenn optische oder akustische Signale durch Niederdrücken einer Taste beantwortet werden sollen, vergehen zwischen Reiz und Reaktion etwa 0,2 Sekunden (*Reaktionszeit*). Nach Abzug der Nervenleitung zwischen Peripherie und Zentrum ergibt sich für die zentrale Entscheidung »Jetzt Signal – also Tastendruck!« ebenfalls etwa eine Zehntelsekunde. Mit dieser Zeitspanne dürften wir die Mindestzeit für eine einzelne bewußte Informationsverarbeitung erfaßt haben, also sozusagen den »subjektiven Moment«.

Kehren wir noch einmal zurück zum Bild der schönen Russin. Wenn wir uns das Foto ein paar Sekunden lang anschauen, sehen wir nicht etwa lauter kleine Ausschnitte, die wie die Einzelbilder eines zu langsam abgespulten Films mehrmals in der Sekunde hin und her springen, sondern wir sehen das Bild als Ganzes vor uns, ohne unsere ständigen Blickwechsel zu bemerken. Für die »sprunghafte« Informationsaufnahme durch das Nervensystem gibt es in der erlebten Wahrnehmung keine Entsprechung: Die bewußte Wahrnehmung wird als kontinuierlich fließend erlebt. Man spricht deshalb vom »Bewußtseinsstrom« (*stream of consciousness*; nach dem amerikanischen Philosophen und Psychologen William James). Das erlebte »Jetzt« in diesem »Bewußtseinsstrom« dauert sehr viel länger als nur einen »Augenblick«, es besteht aus zusammenhängenden »Ereignissen« (z.B. »Betrachten eines Bildes«) von etwa 1 bis 10 Sekunden Dauer (»subjektive Gegenwart«).

In einem 1967 erschienenen Buch über »Kognitive Psychologie« folgert der amerikanische Psychologe Ulric Neisser aus der Stetigkeit des »Bewußtseinsstroms«: »Unter normalen Bedingungen ist die visuelle Wahrnehmung ein *konstruktiver*

Akt. Der Wahrnehmende ›konstruiert‹ handfeste Gegenstände, indem er die Information einer ganzen Reihe von ›Schnappschüssen‹ zusammenfügt. Ein solcher Prozeß erfordert eine Art von *Gedächtnis,* aber nicht eins, das ›fotografische Abzüge‹ aller früheren Reizmuster speichert. Statt dessen muß es sich um ein *schematisches Modell* handeln, das sich ständig entwickelt und dem jede neue Fixation neue Informationen hinzufügt.« Neisser nennt diesen Vorgang der Konstruktion eines schematischen Modells durch den Wahrnehmungsprozeß »Analyse-durch-Synthese«: Die »Synthese« besteht in der Konstruktion des Modells aus Sinnes- und Gedächtniskomponenten, die »Analyse« im fortlaufenden Vergleich des Modells mit der Reizvorlage.

Die Idee einer »Analyse-durch-Synthese« in der bewußten Wahrnehmung läßt sich zurückführen auf die »Aktpsychologie« des deutschen Philosophen Franz Brentano (1838–1917) und auf die »schöpferische Synthese« des Franzosen Henri Bergson (1859–1941). Es ist bezeichnend für den Trend der modernen Psychologie, daß gerade die »Kybernetiker« auf solche komplexen Konzepte zurückgreifen. Neisser weist darauf hin, daß die bisher erfolgreichsten Computersysteme zur Erkennung handgeschriebener oder gesprochener Wörter ebenfalls nach dem Prinzip der »Analyse-durch-Synthese« arbeiten.

In Neissers Theorie erhebt sich die Frage, wie die einzelnen »schematischen Modelle«, die »Ereignisse« des Bewußtseinsstroms, aus der schier unendlichen Mannigfaltigkeit der Umweltreize ausgesondert werden: Die Gliederung in »Figur und Grund« muß ja schon vorliegen, damit überhaupt »gezielte Schnappschüsse« möglich sind.

Gestützt auf zahlreiche experimentelle Befunde, nimmt Neisser an, daß die Umweltreize vor der Wirksamkeit der selektiven Aufmerksamkeit »einem Mechanismus der globalen Vorverarbeitung unterworfen sind, der voneinander getrennte Objekte formt und die weitere Verarbeitung steuern hilft«. Die globale Vorverarbeitung läuft in unserem »Flaschenhalsmodell« (s. Abb. S. 85) noch *vor dem Engpaß* in zahlreichen Prozessen gleichzeitig ab (parallele Informationsverarbeitung). Die selektive Aufmerksamkeit wählt in jedem »Augenblick« das Ergebnis eines dieser Prozesse aus für die »Analyse-durch-Synthese« im »Flaschenhals« der bewußten Informationsverarbeitung.

4.14 Die Ein-Kanal-Hypothese

Im »Flaschenhalsmodell« ist nur *ein* Engpaß vorgesehen, und doch zeigt die Alltagserfahrung, daß manche Menschen z. B. gleichzeitig essen und reden können. Läßt sich die Aufmerksamkeit teilen, hat der »Bewußtseinsstrom« Seitenarme?

William James schreibt dazu in den »Prinzipien der Psychologie« (1890):

»Wenn mit der Frage, wie viele Ideen oder Dinge wir auf einmal beobachten können, gemeint ist, wie viele völlig getrennte Systeme oder Prozesse des Auffassens gleichzeitig ablaufen können, so ist die Antwort: kaum mehr als einer, außer, die Prozesse sind reine Gewohnheitssache; andernfalls zwei oder sogar drei ohne viel Aufmerksamkeitswechsel. Wenn jedoch die Vorgänge weniger automatisch ablaufen, wie in der Anekdote von Julius Caesar, der angeblich vier Briefe diktierte, während er selber einen fünften schrieb, muß ein schnelles Hin-und-her-Springen des Geistes zwischen den verschiedenen Tätigkeiten stattfinden, und es ergibt sich folglich kein Zeitgewinn. Innerhalb eines Systems können die Einzelheiten zahllos sein, doch in dem Falle beachten wir sie kollektiv, *indem wir das Ganze aufnehmen,* das sie formen.«

William James' Beobachtung, daß wir in jedem Moment nur *einen* Vorgang bewußt verarbeiten können, ist inzwischen zu einer experimentell gut fundierten Hypothese geworden, der sogenannten »Ein-Kanal-Hypothese« der zentralen Informationsverarbeitung (*single channel hypothesis*). Bestätigt wurde sie vor allem durch Experimente zur Reaktionszeit: Folgt einem ersten Reiz noch während seiner Beantwortung ein zweiter, so wird dieser zweite Reiz verzögert bearbeitet, seine Reaktionszeit läuft erst an, wenn die Reaktion auf den ersten abgeschlossen ist. Aus solchen Experimenten folgert der englische Psychologe A. T. Welford, der der »single channel hypothesis« ihren Namen gab: »Die zentralen Prozesse zur Verarbeitung von zwei verschiedenen Reizen können nicht gleichzeitig bestehen. Die Daten eines Reizes, der eintrifft, während die zentralen Mechanismen mit Daten eines vorhergehenden Reizes beschäftigt sind, müssen entsprechend ›gespeichert‹ werden, bis die Mechanismen wieder frei sind.« Während der zentralen Reizverarbeitung sind neu eintreffende Reize demnach gezwungen, »Schlange zu stehen«, sie werden in einem kurz wirksamen Gedächtnis *vor der Wahrnehmungsverarbeitung* gespeichert (*sensorisches Kurzzeitgedächtnis*).

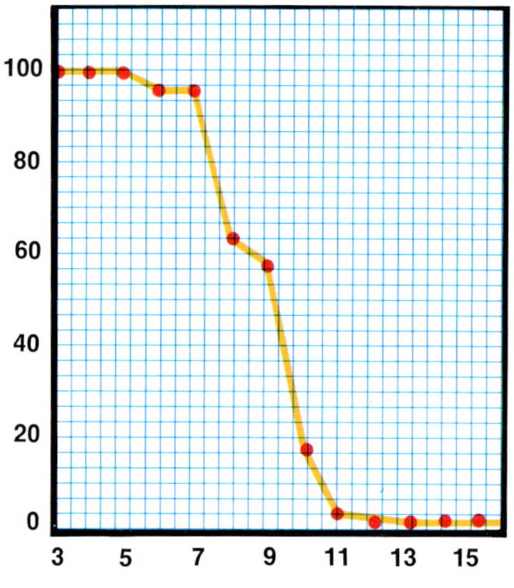

Ein Experiment zur *Aufmerksamkeitsspanne*: Im Tachistoskop wurden der Versuchsperson Bilder mit unterschiedlichen Punktmengen kurzzeitig dargeboten (3 bis 15 Punkte pro Darbietung). Bis zu 7 Punkten waren die Schätzungen fast ausnahmslos richtig – bis zu 7 Elemente können also gleichzeitig verarbeitet werden.

Wir können uns vom Vorhandensein dieses »sensorischen Kurzzeitgedächtnisses« leicht überzeugen, wenn wir plötzlich die Augen schließen: Wir »sehen« für einen Moment unseren Arbeitstisch mit allen Einzelheiten vor uns. Wenn wir uns die verschiedenen Gegenstände vorher aber nicht besonders eingeprägt haben, können wir nur ein paar von ihnen aus dem Gedächtnis angeben. Während wir ein Detail »herauspicken«, verschwindet der Rest, weil das sensorische Kurzzeitgedächtnis die Gegenstände höchstens für eine bis zwei Sekunden speichert.

An der »subjektiven Gegenwart« (s. o.) ist neben dem »Input-Kurzspeicher« noch ein Kurzzeitgedächtnis für den Output des »Flaschenhalses« beteiligt – für die Bewußtseinsinhalte der letzten 5⁄10 Sekunden (s. hierzu Abb. S. 85).

4.15 Weite des Bewußtseins

»Innerhalb eines Systems können die Einzelheiten zahllos sein«, schreibt William James, »doch in dem Falle beachten wir sie kollektiv, *indem wir das Ganze aufnehmen*, das sie formen.« James deutet hier ein Grundprinzip der Wahrnehmung und des Denkens zur Bewältigung von größeren Informationsmengen an: die Bildung von übergeordneten »Ganzheiten« oder Gruppen (s. S. 89). Wenn wir wissen wollen, wie viele Einzelheiten in einem Augenblick getrennt beachtet werden können – das ist die klassische Frage nach der »Weite des Bewußtseins« oder der »Aufmerksamkeitsspanne« –, müssen wir Situationen untersuchen, in denen die *Grup-*

pierungstendenz nicht wirksam werden kann.

Ein kleines Experiment auf dem Küchentisch soll uns demonstrieren, wie eng der »Flaschenhals« unserer Wahrnehmung ist: Wir greifen mehrmals blindlings in eine Schüssel mit Erbsen, werfen die Erbsen dicht beisammen auf den Tisch und schauen dann jedesmal *ganz kurz* hin (nur einen »Augenblick«). Wir werden feststellen, daß wir bis zu *sieben* Erbsen mit einem Blick erfassen können. Wenn mehr Erbsen im Blickfeld liegen, sind wir nicht mehr in der Lage, die Zahl zuverlässig anzugeben. Im psychologischen Labor wird das »Erbsenzählen« exakter kontrolliert mit Hilfe eines sogenannten *Tachistoskops* (*tachisto* = sehr schnell), eines Bildprojektors, der Reizvorlagen (Erbsen oder Punktmuster) kurzzeitig (z. B. 1/10 Sekunde) darzubieten erlaubt (s. Abb. S. 112).

4.16 Die Orientierungsreaktion

Ein Wahrnehmungsprozeß mit begrenzter Aufmerksamkeitsspanne kann für den Organismus nur von Nutzen sein, wenn er sich sehr flexibel an eine Vielzahl von Umweltbedingungen und Bedürfnissen des Organismus anpaßt. Der momentan ablaufende Bewußtseinsprozeß muß beispielsweise bei Gefahr jederzeit unterbrochen und durch einen neuen ersetzt werden können.

Einen hierbei besonders wichtigen Mechanismus, den *Orientierungsreflex*, entdeckte der russische Physiologe Iwan P. Pawlow bei seinen berühmten Hundeexperimenten (s. S. 247). Die erste Beschreibung dieses Vorgangs findet sich in einer 1910 gehaltenen Rede über »Aufgaben und Einrichtung eines modernen Laboratoriums zum Studium der Höheren Nerventätigkeit«:

»Jeder Laut, möge er auch noch so schwach sein, der unter den ständigen Lauten und Geräuschen erscheint, die das Tier umgeben, jede Schwankung in der Intensität der gesamten Zimmerbeleuchtung (wenn die Sonne schnell hinter den Wolken verschwindet, wenn ein Sonnenstrahl durch die Wolken dringt, wenn eine plötzliche Verstärkung oder Abschwächung des Lichts der elektrischen Glühbirne stattfindet oder wenn ein Schatten am Zimmerfenster vorbeihuscht), wenn sich im Zimmer irgendein neuer Geruch verbreitet, wenn in das Zimmer von irgendwoher ein warmer oder kalter Luftzug eindringt, wenn irgend etwas die Haut des Hundes berührt (eine Fliege, ein winziges Stückchen des Deckenputzes), in allen diesen und unzähligen ähnlichen Fällen tritt unbedingt irgendein Teil der Skelettmuskulatur unseres Tieres in Tätigkeit: es geraten die Lider, die Augen, die Ohren, die Nasenflügel des Tieres in spezielle Bewegung, es werden der Kopf, der Körper und andere Einzelteile des Tieres hin- und hergewandt, das Tier erstarrt in einer bestimmten Stellung. Wir haben eine streng gesetzmäßige Reaktion des Organismus vor uns, einen einfachen Reflex, den wir als *Orientierungsreflex,* als Einstellungsreflex bezeichnen. Erscheinen in der Umgebung des Tieres neue Reize (ich verstehe darunter auch die Stärke, die neue Intensität der alten Reize), so werden vom Organismus die rezipierenden Oberflächen entsprechend in diese Richtung eingestellt, um die äußeren Reize möglichst gut aufzunehmen. Aber jegliches in der Umwelt entstehende neue Agens, das mit nicht sehr großen Intervallen wiederholt wird, ohne durch irgendwelche unmittelbare weitere Einwirkungen auf das Tier begleitet zu werden, wird mehr und mehr indifferent. Der Orientierungsreflex auf diesen Reiz wird immer schwächer und verschwindet schließlich vollständig.«

Pawlow war vorwiegend an der Untersuchung *bedingter Reflexe* (s. S. 247) interessiert und überließ es seinen wissenschaftlichen Erben, den Orientierungsreflex zu erforschen. Mit dem gründlichen Studium des Orientierungsreflexes als *aktiver Komponente der Reizaufnahme* hat sich die russische »Reflex-Psychologie« als weit weniger »mechanistisch« erwiesen als etwa der Behaviorismus. Um eine Verwechslung mit dem verbreiteten starren Reflexbegriff zu vermeiden, wollen wir in Anlehnung an den angelsächsischen Sprachgebrauch von »Orientierungs*reaktion*« und von »bedingter *Reaktion*« sprechen.

Die umfangreichsten Untersuchungen zur Orientierungsreaktion stammen von Y. N. Sokolow, Pawlows Nachfolger am Moskauer »Institut zum Studium der Höheren Nerventätigkeit«. Sokolow isolierte durch gleichzeitige Registrierung vieler Körperfunktionen (*Polygraphie,* s. S. 162) als Komponenten der Orientierungsreaktion einen »Komplex von somatischen und vegetativen Reaktionen, die zu einem *ganzheitlichen funktionellen System* vereinigt sind«:

Die Komponenten der Orientierungsreaktion

- *Motorische Reaktionen:* Unterbrechung der augenblicklichen Tätigkeit, Kopf- und Augenbewegung zur Reizquelle, bei Tieren Schnüffeln und »Ohrenspitzen«.
- *Reaktionen der Sinnesorgane:* Pupillenerweiterung, Schwellenerniedrigung.
- *EEG-Reaktionen:* Blockierung vorhandener Alpha-Wellen, langsamere *»Schläfrigkeits-Wellen«* verschwinden.
- *Vegetative Reaktionen:* Kurze Herzschlagbeschleunigung, »Galvanische Hautreaktion« (s. S. 166), Kontraktion der peripheren Blutgefäße und Erweiterung der Kopfblutgefäße.

Über die Funktion dieser Komponenten schreibt Sokolow: »Ebenso wie die motorischen Komponenten des Orientierungsreflexes, die an der Einstellung der Rezeptoren beteiligt sind, tragen auch die vegetativen Komponenten zu der vom Orientierungsreflex zu lösenden Hauptaufgabe bei, nämlich zur *Erhöhung der Erregbarkeit der Analysatoren.«*

Die Orientierungsreaktion ist reizunspezifisch, das heißt, sie kann durch Reize jeder Sinnesmodalität ausgelöst werden. Eine neurophysiologische Grundlage hierfür bietet das aktivierende Retikulärsystem, in dem alle Modalitäten zusammentreffen. Eine Besonderheit der Orientierungsreaktion besteht darin, daß sie nur von *neuen Reizen* ausgelöst wird. Bei mehrfacher Wiederholung des gleichen Reizes unterliegt die Reaktion der *Habituation,* das heißt, sie wird von Mal zu Mal schwächer und erlischt schließlich (s. Abb. S. 115). Man könnte sagen, es liegt eine primitive Form des Lernens vor.

Sokolow folgert daraus, daß im Zentralnervensystem von wiederholt auftretenden Reizmustern ein neuronales Modell gebildet wird, das alle relevanten Reizeigenschaften (Qualität, Intensität, Zeitverlauf u. ä.) enthält. Bei Nichtübereinstimmung (engl. *mismatch*) des Wahrnehmungseinganges mit diesem Modell tritt die Orientierungsreaktion ein. Verantwortlich für die Orientierungsreaktion soll also ein »mismatch-detector« sein. Der schwedische Psychophysiologe A. Öhmann erweiterte dieses Modell so, daß die Reaktion auch beim Auftreten von erwarteten, aufgabenrelevanten Signalen erfolgt. Man kann in diesem Fall von einem »match-detector« ausgehen, der auf die Übereinstimmung des Reizes mit dem Modell anspricht. So lassen sich auch Formen der aktiven Aufmerksamkeit im Sinne einer Verhaltenssteuerung durch das Bewußtsein erklären. Man hatte nämlich schon früher in sowjetischen Laboratorien festgestellt, daß der Vorsatz, die Reize zu zählen, nach eingetretener Habituation sofort wieder eine unverminderte Orientierungsreaktion auslöste. Die Habituation, also das Erlöschen oder die Abnahme der Orientierungsreaktion, tritt dem-

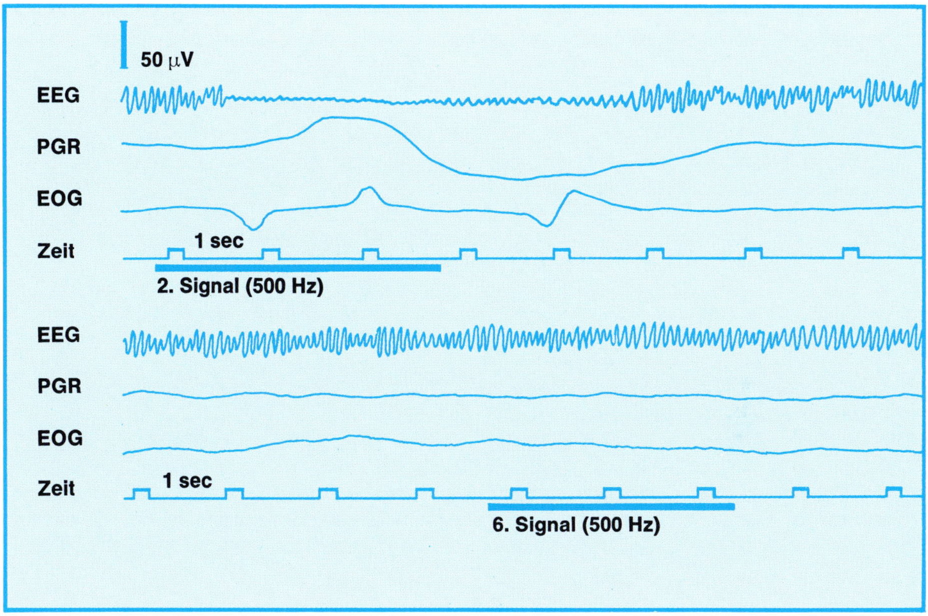

Polygraphische Registrierung einer *Orientierungsreaktion* (nach Sokolow). In der oberen Hälfte sieht man die voll ausgebildete Reaktion, die auf die 2. Darbietung des Signals (ein mäßig lauter Ton) erfolgte. Im EEG tritt 0,5 bis 1 Sekunde nach Signalbeginn eine »Blockierung« des Alpha-Rhythmus ein (s. S. 58). Die PGR (= Psychogalvanische Reaktion der Haut, s. S. 166) folgt etwa 2 Sekunden nach Reizbeginn. Im EOG (= Elektrookulogramm, Aufzeichnung der Augenbewegungen sind mehrere Bewegungen zu erkennen. Die gesamte Reaktion ist nach etwa 5 Sekunden abgeklungen. Darunter: Die Aufzeichnung bei der 6. Wiederholung des Signals zeigt keine erkennbare Reaktion (*Habituation*).

nach nicht immer bei Übereinstimmung des ankommenden Reizes mit dem neuronalen Modell nach kurzem Lernprozeß ein, sondern sie kann verzögert werden, wenn die Handlungsaufgabe eine aktive Beobachtung dieser Reize erfordert. Der deutsche Psychophysiologe F. Rösler hat darauf hingewiesen, daß die Automatisierung dieses Vorganges auf einer höheren Verarbeitungsebene des ZNS erfolgt (s. Abb. S. 109). Während die Habituation über das unspezifische »arousal system« der Formatio reticularis gesteuert wird, kann die Automatisierung des aktiven Aufmerksamkeitsprozesses in dem von den amerikanischen Neuropsychologen Pribram und McGuinness beschriebenen »effort system« realisiert werden. Für passive und aktive Aufmerksamkeitsverarbeitung sind somit verschiedene neuronale Systeme verantwortlich, deren Wirkungsweise sich an den verzögerten oder beschleunigten Abläufen der Habituation von Orientierungsreaktionen erkennen läßt.

Die aktive Aufmerksamkeit ermöglicht es uns auch, einen Schutz gegen die Gestaltung der Reizbedingungen in der Werbung (s. Kasten S. 116) aufzubauen, indem wir aktiv entscheiden, ob ein Produkt wirklich neu ist. Wenn wir uns durch die kognitive Entscheidung »die Werbung

Aufmerksamkeit und Werbung

Welche Eigenschaften muß eine Reizsituation haben, damit sie beachtet wird? Der amerikanische Psychologe D. E. Berlyne hat in einem Jahrzehnte dauernden Forschungsprojekt die »Neugier« (*curiosity*) bei Mensch und Tier untersucht (s. S. 230). Als Ergebnis seiner Experimente präsentiert er eine Zusammenstellung von »Neugierreizen«, die besonders den Werbepsychologen interessiert (s. Abb. unten):

- *Psychophysische Eigenschaften:* Reizintensität, Farbe, Kontrast, Bewegung, Wiederholung, Asymmetrie, Lage im Gesichtsfeld (links oben ist der teuerste Anzeigenplatz in der Zeitung), Isolation (z. B. ein Wort auf einer Seite).
- *Vergleichseigenschaften:* Hierunter versteht Berlyne Eigenschaften, die sich erst durch den Vergleich mit anderen früheren oder gleichzeitigen Reizsituationen ergeben (*collative variables*). *Neuigkeit* ist das wirkungsvollste Mittel zur Erregung von Aufmerksamkeit. Eine *Überraschungswirkung* entsteht z. B. durch ungewohnte Zusammenstellungen.
- *Komplexität:* Eine Reizsituation findet die größte Beachtung, wenn sie weder zu einfach und eintönig noch zu komplex ist.
- *Bedürfnislage:* Die Beachtung einer Reizsituation hängt vor allem von den momentanen Bedürfnissen des Betrachters ab. Wenn wir hungrig sind, sticht uns alles Eßbare »ins Auge«. Am häufigsten dienen in der Werbung Darstellungen als »Blickfang«, die sexuelle Bedürfnisse ansprechen. Die »geheimen Verführer« benutzen die z. T. uneingestandenen Bedürfnisse nicht nur zur Erregung der Aufmerksamkeit, sondern auch zur Beeinflussung der Kaufentscheidung.

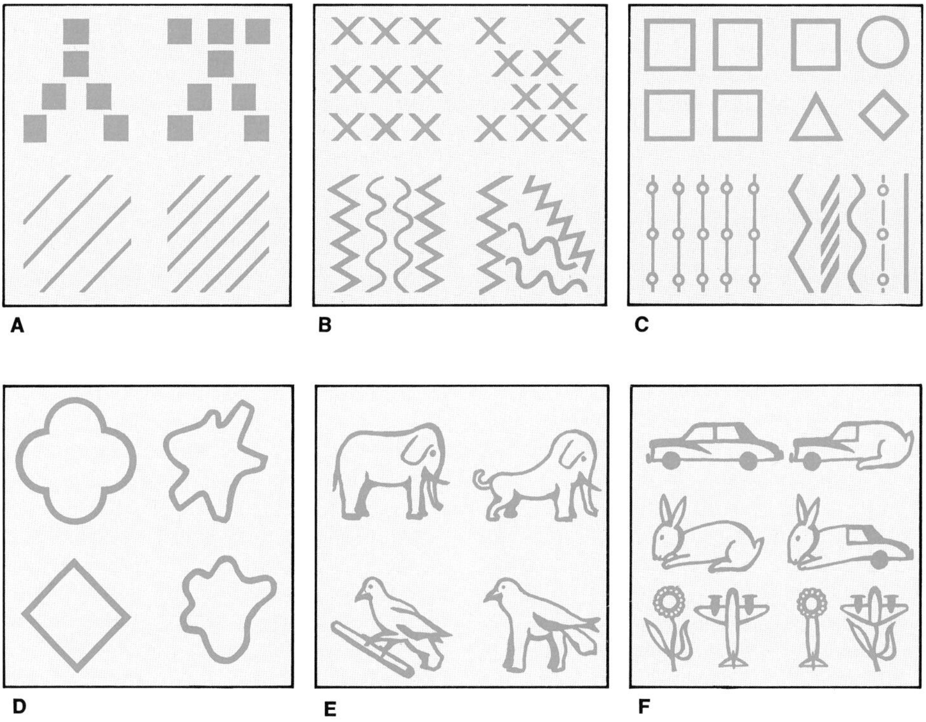

bietet sowieso nur alte Hüte an« schützen, können die von der Werbung kalkulierten »Neugierreize« über die passive Aufmerksamkeit sofort der Habituation zugeführt werden.

4.17 Leistungssteigerung durch Steuerung der elektrischen Aktivität im Gehirn

Die elektrische »Negativierung« einer bestimmten Hirnregion verweist, dem Tübinger Psychophysiologen Niels Birbaumer zufolge, auf eine erhöhte Bereitschaft dieser Region, Informationen zu verarbeiten. In psychophysiologischen Experimenten stellten Birbaumer und seine Mitarbeiter Versuchspersonen die Aufgabe, eine Rakete auf einem Bildschirm allein durch die Negativierung der linken oder rechten Hirnhälfte (Hemisphäre) zum Leuchten zu bringen. Hierzu mußten die Probanden auf ein Lichtsignal hin versuchen, abwechselnd die linke oder rechte zentrale Region für 6 Sekunden elektrisch zu negativieren, was durch Rückmeldung

< Von Berlyne untersuchte Muster, die verschiedene »neugiererregende« Reizeigenschaften demonstrieren. In Wahrnehmungsexperimenten wurden die Figürchen rechts durchschnittlich länger betrachtet als die Figürchen auf den linken Hälften (A–F), die rechten Figürchen zogen also die Aufmerksamkeit stärker auf sich. Im einzelnen zeichnen sich die rechten Figürchen durch folgende Reizeigenschaften aus: A – Menge des Reizmaterials; B – Unregelmäßigkeit der Anordnung; C – Heterogenität der Elemente; D – Unregelmäßigkeit des Umrisses; E und F – ungewohnte Zusammenstellung (»Inkongruenz«).

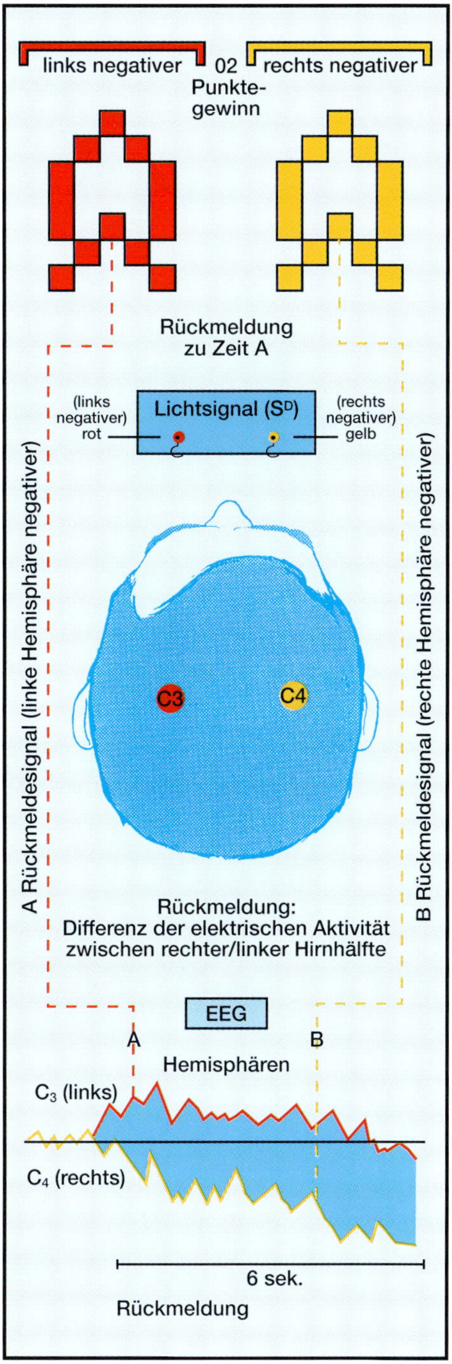

Experimentalaufbau: Zeitpunkt A: Bei Differenz zwischen linker (C_3) und rechter (C_4) Hemisphäre überwiegt linke Hemisphäre. – Zeitpunkt B: Bei Differenz zwischen C_3 und C_4 überwiegt rechte Hemisphäre. Hier wurde gelernt, daß die rechte Hemisphäre in der negativen Aktivierung anwächst (nach Birbaumer et al., 1990).

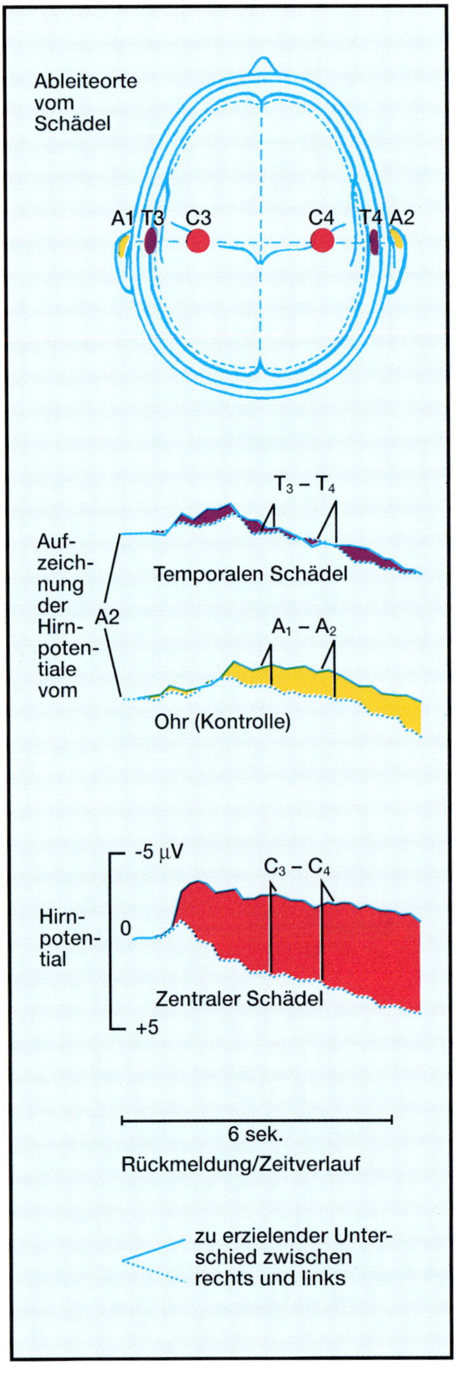

der Differenz der langsamen kortikalen Hirnpotentiale von linker und rechter Hemisphäre (C3/C4) unterstützt wurde (Experimentalaufbau s. Abb. S. 117). Bei Probanden, die eine solche instrumentelle Kontrolle ihrer elektrischen Hirnaktivität gelernt hatten, war die Leistung der Tastempfindungen der Hand der anderen Seite besser (kürzere Reaktionszeiten und weniger Fehler) als die von der Hand auf der gleichen Seite. Das Kreuzen der Informationsbahnen von dem Hirnareal zur Hand auf der anderen Seite läßt ein solches Resultat plausibel erscheinen. Der geschilderte Unterschied war bei Personen, die ihre Hirnaktivität nicht zu kontrollieren lernten, nicht festzustellen. In welchem Ausmaß die Kontrolle regionaler Hirngebiete gelernt wurde, kann an dem Ergebnis der summierten langsamen Potentiale von 20 Versuchspersonen für die frontale, zentrale, parietale und temporale Hirnregion (s. Abb. links) abgelesen werden. Nach fünf Übungssitzungen, die dem Training der zentralen Region (C3/C4) dienten, zeigten sich maximale Unterschiede im Vergleich zu den anderen Regionen und der Kontrollableitung (A1/A2) nur in der zum Lernen über Rückmeldung angeschlossenen zentralen Hirnregion – ein Befund, der zu regen Spekulationen über die bessere Ausnutzung unserer Hirnfunktionen Anlaß gibt.

Biofeedback der negativen Gleichspannungsschwankungen: Am temporalen Schädel und am Ohr sind keine bedeutsamen Veränderungen der Hirnpotentiale zu registrieren. Nur die Ableitung von der zentralen Schädelregion, von der eine Rückmeldung erfolgte, zeigt einen deutlichen Unterschied zwischen rechter und linker Hirnhälfte:

—— Ergebnis nach der Lernaufgabe, die linke Hirnhälfte zu steuern.

- - - - Ergebnis nach der Lernaufgabe, die rechte Hirnhälfte zu steuern (nach Birbaumer et al., 1990).

4.18 Das Cocktailparty-Problem

Begeben wir uns zum weiteren Studium der selektiven Aufmerksamkeit auf eine Cocktailparty. Im Empfangsraum herrscht ein Stimmengewirr. Wie schaffen wir es nur, den Ausführungen eines Gesprächspartners zu lauschen und trotzdem mit »halbem Ohr« mitzubekommen, wenn in einer Nachbargruppe ein interessantes Thema angeschnitten wird?

E. Colin Cherry, ein englischer Nachrichtentechniker, machte Anfang der fünfziger Jahre das »Cocktailparty-Problem« durch originelle Experimente zum Sprachverständnis populär. Zur Untersuchung des Problems erfand Colin Cherry das »Schattensprechen« (*shadowing*): Der Vp werden über zwei Kopfhörer auf dem rechten und linken Ohr verschiedene Texte gleichzeitig vorgesprochen, wobei einer der Texte fortlaufend nachgesprochen werden muß. Die Aufgabe gelingt ohne große Mühe: Um einige Worte verzögert, wird der »Schatten« des beachteten Textes mit monotoner Stimme, aber einigermaßen fehlerfrei wiederholt. Der Inhalt des unbeachteten Textes wird hierbei fast völlig »ausgeblendet«. Es ist also möglich, einen sensorischen Eingangskanal zugunsten eines anderen »abzuschalten«.

Dieses »Abschalten« geschieht aber nicht dadurch, daß ein Ohr einfach blokkiert wird (so wie man willentlich ein Auge schließen kann): Colin Cherrys Vpn merkten zwar nicht, wenn die Mitteilung auf dem unbeachteten Ohr plötzlich in eine Fremdsprache überwechselte oder durch ein rückwärts gespieltes Tonband ersetzt wurde, wohl aber, wenn statt der Stimme ein Summton auftrat oder wenn plötzlich eine weibliche Stimme den Text vorlas, sich also die Höhenlage der Stimme veränderte. Mehr noch, auch der eigene Name wurde häufig registriert, wenn er im unbeachteten Ohr auftauchte.

Aus diesen Ergebnissen folgt, daß die Aufmerksamkeitsselektion erst eintritt, nachdem der Input im unbeachteten Eingangskanal schon einer relativ komplizierten Vorverarbeitung im Zentralnervensystem unterworfen wurde. Der Vorteil einer solchen Vorverarbeitung liegt auf der Hand: Bei wichtigen Ereignissen kann die Aufmerksamkeit zum bisher unbeachteten Kanal überwechseln.

Nichts anderes wird ja auch durch die *Orientierungsreaktion* erreicht. Der willkürliche Aufmerksamkeitswechsel von einem zum anderen Ohr läuft jedoch schneller ab und erfordert nicht wie die Orientierungsreaktion eine Aktivierung des gesamten Organismus.

4.19 Aufmerksamkeit und Gedächtnis

In einer anderen Serie von Experimenten untersuchte Colin Cherry die Frage, welche Eigenschaften der Reizstruktur die selektive Aufmerksamkeit bei der Sprachanalyse ermöglichen. Ist es die unterschiedliche Position der Sprecher im Raum, sind es physikalische Unterschiede der Stimme, wie Tonhöhe und Klangfarbe, oder sind es sprachliche Eigenschaften, wie Grammatik und Inhalt, die uns befähigen, aus einem Gewirr von Stimmen die gewünschte herauszuhören? Colin Cherry ließ zwei Texte vom gleichen Sprecher auf ein Tonband »übereinandersprechen«. Das Ergebnis: ein »Wortsalat«, in dem alle physikalischen Unterschiede der Texte eliminiert waren. Die Vpn hatten große Mühe, die Texte zu trennen – doch wenn es sich um *zusammenhängende Sätze* handelte, gelang ihnen schließlich die Trennung und Rekonstruktion der Sätze.

Das Experiment beweist zunächst, daß die physikalischen Unterschiede der Stimmen bei der Selektion sehr wichtig sind. Wenn jedoch diese Reizunterschiede entfallen, hilft uns die *Sprachstruktur* weiter.

Colin Cherry hatte offenbar reiche Erfahrungen im Cocktailparty-Geplauder. Er konstruierte Texte, die aus Aneinan-

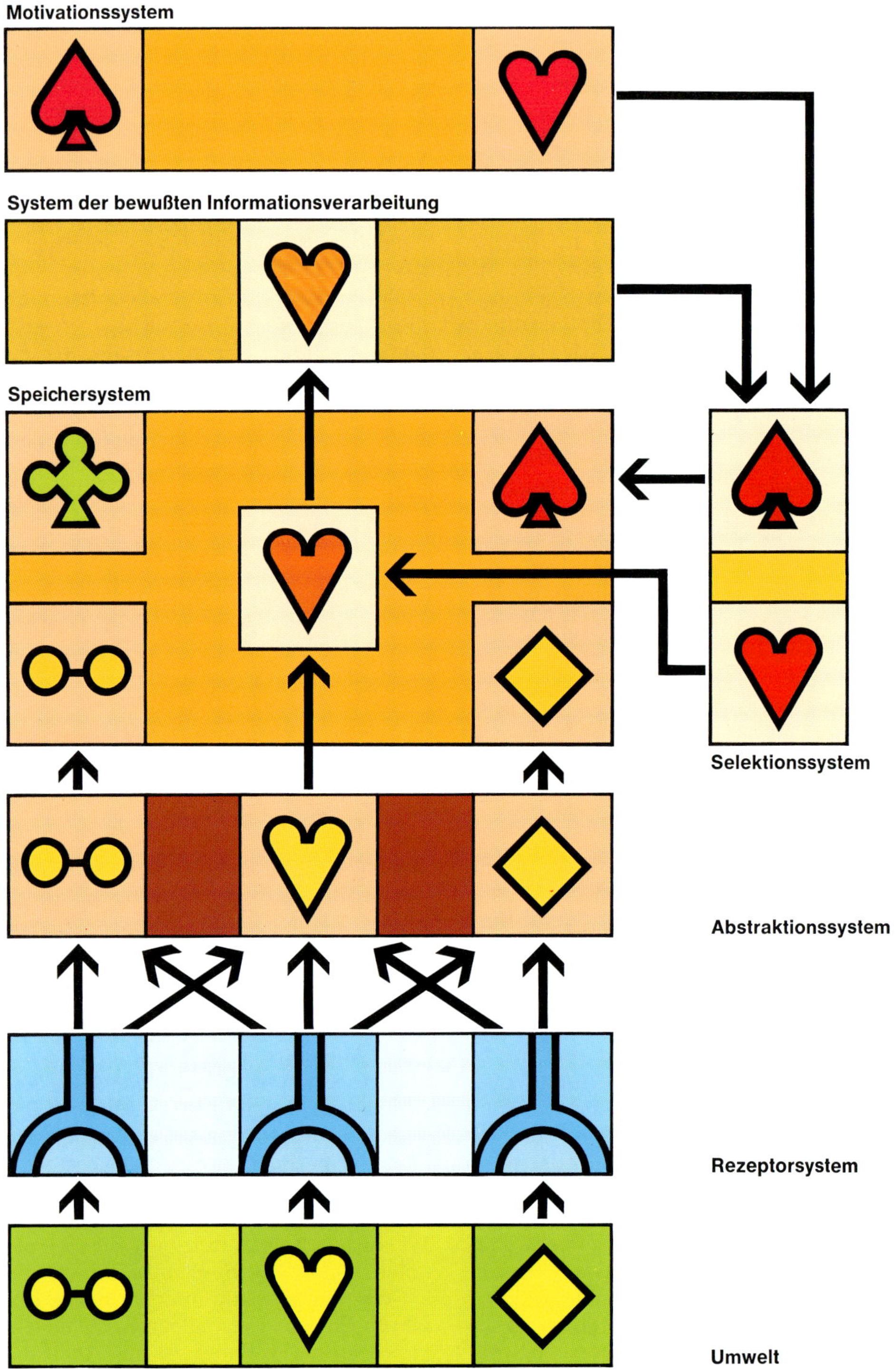
Motivationssystem
System der bewußten Informationsverarbeitung
Speichersystem
Selektionssystem
Abstraktionssystem
Rezeptorsystem
Umwelt

derreihungen von Redensarten bestanden, etwa:
– ich bin glücklich, hier zu sein – was für ein entzückendes Kleid – wir sind am Rande des Ruins – man erfreut sich des allgemeinen Wohlwollens – etc. etc. –.

Bei zwei »übereinandergesprochenen« Texten mit solchen Redensarten konnten die Vpn die einzelnen Redensarten zwar gut erkennen, sie sonderten sie jedoch wahllos aus beiden Texten aus, eine richtige Trennung war nicht möglich.

Was unterscheidet Redensarten von einem fortlaufenden Text? Innerhalb der einzelnen Redensart ist die Wahrscheinlichkeit sehr groß, daß auf ein Wort ein bestimmtes anderes folgt (hohe *»Übergangswahrscheinlichkeit«*). Nicht umsonst wird immer wieder auf die »Fertigbausteine« oder »Versatzstücke« der Umgangssprache verwiesen. Von einer Redensart zur nächsten dagegen ist die Übergangswahrscheinlichkeit durch keinen Sinnzusammenhang gegeben. Wir benutzen die uns bekannten, das heißt im *Gedächtnis gespeicherten* Übergangswahrscheinlichkeiten von Laut zu Laut, von Wort zu Wort, von Satz zu Satz, um eine fortlaufende Mitteilung aus einem Gewirr von Stimmen »herauszuhören«. Nach neueren Ergebnissen der Linguistik (s. Kap. 8.22, S. 284) sind allerdings die dem Hörer wie dem Sprecher bekannten »Erzeugungsregeln« der Sprache sehr viel wichtiger für das Verstehen als die Übergangswahrscheinlichkeiten. Nicht erst beim bewußten Sprachverständnis, sondern schon bei der Vorauswahl der Wahrnehmungsinhalte durch die selektive Aufmerksamkeit sind somit *Gedächtnisspuren* wirksam.

Nicht wahrgenommene Reizmuster werden also vor ihrer Zurückweisung mit Gedächtnisspuren verglichen (Habituation, Information im nicht beachteten Ohr). Jede Aufmerksamkeitsselektion ist damit ein Ergebnis des Vergleichs zwischen dem sensorischen Input und den Gedächtnisspuren. Ein hierzu passendes Aufmerksamkeitsmodell legte der amerikanische Psychologe Donald A. Norman 1969 in dem Buch »Aufmerksamkeit und Gedächtnis« (deutsch 1973) vor. Normans Modell unterscheidet sich von Sokolows »neuronalem Modell« (s. S. 114) durch größere Allgemeinheit: Nicht nur physikalische Reizeigenschaften, sondern auch komplexe Struktureigenschaften wie Übergangswahrscheinlichkeiten und »Bedeutung« werden *vor der bewußten Informationsverarbeitung* durch den Vergleich mit Gedächtnisspuren ermittelt und beim Vorgang der Aufmerksamkeitsselektion verwendet. Das Modell beschreibt nicht nur die Befunde zur selektiven Aufmerksamkeit, sondern es entspricht auch dem Prinzip einer »Analyse-durch-Synthese«: Die sensorischen Informationen werden *vor der Wahrnehmung* an Gedächtnisinhalten »getestet«, das Ergebnis, die »bewußte Wahrnehmung«, ist eine Synthese aus dem momentanen Reizmuster und der Gedächtnisspur.

Die experimentell erschlossene komplizierte Vorverarbeitung der Sinnesdaten vor deren Eintritt in den »Bewußtseins-

< Modell der *Aufmerksamkeitsselektion*: Auf dem Tisch liegen 1 Brille und 2 Spielkarten (Umwelt). Aus den vielfältigen physikalischen Umweltreizen werden durch das *Rezeptor-* und *Abstraktionssystem* (Inputsystem) einzelne Merkmale oder Muster herausgefiltert (s. S. 105). Vor der Informationsverarbeitung im »Flaschenhals« des Bewußtseins werden diese Muster von früheren Erfahrungen mit gespeicherten Konzepten verglichen (»Brille«, »Herz«, »Karo« im *Speichersystem*). Ins *System der bewußten Informationsverarbeitung* gelangt ein Konzept, wenn es sowohl durch das Inputsystem als auch durch das *Selektionssystem* (Aufmerksamkeit) aktiviert wird (»Herz«). Das Selektionssystem aktiviert besonders solche Konzepte, die im *Motivationssystem* augenblicklich Vorrang haben (Zielvorstellungen) – daneben berücksichtigt es für den gegenwärtigen »Augenblick« Erwartungen aus dem vorhergehenden Bewußtseinsinhalt (Kontinuität des »Bewußtseinsstroms«).

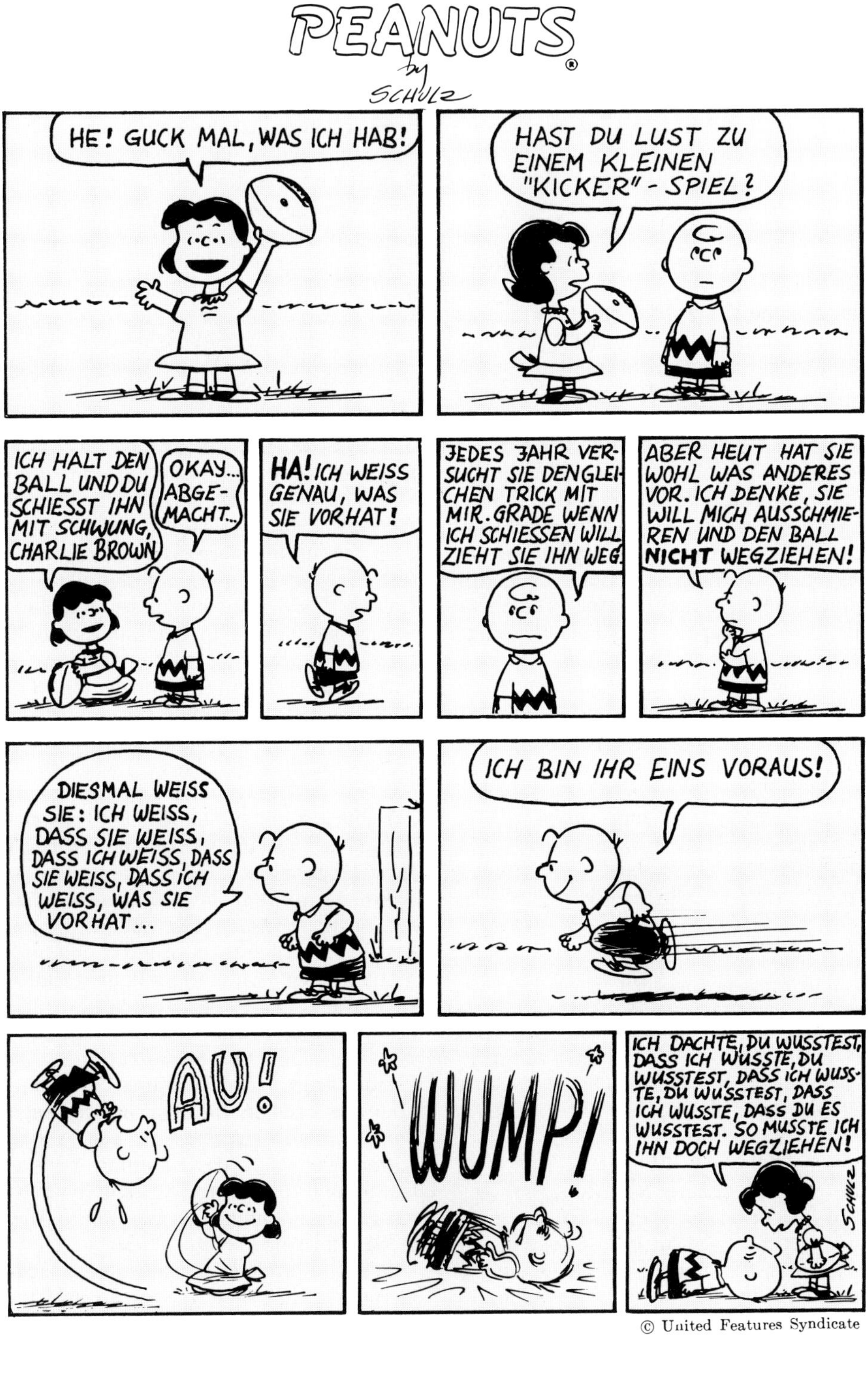
PEANUTS
by SCHULZ
HE! GUCK MAL, WAS ICH HAB!
HAST DU LUST ZU EINEM KLEINEN "KICKER"-SPIEL?
ICH HALT DEN BALL UND DU SCHIESST IHN MIT SCHWUNG, CHARLIE BROWN
OKAY... ABGEMACHT...
HA! ICH WEISS GENAU, WAS SIE VORHAT!
JEDES JAHR VERSUCHT SIE DENGLEICHEN TRICK MIT MIR. GRADE WENN ICH SCHIESSEN WILL ZIEHT SIE IHN WEG.
ABER HEUT HAT SIE WOHL WAS ANDERES VOR. ICH DENKE, SIE WILL MICH AUSSCHMIEREN UND DEN BALL NICHT WEGZIEHEN!
DIESMAL WEISS SIE: ICH WEISS, DASS SIE WEISS, DASS ICH WEISS, DASS SIE WEISS, DASS ICH WEISS, WAS SIE VORHAT...
ICH BIN IHR EINS VORAUS!
AU!
WUMP!
ICH DACHTE, DU WUSSTEST, DASS ICH WUSSTE, DU WUSSTEST, DASS ICH WUSSTE, DU WUSSTEST, DASS ICH WUSSTE, DASS DU ES WUSSTEST. SO MUSSTE ICH IHN DOCH WEGZIEHEN!
SCHULZ

strom« bestätigt die Annahme Sigmund Freuds, daß die Psychologie »das Wesen des Psychischen nicht ins Bewußtsein verlegen kann, sondern das Bewußtsein als *eine* Qualität des Psychischen ansehen muß, die zu anderen Qualitäten hinzukommen oder wegbleiben mag«.

4.2 Soziale Wahrnehmung

4.21 Interpersonale Wahrnehmung

Normans Aufmerksamkeitsmodell erscheint geeignet, auch Einflüsse von Faktoren auf die Wahrnehmung zu beschreiben, die nicht *unmittelbar in der Reizsituation gegeben* sind, die aber insbesondere *in der alltäglichen sozialen Interaktion* bedeutsam werden. Seit den vierziger Jahren werden diese Faktoren unter dem Stichwort *soziale Wahrnehmung* (*social perception*) untersucht.

Bei der sozialen Wahrnehmung geht es im weiteren Sinne darum, inwieweit Wahrnehmung und Interpretation der Umwelt abhängig sind von *Motiven, Einstellungen* und *Persönlichkeitszügen* des Wahrnehmenden, im engeren Sinn, *wie wir andere Menschen wahrnehmen* und *wie wir von der Wahrnehmung anderer beeinflußt werden.* Die soziale Wahrnehmung geht, wie wir sehen werden, oft über das unmittelbar Gegebene hinaus – die Grenze zwischen »Wahrnehmung« und »Interpretation« ist fließend.

Die Autoren Ronald Laing, H. Philipson und A. Lee stellen ihrem Buch über »Interpersonelle Wahrnehmung« (»Interpersonal Perception«, 1966) einen Psycho-Comic mit »Charlie Brown« voran (s. Abb. S. 122): Unser Bild vom anderen enthält zugleich unsere Vermutungen darüber, wie der andere von uns denkt. In die interpersonale Wahrnehmung gehen demnach mindestens drei Perspektiven ein: (1) mein *Selbstbild,* (2) mein Bild vom anderen (*Fremdbild*), (3) mein Bild davon, wie der andere mich sieht (Spiegelbild oder »*Metaperspektive*«). Laing und seine Mitarbeiter entwickelten einen umfangreichen Fragebogen zur Erfassung der drei Perspektiven, nach dem Muster:

(1) Hältst du dich für egoistisch? (Selbstbild)

(2) Hältst du deinen Partner bzw. deine Partnerin für egoistisch? (Fremdbild)

(3) Glaubt dein Partner bzw. deine Partnerin, daß du dich für egoistisch hältst? (Metaperspektive)

Der Fragebogen wurde u. a. beim Vergleich der interpersonalen Wahrnehmung in »gestörten« und »ungestörten« Ehen verwendet. In den gestörten Ehen fand sich, wie zu erwarten, sehr viel mehr Mißverständnis und sehr viel häufiger das Gefühl, mißverstanden zu werden. Bei den »ungestörten« Ehen ergab sich insgesamt eine größere Übereinstimmung in der interpersonalen Wahrnehmung. Häufig wurde das Ausmaß dieser Übereinstimmung jedoch überschätzt: Man glaubt, daß der Partner sich so sieht, wie man ihn sieht – er sieht sich aber anders.

Die Diskussion der verschiedenartigen Übereinstimmungen und Fehleinschätzungen nach solchen »Testergebnissen« ist nicht nur ein interessantes »Psycho-Spiel«, sondern kann auch zur Klärung von gegenseitigen Mißverständnissen in Partnerbeziehungen beitragen.

4.22 Wahrnehmungsabwehr

Bekanntlich gelingt es manchen Menschen ausgezeichnet, unangenehme Dinge einfach zu ignorieren. Experimentell wurde diese *Wahrnehmungsabwehr* (*perceptual defense*) zuerst am Erkennen von »Tabu-Wörtern« untersucht (1949 von E. McGinnies). Wörter wie »Apfel«, »Nutte«, »Musik«, »Penis« wurden nacheinander kurzzeitig dargeboten (tachistoskopische Darbietung, s. S. 113). Dabei er-

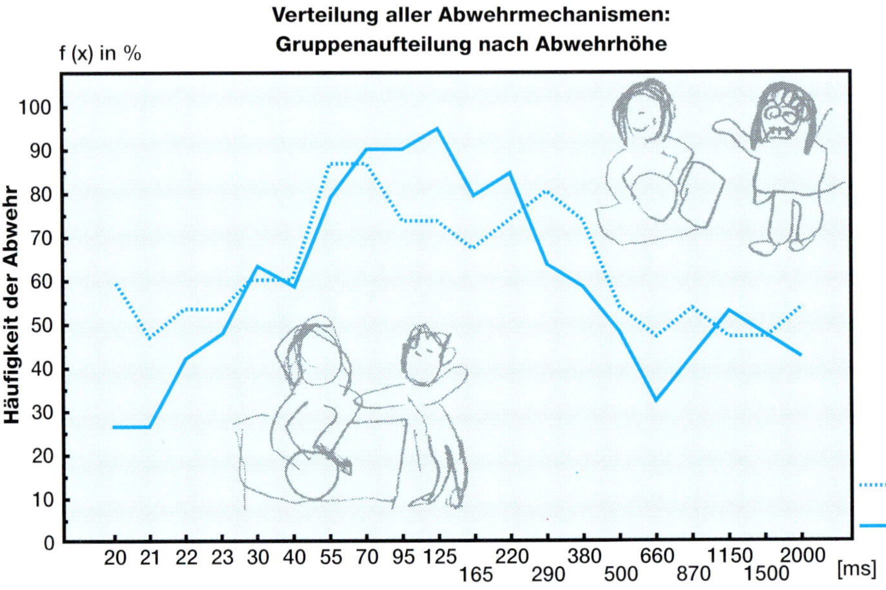

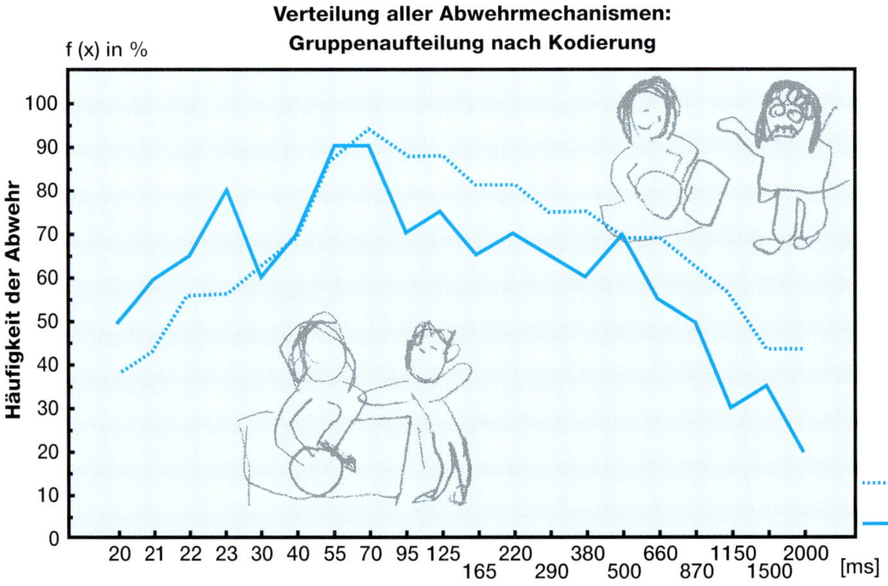

Die Wahrnehmungsabwehr wurde bei jeder kurzfristigen Darbietung eines Bildes auf dem Computer anhand der gezeichneten Wahrnehmung beurteilt. Die Kurven zeigen, daß mit steigender Darbietungszeit die Anzahl der mit Abwehr beurteilten Wahrnehmungen (% Abwehr) steigt und wieder abnimmt, bis es zur bewußten Identifikation (bei ca. 870 ms) der bedrohlichen Situation kommt (s. Zeichnung). In der oberen Abbildung wird der Unterschied zwischen einer Gruppe von Patienten mit hoher Abwehr (HA) gegenüber einer Gruppe von Patienten mit niedriger Abwehr (NA) dargestellt. Im unteren Bild ist der Unterschied zwischen einer Gruppe von Patienten mit überwiegender Abwehr bei perceptuellem Konflikt (PK) und mit überwiegender Abwehr bei der linguistischen Konfliktlösung (LK) dargestellt.

wiesen sich die »Tabu-Wörter« als schlechter erkennbar als die neutralen Wörter. Die gleichzeitig gemessene »Psychogalvanische Reaktion« (s. S. 166) ergab bei den »Tabu-Wörtern« eine stärkere emotionale Erregung als bei den Vergleichswörtern.

Die Wahrnehmungsabwehr kann im visuellen Bereich noch differenzierter studiert werden. Die schwedischen Psychologen Ulf Kragh und Gudmund Smith aus Lund haben einen Wahrnehmungstest entwickelt, mit dem sich zehn Abwehrmechanismen, wie sie in der klinischen Psychoanalyse formuliert wurden (s. S. 135), im Prozeß der Perceptgenese (Entstehung einer Wahrnehmung) bestimmen lassen. Hierbei wird auf einem computergesteuerten Bildschirm sehr kurzfristig ein Bild dargeboten, auf dem ein menschlicher Konflikt angedeutet ist. Mit jeder neuen Darbietung steigt die Dauer der Betrachtungszeit (20–2000 Millisekunden). Anfangs kann der Beobachter nur sehr ungenau erkennen, was auf dem Bild zu sehen ist. Wenn er das Gesehene aufzeichnet, ist zu bemerken, daß er das Bild bezüglich des Konfliktinhaltes systematisch verändert. Dies bietet die Gelegenheit, seine Abwehr zu beurteilen: Ein Zaun zwischen dem bedrohten Subjekt und dem bedrohlichen Objekt im Bild verweist auf den Abwehrvorgang der *Isolierung*. Wenn das eigentlich bedrohliche Objekt als niedlich bezeichnet wird, kann auf *Reaktionsbildung* geschlossen werden (zu den einzelnen Abwehrformen s. S. 135). Der Autor (W. E.) und I. Gitzinger konnten mit diesem Test (s. Abb. S. 124) zeigen, daß Patienten mit einer visuellen Kodierung der Abwehr andere Persönlichkeitsstörungen aufweisen als Patienten mit einer mehr sprachlichen Kodierung der Abwehr, wie sie sich in Fragebögen erfassen läßt. Wir müssen also annehmen, daß der »Wächter des Unbewußten«, wie S. Freud die Abwehr nannte, Botschaften auf verschiedenen Kanälen der Wahrnehmung wie auch im sprachlichen Denken unterschiedlich verschlüsselt.

4.3 Das Unbewußte

4.31 Spontanes Verhalten

Normans Aufmerksamkeitsmodell entstammt der Leistungspsychologie: Das Leistungsziel wird im Labor vom Experimentator festgesetzt, Abweichungen von diesem Ziel werden als Fehler gewertet und auf eine Überlastung des »Informationskanals« zurückgeführt. Außerhalb des psychologischen Labors kommen solche Situationen, in denen einem ein ganz bestimmtes Ziel vorgeschrieben wird, vornehmlich in hochspezialisierten Industrieberufen vor. Die Richtung von Aufmerksamkeit und Bewußtseinsstrom dagegen wird stärker vom Inneren Prozeß geleitet. Wahrnehmungen und durch sie ausgelöste Erinnerungen, Vorsätze und Wünsche mischen sich zu einem oft recht krausen »Bild-Ton-Tast-Riech-Fühl-Film« mit abrupten Schnitten (s. Kasten S. 126).

Es leuchtet ein, daß zur Aufdeckung der Gesetzmäßigkeiten des Inneren Prozesses Leistungstests ungeeignet sind, weil Leistungssituationen die Spontaneität einschränken. Der Wiener Nervenarzt Sigmund Freud (1856–1939), der Begründer der Psychoanalyse, entdeckte bei der Behandlung von Patienten mit psychischen Störungen (Neurosen, s. Kasten S. 361) einen anderen Weg: Er untersuchte Bewußtseinsabläufe, die möglichst wenig durch Wahrnehmungen und Leistungsanforderungen von außen geleitet sind, nämlich die Phantasievorstellungen und Träume.

Freuds Entdeckungen und Theorien haben das Selbstverständnis unserer Zivilisation sicher stärker geprägt als jede andere psychologische Richtung. Die experimentelle psychologische Forschung hat aber noch kaum begonnen, Freuds vorwiegend auf der ärztlichen Erfahrung und der In-

Der »Innere Monolog«

Der irische Dichter James Joyce entwickelte in seinem Roman »Ulysses« (1922) ein Verfahren, mit dessen Hilfe sich die »Tonspur des Bewußtseins-Films« darstellen läßt. Als Beispiel für diese Technik des »Hirnstenogramms« möge ein willkürlich aus der Übersetzung von Hans Wollschläger herausgegriffener Abschnitt dienen. Der Protagonist, der Annoncenakquisiteur hat gerade zu Mittag gegessen:

»Mr. Bloom ging der Dawson Street entgegen, mit der Zunge die Zähne glatt bürstend. *Etwas Grünes müßte es sein: Spinat etwa. Dann könnte man, als Suchlicht, mit diesen Röntgenstrahlen.*

An der Duke Lane erbrach ein gefräßiger Terrier widerlich knöchlige Käue auf die Pflastersteine und lappte sie mit neuem Behagen auf. *Überfütterung. Nach Verdauung des Inhalts mit bestem Dank zurück. Erst süß, dann sauer.* Mr. Bloom machte bedachtsam einen Bogen. *Widerkäuer. Sein zweiter Gang. Ihren Oberkiefer bewegen sie dabei. Möchte wohl wissen, ob Tom Rochford irgendwas anstellen will mit seiner Erfindung. Reine Zeitverschwendung, einem Maulaffen wie Flynn so was zu erklären. Dürre Menschen, breite Mäuler. Es sollte so was wie eine Halle oder sonst einen Ort geben, wo Erfinder hingehn könnten und kostenlos erfinden. Bloß, dann hätte man natürlich sofort auch die ganzen Irren auf dem Hals.*

Er summte, die Töne in feierlichem Echo verbreiternd, die Schlußakte:

Don Giovanni, a cenar teco
M'invitasti.

Fühl mich schon besser. Burgunder. Bringt einen gut auf Trab. Wer wohl als erster aufs Destillieren gekommen ist? Irgendein Bursche, der Trübsal blies. Angetrunkener Mut. Also jetzt muß ich aber das Kilkenny People in der Nationalbibliothek.

Kahle saubere Nachtstühle, wartend, im Fenster von William Miller, Installateur, lenkten seine Gedanken zurück. *Also das könnte man durchaus damit: und den ganzen Weg runter zukucken, 'ne Nadel, die man verschluckt hat, kommt manchmal erst nach Jahren aus den Rippen wieder raus, Rundreise durch den Körper, Gallengang bitte umsteigen, Milz, spritzende Leber, Magensaft, gewundene Eingeweide wie Schläuche. Aber der arme Schlucker würde dann dastehn müssen die ganze Zeit und seine Innereien vorzeigen. Wissenschaft.*

– A cenar teco.

Was heißt denn wohl dieses teco? Heute abend vielleicht.

Don Giovanni, du hast mich geladen,
Bei dir zu speisen heut abend,
Tadamm tadammtam.

Kommt nicht richtig hin.

Keyes: zwei Monate, wenn ich Nannetti dazu kriege. Das wären dann zwo Pfund zehn, ungefähr zwo Pfund acht. Drei schuldet mir Hynes. Zwo-elf. Prescotts Annonce. Zwo-fuffzehn. Rund fünf Guineen. Die reinste Glückssträhne.

Könnte einen von diesen seidenen Unterröcken kaufen für Molly, Farbe wie ihre neuen Strumpfbänder.«

tuition beruhende Annahmen empirisch zu überprüfen. Zum Verständnis der Bedeutung psychoanalytischer Konzepte für die moderne Psychologie wollen wir ihre Entwicklung an ihrem Musterbeispiel, der »Traumdeutung«, verfolgen.

4.32 Die Traumdeutung

»Auf den folgenden Blättern werde ich den Nachweis erbringen, daß es eine psychologische Technik gibt, welche gestattet, Träume zu deuten, und daß bei An-

DER SPIEGEL

DEINER SEELE

Der Spiegel
Nr. 51/59

Traum von Irmas Injektion (gekürzt):

»Eine große Halle – viele Gäste, die wir empfangen. – Unter ihnen Irma, die ich sofort beiseite nehme, um ihr Vorwürfe zu machen, daß sie die »Lösung« noch nicht akzeptiert. Ich sage ihr: Wenn du noch Schmerzen hast, so ist es wirklich nur deine Schuld. – Sie antwortet: Wenn du wüßtest, was ich für Schmerzen jetzt habe im Hals, Magen und Leib, es schnürt mich zusammen. – Ich erschrekke und sehe sie an. SIE SIEHT BLEICH UND GEDUNSEN AUS; ich denke, am Ende übersehe ich da doch etwas Organisches. ICH NEHME SIE ZUM FENSTER UND SCHAUE IHR IN DEN HALS. DABEI ZEIGT SIE ETWAS STRÄUBEN WIE DIE FRAUEN, DIE EIN KÜNSTLICHES GEBISS TRAGEN. ICH DENKE MIR, SIE HAT ES DOCH NICHT NÖTIG. – DER MUND GEHT DANN AUCH GUT AUF, und ich finde rechts einen großen Fleck, und anderwärts sehe ich an merkwürdigen krausen Gebilden, die offenbar den Nasenmuscheln nachgebildet sind, ausgedehnte weißgraue Schorfe. – Ich rufe schnell Dr. M. hinzu, der die Untersuchung wiederholt und bestätigt ... Mein Freund Otto steht jetzt auch neben ihr ... M. sagt: Kein Zweifel, es ist eine Infektion, aber es macht nichts ... Wir wissen auch unmittelbar, woher die Infektion rührt. Freund Otto hat ihr unlängst, als sie sich unwohl fühlte, eine Injektion gegeben mit einem Propylpräparat, Propylen ... Propionsäure ... *Trimethylamin* (dessen Formel ich fettgedruckt vor mit sehe) ... Man macht solche Injektionen nicht so leichtfertig ... Wahrscheinlich war auch die Spritze nicht rein.«

wendung dieses Verfahrens jeder Traum sich als ein sinnvolles psychisches Gebilde herausstellt, welches an angebbarer Stelle in das seelische Treiben des Wachens einzureihen ist. Ich werde ferner versuchen, die Vorgänge klarzulegen, von denen die Fremdartigkeit und Unkenntlichkeit des Traumes herrührt, und aus ihnen einen Rückschluß auf die Natur der psychischen Kräfte ziehen, aus deren Zusammen- oder Gegeneinanderwirken der Traum hervorgeht.«

Mit dieser Zielsetzung beginnt Freuds 1900 erschienenes Buch »Die Traumdeutung«, das er selber für sein bedeutendstes Werk hielt. Aufgrund der Analyse eigener und fremder Träume entwickelte Freud nicht nur eine umfassende Traumtheorie, sondern auch die Grundkonzepte der Psychoanalyse. Nehmen wir zur Erläuterung der Technik der Traumdeutung Freuds ersten ausführlich gedeuteten Traum, den er am Morgen des 24. Juli 1895 unmittelbar nach dem Erwachen niedergeschrieben hatte. (Dem Leser wird empfohlen, nach dem Erwachen selber einen Traum zu protokollieren!)

Freud benötigt zur Darstellung der Analyse dieses Traumes zehn Seiten. Wir wollen nur auf einige wesentliche Gesichtspunkte eingehen.

Die Tagesreste:
»Irma« war eine der ersten Patientinnen, die Freud wegen neurotischer Beschwerden (Angstzustände, Magenbeschwerden, Brechreiz) psychoanalytisch behandelt hatte.

Am Tag vor dem Traum hatte er mit seinem »Freund Otto« ein Gespräch über Irma. Otto erzählte, es gehe Irma besser, aber nicht ganz gut. Freud merkt hierzu an: »Ich weiß, daß mich die Worte meines Freundes oder der Ton, in dem sie gesprochen waren, ärgerten. Ich glaubte einen Vorwurf herauszuhören, etwa, daß ich der Patientin zu viel versprochen hätte ... Übrigens wurde mir meine peinliche Empfindung nicht klar(!), ich gab ihr auch keinen Ausdruck.« Noch am selben Abend schrieb Freud Irmas Krankengeschichte nieder, um sie »Dr. M.« zur Begutachtung zu senden.

Freud fand, daß, so wie dieser, die meisten Träume an Erlebnisse und Begebenheiten des vorangegangenen Tages anknüpfen. Die *»Tagesreste«* bilden sozusagen das Rohmaterial, aus dem der Traum gewebt ist. Zu den Tagesresten gesellen sich im Traummaterial allerdings häufig Erinnerungen aus dem früheren Leben, besonders aus der Kindheit, die der Träumer im Wachbewußtsein vergessen hatte und die mit den Tagesresten nur indirekt zusammenhängen.

Die Technik der freien Assoziation:
Traumberichte sind oft wirr und unverständlich. Um von diesem Ausgangsmaterial zu einer Deutung zu gelangen, forderte Freud den Träumer oder Patienten auf, zu jeder Einzelheit des Traumes *alle spontanen Einfälle zu berichten,* das heißt, »immer nur die Oberfläche seines Bewußtseins abzulesen und einerseits sich die vollste Aufrichtigkeit zur Pflicht zu machen, andererseits keinen Einfall von der Mitteilung auszuschließen, auch wenn man (1) ihn allzu unangenehm empfinden sollte, oder wenn man (2) urteilen müßte, er sei unsinnig, (3) allzu unwichtig, (4) gehöre nicht zu dem, was man suche.« Dies Verfahren der *freien Assoziation* ist zur »technischen Grundregel« der Psychoanalyse geworden, nicht nur in der Traumdeutung, sondern ebenso bei der Aufklärung der Hintergründe von neurotischen Störungen. Als Beispiel sollen Freuds Assoziationen zu den in Großbuchstaben wiedergegebenen Passagen des Traums dienen:
// bei Irma nie Mundhöhle untersucht // erinnert mich an Untersuchung einer Gouvernante / machte zunächst den Eindruck jugendlicher Schönheit / beim Öffnen des Mundes wollte sie Gebiß verbergen // Erinnerungen an andere ärztliche Untersuchungen / kleine Geheimnisse werden dabei, keinem von beiden zur Lust, enthüllt (Achtung! Hier hält sich Freud offensichtlich nicht an Regel [1] der freien Assoziation. Er schließt offenbar unangenehme Einfälle von der Mitteilung aus. Das nennt er *Zensur,* s. S. 132) // »Sie hat es doch nicht nötig« ist wohl ein Kompliment für Irma / vermute noch andere Bedeutung (Zensur?) // Art, wie Irma am Fenster steht, erinnert an ihre Freundin, die ich sehr hoch schätze / besuchte sie einmal / stand wie Irma im Traum am Fenster / ihr Arzt, Dr. M., erklärte wie im Traum bei Irma, sie hat einen Halsbelag // mir fällt ein, daß ich in letzter Zeit annehme, die Freundin ist auch hysterisch / ja, Irma selbst hat es mir verraten / leidet wie Irma im Traum an Würgen / ich habe also im Traum meine Patientin durch ihre Freundin ersetzt! // erinnere mich, diese Dame könnte auch meine Patientin werden / unwahrscheinlich, ist von sehr zurückhaltender Natur / sträubt sich, wie der Traum zeigt // noch einige Züge, die ich weder bei Irma noch bei ihrer Freundin unterbringen kann: bleich, gedunsen, falsche Zähne // mir fällt eine andere Person ein / möchte sie nicht zur Patientin haben / geniert sich vor mir / halte sie nicht für gefügig / ist gewöhnlich bleich / war gedunsen, als sie einmal eine besonders gute Zeit hatte (weiter wollte Freud hier in der ersten Auflage nicht gehen. Später setzte er eine Fußnote hinzu: »Es handelt sich natürlich um meine eigene Frau. Ich muß mir eingestehen, daß ich Irma und meine Frau in diesem Traume nicht sehr liebenswürdig behandle, aber zu meiner Entschuldigung sei bemerkt, daß ich beide am Ideal der braven, gefügigen Patientin messe«). // Habe also Irma mit zwei Personen verglichen, die sich gleichfalls bei Behandlung sträuben würden / vielleicht möchte ich Irma vertauschen / die andere erweckt stärkere Sympathien / habe eine höhere Meinung von ihrer Intelligenz / halte Irma für unklug, weil sie meine Lösung nicht akzeptiert / die andere wäre klüger, würde also eher nachgeben // der Mund geht dann auch gut auf / sie würde mehr erzählen als Irma.

Manifester Trauminhalt und latenter Traumgedanke:
Das kurze Beispiel für freie Assoziation führt zu einer Reihe von »Hinter-Gedanken« des Träumers. In günstigen Fällen ergibt sich so eine akzeptable Deutung des ursprünglich unverständlichen Trauminhaltes. Freud nennt den erzählten Traumbericht *manifesten Trauminhalt,* was dahinter verborgen (= latent) ist, heißt *latenter Traumgedanke.*

Für das durch Assoziationen belegte Stück Trauminhalt lautet der Traumgedanke stark vereinfacht: »Ich räche mich an der unfolgsamen Patientin, indem ich sie mit einer klügeren, gefügigeren vertausche . . .« Über den ganzen Traum schreibt Freud:

»Während der Arbeit hatte ich Mühe, mich all der Einfälle zu erwehren, zu denen der Vergleich zwischen dem Trauminhalt und den dahinter versteckten Traumgedanken die Anregung geben mußte. Auch ist mir unterdes der »Sinn« des Traumes aufgegangen. Der Traum erfüllt einige Wünsche, welche durch die Ereignisse des letzten Abends (die Nachricht Ottos, die Niederschrift der Krankengeschichte) in mir rege gemacht worden sind. Das Ergebnis des Traumes ist nämlich, daß ich nicht schuld bin an dem noch vorhandenen Leiden Irmas, und daß Otto daran schuld ist. Nun hat mich Otto durch seine Bemerkung über Irmas unvollkommene Heilung geärgert, der Traum rächt mich an ihm, indem er den Vorwurf auf ihn selbst zurückwendet. Von der Verantwortung für Irmas Befinden spricht der Traum mich frei, indem er dasselbe auf andere Momente (gleich eine ganze Reihe von Begründungen) zurückführt. Der Traum stellt einen gewissen Sachverhalt so dar, wie ich ihn wünschen möchte; sein Inhalt ist also eine Wunscherfüllung, sein Motiv ein Wunsch.«

Freuds Traum ist zweifellos ein »günstiger Fall«: Die Deutung stellt sich im Zuge der freien Assoziation sozusagen von selbst ein. Bis heute ist das Kriterium für die Richtigkeit psychoanalytischer Deutungen einer der schwachen Punkte der Psychoanalyse. Freuds Kriterium, daß sich »ein sinnvolles psychisches Gebilde herausstellt, welches an angebbarer Stelle in das seelische Treiben des Wachens einzureihen ist«, ist wissenschaftlich nicht hieb- und stichfest: Nach psychoanalytischer Auffassung lassen sich auch freie Assoziationen zu Tintenklecksbildern oder frei erfundenen »Träumen« »an angebbarer Stelle in das seelische Treiben des Wachens« einreihen. Wir müssen uns damit abfinden, daß eine einzelne Deutung bezüglich ihrer Richtigkeit oder Falschheit nicht endgültig beurteilt werden kann. Die Richtigkeit der psychoanalytischen Hypothesen läßt sich nur im größeren Zusammenhang überprüfen.

Die Wunscherfüllung:
Als latenten Traumgedanken fand Freud in (fast) allen Träumen eine *Wunscherfüllung,* sogar bei Alp- und Angstträumen. Im Traum wird die Wunscherfüllung nicht durch die Realität der äußeren Lebensumstände behindert, weil die Traumphantasie sich ja selber die Kulissen für das Traumschauspiel aufbaut. Das Sortiment der erfüllten Wünsche reicht von den elementaren körperlichen Bedürfnissen bis zu Leidenschaften, von denen wir uns im Wachzustand nichts »träumen« lassen: Stillen von Hunger und Durst, Befriedigung sexueller Wünsche, auch wenn sie im Wachzustand nicht gebilligt werden, wie homosexuelle Beziehungen oder Inzest, uneingestandene Aggressionen, auch gegenüber den liebsten Freunden und Verwandten. Die sexuellen Wünsche werden häufig durch *Sexualsymbole* dargestellt, wie sie auch im Witz und in der Kunst auftreten.

Krawatte, Pflug, Hammer, Flinte, Revolver, Dolch, Säbel, Schlange, Fisch, Luftschiff sind nach der »Traumdeutung« PENIS-Symbole. Dosen, Schachteln,

Der »Traum des französischen Kindermädchens« (aus einem ungarischen Witzblatt um die Jahrhundertwende) illustriert Freuds Theorie vom *»Traum als Hüter des Schlafes«.* Der »Witz« dieses Traumes wird erst durch das letzte Bild verständlich: Je lauter das Kind nach dem Kindermädchen schreit, desto mehr bestätigt ihr der Traum, daß sie weiterschlafen kann. Die Dringlichkeit des Weckreizes (das Schreien) erzeugt immer kräftigere Symbole – das »Bächlein« des Kindes wird zum gewaltigen Strom. Schließlich wacht das Kindermädchen auf, der Kampf zwischen Schlafbedürfnis und Weckreiz ist zu Ende.

Schränke, Öfen, Höhlen, Zimmer (»Frauenzimmer«), Tore, Schluchten sind Symbole für die VAGINA. Ein naheliegender Wunsch hat im Traum eine besondere Bedeutung: der Wunsch, weiterzuschlafen (»Der Traum als Hüter des Schlafes«, s. Abb. S. 131).

Die Zensur:
Aber warum äußert sich die Wunscherfüllung im Traum meist nicht unmittelbar, sondern nur verschleiert? Hier kommen wir zu einer der Grundannahmen der Psychoanalyse: Ein Baby äußert seine Wünsche spontan und unverhüllt. Doch schon beim Kleinkind setzt die Erziehung ein, die zum Ziel hat, das Kind »vernünftig« zu machen. Das Kind muß lernen, seine spontanen Wünsche zu »beherrschen« und zu »unterdrücken«, weil sie oft im Widerspruch zu den Normen der Gesellschaft stehen oder unerfüllbar sind. Freud nimmt an, daß der Erziehungsprozeß besonders in den ersten Lebensjahren den Menschen so sehr verändert, daß er sich schließlich viele seiner Wünsche überhaupt nicht mehr eingesteht, daß er sie *»ins Unbewußte verdrängt«* (s. S. 133). Die verdrängten Wünsche sind damit aber nicht einfach verschwunden, sondern sie suchen in mehr oder weniger verschleierter, *»zensierter«* Form ihren Weg zur Befriedigung. Im Wachbewußtsein ist die *Zensur* meist stark, im Schlaf verschwindet sie zwar nicht völlig, sie ist aber gelokkert, sozusagen »unaufmerksam«.

Somit wird verständlich, warum die latenten Traumgedanken meist nur entstellt im manifesten Trauminhalt zu finden sind: Die Zensur muß möglichst trickreich hintergangen werden! Der manifeste Traum ist ein Kompromiß im Kampf zwischen den unbewußten Trieben, Impulsen und Wünschen auf der einen Seite (dem »Es«) und den Anforderungen und Normen des Wachbewußtseins (dem »Ich« und »Über-Ich«) auf der anderen Seite. Völlig unzensiert würden die Triebansprüche wegen ihrer Unakzeptierbarkeit Angst erzeugen und den Schlaf stören – was tatsächlich beim Angsttraum eintritt, wenn die entstellende Zensur ausnahmsweise nicht wirksam oder nicht gründlich genug ist.

4.33 Psychische Qualitäten und Instanzen

Freud gilt als Entdecker des »Unbewußten«. Das ist eine Vereinfachung: Schon der Physiologe Hermann von Helmholtz nahm Mitte des vorigen Jahrhunderts »unbewußte Schlüsse« zur Erklärung komplexer Wahrnehmungsleistungen an. Das Entscheidende an Freuds Konzeption ist nicht die Existenz unbewußter seelischer Vorgänge – die ist für die Wahrnehmungs-, Denk- und Sprachpsychologie heute eine Selbstverständlichkeit –, sondern die Dynamik unbewußter Gedanken, Gefühle, Phantasien und Wünsche. Dynamisch unbewußt sind solche seelischen Vorgänge oder Inhalte, deren Bewußtwerden für den Betreffenden peinlich, bedrohlich und angstauslösend werden könnten und die deshalb durch eine starke innere Kraft, einen Widerstand, am Bewußtwerden gehindert oder aus dem Bewußtsein verdrängt werden.

Die Redeweise von »dem Unbewußten« im Gegensatz zu »dem Bewußten« hat zu der wissenschaftstheoretisch unhaltbaren Vergegenständlichung unbewußter bzw. bewußter seelischer Vorgänge geführt. Demgegenüber ist es unverfänglich, von »bewußt« und »unbewußt« im Sinne von Eigenschaften oder Modalitäten zu sprechen, die unseren Absichten, Wünschen, Gefühlen und Gedanken zukommen können. Eine bewußte Absicht unterscheidet sich von einer unbewußten dadurch, daß ich von der ersten weiß, von der zweiten jedoch nicht – in beiden Fällen kann ich die Absicht durch eine Handlung verwirklichen.

Freud unterscheidet *drei psychische*

Qualitäten: bewußt, vorbewußt, unbewußt. Bewußt sind nur die unmittelbare Wahrnehmung und der momentan erlebte Gedanken- oder Vorstellungsablauf.

Durch Erinnerungsspuren, besonders durch die Sprache, können jedoch auch vergangene Bewußtseinsinhalte unabhängig von der augenblicklichen Wahrnehmung ins Bewußtsein gelangen. Diese Inhalte, die im Gedächtnis dem Bewußtsein zur Verfügung stehen, heißen *vorbewußt* oder *bewußtseinsfähig.*

Die *unbewußten* psychischen Inhalte haben demgegenüber keinen direkten Zugang zum Bewußtsein, sie sind nur *aus ihren Auswirkungen auf Bewußtseinsvorgänge zu erschließen.*

Innerhalb des Unbewußten lassen sich nach ihrer Herkunft zwei Anteile unterscheiden:

- Die ererbte biologische Grundausstattung des Menschen, insbesondere die biologischen Grundtriebe (Hunger, Durst, Sexualtrieb, s. Motivation, S. 205).
- Wünsche und Strebungen, die im Laufe der Entwicklung irgendwann einmal bewußt waren, die aber aus dem Bewußtsein *verdrängt* wurden, weil sie mit Realitäts- und Erziehungsansprüchen in Konflikt gerieten (s. Abwehr, S. 134/135).

Freud handhabt die Aufteilung psychischer Inhalte in unbewußte, vorbewußte und bewußte keineswegs starr: »Die Scheidung ist weder eine absolute noch eine permanente. Das, was vorbewußt ist, wird, wie wir sehen, ohne unser Zutun bewußt, das Unbewußte kann durch unsere Bemühung bewußt gemacht werden, wobei wir die Empfindung haben dürfen, daß wir oft sehr starke Widerstände überwinden.«

Später ordnete Freud die psychischen Qualitäten verschiedenen Instanzen innerhalb des »psychischen Apparates« zu: Es, Ich, Über-Ich. *Im Es herrschen die Gesetze des Unbewußten, während das Ich Bewußtes und Vorbewußtes umfaßt* (s. Abb. oben). Die Zuordnung von Instanzen und psychischen Qualitäten ist jedoch nicht eindeutig: Das Verdrängte ist unbewußt, entstammt aber dem Ich (unakzeptierbare Wünsche und Vorstellungen). Das Über-Ich, das sich durch den Erzie-

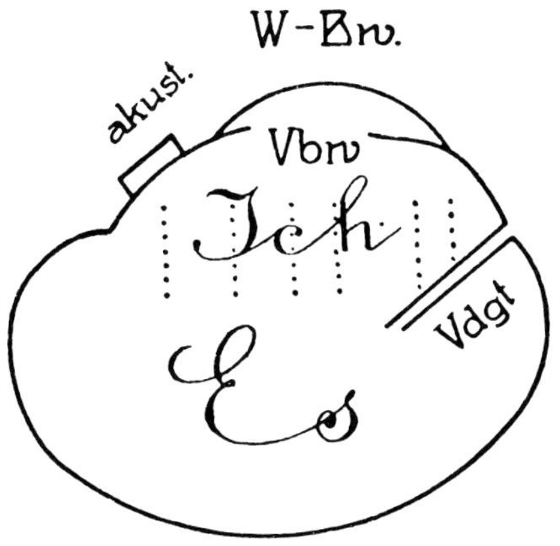

Freuds Modell des *»psychischen Apparats«* (aus: »Das Ich und das Es«, 1923): Das *Es* ist der unbewußte Teil des »psychischen Apparats«. Dem Es »sitzt das *Ich* oberflächlich auf, aus dem W-System (= Wahrnehmungssystem) als Kern entwickelt. Das Ich ist vom Es nicht scharf getrennt, es fließt nach unten hin mit ihm zusammen.« Ein besonderer Anteil des Es ist das *Verdrängte* (Vdgt), das ursprünglich dem Ich angehörte, dann aber durch die Verdrängungswiderstände vom Ich abgespalten wurde. Der andere Pol des Ich ist das *Bewußtsein* (W-Bw. = Wahrnehmungs-Bewußtsein), das fließend ins *Vorbewußte* (Vbw) übergeht. Durch den Sozialisationsprozeß (s. S. 269) entsteht darüber hinaus noch eine »Ich-Veränderung, die dem anderen Inhalt des Ich als Ich-Ideal oder *Über-Ich* entgegentritt . . .« Vereinfacht läßt sich sagen: Das Es ist der Sitz der Triebe und Leidenschaften, das Ich der Sitz der realitätsangepaßten Vernunft, und das Über-Ich ist Sitz der Ideale und der »Stimme des Gewissens«. – Wenn man Freuds Modell des »psychischen Apparats« in die moderne Sprache eines Blockschaltbildes übersetzt, wird man feststellen, daß es in vielen Einzelheiten übereinstimmt mit dem experimentalpsychologisch entwickelten *Modell der Aufmerksamkeitsselektion* (s. S. 120).

Dimensionen der Abwehr

Mit seiner ungerichteten, »gleichschwebenden« Aufmerksamkeit gelingt es dem Analytiker, aus den freien Assoziationen des Patienten das Verdrängte zu erschließen. Von daher ist es ihm möglich, die Täuschungsmanöver des Ich, die Freud als Abwehr bezeichnet hat, zu erkennen. Freuds Tochter Anna entwickelte 1936 eine erste umfassende Systematik der Abwehrmechanismen, so daß die heutige empirische Forschung imstande ist, die Dimensionen der klinischen Beurteilung von Abwehrmechanismen zu untersuchen. Wie nebenstehende Abbildung zeigt, konnten für insgesamt 23 verschiedene Abwehrmechanismen fünf Dimensionen gefunden werden, die als Über-Ich und Affektabwehr, Triebabwehr, Affektabwehr und ihre Folgen, Verschiebung von Trieb und Affekt sowie narzißtische Abwehr zu bezeichnen sind. Jede dieser Dimensionen setzt sich aus einer Anzahl spezifischer Abwehrmechanismen zusammen, die durch ihr gemeinsames systematisches Auftreten bei den untersuchten Patienten zum Aufbau der jeweiligen Dimension beitragen. Verschiedene Patienten zeigen im Verlauf einer Therapie ganz unterschiedliche Muster von Abwehrmechanismen. Diese sind Gegenstand der therapeutischen Arbeit in der Psychoanalyse.

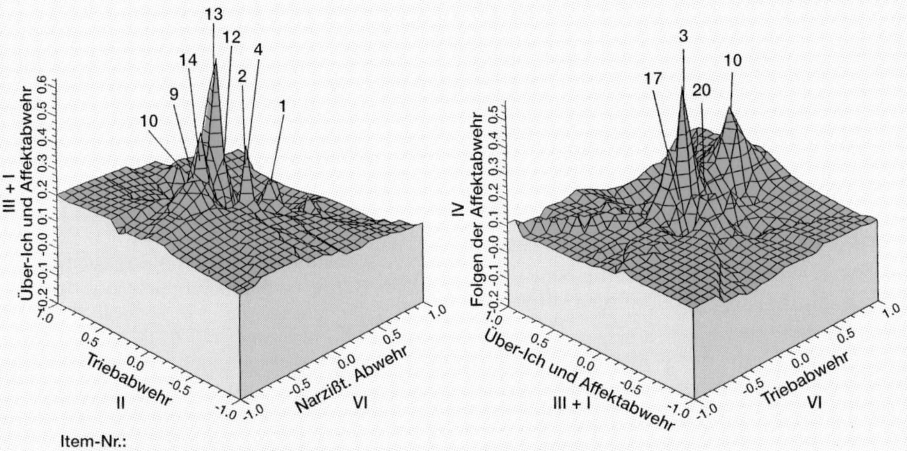

Item-Nr.:
2 Wendung gegen eigene Person
4 Introjektion
9 Verzögerte Affektausbrüche
12 Zwangsgedanken
13 Ungeschehen machen
14 Reaktionsbildung

1 Vermeidung sozialer Kontakte
10 Isolierung

Item-Nr.:
3 Affektäquivalente dominieren
17 Identifikation
20 Konversion

10 Isolierung

Die Dimensionen der Abwehr werden mit dem mathematischen Verfahren der Faktorenanalyse aus der Ähnlichkeit (Korrelation) von jeweils zwei Abwehrmechanismen errechnet. Aus 5 Dimensionen lassen sich verschiedene Kombinationen von jeweils dreidimensionalen Räumen konstruieren, in denen jeder Abwehrmechanismus eine bestimmte Position einnimmt. In der Abbildung kennzeichnet die Spitze eines Gipfels die Raumposition des mit einer Ziffer bezeichneten Abwehrmechanismus. Zur Veranschaulichung der Auswirkung verschiedener Kombinationen von Dimensionen auf die Position der typischen im Bild nach oben weisenden Gipfel werden zwei verschiedene Beispiele dargestellt.

DIMENSIONEN DER ABWEHR: KLINISCHE DEFINITION DER FAKTOREN

Über-Ich und Affektabwehr	Triebabwehr	Affektabwehr u. ihre Folgen	Verschiebung von Trieb und Affekt	Narzißtische Abwehr
Wendung gegen die eigene Person: Aggressive Motive gegenüber einem Objekt werden auf die eigene Person bezogen	*Rationalisierung:* Rechtfertigung von motivierten Handlungen ausschließlich durch Vernunftgründe	*Affektäquivalente dominieren:* Affektwahrnehmungen nur über Veränderungen des Körperempfindens	*Regression:* Rückkehr zu früheren Formen der Befriedigung und des Verhaltens	*Mechanismus der Spaltung:* Aktives Auseinanderhalten konträrer Introjektionen und Identifizierungen, z. B.: Aufteilung in »total gutes/total böses« Objekt, extreme Schwankungen zwischen konträren Selbstkonzepten. Pt ist von der Gegensätzlichkeit seines Verhaltens und Erlebens nicht betroffen
Introjektion: Totalität des Objektes wird übernommen	*Verleugnung:* Motiv/Konflikt als nicht existent erklärt	*Konversion:* Ausdruck von Konflikten durch körperliche Symptome	*Verschiebung von Aggression:* Abreaktion der Wut an anderen Objekten	*Primitive Idealisierung:* Neigung, bestimmte äußere Objekte unrealistisch zu »total guten« zu machen, ohne wirkliche Hochschätzung der idealisierten Person, mit dem Ziel, an der Größe des idealisierten Objektes teilhaben zu können
Verzögerte Affektausbrüche bei Wut, Kummer, Beanspruchung	*Verdrängung:* Unabsichtlicher Ausschluß von Gedanken und Impulsen aus dem Bewußtsein	*Isolierung:* Abspaltung der emotionalen Komponente von Gedanken und Erinnerungen	*Verschiebung von Libido:* Ersatzbefriedigung durch Vergnügen und Konsum	*Projektive Identifizierung:* Externalisierung der »total bösen« Selbst- und Objektimagines. Es entstehen gefährliche vergeltungssüchtige Objekte, gegen die sich der Pt zur Wehr setzen muß, zu denen aber »empathische« Beziehungen fortbestehen
Ungeschehenmachen (zwanghafte Rituale): Vorheriges, nicht akzeptables Handeln soll durch nachfolgendes Handeln nichtexistent werden	*Verkehrung ins Gegenteil:* Bedrohliches Objekt wird verniedlicht	*Identifikation:* Motive des Objektes werden für die eigene Person übernommen	*Projektion:* Eigene, nicht akzeptable Motive werden dem Objekt zugeschrieben	*Allmachtsphantasien:* Tiefes Gefühl eigener magischer Omnipotenz im Wechsel mit anklammernder Beziehung zu einem »magisch« überhöhten Objekt
Reaktionsbildung: Nicht zugelassenes Motiv führt zur Übernahme der entgegengesetzten Haltung	*Primitive Verleugnung:* »Wechselseitige Verleugnung« zweier emotional gegensätzlicher Bewußtseinsbereiche, die dem Pt bewußt sind, deren emotionale Relevanz jedoch geleugnet wird			*Entwertung äußerer Objekte:* Sobald ein »gutes« Objekt keine Bedürfnisbefriedigung oder keinen Schutz mehr bietet, wird es fallengelassen oder abgeschoben

hungseinfluß aus dem Ich entwickelt, ist ebenfalls teilweise bewußt (z. B. unbewußte Schuldgefühle).

Die bildhafte Beschreibung des »psychischen Apparats« darf nicht darüber hinwegtäuschen, daß es hier *nicht* um räumliche Gegebenheiten geht, etwa im Sinn von Hirnregionen oder tatsächlich existierenden Schichten der Persönlichkeit. Es handelt sich vielmehr um ein Modell für die unterschiedlichen seelischen Kräfte oder Strebungen, denen der Mensch ausgesetzt ist:

- Triebansprüche (Es),
- soziale Anforderungen, die wir uns durch Verinnerlichung der Normen der Eltern zu eigen machen (Über-Ich),
- und die Handlungs-Instanz, die Triebansprüche und gesellschaftliche Normen mit den Anforderungen der Realität in Einklang bringen muß (Ich).

4.34 Primär- und Sekundärvorgang

Freud begnügte sich nicht damit, ein abstraktes Schema für den »psychischen Apparat« zu entwickeln. Die Traumanalyse führte ihn auch zu Einsichten in die Gesetzmäßigkeiten der Phantasietätigkeit einerseits und des rationalen Denkens im Wachzustand andererseits: »Was den Traum so unschätzbar für unsere Einsicht macht, ist der Umstand, daß das unbewußte Material, wenn es ins Ich eindringt, seine Arbeitsweise mit sich bringt . . . Erst auf diesem Wege erfahren wir, welches die Gesetze des Ablaufes im Unbewußten sind und wodurch sie sich von den uns bekannten Regeln im Wachdenken unterscheiden.«

Aus Untersuchungen leitet Freud *»zwei Prinzipien psychischen Geschehens«* ab:

- *Das Prinzip des Unbewußten ist der Primärvorgang,* dessen Ziel die *unmittelbare Triebbefriedigung oder Wunscherfüllung* ist (Lustprinzip). Die Arbeitsweise des Primärvorgangs ist ersichtlich aus seinen ins Bewußtsein dringenden Abkömmlingen, z. B. Träumen, Tagträumen, Halluzinationen, freien Assoziationen.
- *Das vorherrschende Prinzip des Wachbewußtseins ist der Sekundärvorgang,* dessen Ziel die *Bewältigung von Problemen der Realität* zur mittelbaren Triebbefriedigung ist (Realitätsprinzip). Die Gesetzmäßigkeiten des Sekundärvorganges entsprechen dem logischen Denken.

Die Arbeitsweise des Primärvorganges läßt sich aus Freuds Traumbeispiel ersehen:

- Daß der Traum im Dienste der *Wunscherfüllung* steht (Lustprinzip), wurde schon festgestellt (s. hierzu auch die Halluzinationen eines Verschütteten von Lengede, S. 68).
- Hinter »Irma« verbergen sich im Traum eigentlich drei Personen: sie selber, ihre Freundin, Freuds Frau. Die Zusammenfassung von im Wachdenken wohlunterschiedenen Gegenständen, Personen und Ereignissen nennt Freud *Verdichtung.* »Demzufolge vertritt oft ein einziges Element des manifesten Traumes eine ganze Anzahl von latenten Traumgedanken, als wäre es eine allen gemeinsame Anspielung . . .« Wir dürfen uns die Wirkungsweise der Verdichtung allerdings nicht so vorstellen, als ob die im Wachdenken säuberlich auseinandergehaltenen Elemente durch den Primärvorgang erst zu einem Repräsentationselement »verdichtet« werden müßten. In der Verdichtung kommt vielmehr unmittelbar zum Ausdruck, wie die Elemente im unbewußten, prälogischen Bereich zusammengefaßt sind: nicht nach logischen und abstrakten Begriffen, sondern in größeren Einheiten, deren Elemente oft nur durch eine gemeinsame »Gefühlsbesetzung« verbunden sind. Man denke daran, wie kleine Kinder die Begriffe »Papi«, »Mami«, »Onkel« zunächst auf viele Personen anwenden, die später durch eigene Bezeichnungen unterschieden werden. Die undifferenzierten Einheiten des Unbe-

wußten erinnern an die »globale Vorverarbeitung« bei der Wahrnehmung (s. S. 109). Ebenso gibt es in der Lernpsychologie einen der Verdichtung verwandten Begriff, die *Generalisation* (s. S. 248).

- Mit der Verdichtung eng verknüpft ist eine andere Besonderheit: Die jedem Element eigene Trieb- oder Gefühlsbesetzung kann sehr leicht auf ähnliche Elemente *verschoben* werden (*Verschiebung*). Beispiel: Der Hund bekommt den Fußtritt, der eigentlich für den Herrn bestimmt war. Freud folgert aus der Tendenz zur *Verschiebung* beim Primärvorgang, daß die »psychische Energie« (»Triebbesetzung«) im Unbewußten sich leicht von Element zu Element bewegt, während im Wachdenken jedes Element seinen festumrissenen Gefühlswert besitzt.
- Das dritte Charakteristikum des Primärvorganges ist die Darstellungsweise in konkreten Bildern, die vom Standpunkt des Wachdenkens aus als *Symbolisierung* erscheint (s. Abb. S. 133 und Kasten S. 145).

Ernest Jones, Mitarbeiter und Biograph Freuds, hielt die Unterscheidung von Primär- und Sekundärvorgang für dessen bedeutendste wissenschaftliche Entdeckung.

Der Primärvorgang bestimmt aber nicht nur die Traum- und Phantasietätigkeit:

- In seiner Schrift »Zur Psychopathologie des Alltagslebens« zeigte Freud anhand einer Fülle von »harmlosen« Entgleisungen oder *Fehlleistungen* des täglichen Lebens die meist unerwarteten Auswirkungen des Primärvorgangs auf unser Reden und Handeln im Wachzustand. Seit Freud populär geworden ist, macht man sich verdächtig, wenn man vergißt, einen Freund zur Party einzuladen, wenn man »Erojekt« statt »Projekt« mit der Maschine tippt oder wenn man »zum Vorschwein« statt »zum Vorschein« sagt.
- Wunscherfüllung, Verdichtung, Verschiebung und Symbolisierung (besonders sexuelle!) wies Freud auch als Charakteristika des Witzes nach. Sein Buch »Der Witz und seine Beziehung zum Unbewußten« enthält nicht nur eine brillante Theorie des Komischen, sondern auch eine der besten Witzsammlungen der Weltliteratur. Eine Kostprobe: »Nach Ansicht der einen soll der Mann viel verdient und sich dabei etwas zurückgelegt haben, nach anderen soll die Frau sich etwas zurückgelegt und dabei viel verdient haben.«
- Ihre wichtigste Anwendung finden die Einsichten in die Arbeitsweise des Primärvorgangs bei der Behandlung neurotischer Symptome: Es zeigte sich, daß Symptome wie z. B. Waschzwang oder Bettnässen zum Teil ebenfalls als symbolische Wunscherfüllung aufzufassen sind (beim Bettnässen etwa besteht der Wunsch, wieder wie ein Baby »bemuttert« zu werden). Ihre Entstehung aus verdrängten Wünschen der frühen Kindheit und des späteren Lebens abzuleiten, ist eine der Hauptaufgaben der psychoanalytischen Behandlung (s. S. 379). Wenn die Deutung gelingt und vom Patienten akzeptiert wird, wenn er sich der Bedeutung der Symptome *bewußt* wird, sind nach den Erfahrungen der Psychoanalyse die Voraussetzungen für das Verschwinden der Symptome geschaffen.

4.35 Das Konfliktmodell

Freuds Theorie des Konflikts liefert ein dynamisches Konzept der Entstehung von Neurosen, aber auch der vielfältigen Alltagsprobleme, bei denen unsere Wünsche, die Anforderungen der Umwelt und die gesellschaftlichen Normen miteinander im Streit liegen. In den frühen neunziger Jahren des 19. Jahrhunderts waren Neurosen nach herrschender wissenschaftlicher Meinung erblich und eine Degenerationserscheinung. Heute findet sich statt dieser Ansicht oftmals das Postulat einer biologischen Funktionsstörung, so z. B. bei Depressionen und Angstsymptomen. Die dynamische Betrachtung eröffnet im Gegensatz zu dieser statischen Auffassung einen Zugang zu den psychischen Kräften des Menschen. Freud verweist in seinen »Vorlesungen zur Einführung in die Psychoanalyse« auf den empirischen Charakter dieser Annahmen: »Die Gesichtspunkte des psychischen Konfliktes und der Symptombildung durch Kompromisse zwischen den beiden miteinander ringenden Seelenströmungen hat der Verfasser an wirklich beobachteten und ärztlich behandelten Krankheitsfällen zur Geltung gebracht.« Die Patienten waren so lange psychisch gesund gewesen, bis ein Erlebnis, eine Vorstellung oder Empfindung an ihr Ich herantrat, das peinliche Gefühle bis zur Unerträglichkeit erweckte, so daß ein Streben nach Abwehr des Peinlichen entstand. Der Widerstreit der verschiedenen Wunschregungen der Persönlichkeit wird meist durch Versagungen (Frustrationen, s. 6.34) heraufbeschworen. Die durch Versagung behinderten aggressiven und libidinösen Kräfte müssen sich dann andere Wege und Objekte für die Wunschbefriedigung suchen. Meist bieten sich frühere Formen der Befriedigung (Regression, s. 4.34) an, die jedoch wieder zu den Forderungen der erwachsenen Anteile des Ich im Widerspruch stehen. So kommt es zum Kompromiß in Form der *Symptombildung*, wie sie bei Angst- oder Zwangsneurosen zu beobachten ist. Bei Freuds berühmter Patientin *Dora* machten sich die neurotischen Symptome (Schwindel, Ohnmacht, Atemnot, halbseitige Kopfschmerzen, nervöses Husten und Selbstmordabsichten) bemerkbar, nachdem der Konflikt, zwischen der Versuchung, einem werbenden Mann nachzugeben, und dem Sichsträuben des Ich gegen diese Versuchung entstanden war (Fall Dora, s. S. 389/390). Die Sehnsucht nach diesem Mann und die stolze Zurückweisung dieser Neigung führten zu einer erneuten Bindung der Patientin an ihren Vater (Regression), so daß sie heftige Eifersuchtsgefühle allen Frauen gegenüber entwickelte, die zu diesem in Beziehung traten, was ihre von früher her bestehende Freundschaft zu diesen Frauen empfindlich beeinträchtigte.

Eine Konfliktsituation muß aber nicht in jedem Fall zur Krankheit führen. In der Kindheit können Konflikte durchaus die Entwicklung fördern. So veranlaßt die konfliktbedingte Eifersucht bei der Geburt eines Geschwisters Kinder oft zu der Frage, woher die Kinder kommen, was mit einer erheblichen Steigerung der entwicklungsfördernden Neugier einhergehen kann (s. dazu auch S. 188).

4.36 Psychoanalyse und Experimentalpsychologie

Die Psychoanalyse hat sich unabhängig von der »Schulpsychologie« entwickelt und steht bis heute in einem gewissen Gegensatz zu ihr. Die psychoanalytischen Theorien scheinen zwar der Reichhaltigkeit menschlicher Verhaltensweisen besser gerecht zu werden als die meisten bestehenden Theorien der experimentellen Psychologie. Es ist aber äußerst schwierig, psychoanalytische Hypothesen einer angemessenen experimentellen Überprüfung zu unterziehen. »Tiefsinn, aber Unsinn«, sagen die Gegner der Psychoanalyse, »exakt, aber trivial«, antworten die Analytiker in bezug auf die Experimentalpsychologie. Wir werden noch öfter Gelegenheit haben, uns mit psychoanalytischen Hypothesen auseinanderzusetzen, besonders in den Kapiteln über Emotionen, Motivation und Psychotherapie. Hier seien einige der Gründe für die Verständnisschwierigkeiten und scheinbaren Gegensätze zwischen Psychoanalyse und Experimentalpsychologie erörtert:

● Zweifellos werden die Schwerpunkte der Forschung durch die Interessen der Gesellschaft bzw. die Interessen der einflußreichen Institutionen innerhalb der Gesellschaft bestimmt. In der modernen

Industriegesellschaft stehen Leistung und Anpassung im Vordergrund, dementsprechend liegt das Schwergewicht der psychologischen Forschung auf Richtungen wie Test-, Lern- oder Leistungspsychologie. Der deutsche Psychoanalytiker Alexander Mitscherlich hat in diesem Zusammenhang mehrfach auf die Vernachlässigung wesentlicher Probleme der heutigen Gesellschaft hingewiesen und eine bessere Erforschung der Ursachen und der Verhütungsmöglichkeiten psychisch bedingter Krankheiten oder von Aggression und Krieg gefordert.

● Einer der Gründe für die Ablehnung der Psychoanalyse durch Teile der »offiziellen Wissenschaft« ist ihr Thema: Sie weckt Emotionen, weil sie uns nahegeht, sozusagen die »Unterwäsche des Bewußtseins« untersucht. Freud selber geht in der Einleitung zur »Traumdeutung« auf diese Schwierigkeit ein: »Die Verwendung der Träume von Patienten wurde mir durch den Umstand verwehrt, daß hier die Traumvorgänge einer unerwünschten Komplikation durch die Einmengung neurotischer Charaktere unterlagen. Mit der Mitteilung meiner eigenen Träume aber erwies sich als untrennbar verbunden, daß ich von den Intimitäten meines psychischen Lebens fremden Einblicken mehr eröffnete, als mir lieb sein konnte und als sonst einem Autor, der nicht Poet, sondern Naturforscher ist, zur Aufgabe fällt. Das war peinlich, aber unvermeidlich; ich habe mich also darein gefügt, um nicht auf die Beweisführung für meine psychologischen Ergebnisse überhaupt verzichten zu müssen.«

Die Reaktion auf Freuds »unerwünschte Aufklärung« liest sich im Extremfall ungefähr so: »Diese perverse Hypersexualität Freuds, die später nur scheinbar bescheidener wurde, ist ein Ausdruck seiner eigenen, ihn quälenden Sexualgedanken, wie Freud selbst gestanden hat. Und wenn man die zehn Lexikonbände von Stekel über Psychoanalyse durchsieht, die den Extrakt dieser Pseudowissenschaft bieten, kommt man zu der Überzeugung, es mit Ärzten zu tun zu haben, die an einer Einengung des Bewußtseins und einer krankhaften Hypersexualität leiden ... Da die Grundfesten der Ethik durch die Lehre Freuds erschüttert werden – jeder Sohn sei ein potentieller Vatermörder, jede Tochter mehr als eine potentielle Elektra –, so folgt daraus, daß nicht nur die Achtung und Ehrfurcht vor den Eltern und Ahnen schwinden muß, sondern auch die Richter unsicher werden ...«

Diese Zitate entstammen nicht dem »Stürmer« der dreißiger Jahre, sondern dem Buch »Massenpsychosen in der Wissenschaft« von Prof. Dr. Dr. Lothar Gottlieb Tirala (»Beihefte zur Deutschen Hochschullehrer-Zeitung«, 1969). Sicher ist die ablehnende Haltung vieler Wissenschaftler häufig besser begründet als im Fall Tiralas. Man kann aber annehmen, daß die von Freud aufgeworfenen Probleme auch deshalb von der empirischen Forschung nur zögernd verfolgt werden, weil die Gesellschaft und die Mehrzahl der Wissenschaftler den zu erwartenden Ergebnissen gegenüber ein Unbehagen empfinden.

Oft sind es aber auch die komplexen Modellannahmen der Psychoanalyse, noch dazu sehr unscharf formuliert, die Wissenschaftler wie Bunge und Ardila in ihrer »Philosophy of Psychology« (1987, deutsch 1990: »Philosophie der Psychologie«) den Stab über die Psychoanalyse brechen lassen. Sie zählen die Psychoanalyse ebenso zur Alltagspsychologie (Pop Psychology) wie die Parapsychologie. Die Alltagspsychologie sei eine Mixtur aus Glauben und Überzeugung, ohne irgendeine wissenschaftliche Grundlage. Der Anspruch der Psychoanalyse auf Wissenschaftlichkeit stehe im Widerspruch zu ihrer konzeptionellen Verschwommenheit, der Entfremdung von den Hauptströmungen der Wissenschaft und dem Fehlen einer angemessenen experimentellen Überprüfung ihrer Erkenntnisse. Diese wissenschaftliche Abwertung der Psychoanalyse ist sowohl mit Argumenten des hermeneutischen Wissenschaftsverständnisses (s. Mertens, 1981) als auch aufgrund empirischer Forschungsprojekte und -ergebnisse zurückzuweisen.

Das hermeneutische Wissenschaftsverständnis läßt uns erkennen, daß die Konzepte menschlichen Handelns notgedrungen in unserem alltagspsychologischen Vorverständnis verankert sein müssen. Ein angemessener Weg zur wissenschaftlichen Vertiefung psychoanalytischer Konzepte besteht nach diesen Überlegungen in der systematischen Verwendung sprachanalytischer und hermeneutischer Methoden, die eine Kontrolle der psychoanalytischen Intuition jenseits der Forderung nach experimenteller Exaktheit erlauben (s. qualitative Sozialforschung, S. 311).

Andererseits zeigen Psychoanalytiker wie Horst Kächele und der Autor (W. E.), daß auch empirisch-experimentelle Methoden in der Psychoanalyse ein größeres Gewicht erhalten können. Lange Zeit schien der von Freud eingeführte Grundsatz, wonach sich psychoanalytische Forschung immer im Junktim von Heilen und Forschen vollzieht, für Psychoanalytiker unantastbar zu sein. Die Auseinandersetzung um die psychoanalytische Theorie ist jedoch mittlerweile längst in ein Stadium der experimentellen und empirischen Überprüfung und Argumentation eingetreten. So fordert die Amerikanerin D. G. Shulman im »International Journal of Psychoanalysis« (1990) folgerichtig, psychoanalytische Forschungsprojekte müßten in methodischer Hinsicht ebenso rigoros sein wie die anderer Disziplinen. Dabei sollten die empirisch-experimentelle und die empirisch-rekonstruktive Vorgehensweise unterschieden werden. Erstere hat die Präzisierung der psychoanalytischen Theorie zum Ziel, während der zweite Ansatz der Aufklärung in bezug auf die psychoanalytische Therapie dienen soll.

- Psychoanalytische Theorie: Auf der Grundlage von Beobachtung und Registrierung von Verhalten und Biosignalen werden psychoanalytische Hypothesen in folgenden Experimentalanordnungen überprüft: Unterschwellige Wahrnehmung, biologische Triggerung (Schlaf, Hormone, biologische Rückmeldung), Hypnose, freie Assoziation, projektive Tests, Fragebogen-Tests, Wahrnehmungs-Gedächtnis- und Lernexperimente. Diese Methoden der Datenerhebung, die statistisch kontrolliert werden, wurden auf verschiedene Aspekte der psychoanalytischen Theorie angewandt: Traumlehre, Abwehrmechanismen, Persönlichkeit, psychosexuelle Entwicklung und Kindheitserfahrungen, Krankheitslehre, Struktur des psychischen Apparates. Wichtig für die weitere Forschung ist der – für jede Wissenschaft geltende – Grundsatz, daß in der Psychoanalyse *neue* Hypothesen gebildet werden können, die Entwicklung also nicht bei Freud stehenbleiben muß.
- Psychoanalytische Therapie: Methodisch ist zu unterscheiden zwischen empirischen Analogstudien und Verlaufsstudien (s. S. 388). Während die Analogstudie wesentliche Elemente des psychoanalytischen Settings wie in einem Experiment systematisch variiert, bezieht sich die Verlaufsstudie auf die Registrierung und die reduktionistisch-rekonstruktive Analyse des Therapieprozesses. Da klinische Falldarstellungen und Behandlungsberichte subjektiv gefärbt sind, bemüht man sich in der psychoanalytischen Verlaufsforschung zunehmend darum, durch Video- oder Tonbandaufzeichnungen von Behandlungen eine reproduzierbare Dokumentation des psychoanalytischen Dialogs herzustellen und somit empirischen Auswertungen eine verläßliche Basis zu geben.

Diese Zweiteilung der empirisch-psychoanalytischen Forschungsmethoden läßt erkennen, daß die umgangssprachlich formulierte Theorie der Psychoanalyse und die Therapie nicht in einen Topf geworfen werden dürfen. Jeder Gegenstandsbereich erfordert eine spezifische Anpassung der Methodik an die Komplexität der Phänomene. Nach sprachphilosophischen Untersuchungen, wie sie Ludwig Wittgenstein (s. S. 290) angestellt hat, ist die Umgangssprache das bei weitem komplexeste »Zeichensystem« zur Beschreibung von Strukturen, verglichen mit dem alle exakteren Sprachen (etwa die der Mathematik) sehr viel primitiver und »ausdrucksärmer« sind. Somit müssen wir akzeptieren, daß die umgangssprachliche Formulierung der psychoanalytischen Theorie notwendig ist, um äußerst komplexe Zusammenhänge darstellen zu können. Andererseits schließt das den sinnvollen Einsatz z. B. auch statistischer und quantifizierender Methoden nicht aus.

4.4 Schlaf und Traum

4.41 Der Schlaf-Zyklus

Freuds »Traumdeutung« hatte einen Mangel: Sie beruhte auf Traumprotokollen, an die sich der Schläfer erst am Morgen erinnerte.

Ein unmittelbarer Zugang zum Traumgeschehen ergab sich 1953 durch eine Zufallsentdeckung im Labor des Schlafforschers Nataniel Kleitman in Chicago. Für seine Doktorarbeit über den Schlafrhythmus registrierte Eugene Aserinsky bei Säuglingen fortlaufend das EEG und die Bewegung der Augen. Die EEG-Protokolle ergaben Schlafabschnitte, die von zahlreichen schnellen Augenbewegungen begleitet waren – oft mehrere hundert –, ähnlich denen, die bei offenen Augen im Wachzustand auftreten. Aserinsky und Kleitman hegten die Vermutung, daß sich diese Augenbewegungen auf die Bilder beim Träumen beziehen könnten. Zur Prüfung dieser Hypothese registrierten sie den Schlafverlauf bei Erwachsenen und weckten sie mehrmals in Schlafabschnitten mit schnellen Augenbewegungen und ohne solche (REM-Schlaf bzw. Nicht-REM-Schlaf, von englisch *R*apid *E*ye *M*ovement = schnelle Augenbewegung). Tatsächlich erzählten die Vpn nach dem Wecken aus dem REM-Schlaf meist einen lebhaften Traum (74%), bei anderen Schlafphasen war dies nur selten der Fall (17%).

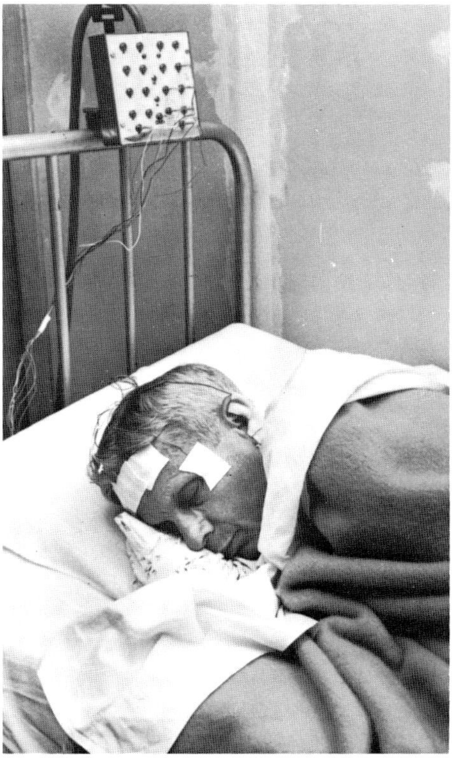

Ein Blick ins *Schlaflabor*: Das Foto zeigt Nataniel Kleitman als Testschläfer. Die am Kopf angeklebten Elektroden zur Registrierung des EEG und EOG (Elektrooculogramm = Aufzeichnung der Augenbewegungen) stören nach einer Eingewöhnungsnacht kaum mehr den Schlaf. Das Steckbrett links oben verbindet die Elektroden mit dem Registriergerät für die »Schlafkurven« im Nebenraum.

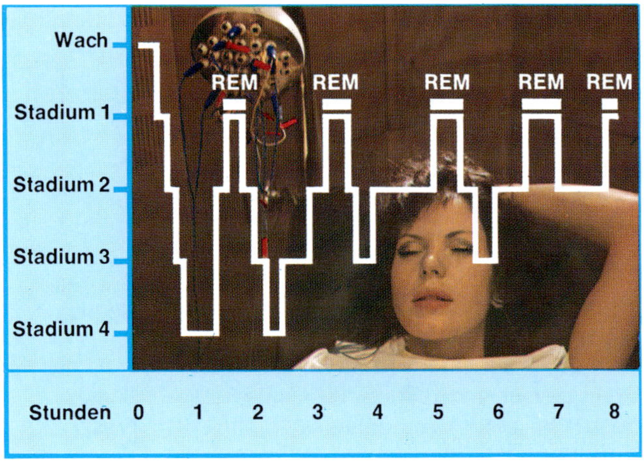

Der Nachtschlaf läuft in 3 bis 5 *Schlafzyklen* ab. In jedem Zyklus werden Stadien unterschiedlicher Schlaftiefe einschließlich des REM-Stadiums durchlaufen. Gegen Morgen nimmt der REM-Schlaf zu und der Tiefschlaf ab.

Die Augenbewegungen im REM-Schlaf kann man bisweilen auch ohne Hilfsmittel unter den geschlossenen Lidern eines Schläfers beobachten. Schon ein Philosoph des vorigen Jahrhunderts hat sie als Begleiterscheinung des Träumens gedeutet.

Aserinskys und Kleitmans Befunde leiteten eine neue Ära der Schlaf- und Traumforschung ein: Die objektiven Kriterien, EEG und Augenbewegungen, erlaubten es plötzlich, den Schlafverlauf und die Traumaktivität im Labor experimentell zu kontrollieren. Früher war man der Ansicht, daß der Schlaf ein Zustand der Passivität sei, in dem die psychische Aktivität völlig ruhe. Die objektive Schlafforschung brachte eine Fülle neuer Einsichten:

- Der Schlaf ist kein einheitlicher Zustand, sondern er besteht aus mehreren Schlafzyklen von jeweils etwa 90 bis 100 Minuten Dauer (drei bis fünf Zyklen pro Nacht).
- Nach Durchlaufen der Stadien des leichten, mittleren und tiefen Schlafs (s. Abb. S. 144) gelangt der Schläfer am Ende jedes Zyklus in das Stadium des REM-Schlafs.
- Die erste REM-Phase ist gewöhnlich kurz (ca. 10 Minuten), gegen Morgen nimmt die Dauer der REM-Phasen innerhalb der Zyklen zu und die des Tiefschlafs ab.
- Der REM-Schlaf ist durch eine Reihe von Besonderheiten gekennzeichnet: Die Weckschwelle ist erhöht; beim Wecken berichtet der Schläfer gewöhnlich, aus einem Traum gerissen worden zu sein; die Muskulatur ist völlig erschlafft (Sprechen im Schlaf und Nachtwandeln kommen überwiegend im Nicht-REM-Schlaf vor).
- Manche Menschen geben an, nie oder sehr selten zu träumen. Im Schlaflabor haben diese »Nicht-Träumer« ebenso viele REM-Stadien wie regelmäßige »Träumer«. Wenn man sie aus dem REM-Schlaf weckt, erinnern sie sich oft an ihre Träume, allerdings nicht so häufig wie die regelmäßigen »Träumer«. Man nimmt heute an, daß jeder Mensch träumt – die Träume werden nur unterschiedlich gut erinnert. Untersuchungen zur Persönlichkeit von »Träumern« und »Nicht-Träumern« zufolge scheinen die Unterschiede in der Traumerinnerung zum Teil darauf zurückzugehen, daß »Nicht-Träumer« stärker zum »Verdrängen« und weniger zur Beachtung ihrer inneren Erlebnisse neigen.
- Eine Besonderheit des REM-Schlafs

verweist auf den von Freud angenommenen Zusammenhang der Träume mit sexuellen Impulsen: Die REM-Phasen gehen regelmäßig mit Penis-Erektionen einher. Erektionen kommen auch bei Träumen ohne nachweisbaren sexuellen Inhalt vor, sie sind aber bei sexuellen Träumen stärker ausgeprägt. Über Erektionen im Schlaf berichtet übrigens schon das Alte Testament: Lots Töchter nutzten sie zum Beischlaf mit ihrem Vater, als er »voll des Weines« schlief.

● Auch im Nicht-REM-Schlaf findet sich beim Aufwecken psychische Aktivität, meist in Form von »Gedanken«, die durch den Kopf gehen.

● Das gelegentlich vorkommende Schlafwandeln und Schlafsprechen ist ebenfalls an den Nicht-REM-Schlaf gebunden.

● In allen Schlafstadien ist eine sensorische Informationsverarbeitung möglich: Wenn wir unseren Namen hören, werden wir viel eher wach als von vergleichsweise lauteren Geräuschen, die aber belanglos sind.

Der REM-Schlaf unterscheidet sich so sehr vom Nicht-REM-Schlaf, daß manche Forscher von einem *dritten Zustand* neben Wachen und Schlafen sprechen. Neuere Untersuchungen weisen aber darauf hin, daß es bezüglich der psychischen Aktivität fließende Übergänge zwischen den Schlafstadien gibt.

4.42 Psychische Aktivität im Schlafverlauf

Der *Einschlafzustand* ist im EEG am Zerfall der regelmäßigen Alpha-Wellen erkennbar (Stadium 1). Die begleitenden Bewußtseinsänderungen werden von manchen Menschen beim Einschlafen wahrgenommen. Nach EEG-Untersuchungen mit der »Weckmethode« treten im Einschlafzustand hauptsächlich drei Arten von Bewußtseinsänderungen auf (Walter Kuhlo und Dietrich Lehmann, 1964):

● Abbruch des geordneten Gedankenablaufs: »Da war ein Gedanke, der nicht beabsichtigt war«, »eine meiner Kontrolle entzogene gedachte Geschichte«, »Bruchteile von Gedankengängen, die von selbst kamen, es war nichts Zusammenhängendes«, »ein Gedanke, der so durchschwimmt«, »eine Geschichte, die sich plötzlich nicht mehr verfolgen ließ, da kam etwas Unvorhergesehenes herein«, »es kamen plötzlich Gedanken, die nicht dazugehörten«.

● Veränderung der Wahrnehmung des eigenen Körpers (des »Körperschemas«): »Die Körpergrenzen verschwimmen«, »irgendwie wird man leichter beim Einschlafen; wenn man zu sich kommt, wird man plötzlich wieder schwerer . . ., als ob man mit einem Male auf Widerstand träfe«. Zum Teil wird der Übergang als ein Fallen oder eine Art Bewegung des Körpers erlebt: »Ich habe gemerkt, daß ich so abrutsche«, »ein Gefühl des Absinkens; als ob ich in etwas eintauchen würde«.

● Auftreten von optischen, manchmal auch akustischen Erscheinungen (sogenannte *hypnagoge Halluzinationen,* das heißt Einschlaf-Halluzinationen): Diese Bilder sehen mehr als die Hälfte aller Menschen: ». . . das war einfach eine völlig sinnlose Fortführung des Gedankens über die Noten, die ich mir besorgen wollte für heute abend zum Quartettspielen . . . Gleichzeitig habe ich meinen Geigenkasten gesehen und diese Noten, es war völlig sinnlos hintereinanderher, aber so ungefähr, wie wenn man ein Lexikon aufschlägt.« »Dieser lose Fluß der Gedanken und Bilder wurde unterbrochen, indem plötzlich ein etwas fester umrissenes Bild vor mir stand, und zwar ein Bild eines Patienten, und die Angehörigen waren dabei . . .« »Da war plötzlich ein Wort zu hören, ›Neptun‹, wo das herkam, weiß ich nicht.« Oder: »Es war ein Dialog. Ich weiß nicht mehr genau, was es war, ich weiß nur, daß ein Mann zu einem anderen über jemanden sagte: ›Wenn du so dumm wärst wie der.‹ «

Das »Silberer-Phänomen« (s. Kasten S. 145) entspricht diesen hypnagogen Halluzinationen – die Besonderheit liegt in der bildhaften Umsetzung von Gedanken bei angestrengtem Nachdenken.

Wenn der Schläfer vom Einschlafstadium in den Schlafzustand übertritt (leichter Schlaf, tiefer Schlaf, REM-Schlaf), wird der Kontakt mit der Außenwelt subjektiv völlig aufgegeben; beim Wecken erklärt der Schläfer, wirklich geschlafen zu haben.

Die umfangreichsten Untersuchungen zur psychischen Aktivität in den verschiedenen Schlafstadien stammen von dem Amerikaner David Foulkes. Bei früheren Studien hatten die Forscher die Schläfer immer nach »Träumen« gefragt. Die diesbezüglichen positiven Antworten beim Wecken in Nicht-REM-Phasen lagen bei 5 bis höchstens 20%. Foulkes sagte seinen Vpn, daß er gar nicht so sehr an ihren Träumen interessiert sei, und fragte sie ganz allgemein nach »psychischen Erlebnissen«. Bei über 250 Aufweckexperimenten fand er fast ebenso viele Erinnerungen im Nicht-REM-Schlaf (74%) wie im REM-Schlaf (87%). Die Berichte unterschieden sich jedoch nach der Erlebnisqualität: Im REM-Schlaf überwogen »echte Träume« mit symbolischer Darstellung und Gefühlsbeteiligung, im Nicht-REM-

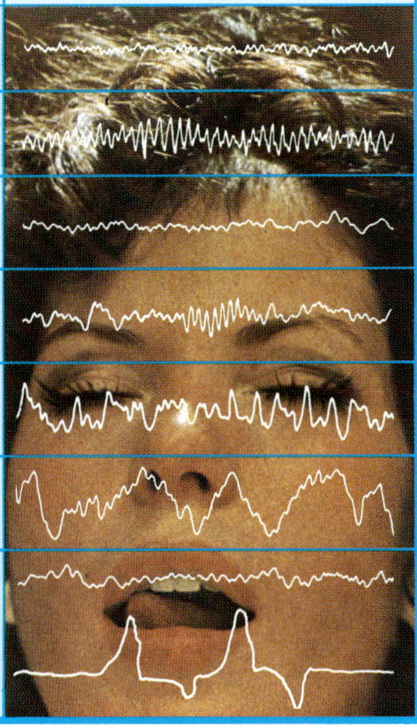

Schlafstadium	**EEG (Hirnstromkurve)**	**Bewußtsein (psychisches Erleben)**
aktiv wach		**Kontrolle des Verhaltens, Problemlösen (»Sekundärvorgang«)**
entspannt		**»spontane« Gedanken, Phantasie (»Primärvorgang«)**
1		**Hypnagoge Halluzinationen (fragmentarisches Bildmaterial, »Träumchen«, nicht affektiv)**
2		
3		**Gedankenfetzen, Tageserinnerungen, Traumbruchstücke (geringe emotionale Beteiligung)**
4		
REM		**Träume (visuell, dramatisch, emotional, »Primärvorgang«)**

Die Ergebnisse der Schlafforschung weisen auf einen *Zusammenhang zwischen EEG und Bewußtseinsprozessen.* Die Stadien 1–4 charakterisieren die *Schlaftiefe* (Einschlafen, leichter, mittlerer und tiefer Schlaf), der REM-Schlaf läßt sich bezüglich der Tiefe nicht einordnen. Beim REM-Schlaf ist unter der EEG-Kurve auch die Kurve der Augenbewegungen, EOG, wiedergegeben.

Das Silberer-Phänomen

Der Wiener Arzt und Literat Herbert Silberer hat 1909 durch Selbstbeobachtung eine Methode entwickelt, die es erlaubt, die Umwandlung abstrakter Gedanken in symbolische Bilder zu studieren:
»Die Genese meiner Beobachtungen ist bald erzählt. Ich liege eines Nachmittags (nach dem Essen) äußerst schläfrig auf meinem Sofa, zwinge mich aber, über ein philosophisches Problem nachzudenken. Ich suche nämlich die Ansichten Kants und Schopenhauers über die Zeit zu vergleichen. Die vergebliche Bemühung, die in meinem Kopf irgendwo verlegten Kant-Akten sogleich wiederzufinden, stellt sich mir nun bei geschlossenen Augen plötzlich wie im Traumbilde als anschaulich-plastisches Symbol dar: Ich verlange nach Auskunft von einem mürrischen Sekretär, der, über einen Schreibtisch gebeugt, sich durch mein Drängen nicht stören läßt. Sich halb aufrichtend, blickt er mich unwillig und abweisend an.

Weitere Beispiele:
Ich will vor dem Einschlafen einen leichteren Gedankengang, der mir kurz vorher eingefallen ist, rekapitulieren, um ihn nicht zu vergessen.
Symbol: Es steht alsbald ein großer livrierter Lakai vor mir, gleichsam meine Befehle erwartend.

Ich denke daran, daß ich vorhabe, in einem Aufsatz eine holprige Stelle auszubessern.
Symbol: Ich sehe mich ein Stück Holz glatthobeln.

Ich nehme mir vor, jemandem von der Ausführung eines gefährlichen Entschlusses dringend abzuraten. Ich will zu ihm sagen: ›Wenn Sie das tun, wird schweres Unglück über Sie hereinbrechen.‹
Symbol: Ich sehe über düsteres Feld unter schwerem Himmel drei Reiter, furchtbar anzuschauen, auf schwarzen Rossen daherstürmen.

Die Bedingungen sind, wie die Praxis lehrt, zwei, wovon die erste ein passives Element darstellt, welches der Willkür entzogen, die zweite ein aktives Element darstellt, welches dem Willen unterworfen ist:
1. Schlaftrunkenheit,
2. Anstrengung zum Denken.

Der Kampf dieser beiden antagonistischen Elemente erzeugt das charakteristische ›autosymbolische‹ Phänomen, wie ich es zu benennen pflegte; eine halluzinatorische Erscheinung, dadurch ausgezeichnet, daß sie gewissermaßen ›automatisch‹ ein adäquates Symbol für das in dem betreffenden Augenblick Gedachte (oder Gefühlte) hervorbringt.«

Schlaf waren es relativ mehr Gedanken und Erinnerungen, die ohne besondere Gefühlsbeteiligung dem Schläfer durch den Kopf gingen. Bei mehrfachem Wekken in einer Nacht fanden sich häufig durchgängige Themen, die in den Nicht-REM-Stadien zunächst als Erinnerungen oder »Tagesreste« auftraten und in den REM-Phasen zu symbolischen Traumdarstellungen ausgearbeitet wurden. Dieser Befund entspricht einer Hypothese, die schon Freud in seiner »Traumdeutung« aufstellte: Der eigentliche Traum hat eine längere Vorbereitungszeit, in der das Traummaterial aus den »Tagesresten« zusammengestellt wird.

Foulkes gibt ein Beispiel für das Übergehen von gedankenartigen »Tagesresten« eines Bibliotheksangestellten in einen visuellen Traum. Der Schläfer wurde 26 Sekunden nach REM-Beginn geweckt. »Ich war in der Bibliothek und legte Karteikarten ab und kam zu einem Buchstaben zwischen ›A‹ und ›C‹. Ich legte irgendein Land, ich glaube Burma, ab, und als ich das tat, sah ich eine Szene, in der eine Frau ausgeschickt wurde, um ein kleines Mädchen zu suchen, das verschwunden war; ich glaube, sie ging nach Burma. Aus irgendeinem Grund glaubte man, das Mädchen sei in Burma. Das war wie die Dramatisierung dessen, was ich gerade tat: ich legte ab, und dann passierte gleichzeitig diese Geschichte. Die ganze Szenerie war recht irreal, aber ich hatte das Gefühl, daß es wirklich passierte.«

Bei neueren Untersuchungen in Foulkes' Labor gelang es, die unterschiedliche psychische Aktivität noch genauer in den physiologischen Schlafverlauf einzuordnen. In diesen Experimenten wurden die Schläfer nach ihren *letzten Erlebnissen vor dem Wecksignal* gefragt. Rein bildhafte Traumerlebnisse wurden in Abschnitten des REM-Schlafs mit lebhaften Augenbewegungen gefunden. Die anderen Schlafabschnitte enthielten mehr gedankenähnliches Material, gleichgültig, ob in REM-Abschnitten ohne Augenbewegungen oder in Nicht-REM-Abschnitten geweckt wurde. Die Übergänge zwischen REM- und Nicht-REM-Schlaf sind also fließend. Für das rein bildhafte Traummaterial scheint nicht der REM-Schlaf an sich ausschlaggebend zu sein, sondern nur REM-Abschnitte, die auch Augenbewegungen enthalten.

Alle diese Befunde liefern noch keinen schlüssigen Beweis dafür, daß die Träume tatsächlich während des Schlafs ablaufen. Nach einer verbreiteten älteren Auffassung entstehen die Träume in einem sehr kurzen Zeitabschnitt während des Aufwachens. Diese Annahme ist heute experimentell widerlegt. Die Schlafforscher William Dement und Nataniel Kleitman fanden als Beweis für die Traumaktivität *während* des Schlafes einen überzufälligen Zusammenhang zwischen der Richtung der letzten Augenbewegungen vor dem Wecken und dem letzten Traumbild. Ein Träumer mit vorwiegend horizontalen Augenbewegungen berichtete etwa, daß er »zwei Leute beobachtete, die sich mit Tomaten bewarfen«. Es ist allerdings unwahrscheinlich, daß jede Augenbewegung im Traum einer echten Blickbewegung entspricht, denn die Augenbewegungen im REM-Schlaf haben eine andere Form und werden von anderen Hirnzentren ausgelöst als die willkürlichen Blickbewegungen im Wachzustand.

In einem anderen aufregenden Experiment gelang es einer Gruppe amerikanischer Psychiater (Arthur Arkin und Mitarbeiter), Traumprotokolle sogar während des Schlafes anzufertigen. Ihre Vp neigte zum Schlafsprechen. In tiefer Hypnose (s. S. 154) erhielt sie den »posthypnotischen Auftrag«, alle nächtlichen Gedanken laut mitzuteilen, ohne dabei aufzuwachen. Daraufhin erhöhte sich die Häufigkeit des Schlafsprechens in allen Schlafstadien einschließlich des REM-Schlafs. Durch Schlafregistrierungen wurde abgesichert, daß die Traumberichte nicht zum Aufwachen führten.

Hier zwei Beispiele:

Schlafsprechen:

»He, Kumpel, wie geht's? – 's gibt 'ne Party oder so was – Eben erkenn' ich einen der Jungs von der Uni – David heißt er – bestimmt eine langweilige Party.« (Nicht-REM-Schlaf)

»Lex Barker stirbt in der Bronx – in einem Schwimmbassin – er liegt auf dem Grund – sein Leben gluckert davon – und die Leute reden über Typen, die sie kannten und die auch starben – ›Netter Junge – aber so kommt das eben‹ – ein anderer sagt: ›Ich kenn so eine Type – ein Riesenkerl – mein Onkel in der Bronx – konnte ihn mit einer Hand unterkriegen‹ – ein anderer sagte: ›Ein Jammer mit all dem – uh – uh . . .‹« (REM-Schlaf).

Bericht nach dem Wecken

»Ich dachte grad über eine Party nach –

irgendwas – und da war jemand von der Uni, den ich kenne – so ein As – ich glaub', er hieß David Z. – er nickte mir zu durch das Zimmer, und ich dachte: ›Oje, das wird eine miese Party.‹ «

»Uh – träumte von Lex Barker – dem Schauspieler – wie er in einem Schwimmbassin ersoff – Leute standen herum und machten dumme Bemerkungen – ich kann mich nicht an alles erinnern, aber sie waren ausgesprochen geschmacklos und unbeteiligt, wie: ›Tja, weißt du, ich hatte so einen Bruder – genau so einen –, aber er ertrank nicht auf dem Grund eines Bassins‹ – so ging das fort, bis der Mann tatsächlich ertrunken war – das war ungefähr alles.«

4.43 Die Traumfunktion

Welche Konsequenzen haben die experimentellen Befunde für die Traumtheorie? Zunächst einmal ergeben sich aus den Traumberichten unmittelbar nach dem Traumablauf gegenüber Freud einige neue Aspekte: Nicht in allen Protokollen erscheint der Inhalt dramatisch und triebbestimmt, wie Freud aufgrund seiner nachträglich analysierten Träume annahm. Insbesondere die Berichte über die psychische Aktivität in Nicht-REM-Stadien ähneln häufig eher bloßen Erinnerungen aus dem Wachdenken und sind anscheinend völlig zusammenhanglos. Solche »Schlafgedanken« werden von einigen Schlafforschern mehr dem Sekundärvor-

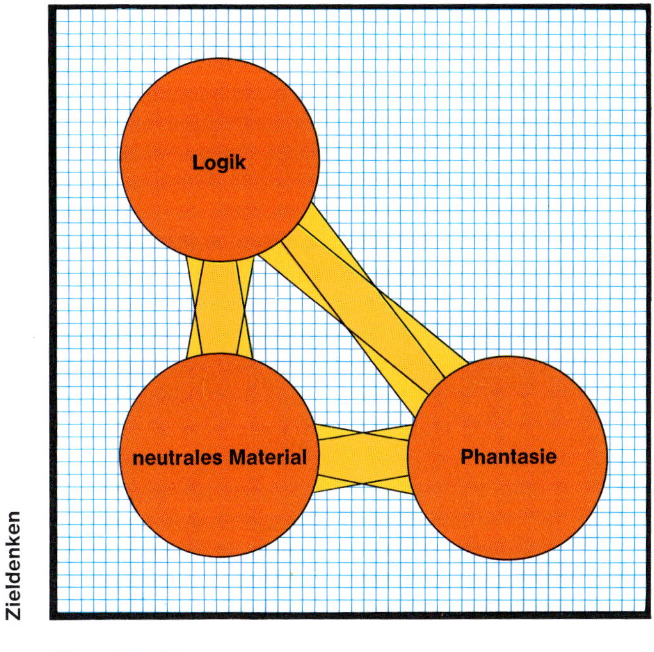

Freuds Einteilung des psychischen Materials nach dem Primär- und dem Sekundärvorgang (Phantasie und Logik) wird ergänzt durch »neutrales« psychisches Material, das weder dem Wunsch- noch dem Zieldenken zuzurechnen ist.

gang zugeordnet. Diese Zuordnung erscheint aber unberechtigt, wenn man an der Zielgerichtetheit des Sekundärvorgangs festhält. Das unbestimmte Gedankenmaterial im Nicht-REM-Schlaf erfordert dagegen eine Ergänzung bei der Einteilung von Bewußtseinsinhalten: Neben den logisch bestimmten und den triebbestimmten Inhalten gibt es auch »neutrales« Material ohne Zielgerichtetheit und ohne besondere Triebbesetzung (s. Abb. S. 147). In Freuds Traumprotokollen taucht dieses Material kaum auf, weil es offenbar als irrelevant für das psychische Geschehen betrachtet und daher am Morgen nicht erinnert wird.

Einen experimentellen Nachweis für die Existenz des »neutralen« Materials erbrachte eine Psychologiestudentin, die später, ähnlich wie James Joyce, von größter Bedeutung für die moderne Literatur werden sollte: Gertrude Stein. 1896 machte sie in Harvard Experimente zum »automatischen Schreiben«. Durch Training der Aufmerksamkeit entwickelte sie die Fähigkeit, unwillkürlich zu schreiben, während sie gleichzeitig eine interessante Geschichte las. Nach einiger Übung war sie auch in der Lage, »automatisch« zu schreiben, ohne sich durch Lesen abzulenken, indem sie »einfach las, was ihr Arm schrieb, aber drei oder vier Worte hinter ihrem Bleistift folgend«. Die Ergebnisse sehen etwa so aus:

»Wenn er nicht der längste sein kann und folglich zu sein, und folglich zu sein, der stärkste ...« oder »was ist ein Schauspiel, ein Schauspiel ist die Ähnlichkeit ...« – »eine Rose ist eine Rose ist eine Rose ...« Das erste Beispiel stammt aus Gertrude Steins psychologischen Experimenten, die beiden folgenden aus ihren späteren literarischen Texten, mit denen sie weltberühmt wurde. Gertrude Stein hat offenbar ihre experimentelle Technik des »automatischen Schreibens« beibehalten und zu ihrem literarischen Stil des »automatischen Bewußtseinsstroms« gemacht. Der Lernpsychologe B. F. Skinner (s. S. 257), der Gertrude Steins »psychologische Vergangenheit« ausgegraben hat, schreibt über ihren Stil: »Es gibt selten irgendeinen verständlichen Ausdruck, und es gibt genug unberechenbare Umkehrungen, um die Wirkung von was auch immer zu zerstören. Es gibt noch weniger gefühlsmäßige Anknüpfungen. Das Geschriebene ist kalt. Starke Phrasen fehlen vollständig, und es ist so schwierig, einen abgerundeten emotionalen Komplex zu finden, daß er, wenn er gefunden ist, ebenso leicht der Erfindungskraft des Suchenden zugeschrieben werden kann.« Bei diesem »automatischen Material«, das weder durch den gedanklichen Inhalt noch durch unbewußte Wunscherfüllung bestimmt wird, handelt es sich um grammatikalische Formeln, leere Redensarten, zusammenhanglose Erinnerungen und ähnliches, die von der Struktur des »Vorbewußten« bestimmt werden, soweit sie *nicht* triebbedingt ist. Die Erforschung dieser Struktur hat eben erst begonnen, sie verspricht aber Ergebnisse, die für Sprache und Denken ebenso wichtig werden könnten wie Freuds Untersuchungen für die Triebstruktur.

Nun kommen wir zur Bedeutung des Traums für den Organismus. Es kam schon zur Sprache, daß regelmäßig ein beträchtlicher Teil des Schlafs (ca. 20%) im REM-Schlaf verbracht wird. William Dement führte 1960 mittlerweile klassische Untersuchungen zum »Traumentzug« (*dream deprivation*) durch: Er weckte seine Vpn immer dann, wenn sie zum REM-Schlaf ansetzten. In fünf Nächten gestattete er ihnen keine einzige vollständige REM-Phase, der REM-Schlaf wurde dabei um etwa 70% vermindert. Eine Kontrollgruppe wurde genauso häufig in Nicht-REM-Stadien geweckt. Dement stellte fest, daß die des REM-Schlafs Beraubten immer häufiger zu diesem ansetzten. In anschließenden Erholungsnächten zeigten sie einen beträchtlichen Nachholbedarf in bezug auf REM-Schlaf (durchschnittlich 60 % statt vorher 20 %).

Dement glaubte zunächst, durch seine Untersuchung nachgewiesen zu haben, daß der Traum entsprechend der Annahme Freuds ein »Sicherheitsventil« darstellt, das der harmlosen Befriedigung von im Wachleben unterdrückten Trieben dient. Bei seinen Vpn mit REM-Schlaf-Entzug traten nämlich neurotische Symptome auf, die nach analytischer Auffassung auf eine »Triebstauung« zurückgeführt werden können: Angstzustände, starke Appetitzunahme, Konzentrationsschwäche. Diese Befunde sind aber umstritten, sie konnten nicht eindeutig bestätigt werden. Dement fand in späteren Experimenten bei Katzen ähnliche Verhaltensstörungen nach REM-Schlaf-Entzug. Nach dem heutigen Stand der Forschung bleibt die Frage unentschieden, ob der Traum für den Organismus tatsächlich notwendig ist und ob er die Funktion eines »Sicherheitsventils« für die Triebentladung hat. Möglicherweise erfüllt der REM-Schlaf eine noch grundlegendere biologische Funktion, zu der der Traum vielleicht nur »zufällig« hinzukommt.

Eine moderne Hypothese über die biologische Funktion des REM-Schlafs bringt die nächtliche psychische Aktivität in Zusammenhang mit der Gedächtnisbildung: Nachts werden die neuaufgenommenen Tageseindrücke gesichtet und in den bisherigen Erfahrungsschatz eingeordnet. Als Analogie werden die großen Rechenanlagen angeführt, bei denen die gespeicherten Programme ebenfalls in regelmäßigen Abständen auf den letzten Stand gebracht werden müssen, wenn der Rechner »außer Betrieb« ist. Diese Hypothese paßt gut zu den neueren Befunden über das Hervorgehen der REM-Schlaf-Träume aus überwiegend neutralen »Tagesresten« im Nicht-REM-Schlaf. Der REM-Schlaf wäre demnach der Teil der nächtlichen »Lagerarbeiten«, bei dem die *Gefühls- und Triebkomponenten der »Tagesreste« gesichtet und mit früherem Material verglichen werden.* Diese Komponenten sind wahrscheinlich diejenigen Gedächtnisanteile, die am weitesten in die Kindheit zurückreichen und am wenigsten logisch gegliedert sind.

Die Gedächtnishypothese ist allgemeiner als Freuds Hypothese der Wunscherfüllung, beide schließen einander aber nicht aus. Das Gedächtnis seinerseits arbeitet häufig nach dem Prinzip der Wunscherfüllung: Von schlechten Zeiten haben wir oft nur angenehme Erinnerungen!

4.44 Lernen im Schlaf

Wer vor dem Schlafen noch etwas auswendig lernt, wird dies wesentlich besser behalten, als wenn er dasselbe zu anderen Tageszeiten gelernt und bis zum Abfragen keine Schlafphase gehabt hätte. Es ist also nicht zu bestreiten, daß der Schlaf die Abspeicherung des Gedächtnismaterials (Konsolidierung) erleichtert. Im Tierversuch konnte sogar eine hohe Korrelation zwischen der Gesamtmenge des REM-Schlafes in einer Nacht und der behaltenen Menge des Lernmaterials festgestellt werden: Je steiler die Lernkurve, desto mehr REM-Schlaf war zu konstatieren. Der Entzug von REM-Phasen führte stets zu einer fehlerhafteren Wiedergabe des Materials als nach einem Nachtschlaf, in dem der Mangel an REM-Phasen wieder aufgeholt werden konnte. Ganz anders verhält es sich jedoch, wenn das Lernmaterial während des Schlafes angeboten wird. Zwar wird während des Nicht-REM-Schlafes ein Teil der Informationen aufgenommen, aber die Konsolidierung dieses Materials wird vor allem in Phasen mit Tiefschlaf (langsame Hirnstromkurven, s. Abb. S. 144) verhindert. Daher ist nur dann ein Lernen im Schlaf möglich, wenn man ein kurzfristiges Aufwachen in Kauf nimmt. Das Vorhandensein von Alpha-

Aktivität im EEG, wie beim entspannten Wachzustand, scheint eine Voraussetzung für das Behalten des Materials zu sein.

4.5 Veränderte Bewußtseinszustände

4.51 Die neue Irrationalität

Nach einem Selbstversuch mit Lachgas schrieb William James 1890: »Unser normales Wachbewußtsein – unser rationales Bewußtsein, wie wir es nennen können – ist nur eine bestimmte Art von Bewußtsein, um das herum Bewußtseinsformen liegen, die ganz andersartig und von ihm nur durch dünne Schleier getrennt sind. Wir können durchs Leben gehen, ohne ihre Existenz auch nur zu ahnen – doch sobald wir auf die geeigneten Reize stoßen, stehen sie plötzlich in ihrer ganzen Fülle vor uns, besondere Formen des Psychischen, die wahrscheinlich irgendwie ihr Anpassungsfeld und ihre Anpassungsfunktion besitzen. Keine Betrachtung der Welt in ihrer Gesamtheit kann vollständig sein, die diese anderen Bewußtseinsformen einfach unberücksichtigt läßt.«

Die experimentelle Psychologie hat sich seit James kaum um diese Forderung nach Vollständigkeit gekümmert: Für *»veränderte Bewußtseinszustände«*, wie sie etwa durch Drogen, Hypnose oder Meditation hervorgerufen werden, bestand im leistungsorientierten »wissenschaftlichen Zeitalter« wenig gesellschaftliches Interesse – konsequenterweise wurde die Existenz dieser Zustände von der offiziellen Wissenschaft weitgehend ignoriert.

Außerhalb der gesellschaftlichen Hauptströmungen gab es jedoch immer wieder Bewegungen, wie etwa der Surrealismus und die Hippiebewegung, denen die ausschließliche Entwicklung des rationalen Denkens als eine Verarmung der menschlichen Möglichkeiten erschien. Inzwischen haben Drogenwelle, religiöses Eiferertum, Psychoboom und New-Age-Kult zu einer Vielzahl von Lebensformen geführt, bei denen mystische Erfahrung im Mittelpunkt steht. Diese Entwicklung hat auch in den Laboratorien der Experimentalpsychologen ihre Spuren hinterlassen. Wir wollen uns daher in den nächsten Abschnitten wissenschaftlichen Untersuchungsansätzen zuwenden, die Drogeneinnahme, Hypnose und Meditation zum Thema haben.

4.52 Psychopharmaka und Drogen

Die Einnahme chemischer Substanzen (Genußmittel, Drogen und Medikamente) ist zweifellos der meistbeschrittene Weg, um veränderte Bewußtseinszustände zu erreichen. Aufgrund ihrer massenhaften Verbreitung haben der Alkoholgenuß und der Konsum von Schlaf-, Beruhigungs- und Aufputschmitteln die größte Bedeutung für die Gesundheit, obwohl diese »Psychopharmaka« in der Öffentlichkeit weniger Beachtung finden als etwa Heroin und Kokain. Aus medizinischer Sicht gehört neben der Bewußtseinsveränderung die Beeinflussung der Stimmungslage und der Ängste zu den wesentlichsten Folgen der Psychopharmakaeinnahme. Nur selten wird ein Zusammenhang zwischen der heilenden und der suchtmachenden Wirkung von Psychopharmaka hergestellt, auch wenn kritische Ärzte und Psychologen seit einigen Jahren dafür sorgen, daß die negativen psychischen Nebenwirkungen nicht verschwiegen werden.

Die Art der Erlebnisse, Bewußtseinsveränderungen und Heilwirkungen unter Drogen- und Medikamenteneinfluß ist einerseits von psychosozialen Faktoren abhängig: Persönlichkeit, Lebensgeschichte, frühere Medikamenten- und Drogenerfahrungen, Erwartungen, Einstellungen, die Motivation zur Psychopharmakaeinnahme sowie die Stimmungslage vor der Einnahme spielen hier eine Rolle. Andererseits sind die psychobiologischen Faktoren von so großer Bedeutung, daß ihre

Erforschung immer mehr das Bild der biologischen Psychiatrie prägt. Ein grundlegendes Verständnis der biologischen Wirkungsweise von Psychopharmaka ermöglichen die neugewonnenen Kenntnisse über die Neurotransmitter des ZNS (s. S. 45). Das Zusammenwirken der Psychopharmaka mit den Hormonen des Nebennierenmarks (Katecholamine: Adrenalin, Noradrenalin und Dopamin) im Hirnstoffwechsel ist von so vielen Forschern nachgewiesen worden, daß der Eindruck entstand, zusammen mit dem Serotonin seien diese Substanzen für einen Großteil der Übertragung an den Synapsen des Gehirns (s. Abb. S. 46) verantwortlich. Quantitativ sind sie recht unbedeutend, aber sie kommen besonders gehäuft in Hirnregionen vor, die für die Steuerung des emotionalen Verhaltens von Bedeutung sind. Andere Neurotransmitter (Histamin, Azetylcholin, Gammaaminobuttersäure, Glycin, Glutaminsäure) sind ebenfalls aussichtsreiche Kandidaten für die biologische Steuerung von Gefühlen, Gedächtnis und Bewußtseinsveränderungen.

Die depressive Verstimmung kann in bestimmten Fällen erfolgreich mit *Antidepressiva* behandelt werden. Es gibt zwei verschiedene Stoffklassen (s. Tabelle S. 152) dieser Psychopharmaka (Monoaminooxydasehemmer, trizyklische bzw. tetrazyklische Substanzen), die vermutlich eine ähnliche Wirkung auf den Übertragungsmechanismus an den Synapsen haben. Sie besitzen die Fähigkeit zur Hemmung der Wiederaufnahme von Serotonin und Katecholaminen an den Synapsen. Dies ist aber nicht der einzige pharmakologische Faktor bei der biologischen Behandlung der Depression. Neue wirksame Antidepressiva zeigen auch eine Antihistaminwirkung an den Synapsen.

Die in der Praxis wichtigste Stoffklasse sind die *Neuroleptika,* die zur Behandlung schizophrener Erkrankungen eingesetzt werden. Obwohl bis heute weder die Einheitlichkeit dieses Krankheitsbildes noch die Ursachen seiner Entstehung gesichert sind, wirken die Neuroleptika offenbar gezielt auf die gravierendsten Symptome schizophren erkrankter Patienten. Die wichtigsten Psychopharmaka in der Psychiatrie (s. Tabelle S. 152) sind somit die »antischizophren« wirkenden Phenothiazine und Butyrophenone (z. B. Haloperidol). Ihre »neuroleptische Wirkung« besteht bei Gesunden im Auftreten von Dösigkeit, Antriebs- und Interessen-Verarmung, »Wurstigkeit« und eventuell mißlauniger Verstimmung. Bei schizophrener Symptomatik allerdings bewirken sie eine gezielte Beeinflussung der psychotischen Erregung sowie des Wahns und der Sinnestäuschungen, ohne daß es – wie bei Gesunden – zu einer wesentlichen Beeinträchtigung des Bewußtseins kommt. Aber sie greifen in den Hirnstoffwechsel ein und bewirken ein »Stammhirnsyndrom«, das neben dem lindernden Einfluß auch erhebliche Nebenwirkungen zur Folge hat: Außer der Beeinflussung der Affekte und des Antriebes sind Wirkungen auf die Willkürmotorik und auf innere Organe zu berücksichtigen (s. Tabelle S. 152). Die Pharmakotherapie schizophrener Störungen wird wegen der massiven Nebenwirkungen von Kritikern innerhalb und außerhalb der Psychiatrie stark angegriffen. Rechtfertigen läßt sich der Einsatz dieser Mittel nur mit der Schwere der für den Patienten äußerst quälenden Symptome.

Psychedelische (bewußtseinserweiternde) Drogen weisen große chemische Unterschiede auf. Der neuronale Wirkmechanismus scheint aber bei allen recht ähnlich zu sein. Es wurde beobachtet, daß LSD (*L*yserg*s*äure*d*iäthylamid) in sehr geringen Dosen die Entladung der spezifischen Serotonin-Zellen im Gehirn verlangsamt. Diese Wirkung von LSD auf die Raphezellen im Zwischenhirn fand sich auch bei allen anderen psychedelischen Drogen, aber bei sonst keinem Pharmakon. Der Begriff »psychedelisch« ist auf

Psychopharmaka	Neuroleptika	Antidepressiva	Tranquilizer	Hypnotika
Erkrankung	Schizophrene Syndrome	Depressive Syndrome	Angst/Zwangs-syndrome	Schlaf-störungen
Wirkung	Unmittelbare Wirkung: Psycho-motorische Dämpfung Nach Tagen bis 2 Wochen antipsychoti-sche Wirkung	Nach Tagen bis 2 Wochen Antriebs-steigerung, Stimmungs-aufhellung, Angst-minderung Tiefschlaf fördernd	Anxiolytische Wirkung im Tierversuch: Erhöhung der Frustrations-toleranz und der Bestrafungs-hemmung	Schlafinduktion Muskel-relaxation
Nebenwirkung	ggf. extrapy-ramidale, vegetative und kardio-vaskuläre Störungen, Frühdyskine-sien, Parkino-soid, ggf. irre-versible Spät-dyskinesien	Mundtrocken-heit, orthostati-sche Hypotonie Schwitzen, Obstipation, Schwindel, Tremor, Müdigkeit, Akkommo-dationsstörung	Einschränkung der Fahr-tüchtigkeit und der Fähig-keit, Maschinen zu bedienen Bei zu hoher Dosierung: Schläfrigkeit, Konzentrations-störung	Bei Über-dosierung von Barbituraten die Gefahr der erhöhten Letalität, morgendliche Hang-over-Symptome
Wirkungseintritt	Nach Tagen bis 2 Wochen	Nach Tagen bis 2 Wochen	Nach wenigen Minuten	Nach wenigen Minuten
Chemische Substanz	Phenothiazine, Thioxanthen-derivate, Butyrophenone, Indolderivate, Rauwolfia-akaloide	Trizyklische Antidepressiva tetrazyklische Antidepressiva, MAO-Hemmer	Benzodiazepine, Barbiturate in niedriger Dosierung, Antidepressiva mit antisero-tonerger Wirkung, Neuroleptika in niedriger Dosierung	Barbiturate, Benzodia-zepine in höherer Dosierung, Neuroleptika mit stark sedierender Komponente

die subjektive Wirkung dieser Drogen zurückzuführen. Er ist dem Griechischen entlehnt und besagt soviel wie „den Geist offenbaren«. Die psychedelischen Drogen sind nur ausnahmsweise Heilmittel und haben bei chronischem Mißbrauch eine eher verheerende Wirkung in den Jugendkulturen. Vor allem rufen sie Wahrnehmungsveränderungen im visuellen System hervor. Unter dem Einfluß von LSD glauben Menschen, daß ihre Sehfähigkeit erheblich größer sei als normal. Beim Zeit-

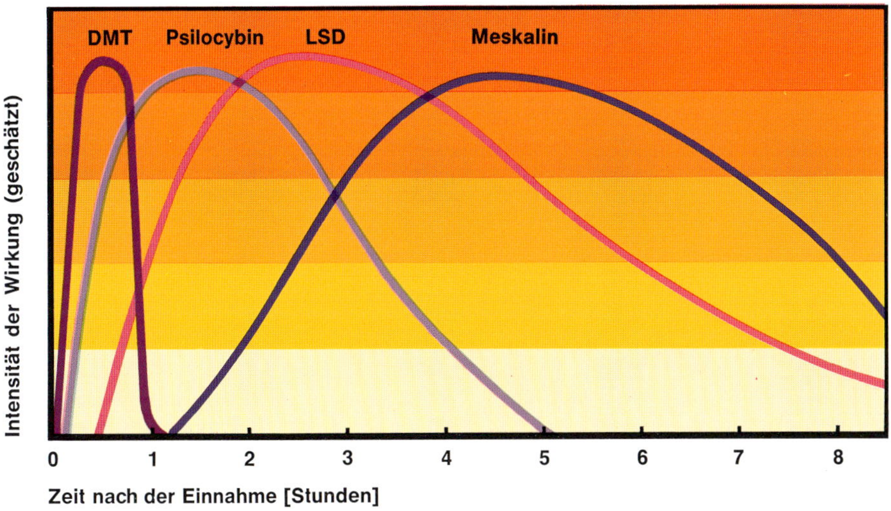

Wirkungsverlauf einiger Halluzinogene (nach Leuner): Bei vergleichbarer Dosis ist die Wirkungsintensität bei den Substanzen etwa gleich, sie unterscheiden sich aber erheblich hinsichtlich der Dauer der Wirkung (DMT = Dimethyltryptamin).

Typischer *Verlauf eines mittelstarken LSD-Rausches*: Leuner unterscheidet vier aufeinanderfolgende Phasen, in denen verschiedene Stufen der Wirkungsstärke (s. Text) durchlaufen werden: In der *Anlaufphase* (I) treten zunächst veränderte Körperempfindungen und lockere Assoziationen auf, in der anschließenden oneiroid-psychotischen (traumhaft »verrückten«) *Hauptphase* (II) finden sich oft in schnellem Wechsel alle Stufen der Wirkungsstärke, die daran anschließende *explorative Phase* (»Erkundungsphase«) leitet allmählich wieder zurück zum »Normalbewußtsein«. In allen Phasen ist eine wellenförmige Zu- und Abnahme der Wirkungsstärke charakteristisch. – Dieser »typische Verlauf« weist allerdings große individuelle Unterschiede auf, auch die »mittlere Dosis« schwankt je nach individueller Ansprechbarkeit erheblich (zwischen 10 und 500 Gamma = millionstel Gramm!).

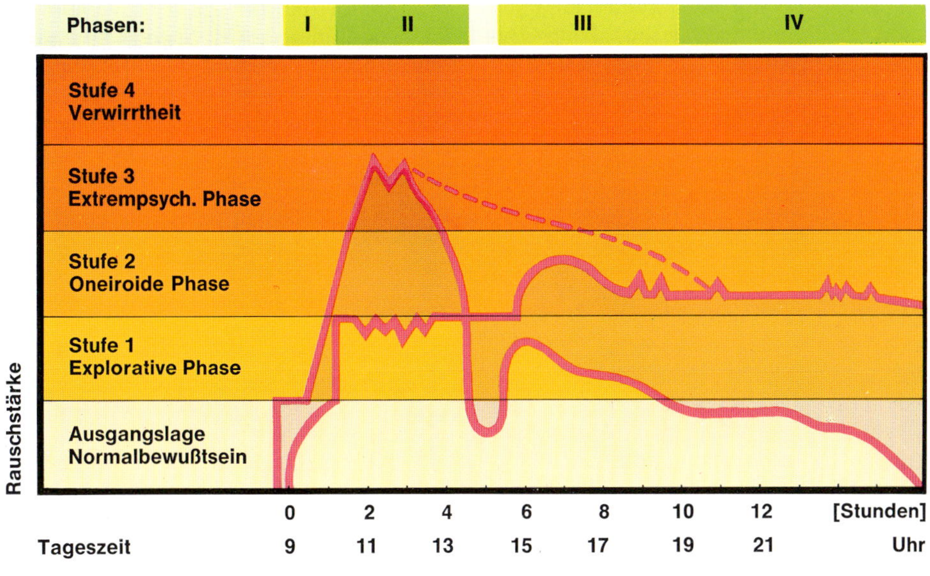

sinn kommt es zu so tiefgreifenden Veränderungen, daß eine Minute wie ein Monat erscheinen kann und 30 Minuten wie die Unendlichkeit. Das Raumgefühl wandelt sich, und das Gehen von einem Zimmer zum anderen wird als ein Durchqueren entfernter Bereiche des Universums erlebt. Diese bewußtseinsverändernden Wirkungen haben zu Beginn der experimentellen Forschung auf diesem Gebiet die Psychiater von einer Modellpsychose sprechen lassen. Aber psychedelische Drogen rufen selten echte Halluzinationen hervor. Sie verzerren nur die Wahrnehmung. Außerdem sind psychotische Halluzinationen mehr akustischer Art. Wegen ihrer Bedeutung als bewußtseinsverändernde Substanzen wollen wir etwas ausführlicher auf die subjektive Wirkungsweise der psychedelischen Drogen eingehen.

Der Psychiater Hanscarl Leuner hat in Deutschland in größerem Umfang LSD- und Psilocybin-Versuche zu psychotherapeutischen Zwecken durchgeführt (*»psycholytische Therapie«*). In seinem 1962 erschienenen Buch »Die experimentelle Psychose« berichtet er über mehr als 1500 Sitzungen mit 63 Patienten und sieben Nicht-Patienten (Ärzten). Unter Beachtung der großen Variabilität beschreibt Leuner folgenden »typischen« Verlauf der LSD-Wirkung (s. Abb. S. 153):

- 1. Stufe (beginnende und abklingende Drogenwirkung): Oft gehobene Stimmung, gelockerte »freie Assoziationen«, vielfach mit starkem Rededrang, Stimmungswechsel aus geringem Anlaß (»Affektlabilität«). Die Veränderungen werden bei vollem Bewußtsein erlebt.
- 2. Stufe (Drogenwirkung ca. eine bis fünf Stunden nach Einnahme): Abwendung von der Umgebung wechselt mit extrem gesteigerter Empfindlichkeit gegenüber Sinnesreizen, gleichzeitig Inanspruchnahme durch traumartige Trugwahrnehmungen, symbolische Erlebnisse und bildhafte Erinnerungen. Veränderungen des erlebten »Körperschemas«. Das zielgerichtete Denken ist weitgehend ersetzt durch »Traumdenken« (Primärvorgang, s. S. 147), das Bewußtsein ist deutlich verändert.
- 3. Stufe (auf dem Höhepunkt der Wirkung, bei mittlerer Dosierung selten): Schwere »Psychose« (schizophrenieähnliche »Geistesverwirrung«). Oft intensive traumartige Zustände, zu denen die Vp nur mühsam »Abstand« hält.
- 4. Stufe (nur bei extremen Dosen oder bei anderen Drogen): Wegfall des »reflektierenden Ich-Restes«, völliges Ausgeliefertsein an den extrem veränderten Bewußtseinszustand.

Der Einsatz von LSD in der Psychotherapie wurde nach anfänglicher Begeisterung aufgrund der großen Gefahren für die Patienten (u. a. Provokation behandlungsbedürftiger psychotischer Episoden) aufgegeben.

Wegen der großen gesellschaftlichen Bedeutung sei abschließend auf die möglichen Gefahren des Drogenmißbrauchs hingewiesen. Alkohol, Schlafmittel, psychedelische Drogen und besonders Opiate, aber auch manche Psychopharmaka wie Anxiolytika führen bei gewohnheitsmäßiger Einnahme zur Sucht. Die psychische Abhängigkeit besteht darin, daß der Mensch ohne Droge meint, nicht mehr auskommen zu können (s. 6.31). Die körperliche Abhängigkeit zeigt sich in Entzugserscheinungen beim Absetzen der Drogen oder in der Notwendigkeit zunehmend höherer Dosen.

4.53 Hypnose

Zur Erläuterung der hypnotischen Phänomene wollen wir ein kleines Experiment durchführen: den »Pendelversuch«. Wir befestigen einen Ring oder einen Schlüssel an einem Faden von etwa 20 cm Länge. Wenn wir dieses »Pendel« ruhig vor uns halten, werden wir sehen, daß es nie voll-

Diese Ölkreide-Bilder malte ein Patient Leuners nach einem starken LSD-Rausch (Dosis 300 Gamma) aus der Erinnerung. *Oben* die Darstellung einer »Bilderschwemme«: Die einzelnen Gestalten bewegen sich in buntem, kreisendem Wirbel und sind kaum zu fixieren. Links mehrere Zwitterwesen – Schwein-Fisch, Vogel-Fisch. In der Mitte eine quallige Amöbe mit einer Sonne als Zellkern, darunter und rechts sexuell erlebte Tiergestalten, über der Amöbe ein sich teilendes Zwillingspaar; überall Marterinstrumente.

Etwas später (*Mitte*) sind aus der »Bilderschwemme« klarere Strukturen hervorgegangen: In der Bildmitte wird der Patient von einem gehörnten Vogel »geküßt«, das Gesicht wird ihm dabei »herausgebissen«. Ein anderer Vogel beißt ihm das Genitale ab. Links unten ein Rad, an das er geflochten wird, darüber ein Galgen, an dem er hängen soll. Rechts oben blickt das Genitale der Mutter höhnisch auf ihn herab.

Unten erlebt der Patient sich als Heerführer in einem Feldzug gegen die »Nordstadt«, ein Sinnbild für die erstarrte Familientradition: ». . . Über der scheinbar leeren Stadt türmen sich elefantenartige Ungeheuer, die sich aus einem Gürtel aus Sümpfen, braunem Schlamm und Kot auftürmen. Die Elefanten tragen die Gesichtszüge meiner Mutter und verwandeln sich bald in Kraken. Auch Häusertürme und Mauern tragen Gesichtszüge meiner Mutter und blicken spöttisch auf mich herab. Es gelingt mir, in die Stadt einzudringen. Dort begegne ich einem Mann mit dem blauen Rock des Königs, mit Dreispitz und sauber gepuderter Perücke . . . Ich erschlage ihn trotz mutiger Gegenwehr.«

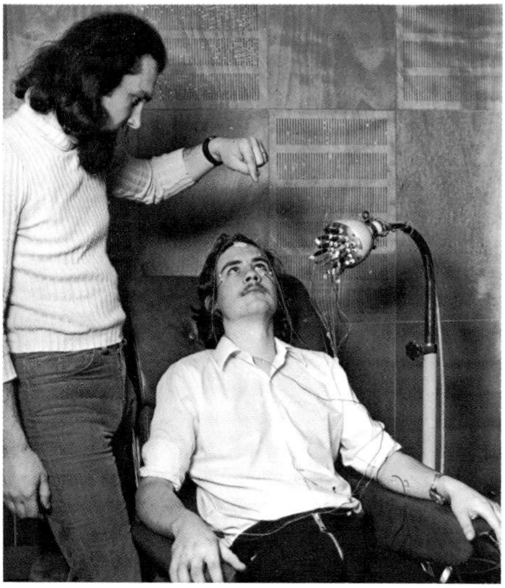

Hypnoseinduktion mit Hilfe der Fixationsmethode.

kommen stillsteht. Stellen wir uns jetzt möglichst lebhaft vor, das Pendel schwinge von rechts nach links . . . rechts . . . links . . . rechts . . . Nach kurzer Zeit schwingt das Pendel meist tatsächlich in der vorgestellten Richtung, ohne daß wir wissentlich unsere Hand bewegen. Der Pendelversuch demonstriert eine wichtige Voraussetzung der Hypnose – die Wirkung der *Suggestion*: Wenn wir uns selber (Autosuggestion) oder anderen (Fremdsuggestion) eine Vorstellung »einreden«, besteht die Tendenz, daß sich die Vorstellung auch »realisiert«. Beim Pendelversuch setzt sich die suggerierte Vorstellung unwillkürlich oder automatisch in kleine Muskelbewegungen um, in anderen Fällen kann die Suggestion zu einer Veränderung der Wahrnehmung von Umweltreizen oder auch von Gefühlen führen.

In der Hypnosetechnik, die hauptsächlich von Ärzten des vorigen Jahrhunderts entwickelt wurde, nutzt man die Suggestionswirkung systematisch aus. Bei der bekanntesten *Induktionsmethode* läßt der Versuchsleiter (»Hypnotiseur«) die Vp einen ca. 10 cm von den Augen entfernten kleinen Gegenstand (z. B. den Finger) fixieren (*Fixationsmethode*). Aus dem Pupillenspiel kann er Veränderungen der Wahrnehmung erschließen. Sobald der Blick zu »schwimmen« beginnt, sagt der Versuchsleiter etwa: »Sie sehen jetzt den Finger undeutlich . . . verschwommen . . . Sie sehen ihn doppelt . . . die Augenlider sind schwer . . . Sie sind sehr müde . . . sehr müde . . . die Lider fallen Ihnen zu . . .« Dabei werden physiologische Abläufe zur Steigerung der Suggestionswirkung eingesetzt: Beim Starren auf einen nahen Gegenstand ermüden die Augen notgedrungen, bis die Fixation nachläßt und der Gegenstand doppelt gesehen wird. Jetzt sind die Augen tatsächlich »sehr müde«, und die Vp ist gern bereit, der Suggestion »die Lider fallen Ihnen zu« zu folgen. Die Hypnoseinduktion erfordert also keineswegs besondere »magische« oder »magnetische« Kräfte.

Seit Ende der fünfziger Jahre wurde die Hypnose von einem Forscherteam um den Lernpsychologen Ernest Hilgard an der Stanford-Universität an mehr als 1000 Studenten experimentell untersucht. Hilgard beschreibt sechs Besonderheiten des *hypnotischen Bewußtseinszustandes*:

1. Die *»Planungsfunktion«* ist aufgehoben. Der Hypnotisierte hat kein Interesse, etwas aus eigenem Antrieb zu tun. Er überläßt sich den Anweisungen des Hypnotisierenden.

2. Die *Aufmerksamkeit* wird »kanalisiert«. Was um ihn herum geschieht, nimmt der Hypnotisierte kaum wahr, mit Ausnahme der Stimme des Hypnotisierenden (*»Rapport«*).

3. Die *»Realitäts-Prüfung«* ist reduziert. Der Hypnotisierte ist ähnlich dem Träumer bereit, offenkundige logische Ungereimtheiten kritiklos zu akzeptieren.

4. Die *Suggestibilität* ist erhöht. Das Realisieren von Suggestionen ist eine Vor-

aussetzung für das Erreichen des hypnotischen Zustandes. Wenn dieser Zustand einmal erreicht ist, werden weitere Suggestionen in stärkerem Ausmaß als im Wachzustand befolgt.

5. Der Hypnotisierte ist bereit, verschiedene *Rollen* anzunehmen. Wie ein guter Schauspieler schlüpft er in suggerierte Rollen, er ist ein anderer oder er selber in einer früheren Lebensphase (*Regression*). Die Vpn wissen oft selber nicht, ob sie »nur spielen« oder ob die hypnotischen Erscheinungen »Wirklichkeit« sind. Der Hypnoseforscher T. R. Sarbin betrachtet deshalb die Hypnose als ein intensives Rollenspiel (*Rollenspiel-Theorie der Hypnose*).

6. Es besteht oft eine *»posthypnotische Amnesie«* (Vergessen). Der Hypnotisierte kann sich bei tieferen Hypnosestufen nachher nicht mehr an Einzelheiten der Hypnose erinnern, besonders wenn er am Ende der Sitzung die Suggestion erhält, daß er alles vergessen wird.

Zur Objektivierung der Hypnoseforschung hat die Stanford-Gruppe mehrere »Tests« entwickelt. Die »Stanford-Hypnotisierbarkeits-Skala« (Stanford Hypnotic Susceptibility Scale, SHSS) besteht aus zwölf genau festgelegten »Aufgaben«, die es bei der Hypnoseinduktion nacheinander zu lösen gilt (s. Abb. unten). Die Aufgaben sind nach ihrem Schwierigkeitsgrad geordnet: Wer die zwölfte Aufgabe bewältigt, hat meist eine höhere Hypnose-Stufe erreicht als jemand, der nur bis zur sechsten Aufgabe »mitspielt«. Gelegentlich machen aber auch einzelne »leichte« Aufgaben bei sonst gut hypnotisierbaren Vpn Schwierigkeiten. Die SHSS hat eine sehr

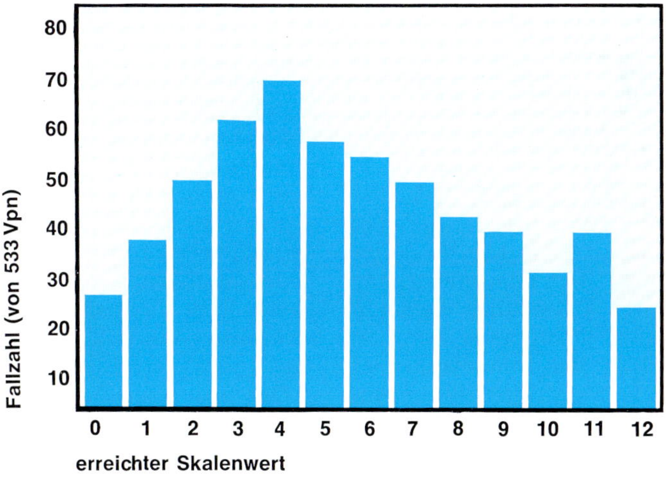

Verteilung der Testergebnisse der »Stanford-Hypnotisierbarkeits-Skala« (SHSS) bei einer Gruppe von 533 Studenten. Die Skala (Form A) besteht aus folgenden »Aufgaben«, die der Testperson nacheinander suggeriert werden: (1) Schwanken des Körpers bei geschlossenen Augen, (2) Schließen der Augen, (3) Sinkenlassen der linken Hand, (4) Unbeweglichkeit des rechten Arms, (5) Finger können nicht auseinandergezogen werden, (6) Steifwerden des rechten Arms, (7) Hände bewegen sich aufeinander zu, (8) Name kann nicht ausgesprochen werden, (9) Belästigung durch eine Fliege, (10) Augen können nicht geöffnet werden, (11) posthypnotischer Auftrag, auf ein Zeichen hin den Stuhl zu wechseln, (12) posthypnotische Amnesie (Erinnerung an weniger als 4 »Aufgaben«). Wie man sieht, gelingt es fast 70 Testpersonen, 4 dieser Suggestionen auszuführen, über 20 (etwa 4 %) erfüllen alle 12 Aufgaben.

hohe »Wiederholungszuverlässigkeit« (Reliabilitätskoeffizient r = 0,80–0,90; s. Gütekriterien S. 330), das heißt, eine Vp, die in einer Sitzung einen bestimmten Skalenwert erreicht, wird auch bei späteren Gelegenheiten auf einen ganz ähnlichen Wert kommen. Das Ausmaß der Hypnotisierbarkeit ist also ein auf Dauer relativ stabiles »Persönlichkeitsmerkmal«.

In umfangreichen Untersuchungen sind die Forscher der Frage nachgegangen, welche anderen »Persönlichkeitsmerkmale« die Hypnotisierbarkeit begünstigen oder auch erschweren. Nach Hilgards Zusammenstellung sind »hypnotisierbare Individuen« im allgemeinen durch folgende Eigenschaften gekennzeichnet: Reiche subjektive Erfahrung, lebhafte Phantasie; Interesse an »inneren Erlebnissen« (im Gegensatz zu Konkurrenzdenken und Leistungsstreben); keine Angst, zeitweise die »Realitätskontrolle« zu verlieren; relativ große innere Unabhängigkeit (in psychoanalytischer Ausdrucksweise: »Ich-Stärke«). Die gleichen individuellen Unterschiede scheinen auch bei der Erlebnisfähigkeit für andere Arten von veränderten Bewußtseinszuständen von Bedeutung zu sein.

Ihre wichtigste Anwendung findet die Hypnose heute wie vor hundert Jahren in der *Psychotherapie.* Ihren Einsatz in der psychologischen Grundlagenforschung demonstriert die Arbeit eines holländischen Psychologenteams unter der Leitung von J. T. Barendregt. Die Holländer haben eine Technik entwickelt, bei der unter Hypnose lebhafte Emotionen (Freude, sexuelle Erregung, Schmerz, Angst) an äußere Reize gekoppelt sind. Die Suggestion lautet: »Je intensiver dieser Ton (bzw. Lichtreiz) wird, desto intensiver wird deine Freude (oder Angst) . . .« In tiefer Hypnose ist es nicht schwer, die Suggestion zu »realisieren«. Nach erfolgreicher Koppelung von Ton und Emotion erhalten die Vpn den »posthypnotischen Auftrag«, im Wachzustand bei der Reizdarbietung die gleiche emotionale Reaktion zu erleben (s. Abb. S. 162).

Ziel der Untersuchungen ist die Erzeugung »experimenteller Neurosen«: Wenn ein Reiz mit einer positiven Emotion (Freude, sexuelle Erregung) gekoppelt wurde und ein anderer Reiz mit Angst oder Ekel, erfolgen bei gleichzeitiger Darbietung beider Reize »neurotische« Reaktionen (z. B. Flucht oder Abwehr, paradoxe Reaktionen, Unterdrückung eines Reizes). Für diese auf das Labor beschränkten »experimentellen Neurosen« (s. auch S. 251) ist es dann möglich, systematisch nach einer geeigneten »Therapie« zu suchen.

4.54 Meditation

Meister Eckhart (um 1260–1328) sagt in seiner Predigt »Über die Selbstentäußerung«: »Ein Mensch, nehmen wir an, ziehe sich in sich zurück mit allen seinen Kräften, inneren wie äußeren. Damit befindet er sich in einer Verfassung, wo es in ihm kein Vorstellen noch sonst eine Einengung mehr gibt. Zugleich aber steht er ohne jede Betätigung innerlich und äußerlich . . ., so daß eher die Bezeichnung paßt, er *werde getan,* als: er *tue.*« Ähnliche Beschreibungen der Meditation finden sich in der mystischen Literatur fast aller Religionen. Die bekanntesten Meditationstechniken wurden in Indien (Yoga) und Japan (Zen) entwickelt.

Der amerikanische Psychiater Arthur J. Deikman wies in einer Studie über »Experimentelle Meditation« (1963) nach, daß die in der mystischen Weltliteratur beschriebenen außergewöhnlichen Bewußtseinsveränderungen auch von untrainierten »Durchschnittsamerikanern« relativ schnell erreicht werden können. Deikman leitete aus verschiedenen religiösen Meditationspraktiken eine Technik der *»kontemplativen Meditation«* ab: Seine Vpn (acht Personen, meist im psychiatrischen

Bereich tätig, Alter: dreißig bis vierzig Jahre) saßen zu Meditationsübungen von fünf bis fünfzehn Minuten Dauer in einem Sessel in einem ruhigen Raum mit gedämpftem Licht. Vor ihnen stand auf einem Tisch eine blaue Vase.

Die Meditationsanweisung lautete: »Der Zweck dieser Sitzungen ist es, etwas über Konzentration zu lernen. Sie haben die Aufgabe, sich auf die blaue Vase zu konzentrieren. Versuchen Sie einfach, die Vase zu sehen, wie sie in sich selbst existiert, ohne ihre Verbindungen zu anderen Dingen. Vergessen Sie alle anderen Gedanken, Gefühle und Wahrnehmungen von außen und aus dem Körperinneren. Die Wahrnehmung der Vase soll Ihren Geist vollkommen ausfüllen.« Alle Vpn erlebten in unterschiedlichem Ausmaß nach einigen Sitzungen folgende Phänomene: Veränderung der Vase (z.B. Verschwimmen der Formen, tieferes Blau), Veränderung des Zeiterlebens (meist Verkürzung), Abwehr äußerer Reize (der Versuchsleiter ließ während der Sitzung ein Tonband ablaufen, das später kaum mehr wahrgenommen wurde), schließlich einen sehr angenehmen inneren Zustand.

Vier Vpn absolvierten zwölf Meditationssitzungen, drei von ihnen erlebten dabei tiefergreifende Bewußtseinsveränderungen: »Ich fühlte, daß die Vase in meinem Kopf war statt dort draußen. Ich wußte zwar, daß sie da draußen war, aber sie schien fast ein Teil von mir selber ...« – »Ich fühlte den ganzen Raum, in dem ich gar nicht mehr war, ich meine, mein Körper war nichts, ich war mir seiner nicht mehr bewußt – wenn er nicht dagewesen wäre, hätte ich mich nicht gewundert ...« – »Ich fühlte eine ausstrahlende Wärme, die mich durchströmte: alles war dunkel, irgendwie eine unheimliche dunkle Lavendelfarbe ... ein ausstrahlendes inneres Glühen, bei dem ich meinen Kopf pulsieren fühlte; und dann kam ... ein Zwicken in meinem Pimmel, ich fühlte den Pulsschlag im Pimmel und in den Schläfen ... von oben fühlte ich ein Licht kommen und irgend etwas geschehen, und dann bekam ich eine Erektion und das Ding (die Vase) tanzte und war sehr aktiv. Es bewegte sich, es pulsierte und sprang wie toll umher ...« Bei der Diskussion der Ergebnisse hebt Deikman die Mühelosigkeit hervor, mit der tiefgreifende Bewußtseinsveränderungen eintraten, die sonst aufwendige Verfahren des Reizentzugs (s. S. 65) oder die Anwendung von Drogen erfordern.

Sind die subjektiv erlebten Bewußtseinsveränderungen bei der Meditation von objektiv registrierbaren Körperveränderungen begleitet? Zur Beantwortung dieser Frage leiteten die Japaner Akira Kasamatsu und Tomio Hirai 1963 bei 48 Meistern und Schülern der Zen-Meditation das EEG ab (s. Abb. unten). Die Zen-Meditation wird mit offenen Augen

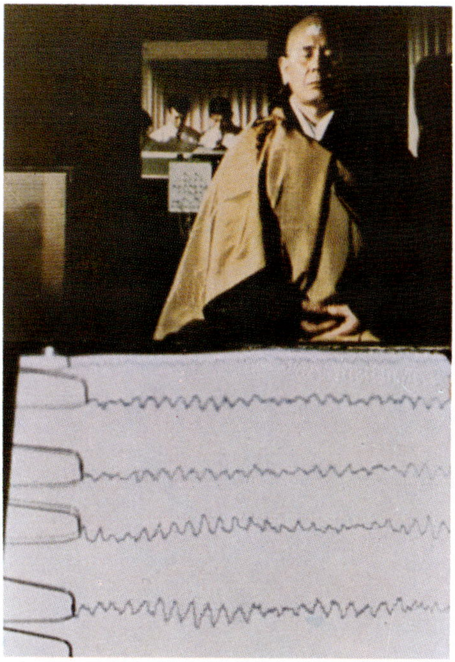

Japanischer Zen-Meister bei der Meditation im EEG-Labor. Darunter das Meditations-EEG: Regelmäßige Alpha-Wellen bei offenen Augen.

durchgeführt, also unter Bedingungen, bei denen meist ein »flaches« EEG mit nur wenig Alpha-Aktivität vorherrscht (s. S. 58). Kasamatsu und Hirai fanden schon etwa fünfzig Sekunden nach Beginn der Meditation ein regelmäßiges »Alpha-EEG«, wie es außerhalb der Meditation für den entspannten Wachzustand *mit geschlossenen Augen* charakteristisch ist. Entsprechend der Meditationstiefe, die von den Zen-Meistern nach ihrer subjektiven Erfahrung beurteilt wurde, zeigten sich zunehmend höhere und langsamere EEG-Wellen.

Diese »physiologischen Korrelate« machen den Meditationszustand in ähnlicher Weise der experimentellen Untersuchung zugänglich wie die Entdeckung des »REM-Schlafs« die Traumphänomene.

Eine hierbei besonders erfolgversprechende Versuchsanordnung entwickelte der amerikanische Neurophysiologe Joe Kamiya Anfang der sechziger Jahre: Das EEG-Feedback (EEG-Rückmeldung). Kamiya gab seinen Vpn immer dann einen Ton als Signal, wenn ihr EEG sich zufällig gerade im »Alpha-Zustand« befand. Das Ergebnis:

- Die Vpn erleben verschiedene EEG-Zustände (»Alpha-Zustand« gegenüber »flachem EEG«) subjektiv als unterschiedliche Bewußtseinszustände.
- Durch die fortlaufende Rückmeldung wird es nach einigem Training für viele Vpn möglich, »willkürlich« mehr im einen oder im anderen Zustand zu verharren.
- Der »Alpha-Zustand« wird in diesem Zusammenhang zum Teil als meditationsähnlicher Zustand beschrieben.

Kamiyas Ergebnisse führten zu einem wissenschaftlichen und populärwissenschaftlichen »Biofeedback-Boom« (Biofeedback = biologische Rückmeldung, s. auch S. 262). Inzwischen wird das EEG-Feedback schon als »psychedelic toy« (»psychedelisches Spielzeug«, also eine Art Drogenersatz) kommerziell »ausgeschlachtet«. Die Werbung für dieses Spielzeug unterschlägt allerdings, daß dramatische, der Drogenwirkung vergleichbare Bewußtseinsveränderungen nur bei wenigen »geeigneten« Individuen eintreten. Die negativen Ergebnisse verschiedener Nachuntersuchungen legen die Vermutung nahe, daß der »Alpha-Zustand« oder »Alpha-Rausch« vielleicht ein Sonderfall des »Rosenthal-Effekts« ist (s. S. 10).

5. Emotionen

5.1 Was sind Emotionen?

5.11 Methoden der Emotionsforschung

Täglich spüren wir am »eigenen Leibe«, was Gefühle, Affekte oder Emotionen sind. Wir haben Angst, oder wir sind traurig, wir lieben einen anderen Menschen, oder wir sind stolz auf unsere eigenen Leistungen. Wir erleben diese Gefühle als unmittelbar gegebene Phänomene (s. Phänomenologie, S. 278), denen wir mehr oder weniger ausgeliefert sind und die wir »erleiden«. Die Soziologin Agnes Heller umschreibt in ihrem Buch »Theorie der Gefühle« (1981) die anthropologische Funktion dieser Phänomene: »Fühlen heißt involviert sein.« In einer neuen, zusammenfassenden Darstellung der psychologischen Emotionsforschung spezifiziert Otto Kruse (1991) die folgenden Einzelfunktionen von Emotionen:

- Ausdrucksfunktion: Die Verbindung der Emotionen mit mimischen, stimmlichen und körperlichen Ausdrucksformen steht schon im Tierreich im Dienst des sozialen Zusammenlebens.
- Motivationale Funktion: Emotionen bereiten auf das Handeln vor und mobilisieren die »Handlungsenergie«. (Zwischen Emotionen und Motivation bestehen ganz allgemein fließende Übergänge, und es ist eine Frage der Perspektive, ob wir Angst und Lust als Emotionen oder als Motive bzw. Triebe betrachten.)
- Bewertung der Umwelt und des eigenen Handelns: Die Bewertung durch Emotionen erfolgt unmittelbarer, hautnaher und sehr viel persönlicher als diejenige, die durch distanziertes Überlegen vollzogen wird (Fühlen heißt involviert sein).
- Selbstregulatorische Funktion: Emotionen regulieren den Bezug einer Person zu sich selbst. Sie sagen mir, ob es mir gut oder schlecht geht.

Wilhelm Wundt, der Begründer der wissenschaftlichen Psychologie, hat versucht, die Introspektion (Selbstbeobachtung) zu einer wissenschaftlichen Methode der Emotionsforschung zu machen. »Wissenschaftliche Introspektion« unterscheidet sich nach Wundt dadurch von der alltäglichen Selbstbeobachtung, daß die üblichen Wahrnehmungsgewohnheiten abgelegt werden. Die Vp muß lernen, nur das zu berichten, was sie »wirklich erlebt«. Die Emotion »Ärger« darf nicht einfach mit den Worten der Alltagssprache für »Ärger« beschrieben werden. Vielmehr muß der »wissenschaftliche« Beobachter genau berichten, wie sich die einzelnen Phasen, Körpergefühle und Begleiterscheinungen des Ärgers im bewußten Erleben darstellen.

Die introspektive Erforschung der Gefühle im Wundtschen Laboratorium hat zu einer »dreidimensionalen Theorie der Gefühle« geführt. Jedes Gefühl setzt sich aus Anteilen der drei Dimensionen Lust – Unlust, Spannung – Lösung, Erregung – Beruhigung zusammen.

Diese erste wissenschaftliche Gefühlstheorie ist vielfach kritisiert worden. So bemängelt E. B. Titchener, der berühmteste Schüler Wundts, daß die Dimensionen Spannung – Lösung und Erregung – Beruhigung gar keine psychischen Zustände beschreiben, sondern eher muskuläre Vorgänge. Außerdem sei das System mit einem logischen Fehler behaftet, da Erregung und Beruhigung keine wirklichen Gegensätze darstellen.

Dieser »Streit um Worte« wurde von späteren Richtungen der Psychologie als wissenschaftlich unfruchtbar abgelehnt. Die Behavioristen warfen der Introspektionsmethode insbesondere mangelnde Objektivität vor. Der Amerikaner P. T. Young wiederholte 1927 einige introspektive Gefühlsexperimente mit Versuchspersonen, die verschiedenen psychologischen Schulen (s. S. 13) angehörten, und stellte fest: Jeder Beobachter berichtete das, was seiner theoretischen Auffassung entsprach.

Die Möglichkeit einer objektiven Analyse der Emotionen mit Hilfe der Introspektion ist somit äußerst fraglich. Viele Behavioristen entschlossen sich sogar, den Begriff »Emotion« aus ihrem Vokabular zu streichen. Die weitere Entwicklung der Emotionsforschung beweist aber, daß sich das nicht durchführen läßt.

Die Emotionsforschung bemüht sich heute, sowohl objektive als auch subjektive Daten über emotionale Prozesse zu erheben. Sie trägt damit dem Doppelcharakter der Emotionen als »unmittelbar gegebenen« Erlebnisphänomenen und als von außen beobachtbaren Prozessen Rechnung. Methodisch ergeben sich drei Ebenen, auf denen emotionale Prozesse der wissenschaftlichen Analyse zugänglich sind:

- Physiologisch-biochemische Ebene: physiologische und biochemische Begleiterscheinungen bzw. Substrate
- Beobachtungsebene: Ausdrucksverhalten (Körperhaltung, Mimik, Gestik, Sprechweise)
- Symbolische Ebene: sprachliche und gestalterische Bedeutung (Sprache, Bilder, Musik etc.)

5.12 Physiologische und biochemische Veränderungen

Körperliche Veränderungen bei intensiven Emotionen (= Affekten) sind am ei-

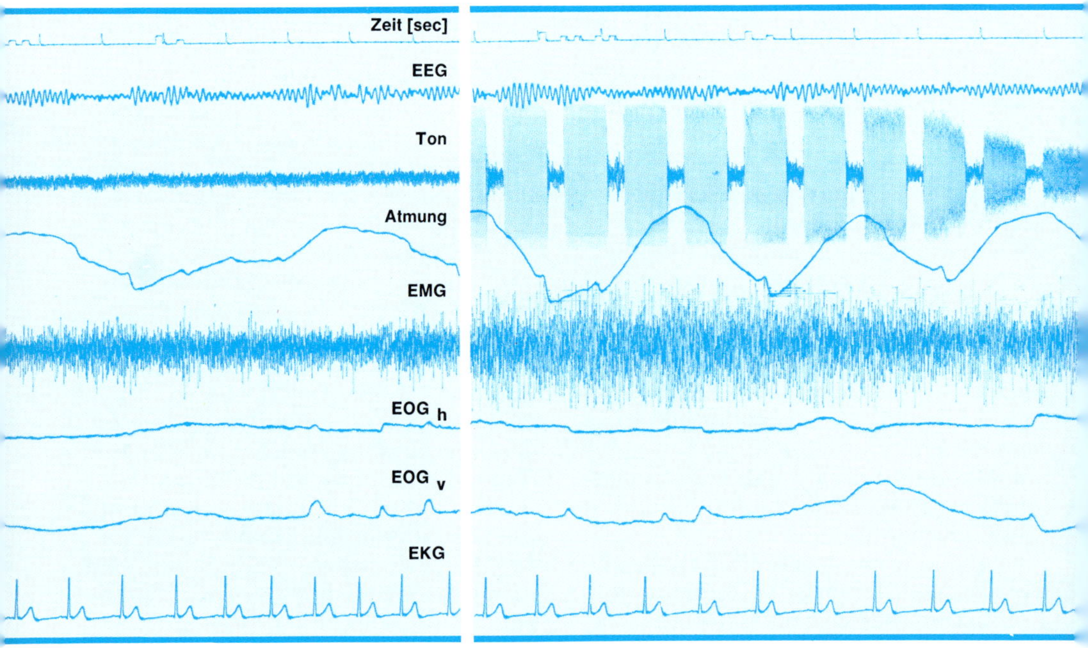

Polygraphische Registrierung ohne »Angst-Ton« (links) und mit »Angst-Ton« (rechts).

Vegetative Begleiterscheinungen von »Furcht« und »Ärger«

A. F. Ax bestellte 43 Vpn mittels Zeitungsinserat in sein psychophysiologisches Laboratorium. Die Vpn erhielten die Auskunft, daß es sich um eine medizinische Untersuchung handle, bei der sie nur entspannt im Versuchssessel zu liegen hätten und Musik hören könnten. Nach Anlegen der Ableiteelektroden wurden die Versuchsteilnehmer jedoch systematisch »verängstigt« bzw. »verärgert«. Als physiologische Indikatoren der Emotionen wurden Herzschlag, Blutdruck, Atmung, Gesichtstemperatur, Handtemperatur, elektrischer Hautwiderstand und Muskelspannung registriert.

Zur Induktion der Emotionen verwendete Ax recht originelle Methoden:

Furcht: Der Furchtreiz bestand aus langsam sich steigernden Stromstößen, die jedoch nie die Schmerzgrenze erreichten. Sobald die Vpn den elektrischen Reiz entdeckten, tat der Versuchsleiter sehr erstaunt, überprüfte nochmals die Ableiteelektroden, wurde äußerst erregt und erklärte, daß das ein gefährlicher Kurzschluß sei, der sofort überprüft werden müsse. Dieses Spiel dauerte etwa fünf Minuten. Dann wurde die Reizelektrode abgenommen, und die Testperson konnte sich fünfzehn Minuten lang erholen.

Ärger: Der Assistent des Versuchsleiters wurde als »Sündenbock« für den Kurzschluß hingestellt, damit die Vpn die aufgestaute Spannung an ihm abreagieren konnten. Zusätzlich mußte er die Versuchsteilnehmer möglichst frech und arrogant behandeln. Er betastete recht grob den Körper der Vpn, kritisierte ihre verkrampfte Haltung und gab ihnen die Schuld daran, daß alles nicht klappte. Diese Provokationen waren so überzeugend, daß einige Vpn den Assistenten fast tätlich angegriffen hätten.

Ergebnis: Die Anzahl der Hautwiderstandsänderungen, die Abnahme der Herzschlagfrequenz, der Anstieg der Muskelspannung und des diastolischen Blutdrucks waren besonders kennzeichnend für die Emotion »Ärger«. »Furcht« spiegelte sich insbesondere im Anstieg der Atemfrequenz, des Hautwiderstandes (Grundlinie) und in der Zunahme einzelner Muskelreaktionen wider (s. Abb. S. 164).

genen Leibe erfahrbar: Wir weinen, fühlen das Herz pochen, geraten außer Atem, erröten oder erblassen, spüren einen plötzlichen Harndrang, es schnürt uns die Kehle zu, unsere Hände werden feucht, und der Schweiß steht uns auf der Stirn. Alle diese Veränderungen sind Kennzeichen einer erhöhten Aktivität des Sympathikus-Anteils des autonomen Nervensystems (ANS, s. S. 41).

Für die psychophysiologische Emotionsforschung haben sich insbesondere zwei Fragen ergeben:

- Lassen sich verschiedene Emotionen durch die Beteiligung unterschiedlicher physiologischer Systeme erklären?
- Besteht ein Zusammenhang zwischen der Intensität der physiologischen Veränderungen und der Intensität der erlebten Emotionen?

Zunächst zur *physiologischen Unterscheidbarkeit verschiedener Emotionen:*

Mit der Entwicklung von mehrkanaligen elektronischen Registriergeräten (sogenannten Polygraphen) wurde die gleichzeitige Erfassung mehrerer physiologischer Vorgänge möglich. Mit diesen Apparaten kann man z. B. Veränderungen des EEG, des Herzschlags, des Blutdrucks, der Atmung, des elektrischen Hautwiderstandes und der Muskelspannung registrieren (s. Abb. dS. 164). Der amerikanische Psychologe A. F. Ax versuchte 1953 mit Hilfe solcher Registrierungen, »Ärger« und »Furcht« zu unterscheiden (s. Kasten oben). Die von ihm

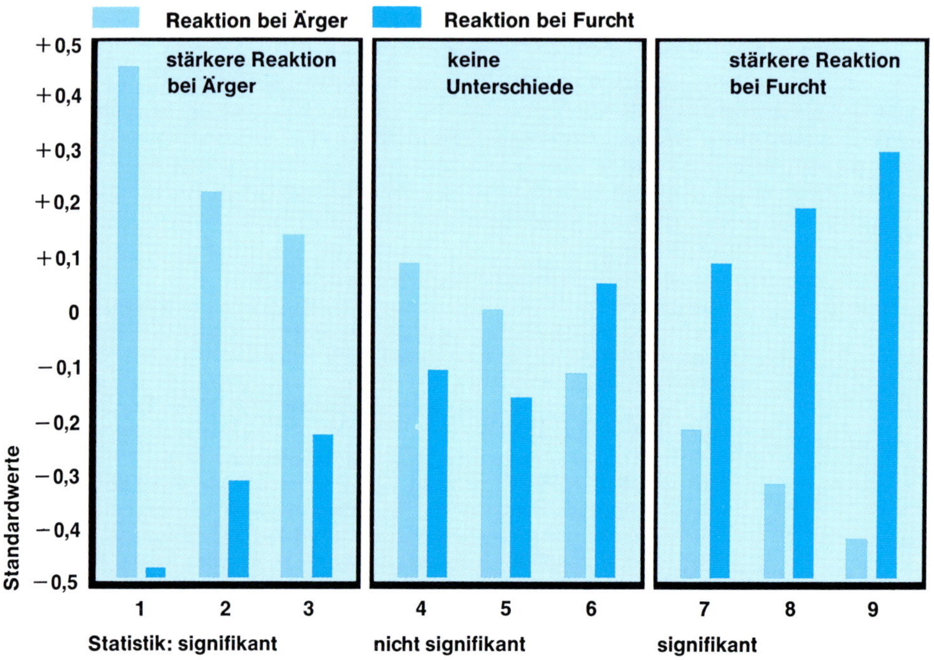

Unterschiedliche physiologische Reaktionsmuster konnten in einer Untersuchung von Ax für die Emotionen »Ärger« und »Furcht« ermittelt werden. Ärger ist besonders durch Vermehrung der Einzelausschläge des PGR (1), Abnahme der Herzschlagfrequenz (2) und Anstieg des diastolischen Blutdrucks (3) gekennzeichnet.
Furcht dagegen führt insbesondere zu einem Anstieg der Muskelspannung (7), der Grundlinie des PGR (8) und der Atemfrequenz (9).
Gesichtstemperatur (4), Herzschlagvolumen (5) und systolischer Blutdruck (6) zeigen dagegen keine signifikanten Unterschiede zwischen Ärger und Furcht. Bei allen emotionsspezifischen Reaktionen muß jedoch berücksichtigt werden, daß es sich hierbei nur um statistische Unterschiede handelt, die im Einzelfall nicht immer zutreffen müssen.

beobachteten Begleiterscheinungen der beiden Emotionen in den einzelnen physiologischen Teilsystemen führte Ax auf eine unterschiedliche Ausscheidung der Hormone Adrenalin und Noradrenalin (s. S. 202) zurück.

In einer späteren Untersuchung stellte sich durch direkte biochemische Messungen heraus, daß Angstreaktionen tatsächlich mit einer erhöhten Adrenalinausscheidung verbunden sind, während Ärgerreaktionen eher zu einer erhöhten Noradrenalinausscheidung führen.

Diese Ergebnisse fanden aber längst nicht bei allen Forschern Beifall. Abgesehen von vielen methodischen Einwänden, die sich auf die Verrechnung der physiologischen Werte beziehen, weisen die Kritiker vor allem darauf hin, daß verschiedene Reize schon deshalb zu unterschiedlichen physiologischen Reaktionen führen, weil die Intensität der Reize meistens variiert. Daraus läßt sich folgern, daß nicht spezifische Gefühle, sondern die mehr oder weniger starke Erregung des Organismus die Veränderung der physiologischen Werte bewirkt haben könnte (Aktivierungstheorie).

Untersuchungen des Schweden Lennart Levi, die 1967 durchgeführt wurden, stützen Ax' Befunde nur teilweise. Levi zeigte drei Gruppen von Vpn jeweils einen anderen Film: der ersten einen »beruhigenden« Landschaftsfilm, der zweiten einen erregenden Gruselfilm, der Angst erzeugte, und der dritten einen Propagandafilm, der Aggressionen hervorrief. Anschließend wurde aus dem Urin der Kinobesucher der Adrenalin- und Noradrenalinspiegel bestimmt. Ergebnis: Die Konzentration des Adrenalins und des Noradrenalins ist nach einem beruhigenden Film zwar geringer als nach einem erregenden, nach dem Betrachten eines beängstigenden und eines aggressiven Films jedoch ergeben sich keine Unterschiede.

Angesichts der experimentellen und methodischen Schwierigkeiten haben viele Forscher darauf verzichtet, qualitativ unterschiedliche Gefühlszustände mit physiologischen Methoden nachzuweisen. Als Alternative bietet sich die *Erforschung des Zusammenhangs von Intensitätsänderungen in physiologischen Systemen und bei erlebten Emotionen* an. Der deutsche Psychologe Werner Traxel hat 1960 versucht, die in der Psychophysik entwickelten Experimentiermethoden auf diese Fragestellung anzuwenden.

Mit Hilfe der Paarvergleichsmethode (s. S. 73) erstellte er eine Intensitätsskala von experimentell erzeugten Emotionen. Den Vpn wurden zwanzig Reizwortpaare optisch dargeboten. Sie hatten die Aufgabe, die einzelnen Wörter auf sich wirken zu lassen und bei je zwei aufeinanderfolgenden Wörtern festzustellen, bei welchem die größere »gefühlsmäßige Wirkung« eingetreten war.

Gleichzeitig wurde bei jeder Darbietung die Intensität der physiologischen Reaktion durch die elektrischen Hautreaktionen gemessen. – Dieser physiologische Indikator (auch als Psychogalvanische Reaktion, PGR, bezeichnet) ist abhängig von der Aktivität der Schweißdrüsenzellen, die ausschließlich vom sympathischen Teil des autonomen Nervensystems innerviert werden. Die PGR wird bevorzugt zur Erfassung von emotionalen Veränderungen eingesetzt. – Beim Vergleich der subjektiven Schätzwerte mit den physiologischen Meßwerten fand Traxel einen engen Zusammenhang zwischen erlebter »Emotion« und Hautwiderstandsänderung.

Dieses Ergebnis ermutigte Traxel, die Hautwiderstandsänderungen auch zur Bestimmung von »Gefühlsschwellen« heranzuziehen, um zu überprüfen, ob der Nullpunkt der Hautwiderstandsänderungen (PGR-Skala) ungefähr in der Nähe der »Gefühlsschwelle« liegt. Zu diesem Zweck wurden 36 farbige Fotografien mit einem Diaprojektor dargeboten. Bei jedem Dia sollten die Vpn beurteilen, ob das Bild eine emotionale Veränderung hervorrief oder nicht. Entsprechend der Wahrnehmungsschwelle (Psychophysik, s. S. 70) ist die Gefühlsschwelle dadurch definiert, daß die Urteile »Ja« und »Nein« bei einer bestimmten Darbietung in gleicher Häufigkeit auftreten müssen. Bei jeder Darbietung wurde die Hautwiderstandsänderung gemessen. In der Abb. S. 166 ist das Versuchsergebnis dargestellt. Der Kurvenverlauf zeigt, daß der Nullpunkt der PGR-Skala (= keine Veränderung des elektrischen Hautwiderstandes) recht gut mit der subjektiven »Gefühlsschwelle« ($p = 0{,}50$) übereinstimmt.

Leider ist der Zusammenhang von emotionalen Veränderungen und physiologischen Begleiterscheinungen nicht immer so eindeutig wie in dem Traxelschen Versuch. Viele Forscher sind zu anderen Ergebnissen gekommen. Das wird verständlich, wenn man bedenkt, daß längst nicht alle Faktoren berücksichtigt werden können, die den Versuchsausgang von psychophysiologischen Experimenten entscheidend verändern. Bei der Interpreta-

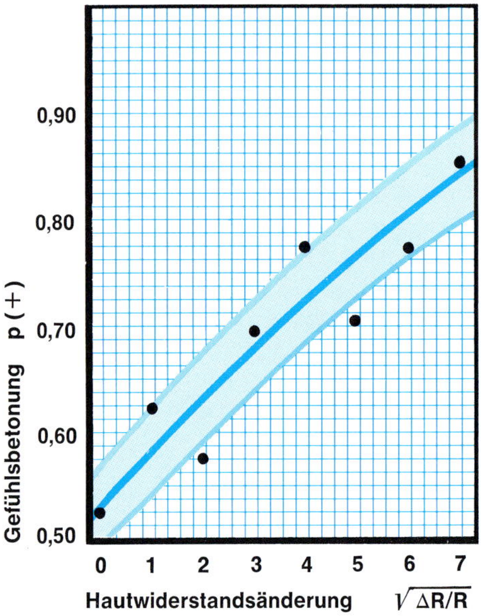

Die Abhängigkeit der Gefühlsbetonung farbiger Diapositive von der Quadratwurzel der relativen Hautwiderstandsänderung (Δ R/R) kann durch den dargestellten Kurvenverlauf beschrieben werden. Die subjektive Gefühlsschwelle (p = 0,5) entspricht dem Nullpunkt der physiologischen Skala.

tion dieser Experimente muß man drei Faktoren berücksichtigen:

1. Zwischen den Vpn bestehen oft große Unterschiede, was das Ausmaß der physiologischen Reaktion einzelner körperlicher Teilsysteme auf die Darbietung von äußeren Reizen angeht (Reaktionsspezifität). Die Zusammenfassung von verschiedenen *Reaktionstypen* verwischt oft wirklich vorhandene Beziehungen zwischen äußerem Reiz und der physiologischen Reaktion. Nicht jede Vp reagiert z. B. bei der Emotion »Ärger« mit einer Abnahme der Herzschlagfrequenz oder einem Ansteigen der Muskelspannung, wie die Ergebnisse von Ax eigentlich erwarten ließen.

2. Die Ausgangslage der physiologischen Erregung vor dem Auftreten eines äußeren Reizes beeinflußt entscheidend die nachfolgende Körperreaktion (sogenanntes Ausgangswert-»Gesetz«). Eine Vp, die vor Reizbeginn schon maximal erregt ist, wird bei Einsetzen des Reizes die physiologische Erregung nur noch wenig steigern können.

3. Das emotionale Reizmaterial kann oft paradoxe physiologische Reaktionen zur Folge haben, weil kognitive Abwehrmechanismen die subjektive Wahrnehmung von bestimmten emotionalen Reizen verhindern. Dieser Zusammenhang wurde besonders durch Experimente zur »sozialen Wahrnehmung« (s. S. 123) untersucht.

5.13 Nichtverbaler Ausdruck

Im täglichen Leben vermitteln uns Mimik, Gestik und Körperhaltung einen deutlichen Eindruck von den Gefühlen und Stimmungen unserer Mitmenschen. Ein Gesicht wirkt spöttisch, traurig oder ärgerlich. Hände und Arme können schlaff herunterhängen, voller Wut in die Luft geschleudert werden oder verkrampft den Behandlungsstuhl des Zahnarztes umklammern. Ein Körper kann sich vor Schmerzen krümmen oder voller Freude rhythmisch zucken.

Dieses nichtverbale Ausdrucksverhalten ist Teil eines komplexen Kommunikationsprozesses, bei dem Sender und Empfänger von Emotionen (= Ausdruck und Eindruck) sich gegenseitig beeinflussen können.

Der emotionale Ausdruck und Eindruck ist in hohem Maße genetisch geprägt – ein Erbe, das wir Menschen mit den höheren Säugern teilen. Dafür spricht zum einen die auf Charles Darwin (1872) zurückgehende vergleichende Emotionsforschung. Der amerikanische Psychologe P. Ekman hat in neueren kulturvergleichenden Studien die frühen Ergebnisse

Darwins weitgehend bestätigt. Er fand unabhängig von Kultur, Rasse und Lebensweise der Menschen ca. 8–10 *elementare Emotionen,* von denen jede ein charakteristisches expressives Muster aufweist. Die exakte Abgrenzung und die Zahl der elementaren Emotionen sind allerdings bis heute umstritten. Der Emotionstheoretiker C. Izard nennt drei Abgrenzungskriterien: (1) eine genetisch festgelegte neuronale Grundlage, (2) ein charakteristisches mimisches Ausdrucksmuster und (3) eine eigene subjektive Erlebnisqualität. Anhand dieser Kriterien unterscheidet er die folgenden 10 elementaren Emotionen: Interesse, Freude, Überraschung, Kummer, Zorn, Ekel, Verachtung, Furcht, Scham und Schuld. (Nach Izards Kriterien müßten auch die sexuelle Erregung und der Orgasmus [s. S. 220] zu den Emotionen gezählt werden. Mag sein, daß das Schamgefühl die Emotionsforscher seit Darwin daran gehindert hat, diese elementaren Emotionsabläufe in ihre Untersuchungen einzubeziehen.)

Über der genetischen Prägung der elementaren Emotionen darf aber nicht vergessen werden, daß diese ohne Ausnahme einem kulturabhängigen Lern- und Sozialisationsprozeß unterworfen sind (s. S. 183) und daß die elementaren Emotionen dabei vielfache Vermischungen, Überformungen und Abwandlungen erfahren. So können wir Emotionen wie Neid, Eifersucht, Liebe oder religiöse Ekstase mit der gleichen Wucht erleben wie Zorn, Freude oder Scham.

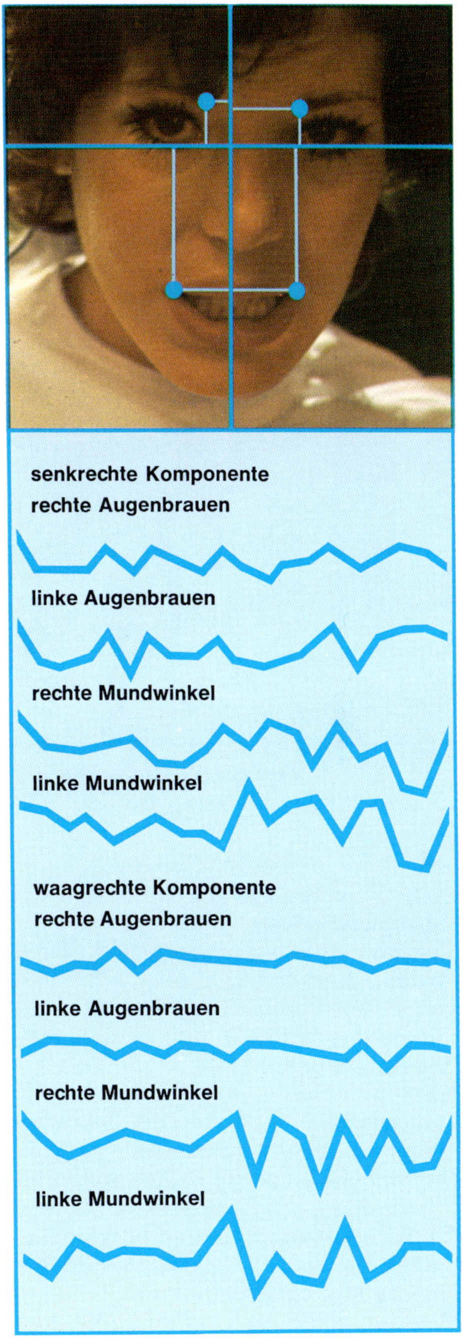

Durch die Markierung beider Augenbrauen und beider Mundwinkel (Bild oben) kann die Mimik eines Gesichtes mittels der Verschiebung dieser Markierungspunkte entlang einer senkrechten und waagerechten Achse quantitativ beschrieben werden.
Das Bewegungsprotokoll, ermittelt aus aufeinanderfolgenden Bildern eines Versuchsfilms, beschreibt den Ablauf einer grimassierenden Gesichtsbewegung.

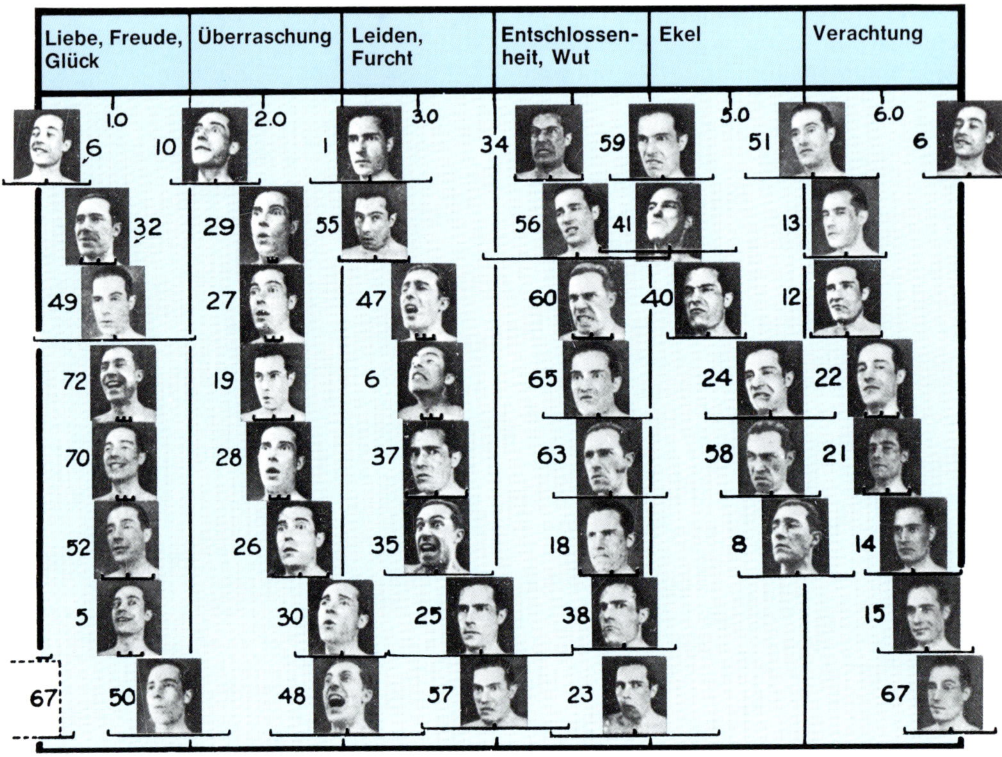

Die Bildtafel veranschaulicht die Zuordnung von jeweils sechs bis acht mimischen Ausdrucksformen zu einer bestimmten Emotionskategorie (z. B. Glück, Überraschung).

Doch zurück zu den Methoden der Emotionsforschung. Seit den fünfziger Jahren wird das nichtsprachliche Kommunikationsverhalten von einer selbständigen Forschungsrichtung, der »Kinetik“ (= Bewegungslehre), systematisch analysiert. Der bekannteste Vertreter dieser Richtung, der Anthropologe Ray L. Birdwhistell, hat ein Zeichensystem entwickelt, das der Beschreibung komplexer Bewegungsabläufe dienen soll. Ähnlich wie die gesprochene Sprache in Laute, Wörter und Sätze zerlegt werden kann (s. S. 284), beschreibt Birdwhistell Bewegungsabläufe mit Hilfe von »kines«, »kinemorphs« und »kinemorphic constructions« (»Sätze der Bewegung«).

»Kines« sind genau definierte Bewegungen wie z. B. das Kopfnicken, das einen Kreisbogen von 5°–15° umfassen kann. Es wird mit dem Zeichen // Hn // kodiert. *»Kinemorphs«* können mehrere »kines« zusammenfassen, wie z. B. die Bewegungen der Augen, der Augenbrauen usw. Eine *»kinemorphic construction«* beschreibt eine komplexe Bewegungsstruktur, die sich aus mehreren »kinemorphs« zusammensetzt.

Neuere Untersuchungen haben nachgewiesen, daß Emotionen am häufigsten vom Gesicht der Kommunikationspartner abgelesen werden. Ein neues System zur *quantitativen Analyse mimischer Bewegungen* wurde 1965 von dem Schweizer

Psychiater H. Heimann entwickelt. Die mimischen Bewegungen werden während des Experiments mit einer Filmkamera aufgezeichnet und nachträglich durch Ausmessung der Gesichtsveränderungen analysiert. Zur genauen Auswertung werden vier Orientierungspunkte auf dem Gesicht markiert, die rechte und die linke innere Augenbrauenspitze sowie beide Mundwinkel (s. Abb. S. 167). Die mimischen Bewegungen spiegeln sich in der Verschiebung dieser vier Orientierungspunkte in senkrechter und waagerechter Richtung wider. Die Bewegung der Punkte kann heute mit modernen Videoaufzeichnungsmethoden Bild für Bild automatisch analysiert werden, so daß sich die Veränderungen des Gesichtsausdrucks durch kleinere oder größere Schwingungen darstellen lassen (s. Abb. S. 167). Unterschiede zwischen den beiden Gesichtshälften werden mittels eines »Symmetriekoeffizienten« errechnet. Die Bewegtheit des Gesichtes kann mit Hilfe eines Bewegungsquotienten beschrieben werden. Heimann konnte mit diesem Verfahren deutliche Ausdrucksveränderungen nach Einnahme von Psychopharmaka (LSD, Amphetamin) und bei verschiedenen psychologischen Belastungstests nachweisen.

Zur *qualitativen Analyse* des Gesichtsausdrucks sind zahlreiche Studien durchgeführt worden. Harold Schlosberg entwickelte 1954 ein Modell zur Klassifikation des emotionalen Ausdrucks, dem mehrere Untersuchungen zur Beurteilung des mimischen Ausdrucks zugrunde lagen.

Ein Schauspieler erhielt die Aufgabe, 72 verschiedene Gefühle so natürlich wie möglich darzustellen. Die Fotografien dieser gespielten Gefühle wurden dann von verschiedenen Vpn beurteilt. Aus früheren Untersuchungen war bekannt, daß einige Emotionen sehr leicht zu unterscheiden sind, während sich andere Arten des Gefühlsausdrucks kaum voneinander trennen lassen. Diese Erfahrung benutzte Schlosberg zur Konstruktion einer Gefühlsskala, deren Endpunkte durch diejenigen Emotionen gekennzeichnet waren, die nie verwechselt wurden. In der Mitte der Skala fanden sich die Emotionen, die einander sehr ähnlich waren.

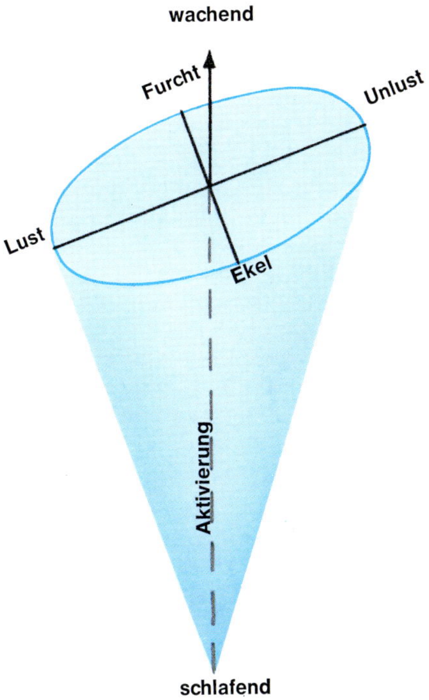

Aufgrund ähnlicher Zuordnungen wie in der Abb. auf S. 168 konstruierte H. Schlosberg ein dreidimensionales Modell zur Beurteilung des emotionalen Gesichtsausdrucks. Jede Dimension ist in der Abbildung durch typische Emotionen charakterisiert: Lust und Unlust entsprechen der Dimension angenehm–unangenehm, Furcht und Ekel entsprechen zugewandt–abgewandt. Für die Dimension Aktivierung sind keine typischen Gefühlskategorien zu finden.

Die Skalierungsmethode führte zu drei Aspekten oder »Dimensionen«, nach denen der emotionale Gesichtsausdruck beurteilt wird:

- angenehm – unangenehm
- zugewandt – abgewandt
- aktiv – passiv

Die verschiedenen mimischen Emotionsäußerungen lassen sich in einem »dreidimensionalen Gefühlsraum« graphisch veranschaulichen (s. Abb. S. 169).

5.14 Theorie der Ausdruckswirkung

Wie kommt es, daß wir die Zuneigung, die ein Gesicht ausstrahlt, verstehen? Woher wissen wir, daß herabhängende Mundwinkel Traurigkeit bedeuten?

Eine der ältesten Theorien hierzu wurde 1873 von W. P. Carpenter aufgestellt. Seine »Rudimententheorie« besagt, daß jede wahrgenommene Bewegung zur Nachahmung verleitet. Dadurch kommt es zu rudimentären Bewegungsansätzen beim Empfänger, die ein Miterleben ermöglichen. Das traurige Gesicht eines Mitmenschen erzeugt hiernach in geringem Ausmaß in uns selber die gleiche Muskelstellung (herabgezogene Mundwinkel) und führt so zum gleichen Gefühl der Traurigkeit. Wer solche Nachahmungen im Kino oder im Theater schon beobachtet hat, wird das bestätigen können.

Diesen spezifischen Schlüsselreiz hat Konrad Lorenz als »Kindchenschema« bezeichnet. Kleine Vögel, Hunde oder pausbäckige Kindergesichter (links) lösen in ähnlicher Weise Sympathie- und Pflegeverhalten aus. Die Gesichter rechts dagegen sprechen uns weniger an. Sie symbolisieren »den Erwachsenen«.

Eine neuere Theorie kommt aus dem Bereich der Tierpsychologie. Die Verhaltensforscher Lorenz und Tinbergen haben beobachtet, daß ganz bestimmte Reizmuster zu immer wieder denselben Reaktionen führen, auch wenn die Reizmuster nie vorher gelernt wurden. Eine Vogelattrappe mit typischen Raubvogelmerkmalen läßt alle Küken im Hühnerhof aufgeregt bei der Glucke Schutz suchen. Ein pausbäckiges Kindergesicht löst unwillkürlich Sympathieverhalten und Liebkosungsbedürfnisse (Kindchenschema, s. Abb. links) in uns aus. Solche »Schlüsselreize«, wie diese Reizmuster auch genannt werden, sprechen einen ganz bestimmten *angeborenen Auslösemechanismus* (AAM) bei uns an.

Wie zahlreiche Untersuchungen gezeigt haben, bestehen für den AAM ganz bestimmte Gesetzmäßigkeiten. Ein AAM wirkt sehr schnell, manchmal viel schneller als die normale Wahrnehmung von komplexen sozialen Situationen. Diese Zeitdifferenz kann zu Wahrnehmungskonflikten führen, die subjektiv rätselhaft bleiben. Ein Babygesicht (Kindchenschema) erweckt spontan unsere Zuneigung, obwohl wir wissen, daß dieses Kind uns schon mehrmals abgelehnt hat.

Eine zweite Regel, die Reizsummenregel, besagt, daß die Übertreibung von Einzelmerkmalen des Schlüsselreizes zu einer Intensivierung des Eindrucks führt. Der Eindruck »lachendes Gesicht« kann intensiviert werden, wenn extreme Lachmerkmale kombiniert dargeboten werden (Zirkusclown). Eine solche »supernormale Attrappe«, wie dieser Schlüsselreiz im Fachjargon der Tierpsychologen heißt, schlägt in jedem Fall die beste Normalattrappe. Überdimensionale weibliche Busen, wie sie als Lockmittel in der Werbung verwendet werden, entfalten möglicherweise auf ähnlichem Wege ihre Wirkung.

Die Übereinstimmung von Ausdruck und Eindruck, wie sie zur Vermittlung von Emotionen notwendig ist, hat sich nach dieser Theorie möglicherweise im Laufe der Evolution durch Selektionsdruck und Zuchtwahl herausgebildet: Nur dasjenige Ausdrucksverhalten »überlebte«, das seine Entsprechung im Eindruck fand und dadurch der Vermittlung von Emotionen dienen konnte.

Die Bedeutung der AAMs für das menschliche Ausdrucksverhalten ist umstritten. Wahrscheinlich wird der größte Teil des emotionalen Ausdrucksverhaltens erst durch Lernvorgänge während des Sozialisierungsprozesses erworben. Ein anschauliches Beispiel für solche Lernvorgänge liefert ein originelles Experiment, das 1967 von R. E. Miller mit Rhesusaffen durchgeführt wurde.

Die Affen lernten anfangs in einem »Schockvermeidungsexperiment«, bei Aufleuchten einer Signallampe durch Hebeldruck einen Elektroschock zu vermeiden. Anschließend wurden je zwei Affen gezwungen, »zusammenzuarbeiten«. Jedes Tier hatte entweder nur das Lichtsignal oder nur den Reaktionshebel in seinem Käfig. Die Bauweise des Käfigs ermöglichte lediglich die Beobachtung des Ausdrucksverhaltens beim Partner. Der Affe mit der Reaktionstaste erhielt also nur über Mimik und Gestik seines Partners Auskunft darüber, wann wieder ein Elektroschock zu erwarten war. Nach einigen Versuchen hatte er recht gut gelernt, aufgrund des »ängstlichen« Ausdrucks seines Nachbarn den Elektroschock rechtzeitig auszuschalten. Er konnte auch dann noch zwischen »ängstlichem« und »nichtängstlichem« Ausdruck unterscheiden, wenn Fotografien des emotionalen Ausdrucks den Elektroschock ankündigten.

5.15 Kommunikation durch Ausdruck

Mittels der expressiven kommunikativen Komponenten von Emotionen wird einem Partner signalisiert, welches Verhalten von ihm gewünscht wird und was von einem selbst zu erwarten ist. Dies ist der Kernsatz der Kommunikationsforschung zur Affektregulierung, vertreten etwa von dem deutschen Klinischen Psychologen Rainer Krause. Besonders wichtig ist dabei der Anteil von Gefühlen in der Mimik. Für die Erfassung dieser emotionalen Prozesse im Gesichtsausdruck eignet sich besonders das von Paul Ekman und seinen Mitarbeitern entwickelte Kodierungssystem für den mimischen Gefühlsausdruck (EMFACS = *emotion facial action coding system*). Da die Affektregulierung in Sekundenschnelle ablaufen kann, ist es sehr wichtig, die Gesichtsveränderungen durch Bild-zu-Bild-Analysen zu studieren, wobei jeder einzelne Gesichtsausdruck separat kodiert werden kann. So waren die Schweizer Klinischen Psychologen Eva Bänninger-Huber, Ulrich Moser und Felix Steiner in der Lage, in Paar-Interaktionen typische Szenen der Affektregulierung nachzuweisen. In einer sogenannten »Entwaffnungsszene« startet die Frau in einer Mikrosequenz (Dauer 9 Sekunden) eine Attacke gegen ihren Mann in Form von Vorwürfen. Nach einer ersten, von Überraschung und Furcht geprägten Reaktion setzt der Mann nach einem kurz währenden Ausdruck der Verachtung ein permanentes Lächeln auf, so daß es der Frau nicht gelingt, mit ihrer Intervention sichtbaren Ärger zu erzeugen. Solche prototypischen Mikrosequenzen sind in Therapien vermutlich als Ausdruck von vorbewußten oder unbewußten Übertragungs-

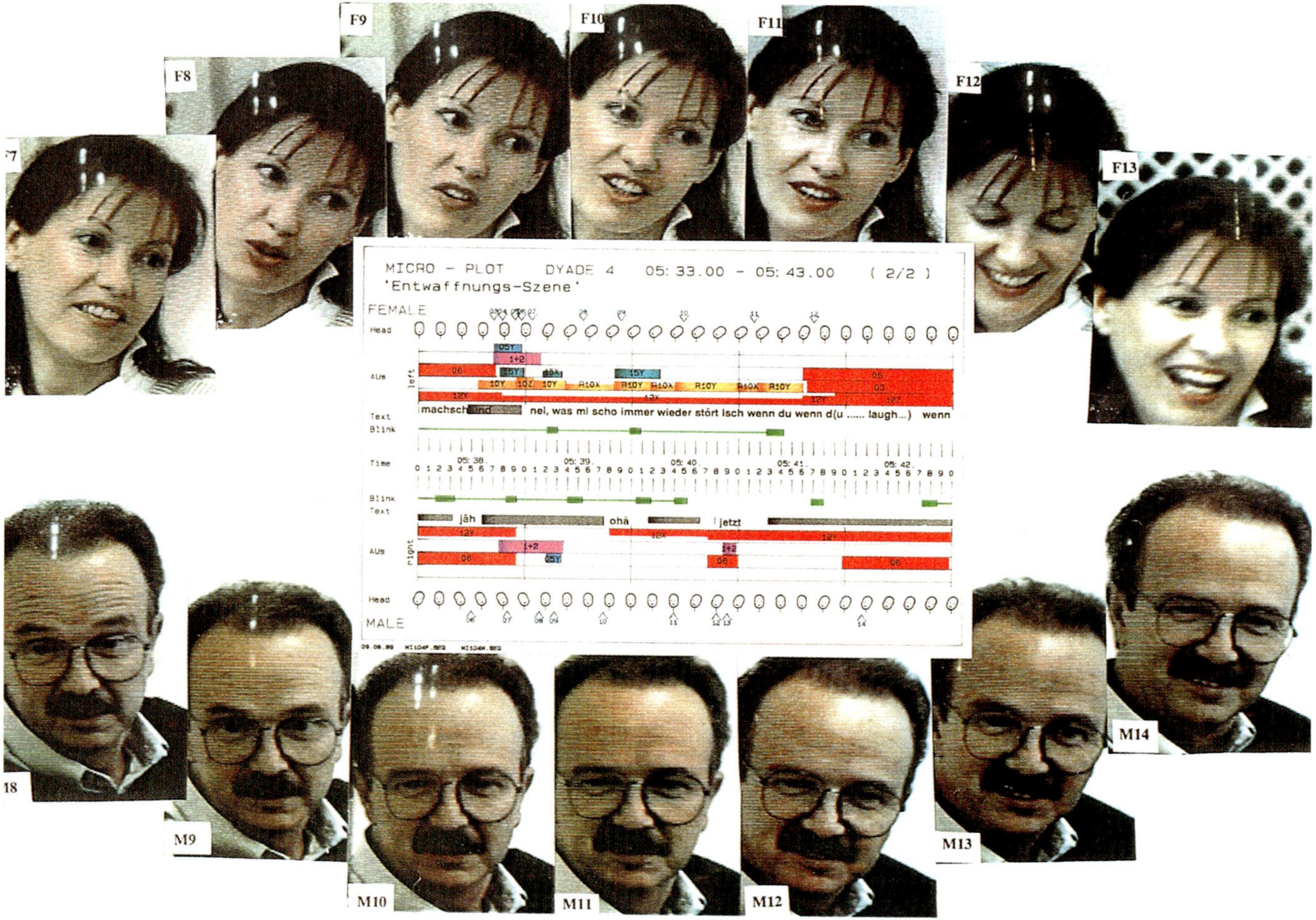

In der »Entwaffnungsszene« setzt der Mann nach einem kurzen Ausdruck der Verachtung ein permanentes Lächeln ein, um die Attacke seiner Frau in seiner Wirkung herunterzuregeln (nach Bänninger-Huber, Moser und Steiner, 1990, S. 122).

und Gegenübertragungsprozessen zu verstehen (s. S. 389). Wenn der Psychotherapeut darauf achtet, kann er diese Prozesse thematisieren und der bewußten Bearbeitung zugänglich machen.

5.16 Sprachliches Ausdrucksverhalten

Der Ausdruck von Emotionen mit Hilfe der Sprache kann auf zweifache Weise geschehen. Einmal kann uns die Sprechweise, charakterisiert durch Lautstärke, Tongebung und Sprechrhythmus, die Gefühle unseres Gesprächspartners anzeigen. Zum anderen ermöglicht die *Bedeutung* des Gesprochenen (Semantik, s. S. 288) die Vermittlung unterschiedlicher Gefühle.

Das *emotionale Sprechverhalten* in Kommunikationssituationen wurde bisher mit verschiedenen linguistischen Bewertungsverfahren untersucht (zur Linguistik s. S. 284). Dabei ergab sich, daß die linguistischen Bewertungskategorien mehr den kognitiven Aspekt der Sprache erfassen und wenig zur Unterscheidung von Emotionen beitragen. Als besser geeignet erscheinen zwei Verfahren, die in psychologischen Laboratorien entwickelt wurden. Diese Methoden erfassen *Störungen im Sprachfluß* und analysieren die *akusti-*

Analyse von Sprachstörungen in einem psychotherapeutischen Gespräch

	P:	Ich seh nach wie vor noch die Schwierigkeiten . . . Wenn ich mich jetzt um
		meine Probleme kümmere, dann tu ich das nicht als Individualist oder
A, SW, US, SW		vers* . . . *dann versuch ich nicht . . . *oder ich weiß es nicht . . . *aber ich
US, SW		tue es dann* . . . *Ich wag' das vielleicht gar nicht so sehr auszudrücken,
W		aber ich fühle, daß . . . daß* ich das jetzt aus anderen Gründen tue, als ich
US, SW		es noch vor anderen Zeiten . . .* *ich mein, daß ich das tat . . . Ja, was ich
W		sagen will, es gibt viele Leute, die sagen, ich wäre . . . *wäre furchtbar
W		egozentrisch. Da sag ich ja, *ja, da habt ihr recht. Aber nun überlegt mal,
		was heißt das überhaupt? Es heißt nämlich gerade, daß ein Mensch näm-
		lich kein Zentrum hat. Dann ist er nämlich egozentrisch.
	T:	Dann muß er das erst finden.
US, UE, SW	P:	Und weil er nie sein Ich* . . . *se . . . *weil er nicht den Mut hat, er selbst zu
A, W		sein, deswegen muß er dauernd, sich um sich selbst *kr . . . *um sich
		selbst kreisen. Das »um sich selbst kreisen« heißt ja nicht er selber sein,
		sondern das macht er dann ja meist nur in Gedanken. Er kommt dann
		zwar dazu, sich experimentell bestimmte Dinge vorzustellen, wie er zum
		Beispiel in der und der Situation handeln würde, oder so, unter den und
W, ST		den Bedingungen, ja? Aber, *aber *d. . . d. . . das sind die Grenzen, weiter
US, UE, SW		geht es nicht. Was ich sagen will, ist, . . . daß, weil ich nie* . . . *sch. . . *ich
SW		würde denen sagen . . . das ist jetzt paradox . . . *ich könnte denen gera-
		dezu sagen, ich war zu wenig egozentrisch, und deswegen bin ich es jetzt
		zu viel.
	T:	Mmmhnn . . .
	P:	Ich war zu wenig »Ich« gewesen, und deswegen red ich jetzt dauernd von
US		meinem Ich. Wobei ich genau weiß, daß das »davon reden« noch nicht*
W		. . . noch . . . *noch in hohem Maße dem gleicht, was ich früher tat, ja, was
W		ich . . . *was ich in der Zeit tat, wo ich noch auf naivere Art und Weise
W		egozentrisch war . . . Ich kann dann auch . . . *kann dann auch so sagen:
		Ja, wenn ihr im Grunde genommen euch mehr mit auf das einlassen
		würdet, was ich sage, dann wär ich vielleicht auch weniger egozentrisch.

Mahlsche Klassifizierung von Sprachstörungen

	Kategorie der Störung	*Beispiele*
1. »Ähh..«		Wenn ich ... *äh, äh ... das wüßte, dann ...
2. SW:	Satzwechsel, Unterbrechungen im Ablauf des Satzes. Oft benutzt, um Form oder Inhalt des Gesagten zu verändern.	Dann tu ich das nicht als Individualist ... *dann versuch ich nicht ... *oder ich weiß es nicht ... *aber ich tu es dann.
3. W:	Wiederholungen von einem oder mehreren Wörtern.	die sagen, ich wäre ... *wäre furchtbar ... Was ich ... *was ich in der Zeit tat ...
4. ST:	Stottern	Aber *d ... d... das sind die Grenzen ...
5. A:	Auslassungen von ganzen Wörtern oder Wortteilen. Oft im Zusammenhang mit SW oder W.	Um sich selbst kr* ... um sich selbst kreisen. dann vers ...* dann versuch ich nicht ...
6. US:	Unvollendete Sätze. Die Kommunikation geht weiter, ohne daß der Satz vollendet wird.	Und weil er nie sein Ich ...*, weil er nicht den Mut hat, er selbst zu sein, deswegen muß er dauernd um sich selbst kreisen.
7. V:	Versprecher. Aussprechen von nicht beabsichtigten Worten oder Inhalten. Wortneubildungen.	Es sind unerhörte Dinge zum *Vorschwein ... äh ... zum Vorschein gekommen.
8. UE:	Unverständliche Einfügungen. Laute, die vom Auswerter in keiner Weise verstanden werden und nicht als ST, A oder V gewertet werden können.	... weil ich nie ... sch. ..* ich würde denen sagen ... Weil er nie sein Ich, ... se* ... weil er nicht den Mut hat, er selbst zu sein.

schen Veränderungen der Sprechstimme bei verschiedenen emotionalen Zuständen.

Georg F. Mahl hat in mehreren Untersuchungen ein Bewertungssystem entwikkelt, das eine genaue *Analyse des gestörten Sprachflusses* ermöglicht. Er widmete sich insbesondere der Analyse von psychotherapeutischen Gesprächssituationen. Nach Mahl ist die Angst eine der wichtigsten Emotionen, die in einem psychotherapeutischen Prozeß beeinflußt werden soll. Steigert sich die Angst des Patienten in einer Gesprächssituation, weil emotionale Konflikte zur Sprache kommen, so äußert sich das in einer Zunahme von *Sprechstörungen* (Wiederholungen, Auslassung von Wörtern u. a., s. Kasten oben).

Mahl hat konfliktreiche und konfliktarme Sprechsituationen nach der Häufigkeit der Sprechstörungen ausgewertet. Dabei ergaben sich deutliche Unterschiede zwischen den beiden Gesprächssituationen. Ermittelt man alle zwei Minuten die Häufigkeit der Sprechstörungen, so läßt sich nachträglich recht deutlich erkennen, zu welchem Zeitpunkt eines therapeutischen Gesprächs besonders angstbesetzte Konflikte zur Sprache kamen. Die Abbildung auf Seite 175 gibt den Verlauf eines analysierten Gesprächs wieder, in dem insbesondere während der 24. und 34. Minute starke emotionale Konflikte angesprochen wurden.

Das einschlägige Verfahren ist also besonders für die quantitative Analyse von Konfliktsituationen geeignet. Experimente mit Studenten haben ebenfalls ergeben, daß in angenehmen und entspannten Gesprächsabschnitten wesentlich weniger

Sprechstörungen auftreten als in extrem frustrierenden Gesprächsabschnitten.

Die *akustische Analyse der Sprechstimme* verzichtet vollkommen auf die Bewertung des sprachlichen Inhalts, mit ihr wird nur das physikalische Spektrum der akustischen Sprechschwingungen untersucht. Die gesprochene Sprache besteht aus einem Gemisch von Tönen, das sich aus einem Grundton und mehreren Obertönen zusammensetzt. (Wie der Klang eines Musikinstruments durch die Art der Obertöne bestimmt wird, so hängt die Qualität der Sprechstimme davon ab, welche Obertöne beim Sprechen mitschwingen.) Das physikalische Spektrum der Sprechstimme, das mit einem Spektrometer erfaßt werden kann, ermöglicht eine genaue Analyse der jeweiligen Grundfrequenz der dazugehörigen Obertöne.

John A. Starkweather hat 1965 mit einem solchen akustischen Meßinstrument (Spektrometer) die Sprechschwankungen bei depressiven Patienten untersucht. Fünf Wochen lang wurde jeden Tag in einem kurzen psychiatrischen Interview die Ausprägung verschiedener Emotionen wie Angst, depressive Stimmung usw. bei 32 Patienten ermittelt. Gleichzeitig konnte mit dem Spektrometer die Stimme der Interviewten analysiert werden. Die Auswertung der Daten ergab: Bestimmte Teile des Stimmspektrums verändern sich während des Krankenhausaufenthaltes in typischer Weise entsprechend der jeweiligen Gefühlslage der Patienten. Die extrem depressive Stimmung zeichnete sich insbesondere durch eine reduzierte Lautstärke und durch die Vermeidung von hohen Obertönen aus.

In früheren Experimenten hatte Starkweather gefunden, daß vor allem die tiefen Sprechfrequenzen um 500 Hz eine Unterscheidung von aggressiven und freundlichen Emotionen ermöglichen. Untersuchungen von anderen Forschern legen ebenfalls die Vermutung nahe, daß besonders das tiefe Frequenzband beim

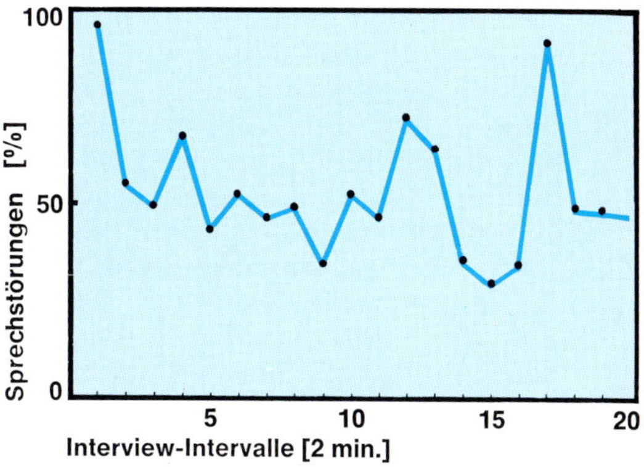

Die Analyse von Sprechstörungen in einer Therapiestunde nach dem Auswertungssystem von G. F. Mahl ermöglicht die quantitative Beschreibung des emotionalen Sprechverhaltens. Die Kurvenmaxima in der 24. und 34. Minute entsprechen starken emotionalen Konflikten.

Sprechen zur Vermittlung von Emotionen verwendet wird. Wenn sich diese Befunde bestätigen lassen, wird in Zukunft die objektive Analyse des emotionalen Ausdrucks der Sprechstimme leichter durchzuführen sein.

5.17 Die symbolische Ebene

Die sprachliche Analyse der Emotionen mit Hilfe der Bedeutung des Gesprochenen (Semantik s. S. 287) ist eine der wichtigsten Untersuchungsmethoden der Emotionsforschung seit deren Anfängen.

Wir haben zu Beginn dieses Kapitels erörtert, wie Wilhelm Wundt mit der Methode der Introspektion, die sich im wesentlichen auf den semantischen Aspekt der Sprache stützt, ein dreidimensionales Modell zur Klassifikation von emotionalen Prozessen entwickelt hat. Die mangelnde Objektivität der Introspektionsmethode hat viele Forscher dazu veranlaßt, andere Befragungsverfahren auszuarbeiten. Die neuen Methoden sollten weniger durchschaubar sein und der Testperson die Möglichkeit nehmen, das Versuchsergebnis gezielt zu beeinflussen.

Der Amerikaner Charles E. Osgood entwickelte 1953 ein Verfahren, das diese Bedingungen recht gut erfüllt. Die Vp erhält einen Fragebogen, auf dem eine Reihe von Gegensatzpaaren (sogenannte Polaritäten) zur Beschreibung eines Beurteilungsgegenstandes angeboten werden, z. B. eckig – rund, glatt – rauh, dunkel – hell usw. Die Vp soll nun auf einer Skala von 1 bis 10 angeben, welches Wort jeweils eher zur Beschreibung eines Gefühls paßt. Bei diesem Vorgehen gibt es keine richtigen oder falschen Antworten, so daß eine willentliche Beeinflussung des Versuchsergebnisses unwahrscheinlich ist. Osgood interpretiert dieses Verfahren als kontrolliertes Assoziationsexperiment, bei dem die kognitive Kontrolle weitgehend ausgeschaltet ist und eher emotionales Reagieren zu der entsprechenden Wortwahl führt.

Verbindet man die einzelnen Skalenwerte miteinander, so erhält man ein Profil (auch *Polaritätsprofil* genannt), das zur Charakterisierung eines Gefühls dient. Für verschiedene Emotionen entstehen auf diese Weise ganz unterschiedliche Polaritätsprofile. Die Ähnlichkeit zwischen verschiedenen »Emotionsprofilen« kann dann mit Hilfe eines Ähnlichkeitsmaßes (Korrelationskoeffizient, s. S. 326) bestimmt werden. Die weitere Analyse dieser Ähnlichkeitsmaße durch die Anwendung der Faktorenanalyse ermöglicht die mathematische Berechnung eines »Gefühlsraums«, in dem sich die einzelnen Emotionen durch die unterschiedliche Ausprägung in den diversen »Gefühlsdimensionen« darstellen lassen.

Erstaunlicherweise hatten verschiedene semantische Analysen von Gefühlen mit dieser Methode immer wieder die Konstruktion eines »dreidimensionalen Gefühlsraums« zur Folge, der den Gefühlsmodellen von Wundt (s. S. 161) und Schlosberg (s. S. 169) sehr ähnlich ist. Eine semantische Analyse von zwanzig deutschen Bezeichnungen für Gefühle ergab folgende drei Dimensionen: angenehm – unangenehm, Unterwerfung – Überhebung und Aktivität – Passivität.

Gefühle wie »Liebe« und »Angst« unterscheiden sich in diesem semantischen Gefühlsraum besonders durch die entgegengesetzte Bewertung »angenehm« und »unangenehm«. »Stolz« und »Sehnsucht« dagegen werden kaum unterschiedlich bewertet, sondern divergieren eher hinsichtlich der Tendenz zur Überhebung oder Unterwerfung. »Begehren« und »Gleichgültigkeit« wiederum sind durch unterschiedliche emotionale Aktivität gekennzeichnet.

Sehr viel differenziertere Aufschlüsse über die Entwicklung, Erscheinungsweise und Funktion von Emotionen lassen sich mit Methoden der offenen Gesprächsführung (Interviews, Gruppengespräche, s. S. 305 u. 309) und in der psychotherapeutischen Prozeßforschung gewinnen. Durch direkte Befragung, Erzählungen oder freie Assoziation werden sprachliche Darstellungen des emotionalen Erlebens der wissenschaftlichen Analyse zugänglich. Der symbolische Ausdruck von Gefühlen kann aber auch durch gestalterische Methoden (z. B. Malen, Rollenspiel, Deuten von vorgelegtem Bildmaterial) erleichtert werden. Diese finden – als »projektive Verfahren« (Beispiel s. S. 233) – in der Psychodiagnostik Anwendung. Die Kritik an der mangelnden Objektivität solcher nicht oder kaum standardisierten Methoden ist nur zum Teil berechtigt. Wenn es um tiefgreifende menschliche Emotionen geht, sind Fragebögen und Experimente keine angemessenen Mittel. Durch die Entwicklung qualitativer Forschungs- und Interpretationsmethoden (s. S. 311) entstehen neue wissenschaftliche Standards, die der symbolischen Ebene bei der Erforschung psychischer Phänomene eher gerecht werden als der Objektivitätsbegriff des psychologischen Experiments.

5.2 Entwicklung der Emotionen

5.21 Frühkindliche Entwicklung

Die Entwicklung der Emotionen in den ersten Lebensmonaten ist nur schwer von der Entwicklung der Wahrnehmung, Motorik und Intelligenz zu trennen (s. Entwicklungstheorien, S. 337). Der geringeren senso-motorischen Koordinationsfähigkeit des Säuglings entspricht im emotionalen Bereich ein diffuser ungerichteter Erregungszustand.

Der Psychoanalytiker René A. Spitz, der die emotionale Entwicklung im ersten Lebensjahr sehr ausführlich untersucht hat, berichtet über die frühesten emotionalen Äußerungen des Säuglings: »Die Beobachtungen zeigten, daß während der ersten Stunden, ja Tage des Lebens nur eine einzige Manifestation zu entdecken war, die etwa einer Emotion ähnlich sah. Es war ein *Erregungszustand anscheinend negativer Art.* Diese negative Erregung trat auf, wenn das Neugeborene Reizen ausgesetzt wurde, die stark genug waren, seine hohe Wahrnehmungsschranke zu durchbrechen.«

Das Gegenteil der »Unlustäußerungen« bei Neugeborenen ist ein »Ruhezustand«, bei dem die Erregung auf gleichbleibendem Niveau gehalten wird. Diesem Zustand wird von den meisten Entwicklungspsychologen noch keine emotionale Qualität zugesprochen. Erst drei bis vier Wochen nach der Geburt lassen sich auch positive Gefühlsäußerungen erkennen, deren deutlichstes Kennzeichen *»das soziale Lächeln«* ist. Dieses Lächeln unterscheidet sich von vereinzelt bei Neugeborenen zu beobachtenden »Lachreaktionen« um die Mundwinkel herum durch größere Differenziertheit der Muskelaktivität. Augen, Wangen und Mundmuskeln zeigen ein integriertes Zusammenspiel, das durch soziale Reize wie ein bewegtes Gesicht (visueller Reiz) und freundliches Ansprechen (akustischer Reiz) ausgelöst

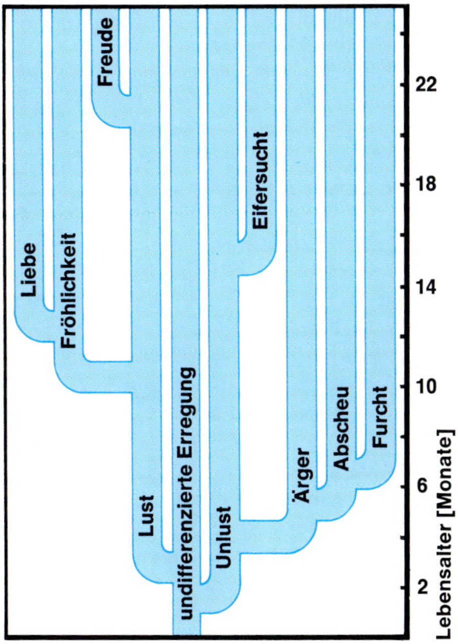

Entwicklung der Emotionen: Aus der undifferenzierten Erregung der ersten Lebenstage entwikkeln sich die Emotionen »Lust« und »Unlust«, die als Ursprung aller folgenden Differenzierungen angesehen werden. Diese Ergebnisse wurden durch Beobachtung und Beschreibung des Ausdrucksverhaltens gewonnen.

werden kann (Experimente zur Entwicklung des Lächelns s. S. 339).

Aus diesen beiden emotionalen Verhaltensweisen, die man auch mit den Worten Unlust und Lust beschreiben kann, entwickeln sich späterhin immer differenziertere Emotionsäußerungen. Die Psychologin Katherine M. Bridges verfolgte auf einer Säuglingsstation in Montreal die weitere Entwicklung der Emotionen über 24 Monate hinweg. Ihre Ergebnisse sind in der Abbildung oben dargestellt. Wie ein Baum sich immer weiter in einzelne Äste und Zweige aufteilt, so entwickeln sich aus der anfänglich noch diffusen Erregtheit des Neugeborenen, mit der es auf die unterschiedlichsten Reize reagiert, immer differenziertere Gefühle.

Die Emotionen *Angst, Ärger* und *Liebe* sind von zahlreichen Kinderpsychologen recht ausführlich untersucht worden.

Das erste Auftreten von *Angst* und *Furcht* ist eng verbunden mit der Entwicklung der kognitiven Fähigkeit, soziale Reizmuster zu differenzieren. Zwischen dem *sechsten und achten Monat* ist deutlich zu erkennen, wie der Säugling gelernt hat, zwischen »Freund« und »Fremden« zu unterscheiden. »Nähert sich dem Kind ein Fremder, so löst dies ein unverkennbares, charakteristisches und typisches Verhalten in ihm aus, es zeigt individuell verschiedene Grade der Ängstlichkeit, ja sogar Angst, und lehnt den Fremden ab. Das Verhalten der einzelnen Kinder zeigt ziemlich große Verschiedenheiten: es kann ›schüchtern‹ den Blick senken, die Augen mit den Händen zuhalten, das Gesicht mit dem hochgehobenen Kleid zudecken, sich im Bett auf den Bauch werfen und das Gesicht in der Bettdecke verstekken, es kann weinen oder schreien.« René A. Spitz bezeichnet dieses Verhalten des »Fremdelns« als »Achtmonatsangst«. Seiner Meinung nach ist die Angstreaktion eine Folge des Konfliktes zwischen Wunschvorstellung und realer Wahrnehmung. Der Säugling erwartet das bekannte Gesicht der Mutter und wird durch das unbekannte Gesicht des Fremden enttäuscht und verängstigt.

Diese *»Achtmonatsangst«* ist Ausdruck der starken Abhängigkeit des Säuglings von der affektiven Zuwendung der Mutter. Erst nachdem das Kind die Fähigkeit erworben hat, sich fortzubewegen, strebt es nach größerer Unabhängigkeit, und es gelingt ihm, sich aus der »Reichweite« der Mutter zu entfernen. Das Kind lernt, das Fehlen der Mutter durch selbständige Aktivitäten zu ersetzen und die Befriedigung des Bedürfnisses nach liebevoller Zuwendung aufzuschieben, bis die Mutter erreichbar ist.

Durch die neuerworbene Eigenaktivität des Kleinkindes eröffnet sich eine andersartige Umwelt, die neue Ängste entstehen läßt. Der Kinderpsychologe Arthur J. Jersild hat durch Befragungen von Eltern und durch eigene Experimente die verschiedenen Umweltbedingungen erkundet, die im Laufe der Entwicklung als angstauslösende Reize auf Kinder einwirken können. Dabei zeigte sich, daß im Verlaufe von sechs Jahren jeweils ganz unterschiedliche Reizmuster angstauslösende Wirkung besaßen. »Laute Geräusche«, »fremde Personen« und »plötzlicher Gleichgewichtsverlust (z. B. beim Herunterfallen)« verlieren nach dem ersten Lebensjahr immer mehr ihre angsterzeugende Wirkung. Dafür nimmt die Angst vor der Dunkelheit, vor bedrohlichen Träumen, Räubern, Verkehrsunfällen und dem Tod zu (s. Abb. S. 179).

In diesen Veränderungen spiegelt sich der größere Einfluß der sozialen Umwelt auf das Erleben des Kindes wider. Räuber- und Gespenstergeschichten verfehlen selten ihre Wirkung auf die Entwicklung der kindlichen Emotionen. Mit dem Eintritt in die Schule und der Konfrontation mit den neuen Leistungsnormen entwikkeln sich Leistungs- und Existenzängste, die auf eine Beeinträchtigung der Selbstwertschätzung des Individuums zurückzuführen sind.

Ärger und *Wut* treten, ähnlich wie die Furcht, als Reaktionen auf Bedrohungen und Frustrationen durch die Umwelt auf (s. Aggression, S. 238). Nur richten sich diese Emotionen gegen die Ursache der Verstimmung, während die Angst eher einem fluchtartigen Sichzurückziehen entspricht. Im Verlaufe der Entwicklung ändern sich auch die Ursachen, die zu Aggressionsäußerungen und Wutanfällen führen.

F. L. Goodenough untersuchte in Zusammenarbeit mit den Eltern das Aggressionsverhalten von 45 Kindern im Alter von einem bis vier Jahren. Dabei ergab

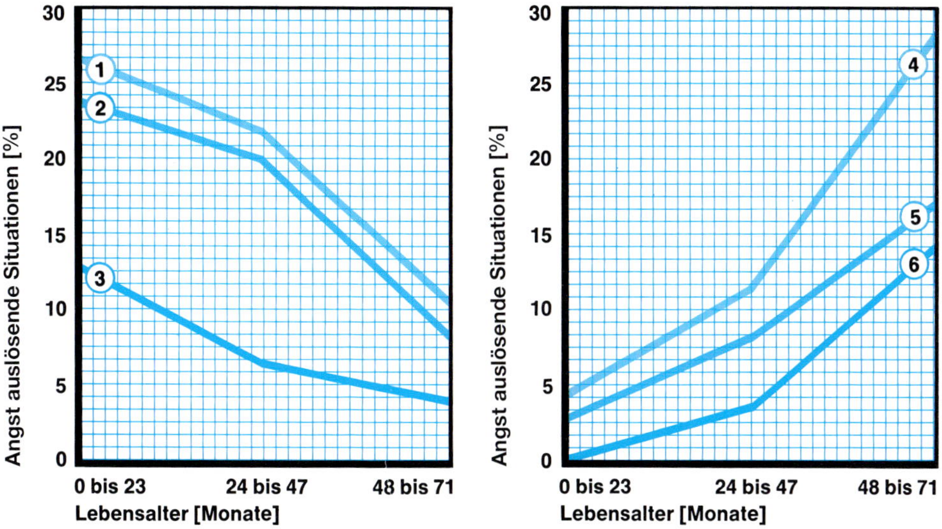

Angstauslösende Umweltbedingungen: Laute Geräusche (1), fremde Personen (2) und plötzlicher Gleichgewichtsverlust (3) verlieren mit fortschreitendem Lebensalter immer mehr an Bedeutung. Phantasierte Angstsituationen, die denen der Erwachsenen recht ähnlich sind, treten dagegen immer mehr in den Vordergrund: Angstträume, Räuber und Tod (4); Dunkelheit und Alleinsein (5); Verletzungen, Unfälle, Feuer und Gefängnis (6).

sich, daß *einjährige Kinder* hauptsächlich während der täglichen Pflege, wie z.B. beim Baden oder Ankleiden, Wutreaktionen zeigen. Mit *zwei Jahren* sind insbesondere die Erziehungsbemühungen der Eltern (Sauberkeitstraining usw.) ein Ärgernis für die Kinder, weil allzuoft ihre neuerworbene Selbständigkeit eingeschränkt werden muß. Im Alter *von zwei bis drei Jahren* treten Frustrationen bei den Sozialbeziehungen (Kontakt mit Gleichaltrigen und Autoritätspersonen) auf, die mit zunehmendem Alter immer häufiger zu Wutreaktionen führen (Trotzalter).

Die Kontrolle und Steuerung der Aggressionsäußerungen wächst entsprechend der kognitiven Entwicklung mit steigendem Alter. Die explosiven und wenig wirkungsvollen Wutausbrüche des Einjährigen werden zunehmend gezielter gegen die Belästigungen aus der Umwelt eingesetzt. Kaum hat das Kind jedoch gelernt, sich gegen Frustrationen von außen zu wehren, erfährt es, daß diese Emotionen oft unterdrückt werden müssen, weil die eigenen Angriffe mit zumeist stärkeren und wirkungsvolleren Gegenmaßnahmen beantwortet werden. Das Kind lernt daher, Wut und Ärger zu verdrängen, aufzuschieben oder seine Angriffe in sozial akzeptierbaren Formen vorzutragen. Oft kann der Ärger nur noch in nächtlichen Träumen oder beim Spiel mit Puppen und Tieren abreagiert werden.

Liebe und *affektive Zuwendung* werden im ersten Lebensjahr in der engen Mutter-Kind-Beziehung geformt. Die meisten Entwicklungstheorien betonen die Wichtigkeit dieses emotionalen Kommunikationsprozesses für die weitere Entwicklung aller psychischen Funktionen. Spitz beschreibt die emotionale Interaktion zwischen Mutter und Kind als »zirkulären Prozeß«, in dem die affektive Haltung der Mutter durch die Reaktionen des Kindes

Die »Achtmonatsangst« kann im sechsten bis neunten Monat beginnen. Sie setzt die Entwicklung der differenzierenden Wahrnehmung voraus. (Historische Aufnahme mit R. Spitz).

beeinflußt wird, während umgekehrt das Verhalten des Kindes entscheidend von der liebevollen Zuwendung der Mutter bestimmt werden kann. »Bewußt oder unbewußt nimmt jeder der beiden Partner in dem Paar Mutter und Kind die Affekte des anderen wahr und reagiert seinerseits mit Affekten, so daß ein fortwährender Affektaustausch stattfindet. Dieser Austausch unterscheidet sich grundlegend von dem, den wir gelegentlich bei älteren Patienten beobachten können. In der frühesten Kindheit sind die affektiven Prozesse noch nicht mit Elementen vermischt, die aus der diakritischen Wahrnehmung stammen, und sie sind auch keiner sekundären Bearbeitung durch Denkprozesse unterworfen worden.«

Die Kommunikation in der frühen Mutter-Kind-Beziehung verläuft über Sinneskanäle, die gewöhnlich für die Wahrnehmung der Erwachsenen (von Spitz »diakritische Wahrnehmung« genannt) geringe Bedeutung haben. Körperhaltung, Temperatur, Vibration sowie Haut- und Körperkontakte vermitteln Wahrnehmungsinhalte, die der Erwachsene nur in Ausnahmesituationen bewußt verarbeitet. Bewußtseinsverändernde Manipulationen wie Hypnose, LSD-Rausch, Reizentzug usw. (s. S. 156/157) erzeugen oft Wahrnehmungssituationen, die dieser regressiven Wahrnehmungswelt von Mutter und Kind zu entsprechen scheinen.

Es gibt bisher keine systematischen Untersuchungen der intensiven Gefühle in solchen Kommunikations- und Wahrnehmungssituationen, die man poetisch als »Liebe« bezeichnet. Ausführlicher wurden in den letzten Jahren allerdings Verhaltensänderungen erforscht, die bei Störungen der Mutter-Kind-Beziehung zu beobachten sind.

In jahrzehntelanger Arbeit haben Harry F. Harlow und seine Mitarbeiter Experimente mit Rhesusaffen durchgeführt, bei denen die Auswirkungen des Entzugs der mütterlichen »Liebe« systematisch studiert wurden (s. Kasten S. 181). In den Experimenten war die »Liebeszuwendung« auf systematisch variierte Reizbedingungen (taktile Körperkontakte, rhythmische

(Abb. links:) Beim Auftauchen von Angstreizen, hier ein lärmender Teddybär, suchen die jungen Affen Schutz bei den künstlichen »Affenmüttern«. Wer bietet mehr Sicherheit? Die »Plüschmutter« (links) oder die »Drahtmutter« (rechts)? – (Abb. Mitte und rechts:) Die »Plüschmutter« wird bevorzugt. Nach anfänglichem Sichverkriechen im flauschigen Plüsch gewinnt das Affenkind wieder »Selbstvertrauen« und schaut dem »Eindringling« neugierig entgegen.

Plüsch als Liebesersatz

Harry F. Harlow untersuchte über mehrere Jahre hinweg den Einfluß unterschiedlicher Reizqualitäten auf die emotionale Entwicklung von Affenkindern.
Die Neugeborenen wurden sechs bis zwölf Stunden nach der Geburt von den Affenmüttern getrennt. Die weitere Aufzucht übernahmen »künstliche Affenmütter« (s. Abb. unten), die sich vor allem durch ihre taktilen Reizqualitäten unterschieden. Die eine Affenmutter bestand aus einem Holzklotz, der mit flauschigem Plüsch bespannt war. Die andere Ersatzmutter hatte ein Drahtkleid, das wenig Möglichkeiten zum Anschmiegen und Umklammern bot, dafür war sie jedoch mit einem Halter für die Flaschennahrung ausgerüstet. Die Affenbabys konnten jeweils zwischen den beiden Müttern wählen. Gemäß verschiedenen lernpsychologischen Theorien über die Entstehung der Liebe zur Mutter müßten die Affensäuglinge die nahrungspendende *»Drahtmutter«* bevorzugen, weil die andauernde Spannungsreduktion bei der Befriedigung des Hungerbedürfnisses die liebevolle Bindung des Säuglings an die Mutter ausmachen soll.
Harlows Affenkinder entschieden sich jedoch anders: Zwischen 15 und 18 Stunden am Tag umklammerten sie die *»Plüschmutter«* und »kuschelten« sich in ihren flauschigen Überzug, während die nahrungspendende »Drahtmutter« kaum mehr als zwei Stunden am Tag aufgesucht wurde. Offensichtlich ist es nicht die Spannungsreduktion bei der Nahrungsaufnahme, die eine Bindung zur Mutter herstellt, sondern vielmehr ein angeborenes Bedürfnis nach taktiler Reizzufuhr. In weiteren Experimenten fand Harlow heraus, daß auch rhythmische Bewegungen einen wichtigen Faktor für den engen Kontakt zur Mutter darstellen.
Es entstand eine starke »affektive Bindung« an die »Plüschmutter«; beim Auftauchen von Angstreizen »gewährte« sie Schutz und »stärkte« das Selbstvertrauen der Kleinkinder, die nach anfänglichem Sichverkriechen im flauschigen Plüsch wieder mutig von der »Mutter« herunterstiegen und nach dem Eindringling Ausschau hielten.
Affensäuglinge, die ohne jegliche Reizzufuhr in sozialer Isolation heranwuchsen und ohne Kontakte zu Ersatzmüttern ernährt wurden, zeigten eine extreme Tendenz zur Selbstzerstörung (Autoaggression). Sie lagen bewegungslos am Boden und bissen sich hin und wieder in Arme und Beine (Abb. S. 182). Wenn sie später mit Artgenossen zusammengebracht wurden, waren sie nicht mehr zu sozialen Kontakten fähig. Diese Tiere verhielten sich ähnlich wie menschliche Säuglinge, die bis zu zwei Jahren ohne liebevolle Zuwendung aufwachsen mußten. Man könnte also die Liebesbeziehung zwischen Mutter und Kind als notwendige Bedingung für die Befriedigung des »Reizhungers« (s. S. 230) von Säuglingen beschreiben. Treten Störungen bei der notwendigen Stimulation in früher Kindheit auf, so führt das zu Entwicklungsstörungen, die sich in gestörtem Sozialverhalten und der Tendenz zur Selbstvernichtung (Autoaggression) äußern.

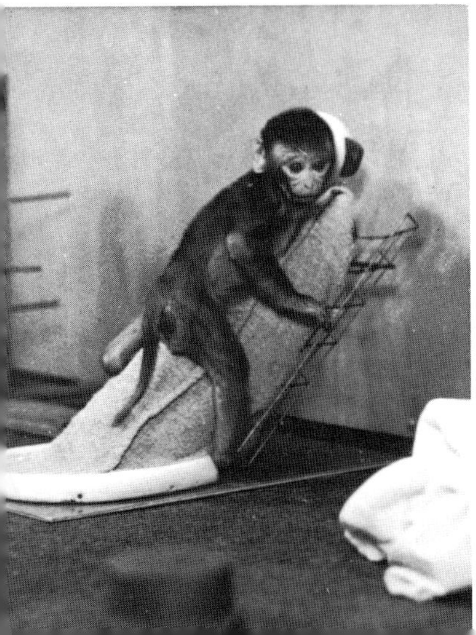

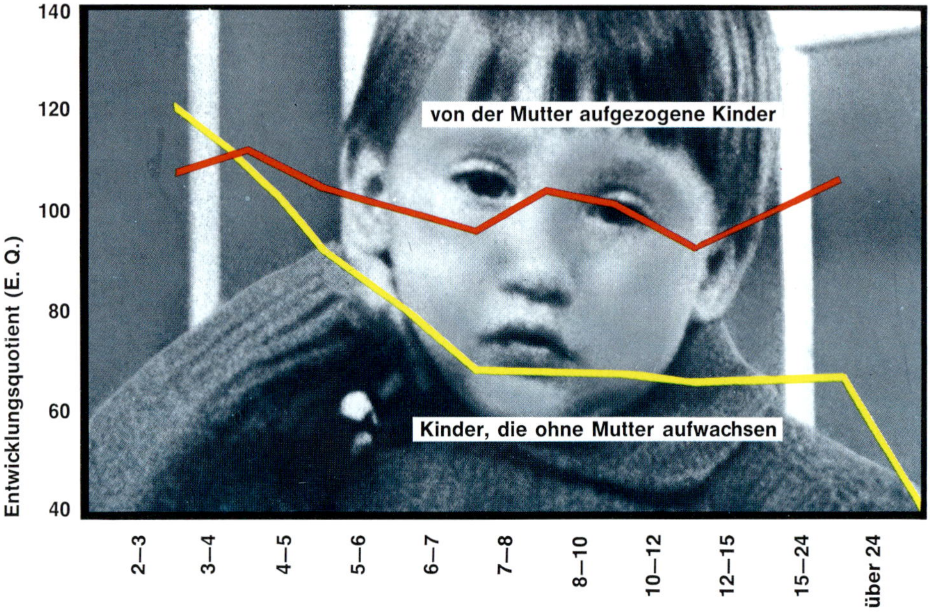

Testuntersuchungen von René A. Spitz haben ergeben, daß Kinder, die ohne entsprechende mütterliche Zuwendung aufwachsen, in ihrer Entwicklung zurückbleiben. Nach zwei Jahren ist der Entwicklungsrückstand kaum mehr aufzuholen.

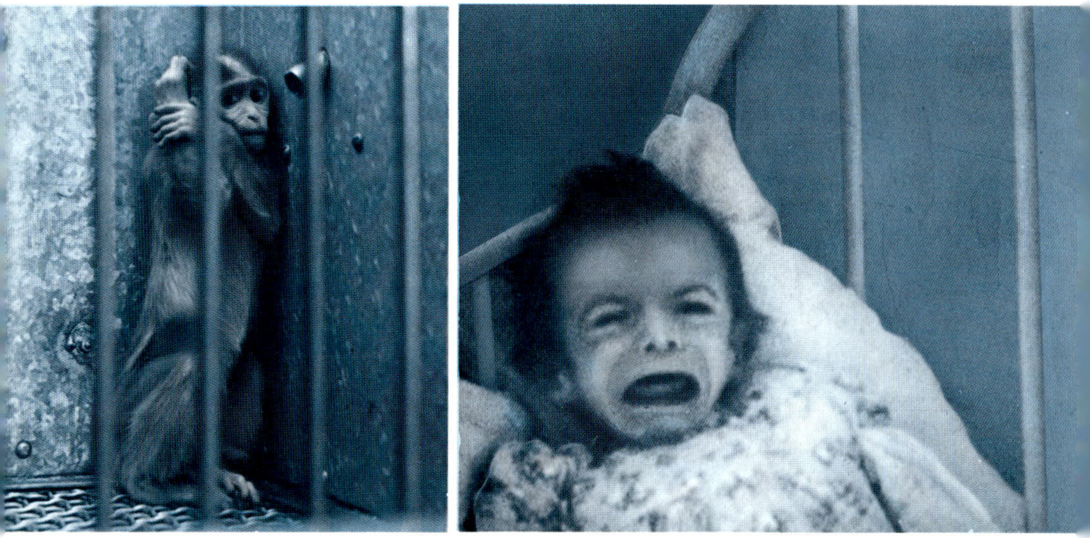

Reizdeprivation in frühester Kindheit führt zu schweren sozialen Störungen (soziale Isolierung, Autoaggression usw.), René A. Spitz nennt dieses Krankheitsbild beim menschlichen Säugling »Marasmus«.

Bewegungen usw.) beschränkt, die natürlich nicht alle relevanten Kommunikationselemente enthielten.

Die Wichtigkeit der mütterlichen Liebe für die normale Entwicklung des Menschen geht noch deutlicher aus Untersuchungen hervor, die von René A. Spitz durchgeführt wurden. Spitz beobachtete die Auswirkungen von »Liebesentzug« an mehreren hundert Kindern, die in Waisenhäusern und auf einer Säuglingsstation eines Frauengefängnisses in den USA aufgezogen wurden. Die bis zu zwei Jahre alten Kinder in den Pflegeheimen waren ärztlich gut versorgt, nur die mütterliche »affektive Zuwendung« war ungenügend oder fehlte ganz. Unter diesen Bedingungen waren insbesondere zwei Arten von Entwicklungsstörungen zu beobachten, die hauptsächlich auf die Dauer des »Liebesentzugs« zurückzuführen sind:

Die *anaklitische Depression* entsteht bei partiellem Liebesentzug, der sich über etwa drei Monate erstreckt. Die Entwicklung dieser Kinder nimmt einen charakteristischen Verlauf. Im ersten Monat werden die Kinder weinerlich und anspruchsvoll. Sie klammern sich gern an den Beobachter, sobald es ihm gelungen ist, den Kontakt zu ihnen herzustellen. Im zweiten Monat geht das Weinen oft in Schreien über, und es kommt zu Gewichtsverlusten. Im dritten Monat verweigern die Kinder den Kontakt und liegen fast den ganzen Tag bewegungslos in ihren Bettchen. Der Gesichtsausdruck beginnt zu erstarren. Schlaflosigkeit und Gewichtsverlust verschlechtern den Gesundheitszustand. Nach dem dritten Monat wird der starre Gesichtsausdruck zur Dauererscheinung. Die motorische Verlangsamung nimmt zu und mündet in Lethargie. Der Entwicklungsquotient, ein Maß für die gesamte psychische Entwicklung, sinkt stetig (s. Abb. S. 182).

Findet sich nach dieser Zeit eine Ersatzmutter, so kann sich die Störung weitgehend zurückbilden. Dauert die Trennung von der Mutter jedoch länger als sechs Monate, so entwickelt sich ein Krankheitsbild, das Spitz als »Hospitalismus« oder »Marasmus« bezeichnet.

Der *Hospitalismus* kann auf den nahezu totalen Entzug von mütterlicher Liebe zurückgeführt werden. Wie bei der anaklitischen Depression treten zuerst Entwicklungsstörungen auf, die zunehmend die Aktivität des Kindes hemmen und schließlich zu extremen körperlichen Veränderungen führen, die sich auch in dem erstarrten, maskenhaften Gesichtsausdruck widerspiegeln. Erstreckt sich der Liebesentzug bis zum zweiten Lebensjahr, so wächst die Infektionsanfälligkeit dieser Kinder erheblich. Die Sterblichkeitsquote bei den beobachteten Säuglingen war extrem hoch.

Diese negativen Auswirkungen des »Liebesentzugs« demonstrieren die Bedeutung der liebevollen Zuwendung in den ersten Lebensjahren, über die Mechanismen des Austauschs von Liebe zwischen Mutter und Kind geben sie keinen Aufschluß. Die Versuche von Harlow haben uns jedoch einige Informationen über die Reizbedingungen geliefert, die für die spätere Entwicklung von »Zuneigung« und »Liebe« entscheidend sein können.

Positive Emotionen werden wesentlich seltener erforscht als negative. Ist diese Einseitigkeit ein Ausdruck der Tabuisierung positiver Gefühle im Bereich »wissenschaftlicher Forschung«?

5.22 Lernmechanismen

Nach Auffassung der Lerntheoretiker (s. S. 245) ist die psychische Entwicklung des Menschen aus den Lerngesetzen ableitbar. Das Kind kommt mit einer gewissen Anzahl von Reflexen auf die Welt, die im Laufe der Entwicklung durch diverse Lernmechanismen immer mehr unter die Kontrolle der verschiedenen Reize aus der Außenwelt geraten.

Für die Entwicklung der Emotionen werden insbesondere die Mechanismen der *Konditionierung* und des *Imitationslernens* zur Erklärung herangezogen (s. S. 256 und 269).

Die Forschungsarbeiten des Begründers des Behaviorismus, J. B. Watson, legten die Vermutung nahe, daß emotionale Verhaltensweisen wie einfache Reflexe konditioniert und gelöscht (Extinktion) werden können. In Anlehnung an die Konditionierungsversuche des Physiologen Pawlow gelang es Watson 1920, konditionierte Furchtreaktionen bei einem elf Monate alten Jungen mit dem Namen Albert zu erzeugen. Dieser Fall ist in die Geschichte der Psychologie eingegangen, weil für viele Verhaltensforscher damit der Beweis erbracht war, daß auch krankhafte emotionale Reaktionen, wie z. B. »Platzangst« und »Tierphobie«, durch lerntheoretische Analysen erklärt werden können.

Mit neun Monaten zeigte Albert keinerlei Furchtreaktionen, wenn Ratten, Kaninchen oder andere Tiere in seine Nähe gebracht wurden. Nur laute Geräusche lösten Angstreaktionen in ihm aus: Sein Atem stockte und die Lippen zuckten, bis er schließlich anfing zu weinen. Mit elf Monaten wurden die ersten Konditionierungsexperimente mit ihm durchgeführt. Es wurde ihm mehrfach eine Ratte hingehalten und kurz darauf ein lautes Geräusch erzeugt; er begann zu weinen und wendete sich ab. Als am folgenden Tag die Ratte alleine gezeigt wurde, ohne irgendwelche Geräusche, begann er wieder zu weinen, drehte sich eiligst um und krabbelte, so schnell er konnte, zum Ende des Versuchstisches. Die Furchtreaktion war also jetzt an einen Reiz gekoppelt, der vorher niemals eine entsprechende Verhaltensweise erzeugt hatte. Diese Furchtreaktion wurde sogar auf andere Tiere übertragen (*Generalisation*), Kaninchen, Hunde und Affen lösten jetzt gleichfalls Weinen und Fluchtverhalten aus.

Solche Manipulationsversuche mit kleinen Kindern müssen mehr als problematisch erscheinen. In ihrer Rechtfertigung verweisen die Verhaltensforscher auf die Methode des »Löschens« von Angstreaktionen, mit der konditionierte Reaktionen wieder rückgängig gemacht werden können. Bietet man den Angstreiz (z. B. Kaninchen) während einer lustvollen Tätigkeit (z. B. Essen von Süßigkeiten) in ausreichender Entfernung an, so wird die Angst unterdrückt. Ganz langsam kann man den Reiz immer näher bringen, bis schließlich selbst beim Berühren eines Kaninchens keine Angst mehr zu bemerken ist. Dann ist die Angstreaktion gelöscht.

Eine große Anzahl von körperlichen Reaktionen (Blutdruck, Herzschlagfrequenz, Hormonausschüttung usw.), wie wir sie zu Anfang des Kapitels als physiologische Begleiterscheinungen von Emotionen kennengelernt haben, werden sehr wahrscheinlich ebenfalls durch solche Konditionierungen als typische emotionale Reaktionen erlernt.

Die *Nachahmung* (s. S. 269) *von emotionalen Reaktionen* ist wohl der wichtigste Lernmechanismus beim Erwerb von gefühlsmäßigen Stellungnahmen im Verlaufe des Sozialisierungsprozesses.

Das Nachahmungslernen unterscheidet sich vom Konditionierungslernen vor allem dadurch, daß die Konsequenzen eines emotionalen Reizes nicht selber erfahren werden. Das Kind ahmt das emotionale Verhalten nach, das es bei anderen sieht, und erspart sich auf diese Weise oft eigene unangenehme Erfahrungen.

In den letzten Jahren ist das Nachahmungslernen durch viele einfallsreiche Experimente untersucht worden. Dabei zeigte sich immer wieder:

- Der Beobachter lernt neue emotionale Verhaltensweisen, die früher *nicht* zu seinem Verhaltensrepertoire gehörten.
- Die Beobachtung des Vorbildes vermindert oder verstärkt emotionale Hemmungen. Die Bedeutung des Nachahmungslernens wurde häufig in Experimen-

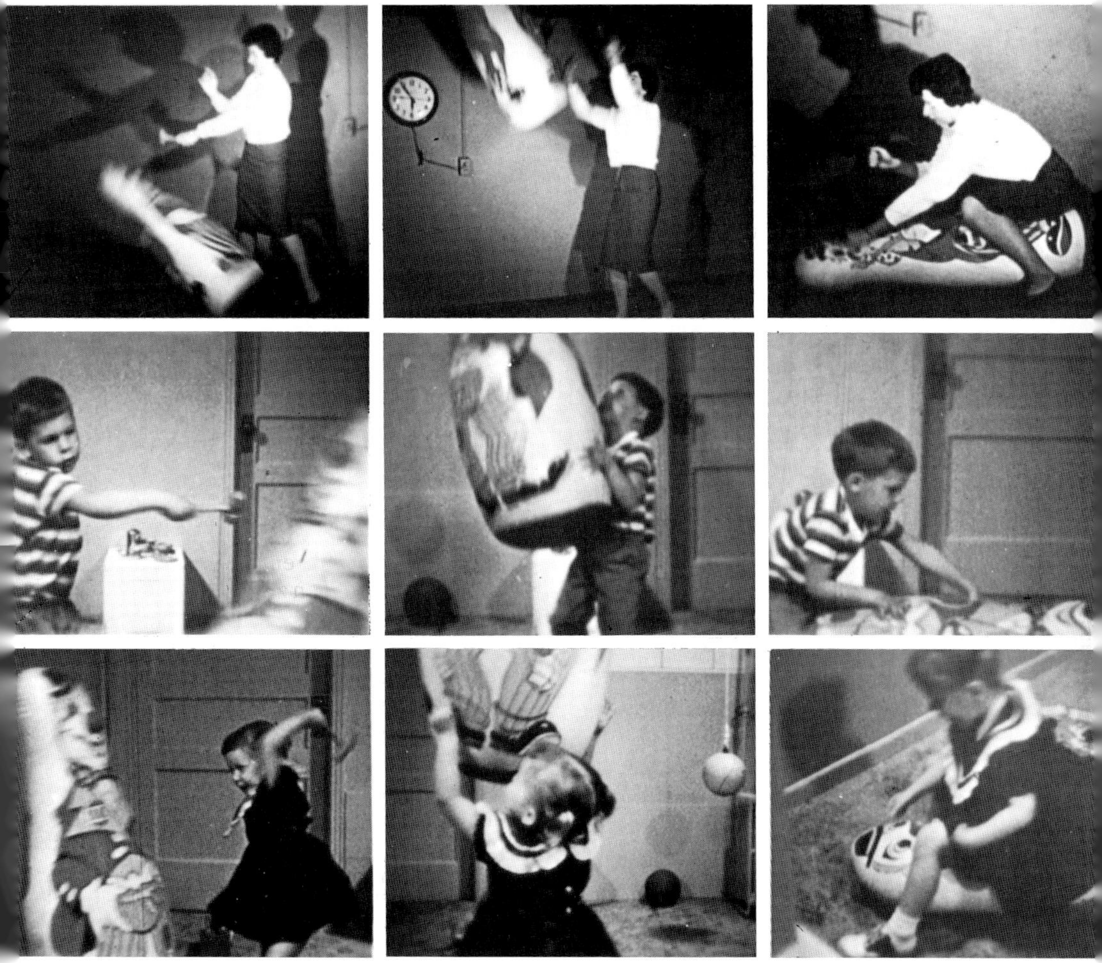

Das Nachahmungslernen ist ein wichtiger Mechanismus für die Entwicklung der Emotionen. Die Beobachtung eines erwachsenen »Vorbildes« beim Ausdruck von Wut und Ärger formt bis in kleine Details hinein den Gefühlsausdruck der Kinder.

ten mit Kindern nachgewiesen. Ein gutes Beispiel ist das Erlernen von neuen aggressiven Verhaltensweisen. Der amerikanische Psychologe Albert Bandura ließ Kinder beobachten, wie ein aggressiver Erwachsener seine »Wut« an einer aufblasbaren Gummipuppe ausließ. Anschließend hatten die Kinder die Möglichkeit, selber mit der Gummipuppe zu spielen, nachdem sie vorher durch die »Wegnahme von Spielzeug« verärgert worden waren. Wie der Vergleich einzelner Verhaltensweisen zeigte, imitierten sie fast vollständig die emotionalen »Wutreaktionen« ihrer Vorbilder (s. Abb. oben). Zum Vergleich mußte eine Kindergruppe einen Erwachsenen beobachten, der ruhig auf dem Boden saß und sich gar nicht um die

Puppe kümmerte. Resultat: Die Gummipuppe wurde nicht angegriffen, der Wutanfall blieb aus, obwohl auch diese Kinder vorher »verärgert« worden waren.

Das Hauptinteresse der Lernpsychologen gilt dem Aspekt der Anpassung des Individuums an die Umweltbedingungen. Beim Studium dieser Anpassungsmechanismen übersehen sie aber oft die Tatsache, daß der Mensch aktiv in die Gegebenheiten der Außenwelt eingreift, um sie entsprechend seinen inneren Bedürfnissen und Vorstellungen zu verändern. Die Eigenaktivität des Menschen beim Erwerb seiner geistigen und emotionalen Fähigkeiten wird insbesondere von den Vertretern der »kognitiven Entwicklungstheorien« betont. Nach ihrer Auffassung wird das Verhalten weitgehend durch die Entwicklung kognitiver Prozesse (s. S. 337) geformt, wobei die Umweltbedingungen nicht die Ursache der Entwicklung darstellen, sondern nur die notwendigen Gelegenheiten für die Anwendung der kognitiven Fähigkeiten bieten. Diese Betrachtungsweise stellt die Entwicklung der Emotionen in den Dienst der kognitiven Entwicklung.

Ein Beispiel für die Bedeutung kognitiver Faktoren beim Ausdruck von Emotionen sind die kulturspezifischen *Darstellungsregeln* (*display rules*). Ekman und Friesen, die diesen Begriff 1969 eingeführt haben, nennen in diesem Zusammenhang das Über- oder Untertreiben von Emotionen, deren völliges Unterdrücken (»Pokerface«) und das Darstellen nicht vorhandener Emotionen (»Keep-smiling«, Schauspielkunst). Zum Erlernen der Darstellungsregeln gehört es auch, zwischen »echtem« und »gespieltem« Gefühlsausdruck bei sich selbst und anderen unterscheiden zu lernen. In einer Übersicht von Lewis und Michalson über die Sozialisation von Emotionen wird das Erlernen von Darstellungsregeln noch weiter gefaßt. Beim Eintritt in eine Kulturgemeinschaft muß jeder Neuling – sei er ein kleines Kind oder ein »Fremder« – als wichtigen Teil seiner Sozialisation lernen

- wie Emotionen benannt und interpretiert werden;
- wie und bei welchen Gelegenheiten welche Emotionen ausgedrückt oder unterdrückt werden;
- wie mit eigenen und fremden Emotionen umzugehen ist.

Die Darstellungsregeln für Emotionen, vor allem die sprachliche Benennung oder Nichtbenennung (z. B. durch Tabuisierung) und ihre Interpretation und Wertung (erwünscht – unerwünscht) sind ebenso wichtig wie die biologische Verankerung der Emotionen.

Der Soziologe Norbert Elias hat eine historisch-psychologische Untersuchung der Darstellungsregeln für den Ausdruck von Emotionen bzw. deren »Selbstregulation« durch die Individuen zur Grundlage seiner Theorie »Über den Prozeß der Zivilisation« (1939) gemacht. Für Elias steht die Veränderung der Schamgrenzen im höfischen Mittelalter am Anfang einer Entwicklung »gesellschaftlichen Zwanges zum Selbstzwang«, die den *modernen Menschen* entstehen ließ, der »sich selbst und die Welt« zu beherrschen in der Lage ist. Elias' Zivilisationstheorie ist umstritten, da sich in »unzivilisierten« Gesellschaften teilweise weiterreichende, nur eben andere »Zwänge zum Selbstzwang« finden. Wichtiger als der Ausgang dieser Kontroverse sind die Anregungen, die das Lebenswerk Elias' der neuen Forschungsrichtung *Historische Psychologie* (Jüttemann, 1988) gegeben hat.

5.23 Entwicklung der infantilen Sexualität

Die psychoanalytischen Entwicklungstheorien vertreten eine Position zwischen dem Postulat extremer Umweltabhängigkeit und demjenigen der Umweltunabhängigkeit. Sie betonen insbesondere die Auseinandersetzung der triebhaften Bedürfnisse des Individuums mit den Anpassungsforderungen der sozialen Umwelt, die in den westlichen Kulturen weitgehend triebunterdrückenden Charakter haben. Am besten läßt sich dieses Wechselspiel von Umweltansprüchen und inneren Bedürfnissen an der Entwicklung der kindlichen Sexualität studieren, deren Verlauf eine entscheidende Bedeutung für die Emotionalität der erwachsenen Persönlichkeit hat.

Sigmund Freuds Theorie der »psychosexuellen« Entwicklung stellt den Versuch dar, die dominierenden Bedürfnisse einzelner Kindheitsstadien prägnant darzustellen und ihre Bedeutung für die »Charakterbildung« herauszuarbeiten. Die Theorie beschreibt nicht nur die Entwicklung der Emotionen, sie macht außerdem Aussagen über die Ausbildung von kognitiven und sozialen Verhaltensweisen.

Im Mittelpunkt der Theorie steht die Entwicklung der kindlichen Sexualität. Mit der Methode der freien Assoziation und der Traumanalyse (s. S. 147) durchforschte Freud immer wieder die Kindheitserinnerungen seiner Patienten. Das dabei erarbeitete Material zeigte ihm, daß die Sexualität des Erwachsenen schon in frühester Kindheit vorgeformt wird. Diese infantile Sexualität ist durch drei Merkmale zu kennzeichnen:

- Nach einem angeborenen Schema (*epigenetisches Prinzip*) werden in den einzelnen Entwicklungsstadien unterschiedliche Körperregionen (sogenannte *erogene Zonen*) mit Libido-Energie (Sexualenergie) besetzt.
- Der normale physiologische Gebrauch sowie die künstliche Reizung dicser Körperzonen führt zu einer Spannungsreduktion (= Abfuhr von libidinöser Energie), die beim Kind »Lustgefühle« entstehen läßt. Das Saugen an der Mutterbrust sowie das Daumenlutschen führen z. B. beide zu einem »Lustgewinn«.
- Das Luststreben ist weitgehend »autoerotisch«, d. h., es beschränkt sich auf die Selbstreizung der erogenen Zonen.

Die einzelnen Phasen der psychosexuellen Entwicklung werden nach der jeweils dominierenden erogenen Zone benannt.

Orale Phase: Im ersten Lebensjahr steht die orale Bedürfnisbefriedigung im Vordergrund. Das intensive Daumenlutschen in dieser Periode ist das deutlichste Zeichen infantiler Lustempfindungen. Freud schreibt: »Das Wonnesaugen ist mit voller Aufzehrung der Aufmerksamkeit verbunden, führt entweder zum Einschlafen oder selbst zu einer motorischen Reaktion in einer Art von Orgasmus.« Erik H. Erikson erweiterte die Freudsche Theorie, indem er die Stufen der Sexualentwicklung mit der Entwicklung der sozialen Einstellungen in Beziehung setzte. Nach Erikson lernt das Kind in dieser Periode, anzunehmen, was ihm gegeben wird. Das *Urvertrauen* bildet sich aus. Die erste Krise entsteht, wenn das Kind »entwöhnt« wird. Es muß lernen, daß die mütterliche Brust durch andere »Lustobjekte« ersetzt werden kann. Die verständnisvolle Haltung der Mutter kann verhindern, daß an die Stelle des anfänglichen Vertrauens Mißtrauen tritt.

Anale Phase: In der Zeit vom ersten bis zum dritten Lebensjahr verlagert sich die Bedürfnisbefriedigung auf die anale Zone. Das Interesse des Kindes gilt der Übung der analen und urethralen (= Harnröhren-) Muskulatur. Es lernt, »zurückzuhalten« und »auszustoßen«. Es muß sich immer wieder zwischen aktiver »Beherrschung« und passiver »Hingabe« entscheiden. Es erwirbt die Fähigkeit, sich selbst zu kontrollieren, und bildet damit wichtige *Ich-Funktionen* (z. B. Autonomie und Selbstbewußtsein) aus. Der Wunsch nach *Selbständigkeit* gerät mit den *Anpassungsforderungen* der Umwelt in Konflikt. Die zufriedenstellende Lösung dieses Konfliktes hängt von der Fähigkeit der Erzieher ab, gesellschaftliche Regeln und Anpassungsforderungen so zu formulieren,

Kindliche Sexualtheorien

Die kindliche Neugier wendet sich in der Zeit vom dritten bis zum fünften Lebensjahr insgeheim oder offen besonders intensiv den Fragen der Sexualität zu. Die verdeckende Aufklärung der früher selber irregeführten Erwachsenen zwingt die Kinder zur Erfindung eigener »Sexualtheorien«. Freud berichtet von drei Hauptproblemen, die vom Kind gelöst werden müssen.

Geburtstheorien: Ein kleines Mädchen sitzt im Garten und ist in ein wunderbares Spiel vertieft. Es hat ein Loch in die Erde gegraben und Wasser hineingegossen. Jetzt holt es kleine Dreckkugeln heraus und schichtet sie fein säuberlich rings um das Loch auf. Von der Mutter befragt, was es da mache, antwortet das Kind: »Ich mache Babys. Sieh nur, ich hab' schon sechs Kinder.« Wie sich herausstellte, glaubte das Kind, Säuglinge kämen aus dem Darm der Mutter. Andere Kinder sind der Meinung, daß der Bauch aufgeschnitten werden muß oder daß sich der Bauchnabel für den Austritt des Neugeborenen öffnet.

Geschlechtsunterschiede: Allen kindlichen Geburtstheorien ist gemeinsam, daß die Existenz einer Vagina geleugnet wird. Freud sieht die Hauptursache dafür darin, daß Kinder »allen Menschen, auch den weiblichen Personen, einen Penis zusprechen ... Diese Überzeugung wird vom Knaben energisch festgehalten, gegen die sich bald ergebenden Widersprüche der Beobachtung hartnäckig verteidigt und erst nach schweren inneren Kämpfen (Kastrationskomplex) aufgegeben ... Das kleine Mädchen verfällt nicht in ähnliche Abweisungen, wenn es das andersgeartete Genitale des Knaben erblickt. Es ist sofort bereit, es anzuerkennen, oder es unterliegt dem Penisneide, der in dem für die Folge wichtigen Wunsch, auch ein Bub zu sein, gipfelt.«

Sexualverkehr: Kinder beschäftigen sich viel mit dem Problem, worin der Geschlechtsverkehr oder das »Verheiratetsein« besteht. Bekommt man ein Kind, wenn man gemeinsam ißt, wenn man sich küßt oder wenn man auf die Toilette geht und sein Geschäft in die Kloschüssel gleichzeitig verrichtet? Viele solcher für den Erwachsenen komisch klingenden Theorien werden entwickelt, wenn in bezug auf den Geschlechtsverkehr dem Kind gegenüber Geheimniskrämerei betrieben wird. Werden Kinder dennoch unvorbereitet Zuschauer des sexuellen Verkehrs, so deuten sie den Sexualakt als eine Art Mißhandlung oder Überwältigung. Eine Bestätigung dieser Auffassung erhält das Kind, wenn es später einmal Blutspuren im Bett oder an der Wäsche der Mutter entdeckt – ein weiterer Beweis dafür, daß in der Nacht wieder ein Überfall des Vaters auf die Mutter stattgefunden hat.

»Die Sexualforschung dieser frühen Kinderjahre wird immer einsam betrieben; sie bedeutet einen ersten Schritt zur selbständigen Orientierung in der Welt und setzt eine starke Entfremdung des Kindes von den Personen seiner Umgebung, die vorher sein volles Vertrauen genossen.«

daß sie vom Kind angenommen werden können.

Phallische Phase: Vom dritten bis zum fünften Lebensjahr sind die Genitalien die wichtigste Region libidinöser Erregung. Der Penis (= Phallus) des Jungen und die Klitoris des Mädchens werden zu Quellen intensiver Lusterlebnisse. In dieser Zeit entwickeln sich zahlreiche kindliche Theorien über die Geschlechtsunterschiede, den Beischlaf und das »Kinderkriegen«, die oft die sexualverneinende Haltung der Erwachsenen in skurriler Weise widerspiegeln (s. Kasten oben). Das sexuelle Interesse wendet sich dem andersgeschlechtlichen Partner zu. Vor allem werden auch die Eltern in die sexuellen Wünsche einbezogen. Dabei entsteht eine starke Rivalität zum gleichgeschlechtlichen Elternteil (*ödipaler Konflikt*). Dieser Konflikt endet mit der weitgehenden Unterdrückung der sexuellen Wünsche durch die gesellschaftlichen Moralbegriffe (*Über-Ich-Bildung*), die infolge der Identifikation mit den Erziehungspersonen verinnerlicht wurden (*Latenzzeit*). Erst in der Pubertät kommt es wieder zu ernsthaften sexuellen Konflikten, die genau dort ansetzen, wo die infantile Sexualentwicklung stehengeblieben war.

In der psychoanalytischen Praxis ist immer wieder festzustellen, daß sich die Patienten auf sehr unterschiedliche Weise gegen die Aufdeckung unbewußter Emotionen wehren (s. S. 135). Der Freud-Schüler Wilhelm Reich hat diese Beobachtung dazu benutzt, eine Persönlichkeitstypologie zu entwickeln, in der die unterschiedlichen Grundzüge der Abwehr unbewußter Gefühle auf unterschiedliche »Schicksale« während der Sexualentwicklung zurückgeführt werden. Diese Typologie kann natürlich nicht die vielfältigen Persönlichkeitsunterschiede, die zwischen Menschen bestehen, wiedergeben. Sie ist jedoch sehr hilfreich, wenn wir nach der Ursache bestimmter auffallender Verhaltensweisen fragen.

Der *hysterische Charakter* fällt besonders durch sein aufdringliches »sexuelles Gehabe« auf. »Verhüllte oder unverhüllte Koketterie in Gang, Blick, Sprache verrät vor allem bei Frauen den hysterischen Charaktertypus. Bei Männern tritt daneben Weichheit und Überhöflichkeit sowie feminines Gehabe hervor.« Diesem Gebaren entspricht eine unverkennbare Ängstlichkeit, die besonders dann zutage tritt, wenn die reale sexuelle Begegnung möglich wird; dann weicht der hysterische Charakter zurück und begibt sich in eine ängstliche, passive Haltung. Es ist aber auch möglich, daß die starke Angst vor realem Sexualleben durch gesteigertes Agieren ohne entsprechendes sexuelles Erleben bewältigt werden kann. Bei der Analyse dieser Menschen erweist sich, daß ihre sexuelle Scheinaktivität wie ihre Ängstlichkeit durch eine Fixierung auf die *»phallische Phase«* der Sexualentwicklung verursacht sind. Die genitalen Inzestvorstellungen (Ödipuskomplex) sind zwar verdrängt, aber vom dynamischen Unbewußten her so aktiv, daß sie immer wieder abgewehrt werden müssen. Die Scheinsexualität dient dazu, alle möglichen »Gefahrenquellen« möglichst frühzeitig zu erkennen, um die drohende Sexualbetätigung rechtzeitig unter Kontrolle zu bekommen. Die übertriebene Sexualität steht beim hysterischen Charakter also im Dienste der Abwehr seiner Inzestwünsche.

Der *Zwangscharakter* resultiert vor allem aus einer Fixierung auf die *anale Phase*. Aggressive Impulse, die sich in dieser Phase besonders intensiv ausbilden, werden durch entsprechende »Reaktionsbildungen« unterdrückt. Diese Menschen neigen daher oft zu Mitleids- und Schuldgefühlen (Reaktionsbildung), die der Unterdrükkung aggressiver Impulse dienen. Die extreme Reinlichkeitserziehung bewirkt eine entsprechend extreme Beherrschtheit schon im frühen Lebensalter. Besonders deutlich spiegelt sich diese Kontrolliertheit in extremer Sparsamkeit, pedantischem Ordnungssinn und übertriebener Sauberkeit wider. »Die typische Art der Verdrängung beim Zwangscharakter ist die Abspaltung der Affekte von den Vorstellungen, so daß diese oft ungestört im Bewußtsein auftauchen können. Ein solcher Patient träumt und denkt ruhig an den Inzest mit der Mutter, ja sogar inhaltlich schwerste Vergewaltigungen, aber er bleibt davon völlig unberührt.« Bei solchen Patienten muß vor allem diese Affektsperre aufgehoben werden, bevor eine sinnvolle Analyse beginnen kann, da sonst viel »unbewußtes Material« produziert wird, das zu keinerlei Einsichten verhilft. Der *depressive Charakter* fällt durch starke Abhängigkeit und Anklammerungswünsche auf. Dies wird auf orale Impulse des Auffressens und Aufgefressenwerdens zurückgeführt. Diese Beispiele demonstrieren, wie wichtig die Analyse der frühkindlichen Sexualentwicklung für das Verständnis erwachsener Verhaltensweisen sein kann.

5.3 Bausteine für eine Emotionstheorie

5.31 Rückmeldung von der Körperperipherie

Emotionales Verhalten wird meistens von komplexen physiologischen Veränderungen an der Körperperipherie begleitet. Wie solche physiologischen Reaktionsmuster aussehen können, haben uns die Experimente von Ax demonstriert. Nun wollen wir untersuchen, auf welche Weise aus diesen körperlichen Veränderungen subjektiv erfahrbare Gefühle entstehen können. Schon 1890 hat der Amerikaner William James eine Gefühlstheorie entwickelt, die viel Aufsehen erregte, weil sie unsere Alltagserfahrungen auf den Kopf stellt. James schrieb: »Meine Theorie besagt, daß die körperlichen Veränderungen direkt der Wahrnehmung eines aufregenden Ereignisses folgen und daß erst die Empfindung dieser Veränderungen die Emotion darstellt.« Oder einfacher formuliert: Wir weinen nicht, weil wir traurig sind, sondern wir sind traurig, weil wir weinen.

Schauen wir uns diese Theorie in einem »Blockschaltbild« (s. Abb. S. 191) an. Vier Reizleitungswege lassen sich dabei unterscheiden: Reize aus der Umwelt erregen die Sinnesorgane (Leitung 1). Über die bekannten sensorischen Bahnen (s. S. 96) gelangen Impulse zu den subkortikalen und kortikalen Empfangsstationen. Dabei werden noch keine Emotionen ausgelöst. Es kommt lediglich zu einer Erregung des autonomen und motorischen Systems (Leitung 2), die zur Veränderung des Blutdrucks, der Herzschlagfrequenz, der Hautleitfähigkeit, der Atmung, der Muskelspannung und anderer physiologischer Funktionen führt. Diese Veränderungen an der Körperperipherie erregen eine Vielzahl von Interozeptoren, die wiederum Informationen zum Kortex zurückmelden (Feedback-Leitung 3 und 4). Erst die Verarbeitung dieser Informationen zusammen mit dem Wahrnehmungskonzept des ursprünglichen Reizes läßt die Empfindung einer Emotion entstehen.

Der wichtigste Aspekt dieser Theorie ist also die Bedeutung der *Rückmeldung körperlicher Veränderungen* für die Gestaltung des emotionalen Erlebens. Durch Beispiele aus der Sexualforschung und der Verhaltenstherapie läßt sich experimentell belegen, daß Emotionen mit Hilfe der Beeinflussung peripherer Erregung gesteuert werden können. Die Erforschung des Sexualverkehrs durch den Psychoanalytiker Wilhelm Reich und den Frauenarzt William H. Masters hat gezeigt, daß das Orgasmuserleben durch die rhythmische Aktivität der Muskulatur und durch entsprechende Veränderungen der Durchblutung reguliert wird. Störungen dieser Körpervorgänge sind ein deutliches Zeichen für Orgasmusstörungen. Die willkürliche Steigerung von Muskelkontraktionen im Bauchbereich wird von manchen Frauen und Männern praktiziert, um das sexuelle Erleben zu steigern und um den Orgasmus einzuleiten. Dieses Aufschaukeln der sexuellen Erregung durch Verstärkung der rhythmischen Muskelaktivität kann als *positives Feedback* bezeichnet werden.

Die Verminderung der peripheren Erregung wird von Verhaltenstherapeuten verwendet, um das Zustandekommen von Angstzuständen zu verhindern. In einem langen und eingehenden Training müssen die Patienten lernen, die Muskulatur voll zu entspannen. Dabei stellen sich Gefühle des Wohlbefindens und der Zufriedenheit ein, die der Angst entgegenwirken (s. S. 406).

Solche Beobachtungen verleiten natürlich dazu, das Auftreten von Emotionen allein auf physiologische Veränderungen an der Körperperipherie zurückzuführen. Der amerikanische Physiologe W. B. Cannon hat diesen Standpunkt heftig kritisiert und zahlreiche experimentelle Befunde

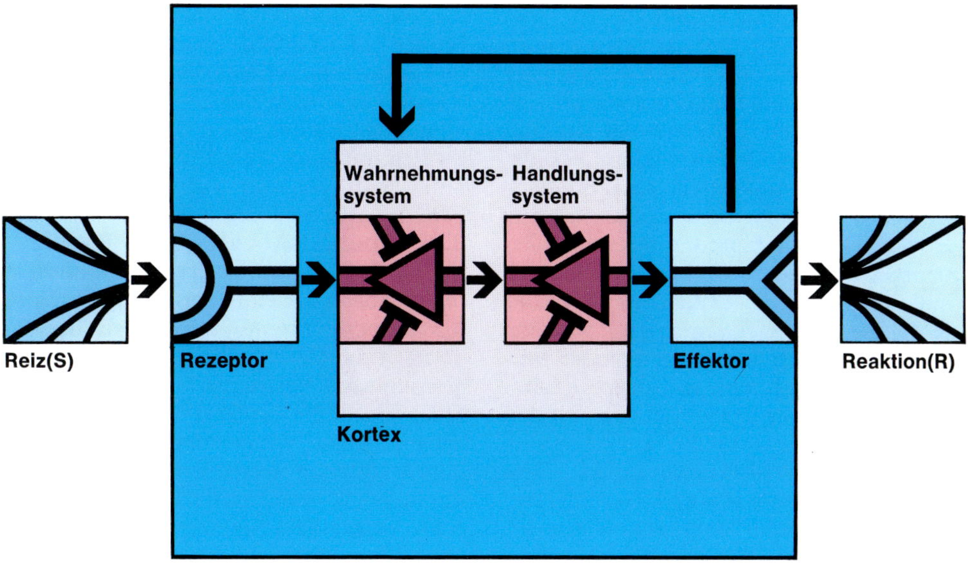

Emotionen durch Rückmeldung von Informationen aus der Körperperipherie (Modell nach James-Lange): Der Informationsweg Reiz–Rezeptor–Wahrnehmungssystem entspricht Leitung 1 im Text, Handlungssystem–Effektor Leitung 2 und Effektor–Rückmeldung zum Kortex Leitung 3 und 4.

zusammengetragen, um mit deren Hilfe James' »periphere Gefühlstheorie« zu Fall zu bringen:

- Die völlige Ausschaltung der »autonomen Rückmeldebahnen« unterbindet keineswegs das Zustandekommen von Emotionen. Trotz experimenteller Durchtrennung der Rückmeldebahnen und des Vagus (s. S. 40) konnten bei den verschiedensten Tierarten immer noch normale Wutreaktionen und Angstverhalten ausgelöst werden. Patienten mit Rückenmarkslähmungen zeigten ebenfalls keine veränderte Emotionalität.
- Bei unterschiedlichen Emotionen kommt es immer wieder zu den gleichen peripheren Veränderungen, so daß eine Differenzierung der Gefühle über periphere Rückmeldung unwahrscheinlich ist. Zur Kritik dieser Behauptung siehe die Ergebnisse von Ax (s. S. 163).
- Die Eingeweide sind recht unempfindliche Strukturen, weil nur wenige Rezeptoren für die Rückmeldung vorhanden sind.

Diese Behauptung ist heute unhaltbar: Neuere Untersuchungen haben die Existenz sehr differenziert arbeitender Interozeptoren in den verschiedensten Teilen der Körperperipherie nachgewiesen.

- Eine künstliche Induktion der peripheren Veränderungen, die auch bei normalen Emotionen registriert werden können, hat kaum »natürliche« Emotionen zur Folge.

Cannons Kritik ist nicht in allen Punkten stichhaltig. Dennoch zeigt sie, daß James' »peripheres Gefühlsmodell« zu einfach ist, um das Zustandekommen von Emotionen hinreichend zu erklären.

Wir wollen zwei der experimentellen Befunde noch etwas genauer betrachten, um zu verstehen, warum Cannons Kritik ihrerseits kritisiert wurde.

G. W. Hohmann hat 1962 nochmals ausführlich 25 Patienten mit Rückenmarkslähmungen untersucht, um die früheren klinischen Berichte, auf die sich Cannons Kritik stützte, zu überprüfen. Er verteilte seine Patienten auf fünf Gruppen, die sich jeweils hinsichtlich des Ortes der Rückenmarksverletzung unterschieden. Bei Patienten mit Lähmungen im Beckenbereich war noch ein großer Teil des autonomen Nervensystems erhalten, während bei Patienten mit höheren Läsionen kaum noch eine autonome Rückmeldung von der Körperperipherie zu registrieren war. Mit jedem Patienten wurden Tests durchgeführt, bei denen eine spezifische Emotionssituation vor der Verletzung mit den entsprechenden Gefühlen nach der Verletzung verglichen wurde. Dabei zeigte sich, daß die Intensität der Gefühlsempfindungen nach der Verletzung um so geringer war, je weniger die Patienten die Möglichkeit hatten, Feedback von der Körperperipherie zu erhalten.

Zwar waren alle Patienten zu Emotionen fähig, aber diese Gefühle unterschieden sich von den früheren dadurch, daß sie mehr »geistig« erlebt wurden. Ein Patient berichtete zum Beispiel: »Ich sage Ihnen, ich habe richtig Angst, so als ob ich vor einem wirklich ›harten‹ Examen stehen würde, aber ich *fühle* die Angst nicht, keine Spannung und kein Zittern, auch nicht dieses verdammte Gefühl im Magen, wie früher immer.« Das zeigt, wie wichtig die autonomen Reaktionen für die Intensität und Vollständigkeit der Gefühle sind. Aber die Rückmeldung *allein* ist nicht verantwortlich für die Entstehung von Emotionen, es müssen noch andere Faktoren hinzukommen.

Der Spanier M. G. Marañon versuchte 1924 mit Hilfe von Adrenalininjektionen die bekannten peripheren Veränderungen bei Angst oder Wut zu simulieren (s. S. 164). Von 210 Vpn hatten 71 % nach der Injektion keinerlei Empfindungen, trotz beträchtlicher physiologischer Erregung. Nahezu 29 % der Vpn berichteten von »künstlichen« Emotionen, an deren Zustandekommen sie sich nicht beteiligt fühlten. Die Gefühle wurden als »kalt« und »unwirklich« beschrieben. Nur einige Versuchspersonen zeigten »echte« Gefühle, und zwar dann, wenn der Versuchsleiter sich mit ihnen über frühere Erlebnisse unterhielt. Vor der Adrenalininjektion hatten sie wesentlich unbeteiligter von diesen zurückliegenden Emotionen berichtet. Das Verhalten der Mehrzahl dieser Vpn bestätigt also Cannons Kritik. Nur die Minderheit der Vpn bestätigt die Bedeutung der Beteiligung peripherer Erregung an der Auslösung von Emotionen. Doch noch ein anderer Faktor scheint wichtig zu sein: Wenn frühere *Gedächtnisinhalte* aktiviert werden, können sie zusammen mit dem autonomen Feedback echte emotionale Stellungnahmen auslösen. Wir wollen auf diesen Aspekt ausführlich eingehen, weil er eine psychologische Interpretation physiologischer Veränderungen nach Plazebo-Medikation liefert.

5.32 Zusammenspiel von kognitiven und physiologischen Faktoren

Der Sozialpsychologe Stanley Schachter hat vierzig Jahre später den Adrenalinversuch von Marañon noch einmal ausführlich analysiert. Zwei wichtige Faktoren haben seiner Meinung nach den Ausgang des Experimentes mitbestimmt. Zum einen wußten alle Vpn, daß sie ein Medikament injiziert bekamen. Folglich konnten die meisten Vpn alle körperlichen Veränderungen auf diese Ursache zurückführen. Andererseits begünstigte die physiologische Erregung das emotionale Nacherleben früherer Emotionen.

Diese Überlegungen brachten Schachter dazu, die Bedeutung von kognitiven Faktoren bei der Entstehung von Emotionen zu untersuchen. Drei Faktoren sind seiner Meinung nach für eine *»kognitive Emotionstheorie«* wichtig:

- Die physiologische Erregung muß wahrgenommen werden, sonst kann keine Emotion entstehen.
- Die physiologische Erregung darf nicht durch physikalische oder medizinische Eingriffe erklärbar sein, denn diese Faktoren werden meistens zuerst zur Bewertung unbekannter Körperveränderungen herangezogen.
- Sind keine befriedigenden Erklärungsmöglichkeiten vorhanden, so werden die Veränderungen als Gefühle beschrieben, deren Qualität von kognitiven Faktoren (Erinnerungen, Bewertung der sozialen Situation usw.) abhängt.

Die experimentelle Überprüfung dieser Hypothesen war recht aufwendig. Um die wahre Absicht der Untersuchung zu verschleiern, wurde den Vpn gesagt, daß die Wirkung eines Vitaminpräparates (»Suproxin«) auf die Wahrnehmungsleistung getestet werden solle. In Wirklichkeit aber wurde Adrenalin oder unwirksame Kochsalzlösung (Plazebo) injiziert. Ganz gezielt wurde vor der Injektion einem Teil der Vpn die erregende Wirkung des Suproxin (in Wahrheit Adrenalin) als notwendige Nebenwirkung beschrieben. Die übrigen Teilnehmer waren über die physiologischen Veränderungen nicht ins Bild gesetzt worden. Anschließend wurden die verschiedenen Vpn von einem »Assistenten« der Experimentatoren entweder zu euphorischem oder zu ärgerlichem Verhalten animiert. Während der ganzen Zeit wurde das emotionale Verhalten der Vpn ohne deren Wissen durch eine »Einweg-Scheibe« beobachtet und protokolliert.

Der »Assistent« wurde als weitere Versuchsperson vorgestellt. Zur Induktion der Emotion *»Euphorie«* mußte er eine Reihe von »lustigen Spielen« anregen, bei denen beobachtet wurde, inwieweit die Vp sich von dieser gespielten Euphorie mitreißen ließ. Der »Assistent« erzählte, daß er sich heute besonders wohl fühle und sich wie ein kleines Kind vorkomme, das ausgelassen herumtoben möchte.

»Ärger« wurde dadurch induziert, daß die Vpn und der »Assistent« einen Testbogen mit provozierenden Fragen auszufüllen hatten, wie z. B.: »Mit wie vielen Männern hatte Ihre Mutter außerehelichen Geschlechtsverkehr?« Der »Assistent« saß dabei der Vp genau gegenüber und machte ärgerliche Kommentare zu den einzelnen Fragen. Er geriet in immer stärkere Erregung, zerriß zum Schluß den Fragebogen und verließ »wütend« den Raum.

Nach jeweils zwanzig Minuten war die Provokation der einzelnen Emotionen jeweils beendet. Danach mußte die Versuchsperson in einem Fragebogen die erlebte Intensität der induzierten Emotionen beurteilen. Die Auswertung der Ergebnisse bestätigte die Wichtigkeit der drei zu Anfang beschriebenen Faktoren: Versuchspersonen, die über die »Nebenwirkung von Suproxin« (= Adrenalin) *uninformiert* waren, gingen manisch erregt auf die kindlichen Späße des »Assistenten« ein, oder sie waren – wenn der Helfer sie zu Wutreaktionen mitgerissen hatte – extrem verärgert. Die *informierten* Versuchspersonen dagegen saßen recht unbeteiligt auf ihren Stühlen und beobachteten mißtrauisch die Gefühlsausbrüche des »Assistenten«. Bei *»Plazebo-Injektionen«* reagierten die Versuchspersonen ebenfalls ohne emotionale Beteiligung. Diese Resultate konnten in mehreren nachfolgenden Experimenten auch für andere Emotionen wie »Furcht«, »Angst« oder »Vergnügen« beim Betrachten von Spielfilmen bestätigt werden.

Kognitive Prozesse sind nicht nur für die Bewertung von *physiologischen Veränderungen* bei der Entstehung von Emotionen von Bedeutung, sie können auch die *Intensität der physiologischen Reaktion* auf äußere emotionale Reize steuern. Eine Gruppe von Sozialpsychologen unter der Leitung von Richard S. Lazarus hat 1964 die Wirkung von kognitiven Abwehrmechanismen auf die Herzschlagfre-

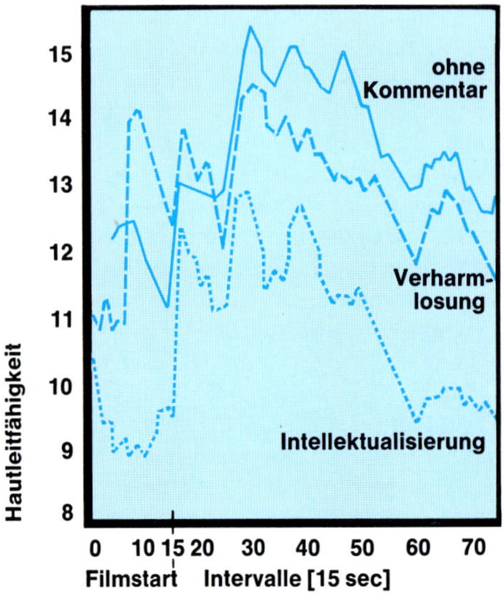

Unterschiedliche kognitive Einstellungen (z.B. »Intellektualisierung«, »Verharmlosung«) führen beim Betrachten ein und desselben Horrorfilms zu ganz verschiedenen Veränderungen der Hautleitfähigkeit (PGR, gemessen in 1/kΩ) Die Gipfel der PGR-Kurve entsprechen besonders grausamen Filmszenen.

quenz und die elektrische Hautleitfähigkeit untersucht.

Die Emotionen wurden durch einen Film über die »Beschneidungspraktiken« bei australischen Eingeborenen provoziert. Der Film zeigte fünf verschiedene operative Manipulationen am Penis eines Jungen in der Pubertät, die jedesmal heftige vegetative Reaktionen bei den Filmbetrachtern hervorriefen (s. Abb. oben). Unterschiedliche kognitive Einstellungen zu diesen Genitaloperationen wurden durch zwei verschiedene, die Operation begleitende Kommentare erzeugt. Ein Kommentar war darauf ausgerichtet, Grausamkeit und Schmerzen zu verharmlosen und die Freude des Jungen zu betonen, nach gelungener Beschneidung endlich zum Kreis der Erwachsenen des Stammes zu gehören (*Verharmlosung*). Der zweite Kommentar wurde von einem Anthropologen gesprochen, der ohne emotionale Beteiligung diese seltsamen Sitten fremder Völker beschrieb (*Intellektualisierung*).

Die vegetative Reaktion auf einzelne »grausame« Szenen war abhängig von der experimentell induzierten kognitiven Einstellung, mit der die emotionale Wirkung der »brutalen« Bilder beeinflußt werden sollte. Am geringsten waren die gemessenen vegetativen Reaktionen beim emotionslosen Kommentar des Wissenschaftlers (s. Abb. links).

Die Experimente von Lazarus und Schachter ergänzen sich sehr gut. Wir können demnach von zwei wichtigen kognitiven Steuermechanismen ausgehen, die das Zustandekommen von Emotionen beeinflussen.

- Emotionale Reize in der Außenwelt werden durch unterschiedliche kognitive Bewertungen in ihrer physiologischen Wirkung gehemmt oder verstärkt.
- Physiologische Veränderungen an der Körperperipherie werden durch kognitive Bewertungen hinsichtlich ihrer emotionalen Bedeutung unterschiedlich interpretiert.

Bisher haben wir nur die physiologischen Veränderungen betrachtet, die über das autonome Nervensystem zum Gehirn zurückgemeldet werden. Die Weiterverarbeitung im Zentralnervensystem (ZNS) selber scheint aber noch wichtiger zu sein, wie die Analyse der kognitiven Faktoren gezeigt hat.

5.33 Subkortikale Steuerzentren

Der Mensch unterscheidet sich von den höheren Säugetieren insbesondere durch die ausgeprägte Entwicklung seines Großhirns (s. S. 36), das ihm Denken und Sprechen ermöglicht. Die emotionalen Reaktionen sind dagegen zum Teil schon bei den Tieren zu finden. Die Steuerzentren für diese Reaktionen dürften deshalb vorwiegend in Hirnregionen liegen, die der Mensch in relativ unveränderter Form mit vielen niederen Tieren gemeinsam hat: im Nachhirn, Mittelhirn und Zwischenhirn.

Im *Nachhirn und Mittelhirn* befinden sich lebenswichtige Regulationszentren für den Kreislauf und die Atmung. Von hier aus also werden jene peripheren Funktionen gesteuert, die uns als Indikatoren für die emotionale Erregung dienen. Das *Retikulärsystem,* das netzförmig ausgebreitet beide Hirnabschnitte durchzieht und bis zum Thalamus reicht, sorgt für die Wachheit des Organismus und schafft damit die Vorbedingung für das bewußte Erleben der Emotionen. Hier werden außerdem von den verschiedenen Sinnesmodalitäten kommende Signale ausgewählt oder zusammengefaßt (s. S. 109).

Das *Zwischenhirn* hat eine entscheidende Bedeutung für die Vorverarbeitung der Sinnesdaten (*Thalamus*) und für die Steuerung der vegetativen Erregung an der Körperperipherie (*Hypothalamus*). Alle Sinnesdaten werden in den verschiedenen thalamischen Kernen umgeschaltet, bevor sie die Projektionsfelder im Kortex erreichen (s. S. 53).

Der Schweizer Physiologe W. R. Heß, der 1949 für die Entwicklung der Technik der elektrischen Hirnreizung und die Erforschung von Thalamus und Hypothalamus den Nobelpreis für Medizin und Physiologie erhielt, hat eine Reihe von Bereichen im Hypothalamus isoliert, in denen Flucht- und Angriffsreaktionen ausgelöst werden können. Bei entsprechender Elektrodenlage veranlaßte die elektrische Reizung bei Tierversuchen Erweiterung der Pupillen, Aufrichten der Körperhaare und des Schwanzes, gehetztes Umherirren des Blickes, Anstieg des Blutdrucks und Vertiefung der Atmung, alles Anzeichen, die wir von »normalen« Angstreaktionen her kennen. Dennoch sind viele Forscher der Meinung, daß es sich hierbei um »Pseudoemotionen« handelt, denn die Tiere setzten gleich nach Beendigung der Reizung ihr vorheriges Verhalten wie Fressen, Trinken oder Fellecken fort, so als ob nichts geschehen wäre. Patienten, die während einer neurochirurgischen Operation im Hypothalamus gereizt wurden, zeigten zwar ähnliche vegetative Reaktionen, bemerkten aber keinerlei emotionale Veränderungen. Diese Befunde bekräftigen die Annahme, daß emotionale Empfindungen erst in einem noch höheren Hirnzentrum im Kortex zustande kommen.

Aufgrund von zahlreichen experimentellen Untersuchungen, bei denen der Kortex ausgeschaltet wurde, entwickelten die Physiologen W. B. Cannon und P. Bard eine *»Thalamus-Theorie der Emotionen«.* Ihrer Meinung nach werden die »thalamischen Emotionsmechanismen« normalerweise durch kortikale Impulse gehemmt, so daß emotionale Empfindungen und Ausdruckserscheinungen unterdrückt werden. Erst wenn diese Hemmungen durch die Ankunft von emotional bedeutsamen sensorischen Impulsen aufgehoben werden, können die thalamischen Emotionsmechanismen in Aktion treten. Diese Hypothese stützt sich auf kortikale Ausschaltungsexperimente, die meistens eine gesteigerte, emotionale Erregbarkeit zur Folge hatten. Beim intakten Organismus soll die Enthemmung des Thalamus und damit die Auslösung von Emotionen auf zwei unterschiedlichen Wegen entstehen (s. Abb. S. 196). Angeborene, unkonditionierte Reize wirken direkt auf den Thalamus, konditionierte Emotionsreize müssen den Umweg über den Kortex nehmen.

● Bei Schreckreaktionen (s. S. 114) und angeborenen Furchtreizen (unkonditionierte Reize) ist die Impulsintensität der Wahrnehmungsrezeptoren so groß, daß die kortikale Hemmung nicht mehr aufrechterhalten werden kann und somit die thalamischen Emotionsmechanismen von den ankommenden Rezeptorimpulsen di-

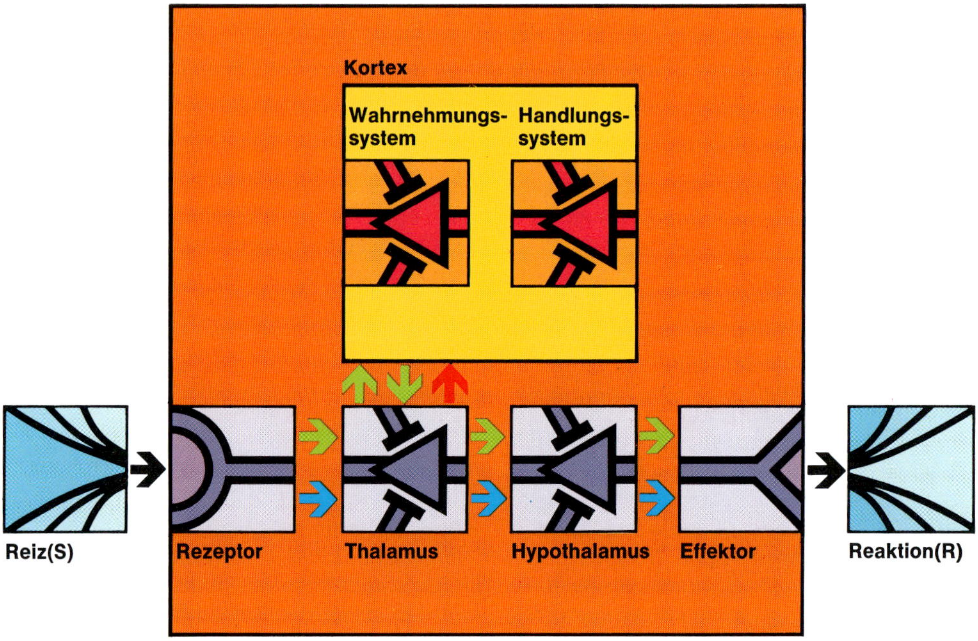

Thalamus-Theorie der Emotionen (Modell nach Cannon-Bard): Die unkonditionierten Reize nehmen den Weg Rezeptor – Thalamus – Hypothalamus – Effektor. Unabhängig von der Erregung der Effektoren ermöglicht die Impulsleitung vom Thalamus zum Wahrnehmungssystem (Kortex) die Gefühlsempfindung. Konditionierte Reize müssen zuerst konditionierte Reizmuster im Kortex ansprechen, um dann über Thalamus und Hypothalamus die Effektoren zu erregen.

rekt zur Tätigkeit angeregt werden (Abb., blaue Pfeile). Von diesen Mechanismen werden dann die hypothalamischen Steuerzentren für die vegetative Erregung der Körperperipherie »angefunkt«. Gleichzeitig werden Impulse zum Kortex ausgesandt (Abb., roter Pfeil), die unabhängig von der vegetativen Erregung zur Gefühlsempfindung führen.

● Die vielen konditionierten Stimuli, die nicht sofort die kortikale Hemmung im Thalamus überwinden können, müssen zuerst »konditionierte Reaktionen im Kortex« ansprechen (Abb., grüne Pfeile), die dann eine Aufhebung der kortikalen Hemmung bewirken. Wie bei den unkonditionierten Emotionen werden daraufhin die Mechanismen für Ausdruck (Hypothalamus) und Empfindung (Kortex) der Emotion angeregt.

Die experimentellen Einwände gegen das »periphere Gefühlsmodell« von James (s. S. 191) werden in diesem Modell also dadurch umgangen, daß Ausdruck und Empfindung der Emotion unabhängig voneinander entstehen sollen. Spätere Analysen der kortikalen Arbeitsweise haben jedoch ergeben, daß die subkortikalen Zentren, insbesondere Thalamus und Hypothalamus, nicht nur *gehemmt*, sondern durch kortikale Reizung auch *stimuliert* werden können. Das bedeutet, daß vom Kortex aus ebenfalls Emotionen aktiv ausgelöst werden.

5.34 Die Rolle des Kortex

Bisher wurde der Kortex (Großhirn) als einheitliches System dargestellt, das entweder hemmende oder erregende Impulse zu subkortikalen Zentren aussendet. Entwicklungsgeschichtlich können wir jedoch drei Großhirnabschnitte unterscheiden, die mikroskopisch durch unterschiedliche Zellstrukturen charakterisiert sind. Der *Neokortex* ist der komplexeste und stammesgeschichtlich jüngste Abschnitt des Großhirns. Besonders der vordere Anteil des Neokortex, der Frontallappen, scheint einige Bedeutung für die Steuerung der Emotionen zu besitzen. Neurochirurgische Eingriffe (Lobotomie), wie sie früher bei über 20000 Patienten vorgenommen wurden, führten immer wieder zu einer Verminderung von Angstsymptomen und anderen negativen Emotionen. Spätere Untersuchungen haben jedoch ergeben, daß gleichzeitig extreme intellektuelle Veränderungen und Gedächtnisstörungen auftraten, so daß dieser neurochirurgische Eingriff heute bei psychotischer Erkrankung nicht mehr durchgeführt wird. Die beiden älteren Abschnitte des Großhirns, der Mesokortex und der Allokortex, bilden zusammen das *»Limbische System«*. Ihre wesentliche Bedeutung scheint in der emotionalen und motivationalen Steuerung der subkortikalen Bereiche zu liegen (s. Abb. S. 199).

Man unterscheidet im Limbischen System mehrere Kerngebiete, die Verbindungen untereinander und mit anderen Hirnteilen besitzen. Die einzelnen Kerne sind durch besondere »intramurale« Bahnen miteinander verknüpft. Diese Bahnen stellen eine Art »Haustelefon« dar, das zur Verständigung innerhalb des Systems dient. Verbindungen zum Hypothalamus ermöglichen eine direkte Beeinflussung der vegetativen Steuerzentren und bewirken somit eine Veränderung der autonomen Funktionen an der Körperperipherie. Zahlreiche Faserzüge verknüpfen das Limbische System außerdem mit Thalamus und Formatio Retikularis. Diese Bahnen stellen die Verbindung des Limbischen Systems mit den Sinnesreizen aus der Außenwelt und dem Körperinneren her.

Die elektrische Reizung verschiedener Kerngebiete des Limbischen Systems bei Patienten in vollem Wachbewußtsein wird vielfach mit emotionalen Äußerungen beantwortet, die von den Patienten als »echt« und »natürlich« empfunden werden.

Für die systematische experimentelle Erforschung der tiefen Hirnstrukturen sind diese Zufallsbefunde bei therapeutischen Eingriffen nicht ausreichend. Somit ist der Wissenschaftler weitgehend auf tierexperimentelle Untersuchungen angewiesen, die eher eine systematische Ausschaltung und elektrische Reizung verschiedener Kerngebiete ermöglichen. Die ersten tierexperimentellen Befunde über die Bedeutung des Limbischen Systems für die Steuerung der Emotionen wurden in den Jahren 1937 bis 1939 von H. Klüver und P. C. Bucy erhoben. Die Ausschaltung des temporalen Limbischen Systems (Hippocampus, Nucleus Amygdalae und frontotemporale Anteile des Kortex) führte zu einer Enthemmung bei oralen und sexuellen Verhaltensäußerungen (Klüver-Bucy-Syndrom). Die Tiere masturbierten extrem oft und kopulierten unterschiedslos mit jedem erreichbaren Partner, auch wenn er einer anderen Tierart angehörte. Zwanghaft nahmen sie alles ins Maul, was nur irgendwie erreichbar war, selbst Nägel, brennende Streichhölzer und Kot wurden aufgefressen. Negative Emotionen wie Angst und Wut waren nicht mehr zu provozieren, die Tiere verhielten sich zahm und freundlich. Diesen Experimenten folgte eine Reihe von Untersuchungen, die die Funktion einzelner Kerngebiete des Limbischen Systems genauer erkundeten.

Dabei ergab sich, daß in einzelnen Hirnstrukturen entgegengesetzte Emotionen nah beieinander ausgelöst werden können. Hemmende und erregende Emotionsmechanismen überlappen sich häufig, so daß sich keine einzelnen Kerngebiete speziellen Emotionen zuordnen lassen. Die z.T. widersprüchlich erscheinenden experimentellen Befunde über Wirkungen der elektrischen Hirnreizung dürften in dieser Überlappung ihre Erklärung finden. Ein »lokalisatorisches Gefühlsmodell« wird der Komplexität der Emotionsverarbeitung im Limbischen System nicht gerecht.

Der Neurophysiologe Karl H. Pribram hat 1967 eine »kybernetische Theorie der Emotionen« entwickelt, worin er die Zusammenarbeit verschiedener Hirnstrukturen bei der »emotionalen Informationsverarbeitung« darzustellen versucht.

Nach Pribram ist die Arbeitsweise des Gehirns am besten als Zusammenarbeit unterschiedlich komplexer neuronaler Pläne oder Programme zu beschreiben (s. Computer-Analogie, S. 61). Diese bestehen aus einer Hierarchie von sich gegenseitig beeinflussenden Feedback-Mechanismen (TOTE-Einheiten), deren Aufgabe es ist, die Veränderung der Umwelt zu erfassen und so in die schon vorhandenen Programme (= Erfahrung) einzubauen, daß wieder ein Gleichgewicht zwischen Umwelt und Organismus entsteht (Homöostase, s. S. 207). Eine »Störung« der ablaufenden Programme, die dem adaptiven Verhalten dienen, nennt Pribram eine Emotion.

Die Struktur dieser Emotionen wird durch zwei übergeordnete TOTE-Mechanismen bestimmt:

- Der »präparatorische Prozeß« unterdrückt den Input aus der Umwelt oder verändert ihn so weit, daß die kurzfristige »Störung« aufgehoben wird.
- Der »partizipatorische Prozeß« sorgt dafür, daß die vorhandenen neuronalen Pläne beim Auftreten neuer Umweltbedingungen verändert werden.

Mit Hilfe dieser beiden Prozesse ist die unterschiedliche emotionale Behandlung von Wahrnehmungsreizen beschreibbar. *Präparatorische Prozesse* haben die Aufgabe, die ankommenden Reize »unschädlich« zu machen und von der kortikalen Verarbeitung auszuschließen. Der Organismus kann sich mit diesem Mechanismus zeitweilig vom Input unabhängig machen und die Aufrechterhaltung der inneren Stabilität »alten« Programmen überlassen. Die verschiedenen *Abwehrmechanismen*, die nach den Erkenntnissen der Psychoanalyse die Emotionen steuern, liefern zahlreiche Beispiele für die Arbeit dieser *»präparatorischen Prozesse«*.

Im Gegensatz dazu verarbeiten die *»partizipatorischen Prozesse«* nicht übereinstimmende Wahrnehmungsmuster, die durch neue Wahrnehmungsreize entstehen. Sie schaffen neue Programme, die eine Anpassung des Organismus an die veränderten Umweltbedingungen ermöglichen. Emotionale Verhaltensweisen wie affektive Zuwendung, Bewunderung, Interesse und Neugier sind Beispiele für diese »partizipatorischen Prozesse«. (Siehe hierzu auch Piagets »Entwicklungstheorie«, S. 338.)

5.35 Zur Integration der klassischen Gefühlstheorien

Die von uns in der ersten Auflage dieses Buches vorgeschlagene Gliederung der Gefühlstheorien nach dem Beitrag des sensorischen Apparats, dem der subkortikalen Bereiche und dem des Kortex wird von der neuen Emotionstheorie des Amerikaners L. Temoshok (1983) bestätigt. Die enge Verbindung von Informationsverarbeitungsprozessen und neuronalen Substraten erfordert eine Berücksichtigung der Hierarchie des Nervensystems. Diese wiederum findet ihre Entsprechung in der Hierarchie der emotionalen Prozesse, die folgende Subsysteme umfaßt: Emp-

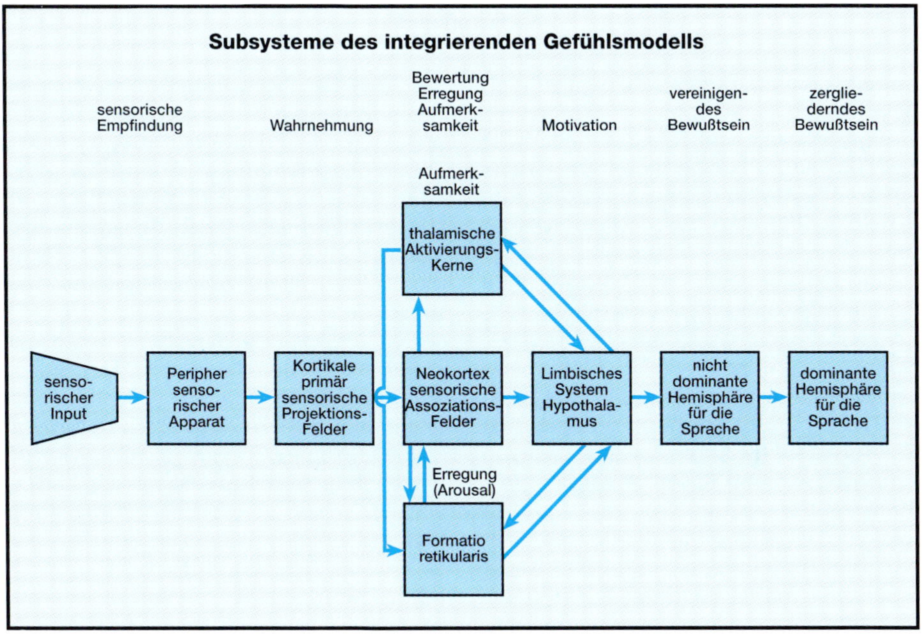

Die integrierende Emotionstheorie nach Temoshok (1983) ordnet der emotionalen Informationsverarbeitung bestimmte neuronale Strukturen zu, die bei der sensorischen Empfindung beginnen, die Erregung und Bedürfnisbefriedigung berücksichtigen und zur bewußten (zergliederndes Bewußtsein) und vorbewußten (expressive Muster) Gefühlsverarbeitung führen (Abb. modifiziert nach Temoshok, 1983).

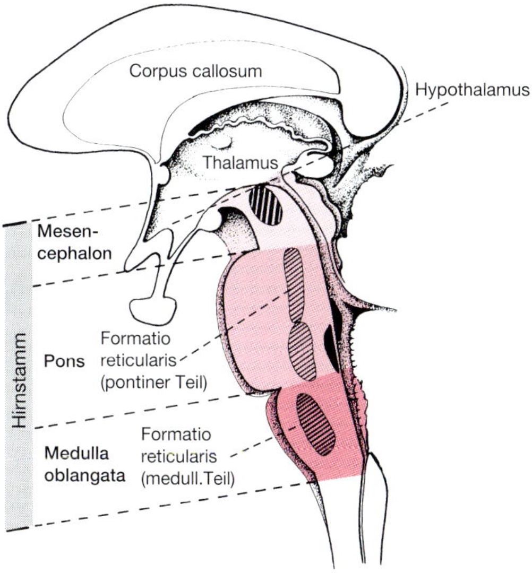

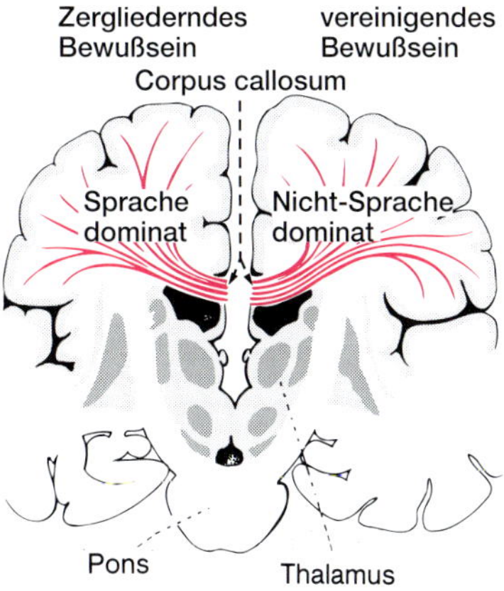

Links: Hirnschnitt vom Limbischen System – Thalamus – Hypothalamus – Formatio retikularis. (Abb. modifiziert nach Birbaumer et al., 1990).
Rechts: Hirnschnitt von beiden Hemisphären des Kortex. (Abb. modifiziert nach Birbaumer et al., 1990).

findung, Wahrnehmung, Erregung–Aufmerksamkeit–Bewertung, Motivation, vereinigendes Bewußtsein, zergliederndes Bewußtsein. Zu jedem dieser Subsysteme gehören bestimmte neuronale Substrate (s. Abb. S. 199), die an entsprechender Stelle bereits behandelt wurden:

1. Den Subsystemen der sensorischen Empfindung (*sensation*) und Wahrnehmung (*perception*) sind biologisch vorgeformte Reaktionen wie Schreck und Orientierungsreaktion (s. S. 114) zugeordnet. Die *Empfindung* wird ausgelöst durch die Aktivität der Sinnesorgane, die vom sensorischen Input angeregt werden. Die *Wahrnehmung* verarbeitet die Empfindungen unter Einflußnahme komplexerer psychischer Funktionen wie z. B. Lernen und Motivation. Die neuronale Basis hierfür findet sich im primären sensorischen Kortex.

2. *Erregung* (*arousal*) und *Aufmerksamkeit* (*attention*) steuern die erste *Bewertung* (engl. *appraisal,* s. S. 203) von Wahrnehmungen im Hinblick auf das Wohlbefinden. Dieses hängt ab von der Neuartigkeit des Reizes und seiner Bewertung als gut oder schlecht für den Organismus. Die neuronalen Substrate für die Erregungs- und Aufmerksamkeitssteuerung stehen in Interaktion mit den assoziativen Gebieten des Kortex, in denen die Bewertung erfolgt, wie auch mit dem neuronalen System der Motivationssteuerung.

3. Bedürfnisbefriedigung und die Steuerung des zielgerichteten Verhaltens werden vom Subsystem der *Motivation* reguliert. Die von Pribram (s. 5.34) beschriebenen Feedbackmechanismen (TOTE-Einheiten) dienen der Rückkoppelung von Erfolg oder Mißerfolg der zielgerichteten Verhaltensweisen. Phylogenetisch alte Strukturen, wie sie nach Cannon in Kampf-Flucht-Reaktionen zum Ausdruck kommen, bestimmen die emotionalen Prozesse dieser Ebene (s. 5.33). Nach S. S. Tomkins besteht ein enger Zusammenhang des motivationalen Systems mit den elementaren Emotionen. Sie sind noch unmoduliert und weisen einen hohen Intensitätsgrad auf: z. B. Unlust bis hin zu Wut, Panik und Ekel oder Lust bis hin zu Ekstase. Die neuronalen Strukturen des Limbischen Systems und des Hypothalamus dienen dieser Informationsverarbeitung.

4. Das *vereinigende Bewußtsein* ist für die Zusammenstellung und das Vergleichen von äußeren und inneren Reizen und Informationsmustern des Organismus zuständig. Primäre Affekte aus dem Motivationssystem werden entschlüsselt und zu ganzheitlichen Gefühlen zusammengefügt, die subjektiv als Ärger, Furcht, Trauer, Freude, Überraschung und Ekel empfunden werden. Man nimmt an, daß die neuronale Grundlage für dieses Bewußtsein in der nichtdominanten Hirnhälfte lokalisiert ist. In Wechselwirkung mit dem Limbischen System werden die expressiven Muster (s. 5.16) der nichtsprachlichen Kommunikation organisiert.

5. Das Sprechen über Emotionen ist unter normalen Umständen erst mit Hilfe des *zergliedernden Bewußtseins* (engl. *propositional*) möglich. Dort erfolgt die Informationsverarbeitung nach den Regeln der Logik, wie sie in unserer Sprachstruktur festgelegt sind. Das spontane emotionale Verhalten wird der Willenskontrolle zugänglich, der Voraussetzung für Selbstreflexion und Zukunftsplanung. Ebenso läßt sich das expressive Verhalten bei der emotionalen Kommunikation in Richtung Täuschung und Unterdrückung steuern. Auf dieser Ebene können z. B. Schamgefühle in Schuld transformiert werden. Die für die Sprachproduktion zuständige dominante Hemisphäre dürfte das neuronale Substrat des zergliedernden Bewußtseins bilden.

Abschließend sei darauf hingewiesen, daß ein solches Modell notwendigerweise Vereinfachungen enthält. Die hier aufgeführten Wahrnehmungen, Bewertungen und Gefühle lassen sich zwar unterschiedlichen neuronalen Subsystemen zuordnen, subjektiv werden sie jedoch in ganzheitlichen Zusammenhängen erlebt. Daher ist es aus phänomenologischer Sicht nicht sinnvoll, Empfindungen, Wahrnehmungen und ihre Bewertungen zu trennen (s. S. 278).

5.4 Streß und Streßbewältigung

In der Leistungsgesellschaft ist das englische Wort *stress* zu einem Kennzeichen für die Belastung des modernen Menschen geworden. Streß ist ein komplexes Phänomen, das physiologische, emotionale und motivationale Aspekte umfaßt. Das eigentliche gesundheitliche Problem ist freilich nicht der Streß allgemein, sondern die Tatsache, daß viele Menschen die Fähigkeit verloren haben, zwischen normalem, gesundem Streß (Eustreß von griechisch *eu* = gut) und krank machendem Streß zu unterscheiden.

In der psychologischen Streßforschung werden zum einen die streßverursachenden Belastungssituationen untersucht, zum anderen die von diesen Situationen ausgelösten Streßreaktionen. Ein Beispiel für den ersten Ansatz ist der Belastungsgrad »kritischer Lebensereignisse«, wie er in einer Erhebung von Thomas Holmes und Richard Rahe (1967) aufgrund von Einschätzungen der Befragten ermittelt wurde. Die Untersuchung der *Streßreaktion* begann mit den bahnbrechenden Arbeiten der Physiologen Walter Cannon und Hans Selye, die in den dreißiger Jahren die Überzeugung entstehen ließen, daß die physische und psychische Belastung des Menschen zu objektiv meßbaren körperlichen Veränderungen führt. Die Antwort des Körpers auf belastende Ereignisse in der Umwelt wird ausgelöst durch Anregung des neuroendokrinen Systems. Dieses System besteht aus zwei Komponenten, die ausgelöst und gesteuert werden von Signalen des Zwischenhirns (s. Abb. S. 202) an die Nebennierenrinde und das Nebennierenmark.

Der Prozeß der Anpassung des Körpers an den Streßreiz wurde von Selye in drei Phasen unterteilt: Das erste Stadium wird als *Alarmreaktion* bezeichnet und besteht aus der »Schockphase« sowie einer gegen diese gerichteten Regulationsphase. Die durch den Schock ausgelösten Funktionsstörungen von Körpertemperatur, Blutdruck und intestinalem Gewebe von Magen und Darm können aber oft nur teilweise vom Organismus ausgeglichen werden. Bei anhaltendem Streß kommt es in der *Widerstandsphase* zu einer Aufbietung aller Kräfte, um der Gegenregulation zum Erfolg zu verhelfen, was auch oft gelingt. Wenn der Streß jedoch weiter anhält, ist eine dauerhafte Schädigung des Körpergewebes nicht mehr zu vermeiden. Das hormonelle System gerät in einen *Zustand der Erschöpfung*. In diesem Stadium gibt der Organismus die Abwehr auf, was vielfach zu schwerer Krankheit oder zum Tod führt.

Mit den Hormonen von Mark und Rinde der Nebenniere scheinen unterschiedliche Reaktionen auf den Streß verbunden zu sein. Bei einer Kampf-Flucht-Reaktion mit entsprechender Hormonstimulierung im Nebennierenmark ist der Bewältigungsversuch muskulär orientiert, woraus psychosomatische Erkrankungen im Muskel- und Halteapparat (mit chronischen Muskelschmerzen) resultieren können oder kardiovaskuläre Schäden im Kreislaufsystem (z. B. Hochdruck und koronare Herzerkrankung). Die mehr auf Rückzug ausgerichtete passive Bewältigung führt eher zu Organschäden im Einflußbereich der Corticosteroide der Nebennierenrinde, die Stoffe wie z. B. das Cortisol freisetzen. Zwölffingerdarmgeschwüre und Asthma sind entsprechende Defekte im intestinalen System des Körpers.

Die rein körperliche Betrachtung der Streßphänomene löste seit den fünfziger

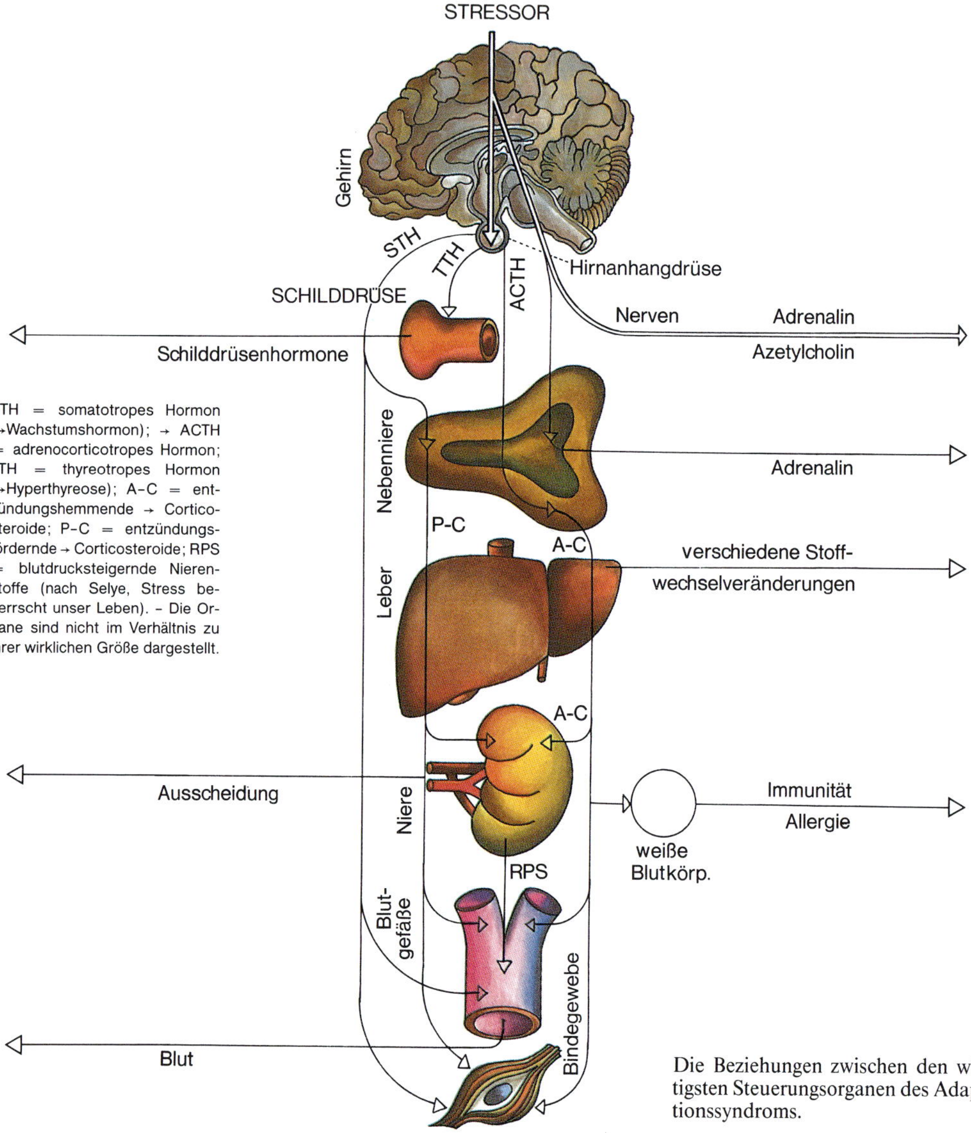

STH = somatotropes Hormon (→Wachstumshormon); → ACTH = adrenocorticotropes Hormon; TTH = thyreotropes Hormon (→Hyperthyreose); A-C = entzündungshemmende → Corticosteroide; P-C = entzündungsfördernde → Corticosteroide; RPS = blutdrucksteigernde Nierenstoffe (nach Selye, Stress beherrscht unser Leben). – Die Organe sind nicht im Verhältnis zu ihrer wirklichen Größe dargestellt.

Die Beziehungen zwischen den wichtigsten Steuerungsorganen des Adaptationssyndroms.

Die neuroendokrine Antwort des Körpers (STH, TTH, ACTH) auf Streß wird gesteuert von Impulssignalen des Zwischenhirns an die Nebennierenrinde (P-C = entzündungsfördernde Corticosteroide, A-C = entzündungsfördernde Corticosteroide) und das Nebennierenmark (Adrenalin). Hierdurch werden in Leber, Niere, Blutgefäßen und Bindegewebe sowohl die Immunität wie auch die Durchblutung und die Gewebereaktion beeinflußt. STH = somatotrophes Hormon (Wachstum), ACTH = adrenocorticotrophes Hormon, TTH = thyreotrophes Hormon (Schilddrüsenfunktion).

Jahren heftige Kritik von seiten der Psychologen und psychosomatisch denkenden Mediziner aus. H. G. Wolf, G. L. Engel und R. S. Lazarus haben innerhalb von 20 Jahren zu einer fundierten Veränderung der Streßtheorie beigetragen.

Wir wollen uns hier auf den einflußreichsten Beitrag der Forschergruppe um Richard S. Lazarus konzentrieren. In Lazarus' Streßtheorie steht nicht die fest programmierte biologische Streßreaktion, wie sie Selye beschrieben hat, im Mittelpunkt. Sein Streßkonzept basiert vielmehr auf der *kognitiven Emotionstheorie,* die besagt, daß physiologische Reaktionen erst durch die kognitive Bewertung ihre emotionale Tönung erhalten (s. S. 199). Untersucht wurden sowohl experimentell erzeugte Belastungssituationen als auch Alltagsstreß. In einer wie auch immer belastenden Situation kommt es stets auf die kognitive Bewertung der Situation und die aktive Auseinandersetzung mit ihr an:

- In einer *primären Bewertung* (*primary appraisal*) wird die »kritische Situation« daraufhin eingeschätzt, ob damit eine *Bedrohung,* ein *Verlust* oder eine *Herausforderung* verbunden ist. Nur wenn einer dieser Faktoren gegeben ist, kann von Streß gesprochen werden.
- Die *sekundäre Bewertung* (*secondary appraisal*) ist nicht etwa der primären zeitlich nachgeordnet, sondern beinhaltet die Selbsteinschätzung in bezug auf die Bewältigungsmöglichkeiten (Coping).
- Aufgrund dieser Bewertungen werden vom Individuum *Bewältigungsstrategien (Coping-Strategien)* ausgewählt und eingesetzt. Lazarus unterscheidet zwischen *emotionsbezogenen* Strategien (z. B. Distanzierung, Ablenkung, Leugnen, Vermeiden; s. hierzu auch die Abwehrmechanismen, S. 134/135) und *problembezogenen Strategien,* die eine aktive Veränderung der Situation im Sinne einer Problembewältigung anstreben.

Primäre und sekundäre Bewertung sind jedoch nicht streng voneinander abzugrenzen. Außerdem stellt die Bewertung – man nehme etwa den Fall der Bagatellisierung einer bedrohlichen Situation – bereits eine emotionale Bewältigungsstrategie dar. Lazarus' Modell bietet also lediglich einen Strukturierungsrahmen für den komplexen Prozeß der Streßbewältigung. Es besteht aber kein Zweifel, daß die Einschätzung der eigenen Hilflosigkeit oder Kontroll- und Bewältigungsmöglichkeiten auch die zentralnervösen und körperlichen Anpassungsreaktionen dramatisch verändern können (s. Abb. S. 194). Ebenso wichtig ist der Nachweis persönlichkeitsbedingter Bewältigungsstile. Der Psychologe Wilhelm Janke entwickelte für den deutschen Sprachbereich einen »Streßverarbeitungsbogen«, mit dem sich die Selbstbeurteilung verschiedener Bewältigungsformen erfassen läßt. So konnte vom Au-

Bewältigung von Alltagsproblemen

Globale Reaktionsformen:

Leistungsorientiertes Verhalten
Anpassung an die institutionellen Aspekte der Situation
Anpassung an die Eigenheiten und Bedürfnisse anderer
Stiftung und Pflege sozialer Kontakte
Akzeptieren der Situation
Positive Deutung

Situationsspezifische Reaktionsformen:

Aufgreifen von Chancen
Bitte um Hilfe
Widerstand
Identifikation mit Zielen und Schicksalen anderer
Hoffnung
Korrektur von Erwartungen
Selbstbehauptung
Aggression/Kritik
Sichverlassen auf andere
Zurückstellen eigener Bedürfnisse
Emotionale und evasive Reaktionen

tor (W. E.) gezeigt werden, daß depressiv Erkrankte mit depressiven Persönlichkeitszügen weit mehr zu Bewältigungsformen neigen, die Hilflosigkeit widerspiegeln, als eine Vergleichsgruppe von depressiven Patienten mit eher hysterischen Persönlichkeitszügen.

Lazarus hat sein Streßkonzept theoretisch abgeleitet und anschließend empirisch überprüft. Eine Bonner Arbeitsgruppe um die Psychologen Hans Thomae und Ursula Lehr ging einen anderen Weg. Von ihr stammen eine äußerst detaillierte Beschreibung und induktiv ermittelte Klassifikation von Belastungssituationen und Bewältigungsformen. Ihr Material fußt auf annähernd 2000 Lebensläufen (u. a. auf der Basis halbstrukturierter Interviews; s. dazu S. 305), die in Bonn seit den ersten Nachkriegsjahren gesammelt wurden (letzte zusammenfassende Veröffentlichung in dem Buch »Alltagspsychologie« von Lehr und Thomae 1991). Ihre streng beschreibende inhaltsanalytische Vorgehensweise kommentieren die Autoren wie folgt: »Die Zuordnung (der Interviewaussagen) zu einer auf deduktivem Wege gewonnenen Klasse von Antworten oder ›Coping-Strategien‹ verstößt gegen fundamentalste Normen einer Deutung von Dokumenten. Der Inhalt der Aussagen, ihre unverzerrte Semantik, stellen den Orientierungsrahmen dar, innerhalb dessen versucht werden muß, die berichteten Lösungsversuche bestimmten allgemeineren Grundmustern zuzuordnen.« Diese Grundmuster werden als »globale« und »situationsspezifische Reaktionsformen« beschrieben (s. Kasten S. 203).

Die psychologische Streßforschung hat große praktische Bedeutung. Zum einen können die Untersuchungen über Belastungssituationen dazu beitragen, weniger streßverursachende Lebens- und Arbeitsbedingungen zu schaffen. Zum andern werden Programme zur persönlichen Streßreduzierung und Streßbewältigung für besondere Risikogruppen entwickelt, die insbesondere in der Gesundheitsförderung Anwendung finden (s. S. 415).

6. Motivation

6.1 Biologische Motivation

6.11 »Wille« und »Trieb«

Verhalten ist meist auf bestimmte Ziele ausgerichtet. Die »ältere Psychologie«, die noch mehr der Philosophie verhaftet war, erklärte das zielgerichtete Verhalten des Menschen durch rationale »Willensakte«, für die allein die menschliche Vernunft verantwortlich gemacht wurde. Im Gegensatz zum Menschen sollte das Verhalten der Tiere durch angeborene »Triebe« gesteuert werden, die den »Kampf ums Dasein« ermöglichen. Darwins Evolutionslehre aber zeigte die Verwandtschaft des Menschen mit den Tieren auf und beeinflußte damit entscheidend die modernen Motivationstheorien. Man mißtraute immer mehr den philosophisch-psychologischen Interpretationen des menschlichen Verhaltens und suchte nach Gemeinsamkeiten zwischen Mensch und Tier.

Als grundlegend für menschliches und tierisches Verhalten wurde eine Reihe von einfachen biologischen Antrieben postuliert, die der Aufrechterhaltung der physiologischen Lebensbedingungen des Organismus dienen. In früher Kindheit wird das Verhalten des Menschen fast vollkommen von diesen biologischen Antrieben beherrscht. Das Streben nach Besitz und Prestige beispielsweise ist bei Säuglingen noch gar nicht vorhanden, während Hunger, Durst und Schlaf entscheidend den Tagesablauf bestimmen. Erst mit der weiteren Entwicklung des Säuglings entstehen soziale Antriebe, die aus primären biologischen Antrieben abzuleiten sind. Die hierzu notwendigen Lernvorgänge sind oft mit bewußtem Erleben verbunden und werden als Willensakte interpretiert.

6.12 Biologische Bedarfsdeckung

Biologische Antriebe dienen dem Überleben des Organismus. Der Energie- und Wasserhaushalt des Körpers muß auf einem konstanten Niveau gehalten werden (Hunger- und Durstmotivation). Die Haut und die inneren Organe müssen vor zerstörerischen Einwirkungen geschützt werden. Ein Warnsystem, das der Vermeidung solcher Schäden dient, überzieht den ganzen Körper (Schmerzvermeidungs-Motivation). Das Zentralnervensystem muß einem Minimum an Reizvariationen ausgesetzt werden, damit eine »geordnete« Informationsverarbeitung gewährleistet ist (»Informationshunger«, s. S. 232). Wenn diese Lebensbedingungen zeitweise nicht erfüllt sind – z. B. durch Entzug (Deprivation) von Nahrung, Flüssigkeit, Sauerstoff, Schlaf und Reizvariation –, führt das in der Regel zur Aktivierung von spezifischen Verhaltensweisen, die danach streben, Mangelzustände aufzuheben. Es entsteht ein *Bedürfnis* (*need*) nach Nahrung, Flüssigkeit, Sauerstoff usw., das der organischen Bedarfsdeckung dient. Wenn wir das motivierte Verhalten näher betrachten, so können wir drei aufeinander folgende Phasen (Motivationszyklus) unterscheiden:

- Der Zustand, von dem das motivierte Verhalten seinen Ausgang nimmt, aktiviert bestimmte zielgerichtete Verhaltensweisen. Dieser Zustand wird meistens als *Motiv,* Triebzustand oder »organischer Bedarf« bezeichnet. »Bedürfnisse« nennt man die subjektiven Begleiterscheinungen des organischen Mangelzustandes.
- Die Tätigkeit, die durch den Motivationszustand ausgelöst wird und im Normalfall zu einer Bedürfnisbefriedigung führt, wird »zielgerichtetes« (*goal direc-*

ted) oder auch »instrumentelles Verhalten« (*instrumental behavior*) genannt.

● In der dritten Phase des Motivationszyklus findet die Verminderung oder die Befriedigung des Triebes statt. Das angestrebte »Ziel« (*goal*) ist erreicht, Nahrung oder Flüssigkeit werden konsumiert, oder bedrohliche Reize aus der Umwelt werden vermieden (z.B. Elektroschocks). Diese »Endhandlung«, die den Motivationszyklus beschließt, wird als »konsumatorischer Akt« (*consumatory act*) bezeichnet, auch dann, wenn es sich nicht um Essen und Trinken handelt.

Zur Erfassung von Motivationseinflüssen eignen sich entsprechend den drei Phasen eines Motivationszyklus insbesondere die Variablen: *Aktivation, instrumentelles Verhalten, Selektion* und *Konsum* von »Triebzielen«.

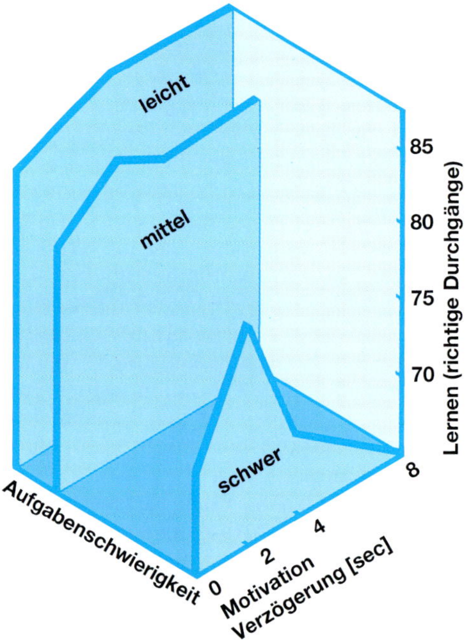

Das Erlernen einer instrumentellen Leistung ist abhängig von der Schwierigkeit der Aufgabe (leicht, mittel, schwer) und der Intensität der induzierten Motivation (Verzögerung des Luftholenkönnens unter Wasser in Sekunden gemessen). Dieser Zusammenhang wird als »Yerkes-Dodsonsche Regel« bezeichnet.

● *Aktivation:* Die Aktivation bringt den Organismus überhaupt erst in »Schwung« und schafft so eine Voraussetzung für das zielgerichtete Handeln. Wir sind es geradezu gewohnt, die Motivationsstärke unserer Mitmenschen nach ihrer allgemeinen Aktivation zu beurteilen (schneller Atemrhythmus, Fingertrommeln, Hin-und-Her-Gehen usw.). Für tierexperimentelle Untersuchungen wurden spezielle Akivierungs-Meßgeräte entwickelt (z.B. Laufräder, Erschütterungskäfige usw.), mit denen gesteigerte Aktivität bei Nahrungs- und Flüssigkeitsdeprivation wie auch bei vermindertem sexuellem Antrieb gemessen werden. Nicht nur das grobmotorische Verhalten, sondern auch die Aktivität des ZNS und des ANS lassen sich zur Messung der Aktivation heranziehen. Zahlreiche physiologische Parameter geben uns Auskunft über die zentralnervöse und periphere Erregung des Organismus (s.S.162). Tritt ein externer Mangelzustand oder eine Bedrohung des Organismus auf, so werden schlagartig alle wichtigen Körpersysteme in Alarmzustand versetzt, damit die optimalen Lebensbedingungen wiederhergestellt werden können (Notfallsfunktion).

● *Instrumentelles Verhalten:* Instrumentelle Reaktionen wie Hebeldruck in der »Skinnerbox«, Laufgeschwindigkeit in einem Labyrinth usw. werden im allgemeinen stärker und häufiger, wenn die Triebstärke zunimmt. Bei extremer Steigerung der Triebspannung zeigt sich jedoch, daß die instrumentellen Leistungen wieder abnehmen. Für verschiedene Motivationsstärken gibt es demnach einen optimalen Zustand, bei dem die instrumentelle Leistung maximal ist. Dieses *Motivationsoptimum* variiert außerdem mit der Schwierigkeit der Aufgabe. Man bezeichnet diesen

Zusammenhang auch als *Yerkes-Dodsonsche Regel.* Trainiert man z. B. Albinoratten in einem Unterwasser-Labyrinth (Entzug von Sauerstoff) auf Helligkeitsunterschiede bei verschieden langer Luftdeprivation (Motivationsniveau) und unterschiedlich schwieriger Aufgabenstellung, so läßt sich die *Yerkes-Dodson-Regel* sehr gut bestätigen: Die optimale Motivation für eine Lernaufgabe nimmt mit zunehmender Schwierigkeit dieser Aufgabe ab (s. Abb. S. 206).

● *Selektion und Konsum von »Triebzielen«:* Meist ist motiviertes Verhalten auf bestimmte Triebziele ausgerichtet. Ein Kind, das Spinat schon lange »satt hat«, kann dennoch einen »Heißhunger« auf Eiscreme entwickeln. Die Unterschiede in der Bevorzugung bestimmter Triebziele sind oft sehr groß (z. B. Nahrungsmittel, Partnerwahl). Diese Unterschiede sind häufig auf kulturelle Faktoren zurückzuführen, manchmal spiegeln sie jedoch einen spezifischen organischen Bedarf wider. Experimente, in denen Versuchstiere ihre tägliche Nahrung nach eigener Wahl zusammenstellen konnten, ergaben, daß der Organismus normalerweise befähigt ist, das Futter entsprechend dem physiologischen Bedarf auszuwählen. Es konnte aber auch nachgewiesen werden, daß Tiere, die an »schlechte« Nahrung »gewöhnt waren«, auch bei Vorhandensein besseren Futters eine unphysiologische Diät bevorzugten. Oft wird der konsumatorische Akt unabhängig vom organischen Bedarf zum Selbstzweck (z. B. Kettenrauchen, Fernsehen usw.). Eine Erklärung könnte darin bestehen, daß die konsumatorische Handlung meistens eng mit der Bedürfnisbefriedigung (Triebreduktion) verbunden ist (s. auch S. 225).

6.13 Homöostase und Regelkreismodell

Nur selten wird uns der Ablauf eines Motivationszyklus bewußt. Meist sorgt der Organismus automatisch dafür, daß organische Mangelzustände ausgeglichen werden. Der Nahrungs- und Wasserbedarf beispielsweise kann einige Zeit lang durch körpereigene Reserven gedeckt werden, bis wieder »Nachschub« von außen kommt. Diese Vorgänge haben das Ziel, einen bestimmten Gleichgewichtszustand im »inneren Milieu« des Organismus aufrechtzuerhalten. Der Physiologe Walter Cannon prägte für diesen Selbststeuerungsprozeß des Organismus den Ausdruck »Homöostase« (griechisches Kunstwort aus *homios*, gleich, und *stasis,* Stand). Dafür, daß das »innere Milieu« konstant bleibt, sorgt eine Reihe von Systemen, die am prägnantesten durch Begriffe der *Regelungstechnik* zu beschreiben sind. Grundlegend für die Regelung eines Systems ist der Vergleich des »Ist-Werts« mit einem »Soll-Wert«. Der Soll-Wert beschreibt den angestrebten Gleichgewichts-

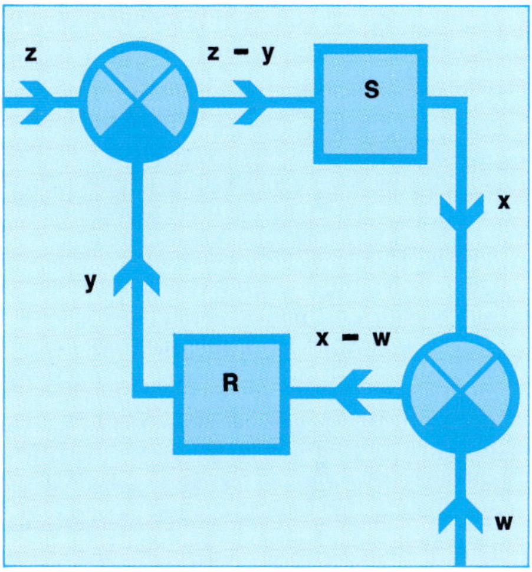

Schematische Darstellung eines Regelkreises: Die Pfeile bezeichnen *Variablen,* die Blöcke entsprechen *Übertragungsgliedern,* die Kreise symbolisieren Übertragungsglieder mit Subtraktionsverhalten (ein Quadrant dunkel) oder Additionsverhalten (alle Quadranten hell; Buchstabenzuordnung s. S. 208).

zustand, während der Ist-Wert den augenblicklichen Zustand angibt. Aus der Differenz zwischen Soll- und Ist-Wert ergibt sich der »organische Bedarf«. Die Differenz soll möglichst klein gehalten werden. Die Arbeitsweise eines solchen *Regelkreises* wollen wir uns am Beispiel eines »Temperatur-Reglers« ansehen:

Die variable Zimmertemperatur (x) kann durch die Führungsgröße (w = Soll-Wert) auf einen bestimmten Wert eingestellt werden. Ohne äußere Störungen (z) ist die Differenz zwischen Ist-Wert (x) und Soll-Wert (w) gleich Null. Bei Auftreten einer Störgröße (z), die über die *Regelstrecke* (S) auf die *Regelgröße* (x) einwirkt, entsteht zwischen Ist- und Soll-Wert eine Differenz größer oder kleiner als Null. Verändert sich der Ist-Wert, so bewirkt der Regler (R), daß die Differenz zwischen der Stellgröße (y) und der Störgröße (z) gleich Null wird und damit auch die Differenz zwischen Ist- und Soll-Wert.

Der Wert regeltechnischer Beschreibungen für die Interaktionsanalyse von Motivations- und Lernvariablen besteht vor allem darin, daß komplexe theoretische Aussagen einer logischen und empirischen Prüfung unterzogen werden. Die bisherigen Systemanalysen haben auf wichtige Probleme der Verhaltensanalyse aufmerksam gemacht, die in der konventionellen Theorienbildung nicht explizit reflektiert wurden:

- Für die Auswahl der relevanten Variablen bestehen keine expliziten Regeln.
- Für ein beobachtbares Verhalten existieren mehrere alternative Regelkreismodelle.
- Bei steigender Anzahl der Variablen ergeben sich zunehmend Schwierigkeiten für die empirische Überprüfung.

Zur weiteren sachlichen und logischen Überprüfung »motivationaler« Regelkreise sind zahlreiche »biologische Automaten« konstruiert worden, die auf den ersten Blick wie lebende Organismen reagieren. Der englische Neurologe W. Grey Walter meint: »So ungelenk diese Maschinen auch sein mögen, sie vermitteln doch einen unheimlich wirkenden Eindruck der *Zielstrebigkeit.*« Er selbst hat eine Schildkröte gebaut, die mit dem Namen ELSIE treffend gekennzeichnet ist. ELSIE setzt sich aus den Anfangsbuchstaben der verschiedenen Fähigkeiten zusammen, über die dieses »kybernetische Tier« verfügt: »Electro Light Sensitive with Internal and External stability.«

In ELSIE sind zwei »Bedürfnisse« oder »Antriebe« eingebaut. Sie »fühlt« sich von hellem Licht angezogen (Bedürfnis nach Licht). Solange sie noch weit genug von der Lichtquelle entfernt ist, bewegt sie sich auf das Ziel der Befriedigung ihres Bedürfnisses zu.

Wenn das Licht »blendet«, also der Ist-Wert den Soll-Wert übersteigt, rollt sie von dem Licht weg, so lange, bis der Ist-Wert wieder geringer ist als der Soll-Wert; dann strebt sie aufs neue dem Licht zu. Auf diese Weise bewegt sich ELSIE so lange um die Lichtquelle herum, bis sie den Zustand der Homöostase erreicht hat. Bei der Suche nach dem optimalen Lichtreiz verbraucht ELSIE jedoch laufend Energie, so daß sie nach einiger Zeit erschöpft ist. Sofort tritt ein anderer Regelkreis in Aktion, sie entwickelt ein »Nahrungsbedürfnis«. Der Soll-Wert wird derart verschoben, daß sie von der künstlichen Lichtquelle im Raum wegstrebt und den viel schwächeren Lichtschimmer ansteuert, der aus ihrer »Höhle« kommt. Dort berührt sie ein Batterieladegerät und bleibt so lange in der »Behausung«, bis der Energiebedarf gedeckt ist. Dann tritt der andere Regelkreis in Aktion, der neuerlich das Bedürfnis nach hellerem Licht entstehen läßt. Der Motivationszyklus kann wieder von vorne beginnen.

Beim Menschen und bei höher entwickelten Tieren sind die Verhältnisse allerdings wesentlich komplizierter, weil eine Vielzahl von Bedürfnissen miteinander konkurrieren und erheblich komplexere Umweltbedingungen berücksichtigt werden müssen. Dieses Problem wird in biologischen »Systemen« z. B. dadurch gelöst, daß eine Vielzahl von Regelkreisen nach einem »hierarchischen« Organisationsplan aufeinander abgestimmt sind (»vermaschte Regelkreise«). Das bedeutet, daß Teile eines Regelkreises zugleich Teilstükke eines anderen sein können, daß z. B. der Soll-Wert eines untergeordneten Regelkreises von höheren Regelkreisen bestimmt wird.

6.14 Biologische Motivationsmodelle

Die genaue Beschreibung der »Vermaschung« einzelner Regelkreise und die exakte Analyse des Informationsflusses in einem vollständigen motivationalen Regelsystem sind bisher noch nicht gelungen. Statt dessen werden einzelne Informationen über die gegenseitige Beeinflussung körperlicher Systeme wie Mosaiksteinchen aneinandergesetzt, wobei die entstehenden Modelle noch sehr viele Vermutungen und wenig gesichertes Wissen über den konkreten Regelmechanismus enthalten. Daher muß man sich vorläufig mit der Lokalisierung von »Steuerzentren« begnügen. Einige physiologische Untersysteme der Homöostase-Regelung, wie z. B. die Systeme für Blutzucker, Atmung und Körpertemperatur, sind in ihrem physikalischen und chemischen Verhalten schon recht genau beschrieben. Es besteht die Hoffnung, daß dies gleichermaßen für die Darstellung komplexer Motivationen wie Hunger und Durst gelingt.

Zu Beginn der psychophysiologischen Erforschung der Motivation richteten die Wissenschaftler ihr Augenmerk vor allem auf die *Vorgänge an der Körperperipherie*. Diesen Untersuchungen zufolge kommt die Hungermotivation durch Magenkontraktionen zustande, und der Durst wird durch einen »trockenen Mund« oder durch Veränderung des osmotischen Drucks hervorgerufen.

Neuere Tierexperimente ergaben jedoch, daß die Ausschaltung der peripheren Rezeptoren nur einen geringen Einfluß auf die Regelung des Fressens, des Trinkens oder des Sexualverhaltens hat. Die Motivation wird darum in modernen Theorien als Erregung zentralnervöser Strukturen verstanden. Die *zentralen Motivationszustände* (*central motive states* = CMS) entstehen in einem hierarchisch strukturierten System mit verschiedenen Zentren und Verbindungswegen. Interne und externe Reize können die Aktivität der CMS anregen.

Über die Lokalisation der zentralen Steuerzentren gibt es widerstreitende Ansichten. Nach Meinung des Psychophysiologen E. Stellar wird motiviertes Verhalten vor allem durch die Aktivität bestimmter *erregender Zentren* in verschiedenen Kernen des *Hypothalamus* ausgelöst, während *inhibitorische Zentren* das motivierte Verhalten beenden. Zahlreiche andere physiologische Faktoren können ebenfalls Einfluß nehmen auf dieses hypothalamische Steuersystem (s. Abb. S. 210). Neuere experimentell gewonnene Ergebnisse deuten aber darauf hin, daß die Lokalisation der CMS im Hypothalamus den komplexen Verhältnissen der zentralen Motivationsregelung nicht gerecht wird. Die zentralnervöse Aktivität des »Limbischen Systems« und der Formatio Retikularis scheint ebenfalls entscheidend an der Steuerung motivierten Verhaltens mitzuwirken. Der Psychophysiologe Sebastian Peter Grossman schlägt darum vor, nach einem komplexen Regelsystem zu suchen, das auch die Einflußnahme anderer Hirnstrukturen außerhalb des Hypothalamus berücksichtigt. Vermutlich resultiert jeder Bedürfniszustand aus der Aktivität mehrerer Hirngebiete. (s. 6.23).

Grossman unterscheidet außerdem zwischen zwei verschieden arbeitenden Regelsystemen:

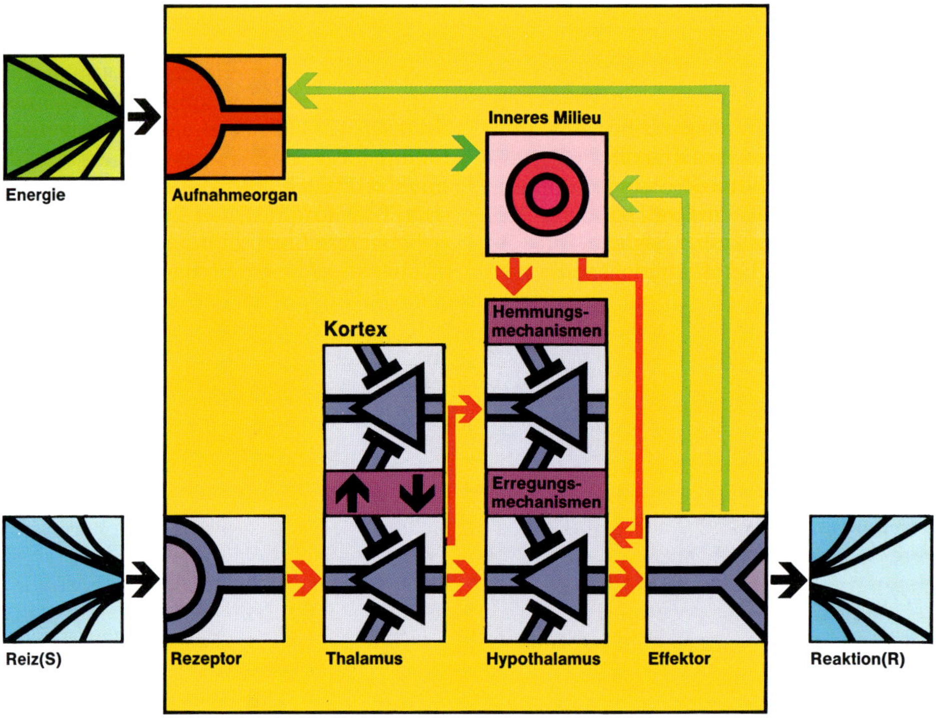

Hypothalamische Steuerung der Motivation (Modell nach E. Stellar): Die Hemmungs- und Erregungsmechanismen im Hypothalamus werden im wesentlichen über zwei Eingänge des Systems beeinflußt: 1. Motivationale sensorische Reize erreichen über Rezeptor, Kortex und Thalamus die hypothalamischen Steuerzentren. 2. Die zugeführte Energie, z. B. Nahrung, beeinflußt über das innere Milieu (Blutzuckerkonzentration, osmotischer Druck usw.) den Hypothalamus.

- Bei der Regelung *homöostatischer Antriebe* (z. B. Hunger und Durst) wird ein »innerer Gleichgewichtszustand« wiederhergestellt, der durch Erschöpfung organischer Reserven gestört worden war.
- Die Regelung *nicht-homöostatischer Antriebe* (Neugier, Sexualtrieb, verschiedene Emotionen) dient überwiegend der Interaktion des Organismus mit der »Außenwelt«. Bezeichnenderweise führt die Stimulation von »außen« meistens nicht zu einer »Triebreduktion«, sondern vielmehr zu einer »Antriebssteigerung«. Die Antriebe werden durch sensorische Afferenzen ausgelöst, die spezifische Reizbedingungen der Umwelt widerspiegeln.

Als Beispiel für diese beiden Arten von Motivationssystemen wollen wir die psychophysiologische Erforschung eines charakteristischen Motivs betrachten.

6.15 Homöostatische Regelung des Hungers

Bei der »Schildkröte« ELSIE entstand ein »Hungerbedürfnis« in dem Moment, in dem die Energiereserve unter einen Mindestbetrag absank; automatisch wurde ein Regelmechanismus in Gang gesetzt, der ELSIE zur Batterieladestation zurückkehren ließ. Wie aber wird im biologischen

Organismus das Energiegleichgewicht geregelt? Woher »weiß« der Organismus, wann neue Nahrung aufgenommen werden muß? Welche Faktoren veranlassen ihn, die Nahrungszufuhr zu beenden? Wie funktioniert der Sättigungsmechanismus?

Die einfachste und älteste Theorie der Hungermotivation besagt, daß die Nahrungsaufnahme durch Empfindungen an der *Körperperipherie* geregelt wird. Wir werden hungrig, wenn unser Magen leer ist, und wir sind satt, wenn der Magen wieder voll ist. Diese Theorie entspricht so sehr unserem täglichen Empfinden, daß noch heute viele Psychologen von ihrer Richtigkeit überzeugt sind. Für das *Erleben* von Motivationszuständen scheint die periphere Motivationstheorie auch ausreichende Erklärungen zu liefern. Eine anschauliche Beschreibung stammt aus einer amerikanischen Untersuchung mit »freiwillig« für die Wissenschaft hungernden Wehrdienstverweigerern: »Erlebt wurde dieser Hunger als ein quälender Gesamtzustand des ganzen Menschen. Er setzte sich zusammen aus körperlichen Empfindungen im Bereich des Magens und der Speiseröhre, und zwar kamen ein spezifisches, schwer beschreibbares Leeregefühl und sich steigernde krampfartige und schmerzhafte Zustände vor, aber nicht immer. Dazu gesellte sich eine im zeitlichen Abstand von der letzten Mahlzeit anwachsende allgemeine Empfindung, die von einer ansteigenden inneren Erregung und Stauung von Unlustaffekten begleitet war.«

Experimentell konnte schon 1912 von den Physiologen W. B. Cannon und A. L. Washburn nachgewiesen werden, daß ein Zusammenhang zwischen dem Hungergefühl und dem Auftreten von Magenkontraktionen besteht. Die Forscher führten den Vpn einen Luftballon in den Magen ein, der so prall aufgepumpt war, daß bei jeder Magenkontraktion die Luft zusammengepreßt wurde und ein Überdruck entstand, der sich auf ein Schreibsystem übertrug (s. Abb. S. 212). Die Vpn wurden nun aufgefordert, jedesmal auf eine Morsetaste zu drücken, wenn sie ein Hungergefühl verspürten. Die zeitliche Übereinstimmung von Magenkontraktionen und Hungergefühl konnte auf diese Weise anschaulich auf einer Registriertrommel demonstriert werden. Auch der Sättigungsmechanismus scheint eine organische Grundlage im Gewebe der Magenwand zu besitzen. Physiologen haben in der Magenwand Dehnungsrezeptoren entdeckt, die bei extremer Magendehnung Impulse über den Vagusnerv zum ZNS übermitteln können.

Zahlreiche Befunde sprechen jedoch dagegen, daß diese Mechanismen allein verantwortlich sind für die Motivationsregelung. Patienten, deren Magen entfernt werden muß, weil er von lebensgefährlichen Magengeschwüren bedeckt ist, haben nach gelungener Operation ein normales Bedürfnis nach Nahrung. Die tägliche Nahrungsaufnahme entspricht vollkommen der Norm. Operationen, bei denen die nervöse Verbindung des Magens zum ZNS vollkommen ausgeschaltet wurde, hatten ebenfalls keinen Einfluß auf das Eßverhalten von Patienten. Trotz Ausschaltung der Magenkontraktionen und Unterbindung der sensiblen Dehnungsimpulse zeigten die Operierten nach kurzer Erholungszeit einen gesunden Appetit.

Als ein weiterer peripherer Mechanismus wurde die sensorische Rückmeldung von Rezeptoren in Mund und Speiseröhre diskutiert. Bei einem Experiment erhielten Ratten unter Umgehung der oralen Rezeptoren vor jeder Mahlzeit mehr als 170% ihres täglichen Kalorienbedarfs. Die Nahrung wurde über eine künstliche Magenfistel zugeführt (intragastrische Fütterung). Dennoch fraßen die Tiere täglich zusätzlich die vorgesetzten Mahlzeiten, so, als ob sie noch »heißhungrig« wären. Sie wurden von Tag zu Tag schwerer und fetter und »bemerkten« erst nach

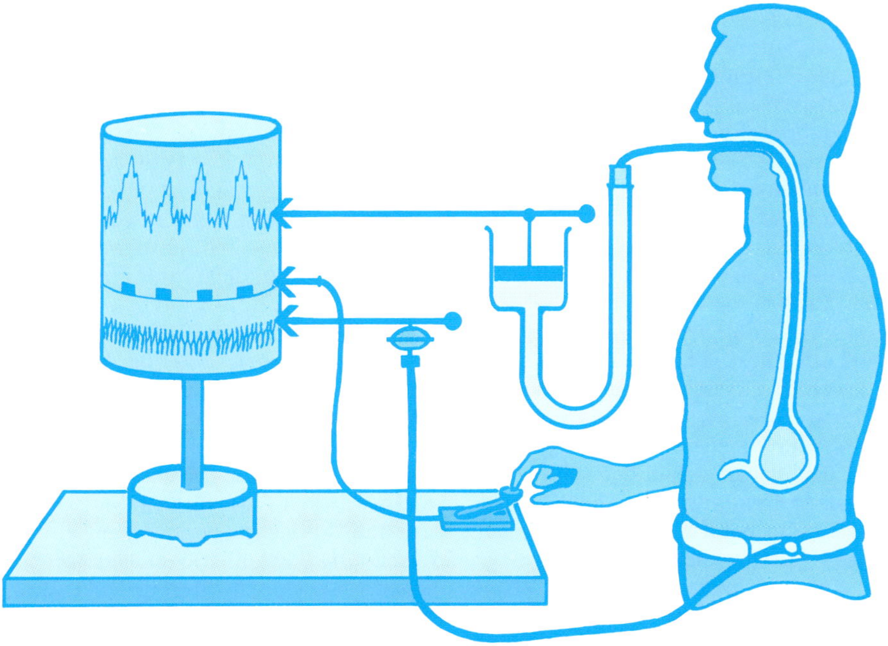

Magenkontraktion und Hungergefühl stimmen in dieser Versuchsanordnung überein.

mehreren Wochen den »Betrug«. Dieser Versuch spricht dafür, daß die normale Nahrungsaufnahme über Rezeptoren im Mund- und Schlundbereich gesteuert wird.

Weitere Experimente mit »intragastrischer Fütterung« zeigten, daß die Rückmeldemechanismen nicht allein ausschlaggebend sind. Es wurde beobachtet, daß meist nach kurzer Eingewöhnungszeit ohne Zuhilfenahme von Geschmacks- und Geruchssinn die Nahrungsaufnahme geregelt werden kann. In einem Experiment waren bei Ratten über 25 Tage hinweg keine nennenswerten Gewichtsveränderungen zu ermitteln.

»Die zentrale Regulation der Motivation erfolgt im *Hypothalamus.*« Diese Hypothese des Psychophysiologen E. Stellar konnte bei der Erforschung der Hungermotivation weitgehend bestätigt werden. Tief an der Basis des Gehirns befindet sich der Hypothalamus mit seinen zahlreichen Kernen. Er ist so klein, daß er lange Jahre keine große Beachtung fand. Erst in der neueren Forschung wird seine zentrale Rolle bei der motivationalen Steuerung zunehmend erkannt (siehe auch Emotionstheorien, S. 195). Er empfängt Impulse von allen Sinnesorganen und kann über entsprechende Bahnen mit dem Kortex, dem Thalamus, dem Limbischen System, der Formatio Retikularis und den inneren Organen interagieren. Außerdem werden seine Strukturen von einem dichten Gefäßsystem durchzogen, das eine intensive Beeinflussung durch chemische Veränderungen im Blutstrom ermöglicht.

Zwei unterschiedliche Regelmechanismen der Nahrungsaufnahme wurden im Hypothalamus entdeckt. Die Aktivität des *»lateralen Areals«* stimuliert das Freßverhalten, dieser Bereich wird als »Freßzentrum« (*feeding center*) bezeichnet. Der *»ventromediale (mittlere) Kern«* entfaltet hemmende Wirkungen bei der Nahrungsaufnahme und heißt »Sättigungszentrum« (*satiety center*) (s. Abb. unten).

Elektrische und chemische Reizung des *lateralen Areals* löst ein Freßverhalten aus, wie es sonst nur bei starkem Nahrungsentzug zu beobachten ist. »Gesättigte« Tiere stürzen sich während oder nach der Reizung erneut auf das Futter, oder aber sie arbeiten intensiv in einer »Skinnerbox«, nur um noch ein paar weitere Futterpillen zu erhalten. Die Zerstörung dieses Hypothalamusgebietes führt zu entgegengesetztem Verhalten. Die operierten Tiere verweigern das Fressen, selbst wenn sie von Bergen von Nahrungsmitteln umgeben sind. Teilweise erholen sich die Tiere aber wieder, wenn sie in intensiver Pflege künstlich ernährt werden (intragastrische Fütterung). Diese Beobachtung spricht dafür, daß auch außerhalb des Hypothalamus Motivationsmechanismen existieren, die bei Ausfall des hypothalamischen Freßzentrums diese Funktion teilweise übernehmen können.

Nach der Zerstörung des *ventromedialen Kerns* wird eine extreme Gewichtszunahme der Versuchstiere beobachtet, die bis zu einer Verdoppelung oder Verdreifachung des normalen Körpergewichtes führt. Kontrollierte Experimente haben gezeigt, daß die Tiere größere Futtermengen aufnehmen, weil sie nicht aufhören können zu fressen. Nach einigen Wochen jedoch wird das Körpergewicht nicht weiter gesteigert, die Tiere reduzieren die Nahrungsaufnahme. Vermutlich entstehen während der Periode gesteigerter Nahrungszufuhr biochemische Substanzen, die dem enthemmten Freßverhalten entgegenwirken. Wenn das ventromediale Sättigungszentrum durch elektrische Reize stimuliert wird, unterbricht eine fressende Ratte die Nahrungsaufnahme. Sie fährt mit dem Fressen erst wieder fort, wenn die Reizung beendet ist. Außerdem können eingeübte Verhaltensweisen, die gewöhnlich durch Belohnung mit Futter ausgelöst wurden, durch Stimulierung des »Sättigungszentrums« wieder verlernt werden. Die künstliche Bedürfnisbefriedigung scheint die Entwicklung von hungermotiviertem Verhalten überflüssig zu machen.

Experimente bestätigen die Existenz von hemmenden und erregenden »Nahrungszentren« im Hypothalamus. Wodurch aber werden diese Strukturen normalerweise erregt? Welche Mechanismen vermitteln dem Hypothalamus die notwendige Information über den körperlichen Bedarf an Nahrungsmitteln?

Ein besonders wichtiger Faktor scheint der Zuckergehalt (Glukose) des Blutes zu sein. Der Blutzucker liefert am schnellsten

Das enthemmte Freßverhalten nach der Zerstörung des Sättigungszentrums hat eine extreme Gewichtszunahme zur Folge. Diese sogenannten »hyperphagischen« (überfressenen) Tiere können ihr Körpergewicht bis zum Dreifachen des Normalen steigern.

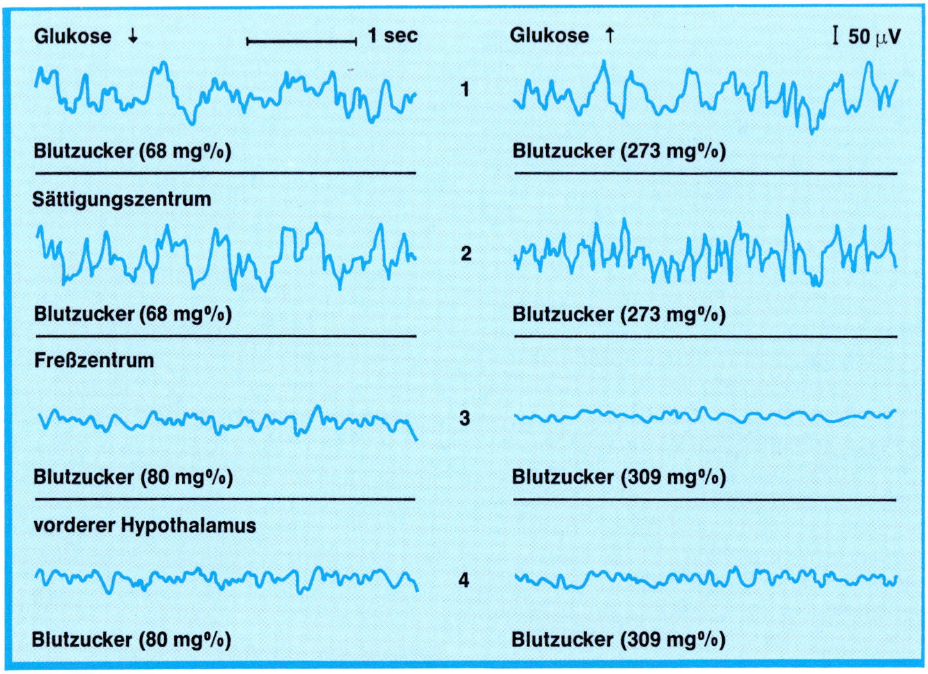

Ein wichtiger Faktor für die Steuerung der hypothalamischen Hemmungs- und Erregungsmechanismen ist der Zustand des »inneren Milieus«. Ein Anstieg der Glukosekonzentration im Blut z.B. führt zu einer Erregungssteigerung im Sättigungszentrum (2) und zu einer Erregungsverminderung im Freßzentrum (3), während sich in den anderen hypothalamischen Bereichen (1 und 2) keine nennenswerten Veränderungen zeigen.

die nötigen Reserven für den Energiehaushalt des Körpers. Daher wird vermutet, daß sich im äußerst stark durchbluteten Hypothalamus »Meßfühler« (sogenannte Glukorezeptoren) befinden, die bei einem Abweichen vom »Soll-Wert« der Glukosekonzentration zu einer Stimulation des »Hunger«- oder »Sättigungszentrums« führen. Tatsächlich findet sich bei einem Anstieg der Blutzuckerkonzentration eine erhöhte Entladungsfrequenz des »Sättigungszentrums«, während im »Hungerzentrum« die elektrische Aktivität abnimmt (s. Abb. oben). Die hypothalamische Steuerung der Hungermotivation ist durch zahlreiche neuere Untersuchungen recht gut belegt. Dennoch sollte man sich den Blick für die komplizierte Interaktion der verschiedenen Hirnanteile bei der Steuerung motivierten Verhaltens durch solche Befunde nicht verstellen lassen. Einige ungeklärte Fragen bei der Analyse der Hypothalamuszentren, wie z.B. das Wiedererlernen des Freßverhaltens nach Ausschaltung des »Hungerzentrums«, sprechen dafür, daß außerhalb der bekannten Zentren weitere Motivationsmechanismen existieren.

Das menschliche Bedürfnis nach Nahrungsaufnahme kann in unserer westlichen Zivilisation so sehr entgleisen, daß bei Patientinnen mit Magersucht (Anorexie) oder mit Freß-Brech-Sucht (Bulimie) hypothalamische Störungen der Hormon-

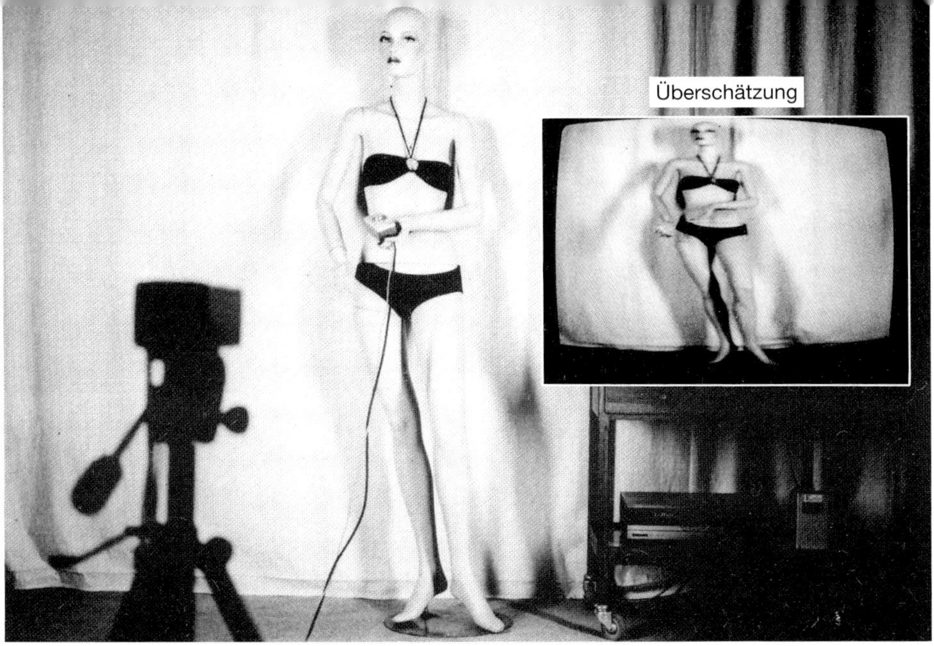

Körperbild im Video

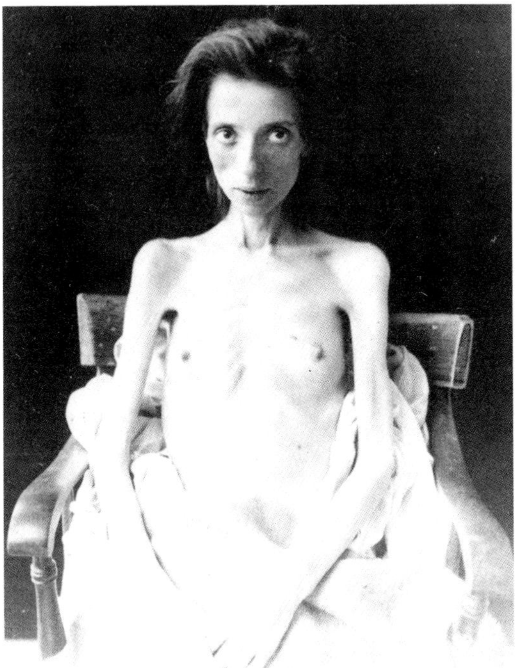

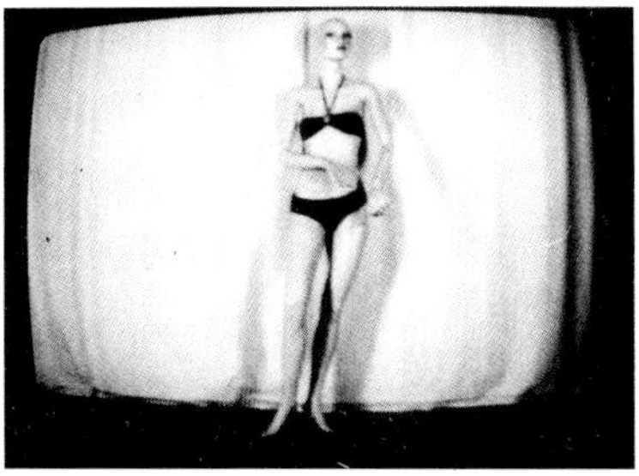

normal

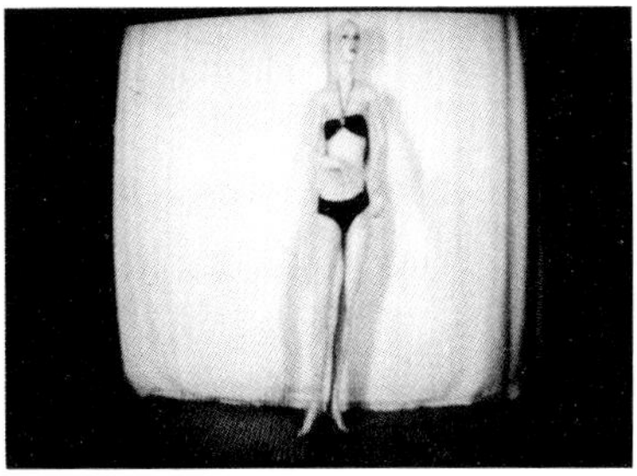

Unterschätzung

< Foto einer stark anorektischen Frau

Die Wahrnehmung des Körperbildes kann durch Manipulation eines Videobildes erfaßt werden. Patientinnen mit Eßstörungen (Anorexia nervosa und Bulimia nervosa) demonstrieren eine erhebliche Überschätzung ihrer Körperproportionen, wie Untersuchungen von Fichter, Meister, Koch (1986) nachweisen konnten.

regulation vermutet wurden. Wie sich nach intensiven Hungerexperimenten herausstellte, sind aber erst sekundär hormonelle Störungen zu registrieren, die als körperliche Anpassungsreaktion an den Nahrungsentzug zu verstehen sind. Mit dem Unterbrechen der psychisch motivierten Nahrungsverweigerung verschwinden sie.

Die magersüchtigen Patientinnen hören mit dem Essen nicht etwa auf, weil sie keinen Appetit mehr hätten, sondern weil ihr asketisches Schlankheitsideal krankhafte Züge angenommen hat. Ihr subjektives Körperbild täuscht ihnen immer wieder vor, sie seien zu dick, so daß ihnen die Nahrungsverweigerung als einziges Mittel erscheint, den damit verbundenen Gefühlen der Scham und der Unzufriedenheit zu entkommen. Bei den Patientinnen mit einer Bulimie dagegen ist ein inneres »Leeregefühl« zu konstatieren und ein süchtiges Verhalten, das zum ungehemmten Verzehr von hochkalorischer Nahrung führt, die aber kurz nach dem Verzehr wieder erbrochen wird. Die psychischen Ursachen dieser Eßstörungen sind ebenso vielfältig wie im Falle der Neurosen (s. S. 379).

6.16 Der nicht-homöostatische Sexualtrieb

Im Gegensatz zur homöostatischen Regelung der Hungermotivation existiert für die Sexualmotivation und andere nicht-homöostatische Antriebe (z. B. Neugier und »Betätigungsdrang«) kein eindeutiger Sättigungsmechanismus. Der Triebzustand wird durch spezifische Reize der Umwelt ausgelöst und unterhalten. Bei mäßiger sexueller Erregung besteht zunächst – ganz im Gegensatz zum Hunger – eine starke Motivation, die Erregung durch Intensivierung der sexuellen Reize weiter zu *steigern*. Die Zunahme der Erregung bis zum Höhepunkt wird als lustvoll erlebt – bei weiterer Reizung wird der reflektorisch ablaufende *Orgasmus* ausgelöst, durch den die vorher angestaute lustvolle Erregung und Spannung in wohltuende Entspannung übergeht. Der Sexualzyklus besteht also aus einer Anspannungs- und Entspannungsphase »selbsterzeugter« Erregung. Zum Ausgleich eines biologischen Bedarfs wie bei Hunger und Durst kommt es nicht.

Welcher Art sind die *Umweltreize*, die zur Erregung der zentralen Sexualzentren führen? Bei vielen niederen Tieren ist diese »Reizauslösung« in so hohem Maße erblich festgelegt, daß man ganz bestimmte Reizparameter in der Umwelt bestimmen kann, die Sexualverhalten zur Folge haben. Der Verhaltensforscher bezeichnet solche »festverdrahteten Verhaltensprogramme« als »*A*ngeborene *A*uslösende *M*echanismen« (AAM, s. S. 170). So hat z. B. die Erforschung des Sexualverhaltens von Stichlingen gezeigt, daß eine charakteristische Wölbung an der Brustseite des Weibchens zu Paarungsbewegungen beim Männchen führt.

Bei vielen niederen Wirbeltieren ist die Sexualität außerdem so sehr an nur eine Sinnesmodalität gebunden, daß deren Ausschaltung jegliches Paarungsverhalten unterbindet. Zerstört man z. B. beim Frosch den Gesichtssinn, so verschwindet das Paarungsverhalten.

Bei höher entwickelten Tieren und beim Menschen kann sexuelle Stimulation durch eine Vielzahl von Sinneskanälen übermittelt werden. Bei verschiedenen Tierarten scheinen bestimmte Sinnesmodalitäten bevorzugt sexuelle Erregung zu vermitteln. Der Geruch genitaler Ausscheidungen bei Hunden und Ratten, die »Paarungsrufe« von Katzen und die visuellen Reize der geröteten Genitalregion von Affen demonstrieren die Betonung artspezifischer sensorischer Afferenzen (s. Abb. S. 217).

Sensorische Ausschaltungsversuche bei höher entwickelten Säugetieren zeigen je-

Ganz spezifische Reize, so z. B. das Darbieten der Genitalregion, lösen ein ganz bestimmtes Sexualverhalten aus, das als »Grooming« bezeichnet wird. Die »normale Stellung« beim Sexualverkehr wird auch beim Affen in einem Lernprozeß erworben. Wird dieses Lernen durch soziale Isolation in früher Kindheit unterbunden, so sind die Tiere zur regelrechten Ausübung des Sexualaktes unfähig. Sie wählen »Stellungen«, die eine Intromission des Penis unmöglich machen.

doch, daß mit zunehmender phylogenetischer (= stammesgeschichtlicher) Entwicklung sexuelle Stimulation immer weniger von spezifischen Sinneskanälen abhängt. Männliche Ratten legen auch dann ein vollkommen normales Kopulationsverhalten an den Tag, wenn der Gesichts-, der Gehör- und der Geruchsinn ausgeschaltet sind. Interessanterweise sind jedoch unerfahrene Tiere den Auswirkungen von sensorischen Ausschaltungen gegenüber anfälliger als erfahrene. Selbst die Zerstörung genitaler Afferenzen kann offensichtlich durch Erregung anderer Sinneskanäle kompensiert werden. Weibliche Katzen, deren sensorische Fasern an den Genitalien vollkommen durchtrennt worden waren, zeigten keinerlei Abweichung vom normalen Paarungsverhalten. Mit Hilfe der »Sympathektomie« (Ausschaltung des Nervus sympathicus) wurde bei männlichen Katzen zwar der »Ejakulationsreflex« unterbunden, die sexuelle Aktivität war sonst jedoch in keiner Weise gestört.

Zu den äußeren Reizbedingungen kommen bei den höheren Säugern in zunehmend stärkerem Ausmaß Lernprozesse hinzu, die schon in früher Kindheit das Sexualverhalten determinieren. Affensäuglinge, die getrennt von der Mutter und anderen Affenkindern in sozialer Deprivation aufwachsen mußten, entwickeln ein so gestörtes Verhalten, daß sie später meist nicht mehr zum Geschlechtsverkehr fähig sind.

Die menschliche Sexualität wird zusätzlich in starkem Maße durch kognitive Faktoren wie bewußte »moralische« Wertungen und unbewußte Abwehrmechanismen beeinflußt, die in einem langen Sozialisationsprozeß (s. S. 227) erworben werden. Untersuchungen zur sexuell stimulierenden Wirkung »pornographischer« Bilder am Hamburger Institut für Sexualforschung haben z. B. ergeben, daß eine »konservative Moral« eine Erhöhung der sexuellen »Reizschwelle« (Empfindungsstärke) bewirkt. Die »Abwehrmechanismen« sind oft so stark ausgebildet, daß die sexuelle Erregung vollkommen unterdrückt wird. Einige »konservative« Vpn leugneten jegliche sexuelle Empfindung beim Betrachten der »normalerweise«

stark erregenden Bilder. Nach Auffassung der Psychoanalyse führt extreme Sexualunterdrückung zu unbewußten »Triebkonflikten«, die oft neurotische Verhaltensweisen zur Folge haben (s. S. 379). Die *zentralnervöse Steuerung* des Sexualverhaltens und der Sexualmotivation erfolgt in verschiedenen uns schon vertrauten Hirnregionen. Die relativ einfachen »Sexualreflexe« werden zum Teil schon auf unterster Ebene im Rückenmark ausgelöst. Die Rückenmarkszentren können unabhängig vom Eingreifen der höheren Zentren Ejakulations- und Erektionsreflexe steuern. So tritt bei Männern, deren Rückenmarksstrang durch eine Schußverletzung oder eine Geschwulst völlig unterbrochen ist (»Querschnittslähmung«), auch weiterhin nächtlicher Samenerguß auf. Durch Reizung des Penis werden bei diesen Patienten manchmal heftige, krampfartige Muskelspannungen ausgelöst, die den Eindruck von Koitusbewegungen machen (»spinaler Koitusreflex«). Die Bewegungen laufen vollkommen unwillkürlich ab, denn die Muskeln unterhalb der verletzten Stelle im Rükkenmark sind in keiner Weise willkürlich zu beeinflussen. Beim normal verlaufenden Koitus sind häufig ähnliche »reflektorische« Muskelkontraktionen während des Orgasmus zu beobachten.

Das wichtigste Regulationszentrum findet sich wiederum im Hypothalamus. Hirnläsionen im *vorderen* Hypothalamusbereich lassen die sexuelle Motivation vollkommen verschwinden. Selbst bei nachträglicher Injektion von Sexualhormonen bleiben entsprechend präparierte Tiere sexuell völlig inaktiv. Im *hinteren* und *seitlichen* Hypothalamusbereich finden sich Hirnstrukturen, die bei Injektion von Sexualhormonen erhöhte Aktivität auslösen. Vermutlich beeinflussen hormonale Veränderungen im Blut über diese Strukturen die Sexualität. Nach elektrischer Reizung dieser Zentren entsteht innerhalb weniger Sekunden eine starke sexuelle Erregung. Bei Ratten wurden so bis zu zwanzig (!) Ejakulationen in der Stunde beobachtet.

Zahlreiche Experimente weisen darauf hin, daß auch außerhalb des Hypothalamus, so z. B. vom Mandelkern und vom Hippocampus des Limbischen Systems aus, sexuelles Verhalten beeinflußt wird. Männliche Katzen, bei denen diese Hirnteile zerstört wurden, entwickelten ein extremes Bedürfnis nach sexueller Betätigung. Häufig besprangen sie auch artfremde Tiere, etwa Hunde und Affen (Klüver-Bucy-Syndrom, s. S. 197). Peniserektionen und andere isolierte sexuelle Verhaltensweisen können auch durch elektrische Reizung in verschiedenen Strukturen des Limbischen Systems ausgelöst werden. Ähnlich wie bei der Hungermotivation müssen wir also für die Steuerung der Sexualmotivationen zentrale Regelmechanismen annehmen, die im Limbischen System und vor allem im Hypothalamus zu lokalisieren sind.

Die *Sexualhormone* haben eine große Bedeutung für die Entwicklung weiblicher oder männlicher Geschlechtsmerkmale. Beim Mann produzieren die Hoden (lat. *testes*) die »männlichen« Sexualhormone »Testosteron« und »Androsteron«, die auch als »Androgene« bezeichnet werden.

Die Eierstöcke (Ovarien) der Frau bilden die Hormone *Östrogen* und *Progesteron*. Die Produktion dieser Geschlechtshormone wird durch die Aussendung von »gonadotropen (= auf die Gonaden gerichteten) Hormonen« aus dem vorderen Teil der Hypophyse gesteuert. Eine Zunahme der Geschlechtshormone über den »Soll-Wert« hinaus wiederum hat eine verminderte Aktivität der Hypophyse zur Folge (Regelkreis). Eine Veränderung des Hormongleichgewichts in frühen Entwicklungsabschnitten führt oft zu einer Abwandlung des genetisch vorherbestimmten Geschlechtes. Trotz weiblicher Sexualanlagen können sich beispielsweise männliche Geschlechtsmerkmale wie Pe-

Die konservative Verleugnung sexueller Empfindungen als kulturspezifische Reaktion unserer Gesellschaft ist in den Darstellungen des Ostens nicht zu erkennen. (Darstellung aus dem Pandshab-Hügelland, Ende 18. Jahrhundert).

nis, starke Behaarung usw. entwickeln (»Scheinzwitter«). Hat sich jedoch einmal ein reifes Sexualverhalten herausgebildet, so sind die Geschlechtshormone nicht mehr von ausschlaggebender Bedeutung für die Steuerung der Sexualmotivation.

Im Vergleich zum tierischen Sexualverhalten ist der Einfluß der Sexualhormone auf den Sexualtrieb beim Menschen deutlich geringer. Über die zentralnervösen Regelmechanismen sind statt dessen überwiegend psychologische Faktoren wirksam.

Eine Krankengeschichte, die der Sexualforscher Frank A. Beach aufgezeichnet hat, soll uns das verdeutlichen: »Eine junge Frau, die mit 21 Jahren heiratete, hatte in den ersten fünf Ehejahren ein- bis zweimal wöchentlich mit ihrem Mann Verkehr. Während der ersten Jahre empfand sie zwar ein sexuelles Verlangen, kam aber niemals zum Orgasmus. Mehrere Jahre später mußten ihr beide Eierstökke entfernt werden, worauf sich ihr Sexualverlangen entscheidend änderte. Der Beischlaf spielte sich gewohnheitsmäßig so ab, daß nach einem Vorspiel von einer halben Stunde insgesamt eine bis anderthalb Stunden mit dem Koitus verbracht wurden. Gewöhnlich hatte sie dabei fünf- bis sechsmal einen Orgasmus.« Diese positiven Auswirkungen dürften unter anderem darauf zurückzuführen sein, daß die Furcht vor einer unerwünschten Schwangerschaft nach der Operation fortfiel.

Der *experimentellen Erforschung des menschlichen Sexualakts* durch den Gynäkologen William H. Masters und die Psychologin Virginia E. Johnson verdanken wir wichtige Aufschlüsse über die peripheren physiologischen Veränderungen während der »sexuellen Reaktion« *(sexual response)*. Die bekannten psychischen Phänomene der Lust- und Erregungssteigerung gehen einher mit extremen Veränderungen im Kreislauf- und Muskelsystem. Mit zunehmender sexueller Stimulation ist eine Erweiterung der Blutgefäße zu beobachten, die zu erhöhter Durchblutung der Genitalien und der erogenen Hautzonen (z. B. der Brüste) führt. Viele von Masters' Vpn empfanden ein warmes Strömen in der Beckenregion, das sich auf den ganzen Körper ausdehnte. Die Herzschlagfrequenz und der Blutdruck nehmen immer stärker zu, die Atmung wird tiefer und stoßartiger. Die muskuläre Spannung von Gesicht und Körper steigt zunehmend, bis sie schließlich bei Eintritt des Orgasmus durch rhythmische Kontraktionen, die wellenförmig den gesamten Körper durchziehen, wieder gelöst wird.

Einige dieser physiologischen Reaktionen können durch willkürliche Kontrolle der Muskelspannung unterbunden werden, so daß zahlreiche Variationen des »Orgasmusreflexes« zu beobachten sind. Der Psychoanalytiker Wilhelm Reich schreibt: »Der lebens- und sexualverneinend erzogene Mensch erwirbt eine Lustangst, die physiologisch in chronischen Muskelspannungen verankert ist.« Die chronische, oft unbewußte muskuläre Abwehr der Sexualempfindungen kann die Ursache von zahlreichen psychosomatischen Beschwerden sein. Das Ziel psychotherapeutischer Bemühungen ist darum häufig der Abbau neurotischer Muskelspannungen durch Entspannungsübungen und durch die Aufdeckung der unbewußt wirkenden Abwehr der Sexualempfindungen.

Das Studium der Sexualmotivation verweist uns auf die Bedeutung von Lernprozessen, die im Verlauf der Sozialisation zu einer *Überlagerung der biologischen Motivationsregelung* führen. Wie wir im Kapitel »Emotionen« schon gesehen haben, greifen außerdem *kognitive Steuermechanismen* unmittelbar in die Regelung physiologischer Vorgänge ein (s. S. 192). Unter dem Einfluß von Lernprozessen und kognitiven Faktoren können somit komplex motivierte Verhaltensweisen entstehen, die nur zu einem geringen Teil durch das Wirken biologischer Antriebe erklärbar sind. Zusätzlich zu den »biologischen Motiven« müssen wir uns darum insbesondere zur Erklärung des komplexen menschlichen Verhaltens mit der Wirkung »sozialer Motive« beschäftigen (s. S. 227).

6.2 Motivation und Verstärkung

6.21 Lernen durch Belohnung

Das Zirkuspferd, das »unwillig« mit dem Huf scharrt, wenn die gewohnte Belohnung nach einem Kunststück ausbleibt, ist für die zuschauenden Kinder ein »Lachschlager« – es mag sie an eigene Enttäuschungen nach vollbrachten Leistungen erinnern. Lohn und Strafe, Lob und Tadel beeinflussen das Verhalten bei Zirkuspferd und Mensch nicht nur, wenn es um auf Training basierende Leistungen geht, sondern auch beim Lernen neuer Fertigkeiten und Verhaltensweisen.

In die Lernpsychologie fand diese Alltagserfahrung Eingang durch Experimente zum Lernen durch »Versuch und Irrtum« (*trial and error learning*). Der amerikanische Psychologe E. L. Thorndike sperrte hungrige Katzen mehrfach in einen »Problem-Kasten« (s. Abb. S. 258) und beobachtete, wie die Tiere sich befreiten, um zum Futter außerhalb des Kastens zu gelangen. Bei den ersten Versuchen probierten die Katzen ziemlich lange herum – je öfter sie sich jedoch aus dem Kasten befreit hatten, desto besser lernten sie, den Öffnungsmechanismus zu betätigen.

Aufgrund dieser Beobachtungen formulierte Thorndike das *»empirische Gesetz des Effekts«*: Die »Wahrscheinlichkeit des Auftretens einer bestimmten Handlung nimmt im allgemeinen im Anschluß an eine Belohnung dieser Handlung zu. Im Anschluß an eine Bestrafung wird die Wahrscheinlichkeit des Auftretens dieser Handlung jedoch geringer.« Mit anderen Worten: Handlungsweisen, denen eine Belohnung folgt, erfahren eine *Verstärkung*. Der Begriff der »Verstärkung« oder »Bekräftigung« (*reinforcement*) ist von zentraler Bedeutung in der Lern- und Motivationspsychologie.

Bei der Anwendung des Begriffes »Verstärkung« stellt sich die Frage, was als »Belohnung« oder »Bestrafung« wirkt. Wie läßt sich feststellen, ob ein Umweltreiz (z. B. ein Lichtsignal), eine Handlung (z. B. Nahrungsaufnahme) oder ein Wort (z. B. »Ausgezeichnet!«) in einer bestimmten Situation als »Verstärker« fungiert? Das »Gesetz des Effektes« bezeichnet den *Lernerfolg* als Merkmal der »Bekräftigung«. Damit wird eine »operationale Definition« des »Verstärkers« ermöglicht: Wenn man beispielsweise nachweisen will, ob ein Lichtreiz für ein Versuchstier eine Verstärkerwirkung hat, setzt man das Tier in einen dunklen Kasten mit einer Klappe, die zum Licht führt – lernt das Tier nach mehreren Wiederholungen die Klappe zu öffnen, so ist der Lichtreiz ein »Verstärker«. Ähnliche »operationale Definitionen« erbrachten besonders für die tierexperimentelle Forschung ganz neue Möglichkeiten, Aspekte der »Triebbefriedigung« zu untersuchen. Die Anwendung des Verstärkerbegriffs außerhalb der streng kontrollierten Laborbedingungen auf komplexe menschliche Verhaltensweisen kann aber zu Absurditäten führen, wie wir am Beispiel der Sprache noch sehen werden (s. S. 290).

In der Lerntheorie unterscheidet man gewöhnlich zwei Typen der Verstärkung:

- Primäre Verstärkung (*reinforcement*) erfolgt, wenn ein physiologisches Bedürfnis direkt befriedigt wird. So ist beispielsweise Futter für eine hungrige Ratte ein primäres Reinforcement.
- Eine sekundäre Verstärkung erhält ihre verhaltensfördernde Wirkung erst durch das wiederholte Zusammentreffen (Assoziation) mit einer primären Bedürf-

nisbefriedigung. Sekundäres Reinforcement spielt vor allem für das menschliche Lernen eine wichtige Rolle (s. soziale Motivation, S. 227). Sprachliche Äußerungen wie Belobigung und Anerkennung bestimmter Leistungen können – stellvertretend für »wirkliche« Bedürfnisbefriedigungen (z. B. Süßigkeiten und andere Geschenke) – oft ebenso erfolgreich das Lernverhalten bekräftigen. Auch im Tierversuch ließ sich die Wirksamkeit sekundärer Verstärkung nachweisen.

Affen wurden darauf trainiert, Spielmarken (Poker-Chips) in einen »Rosinen-Automaten« zu werfen. Für rote Chips erhielten sie zwei Rosinen, für blaue eine Rosine, während Kupfermünzen wertlos waren. So lernten sie nach kurzer Zeit, daß verschiedenfarbige Spielmarken einen unterschiedlichen Belohnungswert hatten. In einem zweiten Lernexperiment konnte dann nachgewiesen werden, daß die Chips stellvertretend für Rosinen einen bestimmten Belohnungswert gewonnen hatten. Die Affen lernten recht schnell, schwer bewegliche Hebel zu bedienen, um dafür dann »wertvolle« Spielmarken zu erhalten.

Das »Gesetz des Effekts« entspricht der alten hedonistischen Lebensweisheit, daß die Maximierung der Lust oder des Glücks das wichtigste Lebensprinzip des Individuums ist. Für den Verhaltensforscher bedeutet dieses Prinzip, daß die *Handlungen* des Menschen im wesentlichen durch das Streben nach Lust und die Vermeidung von Unlust determiniert werden (Lustprinzip).

Die Wirksamkeit des Lustprinzips gilt in gleicher Weise für den Bereich des Erlebens und der Phantasie, was vor allem von Sigmund Freud herausgestellt wurde: »In der psychoanalytischen Theorie nehmen wir unbedenklich an, daß der Ablauf der seelischen Vorgänge automatisch durch das Lustprinzip reguliert wird, das heißt, wir glauben, daß er jedesmal durch eine unlustvolle Spannung angeregt wird und dann eine solche Richtung einschlägt, daß sein Endergebnis mit einer Herabsetzung dieser Spannung, also mit einer Vermeidung von Unlust oder Erzeugung von Lust zusammenfällt ... Wir haben uns entschlossen, Lust und Unlust mit der Quantität der im Seelenleben vorhandenen Erregung in Beziehung zu bringen, solcherart, daß Unlust einer Steigerung, Lust einer Verringerung dieser Quantität entspricht.«

6.22 Hypothesen zur Verstärkerwirkung

Eine durstige Ratte, die anfangs erst nach vielfältigem Herumprobieren und zahlreichen Irrtümern (Versuch und Irrtum) aus einem Labyrinth herausfindet, wird nach weiteren Versuchen kaum noch Fehler machen und recht schnell ans Ziel kommen, vorausgesetzt, sie erhält nach jedem erfolgreichen Versuch etwas Trinkbares. Was hat zu diesem Lernerfolg geführt? Was war das entscheidende Reinforcement?

In der lernpsychologischen Literatur finden sich unterschiedliche Antworten auf diese Frage. Zur Zeit werden vor allem drei hypothetische Verstärkermechanismen dikutiert.

- *Reduktion der Triebspannung bzw. der Triebreize:* Der führende Lerntheoretiker der dreißiger und vierziger Jahre, der Amerikaner Clark L. Hull, hat die klassische Formulierung dieser Hypothese geliefert: »Wenn eine Reaktion mit der Erlebnisspur eines Reizes assoziiert ist und wenn diese Reiz-Reaktions-Verbindung (S-R) mit einer schnellen *Verringerung der Bedürfnisspannung* des Organismus assoziiert ist, dann verstärkt sich die *Tendenz* dieser Reizspur *zur Auslösung der Reaktion.*« Reiz-Reaktions-Verbindungen werden also verstärkt, wenn sie von der raschen Verringerung einer Bedürfnisspannung begleitet sind. In späteren Arbeiten spricht Hull – in Anlehnung an einen anderen, jüngeren Lernpsychologen, Neal E. Miller – nicht mehr von *Triebreduktion,* sondern von der *Verminderung der Triebreize.* Es hatte sich nämlich gezeigt, daß hungrige Tiere bereits lernen, wenn ihnen Futter ins Maul gesteckt wird, also zu einem Zeitpunkt, zu dem die Ist-Sollwert-Differenz (Bedürfnisspannung) des Organismus noch nicht durch Verdauung und Resorption der Nahrung vermindert sein kann. Für den Lernvorgang ist somit nicht primär die Herabsetzung des biologischen Bedarfs wichtig, sondern vielmehr die *Abnahme von internen Reizen,* die durch den biologischen Mangelzustand hervorgerufen werden.

- *Verhaltensabhängige Verstärkung:* Diese Hypothese spricht insbesondere der »konsumatorischen Aktivität« eine Verstärkerwirkung zu. Der Psychologe David Premack konnte zeigen, daß die Lernrate in einer »Skinnerbox«, d.h. die Häufigkeit des Hebeldrucks zum Erlangen einiger Tropfen Zuckerwasser, davon abhängt, wie oft die Tiere Leckbewegungen ausführen. Je höher die Leckrate war, desto stärker nahm die Lernrate zu. Weiterhin hat man bei Hühnern beobachtet, daß der Lernprozeß beschleunigt wird, wenn sie mit einer größeren Stückzahl von Futterkörnern belohnt werden, ohne daß sich der Nahrungsgehalt verändert. Demnach ist die konsumatorische Aktivität ein wichtiger Verstärkungsfaktor.
- *Reizabhängige Verstärkung:* Bestimmte Reize haben offensichtlich unabhängig von der Bedürfnisreduktion und der Stärke der konsumatorischen Aktivität eine beträchtliche belohnende Wirkung. In diesem Fall scheint nicht so sehr die Spannungsverminderung, sondern vielmehr die Erregungssteigerung das Lernen zu fördern. Die Psychologin Doris Kraeling konnte 1961 in einem Experiment die Wirksamkeit dieses Verstärkers eindeutig nachweisen: Ratten erhielten nach dem Durchlaufen eines Labyrinths unterschiedlich stark konzentrierte Zuckerlösungen zur Belohnung. Während des Konsumierens wurde durch automatische Registrierung der Leckbewegungen die Stärke der konsumatorischen Aktivität gemessen. Außerdem kontrollierte Kraeling die Auswirkung der Bedürfnisreduktion durch Variation der Darbietungszeit der Zuckerlösung: Bei langer Darbietungszeit konnten die Ratten mehr Kalorien aufnehmen als bei kurzer Darbietungszeit. Beim Signifikanztest der Leistungswerte zwischen den verschiedenen Versuchsbedingungen zeigte sich, daß die Lernleistung vor allem von der Konzentration der Zuckerlösung (unterschiedliche »Süßempfindung«) abhängt. Weder die konsumatorische Aktivität (Anzahl der Leckbewegungen) noch die Bedürfnisreduktion (Variation der Kalorienaufnahme) hatten in diesem Versuch eine wesentliche Bedeutung für den Lernverlauf.

Bei kritischer Betrachtung der geschilderten Experimente wird klar, welche Schwierigkeiten die Verhaltensanalyse bei der Erforschung der internen Motivationsbedingungen zu überwinden hat. Je nach Aufbau des Experiments können verschiedene der widersprechenden Hypothesen bestätigt werden. Vermutlich nehmen alle drei Verstärkungsmechanismen Einfluß auf das Lernverhalten. Angesichts dieser Probleme erscheint es sinnvoll, nach einem neuen Modell Ausschau zu halten, das sowohl die Verstärkung durch Spannungsreduktion als auch die durch Erregungssteigerung bei verschiedenen motivationalen Stimuli erklärt.

6.23 Neurophysiologische Belohnungs- und Bestrafungsmechanismen

Die Erforschung der zentralnervösen Grundlage des Verstärkungsmechanismus nahm ihren Anfang mit einem Versuchsfehler. Eigentlich wollten J. Olds und P. Milner mit Hilfe eines Experiments zur elektrischen Hirnreizung die Arbeitsweise

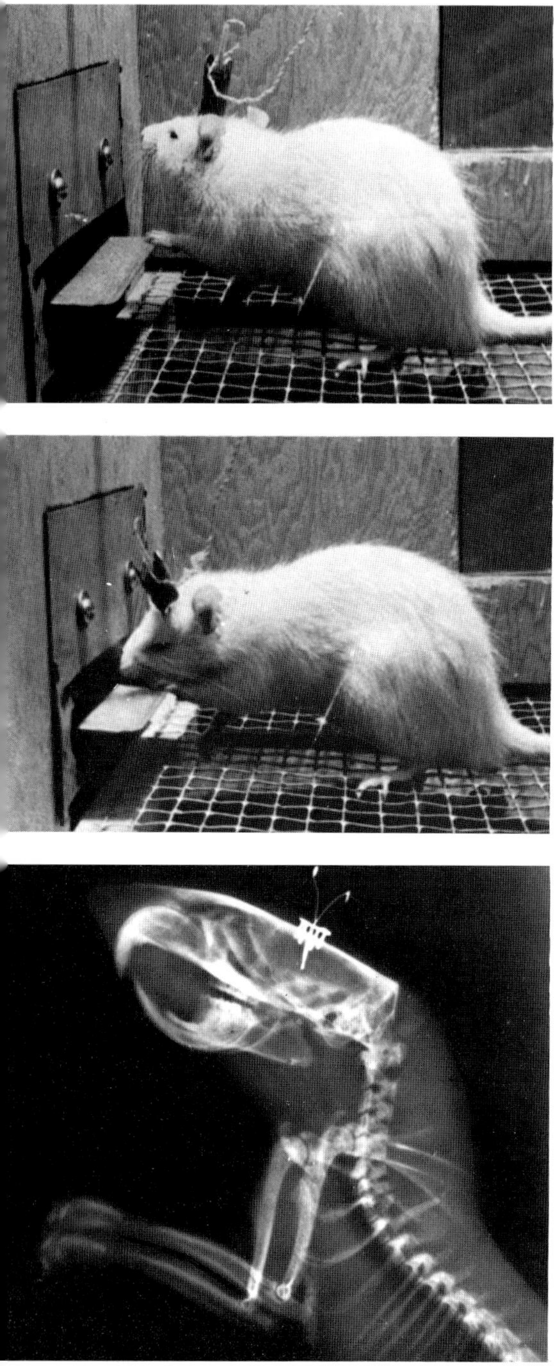

des »retikulären Systems« im Mittelhirn untersuchen. Die Elektrodenspitze verfehlte jedoch ihr Ziel und landete im Limbischen System. Von dieser Elektrodenposition aus konnten die Forscher ganz neue Phänomene provozieren. Immer wenn der Elektrode Strom zugeführt wurde, schien die Ratte sich sehr wohl zu fühlen und nach weiterer Reizung zu suchen, ein Verhalten, das sonst nur zu beobachten war, wenn deprivierten Tieren Futter oder Flüssigkeit angeboten wurde. War dies die Entdeckung eines neuen Motivationszentrums, womöglich eines »Lustzentrums«?

Diese Vermutung wurde sofort in verschiedenen Experimentalanordnungen überprüft. Olds und Milner setzten neu präparierte Versuchstiere in eine »Skinner-box« (s. S. 258), in der gewöhnlich die Bekräftigungsstärke verschiedener Belohnungspläne (*schedules of reinforcement*) untersucht wird. An Stelle der üblichen Futterbelohnung konnten die Ratten sich, das heißt den hypothetischen »Lustzentren«, durch Hebeldruck elektrische Reize zuführen. Die Ergebnisse waren eindeutig: War die Verbindung zur Stromquelle unterbrochen, so drückte das Versuchstier die Reaktionstaste nicht öfter als eine Ratte, die neugierig im Käfig herumrennt und mehr zufällig die Taste berührt (etwa 50mal pro Stunde). War jedoch der Strom angeschaltet, so wurde der Hebel bis zu 5000mal in der Stunde betätigt. Die Tiere setzten diese Selbstreizung bis zu 48 Stunden lang ununterbrochen fort und hörten erst auf, als sie vollkommen erschöpft waren.

< Anstelle von Futterpillen führt sich diese Ratte durch Hebeldruck elektrische Lustreize zu. Ein Röntgenbild des Versuchstieres läßt die implantierte Reizelektrode erkennen. Die hiermit erzeugten elektrischen Impulse haben häufig eine stärkere Bekräftigung des Verhaltens zur Folge, als dies bei einer Befriedigung primärer Bedürfnisse wie Hunger und Durst der Fall ist.

Beim Vergleich der elektrischen Selbstreizung mit Reinforcement durch »physiologische« Bedarfsdeckung zeigt sich, daß die elektrische Selbstreizung einen zumindest ebenso starken Einfluß auf das Lernen ausüben kann, wie dies konventionelle Belohnungsmittel tun.

- Ratten, die am Ende eines Laufweges nur elektrische Selbstreizung als Belohnung erhielten, liefen schneller auf das Belohnungsziel zu als Ratten, die 24 Stunden lang gehungert hatten und als Belohnung Futter bekamen.
- In einem anderen Test mußten Ratten über ein elektrisch geladenes Gitter laufen, um eine Belohnung, entweder Futter oder »elektrische Selbstreizung«, zu erhalten. Die Intensität des Elektroschocks wurde immer mehr gesteigert, bis der »erlebte« Schmerz beim Überqueren des Gitters stärker war als der Anreiz der Belohnung am anderen Ende des Testkäfigs. Die elektrische »Lusterregung« erwies sich bei diesem Test als ein wesentlich stärkerer Anreiz als die Triebreduktion durch Futterbelohnung.
- Einige Patienten mit Tiefenelektroden in »Lustzentren«, die zwischen elektrischer »Selbstreizung« und einem sehr schmackhaften Menü wählen konnten, bevorzugten ebenfalls die elektrischen Reize, selbst wenn sie vorher sieben Stunden lang gehungert hatten.

In der Folge erstellten Olds und andere Forscher Hirnkarten, auf denen diese »Lustzentren« lokalisiert waren. Dabei zeigte sich, daß elektrische Reizung nicht nur Lust, sondern auch Unlust und Aversion erzeugen kann. In einer der Untersuchungen erwiesen sich von 200 Elektrodenpositionen 55% als »lustvoll«, während 5% der Positionen aversives Verhalten erzeugten. Die motivational wirksamen Hirnstrukturen scheinen insbesondere im Limbischen System und im Hypothalamus lokalisiert zu sein.

Aus diesen Befunden hat Olds die Hypothese abgeleitet, daß motivationale Beeinflussung des Verhaltens von zwei unterschiedlichen Reizmechanismen neuronal gesteuert wird. Einerseits gibt es einen Mechanismus, der den Einfluß »negativer« Reize (z.B. Schmerzen) vermindern soll, andererseits sorgt ein zweiter neuronaler Mechanismus dafür, daß der Einfluß positiver (»lustvoller«) Reize maximiert wird. Diese neuropsychologische Hypothese entspricht weitgehend Sigmund Freuds Auffassung vom »Lustprinzip« (s. S. 136).

Die »Hirnkarte« der Belohnungszentren zeigt, daß ein Teil dieser Zentren um Steuerzentren herum verteilt ist, die für die Regelung spezifischer Antriebe wie Durst, Hunger und Sexualität verantwortlich sind. Die anatomische Nachbarschaft läßt vermuten, daß auch ein funktioneller Zusammenhang zwischen diesen »Triebzentren« und den Belohnungszentren besteht. Für einzelne Verstärkermechanismen wurden tatsächlich *unterschiedlich ansprechbare Belohnungszentren* im Hypothalamus und im Limbischen System entdeckt.

Olds fand bestimmte Belohnungszentren, die mit Zunahme der sexuellen Erregung eine erhöhte Reaktionsrate in der »Skinnerbox« auslösten, während die Veränderung des Hungerantriebs keinen Einfluß hatte. Bei anderen Zentren wiederum erhöhte sich die Reaktionsrate nur bei einer Steigerung des Hungers, nicht aber bei sexueller Erregung. Außerdem fanden sich vor allem bei den sexualspezifischen Belohnungszentren bestimmte »Reizpunkte«, die nur bei Trieberregung die Reaktionsrate erhöhten, während andere »Reizpunkte« das Verhalten eher bei Triebreduktion verstärkten. Es läßt sich also, abhängig von der jeweiligen Antriebsart, eine Verstärkerwirkung entweder durch *Triebreduktion* oder durch *Trieberregung* auch auf neurophysiologischer Untersuchungsebene feststellen.

Der englische Neurobiologe J. A. Gray hat eine Motivationstheorie entwickelt,

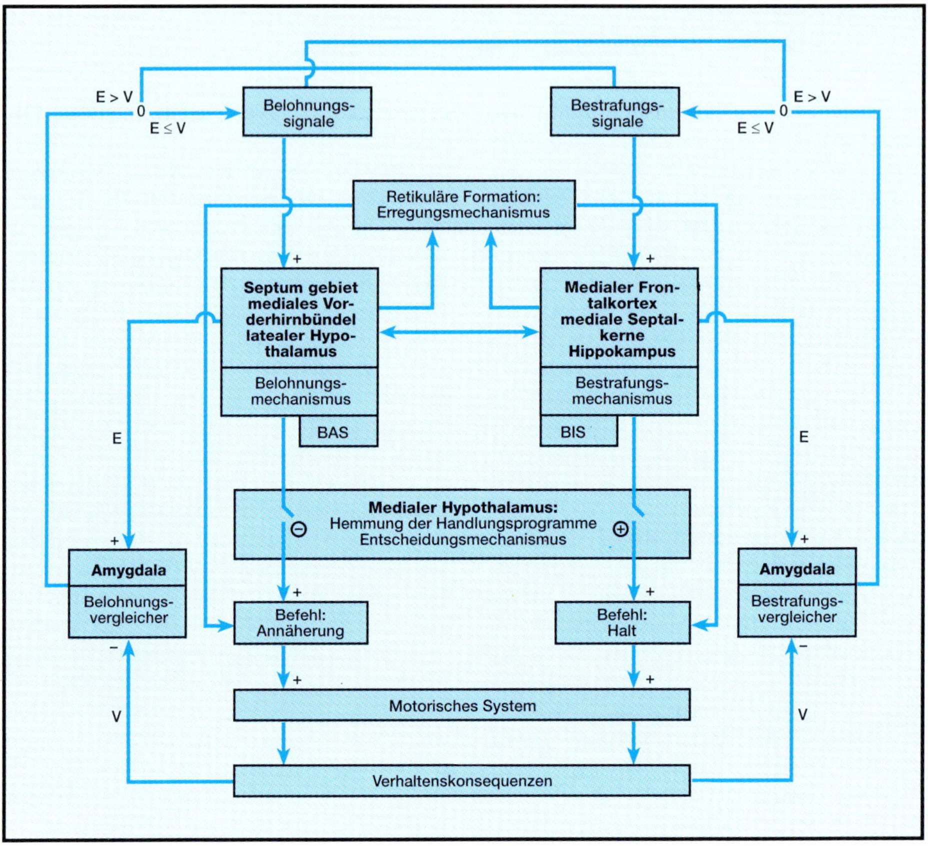

E > V
0
E ≤ V
Belohnungs-signale
Bestrafungs-signale
E > V
0
E ≤ V
Retikuläre Formation: Erregungsmechanismus
+
+
Septum gebiet mediales Vorderhirnbündel latealer Hypothalamus
Belohnungs-mechanismus
BAS
Medialer Frontalkortex mediale Septalkerne Hippokampus
Bestrafungs-mechanismus
BIS
E
E
Medialer Hypothalamus:
Hemmung der Handlungsprogramme
Entscheidungsmechanismus
⊖
⊕
+
+
Amygdala
Belohnungs-vergleicher
−
+
Befehl: Annäherung
+
Befehl: Halt
+
Amygdala
Bestrafungs-vergleicher
−
+
+
Motorisches System
V
V
Verhaltenskonsequenzen

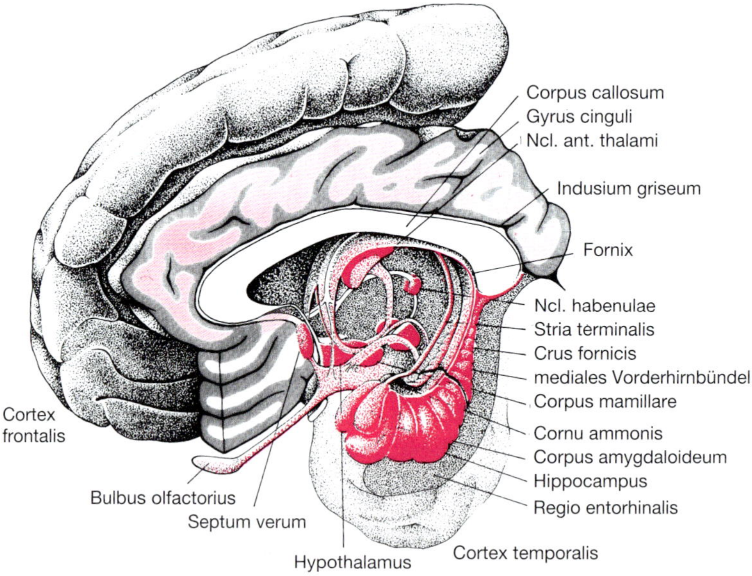

Corpus callosum
Gyrus cinguli
Ncl. ant. thalami
Indusium griseum
Fornix
Ncl. habenulae
Stria terminalis
Crus fornicis
mediales Vorderhirnbündel
Corpus mamillare
Cornu ammonis
Corpus amygdaloideum
Hippocampus
Regio entorhinalis
Cortex frontalis
Bulbus olfactorius
Septum verum
Hypothalamus
Cortex temporalis

die Angst und Verhaltenshemmung wie auch das Annäherungsverhalten mit Hilfe eines Modells zu erklären versucht. Demnach existieren im Säugetiergehirn ein Annäherungssystem (BAS = *behavioral approach system*), ein Kampf-Flucht-System und ein Verhaltenshemmungssystem (BIS = *behavioral inhibition system*). Sowohl die positive Annäherung an einen Geschlechtspartner als auch die aggressive Annäherung an einen Konkurrenten werden vom Annäherungssystem (BAS) unterstützt. Es ist eng mit dem Belohnungsmechanismus verbunden. Der Bestrafungsmechanismus des Verhaltenshemmungsysstems (BIS) wird durch angeborene Furchtreize (wie sie z.B. Schlangen für Primaten darstellen) oder konditionierte Strafreize und frustrierendes Nichtbelohntwerden aktiviert. Schlafmittel (Barbiturate), Alkohol und Beruhigungsmittel (Benzodiazepine) können die Wirkung des Bestrafungsreizes aufheben und sind in bestimmten Situationen (z.B. bei Phobien, bei denen es um eine passive Vermeidung geht; s. S. 402) angstmindernd. Das Annäherungs- und das Verhaltenshemmungssystem beeinflussen einander in gegenläufiger Weise. Das Kampf-Flucht-System tritt nur in Aktion, wenn extremer Lärm oder unerwartete Attacken (also stark aversive Stimuli) den Organismus reizen.

Diese Theorie könnte für das Verhalten von Personen relevant sein, deren antisoziale Reaktionen, die sich womöglich auf ein schwach entwickeltes Hemmsystem (BIS) zurückführen lassen, das Erlernen sozialer Normen erschweren. Durch Alkohol und Barbiturate wird das BIS zusätzlich geschwächt, wodurch die häufigen Straftaten unter Alkoholeinfluß erklärt werden könnten. Die Therapie von Angstzuständen durch Benzodiazepine (s. Psychopharmaka, S. 152) scheint aufgrund dieser Theorie nicht sinnvoll zu sein, weil nach dem Absetzen der Medikamente die phobischen Symptome, Schlafstörungen oder Zwangsrituale erneut auftreten, da das Angstverhalten erlernt und somit nicht einfach durch Beruhigungsmittel zu löschen ist.

< Belohnungsmechanismen (BAS) und Bestrafungsmechanismen (BIS), deren neuronale Grundlagen von J. A. Gray im Limbischen System vermutet werden, bestimmen die Annäherung wie das Zurückweichen in gegenläufiger Weise. Die konzeptuelle Verschaltung im Nervensystem ist oben dargestellt. Die neuroanatomischen Strukturen veranschaulicht das untenstehende Schema des Limbischen Systems, dessen Entwicklung aus dem Riechhirn auf die stammesgeschichtlich gewandelte Bedeutung dieser Steuermechanismen verweist und uns daran erinnert, daß unsere Sprache noch Reste des »Nichtriechen könnens« als Ausdruck der Nähe-Distanz-Regulierung bewahrt hat (nach Birbaumer et al., 1990).

6.3 Soziale Motivation

6.31 Instinkte und Sozialverhalten

Wir haben gesehen, wie zielstrebiges Verhalten durch biologische Bedürfnisse angetrieben und gesteuert werden kann. Die Kenntnis dieser Antriebe reicht jedoch nicht aus, um das menschliche Verhalten zu beschreiben. Der junge Mann, der zehn Stunden am Tag hinter seinen Büchern sitzt, um eine Seminararbeit anzufertigen, wird nicht von organischen Bedürfnissen dazu angetrieben. Politiker, die Kriege vorbereiten und führen, tun dies nicht zur Sicherung ihrer physiologischen Lebensbedingungen. Arbeiter, die bei einem wochenlangen Streik nicht zur Arbeit gehen, haben andere Motive für ihre Untätigkeit als Tiere, deren Körpertemperatur den Eintritt in den Winterschlaf bestimmt.

Wie aber lassen sich diese unterschiedlichen Verhaltensweisen verstehen? Sollen wir nach Antrieben oder Instinkten suchen wie der Biologe, der vielfach soziale

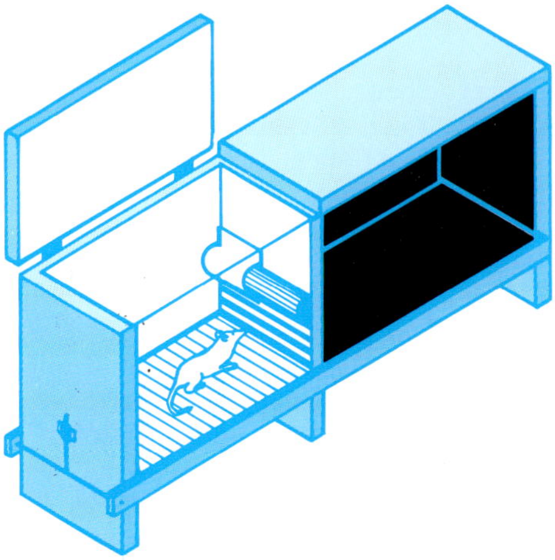

Millers Apparat zum Training erlernter Antriebe: Die Furcht vor elektrischen Schmerzreizen (primäre Motivation) wird auf den Reiz »weiße Kammer« übertragen (Generalisation), wenn die »Elektroschockbehandlung« in der »weißen Kammer« oft genug erfolgt. Der Fluchtweg in den schwarzen Kasten kann durch eine Tür mit verschiedenen Öffnungsmechanismen versperrt werden.

Verhaltensweisen im Tierreich (z.B. Nestbau, Brutpflege und Angriffsverhalten) mit Hilfe von angeborenen Bedürfnissen erklären kann? Aus den Anfängen der Psychologie zu Beginn dieses Jahrhunderts kennen wir zahlreiche solcher Versuche. Berühmte Psychologen wie William James, E.L. Thorndike und R.S. Woodworth haben lange »Instinktlisten« erstellt, die manchmal über 100 einzelne Instinkte enthielten. Ein kritischer Literaturbericht aus dem Jahre 1926 verzeichnet in den Arbeiten von ungefähr 400 Autoren nicht weniger als 5684 postulierte Instinkte. Die Psychologen hatten es sich mit dem Instinktbegriff offenbar zu leicht gemacht. Es ist kaum zu erwarten, daß für derart zahlreiche Verhaltensweisen entsprechende erbliche Grundlagen zu finden sind.

Vor allem die Forschungsergebnisse der Lernpsychologie und der Anthropologie haben dazu beigetragen, daß der Instinktbegriff aus der Mode kam. Von Anfang an attackierte der Behaviorismus die Auffassung vom instinktmäßig gesteuerten Verhalten und entwickelte als extremes Gegenprogramm eine Milieutheorie, in der Verhaltensweisen als Endprodukte von Lernprozessen beschrieben werden. Der Tradition des Behaviorismus folgend, hat vor allem der Lerntheoretiker Neal E. Miller nachweisen können, daß zahlreiche Antriebe erlernbar sind und sich von biologischen Motivationen ableiten lassen.

Ratten, die in einer weißen Kammer elektrischen Schlägen ausgesetzt waren, konnten vor diesen schmerzhaften Reizen in eine dunkle Kammer fliehen, in der ihnen nichts geschah. Nach etwa zehn solcher Schockversuche flohen sie weiterhin in die schwarze Kammer, sobald sie in die weiße gesetzt wurden, obwohl es überhaupt keine Elektroschocks mehr gab. Dieses »Vermeidungsverhalten« blieb lange Zeit erhalten, ohne daß es noch irgendeine »reale« Grundlage hatte. Neben dem biologischen Antrieb der Schmerzvermeidung war ein neuer, ein *»sekundärer«* Antrieb entstanden, der die Ratten veranlaßte, ohne das Vorhandensein von Elektroschocks aus der weißen Kammer zu fliehen. Der vorher unwirksame Reiz »weiße Kammer« hatte dieselbe verhaltenssteuernde Wirkung erlangt wie der reale Schmerzreiz. Als in einem Experiment der Fluchtweg durch eine Tür versperrt wurde, krümmten sich die Tiere am Boden und urinierten oder koteten, sie zeigten also eine »erlernte Angstreaktion« (s. S. 253). Gab man ihnen jedoch die Möglichkeit, durch Drehen an einer Rolle die Tür selber zu öffnen, so erwies sich der neu erlernte Antrieb als so wirksam, daß alle möglichen neuen Öffnungsmechanismen in kurzer Zeit erlernt wurden. Die erlernten Antriebe können also die gleiche bekräftigende und verhaltensteuernde Wirkung haben wie biologische Antriebe.

Im Alltagsleben lassen sich eine ganze Reihe ähnlicher Beobachtungen machen. Bestimmte Mittel, Einstellungen und Handlungsweisen, die zur Befriedigung biologischer Bedürfnisse dienen, werden mit der Zeit zum Selbstzweck, sie erlangen eine *funktionale Autonomie,* wie der Persönlichkeitspsychologe Gordon W. Allport dieses Phänomen nannte. Das Kleinkind verlangt immer häufiger nach der Mutter, obwohl die Nahrungsbedürfnisse schon längst befriedigt sind, weil das »Bedürfnis nach ihrer Nähe« durch die dauernde Assoziation mit der biologischen Bedürfnisbefriedigung zu einem neuen Verhaltensziel geworden ist.

Die wiederholte Befriedigung biologischer Bedürfnisse kann aber auch zu einer Zunahme von Hemmungen führen, wie es die Theorie von R. L. Solomon zur Erklärung des Suchtverhaltens postuliert. Nach seiner Auffassung startet das Zentralnervensystem in emotionalen Situationen gleichzeitig mit den dafür charakteristischen physiologischen Begleitprozessen (sogenannten A-Prozessen) gegenregulatorische Prozesse (B-Prozesse), die unangenehm und der ersten starken emotionalen Reaktion entgegengesetzt sind. Zuerst hat die Drogeneinnahme angenehme Gefühle zur Folge (A-Prozeß). Mit wiederholter Drogeneinnahme vermindern sich die angenehmen Gefühle jedoch, weil die unangenehmen Nebenwirkungen (B-Prozeß) immer stärker werden. So sorgt jetzt der B-Prozeß dafür, daß die Unlustvermeidung durch Zuführung des Suchtmittels zunehmend wichtiger wird und somit eine süchtige Abhängigkeit entsteht.

Der Geschäftsmann, der erst nur Geld verdienen wollte, um seine Existenz zu sichern, wird zum Kapitalisten, für den »die Akkumulation (Anhäufung) des Kapitals« zum Selbstzweck geworden ist. Diese funktionale Autonomie des neuen Antriebs kann so stark sein, daß es den Anschein hat, das Streben nach Besitz sei eine Art »Naturtrieb«. Die Forschungsergebnisse der Anthropologen, die zahlreiche »Naturvölker« untersucht haben, zeigen, daß es kaum irgendwelche universellen menschlichen Motive gibt, außer denen, die für die Aufrechterhaltung der biologischen Lebensbedingungen sorgen. Margaret Meads Analysen dreier »Eingeborenen-Kulturen« in Neuguinea demonstrieren, wie durch den Sozialisierungsprozeß (s. S. 270) die Motivationssysteme der Individuen ganz unterschiedlich geformt werden können:

- Bei den *Arapesch* werden Hilfsbereitschaft und Nachgiebigkeit schon früh in der Kindheit entwickelt. Besondere Liebeszuwendung durch die Erwachsenen begünstigt die Ausbildung der gewünschten Motive. »Das Ideal der Arapesch ist ein sanfter, hilfsbereiter Mann, verheiratet mit einer sanften, hilfsbereiten Frau.« In den Liebesbeziehungen tritt weder der

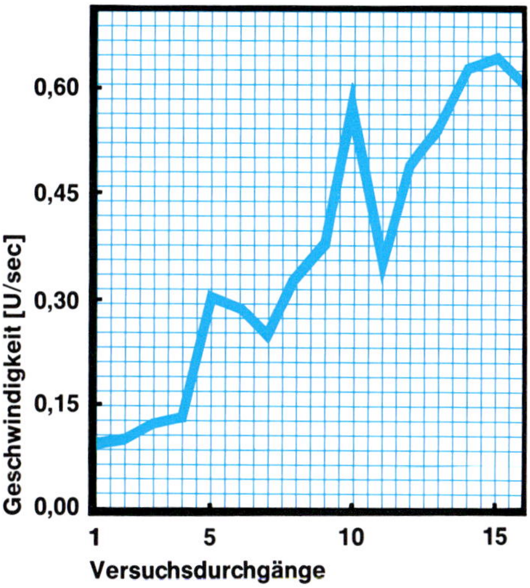

Erlernte Antriebe haben eine ebenso starke Wirkung auf das Verhalten wie primäre Antriebe. Die Kurve zeigt den Lernverlauf einer Ratte, die von dem Bedürfnis getrieben wurde, der »weißen Kammer« zu entfliehen. Die Zeit, die sie benötigt, um das »Tor zur Freiheit« zu öffnen, wird ständig kürzer d.h. die Geschwindigkeit steigt an.

Mann noch die Frau besonders aggressiv und fordernd auf. Niemand strebt die Führerrolle an. Alters- und Geschlechtsunterschiede werden nicht betont.

- Im Gegensatz dazu wird bei den *Mundugumor* von beiden Geschlechtern ein energisches und aggressives Verhalten erwartet. Liebe und Weichheit haben in der als feindselig betrachteten Welt der ehemaligen »Kannibalen« keinen Platz. In einer Atmosphäre gegenseitigen Mißtrauens erwarten Mann und Frau Aggressionen und Gewaltanwendungen geradezu voneinander.
- Die *Tschambuli* haben für beide Geschlechter unterschiedlich definierte Sozialrollen entwickelt. Und zwar handelt es sich dabei um eine völlige Umkehrung der uns selbstverständlich erscheinenden Rollen für Mann und Frau. Die Männer sind »arbeitsscheu« und mehr an den schönen Künsten interessiert. Sie geben sich »kokett, tratsch- und zanksüchtig«. Von den Frauen wird eine selbstbewußte Haltung und die Rolle des »Ernährers« erwartet. Sie sorgen für Nahrung, Güterherstellung und Handel. Auch im Liebesleben geht die Initiative meistens vom weiblichen Geschlecht aus.

Die Entwicklung dieser unterschiedlichen sozialen Motive kann nicht allein mit dem Konzept der »sekundären« Motivation erklärt werden. Von Sozialpsychologen wird daher insbesondere auf die Bedeutung der »Bezugsgruppe« *(reference group)* hingewiesen, in der ein Individuum aufwächst. Die Rollenerwartungen und sozialen Normen der jeweiligen Familien-, Alters- und Berufsgruppen müssen vom Individuum übernommen und praktiziert werden (Sozialisation, s. S. 270).

Das individuelle Motivationssystem spiegelt daher oft die Zielsetzungen und Lebensbedingungen der entsprechenden Bezugsgruppe eines Menschen wider. So entwickeln beispielsweise Kinder der Unterschicht eine ganz anders strukturierte *Leistungsmotivation* als die Kinder der Mittelschicht (s. S. 234), nach deren Standard Testpsychologen und Lehrer die Leistungsbereitschaft eines Individuums zu bestimmen pflegen.

Im folgenden wollen wir drei charakteristische soziale Motive untersuchen. Wie noch zu sehen sein wird, sind hierbei soziale und biologische Bedingungsfaktoren nicht immer voneinander zu trennen.

6.32 Neugier, Reizhunger und Wissensdurst

»... Alles ist im Wandel begriffen – du selbst, deine Familie, deine nähere Umgebung, deine Bildung, dein Beruf, deine Regierung und deine Beziehungen zu den ›anderen‹ ... Der weltweite Informationswirbel, den die elektrischen Medien – der Film, Telstar, das Fliegen – erzeugt haben, übertrifft bei weitem jedwelchen Einfluß, den Mutti und Vati heute ausüben können. Der Charakter wird nicht mehr allein von zwei ernsthaften, linkischen Experten geformt. Nun bildet ihn die ganze Welt.« Diese Worte des »Medienforschers« Marshall McLuhan veranschaulichen die Entwicklung des modernen Menschen zum »Informationssammler«. Nicht mehr Hunger und Durst sind seine stärksten Bedürfnisse, sondern »Reizhunger« und »Wissensdurst«.

Mit der zunehmenden Ausbreitung der neuen Informationsträger Fernsehen, Illustrierte und Comic zu Anfang der fünfziger Jahre stieg auch das Interesse der Psychologen an einem neuentdeckten Motivationskomplex, der mit den Begriffen Neugier (*curiosity*), Erkundungstrieb *(exploration drive)*, Manipulationsmotiv, Langeweiletrieb (*boredom drive*) und Erkenntnistrieb (*epistemic curiosity*) umschrieben wurde. Zur Zeit herrschen allerdings noch große Meinungsverschiedenheiten darüber, ob es sich hierbei um ein primär biologisches Bedürfnis des Organismus nach Reizzufuhr handelt oder ob hiermit kognitive Verhaltenstendenzen beschrieben werden, die im Verlauf der sozialen Entwicklung erlernt wurden. Wir zählen diese Motivgruppe zu den sozialen Motiven, weil ihre organischen Grundlagen bisher völlig unbekannt sind.

In den ersten Experimenten zum Neugierverhalten gab man Affen Gelegenheit, verschiedene Türverriegelungen zu erkunden und sich mit dem Öffnungsmechanismus vertraut zu machen. Ohne irgendwelche Belohnung gelang es den Tieren schon nach kurzer Zeit, »mechanische Rätsel« zu lösen. Wie würden die Affen reagieren, wenn ihnen nach erfolgter Lösung dieselbe Aufgabe noch einmal gestellt wurde? Die Forscher waren recht erstaunt, als die Tiere mit dem gleichen Interesse wie vorher erneut »an die Arbeit« gingen. Nach zehnstündiger Übungszeit war ihr »Interesse« an der gestellten Manipulationsaufgabe immer noch nicht erlahmt. Die Experimentatoren jedoch brachen den Versuch ab, ihre »wissenschaftliche Neugier« war befriedigt: »Es muß einen Antrieb in diesen Tieren geben, der durch keine der bisher bekannten Motivationen erklärbar ist.«

Jetzt erinnerten sich die Forscher auch an frühere Beobachtungen, denen sie bisher keine Beachtung geschenkt hatten. Bei Futterbelohnungsexperimenten zeigten Affen manchmal ein viel größeres Interesse für den menschlichen Versuchsleiter hinter der Beobachtungsscheibe als für das »belohnende« Futter. Daher planten sie Experimente, in denen die Tiere ein kleines Fenster öffnen konnten, um in einen anderen Raum hineinzuschauen. Nach dreißig Sekunden verschlossen die Forscher das Fenster wieder. Diesmal dauerte der Versuch über 57 Tage, dennoch wurden die Affen niemals »müde«, sondern öffneten immer wieder das Fenster, um in den anderen Raum hineinschauen zu können. Das Interesse schwankte allerdings, es war abhängig von der Art der Wahrnehmungsreize, die im zweiten Raum dargeboten wurden. Das größte Interesse galt anderen Affen, die sich im Nebenraum aufhielten. Andere Reize wie eine elektrische Eisenbahn oder frische Früchte waren weniger interessant.

Der »Erkundungstrieb« der Tiere oder die menschliche Neugier haben oft eine ähnlich stark motivierende Wirkung auf das Verhalten wie Hunger und Durst. Dieser Affe arbeitete unermüdlich, um hinter den Öffnungsmechanismus der Türverriegelung zu kommen, ohne daß er eine spezifische Belohnung dafür erhalten hätte.

Menschliche Vpn sind nicht so genügsam in ihren Ansprüchen an äußere Reizbedingungen. Einfache mechanische Tätigkeiten können ihr Neugierbedürfnis nur kurzzeitig befriedigen. Versuche zur »psychischen Sättigung« haben ergeben, daß »anspruchslose« Tätigkeiten, wie Striche machen, immer das gleiche Muster zeichnen oder Stifte in Löcher stecken, schon bald zu Unzufriedenheit und Unmutsäußerungen führen. Zwar hielten die Vpn die Experimente recht lange durch, jedoch nur, weil sie versuchten, kleine Va-

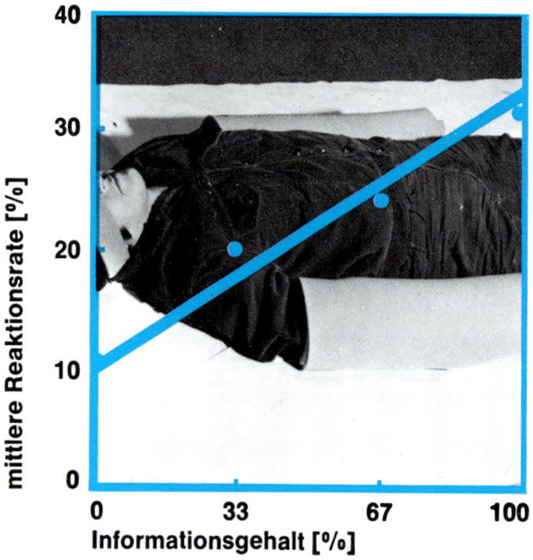

»Informationshunger« bei sensorischer Deprivation: Bei gleichbleibender sensorischer Reizung (24 Lichtreize) wurde nur der Informationsgehalt der Reizserie geändert. Unabhängig von dem Bedarf an sensorischer Erregung konnte somit auch das »Bedürfnis nach Information« mittels der Reaktionsrate gemessen werden.

riationen in die eintönige Arbeit hineinzubringen. Schließlich weigerten sie sich weiterzumachen. Dabei waren sie keineswegs ermüdet, denn zu neuen Tätigkeiten waren sie jederzeit bereit.

Wie sehr der Mensch auf ausreichende Reizvariation in seiner Umgebung angewiesen ist, zeigen vor allem auch die Experimente zur »sensorischen und sozialen Deprivation« (s. S. 66). Trotz beachtlicher Bezahlung strebten die Vpn im allgemeinen danach, den Versuch so schnell wie möglich zu beenden. Innere Unruhe und erhöhte Reizbarkeit machten es ihnen unmöglich, längere Zeit bei dem Experiment zu verharren. Manche Vpn versuchten sogar, die fehlende Umweltstimulation durch halluzinatorische Erlebnisse zu ersetzen.

Jede Reizsituation enthält zwei Aspekte:

- Die einzelnen Reize können in ihrer *Intensität* variieren.
- Die Reize können unterschiedlichen *Informationsgehalt* besitzen.

In neueren Experimenten wurde der Aspekt der »Informationsdeprivation« unabhängig vom Reizentzug untersucht. Die Vpn mußten zwölf Stunden lang in einem dunklen Zimmer ruhig im Bett liegen. Die einzige Möglichkeit, die Umweltreize zu variieren, bestand darin, einen Knopf zu betätigen, der eine Serie von 24 Lichtsignalen auslöste. Sooft sie wollten, konnten sie diese Reizserie während der zwölf Stunden ablaufen lassen. Die Anzahl der Knopfbetätigungen kann als Hinweis auf die Stärke des »Reizhungers« dienen. Variierte man den Informationsgehalt (s. S. 82) der Reizserie, so zeigte sich, daß mit Zunahme des Informationsgehaltes die Anzahl der Knopfbetätigungen stieg. Somit ist anzunehmen, daß bei sensorischer Deprivation nicht nur ein Motiv nach Reizzufuhr besteht, sondern vor allem auch ein Bedürfnis nach »Information« wirksam ist.

Neugierverhalten kann somit als Suche nach erhöhter Informationszufuhr verstanden werden (s. Abb. oben).

6.33 Leistungsmotivation

Seitdem Freud die Vorstellung zerstörte, Motive seien rational und könnten eindeutig aus dem Verhalten abgeleitet werden, haben sich zahlreiche Psychologen der Analyse der menschlichen Phantasie zugewandt, um auf diese Weise die »verdeckten« Antriebe zu entschlüsseln.

Da psychische Vorgänge nicht wie organische Veränderungen auf einem Röntgenbild sichtbar zu machen sind, mußte man nach anderen Methoden suchen, mit deren Hilfe unsichtbare psychische Strukturen beschrieben werden können. Als besonders aufschlußreich hat sich hierfür die Analyse spontaner Gedanken und Einfälle erwiesen, wie sie von Patienten in der »psychoanalytischen Stunde« geäußert

Im Rorschach-Test werden dem Probanden zehn ein- oder mehrfarbige, wenig inhaltsbezogene Klecksbilder vorgelegt, um aufgrund seiner Wahrnehmung Auskunft über persönlichkeitsspezifische Phantasieprozesse zu erhalten. Die Objektivität dieser »projektiven Verfahren« ist meist geringer als bei Fragebogentests.

werden oder wie sie auch in spezifischen Testsituationen erfaßt werden können.

Von verschiedenen Psychologen sind darum »Phantasie-Tests« (*Projective Tests*) entwickelt worden, mit denen Vpn und Patienten zur Mitteilung von Phantasieinhalten angeregt werden sollen. Wenig inhaltsbezogene »Klecksbilder« (Rorschach-Test) und thematisch festgelegte Bilder zu bestimmten Lebenssituationen (TAT = *T*hematic-*A*pperception-*T*est) sind zu Tests entwickelt worden, die einigen Aufschluß über die Tätigkeit der Phantasie geben. Da die sprachlichen Äußerungen die unbewußte Motivation der Vpn lediglich indirekt widerspiegeln, kann die Analyse nur von geschulten Beurteilern vorgenommen werden, die sich über bestimmte *Deutungsregeln* einigen müssen. Die *Objektivität* dieser Deutungsverfahren wird allerdings oft in Frage gestellt, weil die Deutungsregeln der »Phantasie« des Psychologen großen Spielraum lassen und somit nicht nur die Motivstruktur der Vp, sondern auch die des Auswerters im Testergebnis mit enthalten sein kann (s. S. 306). Um diesen Fehler zu vermeiden, wurden Experimente durchgeführt, in denen auf empirische Weise einzelne Aspekte von Phantasieäußerungen bestimmten Motivationen zugeordnet werden sollen. Am besten ist dies bisher bei der Erfassung der *Leistungsmotivation* gelungen.

David C. McClelland untersuchte mittels einer modifizierten Form des TAT die Phantasietätigkeit von Vpn, die einer extrem leistungsfordernden Testsituation ausgesetzt waren, und verglich sie mit einer anderen Vpn-Gruppe, an die keine besonderen Leistungserwartungen herangetragen wurden. Alle Vpn mußten Fünf-Minuten-Geschichten über Bilder schreiben, die man für einige Sekunden auf eine Leinwand projiziert hatte. Diese Bilder stellten verschiedene Lebenssituationen dar, die auf das Thema Leistung und Arbeit hinweisen sollten. Die Kurzgeschichten von Vpn, die unter starkem Leistungsdruck standen, unterschieden sich auffallend von den Geschichten, die aus der Vergleichsgruppe stammten. Sie bezogen sich stärker auf Qualitätsmaßstäbe, Wünsche nach Erfolg und Furcht vor Mißerfolg. Zwei Beispiele sollen das veranschaulichen:

Ein oft verwendetes Bild zeigt einen Jungen an einem Tisch sitzen, mit einem aufgeschlagenen Buch vor sich. Unter wenig leistungsfordernden Bedingungen kann das Bild etwa zu folgender Erzählung anregen:

- »Ein Junge in einem Klassenzimmer, der tagträumt. Er erinnert sich an einen kürzlich erlebten Vorfall, der seinen Geist mehr beschäftigt als der Unterricht. Er denkt über den Vorfall nach und sieht sich selbst in der betreffenden Situation. Er wünscht, er wäre tot. Wahrscheinlich wird er vom Lehrer aufgerufen werden und in Verlegenheit geraten.«

Diese Geschichte deutet kaum auf Leistungswünsche hin und enthält keine Qualitätsmaßstäbe. Ganz anders äußerte sich eine Vp unter besonders leistungsanregenden Testbedingungen:

- »Der Knabe, Schüler einer höheren Schule, schreibt eine Klassenarbeit. Die Zeit ist fast zu zwei Dritteln um, und er bemüht sich, fertig zu werden. Er sollte sich auf die schriftlichen Fragen vorbereiten und hat es auch getan, hat aber einige der Antworten im Lehrbuch nur durchgelesen, ohne sie zu lernen. An diese kann er sich jetzt nicht mehr erinnern. Er versucht, sich die mit ihnen verbundenen Vorstellungen und Gedanken ins Gedächtnis zu rufen. Für die eine oder andere Antwort wird ihm das vielleicht gelingen, aber die meisten Fragen wird er offenlassen müssen. Bis fünf Minuten vor Schluß wird er angestrengt nachdenken, dann aufgeben, seine Arbeit durchlesen und sich über sich selbst ärgern, weil er die Antworten im Lehrbuch durchgelesen, aber nicht gelernt hat.«

Aufgrund einer Reihe solcher Ergebnisse entschloß sich McClelland, als Maß für die Leistungsmotivation die Anzahl von leistungsbezogenen Gedanken zu nehmen, die unter »entspannten« Versuchsbedingungen zu bestimmten leistungsanregenden Bildern von einer Vp produziert werden. Je mehr Vorstellungen eine Vp hinsichtlich guter Leistungen, Leistungsbehinderungen oder der Mittel und Wege zur Bewältigung einer Aufgabe äußert, desto stärker ist die ihr zugeschriebene Leistungsmotivation.

Die Methode der frei erfundenen Kurzgeschichten wurde von mehreren Forschern auch zur Erfassung zahlreicher anderer Motive angewendet. Testsysteme wie der »Thematic-Apperception-Test« (TAT) enthalten bis zu dreißig Darstellungen von verschiedenen Lebenssituationen, so daß damit ganz unterschiedliche Bedürfnisse erfaßt werden können. Der Urheber des TAT, der Psychologe H. A. Murray, hat einen Katalog von über dreißig Antrieben erstellt, nach denen die Inhalte der Phantasie-Geschichten klassifiziert werden können. Aber nur wenige dieser Bedürfnisse sind durch solch sorgfältige Experimente belegt, wie sie McClelland zur Klassifizierung der Leistungsmotivation durchgeführt hat.

Ein Bewertungsindex für die Leistungsmotivation ermöglichte in der Folge die experimentelle Erforschung des Verhaltens von Vpn mit einem besonders hohen und einem besonders niedrigen Bedürfnis nach Leistung. Dabei zeigte sich, daß Menschen mit starker Leistungsmotivation häufiger aus der Mittelschicht als aus der unteren oder oberen Gesellschaftsschicht kommen. Sie sind besonders leistungs- und wettbewerbsorientiert und streben nach sozialem Aufstieg. Sie haben ein besseres Gedächtnis für unerledigte Aufgaben und sind eher geneigt, sich für psychologische Experimente zur Verfügung zu stellen, sie sind aktiver im Hochschulbereich und in Gemeindeangelegenheiten, wählen als Arbeitspartner eher

Fachleute als Freunde, sind sozialem Druck gegenüber widerstandsfähiger und können keine genauen Angaben über die »inneren Ursachen« ihrer hohen Leistungsmotivation machen.

Man könnte aufgrund dieser Resultate vermuten, daß die besonders Leistungsmotivierten bei gleichen Aufgaben unter allen Umständen besser abschneiden als weniger motivierte Vpn. Es hat sich aber gezeigt, daß sie nur dann höhere Leistungen erzielen, wenn die Aufgaben ihrem *Anspruchsniveau* entsprechen. Erfordert die Lösung der Aufgabe bloße Routine oder setzt sie die Zusammenarbeit mit anderen Vpn voraus, dann kommen Personen, bei denen andere Motive stärker ausgeprägt sind (z. B. das Bedürfnis nach Gesellung = *need affiliation*) zu besseren Ergebnissen. Nur wenn die Testaufgaben einen Bezug zu ihrer künftigen Laufbahn oder zur Einschätzung ihrer »allgemeinen Intelligenz« haben, sind Leistungsmotivierte bereit, ihre Leistungen im Verlauf eines Arbeitsprozesses zu steigern.

Große Bedeutung für leistungsbezogenes Handeln wird vor allem dem *Erfolg oder Mißerfolg* einer Tätigkeit zugeschrieben. Dabei hängt das Ergebnis nicht ausschließlich von dem wirklich erreichten Leistungsniveau ab, sondern vielmehr davon, ob das *Anspruchsniveau* als erreicht oder als nicht erreicht erachtet wird. Je nach dem Erfahrungsspektrum des einzelnen bilden sich unterschiedliche Erwartungshaltungen in bezug auf bestimmte Leistungsziele aus. Bei einigen Vpn überwiegt die »Hoffnung auf Erfolg«, bei anderen wiederum die »Furcht vor Mißerfolg«. Die Tendenzen, Erfolg zu haben und Mißerfolg zu meiden, können bei einzelnen Vpn so unterschiedlich stark ausgeprägt sein, daß sich zwischen erfolgsmotivierten und mißerfolgsmotivierten Individuen differenzieren läßt:

- *Mißerfolgsmotivierte* Vpn unterscheiden sich vor allem durch die Wahl eines extrem hohen oder eines extrem niedrigen Anspruchsniveaus von den Erfolgsmotivierten, die eher ein mittelhohes Leistungsziel bevorzugen. Vpn, die ein niedriges Anspruchsniveau wählen, berichten in ihren »TAT-Geschichten« häufig von Personen, die ihre Leistungsbemühungen unterbrechen, Rückzüge antreten oder Erholungspausen einlegen. Vpn mit überhöhten Leistungszielen schildern dagegen eher Personen, die unablässig auf Hindernisse stoßen und immer wieder Rückschläge erleiden, die es zu überwinden gilt.
- Die *Erfolgsmotivierten* lassen sich mehr von einer realistischen Einschätzung ihrer Erfolgschancen leiten. Sie wählen daher ein eher mittleres Anspruchsniveau und verlassen sich lieber auf die eigene Tüchtigkeit und einen optimalen Kräfteeinsatz und nicht allzusehr auf glückliche äußere Umstände.

Die unterschiedliche Ausprägung der Leistungsmotivation konnte in neueren Untersuchungen vor allem auf *unterschiedliche Erziehungsstile* zurückgeführt werden. Die Erziehungsbemühungen der Eltern von *»Hochmotivierten«* richten sich insbesondere auf ein anhaltendes Training von Selbständigkeit und Leistungsfähigkeit. Die Mütter dieser Kinder übernehmen meistens die Rolle des leistungsfordernden Lehrmeisters, der sich mit Hinweisen, Anordnungen und antreibenden Bemerkungen in die Leistungsbemühungen des Kindes einschaltet, während die Väter sich eher distanziert verhalten und die Selbständigkeit des Kindes respektieren oder durch wohlwollende Anteilnahme fördern. Setzt der Leistungsdruck von seiten der Eltern jedoch zu früh ein, dann werden Leistungsmotivation und Leistungsfähigkeit beeinträchtigt und die Eigenständigkeit des Kindes bedroht.

Die *Eltern niedrigmotivierter Kinder* bevorzugen eher einen autoritären und restriktiven Erziehungsstil. Sie sind mehr auf Gehorsam bedacht, schränken häufig die Selbständigkeit des Kindes ein und verlangen hohe Leistungen oft nur bei

Routinetätigkeiten, die die Eltern entlasten sollen. Da dieser restriktive Erziehungsstil besonders häufig bei Familien der unteren Gesellschaftsschicht anzutreffen ist, verwundert es nicht allzusehr, daß unter den Arbeitern erheblich weniger leistungsmotivierte Individuen zu finden sind als in der »aufstrebenden« Mittelschicht.

Wenn erfolgsmotivierte Personen ihre Erfolge eher auf die eigene Begabung und Mißerfolg auf mangelnde Anstrengung zurückführen, Mißerfolgsmotivierte hingegen ihre Erfolge eher dem Zufall, Mißerfolge aber mangelnder Begabung zuschreiben, so müssen zur Erklärung der Leistungsmotivation diese Gefühle und die Ursachenzuschreibung (Attribution) mit einbezogen werden. Das amerikanische Psychologenteam B. Weiner, D. Russell und D. Lerman hat in einem dreistufigen Modell alle diese Aspekte zusammengefaßt: Auf der ersten Stufe wird die erreichte Leistung in bezug auf Erfolg oder Mißerfolg bewertet. Dies löst ein kurzfristiges Gefühl der Zufriedenheit oder der Enttäuschung aus. Auf der zweiten Stufe wird nach Ursachen gesucht, die zu den Affekten Freude, Stolz, Ärger und Scham geführt haben. Auf der dritten Stufe werden die gefundenen Erklärungen den Grunddimensionen der internalen (Begabung) und externalen (Zufall) Verursachung zugeordnet und Selbstwertüberlegungen angestellt (z.B. »selber schuld«).

6.34 Aggression

Der Mensch ist *von Natur aus böse,* so steht es sinngemäß schon im Alten Testament. Verhaltensforscher wie Konrad Lorenz sind noch heute davon überzeugt (»Das sogenannte Böse«). Auch die Psychoanalytiker können sich in der Nachfolge Freuds immer noch nicht vom Begriff des Instinktes im Bereich der sozialen Motivation lösen. So schreibt z.B. der mit dem Friedenspreis des deutschen Buchhandels ausgezeichnete Psychoanalytiker Alexander Mitscherlich: »Gäbe es nicht so etwas wie einen ›Todestrieb‹ . . ., so wäre der ›Tod auf dem Felde der Ehre‹ nicht erklärbar.« Die sinnlose Zerstörung von Menschenleben im Krieg oder auch im täglichen Verkehrschaos wird durch die Postulierung eines Aggressionstriebs als Naturereignis gedeutet, das durch Erziehungsmaßnahmen und gesellschaftliche Veränderungen kaum verhindert werden kann.

Lorenz folgert aus zahlreichen Tieruntersuchungen, daß auch die menschliche Aggression ein »echt instinktives« Verhalten ist. Nach dieser Hypothese befindet sich im Limbischen System (s. S. 226) eine Gruppe von Neuronen, die ständig Impulse zur Auslösung von aggressivem Verhalten aussendet. Vielfach wird im Mandelkern der Sitz des »Aggressionszentrums« vermutet. Diese zentralnervöse Erregungsproduktion zwingt den Organismus, aktiv nach Gelegenheiten zu suchen, bei denen die »triebverzehrende Endhandlung«, die Aggression, ablaufen kann. Je länger ein Organismus ohne die Möglichkeit zu Aggressionsäußerungen leben muß, desto niedriger wird die Reizschwelle. Schon geringe Anlässe können unter diesen Bedingungen Aggressionen auslösen. Als Beispiel schildert Lorenz einen eigenen Anfall von »Polarkoller« in einem Gefangenenlager. Durch die lange »Aggressionsdeprivation« erschien ihm selbst das Sichschneuzen eines Freundes als Beleidigung. Ersatzweise zertrat der Erzürnte einen Karbidkanister. Lorenz zufolge hat es wenig Sinn, durch Erziehung Aggressionsäußerungen »abzutrainieren«, denn der innere »Aggressionsmotor« arbeitet trotzdem weiter, auch wenn dem einzelnen in der modernen Gesellschaft nur noch wenig Gelegenheit zu *offener* Aggression gegeben wird. Der Verhaltensforscher empfiehlt daher, ersatzweise

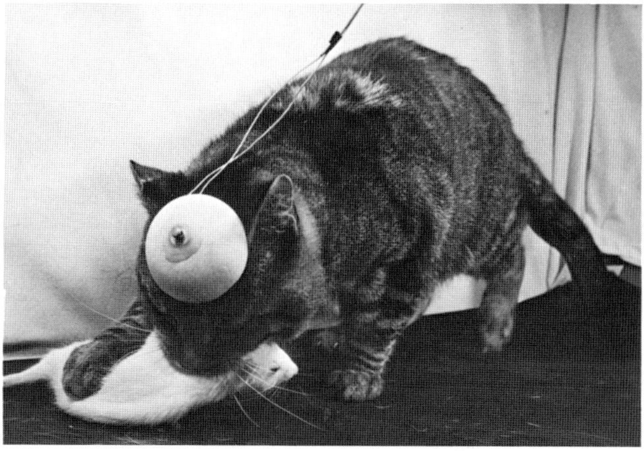

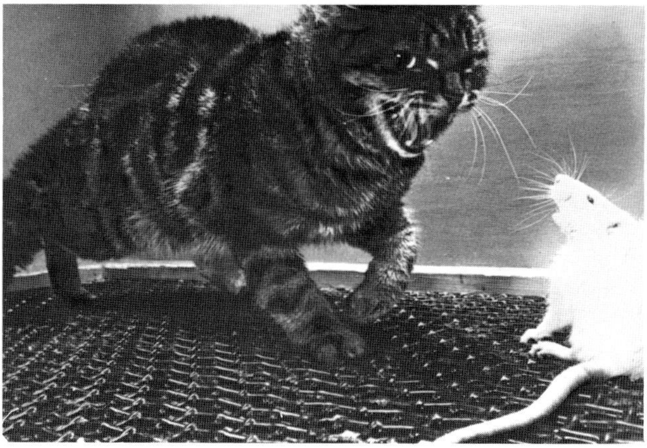

Elektrische Stimulation des N. Amygdalae (Mandelkern) kann schlagartig aggressives Verhalten auslösen. Inwieweit solche Versuchsergebnisse auf das Vorhandensein eines »natürlichen Aggressionsmotors« beim Menschen hinweisen, kann zur Zeit höchstens diskutiert, nicht aber wissenschaftlich entschieden werden.

solle der Mensch seine Aggression ritualisieren, wie das im Kampfsport und beim Militär (Manöver) schon lange geübt wird.

Gegen die Hypothese vom angeborenen und durch die Erziehung unbeeinflußbaren Aggressionstrieb sprechen jedoch verschiedene Experimente von anderen Verhaltensforschern. Neugeborene Katzen wurden unter verschiedenen Bedingungen aufgezogen: isoliert, gemeinsam mit dem Muttertier oder zusammen mit einem »Erbfeind« wie Maus oder Ratte. In regelmäßigen Abständen wurden die Jungtiere aller Gruppen mit einem Nagetier zusammengebracht. Aus der »Tötungsrate« war ersichtlich, daß das Töten und Jagen von Nagetieren nur dann gehäuft auftritt, wenn die jungen Katzen durch das mütterliche Beispiel den Beutefang erlernen können. Junge Katzen, die gemeinsam mit dem »Erbfeind« aufwuchsen, entwickelten kein »Bedürfnis nach Mäusejagd«. Sie spielten zwar mit den Nagern und »haschten« nach ihnen, quälten oder töteten sie jedoch nicht. Selbst wenn sie nach vier Monaten durch das Beispiel der Mutter dazu verleitet werden sollten, hielt sie die gemeinsame Erfahrung mit den Nagern davon ab, dem »Ruf der Wildnis« zu folgen. Zahlreiche andere Auf-

»Erbfeinde« vertragen sich.

zuchtexperimente demonstrieren ebenfalls, daß »Erbfeinde« sich vertragen können (s. Abb. S.218).

Anthropologische Studien haben gezeigt, daß das Gerede von der »natürlichen« Aggressionsneigung des Menschen ein Mythos ist, der die Ursachen von Sadismus und Zerstörungswut nicht erklären kann. Kulturanthropologen haben nämlich Gesellschaften aufgespürt (z.B. grönländische Eskimos), in denen die Menschen praktisch aggressionslos zusammenleben (s. auch Arapesch, S.229). Vor dem Kontakt mit den »weißen Eroberern« und der Zerstörung ihrer Kultur durch diese kannten diese Völker keine Schimpfwörter und auch kein Wort für Krieg.

Besonders kennzeichnend für diese Gesellschaften ist ihre »repressionsfreie« Kindererziehung. Mit einem Minimum an Versagungen (Frustrationen) lernen die Kinder die Regeln für das Zusammenleben. Ein freundlicher Wink der Eltern genügt oft, um die Kinder davon abzuhalten, etwas zu tun, wofür sie keine Erlaubnis besitzen. Vor allem wird das Kind schon früh als eigenständige Persönlichkeit respektiert. Ein Anthropologe (Paul Radin), der die Mokassins eines kleinen Jungen von den Eltern erwerben wollte, erhielt zur Antwort, da müsse man erst den Besitzer fragen. Obwohl das Kind kaum sprechen konnte, versuchte der Vater, eine Stellungnahme zu dem geplanten Verkauf aus dem Jungen herauszuholen.

Im Gegensatz zu diesen friedlichen Völkern zeichnet sich unsere »Leistungsgesellschaft« durch rücksichtslose Konkurrenzkämpfe aus, die durch entsprechende Erziehungsmethoden schon in früher Kindheit vorbereitet werden. Mit Zwang und Autorität, in den verschiedensten Formen, werden Kinder und Jugendliche zu Gehorsam und Verzicht erzogen. Frühzeitige Entwöhnung, Sauberkeitstraining, Einschränkung der Bewegungsfreiheit und der Selbständigkeit, Übernahme der Geschlechtsrolle, Leistungskonkurrenz in Kindergarten und Schule, Unterdrückung der Sexualität – das sind die Marksteine eines *frustrierenden Sozialisierungsprozesses,* wie er von einer Gruppe von Psychologen und Soziologen als kennzeichnend für die westliche Leistungsgesellschaft ermittelt wurde. Das amerikanische Autorenteam (Dollard, Dolb, Miller, Mowrer, Sears, Ford, Hovland, Sollenberger) hält die andauernde Frustration von kindlichen Bedürfnissen für die Hauptursache der Aggressionen in unserer Gesellschaft. Aufgrund neuer experimenteller Ergebnisse muß diese *Frustrations-Aggressions-Hypothese* jedoch dahingehend modifiziert werden, daß bei bestimmten Persönlichkeits- und Umweltbedingungen Frustration auch mit Regression (infantile Verhaltensweisen) oder vermehrtem »Problemlöseverhalten« (Sublimierung) beantwortet werden kann.

Im Widerspruch zur Theorie des sozialen Lernens (s. 7.5) nimmt die Triebtheorie der Aggression eine Entladung aufgestauter aggressiver Energie an (Abreaktionshypothese). Danach kann durch Ausleben von Aggression in Wort und Tat eine Verminderung aggressiven Verhaltens z.B. bei Kindern erreicht werden. Experimentelle Befunde sprechen jedoch eher gegen diese These. Achtjährige Kinder wurden Frustrationen ausgesetzt, indem ihre älteren Spielkameraden sie durch gezielte Ungeschicklichkeiten an der Ausführung ihrer Aufgaben hinderten und sie auf diese Weise um ihre Belohnung brachten. Anschließend konnten sie ihre Aggressionen an Schießscheiben auslassen (Abreaktionshypothese), was jedoch wenig zum Aggressionsabbau beitrug. Dagegen diente ein Gespräch über die möglichen Ursachen der Ungeschicklichkeit der anderen Kinder, die Möglichkeit zu sozialem Lernen also, sehr wohl diesem Ziel. Insgesamt gesehen spricht dieses Experiment eher für die Schädlichkeit aggressiver Vorbilder bei der Bewältigung von Aggressionen.

Dem Erwachsenen begegnet die »übermächtige Gewalt«, die er in der Kindheit von seiten der Erzieher zu spüren bekam, in den staatlichen Institutionen wieder. Der »Untertan« wird durch sie vergewaltigt, wie der amerikanische Psychiater Friedrich Hacker es beschrieben hat. Der Bürger wird von den Gerichten für »schuldig« oder »unschuldig« befunden. Prüfungskommissionen entscheiden, ob man »bestanden« oder »nicht bestanden« hat. Die »latente Gewalt« der Herrschenden richtet sich gegen jede Störung von »Ruhe und Ordnung«. Die Öffentlichkeit nimmt die Aggressionen allerdings nur dort wahr, wo sie als gewaltsames »Verbrechen« auftauchen, bei Flugzeugentführungen, Demonstrationen oder kriminellen Handlungen einzelner.

Der Glaube an die »Rechtmäßigkeit der institutionellen Gewalt« (Autoritätsgehorsam) geht so weit, daß rechtschaffene Bürger zu »Folterknechten« werden können. Der amerikanische Sozialpsychologe Stanley Milgram erteilte seinen Vpn den

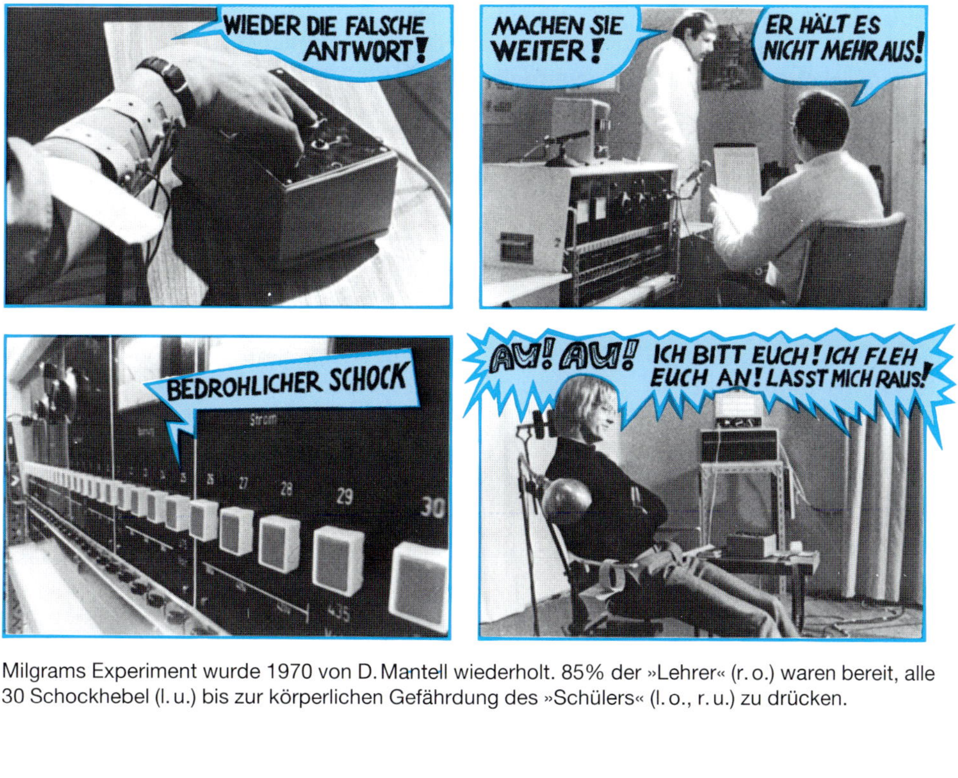

Milgrams Experiment wurde 1970 von D. Mantell wiederholt. 85% der »Lehrer« (r. o.) waren bereit, alle 30 Schockhebel (l. u.) bis zur körperlichen Gefährdung des »Schülers« (l. o., r. u.) zu drücken.

Auftrag, einer Testperson Elektroschocks zu verpassen, wenn sie Fehler bei einem Lernexperiment mache. Jeweils paarweise betraten ein Helfer des Versuchsleiters und eine »naive« Vp den Experimentierraum. Aufgrund einer fingierten »Auslosung« wurde der Helfer stets zum »Lernenden« und die Vp zum »Lehrer«. Der Helfer mußte auf einem »elektrischen Stuhl« Platz nehmen und wurde zum Schein an einen Elektroschock-Apparat angeschlossen, den die Vp bediente. Mit dieser »Aggressionsmaschine« konnten abgestufte Bestrafungen (Schockstärke zwischen 15 und 450 Volt) erteilt werden. Für jeden Fehler des »Lernenden« sollte die nächsthöhere »Spannungsgröße« als Strafe dienen. Die Vp konnte sich zu Beginn des Experimentes probeweise von der Schmerzhaftigkeit eines »45-Volt-Schocks« selbst überzeugen. Die Ergebnisse waren ebenso überraschend wie deprimierend:

- Erhielten die Vpn keinerlei Rückmeldung über die Folgen der Bestrafung, so gingen fast alle bis zur höchsten Schockintensität von 450 Volt, ohne Rücksicht auf »Leib und Leben« des Partners zu nehmen.
- Konnten die Vpn die Verzweiflungs- und Schmerzrufe des Bestraften mit anhören, so waren immerhin noch zwei Drittel von ihnen bereit, bis zur höchsten Stufe zu gehen, obwohl die Opfer bereits bei 300 Volt vor Schmerzen verstummten.

Das Experiment wirkte so echt, daß viele Vpn die Bestrafung unter »Schwitzen, Zittern, Stottern, Lippenbeißen und Stöhnen« vollzogen. Trotz dieser emotionalen Belastung konnten sie den Versuch nicht abbrechen. Milgram meint: »Viele waren unfähig, eine angemessene Formulierung zu finden, mit der sie die ihnen zugeteilte Rolle hätten zurückweisen können. Vielleicht liefert unsere Kultur keine geeigneten Modelle zur Gehorsamsverweigerung.« Dieser Versuch demonstriert, daß bloßer Autoritätsgehorsam im Namen von Recht, Gesetz und wissenschaftlichem Prestige bei ganz normalen Bürgern Aggression und Sadismus hervorrufen kann.

6.35 Menschliche Bedürfnisse und die Möglichkeiten ihrer Befriedigung

Abraham Maslow hat in seinem Buch »Motivation und Persönlichkeit« (1978) die Motivationspsychologie kritisiert, weil sie die menschlichen Bedürfnisse viel zu eng mit biologischen Motivationskonzepten verknüpft. Zur Korrektur dieser Sichtweise formulierte er eine Theorie der menschlichen Motivation, die das Handeln aus einer Stufenfolge von Grundbedürfnissen ableitet. Maslow unterscheidet insgesamt fünf Arten von Bedürfnissen:

- Physiologische Bedürfnisse nach Luft, Wärme, Flüssigkeit, Nahrung, Schlaf, Raum, Bewegung und Sexualität.
- Sicherheitsbedürfnisse nach Stabilität, Geborgenheit, Schutz, Angstfreiheit, Struktur, Ordnung und Grenzen.
- Bedürfnisse nach Zugehörigkeit wie Liebe, Zuneigung und Freundschaft.
- Bedürfnisse nach Achtung wie z.B. Stärke, Leistung, Kompetenz, Aufmerksamkeit, Anerkennung, Wertschätzung, Status und Ruhm.
- Bedürfnisse nach Selbstverwirklichung und Sinnfindung.

Die Bedürfnisse der höheren Stufen können immer erst dann befriedigt werden, wenn die vorhergehenden Bedürfnisse nicht nach Erfüllung drängen. Ein geflügeltes Wort aus der »Dreigroschenoper« von Bertolt Brecht drückt dies sehr treffend aus: »Erst kommt das Fressen, dann kommt die Moral!«

Maslows Gedanken wurden von dem israelischen Soziologen Seev Gasiet weitergeführt (1981), der darauf hinwies, daß eine Rangfolge der Grundbedürfnisse empirisch nicht haltbar ist: Oft kommt »erst die Moral und dann das Fressen« – zum Beispiel bei Hungerstreikenden. Zudem sind an jeder Handlung gewöhnlich mehrere Bedürfnisse in unterschiedlichem Ausmaß beteiligt. So dient eine Mahlzeit gleichzeitig der Nahrungsaufnahme, der Geselligkeit und der Selbstdarstellung des Gastgebers und seiner Gäste. Gasiet weist darauf hin, daß die grundlegenden Bedürfnisse dem Menschen nur teilweise bewußt sind: ». . . da die Bedürfnisse verdrängt und unterdrückt werden und unter Umständen einfach unbeachtet bleiben können, sind sich die Menschen ihrer objektiv bestehenden Bedürfnisse stets nur teilweise und lückenhaft bewußt.« Ins Bewußtsein drängen diese jedoch oft in Krisensituationen.

Jedes längeranhaltende Fehlen von Möglichkeiten, Grundbedürfnisse zu befriedigen, führt zu schweren Störungen der körperlich-seelischen Gesundheit. Der amerikanische Psychiater G. Caplan, ein Mitbegründer der Gemeindepsychiatrie (s. S. 412), hat daher ein Konzept zur langfristigen Prävention (Vorbeugung) gegen seelische Krankheiten entwickelt, das auf den grundlegenden menschlichen Bedürfnissen aufgebaut ist. Er unterscheidet drei Ebenen von Basisressourcen (»Quellen«) der Bedürfnisbefriedigung:

- Die physikalisch-biologischen Ressourcen umfassen ausreichende Nahrung, Wohn- und Lebensraum, angemessene sensorische Stimulation und Schutz vor körperlichen Schäden.
- Die psychosozialen Ressourcen sind die Basis für eine gute emotionale und kognitive Entwicklung. Hierzu gehören die gesellschaftlichen Voraussetzungen für die Entwicklung stabiler Vater-Mutter-Kind-Beziehungen sowie Nachbarschafts- und Partnerbeziehungen. Entsprechende Vorkehrungen müssen der sozialen Isolation einzelner oder ganzer Gruppen – etwa der Alten, der Kranken und Behinderten – entgegenwirken.
- Die sozioökonomischen und soziokulturellen Ressourcen beinhalten die von der Gesellschaft zur Verfügung gestellten Möglichkeiten zur Entfaltung der Persönlichkeit, wie sie das Bildungs- und Gesundheitssystem sowie das System der sozialen Sicherheit bieten.

Da die Ressourcen in jedem Fall begrenzt sind, steht die Bedürfnisbefriedigung des einzelnen in Konkurrenz zu der anderer Individuen oder Gruppen, was unausweichlich zu sozialen Konflikten führt.

6.36 Soziale Konflikte

Konflikte entstehen immer dann, wenn unvereinbare Motive und Interessen aufeinanderstoßen. Bei *intrapsychischen Konflikten* sind das verschiedene Strebungen einer Person (s. Konfliktmodell, S. 137). Bei sozialen Konflikten stehen zwei oder mehrere Personen, Gruppen, Institutionen oder sogar Staaten – die *Konfliktparteien* – miteinander im Widerstreit.

Der amerikanische Sozialpsychologe Morton Deutsch unterscheidet in seinem Klassiker »Konfliktregelung« (1976) folgende Konflikttypen:

- echte Konflikte – es bestehen objektive *und* subjektiv wahrgenommene Interessengegensätze;
- verlagerte Konflikte – z. B. der Streit ums Haushaltsgeld bei einem sexuell frustrierten Ehepaar;
- falsch zugeordnete Konflikte – z. B. wenn Kinder einen Streit vom Zaun brechen, weil ihre Eltern verfeindet sind, oder auch die »Stellvertreterkriege« der Großmächte in der Dritten Welt;
- latente Konflikte – die »in der Luft« liegen und das Zusammenleben vergiften, aber nicht ausgetragen werden;
- falsche Konflikte – sie beruhen auf Mißverständnissen, falschen Wahrnehmungen und mangelnder Kommunikation.

Der Verlauf eines Konflikts, die zu seiner Lösung eingesetzten Strategien und

Taktiken sowie das Ergebnis – Sieg und Niederlage, Konsenslösung, Kompromiß oder Fortbestehen des Konflikts – sind von zahlreichen Faktoren abhängig, die folgendes Schema (nach Deutsch) verdeutlicht.

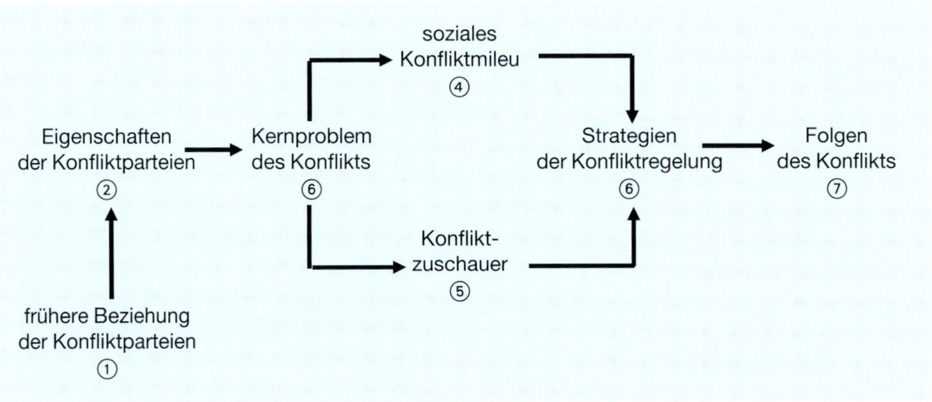

(1) Die frühere Beziehung zwischen den Konfliktparteien; deren Einstellungen, Überzeugungen und Erwartungen, einschließlich dessen, was jeder von der Meinung des anderen hält, wobei den Bewertungen wie gut/schlecht, glaubwürdig/unglaubwürdig besondere Bedeutung zukommt.

(2) Die Eigenschaften der Konfliktparteien, ihre Motive und Werte, die jeweilige Weltsicht und Interpretation des Konflikts; dazu die Auffassungen und Möglichkeiten, die in bezug auf eine Konfliktlösung bestehen.

(3) Das Kernproblem, das den Konflikt ausgelöst hat: Umfang, Häufigkeit des Auftretens, Hartnäckigkeit, Bedeutung der Motivation, der Bewußtheit und der mit dem Konflikt verbundenen Emotionen wie Gekränktsein, Haß etc.

(4) Das soziale Milieu, in dem sich der Konflikt abspielt: die Möglichkeiten und Beschränkungen, die Förderung und die Hemmnisse, die das Milieu im Hinblick auf die verschiedenen Strategien und Taktiken der Konfliktregelung und -bewältigung bietet, einschließlich gesellschaftlicher Normen und institutioneller Formen der Konfliktregelung.

(5) Die am Konflikt interessierten »Zuschauer«: ihre Beziehungen zu den Konfliktparteien und zueinander, ihr Interesse an dem Konflikt und seinen Ergebnissen, ihre Eigenschaften und ihre Bereitschaft, »Partei zu ergreifen« oder zu vermitteln.

(6) Strategien und Taktiken, die von den Konfliktparteien benutzt werden: Bewertung und Beeinflussung der subjektiven Erfolgsaussichten; Beeinflussung der Meinung anderer in bezug auf Gewinn und Verlust durch Taktiken, die sich an der Grenze von Legalität und Illegalität bewegen; Anwendung positiver und negativer Machtmittel wie Versprechungen, Belohnungen, Drohungen, Strafen oder Gewalt; Freiheitsgrad der Entscheidung, Offenheit und Glaubwürdigkeit bei der Kommunikation, Zuverlässigkeit, Engagement.

(7) Die Folgen des Konflikts für jeden Teilnehmer und die anderen interessierten Parteien: Gewinne oder Verluste, die mit dem unmittelbaren Konflikt zusammenhängen, Präzedenzfälle, die geschaffen werden, Veränderungen, die als Folge der Teilnahme am Konflikt erlebt werden, Langzeitauswirkungen auf die Beziehungen zwischen den beteiligten Parteien, das

Ansehen, das sich jede Partei bei den verschiedenen interessierten Beobachtern erwirbt.

Deutsch unterscheidet zwischen destruktiver und konstruktiver Konfliktregelung. Ein Extrembeispiel destruktiver Konfliktregelung ist der Krieg, der die Vernichtung des Gegners anstrebt – wobei sogar die Selbstvernichtung in Kauf genommen wird.

Das Ermöglichen konstruktiver Konfliktregelungen ist ein wesentliches Ziel der psychologischen Konfliktvermittlung (s. S. 307). Konstruktiv bewältigte Konflikte liefern im günstigsten Fall Problemlösungen, denen alle Parteien zustimmen können. Doch auch wenn ein solches Ergebnis, bei dem es nur Gewinner gibt, nicht erreicht wird, können Konflikte dazu beitragen, Mißstände aufzudecken und Ungerechtigkeiten, Unterdrückung und Stagnation sowohl in persönlichen Beziehungen als auch im gesellschaftlichen Bereich zu überwinden.

7. Lernen

7.1 Definitionen des Lernens

7.11 Mensch und Umwelt

Der römische Geschichtsschreiber Plutarch berichtet über Lykurgos, den Gesetzgeber Spartas, dieser habe zwei Hunde aus dem gleichen Wurf so verschieden aufziehen lassen, daß aus dem einen ein guter Jäger geworden sei, während der andere nur vom Teller gefressen habe. John B. Watson, der Begründer des Behaviorismus, behauptete: Wenn man ihm, Watson, ein Dutzend Kinder gebe, könne er sie zu allem erziehen, was einem beliebe – Ärzten, Künstlern oder Bettlern. Voraussetzung sei nur, daß die Kinder alle gesund und wohlgestaltet seien und er die Kontrolle über ihre Umwelt habe. Die Auffassung, das Verhalten sei ausschließlich von der Umwelt abhängig, erwies sich als äußerst fruchtbare Hypothese für die empirische Erforschung von Lernmechanismen. Gleichzeitig ist diese *Milieutheorie* die Grundlage des Optimismus vieler Verhaltenspsychologen, demzufolge aus einer »besseren« Umwelt bessere Menschen hervorgehen. Auch hierfür ist ein Ausspruch Watsons richtungweisend: Aus einem Kind, das der Nachkomme einer langen Reihe von »Dieben, Mördern, Betrügern und Prostituierten« sei, könne man ganz sicher durch geeignete Erziehungsmethoden einen »angesehenen und für die Gesellschaft nützlichen Menschen« machen.

Im Alltagsdenken und in den Wissenschaften ist die gegenteilige Annahme ebenso verbreitet: Die *Erbtheorie* räumt dem Lernen und der Umwelt nur einen vergleichsweise unbedeutenden Einfluß auf die psychische Entwicklung des Menschen ein. Intelligenz, Persönlichkeit, Genie, Wahnsinn und Kriminalität sind nach dieser Auffassung weitgehend genetisch bedingt, Lernen und Erziehung dementsprechend kaum geeignete Mittel zur Entwicklung der Persönlichkeit; es wird vielmehr auf »eugenische« Maßnahmen gesetzt – von der Reinhaltung des Blutes und der Rasse bis hin zu neuesten Überlegungen, die auf die Produktion des »vollkommenen Menschen« durch Genmanipulation hinauslaufen.

Ideologische Einseitigkeiten in beiden Richtungen haben in unserem Jahrhundert verheerende gesellschaftliche Folgen gehabt: die Erbtheorie im Nationalsozialismus und die Milieutheorie im Kommunismus. Wissenschaftlich sind beide Theorien gleichermaßen unhaltbar. Schon die Gegenüberstellung – Anlage *oder* Umwelt – geht an der Komplexität der Zusammenhänge vorbei:

- Der Mensch ist ganz offensichtlich ein *Produkt und Produzent* seiner Umwelt. Wir haben es hier mit einer Wechselwirkung und nicht mit einer einseitigen Kausalbeziehung zu tun.
- Genetisch vorgeprägte *Reifungsprozesse* bedürfen auf allen Entwicklungsebenen einer Stimulation durch Umwelteinflüsse, damit sie zur Entfaltung kommen können.
- Der Organismus verhält sich der Umwelt gegenüber nicht nur passiv. Erst die *aktive Auseinandersetzung* mit ihr führt zur Entwicklung. Beispiele sind das Wahrnehmungs-, das Laufen- und das Konzeptlernen sowie der Spracherwerb.
- Bei der Entwicklung psychischer Funktionen kommt es zu einer komplizierten *Verschränkung von Reifungs- und Lernprozessen.* Ein und dasselbe Phänomen kann demnach sowohl als Reifungs- wie auch als Lernvorgang betrachtet wer-

den. Aufgrund dieser Komplexität der psychischen Entwicklung werden uns Dinge wie Konzeptlernen, verbales Lernen und Problemlösen nicht nur in diesem Kapitel unter der Lernperspektive, sondern auch im nächsten unter der Perspektive der Entwicklung von Denken, Sprechen und Handeln beschäftigen.

7.12 Der Lernprozeß

Die Möglichkeiten der systematischen Verhaltensmodifikation bei Mensch und Tier wie die Entwicklung »Lernender Automaten«, die unsere Phantasie zu schwindelerregenden Höhenflügen verleiten, beruhen auf der Entdeckung bestimmter Lernmechanismen, die lebende Organismen zur Anpassung an variierende Umweltbedingungen benutzen. Der Lernprozeß selbst entzieht sich jedoch bisher genauso der unmittelbaren Beobachtung wie das »Fühlen«, »Denken« und »Erinnern«. Wir betrachten deshalb nicht den »eigentlichen« Lernprozeß, sondern *Leistungen* irgendwelcher Art und deren Veränderungen. So kann es sein, daß wir »Verhaltensänderungen« beobachten, die in Wirklichkeit durch andere Faktoren, wie z.B. Vergiftung oder Verletzung des Gehirns, Ermüdung oder Reifungsprozesse, zustande gekommen sind. Aus diesem Grund müssen wir genau definieren, was wir unter *»Lernen«* verstehen wollen.

Ernest Hilgard gibt in dem lernpsychologischen Standardwerk »Theories of learning« (1966) folgende allgemeine Definition: »Lernen ist der Prozeß, durch den eine Aktivität *in Reaktion auf eine Umweltsituation* entweder neu entsteht oder verändert wird – vorausgesetzt, daß die Besonderheiten der Aktivitätsänderung *nicht als angeborene Reaktionstendenz, Reifungsvorgang oder Momentanzustand des Organismus* (wie Erschöpfung, Drogenwirkung u.ä.) erklärbar sind.« Wenn wir versuchen, den Lernprozeß durch ein Modell darzustellen, so bietet sich vor allem die Black-Box-Methode an (s. S. 31). Unabhängig von allen sich im Innern eines Systems abspielenden Vorgängen lassen sich prinzipiell folgende Sachverhalte feststellen: Das System, als »schwarzer Kasten« gedacht, erhält Reize, verarbeitet sie irgendwie und reagiert mit

Pawlow, sein Mitarbeiterstab und ein Versuchshund posieren für den Fotografen. Die schematische Zeichnung zeigt die Position des Hundes während der Experimentaldurchführung.

einer bestimmten Antwort: *Reiz-Reaktions-Modell.* Ein Teil der Reaktionen des Systems auf die Umwelt wird dem System zurückgemeldet und kann weitere Verhaltensänderungen hervorrufen (s. TOTE-Einheit S. 50). Wenn die Interaktion von System und Umwelt zu einer *Veränderung der Wahrscheinlichkeit führt, mit der Verhaltensweisen in bestimmten Reizsituationen auftreten,* so kann man das als Lernen bezeichnen, vorausgesetzt, die oben angeführten Besonderheiten sind als Ursache der Veränderung ausgeschlossen.

7.2 Das Lernen von Signalen

7.21 Klassische Konditionierung

Beim Neugeborenen werden zahlreiche lebenserhaltende Aktivitäten wie Nahrungsaufnahme, Ausscheidung und Atmung durch ganz bestimmte Reize (Signale) ausgelöst. Die reizabhängigen Aktivitäten sind bereits mit der Geburt als automatisch ablaufende Handlungsketten vorhanden. Man spricht in solchen Fällen gewöhnlich von *»Reflexverhalten«* (s. Reflexbogen, S. 48). Der Säugling saugt, schluckt und atmet in sorgfältig abgestimmter Reihenfolge, wenn die Reaktionskette des *»Saugreflexes«* durch einen leichten Berührungsreiz im Mundbereich ausgelöst wird. An diesem Reflexverhalten sind anfangs noch keine Lernvorgänge beteiligt, aber schon nach wenigen Wochen ändert sich das Bild. Der Säugling beginnt jetzt schon zu saugen, wenn er zum Stillen hochgenommen wird oder wenn die Mutter die Milchflasche vorbereitet. Offensichtlich geht die Auslösefunktion, die zunächst nur der Berührungsreiz besaß, jetzt auch auf andere Umweltsignale über. Damit wird die Anpassung des Organismus an die Umwelt flexibler: Sie erfolgt auch in Situationen, denen ursprünglich keine angeborenen Reaktionsformen zugeordnet sind.

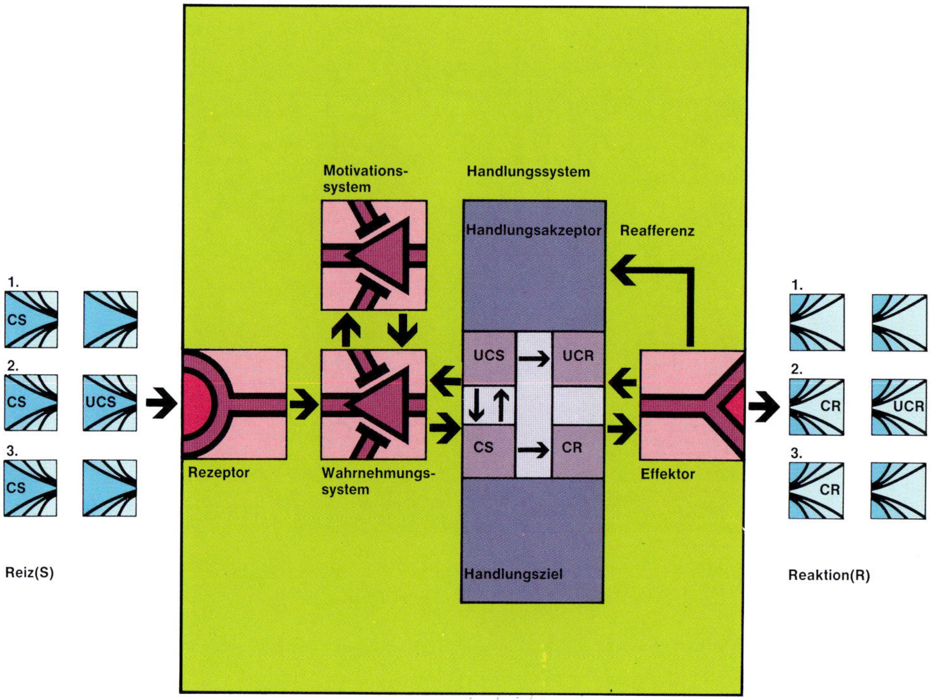

Klassische Konditionierung (Modell nach Anokhin): 1. Einfache sensorische Reize (CS), die noch nicht in eine Reiz-Reaktions-Kette im Handlungssystem eingebaut sind, haben nur eine unspezifische Orientierungsreaktion zur Folge. 2. Durch wiederholte Darbietung der CS-UCS-Sequenz wird im Handlungssystem ein spezifisches neuronales Netzwerk (CS–UCS–CR–UCR) ausgebildet. Mittels der Reafferenz wird die im Effektor geformte Reaktion mit diesem Abbild verglichen und die geplante Reaktion gesteuert. 3. Nach gelungener Koppelung von CS und UCS kann CS alleine dargeboten werden, um zu einer entsprechenden konditionierten Reaktion zu gelangen.

Die hierbei beteiligten Lernvorgänge bezeichnet man nach den berühmten Experimenten des russischen Physiologen Iwan P. Pawlow (1849–1936) als *klassische Konditionierung*. Beim Studium der »Verdauungsdrüsen« des Hundes entdeckte Pawlow, daß Hunde nicht nur Speichel absondern, wenn Nahrungsreize die Mundschleimhaut berühren (angeborener Speichelreflex), vielmehr beginnt die Aktivität der Speicheldrüsen schon beim Anblick der Nahrung. Pawlow nannte dieses Verhalten *konditionierte Reaktion* (CR = *conditioned reaction*), um es von angeborenen *unkonditionierten Reaktionen* (UCR = *unconditioned reaction*) wie Saugreflex und Speichelreflex, die durch *unkonditionierte Signale* (UCS = *unconditioned stimulus*) ausgelöst werden, zu unterscheiden. Durch systematische Forschungsarbeiten stellte er fest, daß ganz verschiedene neutrale Signale, wenn sie mehrfach kurz vor einem UCS auftreten, stellvertretend für den UCS die ererbte (oder eine ähnliche) Reaktion auslösen (s. Abb.) und damit als *konditionierte Signale* (CS = *conditioned stimulus*) wirken.

Es scheint so, als habe der CS die Funktion eines Signals, das den UCS »erwarten« läßt. Das ist jedoch falsch – auch nach Umkehrung der Reize (UCS-CS) entsteht eine CR.

7.22 Lernphase, Extinktion und spontane Erholung

Pawlow entwickelte ausgeklügelte Experimentiermethoden, um eine quantitative Erfassung der Konditionierung zu ermöglichen. Das Versuchstier (meist ein Hund) wird in einen lärmgeschützten Experimentierraum gebracht und in ein Haltegeschirr eingespannt. Eine Fistel, die aus der Mundspeicheldrüse kommt, führt jeden ausgeschiedenen Tropfen Speichel nach »außen«, so daß mit einer Meßanordnung die Menge der Speichelsekretion fortlaufend registriert werden kann. Der Versuch beginnt: Eine Lampe (CS) hinter der Beobachtungsscheibe leuchtet auf. Der Hund macht einige orientierende Bewegungen (Orientierungsrekation, s. S. 113), sondert aber keinen Speichel ab. Der CS (Lampe) wird nochmals gezeigt, diesmal wird aber kurz darauf (0,5–2,0 Sek.) Fleischextrakt dargeboten. Der hungrige Hund schleckt »genüßlich« an dem Pulver und scheidet einige Tropfen Speichel (UCR) aus (30–50 Tropfen in der Minute).

Die Sequenz »CS – 0,5 Sek. – UCS – UCR« wird einige Male wiederholt. Die Tatsache, daß dem konditionierten Signal (CS) immer ein unkonditioniertes Signal (UCS) und damit eine unkonditionierte Reaktion (UCR) folgt, bezeichnet Paw-

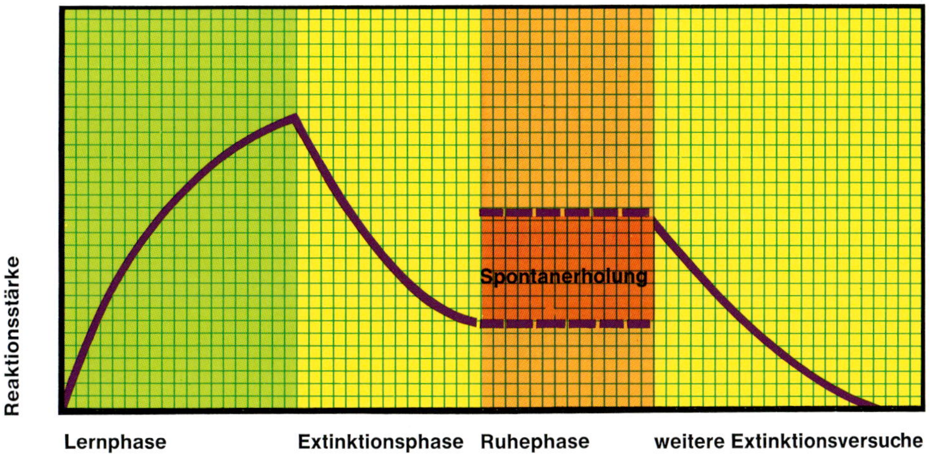

Lernkurven müssen nicht immer den hier dargestellten Verlauf nehmen. Es soll nur auf die verschiedenen Phasen in einem Lernversuch hingewiesen werden. Die Lernphase ist meist durch eine Zunahme der Reaktionsstärke gekennzeichnet. Das Tempo wird durch eine Anzahl von Faktoren wie Motivation, Emotionen, soziale Interaktion usw. bestimmt. Nicht selten sinkt die Zunahme der Reaktionsstärke während der Lernphase auf Null (Plateau). Es wird vermutet, daß in dieser »Totzeit« eine Umstellung der Lernmethode stattfindet. In der Extinktionsphase entfällt die Bekräftigung. Nach Pawlow wirkt jetzt dem Lernprozeß ein aktiver Hemmungsprozeß entgegen, der zu einer ständigen Verminderung der Reaktionsstärke führt. Nach einer Ruhephase, in der eine Darbietung von Lernreizen unterblieb, ist oft eine Zunahme der Reaktionsstärke (Spontanerholung) zu beobachten, die auf den Fortfall der Hemmungsvorgänge während dieser Zeit zurückgeführt wird.

low als Bekräftigung oder Verstärkung (*reineforcement*), weil hierdurch jedesmal die Bedeutung des CS verstärkt wird. Wenn wir uns ein Versuchsprotokoll genau ansehen, entdecken wir, daß nach wenigen Bekräftigungsversuchen schon bei Darbietung des CS einige Tropfen Speichel abgesondert werden (konditionierte Reaktion = CR), noch bevor der UCS erschienen ist. Je öfter der CS bekräftigt wird, desto ausgeprägter wird die *konditionierte Reaktion* (CR). Diesen Versuchsabschnitt nennt man *Lernphase* (Aquisitionsphase), weil mit jeder erneuten Darbietung die Koppelung (Assoziation) von CS und UCS beständiger wird und damit die Wahrscheinlichkeit des Auftretens einer CR steigt.

Lassen wir jetzt das unkonditionierte Signal (UCS) fortfallen, so tritt dennoch Speichelfluß auf, der allein durch die Darbietung des CS ausgelöst wird. Man kann sagen, der CS hat stellvertretend für den UCS eine Signalfunktion für das Reflexverhalten gewonnen. Bei weiterer alleiniger Darbietung des CS nimmt die Stärke der konditionierten Reaktion (CR = Speichelfluß) jedoch beständig ab. Der Organismus befindet sich jetzt in der *Extinktionsphase,* die dadurch gekennzeichnet ist, daß die Darbietung des CS ohne weitere Bekräftigung (UCS = Futter) erfolgt. Bei fortlaufendem Extinktionsversuch unterbleibt schließlich jeder Speichelfluß. Damit ist die konditionierte Reaktion (CR) extinguiert (gelöscht) oder »verlernt«. Wird der Versuch für kurze Zeit unterbrochen (*Ruhepause*), so tritt allerdings bei erneuter Darbietung des CS wieder Speichelfluß auf (*spontane Erholung*). Dieses Phänomen wird so gedeutet, daß die Extinktion nicht einfach einer passiven Entkoppelung (Vergessen) der CS-CR-Verbindung gleichzusetzen ist. Vielmehr kommt es vermutlich während der Extinktion zu aktiven *Hemmungsprozessen,* die der Auslösung der konditionierten Reaktion entgegenwirken. In der *Lernkurve* (s. S. 249) spiegelt sich die spontane Erholung in einem erneuten Anstieg der konditionierten Reaktion wider.

7.23 Generalisation und Differenzierung

Die Modifikation des angeborenen Verhaltensrepertoires hätte wenig Sinn für die Anpassung des Organismus an die Vielfalt der wechselnden Umweltbedingungen, wenn bedingte Reaktionen (CR) immer nur durch ein und dasselbe Signal ausgelöst werden könnten. Die Mechanismen der Generalisation (Verallgemeinerung) und der Differenzierung (Unterscheidung) ermöglichen zusätzlich eine »Grobeinstellung« auf variierende Umweltsignale und eine »Feineinstellung« auf spezifische Aspekte des Signalangebots. Im täglichen Leben kann es passieren, daß uns das Gesicht eines fremden Menschen besonders sympathisch erscheint oder daß eine neue Melodie angenehme Empfindungen in uns entstehen läßt. Dieses Phänomen kann als *Generalisation* bezeichnet werden, wenn wir annehmen, daß irgendwann in unserer »Konditionierungsgeschichte« ähnliche Signalkomplexe an ein »unbedingtes« Signal gekoppelt wurden.

Im Laboratorium wird diese Erscheinung meistens so nachgewiesen, daß auf ein Signal (z. B. einen Ton) bestimmter Frequenz und Intensität hin eine bedingte Reaktion (z. B. psychogalvanische Reaktion, s. Abb. S. 251) ausgebildet wird. Sobald die Lernphase abgeschlossen ist, gibt man an Stelle des gelernten CS einen neuen Reiz, der sich geringfügig vom ursprünglichen CS unterscheidet (z. B. in der Frequenz). Wie zu erwarten, löst auch dieser »neue« Reiz die bedingte Reaktion aus, allerdings etwas weniger ausgeprägt als beim ursprünglichen CS. Je weiter wir uns auf dem »Reizspektrum« vom CS entfernen, desto schwächer wird die konditionierte Reaktion.

Auf diese Weise lassen sich in bezug auf ein bestimmtes Reizkontinuum ganz typische Generalisationsverläufe oder *Generalisationsgradienten* ermitteln. In zahlreichen Versuchen hat man »glockenförmige« Generalisationsgradienten gefunden (s. Abb.), die ein Maximum beim »Original-CS« haben. Mehrfach wurden jedoch auch ganz andere Verläufe beobachtet, vermutlich, weil während des Versuchs unkontrollierte Veränderungen eintraten und somit unterschiedliche Umwelt- und Lernbedingungen herrschten. Dieses Beispiel zeigt, wie schwierig die empirische Ermittlung von Lerngesetzen schon bei verhältnismäßig einfachen Zusammenhängen sein kann.

Wir haben bisher wie selbstverständlich vorausgesetzt, daß ein Individuum jedes gelernte Signal in der Menge der Umweltreize problemlos identifizieren kann und deshalb genau »weiß«, was es zu tun hat. Neben dem Hinweisreiz trifft der Lernende aber oft auf eine Vielzahl anderer Signale, die sich zwar physikalisch ähneln, deren Bedeutung für die Anpassungsleistung aber ganz unterschiedlich zu »interpretieren« ist. Das Gesicht eines Menschen kann für den Säugling anfangs nur »liebevolle Zuwendung« signalisieren, doch je älter das Kind wird, desto größer wird auch die Wahrscheinlichkeit, daß sich ihm Menschen nähern, die ganz andere Intentionen haben als die »liebevolle Mutter«, z. B. eifersüchtige Geschwister, die den »Neuankömmling« nur ärgern wollen. Im Gegensatz zur Generalisation wird hier der Mechanismus des *Differenzierungslernens* wirksam.

Experimentell kann die Unterscheidung von zwei Signalen (CS_1 und CS_2) dadurch erreicht werden, daß jedesmal dem Signal CS_1 ein UCS folgt (d. h., es wird bekräftigt), während CS_2 nicht verstärkt wird und damit der Extinktion unterworfen ist. Zur Demonstration ein Beispiel (s. Abb. S. 252): Bei einigen Durchgängen folgt der Darbietung von CS_1 (Ton von

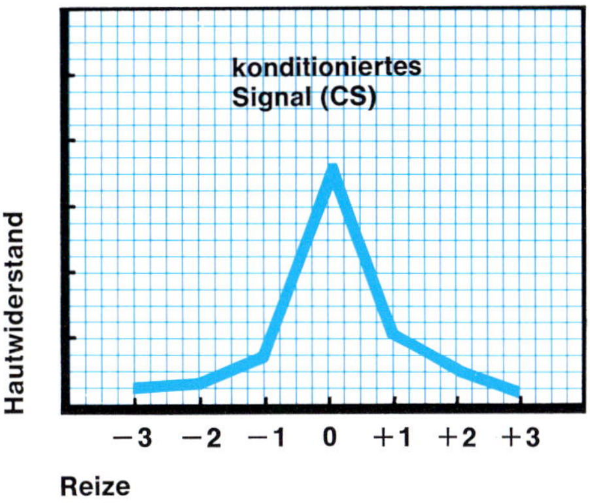

Im Idealfall erhält der Experimentator bei einem Versuch zur Generalisation des konditionierten Signals (CS) einen »glockenförmigen« Generalisationsgradienten. Die konditionierte Reaktion (CR = Hautwiderstand) wird immer schwächer, je stärker die Signale vom ursprünglich konditionierten Signal (O) in positiver oder negativer Richtung abweichen.

700 Hz) jedesmal ein leichter Elektroschock am linken Zeigefinger. Dementsprechend nimmt die Stärke der konditionierten Reaktion (psychogalvanische Reaktion = PGR) zu. Der Darbietung von CS_2 (Ton von 3500 Hz) folgte dagegen kein Elektroschock, also wird hierbei die CR immer schwächer, obwohl sie anfangs genauso intensiv war wie bei Darbietung von CS_1. Pawlow bezeichnete diesen Vorgang als *Differenzierungshemmung,* weil die Ausbildung einer konditionierten Reaktion (CR) durch systematische Extinktion bei einem bestimmten Signal (CS_2) unterbunden wird.

Anwendung fand das Differenzierungslernen insbesondere bei den *»experimentellen Neurosen«*. Diese im Experimentierzimmer erzeugten Neurosen dienen dem Forscher als Modelle, an denen die Wirkung bestimmter Therapiemethoden oder spezifischer Arzneimittel erprobt werden kann. Pawlow ging in den meisten Fällen so vor, daß er die Differenzierungsfähigkeit der Versuchstiere durch die extrem

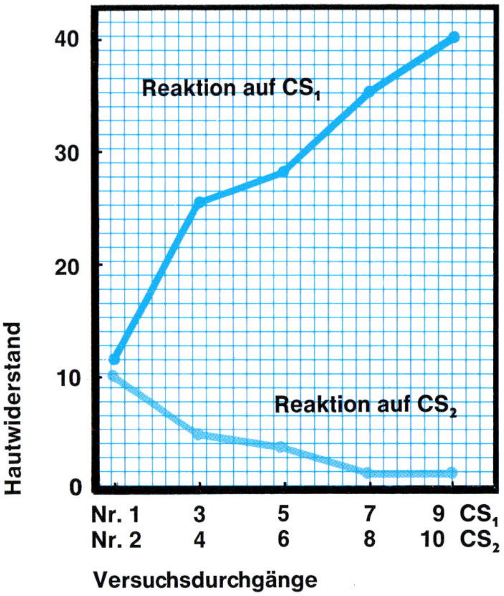

Zwei Töne (CS_1 = 700 Hz; CS_2 = 3500 Hz), die zu Beginn des Differenzierungslernens eine ähnlich starke Reaktion zur Folge haben, können durch unterschiedliche Bekräftigung am Ende des Versuchs ganz verschiedene Wirkungen haben (Hautwiderstandsänderung). Während der abwechselnden Darbietung der konditionierten Signale folgte auf CS_1 immer wieder ein leichter Elektroschock am linken Zeigefinger, während CS_2 nicht bekräftigt wurde.

geringe physikalische Unterscheidbarkeit von zwei Signalen überforderte. In der Lernphase wurde das Tier darauf trainiert, zwischen einem Signal »Kreis« (CS_1) und einem Signal »Ellipse« (CS_2 = Achsenverhältnis 1:2) zu differenzieren. In wochenlangen Versuchen wurde dann die »Ellipse« dem »Kreis« immer mehr angeglichen, so daß sich beide immer schlechter unterscheiden ließen. Die Differenzierungsleistung nahm jedoch kaum ab. Erst bei einem Achsenverhältnis der Ellipse von 8:9 änderte sich das Verhalten des Versuchstieres radikal. Der Hund winselte, wand sich und biß in die Meßapparatur. Der Zusammenbruch der erlernten Unterscheidungsfunktion irritierte das Tier so sehr, daß es am nächsten Tag nicht einmal mehr zwischen einer ausgeprägten Ellipse und einem Kreis unterscheiden konnte. Außerdem »generalisierte« der Konflikt so stark, daß später bereits das Betreten des Versuchsraumes noch vor dem eigentlichen Experiment das »neurotische« Verhalten auslöste.

7.24 Semantische Konditionierung

Verwenden wir an Stelle der inhaltsleeren physikalischen Reize sprachliche Signale, die eine bestimmte »Bedeutung« (Semantik, s. S. 287f.) besitzen, so zeigt sich, daß die Konditionierungsphänomene nicht an eine spezifische Sinnesmodalität oder physikalische Reizqualität gebunden sind, sondern unabhängig davon auftreten können. Die Nachricht vom Tode eines nahen Verwandten kann per Telefon (akustisch) oder durch ein Telegramm (visuell) vermittelt werden, der vermittelnde Sinneskanal wie auch der physikalisch definierte Reiz spielen hierbei keine Rolle, allein der Inhalt ist entscheidend. Nur er wird ganz individuelle Gefühle und autonome Reaktionen (z. B. Weinen) auslösen. In diesem Falle spricht man von *semantischer Konditionierung.*

Sprachsymbole sind nach Pawlow »Signale von Signalen« (zweites Signalsystem): »Die Symbole stellen selbst eine Abstraktion von der Wirklichkeit dar und gestatten die Verallgemeinerung, die unser übriges, speziell menschliches, höheres Denken bildet, das zuerst die allgemeine menschliche Erfahrung und schließlich die Wissenschaft begründet hat, das Instrument der höchsten Orientierung des Menschen sowohl in bezug auf die Umwelt als auch in bezug auf sich selbst. Gerade dieses zweite Signalsystem ist im wachen Zustand vorzugsweise in Aktion und reguliert und hemmt bis zu einem gewissen Grade sowohl die Signale erster Ordnung als auch die emotionale Tätigkeit.« Ein interessantes Beispiel für *semantische Gene-*

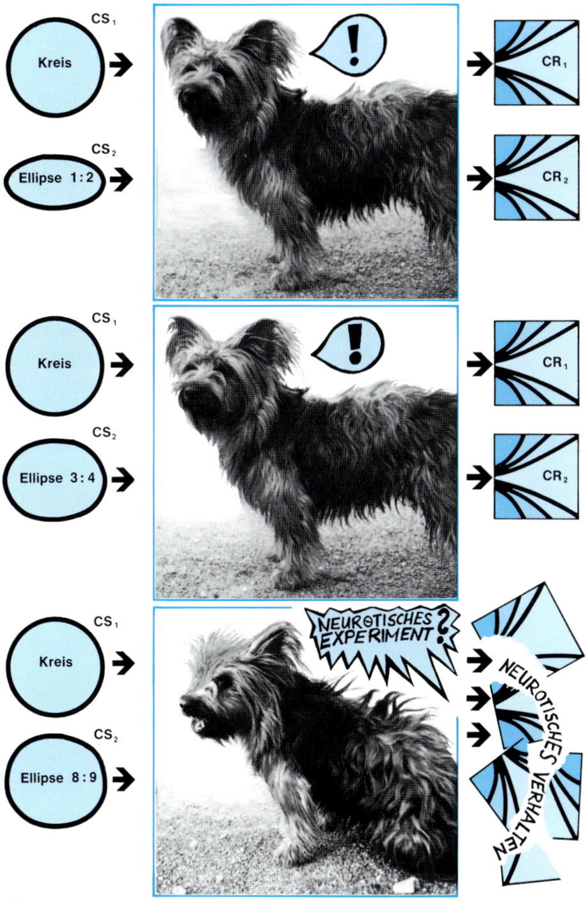

Experimentelle Neurose durch Angleichung Kreis (CS_1) und Ellipse (CS_2): Zuerst wird »Charly« darauf trainiert, zwischen CS_1 und CS_2 zu differenzieren. Bei Annäherung von Kreis und Ellipse bleibt seine Lernleistung voll erhalten. Bei einem Achsenverhältnis von 8 : 9 ändert sich sein Verhalten grundlegend. Er streikt und entzieht sich den experimentellen Anforderungen.

ralisation bietet die Konditionierungsgeschichte eines dreizehnjährigen Jungen, die von der russischen Psychologin W. D. Wolkowa berichtet wird. Das russische Wort für »gut« (*choroscho*) wurde in mehreren Durchgängen an einen unbedingten Auslöser der Speichelsekretion gekoppelt. Im Generalisationsversuch sollte dann festgestellt werden, inwieweit Sätze, deren Inhalt sowjetische Bürger gemeinhin als »choroscho« (gut) bezeichnen, ebenfalls zu einer bedingten Reaktion führen können. Sätze wie »Die sowjetische Armee war siegreich« oder »Der Pionier hilft seinen Kameraden« hatten sogar noch stärkere Speichelsekretion zur Folge als das ursprünglich konditionierte Signalwort »choroscho«.

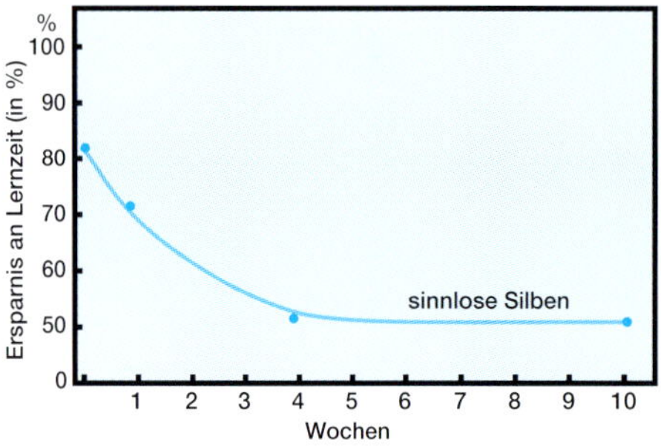

Die Vergessenskurve für das Erlernen sinnloser Silben durch die von Ebbinghaus (1885) entwickelte Experimentiermethode veranschaulicht die Ersparnis an Lernzeit bis zum Wiedererreichen des Lernkriteriums. Das Vergessen drückt sich in der immer stärkeren Abnahme der Lernersparnis aus. Die experimentellen Daten dieser dargestellten Kurve wurden von dem Schweizer Psychologen Foppa gewonnen (nach Foppa, 1965).

Außerdem lehrte Wolkowa ihre Vp während der Konditionierungsphase das Wort »gut« (CS_1) von dem Wort »schlecht« (CS_2) zu unterscheiden (*Differenzierungslernen*). Im Gegensatz zum Aufbau der konditionierten Reaktion auf das Signal »gut« wurde das Signal »schlecht« niemals bekräftigt, das heißt, dem CS_2 (*plocho*) folgte kein UCS, der den Speichelfluß auszulösen vermochte. Auch hierbei kann es, wie bei der Konditionierung auf das Wort »gut«, zu einer Generalisation kommen. Wolkowas Vp »übertrug« die Hemmung der konditionierten Reaktion von dem Wort »schlecht« auf Sätze wie »Der Schüler war pampig zum Lehrer« oder »Die Faschisten zerstören viele Städte«.

Nach der Annahme Pawlows liegt all diesen Lernvorgängen das Prinzip der Kontiguität (Zusammenhang) zwischen verschiedenen neuronalen Aktivitäten an unterschiedlichen Stellen im Kortex zugrunde. Wenn zwei Areale häufiger gleichzeitig aktiviert werden, entwickeln sie die Fähigkeit, sich später gegenseitig aktivieren zu können. Es handelt sich bei diesem Konzept um eine Wiederbelebung der schon von Aristoteles beschriebenen »Assoziationsgesetze«. Dieser exemplifizierte das Phänomen folgendermaßen: Schon der bloße Anblick der Lyra des Geliebten oder seines Gewandes kann Gedanken und Gefühle hervorrufen, die früher durch den Geliebten selbst verursacht wurden. Man unterscheidet Assoziationsgesetze – bezogen auf Gedächtnis und Erinnerung – nach den Aspekten der *Ähnlichkeit,* des *Kontrastes* sowie der *räumlichen* und *zeitlichen Nähe* (Kontiguität).

Der Vater der experimentellen Erforschung des verbalen Lernens und des Gedächtnisses Hermann Ebbinghaus (1850 bis 1909) hat in jahrzehntelanger Arbeit, überwiegend in Selbstversuchen, die zeitlichen Gesetzmäßigkeiten des Erinnerns und Vergessens erkundet. Er begann seine Experimente damit, daß er lateinische und griechische Verse auswendig lernte und dabei registrierte, wie viele Wiederholungen bis zum fehlerfreien Rezitieren notwendig waren. Wenn er nach einer Zeit des Nichtlernens (Konsolidierungsphase) dieselbe Prozedur noch einmal vornahm, stellte er fest, daß weniger Wiederholungen erforderlich waren als beim ersten Versuch. Mit Hilfe dieser »Ersparnis-Methode« (s. Abb. oben) ermittelte Ebbinghaus die auch heute noch gültige Vergessenskurve (1885). Wie diese Kurve, ausgehend von verschiedenen im Gehirn ablaufenden Prozessen interpretiert werden kann, hat der deutsche Psychologe R. Sinz (1977) dargelegt. »In der visuellen Rinde sind mindestens acht verschiedene Klassen von Nervenzellen vorhanden, in deren Erregungsmustern jeweils andersartige Eigenschaften des gleichen Objekts repräsentiert werden.« Diese Vielzahl von verschiedenen Repräsentanzen des gleichen Objekts erzeugt Redundanz (s. S. 82), die zur Sicherung der Informationsspeicherung notwendig ist.

7.25 Psychosomatik und konditionierte Reaktionen

Wenn Psychoanalytiker oder psychosomatisch orientierte Ärzte »funktionelle Kreislaufstörungen«, »Magengeschwüre«, »Asthma« oder Erkrankungen des Darmes (z. B. »Kolitis Ulcerosa«) auf psychische Ursachen zurückführen, wird ihnen von Anhängern der »konventionellen« Medizin entgegengehalten, daß es sich hierbei um rein körperliche Krankheiten handle, die durch einen unbekannten Krankheitserreger oder durch noch nicht erkannte biochemische Störungen hervorgerufen würden. Diese Argumentation stützt sich meistens auf eine vulgärmaterialistische Interpretation der Krankheit, in der die reizspezifische Interaktion des Organismus mit der Umwelt nicht berücksichtigt wird. Experimentelle Ergebnisse zur Konditionierung autonomer Funktionen (interozeptive Konditionierung) legen zwar ebenfalls eine materialistische Erklärung nahe, doch ermöglicht diese eine »psychosomatische Interpretation« mancher funktioneller Krankheiten. Wenn eine somatische Erkrankung als psychisch verursacht diagnostiziert wird, sind vor allem zwei Dinge ausschlaggebend:

- Die körperlichen Beschwerden treten gezielt immer dann auf, wenn bestimmte »Reizsituationen« vorliegen. Oft sind es emotionale Konflikte, die zu somatischen

Interozeptive Konditionierung

In nahezu hundert Arbeiten haben sowjetische Forscher in den letzten Jahren über ihre Erfahrungen mit der interozeptiven Konditionierung berichtet. Es ist vor allem ihr Verdienst, daß die im Körperinneren befindlichen Rezeptoren und Effektoren durch neu entwickelte Stimulations- und Registriertechniken für die empirische Forschung zugänglich wurden.

Hier nur ein Beispiel für extero-interozeptive Konditionierung bei der externen Kontrolle des Harndrucks. Je nach Art der beim Konditionieren beteiligten Sinnesreize unterscheidet man zwischen extero- und interozeptiven Signalen. Liegen die Rezeptoren im Körperinneren, spricht man von Interozeptoren. Wirkt der bedingte Reiz auf die Interozeptoren (z. B. Reizung der Darmschleimhaut), das unkonditionierte Signal jedoch auf die Exterozeptoren (Nahrung im Mund), so spricht man von intero-exterozeptiver Konditionierung. Entsprechend wird, je nach der speziellen Bedeutung der Rezeptoren, zwischen den Fällen der extero-interozeptiven, intero-interozeptiven und extero-exterozeptiven Konditionierung unterschieden.

Drei Patienten mit Harnblasenfisteln lernten in einem Konditionierungsversuch, daß bei zunehmendem Blasendruck (UCS: Zufuhr von physiologischer Kochsalzlösung) gleichzeitig ein sichtbares Manometer über ihrem Krankenbett den Druckanstieg (CS) anzeigte. Nach Abschluß der Lernphase wurde nur noch der CS (Anstieg des Manometerdrucks) angeboten, ohne daß der Blaseninnendruck wirklich erhöht worden wäre. Die Patienten verspürten dennoch einen intensiven Harndrang, verbunden mit Veränderungen der Atmung, Anstieg der Urinausscheidung und Kontraktionen des Blasenmuskels. Bei Absinken des Manometers verschwanden diese Phänomene. Zeigte das Manometer umgekehrt auf Null, so mußte der Blaseninnendruck auf das Doppelte erhöht werden, bis Harndrang und Urinieren zustande kamen.

Manchmal dauert die interozeptive Konditionierung etwas länger als die exterozeptive. Ist die Koppelung jedoch einmal »gelungen«, so ist sie widerstandsfähig und kaum der Extinktion unterworfen. Auf die Konditionierung von emotionalen Signalen mit somatischen Reaktionen (Psychosomatik) übertragen, könnte diese Erfahrung erklären, warum psychosomatische Symptome oft so schwer beseitigt werden können.

Symptomen führen, manchmal aber auch ganz spezifische Reizgegebenheiten der Umwelt (z. B. bei Allergien).

● Können die emotionalen Konflikte gelöst werden (z. B. durch eine Psychotherapie, s. S. 379) oder verhindert man die Wahrnehmung bestimmter Reizgegebenheiten der Umwelt, so verschwindet auch das körperliche Symptom (es sei denn, es ist bereits zu irreversiblen Schädigungen des Gewebes gekommen). Manchmal geschieht das so plötzlich, daß man von einer »Wunderheilung« sprechen könnte.

Die Erforschung der *interozeptiven Konditionierung* vor allem durch russische Forscher (s. Kasten S. 255) hat in den letzten Jahren den Nachweis geliefert, daß zahlreiche Funktionen des Eingeweide- und Gefäßsystems durch äußere Reize und durch die Verwendung von sprachlichen Symbolen (semantische Konditionierung) gesteuert werden können. Blasen- und Darmkontraktionen, die Verengung und Erweiterung der peripheren Durchblutung wie auch die Veränderung elektrophysiologischer Vorgänge im Gehirn (siehe EEG und Bewußtsein, S. 117) lassen sich experimentell an bestimmte Signale koppeln und unterliegen somit ähnlichen Lernmechanismen wie die Aktionen der Willkürmotorik.

Besonders die Anwendung der semantischen Konditionierung auf die Steuerung der autonomen Funktionen verdeutlicht, in welcher Weise psychische Vorgänge somatische Funktionen beeinflussen können. Wenn z. B. die »Verkrampfung« (Spasmus) der Darmwand im Verlauf einer individuellen Konditionierungsgeschichte an das Konzept »Bedrohung durch Autoritäten« gekoppelt wurde, so ist nach den bisher geschilderten Konditionierungsmechanismen verständlich, daß dieser Mensch immer dann, wenn Situationen auftreten, die mit dieser Vorstellung verknüpft sind, mit Spasmen des Darms (Colon) reagieren wird. Bei zwanghaftem, dauerhaftem Auftreten dieser Vorstellung wird es zu Dauerspasmen, Durchblutungsstörungen und später zu Entzündungen und Gewebszerstörungen kommen, wie das beispielsweise beim Krankheitsbild der Kolitis Ulcerosa zu beobachten ist. Eine Bestätigung finden diese Hypothesen in vielen klinischen Berichten. Der Amerikaner Harold G. Wolff registrierte bei einer Reihe von internistischen Patienten die Reaktionen der Schleimhaut und der glatten Muskulatur während spezifischer emotionaler Reizsituationen. Er erkannte dabei, daß relativ neutrale Gesprächsthemen, etwa über das Alter und den Geburtsort von Eltern und Geschwistern, wenig Einfluß auf die Durchblutung der Darmschleimhaut und die Kontraktionen der Darmmuskulatur hatten. Im Gegensatz dazu bewirkten emotionale Konfliktthemen (autoritäre Eltern, Unterdrückung im Beruf usw.) eine Blutüberfülle (Hyperämie) der Schleimhaut und extreme Vermehrung der Darmkontraktionen. Ähnlich ansprechbar sind Magen, Blase, Vagina, Bronchien, Speiseröhre, Kreislauf-, Atem- und Nierenfunktion. (Zur Konditionierung von Emotionen s. auch S. 171.)

Die amerikanischen Psychologen R. Ader und N. Cohen konnten sogar nachweisen, daß die Abwehr im Immunsystem des Körpers z. B. bei der in der inneren Medizin beschriebenen Systemerkrankung Lupus erythematodes durch Konditionierungsvorgänge zu beeinflussen ist. Ein neutraler Reiz kann über die klassische Konditionierung mit einem natürlichen Auslöser verknüpft werden und ist imstande, über das Limbische System (s. S. 199) Einfluß auf den Hypothalamus und die Hypophyse zu nehmen und von hier aus eine Hormonproduktion anzuregen, die für die Bildung von Lymphozyten im körpereigenen Abwehrsystem wichtig ist. Die Untersuchung dieser Verbindungen zwischen ZNS und Immunsystem könnte dazu beitragen, die Auswirkungen von Angst und Streß auf den Gesundungsprozeß bei internistischen Erkrankungen in Zukunft besser zu verstehen.

7.3 Das Lernen von Verhaltensweisen

7.31 Operante Konditionierung

Bei der klassischen Konditionierung ist der Lernende an die vererbten Verhaltensmuster (Reflexe) gebunden, er kann mit diesem Mechanismus nur eine beschränkte Anpassung an die Umwelt erreichen. Das Lernen neuer, nicht angeborener Handlungsweisen findet durch die klassische Konditionierung keine Erklärung. Im Gegensatz zur sowjetischen *»Pawlow-Schule«* haben vor allem amerikanische Psychologen wie Thorndike (s. S. 221), Hull (s. S. 222) und Skinner den Aspekt des Lernens von Handlungen in den Mittelpunkt ihrer Untersuchungen gestellt. Thorndikes Versuchstiere (s. S. 221), die nach anfänglich planlosem Herumprobieren (*trial and error* = Versuch und Irrtum) zufällig den Öffnungsmechanismus ihrer Problemkäfige entdeckten und zur »Belohnung« etwas Futter erhielten, fanden die Lösung nach mehreren Versuchen immer schneller. Wichtig für dieses *Lernen am Erfolg* war, daß die »Belohnung« (Reaktion der Umwelt) selektiv ganz bestimmte Handlungen »verstärkte«, die dadurch immer häufiger (wahrscheinlicher) auftraten.

Beim Vergleich dieses Lernmechanismus mit der klassischen Konditionierung entspricht die »Reaktion« der Umwelt (z. B. Belohnung durch Futter) dem »unkonditionierten Signal« (UCS), weil sie eine entsprechende *Verstärkerfunktion* übernimmt. Käfigverschluß (CS) und Öffnen der Verriegelung (CR) werden zu einer beständigen Reiz-Reaktions-Sequenz verknüpft, da nur diese Sequenz im Versuch die wiederholte Darbietung des UCS garantiert (Verstärkung). Das Erlernen der Handlungskette ähnelt somit der klas-

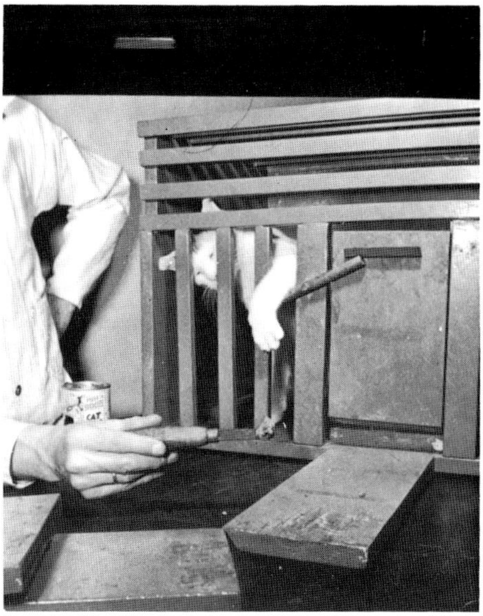

Nach anfänglich planlosem Herumprobieren entdecken Thorndikes Versuchstiere oft zufällig den Öffnungsmechanismus ihrer »Problemkäfige«. Als Belohnung für diese vom Experimentator erwünschte Handlungsweise erhalten die Tiere Futter oder andere »verstärkend« wirkende Reize (UCS). Durch diese Verstärkung, die auch als Feedback bezeichnet werden kann, wird eine spezielle Reiz-Reaktions-Sequenz (Türverriegelung – Öffnen des Käfigverschlusses) aus einer Vielzahl von möglichen Reiz-Reaktions-Verbindungen ausgewählt und die Häufigkeit des Auftretens gesteigert.

sischen Konditionierung durch Verstärkung (*reinforcement*) einer bestimmten Reiz-Reaktions-Verbindung (Assoziation). Auch hier finden Reizgeneralisation, Differenzierung, Extinktion und spontane Erholung statt. Da es sich beim »Lernen am Erfolg« um die Konditionierung von Tätigkeiten (engl. *operants*) handelt, spricht B. F. Skinner in Analogie zu Pawlows Lernmodell von *operanter Konditionierung* (*operant conditioning*). Zur quantitativen Erfassung des Lernverlaufs beim Erwerb bestimmter Handlungsketten entwickelte Skinner einen Experimentierapparat, der als *Skinner-Box* in die Psychologiegeschichte Eingang fand (s. Abb. unten).

Die Versuchsbox (s. Abb.) enthält eine Reaktionstaste und einen Freßnapf, in den von außen automatisch Futter gefüllt werden kann. Außerdem gibt es verschiedene Signallampen zum Testen der Differenzierung und Generalisation. In Abwandlung dieser Versuchsanordnung können stellvertretend für den Nahrungsspender auch andere Bekräftigungsformen wie Flüssigkeiten (für durstige Tiere) oder elektrische Lustreize (s. S. 223) verwendet werden. Außerhalb der Versuchsbox befindet sich eine manchmal recht komplizierte

Die Reduzierung der *komplexen Umwelt* auf eine Reaktionstaste und zwei Glühbirnen hat die Analyse des Verhaltens extrem vereinfacht. Die Funktionsweisen des Organismus werden damit für jedermann überschaubar.

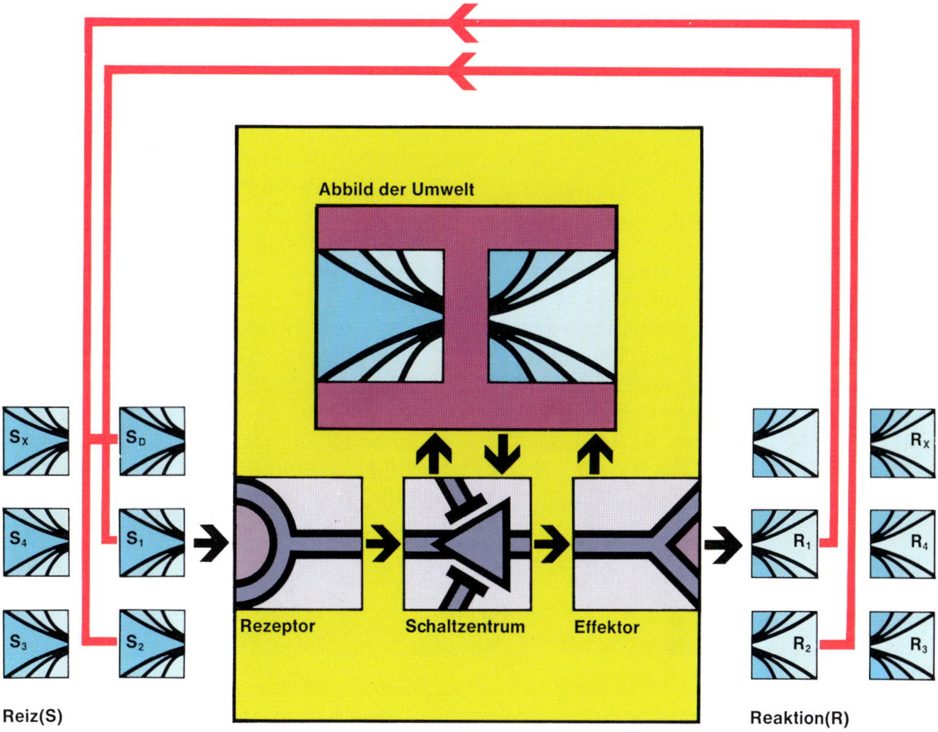

Beim operanten Konditionieren wird ein gewünschtes Verhalten (Rx) dadurch gelernt, daß alle Reaktionen, die als Vorstufen zum gewünschten Verhalten gelten, immer wieder durch bestimmte Verstärker S_D (z. B. Futter) bekräftigt werden (äußerer Feedback-Kreis). Durch diesen Vorgang (*shaping of behavior*) wird die Wahrscheinlichkeit des Auftretens der gewünschten Sequenz Sx–Rx immer größer.

elektronische Anlage zur Steuerung des Versuchsablaufs. Durch die Elektronik dieser Apparatur werden Art und Zeitplan der Verhaltensbekräftigungen (*schedule of reinforcement*) programmiert und die Verhaltenssequenzen (z.B. unterschiedlich häufiges Hebeldrücken) des Versuchstiers registriert. Diese Versuchsprotokolle (*cumulative records*) liefern einen anschaulichen Überblick über den zeitlichen Verlauf der Reaktionen.

Setzen wir eine hungrige Katze in die Skinnerbox, so werden wir ähnlich wie bei Thorndikes Katzen beobachten können, wie das Tier die fremde Behausung neugierig untersucht, dann irgendwann einmal auf die eingebaute Reaktionstaste drückt und damit das elektronisch gesteuerte Versuchsprogramm in Aktion setzt. Sofort erlischt die Deckenbeleuchtung, eine Glühlampe über der Futterschale geht an, und ein Stück Katzenfutter fällt in den Napf. Jedes weitere Drücken ist jetzt zwecklos, solange die seitliche Glühbirne leuchtet. Erst wenn die Glühlampe an der Decke wieder brennt und gleichzeitig die Seitenleuchte ausgeht, ist der Hebeldruck wieder erfolgreich. Die Katze kommt recht bald dahinter, daß ein Hebeldruck bei Deckenbeleuchtung (»diskriminierender Reiz«) zu Futter führt, bei Seitenbeleuchtung jedoch nicht. Sie lernt, zwischen zwei Signalen zu differenzieren, von denen das eine bekräftigt wurde und das andere nicht.

7.32 Verhaltensformung

Bei vielen Anpassungsleistungen ist zu beobachten, daß sich die optimalen Verhaltensweisen schrittweise einstellen (*method of successiv approximation*). Während des Lernprozesses verändert sich nicht nur die Häufigkeit, mit der gleichbleibende Reaktionen durch bestimmte Reize ausgelöst werden, sondern auch die *Verkettung der einzelnen Reaktionen* selbst ist einem steten Wandel unterworfen, so daß sich die Anpassungsleistung in Form einer fortgesetzten Modifikation des Gesamtverhaltens vollzieht. Skinner hat für diesen Vorgang der schrittweisen Verhaltensmodifikation den Ausdruck *»shaping of behavior«* (*Verhaltensformung*) eingeführt. Durch gezielte Verstärkung werden bestimmte Reaktionen aus dem zunächst zufälligen »Handlungsstrom« hervorgehoben und so in einen Handlungsablauf eingebaut, daß oft ganz neue, vorher nicht beobachtbare Verhaltensweisen entstehen.

Ein berühmtes Skinner-Experiment mit Tauben soll diesen Lernprozeß verdeutlichen. Die hungrigen Tiere waren einzeln in einer Reihe von Käfigen eingesperrt. Unabhängig von ihrem Verhalten erfolgten alle drei Sekunden mit einer kleinen Portion Körner Bekräftigungen. Da die

Programmierte Verstärkung

In der »natürlichen Umwelt« wird selten jede wünschenswerte Handlung bekräftigt, wie es die Methode der operanten Konditionierung vorschreibt. Selbst die gewissenhaftesten Lehrer, Vorgesetzten und Eltern können längst nicht jeden Lernfortschritt beachten und belobigen, vielmehr bildet sich das Verhalten des Lernenden aufgrund recht variabler und oft zufälliger Konsequenzen des Verhaltens aus.

Im psychologischen Experiment können entsprechend variierende Umweltbedingungen durch programmierte Verstärkungspläne (*schedules of reinforcement*) simuliert werden. Hierbei erkannten die Forscher, daß jede Form der »unterbrochenen Verstärkung« (*intermitted reinforcement*) zwar zu einer *Verlangsamung* des Lernvorgangs führt, auf weite Sicht jedoch *beständigere Verhaltensweisen* zur Folge hat, da die Extinktion des Gelernten wesentlich langsamer fortschreitet.

Grundsätzlich gibt es zwei Aspekte, nach denen ein Verstärkungsplan entworfen und programmiert werden kann:

- Sollen bestimmte *Zeitintervalle* ausschlaggebend sein (*Intervallbekräftigung*), so bekräftigt man nur dann eine »richtige« Reaktion, wenn eine bestimmte Zeit (z.B. 3 Minuten) verstrichen ist.
- Soll jedoch die *Menge der Reaktionen* die Struktur des Verstärkungsplans bestimmen, so wird immer nur dann bekräftigt, wenn bereits eine bestimmte Anzahl (Quote) von Reaktionen erfolgt ist (*Quotenbekräftigung*).

Zusätzlich kann die Intervall- und Quotenbekräftigung entweder in konstanter Weise erfolgen oder aber variabel gestaltet werden, so daß während einer Trainingssitzung im Mittel z.B. nur alle drei Minuten oder nach einer mittleren Anzahl von z.B. zehn Reaktionen die Bekräftigung einsetzt. Bei variabler Bekräftigung kann somit auch noch die »Zufälligkeit« der Umweltkonsequenzen nachgeahmt werden. Jeder Verstärkungsplan führt zu einer charakteristischen Handlungssequenz, die dem »cumulative record« (Aufzeichnung des Verhaltens) zu entnehmen ist.

Tauben nicht bewegungslos im Käfig saßen, fielen die Bekräftigungen zufällig mit irgendwelchen Handlungen zusammen. Nach einiger Zeit verhielten sich die Tiere ganz wunderlich: Eine Taube machte dauernd Rotationsbewegungen um die eigene Achse, die andere spreizte den linken Flügel und das linke Bein, die dritte verrenkte den Kopf auf unnatürliche Weise, andere wieder hüpften auf der Stelle herum und so weiter. Die Tauben verhielten sich so, als sei die Verabreichung des Futters eine direkte Folge ihres eigentlich zufälligen Verhaltens. Skinner sprach deshalb auch vom »abergläubischen« Verhalten seiner Versuchstiere.

Diese mehr »zufällig« entstandenen Verhaltensänderungen können durch planvolles Vorgehen eines Experimentators zur Ausbildung von neuen Verhaltensformen verwendet werden, die oft ganz erstaunliche Anpassungsleistungen darstellen. Beim »Shaping« wird jede Handlung, die zur gewünschten Verhaltensweise hinführt, bekräftigt, bis schließlich das Ziel des Experimentators erreicht ist. Zur beständigen Ausbildung dieser Verhaltensweise wechselt der Trainer dann von *kontinuierlicher* Verstärkung zu *Plänen partieller Verstärkung* (s. Kasten S. 260), weil dadurch die Extinktion des neu erlernten Verhaltens hinausgezögert werden kann.

Mit diesen Methoden der Verhaltensmodifikation sind nicht nur erheiternde Dressurleistungen bei Tieren zu erzielen, sondern auch tiefgreifende Verhaltensänderungen beim Menschen möglich. Skinner hat versucht, die Erkenntnisse der Verhaltensformung auch für den Wissenserwerb nutzbar zu machen (Programmiertes Lernen, s. »Knaurs Buch vom neuen Lernen«). Sein Eintreten für das *»programmierte Lernen«* hat die »Landschaft« der heutigen Lernmethoden stark beeinflußt. Die anfängliche Begeisterung ist allerdings in den letzten Jahren einer realistischeren Einschätzung der Möglichkei-

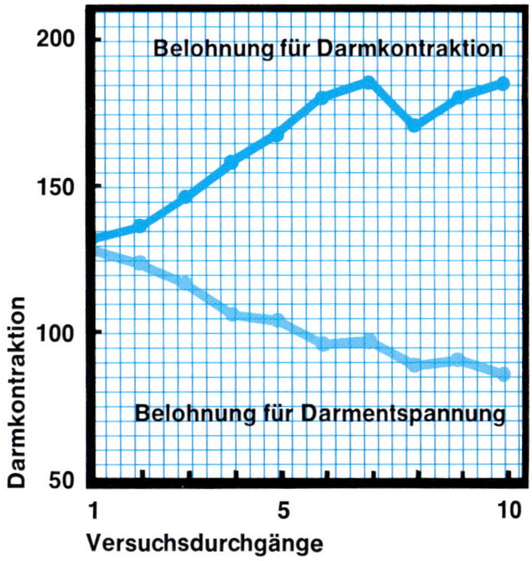

Mit Hilfe des Differenzierungslernens kann die Steuerung der sonst autonomen Darmkontraktionen unter die Kontrolle von Signalen gebracht werden. – Als »diskriminierender Reiz« (S_D) wirkt möglicherweise die Aktivität der Interozeptoren des Darmes.

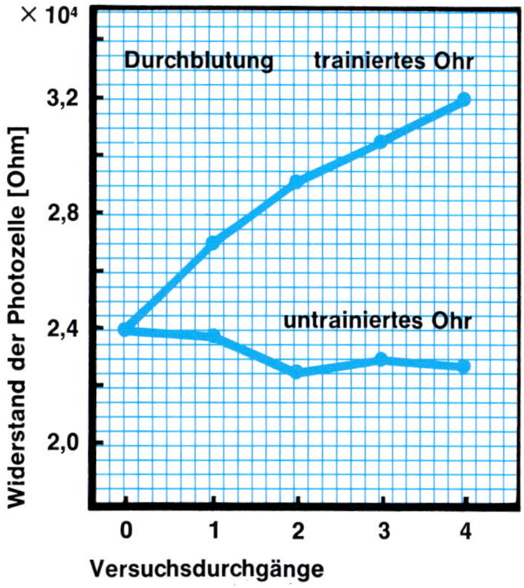

Die periphere Durchblutung (gemessen mit der Widerstandsänderung einer Photozelle am linken oder rechten Ohr) eines Versuchstieres kann ebenfalls durch operante Konditionierung vom Versuchsleiter gesteuert werden.
Nach russischer Terminologie handelt es sich um eine extero-interozeptive Konditionierung.

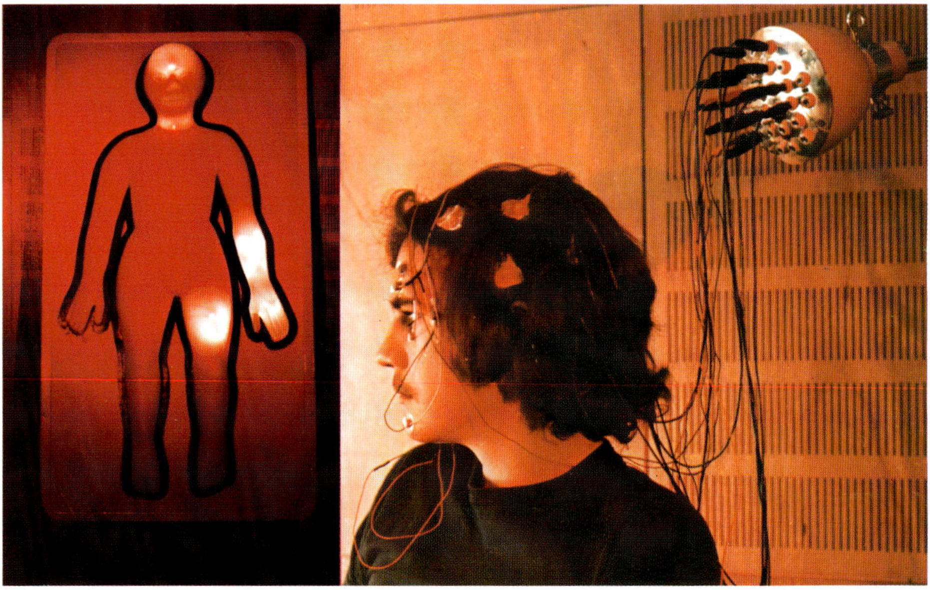

Selbstkontrolle von EEG und EMG durch Rückmeldung im Körperschema. Die Lampen leuchten jeweils auf, wenn ein physiologischer Soll-Wert von der Versuchsperson erreicht wurde.

ten und Grenzen des »programmierten Lernens« gewichen.

Eine weitere wichtige Anwendung der Methoden des operanten Konditionierens wird bei der Therapie von psychosomatischen Störungen diskutiert. Die tierexperimentellen Forschungsarbeiten des Psychologen Neal E. Miller haben gezeigt, daß zahlreiche autonome Funktionen, die nach früherer Auffassung nur mit der Methode der klassischen Konditionierung zu beeinflussen waren (s. S. 255), ebenfalls einer Kontrolle durch »Shaping-Prozeduren« unterworfen werden können. Funktionen wie Herzschlagrate, Blutdruck, periphere Durchblutung des Körpers, Magen-Darm-Kontraktionen und Harnausscheidung in der Niere lassen sich unabhängig voneinander durch entsprechende Verstärkermechanismen in der gewünschten Richtung modifizieren. Durch die Lähmung der Muskulatur von Versuchstieren mit »Curare« konnte Miller nachweisen, daß diese Veränderungen nicht indirekt durch eine unbemerkte Beeinflussung des willkürlich steuerbaren Muskelsystems herbeigeführt werden.

In einer 1969 erschienenen Zusammenfassung seiner Ergebnisse sieht Miller einer therapeutischen Anwendung dieser Methoden optimistisch entgegen: »Diese Trainingsmethoden basieren vor allem auf der Möglichkeit, die autonomen Funktionen direkt zu registrieren und sofort zurückzumelden. Zunächst werden nur sehr kleine Funktionsänderungen in der gewünschten Richtung ›rückgemeldet‹ und dann zunehmend immer größere . . . Eine solche Prozedur sollte eigentlich auf alle funktionellen und organischen Symptome angewendet werden, die unter neuronaler Kontrolle stehen und für die eine bestimmte Funktionsänderung medizinisch klar indiziert ist, wie z. B. Herzarhythmie, spastische Kolitis, Asthma und spezifische Formen des Bluthochdrucks.«.

Die anfänglichen großen Erfolge in der operanten Konditionierung vegetativer Funktionen ließen sich in späteren Nachuntersuchungen in Millers Labor und bei anderen Forscherteams zum Teil nicht bestätigen. Trotz dieser Rückschläge wird heute in zunehmendem Maße versucht, Biofeedback-Methoden in der Therapie psychosomatischer Störungen einzusetzen. Eine kritische Darstellung dieser Anwendungsversuche der Lerntheorie findet sich in dem Artikel »Biofeedback-Therapie« (Legewie, 1980). Die relativ besten Ergebnisse der Biofeedback-Anwendung finden sich nicht bei der Kontrolle vegetativer Körperfunktionen – wie Miller ursprünglich prophezeit hatte –, sondern bei der Kontrolle des Muskelsystems durch Rückmeldung der elektrischen Muskelaktivität (EMG-Feedback, s. Abb. S. 262). Durch das EMG-Feedback konnten einerseits bestimmte Formen von Muskellähmungen gebessert, andererseits Schmerzzustände aufgrund streßbedingter Muskelverspannungen, z. B. Rücken- oder Kopfschmerzen, gelindert werden.

7.4 Kognitive Aspekte des Lernens

7.41 Die Einsicht

Vielen Pädagogen und Psychologen, die täglich mit dem Problem des menschlichen Lernens konfrontiert sind, erscheinen die Reiz-Reaktions-Modelle (klassische und operante Konditionierung) als unzureichend für die Erklärung des menschlichen Lernverhaltens. Nicht anders erging es manchen amerikanischen Psychologen, als sie zu Beginn des 20. Jahrhunderts mit den damals neuen »behavioristischen« Theorien über das Lernen »beglückt« wurden. Begierig griffen sie daher die Kritik des deutschen Psychologen Wolfgang Köhler an Thorndikes Interpretation des Lernens auf.

Während seiner Internierung auf Teneriffa (1917) hatte Köhler Versuche mit Affen durchgeführt (s. Abb. S. 264), die seine Vermutung bestätigten, daß Lernen nicht durch zielloses Herumprobieren (*trial and error*) zustande kommt, sondern durch *Umstrukturierung der Wahrnehmung* eines Problems.

Diese Umstrukturierung erscheint dem Beobachter als *»Einsicht«*, die durch »Nachdenken« und »Erkennen« (*cognition*) erreicht wird (siehe dazu auch die Bemerkung Russells, S. 12).

Durch genaue Beobachtung und Beschreibung des Verhaltens versuchte Köhler zu ergründen, wie von den Versuchstieren bestimmte Problemaufgaben gelöst werden. Was macht z. B. ein Affe, wenn eine Banane außerhalb seiner Reichweite hinter Gitterstäben liegt? Zuerst greift das Tier vergeblich durch das Gitter. Nach einigen Minuten soll ein herumliegender Rohrstock weiterhelfen. Auch dieser Versuch schlägt fehl. Jetzt folgt eine Periode ohne weitere Bemühungen. Das Tier sitzt einfach da und beobachtet die Szene. Plötzlich ergreift der Affe zwei Stöcke, nach einigem Herumprobieren hat er sie zusammengeschoben und angelt damit nach der Banane. Dem unvermittelten Auftauchen der Lösung entspricht auf der Erlebnisebene ein Überraschungseffekt: das »Aha-Erlebnis«.

Einige Lernforscher bezweifeln zwar nicht die Richtigkeit solcher Beobachtungen, geben aber zu bedenken, daß der Experimentator nur den Endpunkt eines langen Versuch-und-Irrtum-Lernens (Umgang mit Stöcken) registriert, der mehr zufällig den Eindruck vermitteln kann, das Tier habe nachgedacht und dann einen Einfall gehabt. Harry F. Harlow fand bei Experimenten mit Affen heraus, daß sie imstande sind, komplizierte Diskriminierungsaufgaben in einem einzigen Versuch zu lösen, so als ob sie nachgedacht hätten. Voraussetzung war jedoch, daß er vorher mit ihnen nach der Trial-and-Error-Me-

»Die süßesten Früchte fressen nur die großen Tiere.« Köhlers Affen demonstrieren, daß dieses Problem durch Lernen mit Einsicht zu lösen ist.

thode geübt hatte, wie solche Probleme zu lösen sind (*learning how to learn*). Harlow hält daher Beobachtungen, die auf ein »Lernen durch Einsicht« hinauslaufen, für Täuschungen der Experimentatoren, denen einfach die vorherige Lerngeschichte des Versuchstieres unbekannt ist.

Erklärt ist mit dem Experiment von Harlow aber noch nicht viel. Es weist zwar nach, daß bereits gemachte Erfahrungen äußerst wichtig sind, doch wie die Erfahrung organisiert wird, wie sich das Tier dabei verhält, kann mit dem Lernen nach Versuch und Irrtum nicht ausreichend beschrieben werden, wenn es sich um komplexe Problemlösungsaufgaben handelt.

Besonders drei Charakteristika kennzeichnen das Lernen durch Einsicht:

- Einsicht ist vor allem abhängig von der Anordnung der Problemsituation. Ein Affe löst z. B. das Problem des Werkzeuggebrauchs viel leichter, wenn die Stöcke zum Zusammenschieben auf der Seite des Futters liegen und nicht im Käfig.
- Ist erst einmal ein Einfall zur Lösung eines Problems vorhanden, so kann die Lösung sofort wiederholt werden. Der Lernerfolg stellt sich nicht graduell ein wie beim assoziativen Lernen, sondern plötzlich, meist nach einer Phase des Nichthandelns.
- Eine durch Einsicht erfolgte Lösung kann auch in neuen, veränderten Situatio-

nen wieder angewendet werden. Was gelernt wird, ist nämlich nicht ein bestimmter Handlungsablauf, sondern eine kognitive Struktur, die z. B. den Zusammenhang von Hilfsmitteln (Stockproblem) und Handlungsziel erkennen läßt.

7.42 Tolmans kognitive Lerntheorie

Die gestalttheoretischen Überlegungen zum Lernen wurden von Edward C. Tolman in eine kognitive Lerntheorie integriert. Nach Tolman ist jede Lernsituation für den Organismus durch verschiedene Zeichen (*signs*) gegliedert, die den Weg zu bestimmten Zielen anzeigen. – Denken wir nur an die Kennzeichen (Kirchturm, Reklameschild, Park), die wir uns in einer fremden Stadt »merken«, wenn wir uns den Weg zu bestimmten Zielen (Kneipe, Museum, Tagungsort, Kino, Hotel) einprägen wollen. – Alle diese Zeichen werden in eine zeitlich-räumliche Struktur eingeordnet, die »in einer Zentrale zu einer vorläufigen kognitiven ›Landkarte‹ (*cognitive map*) der Umwelt ausgearbeitet wird«. Hat der Organismus für eine gegebene Umwelt noch keine »cognitive map« (oder auch »Zeichen-Gestalt«) gebildet, so wird das Verhalten von Erwartungen über die mögliche Struktur des Problems gesteuert. Diese Erwartungen sind abhängig von den früher in ähnlichen Situationen gemachten Erfahrungen. Führt die eingeschlagene Route zum Ziel, so erfährt die Erwartung eine Bestätigung (*confirmation*). Im Gegensatz zu den S-R-Theorien ist daher nicht die Reduktion eines Triebreizes, sondern das Erreichen eines positiven Zieles oder die Vermeidung eines negativen Zieles maßgebend für den Lernerfolg.

Zwei charakteristische Experimentalanordnungen werden von Tolman als beweiskräftig für seine Lerntheorie angesehen:

- »Das Erlernen einer räumlichen Struktur (*place learning*) und nicht das Erlernen von Reiz-Reaktions-Beziehungen ist für den Lernerfolg entscheidend.« In einem entsprechenden Experiment erhält das Versuchstier (meist eine Ratte) die Möglichkeit, die räumliche Anordnung von einigen mit Balken verbundenen Tischen zu erkunden, die sich durch Form, Farbe, Oberflächenbeschaffenheit usw. voneinander unterscheiden. (Das ist notwendig, damit verschiedene Zeichen zu einem Gesamtbild [*sign*-Gestalt] zusammengefügt werden). Danach wird ein Tisch als lohnendes Ziel hervorgehoben: Die Ratte findet dort Futter. Wird das Tier später auf einen der anderen Tische gesetzt, so kann es allein aufgrund der vorher erlernten »Zeichen-Gestalt« das lohnende Ziel wiederfinden, ohne diesen speziellen Weg jemals als Reiz-Reaktions-Sequenz gelernt zu haben.
- Experimente zum *latenten Lernen* demonstrieren ebenfalls, daß eher räumliche Orientierung als spezifische, durch Belohnung verstärkte Handlungsabläufe gelernt werden. Wenn eine Ratte ein kompliziertes Labyrinth erkunden muß, ohne dafür mit Futter belohnt zu werden, wird ihr Verhalten nur mäßige Lernfortschritte erkennen lassen (das Ziel »lohnt den Einsatz nicht«). Und dennoch bildet sich in dieser Zeit eine »cognitive map« aus (latentes Lernen), die in einem geeigneten Augenblick schlagartig zur Lösung des Problems führt, nämlich dann, wenn die »Erwartung« positiv bestätigt wird.

Tolman verwendet hauptsächlich Begriffe, die unserer Alltagserfahrung entsprechen (Erwartung, Zeichen, Bestätigung). Dennoch arbeitete er kaum mit menschlichen Vpn, sondern gab Ratten den Vorzug – ein Zugeständnis an den damals herrschenden Behaviorismus.

Der wesentliche Unterschied zwischen kognitiven Lernmechanismen und dem assoziativen Erlernen von Handlungen und Signalen liegt in der Annahme, daß nicht eine Folge von Einzelreizen erlernt, sondern viele *Einzelreize zu einem Reizmuster, Konzept oder Symbol* zusammengefaßt werden. Die Umwelt wird nicht einfach »Punkt für Punkt« abgebildet, sondern ist in komprimierter Form durch Symbole repräsentiert (s. Semiotik, S. 287). Der enorme Vorteil, den Organismen, die zum Symbolgebrauch befähigt sind, Organismen gegenüber besitzen, die nur auf Signale reagieren können, besteht darin, daß bei der Lösung von Problemen nicht eine lange Folge von Reiz-Reaktions-Sequenzen ausagiert werden muß, sondern daß am »inneren Modell« die Lösungswege erprobt werden können (»Probehandeln«).

7.43 Konzeptbildung

Konzeptbildung ist eine allgemeine Fähigkeit höherer Organismen, die mit fortschreitender Entwicklung des Zentralnervensystems im Tierreich an Bedeutung gewinnt und beim Menschen eine der wesentlichen Grundlagen von Sprache und Denken darstellt. Klassische Beispiele für Konzeptbildung bei Tieren sind folgende: Eine Ratte lernt in der »Skinnerbox«, auf *viereckige geometrische* Figuren zu reagieren – ein Affe lernt, von drei Gegenständen stets den *ungleichen* auszuwählen. Das von der Ratte gebildete Konzept der »Viereckigkeit« ist ein Konzept für eine *Klasse von Reizen* (alle »viereckigen« Figuren). Das Konzept der »Ungleichheit« dagegen bezieht sich nicht nur auf eine Klasse von Reizen, sondern auf eine *Relation* (Beziehung) zwischen *mehreren Klassen.* Weitere Relations-Konzepte sind Begriffe wie »größer« (Steigerung), »Paar«, »Dreiergruppe« (Zahl), »Liebe« und »Haß« (Beziehung zwischen zwei Menschen). Die Bildung von Klassen und Relationen führt auf einer höheren Stufe der kognitiven Entwicklung zu den grundlegenden *logischen Operationen* (s. Kap. 8.54, S. 342).

Ob wir nun die Konzeptbildung tierexperimentell in der »Skinnerbox« oder anhand der Entwicklung des Kindes untersuchen, stets sind daran zwei aus der Wahrnehmungs- (s. S. 90) und aus der Lernpsychologie (s. S. 249) bekannte Prozesse beteiligt: *Generalisation* und *Differenzierung.*

- Die Generalisation führt dazu, daß einer sich bildenden Klasse von Elementen völlig neue und teilweise andersartige Elemente hinzugefügt werden, wenn diese Elemente nur gewisse *gemeinsame Eigenschaften* (*Klassen-Merkmale*) besitzen. Ein Kleinkind bezeichnet Tiere im Bilderbuch, die es nie zuvor gesehen hat, mit »muh«. Durch die Wirkung der Generalisation entstehen *offene Klassen,* das heißt, es können jederzeit neue Elemente aufgenommen werden.
- Im Gegensatz dazu schränkt die *Differenzierung* den Umfang einer Klasse ein. Unterscheidende Eigenschaften führen zur Aussonderung von Unterklassen aus einer zunächst umfassenderen Gesamtklasse. In der weiteren Sprachentwicklung wird das Kind ein Pferd nicht mehr »muh« nennen, sondern vielleicht »hopp-hopp«. Durch die Wirkung der Differenzierung bilden sich allmählich getrennte Klassen für »Pferd« und »Kuh«.

Die gegenläufigen Prozesse der Generalisation und der Differenzierung erzeugen durch ihre Wechselwirkung allmählich ein Netz von sich überschneidenden und hierarchisch geordneten Konzepten oder Begriffen – die »kognitive Landkarte der Sprache« (s. Kasten, S. 267). In der logischen Definition von Begriffen finden wir diese Prozesse wieder als »Genus proximum« und »Differentia spezifica« (Oberbegriff und unterscheidendes Merkmal): Eine Kuh ist ein Huftier (Oberbegriff), das Milch gibt (unterscheidendes Merkmal).

Wir sollten uns allerdings darüber im klaren sein, daß das Zurückführen der Konzeptbildung auf Generalisation und

Wissensrepräsentation

Wie wird das konzeptionelle Wissen im Gedächtnis repräsentiert? Daß dazu nicht nur die Konzepte selbst gehören, sondern auch ihre Beziehungen (Relationen) zueinander, ist einleuchtend. Durch die Erforschung der »Künstlichen Intelligenz« sind Modelle der Wissensrepräsentation zu einem hochaktuellen Thema geworden. Komplexe miteinander verbundene Begriffe werden *semantische Netze* genannt. Mathematisch lassen sie sich mit Hilfe der Graphentheorie (von *graphein* = schreiben, zeichnen) beschreiben. Dabei werden die Konzepte als »Knoten« eingetragen, die Relationen zwischen den Knoten als »Kanten«. Semantische Netze sind in der Psychologie für Gedächtnismodelle verwendet worden. Sie dienen aber auch der Darstellung »subjektiver Theorien« (s. Abb. S. 314) und können für die wissenschaftliche Theoriebildung genutzt werden (s. S. 316). Eine besonders interessante Form der Wissensrepräsentation mittels semantischer Netze bezieht sich auf die Spielregeln, mit deren Hilfe wir uns in bestimmten Alltagssituationen zurechtfinden, z. B. in einem Speiserestaurant. Nach einem vielzitierten Vorschlag der Amerikaner R. C. Schank und R. P. Abelson (1977) lassen sich solche Handlungsregeln in Gestalt von drehbuchartigen *Skripts* repräsentieren. Das Skript für den Restaurantbesuch besteht aus den dort üblichen Requisiten (Tisch, Speisekarte, Essen, Geld), Rollen (Gast, Kellner, Koch, Besitzer), Eingangs- und Ausgangsbedingungen (der Gast hat Hunger und Geld – ist gesättigt und hat Ausgaben; Entsprechendes gilt für die anderen Rollen). Hinzu kommen die Regieanweisungen für das Eintreten, Platznehmen, Bestellen, Essen und Bezahlen.

Solche Handlungsfahrpläne werden im Laufe des Hineinwachsens in die jeweilige Kulturgemeinschaft für eine große Zahl typischer Schauplätze (*behavior settings*) erlernt. Sie sind die Grundlage sowohl für unser eigenes Handeln gemäß den sozialen »Spielregeln« als auch für das Verstehen der Handlungen anderer Menschen. Wie allerdings die Kenntnis von Skripts oder von semantischen Netzen generell erworben wird und wie diese tatsächlich im Gedächtnis repräsentiert sind, ist bisher noch unerforscht geblieben.

Konzept	Reizvorlagen 1	2	3	Kunstwort
rund				FARD
vier	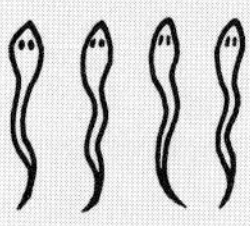	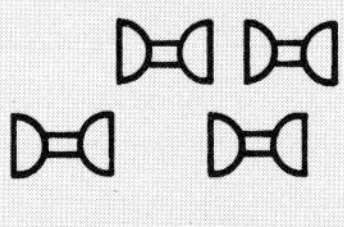	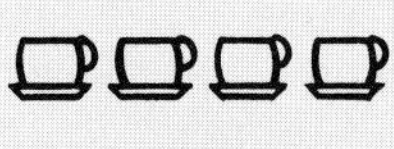	PERG
Vogel				SILM

Ein Experiment zum *Konzeptlernen* (nach Heidbreder): FARDs sind rund, PERGs bestehen aus vier Elementen und SILMs sind Vögel.

Der Werkzeuggebrauch: ... plötzlich ergreift der Affe zwei Stöcke, schiebt sie ineinander und angelt damit nach der Banane – das ist der entscheidende Moment beim Lernen durch Einsicht.

Differenzierung diesen Prozeß keineswegs erklärt. Konkrete Analysen müssen im Einzelfall zeigen, welche Eigenschaften zur Generalisation oder Differenzierung benutzt werden.

Eine solche Untersuchung führte der Amerikaner E. Heidbreder durch (1946 bis 1948). Den Vpn (Erwachsenen) wurden verschiedene Bilder dargeboten, die mit »Kunstwörtern« (sinnlosen Silben) gepaart waren (s. Abb. S. 267). In der Abbildung ist das Wort FARD mit dem Konzept »rund« kombiniert, PERG mit dem Konzept »4 Elemente«, SILM mit dem Konzept »Vogel«. Nach jeder Darbietung mutmaßten die Vpn, welches »Kunstwort« zu welchem Bild gehörte. Heidbreder fand, daß Gegenstands-Konzepte (wie Vogel, Schuh, Buch) am schnellsten gelernt werden. Formen-Konzepte (Kreis, Dreieck) folgen als nächste, danach werden Farben (z. B. alle »roten« Gegenstände) und zuletzt die Zahlen als Konzepte begriffen.

Diese Erkenntnisse sind durch neuere Studien der amerikanischen Psychologin Eleanor Rosch (1978) erweitert worden. Die Autorin arbeitete nicht mit Laborexperimenten und »Kunstwörtern«, sondern analysierte umgangssprachliche Begriffe aus verschiedenen Bereichen (Vogelarten, Autos, Fahrräder). Dabei ergaben sich drei für die Konzeptbildung besonders wichtige Faktoren:

- Elemente, die zur selben Klasse gerechnet werden, weisen ähnliche *Gestalteigenschaften* auf, unabhängig von Einzelmerkmalen wie Größe, Farbe etc.
- Sie haben ähnliche *Funktionen* (z. B. fliegen Vögel).
- Sie dienen den Menschen zu ähnlichen *Zwecken* (Vögel können gebraten werden).

Besonders wichtig bei diesen Untersu-

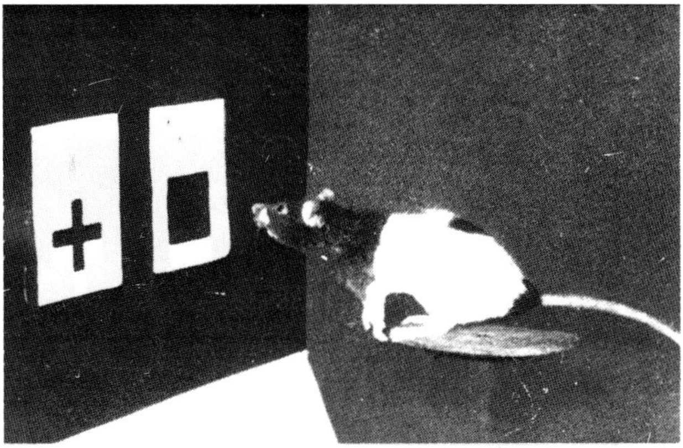

Die Ratte verfügt über das Konzept »Viereckigkeit«. Ob großes oder kleines Viereck, ob rechts oder links, immer springt sie auf die Klapptür mit dem Viereck, weil sie dahinter Futter »erwartet«.

chungen war die Erkenntnis, daß eine Klasse nicht einfach aus einer Kombination solcher Ähnlichkeitsmerkmale gebildet wird. Vielmehr existiert ein für jede Klasse besonders typisches Exemplar, ein *Prototyp* (von *protos* = erster und *typos* = Gestalt). So sind etwa Schwalbe und Ente beide Vögel, die Schwalbe jedoch kommt dem Prototyp eines Vogels näher als die Ente. Die Klassenzugehörigkeit eines einzelnen Elements hängt von seiner *Familienähnlichkeit* mit dem Prototyp ab. Das heißt, eine Schwalbe ist ein »typischerer« Vogel als der Vogel Strauß. Die Ergebnisse dieser Studien führen zu dem Schluß, daß wir Konzepte und Begriffe nicht über Definitionen (nach dem Muster »Oberbegriff/unterscheidendes Merkmal«) lernen, sondern ganzheitlich über Prototypen und Prototypenähnlichkeit der Elemente.

Generell läßt sich sagen, daß sprachliche Begriffe die Strukturierung der Umwelt (und auch der Innenwelt, z.B. der Emotionen, s. S.186) begünstigen. Wörter sind »ein Köder der Erkenntnis«. Tierexperimente und experimentelle Untersuchungen zur Konzeptbildung bei taubstummen Kindern vor Erlernen der Sprache zeigen aber auch, daß die Konzeptbildung ohne Sprachbeteiligung ablaufen kann. Das Bilden von Konzepten ist eine elementarere kognitive Funktion als das Sprechen.

7.5 Soziales Lernen

7.51 Lernen durch Nachahmung, Unterweisung und Praxis

Die experimentell erforschten Lernmechanismen wie Konditionierung und Konzeptlernen sind im Alltag eingebettet in komplexe Prozesse sozialen Lernens. Kinder werden nicht nur durch Schaden und Belohnung »klug«. Sie lernen, indem sie

- das Verhalten von Vorbildern nachahmen (Nachahmungslernen, Modell-Lernen),
- von anderen angeleitet und unterwiesen werden (Lernen durch Unterweisung),
- selber neue Verhaltensweisen ausprobieren und immer wieder üben (Lernen durch Tun, Lernen von Fertigkeiten).

Die experimentelle Erforschung des *Nachahmungslernens* ist vorwiegend das Verdienst des Amerikaners Albert Bandura. Bandura konnte zeigen, daß *allein durch Beobachtung* komplexe Verhaltenssequenzen erlernt werden, die vorher noch nicht im Verhaltensrepertoire des Lernenden enthalten waren und die in keiner Weise durch »Verhaltensformung« (Shaping) zu erklären sind. Reinforcement spielt hierbei erst eine Rolle, wenn es darum geht, ob und wie oft eine schon erworbene Verhaltensweise auch *ausagiert* wird.

In einem typischen Bandura-Experiment wird einem Kind Gelegenheit gegeben, einen Erwachsenen (das Vorbild oder »Modell«) in bestimmten Situationen (z.B. in aggressiver Stimmung s. Abb. S.185) zu beobachten. Später, oft erst nach einigen Wochen, wird getestet, in welchem Ausmaß das vorgespielte Verhalten von der Versuchsperson übernommen wurde.

Nach Auffassung Banduras werden die beobachteten Handlungsweisen in Form von Vorstellungen und Worten assoziativ erlernt. Wenn z.B. der Ton einer Klingel gleichzeitig mit dem Bild eines Autos erscheint, kann die Klingel später allein die Vorstellung »Auto« auslösen, oder der Name eines Menschen genügt, um das Bild dieses Menschen oder bestimmte Handlungsweisen, für die er Vorbild war, wieder auftauchen zu lassen.

Die Mehrzahl der kognitiven Prozesse, die das Handeln bestimmen, sind eher verbaler als visueller Art. Komplizierte Handlungsfolgen werden verbal kodiert und sind dadurch besser aus dem Gedächtnis reproduzierbar als die bloße visuelle Vorstellung der einzelnen Handlungsabschnitte. Bandura konnte nachweisen, daß zusammenfassende Verbalisierungen der wichtigsten Elemente einer Handlungskette wesentliche Vorteile für das spätere Reproduzieren bieten.

Das *Lernen durch Unterweisung* ist ein zentraler Gegenstand der *Pädagogischen Psychologie*. Hier haben sich theoretische Lernmodelle für die Lösung von Detailproblemen als nützlich erwiesen, z.B. das operante Konditionieren für die »programmierte Unterweisung« oder die Ergebnisse der Untersuchungen zur Konzeptbildung und Wissensrepräsentation für die Gestaltung von schulischem Lernmaterial. Von ausschlaggebender Bedeutung aber ist, wie sich gezeigt hat, die soziale Interaktion zwischen dem Lernenden und dem Lehrenden. Dies läßt sich an der Mutter-Kind- (s. S.179) und an der Lehrer-Schüler-Interaktion ebenso demonstrieren wie an Gruppendynamik (s. S.309) und psychotherapeutischer Interaktion (s. S.377).

Das Lernen durch Praxis (durch Tun und Üben), ist in der Psychologie vor allem im Zusammenhang mit Gedächtnistraining und dem Erwerb motorischer und kognitiver Fertigkeiten untersucht worden. Der Amerikaner J.R. Anderson entwickelte 1982 ein 3-Stufen-Modell für das Erlernen von Fertigkeiten wie z. B. Autofahren. Auf der ersten Stufe wird »Faktenwissen« hinsichtlich der Einzelheiten des Ablaufs der Fertigkeit erworben. Auf der zweiten Stufe kommt ein Wissen über das »Wie« der Ausführung hinzu (prozedurales Wissen), das Faktenwissen tritt in den Hintergrund. Die dritte Stufe ist gekennzeichnet durch die Automatisierung der Fertigkeit, wobei die Ausführung immer weiter verfeinert wird und das Wissen zunehmend an Bedeutung verliert. Dieses Stufenmodell wird ergänzt und erweitert durch neuere Studien zum menschlichen Expertentum (s.S. 267). Zusammenfassend läßt sich sagen, daß Lernen durch Praxis die effektivste und zugleich komplexeste Form des Lernens darstellt, in der alle anderen Lernformen zusammenwirken.

7.52 Rollentheorie der Sozialisation

Unter Sozialisation versteht man den komplexen Lernprozeß, durch den das Kleinkind zu einem »handlungsfähigen Subjekt« im Sozialsystem wird. Sozialisationstheorien sind vor allem in der Soziologie entwickelt worden. Ein zentrales, auch psychologisch unverzichtbares Konzept ist der Begriff der »Rolle«. Die Rolle – ursprünglich die Pergamentrolle, von der der Schauspieler seinen Text ablas – ist dem Soziologen Jürgen Habermas (1968) zufolge durch fünf Aspekte gekennzeichnet:

- Das Übernehmen und »Spielen« von Rollen ist an eine soziale *Interaktion* gebunden, an der mindestens zwei Partner teilnehmen.
- Das Rollenspiel der Interaktions-Partner gehorcht bestimmten »Spielregeln« (wechselseitige *Verhaltenserwartungen oder Normen*).
- Die Vermittlung der Rollenerwartungen erfolgt über den Gebrauch »intersubjektiver Symbole« (Sprache).
- Erwartetes und tatsächliches Verhalten (»Rolle« und »Rollenspiel«) fallen nicht zusammen. Die Abweichung des Verhaltens von der Norm bestimmt den Grad der *Rollenkonformität.*
- Die Befolgung der »Spielregeln« wird durch ein abgestuftes System von »Sanktionen« (Belohnungen und Strafen) gesichert.

Als wichtigster Mechanismus des Rollenlernens wird in Anlehnung an Freuds Theorie der Internalisierung (Verinnerlichung) des elterlichen Wertsystems (Über-Ich-Bildung, s. S. 135) die *Identifikation* mit dem Rollenvorbild angenommen. Dabei kommen die von Bandura als Nachahmungslernen experimentell untersuchten kognitiven Lernvorgänge ebenso zur Wirkung wie die von Freud beschriebenen motivationalen Prozesse der Wunscherfüllung durch »Verinnerlichung des Liebesobjektes«. Der Mechanismus des Rollenlernens durch Identifikation läßt sich besonders anschaulich an den beliebten Rollen-Spielen der Kinder beobachten (z. B. »Mutter und Kind«, »Kaufmann und Kunde«, »Doktor und Patient«, »Schule«). Die zentrale Funktion sprachlicher, also in der sozialen Interaktion entwickelter Symbole wird von dem auf George Herbert Mead (1934) zurückgehenden *symbolischen Interaktionismus* reflektiert. Der Mensch lernt als Sender und Empfänger sprachlicher Symbole, sich selbst in der sozialen Interaktion nicht nur aus der eigenen, sondern auch aus der Perspektive des anderen zu sehen (siehe interpersonale Wahrnehmung, S. 123). Durch das Sichhineinversetzen in die Lage des anderen lernt das Kind, die *Rolle des anderen* »in Gedanken« mitzuspielen und dessen Reaktionen teilweise vorauszusehen. Die Rollenerwartungen der Gesellschaft werden durch das Sichhineinversetzen in ein »verallgemeinertes Gegenüber« (*generalized other*) zur Selbstverständlichkeit (»Man tut das nicht . . .«).

Nach der soziologischen Rollentheorie wird durch die Sozialisation »die Anpassung von Motivationen des Individuums an Systemerfordernisse und Rollenerwartungen erreicht« (Talcott Parsons). Aus dieser Rollentheorie ist zwar ein stabiles soziales System ableitbar, es bleibt aber kein Raum für abweichendes und schöpferisches Verhalten, das im historischen Entwicklungsprozeß des einzelnen und der Gesellschaft zu Veränderungen der Normen führt.

Diese Schwächen der Rollentheorie lassen sich nach einem Vorschlag von Jürgen Habermas durch drei Erweiterungen zumindest teilweise beheben:

- Es ist notwendig, zwischen der *gesellschaftlichen Rollendefinition* und der *individuellen Rolleninterpretation* zu unterscheiden. Erst durch letztere werden aus »Rollenträgern« unverwechselbare Individuen.
- Das handelnde Subjekt hat die Möglichkeit, sich bewußt mehr oder weniger von seinen Rollen zu distanzieren (*Rollendistanz*). Erst die Rollendistanz führt zu einer flexiblen Handhabung der gesellschaftlichen Normen.
- In den bisher bekannten Gesellschaften besteht ein mehr oder weniger großes Mißverhältnis zwischen den Bedürfnissen

des Individuums und der ihm im Rahmen von Rollenerwartungen zugestandenen Bedürfnisbefriedigung. Die Größe dieses Mißverhältnisses ist ein Maß für den »Repressionsgrad« eines Gesellschaftssystems. Der »Repressionsgrad« seinerseits hängt von der Rollenverteilung ab und ist dementsprechend unterschiedlich ausgeprägt, etwa wenn der eine den anderen »ausbeutet« (»Herr und Knecht«). Diese Mißverhältnisse und Widersprüche führen immer wieder zu Auflehnung und Kampf der Unterdrückten gegen die Repression und damit zu Veränderungen.

7.53 Primäre, sekundäre und tertiäre Sozialisation

In psychologischen Untersuchungen zur Sozialisation wird die Art der Persönlichkeitsentwicklung des Kindes mit *Erziehungstechniken und Erziehungsstilen der Eltern* in Zusammenhang gebracht. Dabei haben sich vier Dimensionen des elterlichen Erziehungsverhaltens als besonders relevant erwiesen:

- »Gewährenlassen« – Strenge (permissiv – restriktiv)
- Wärme – Ablehnung
- Gelassenheit – Überängstlichkeit (Overprotection)
- Einheitlichkeit – Uneinheitlichkeit

In den meisten Untersuchungen werden zwei komplexe Erziehungsstile verglichen: Der »liebes-orientierte« Erziehungsstil ist gekennzeichnet durch Wärme und Gewährenlassen. Als Belohnung steht Lob im Vordergrund, als Strafe Liebesentzug; Belohnung und Strafe beziehen sich weniger auf konkrete Handlungen als auf die Handlungsabsichten. Für den »macht-orientierten« Erziehungsstil sind dagegen Strenge, teilweise auch Ablehnung und Uneinheitlichkeit kennzeichnend; die Belohnung ist vorwiegend materiell, die Strafe besteht im Entzug von Vorteilen und in körperlicher Züchtigung. Belohnt oder bestraft werden nicht Absichten, sondern Handlungsfolgen. Nach den klassischen Untersuchungen von R.R. Sears und seinen Mitarbeitern (1957) wird durch den »liebes-orientierten« Erziehungsstil eine besonders zuverlässige »Internalisierung

Das »feine Mädchen« in der spontanen Spielgruppe (links) hat eine *Außenseiterrolle* (Omega-Position), die ihr durch die primäre Sozialisation im Elternhaus aufgezwungen wurde. Zur *Objektivierung* der Rollenverteilung in Kleingruppen dient das *Soziogramm* (Abb. S. 273). Zunächst wird jedes Gruppenmitglied getrennt gefragt, mit welchen anderen Mitgliedern es am liebsten spielen, arbeiten oder ähnliches tun möchte (zwei Stimmen). Aus der Stimmenverteilung läßt sich dann die Gruppenstruktur aufzeichnen (Soziogramm). In der Abbildung erhält A von jedem anderen eine Stimme (Alpha-Position), E erhält überhaupt keine Stimme (Omega-Position).

des elterlichen Wertsystems« erreicht, der »machtorientierte« Stil führt dagegen eher zu einer äußeren Übernahme der elterlichen Normen.

Die ersten, für die gesamte weitere Entwicklung entscheidenden Phasen der Sozialisation bis etwa zum dritten Lebensjahr (*primäre Sozialisation*) spielen sich in unserer Gesellschaft in der »Kernfamilie« ab, die aus Vater, Mutter, Sohn und/oder Tochter besteht.

Die wichtigsten Stufen der primären Sozialisation führen zum Erwerb der *Generations-* und der *Geschlechtsrolle.* Die Generationsrolle (Rollendifferenzierung in »mächtige« Eltern und »abhängiges« Kind) bilden die Voraussetzung für eine Übernahme des *elterlichen Wertsystems* durch Identifikation mit den Eltern und damit für das weitere Rollenlernen überhaupt. Nach der psychoanalytischen Sozialisationstheorie findet die Differenzierung der Generationsrollen in der *oralen* und *analen Phase* statt (s. S. 187), die Geschlechtsrollen-Differenzierung ist mit der Bewältigung des ödipalen Konflikts in der *phallischen Phase* verbunden (s. S. 188). Gegenüber dem psychoanalytischen Modell, das psychische Prozesse im einzelnen Individuum erfaßt (*intrapsychische Prozesse*), bietet die rollentheoretische Formulierung der primären Sozialisation den Vorteil, daß die psychischen *Interaktionen zwischen den Individuen* (*interpsychische Prozesse*) angemessen berücksichtigt werden.

Bei der mit etwa drei Jahren einsetzenden *sekundären Sozialisation* sind neben der Kernfamilie zunehmend auch die Außenkontakte des Kindes von Bedeutung: Spielkameraden, Kindergarten, Schule, Berufsgruppen. Die Gleichaltrigengruppen (*peer groups*) auf dem Spielplatz und die »formalen« Gruppen in Schule, Berufsausbildung etc. sind entscheidend für das Erlernen spezifischer Rollen: Unter Gleichaltrigen lernt das Kind, sich von der einmaligen und stark emotionalen Eltern-Kind-Beziehung zu distanzieren und erstmals mehr oder weniger sachliche, »entemotionalisierte« Beziehungen aufzubauen, wie sie später in einer arbeitsteiligen, industrialisierten Gesellschaft von ihm erwartet werden.

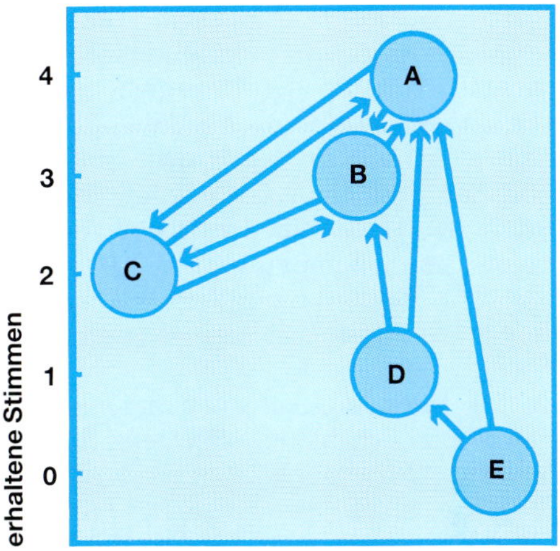

Soziogramm: A hat die Führerrolle. E hingegen muß mit der Gefahr der Omega-Rolle rechnen (s. Abb. S. 272).

Die Sozialisation ist damit jedoch keineswegs beendet. Wichtige *tertiäre Sozialisationseinflüsse* gehen im Erwachsenenalter z.B. von Beruf und Arbeitsplatz, dem Ehepartner, der Mitgliedschaft in Vereinen und religiösen oder politischen Gemeinschaften sowie von Institutionen wie Militär, Krankenhaus, Gefängnis, Alters- und Pflegeheim aus.

Die Rollendifferenzierungen, die in spontan gebildeten Gruppen auftreten, sind von einem Zweig der Sozialpsychologie, der *Gruppendynamik,* erforscht worden. *Soziogramme* (s. Abb. oben) und andere Methoden der Gruppenuntersuchung haben ergeben, daß in den verschiedensten Spontan- und Arbeitsgruppen immer wieder folgende typische Rollenverteilung anzutreffen ist:

- In den meisten Gruppen übernimmt ein Mitglied ziemlich bald die »Führer-

Rolle« (*Alpha-Position*). Der Träger der »Alpha-Position« hat ein besonderes Gewicht bei Fragen der Koordination und vertritt die Gruppe nach außen. Die Art der Interaktion zwischen dem »Führer« und den restlichen Gruppenmitgliedern macht den Unterschied zwischen »autoritären« und »demokratischen« Gruppen aus. Zur Beschreibung dieser Rollenbeziehungen eignet sich der »Repressionsgrad«.

- Für besondere Aufgaben und Funktionen bilden sich häufig »Spezialisten-Rollen« aus (*Beta-Rolle*).
- Die Mehrzahl der Mitglieder größerer Gruppen spielt eine »Mitläufer-Rolle (*Gamma-Rolle*), vor deren Hintergrund sich die profilierteren Rollen erst entwikkeln können (in der Gesellschaft entspricht ihr die vielberufene »schweigende Mehrheit«).
- In »neurotischen« Gruppen werden einzelne Gruppenmitglieder in die Rolle des »Prügelknaben« oder »Sündenbocks« gedrängt (*Omega-Rolle*). Der Träger der Omega-Rolle fördert den Gruppenzusammenhalt häufig dadurch, daß er den anderen Gruppenmitgliedern als Zielscheibe dient, auf ihn werden darum die eigenen unbewältigten Konflikte und Aggressionen »übertragen«. (In der Gesellschaft fällt diese Rolle häufig rassischen, religiösen oder politischen Minderheiten zu.)

Die Gruppensituation auf dem Spielplatz und in der Schule setzt das Kind erstmals einer nicht durch die familiäre Privatsphäre vermittelten sozialen Wirklichkeit aus. Welche Rollen ein Kind dabei übernimmt, ist nach psychoanalytischen Erkenntnissen weitgehend von der primären Sozialisation in der »Eltern-Kind-Gruppe« abhängig (»Übertragung«, s. S. 301). Dieser Rückgriff auf die ersten Rollenerfahrungen mit den Eltern ist besonders in Konfliktsituationen zu beobachten.

Die gesellschaftliche *Institution der Schule* hat innerhalb des Sozialisationsprozesses eine zweifache Funktion:

- Durch vorgegebene »Autoritäten« (Lehrer) wird das Kind – im Gegensatz zur spontanen Rollendifferenzierung in »informellen« Altersgruppen – in den *Gehorsam gegenüber Repräsentanten institutioneller Macht* eingeübt.
- Durch den Lehrstoff wird die gesellschaftlich geforderte *Leistung* – im Gegensatz etwa zu Phantasiereichtum beim Spiel – zum wichtigsten Kriterium der späteren Rollendifferenzierung gemacht.

7.54 Schichtspezifische Sozialisation

Die Rollentheorie verfehlt die *geschichtliche Dimension* der Sozialisation, wenn sie von einer »Standard-Kernfamilie« mit fest verteilten Rollen ausgeht: Die Größe der Familie und die Rollenverteilung innerhalb der Familie sind einem historischen Wandel unterworfen – letztlich wird die Familienstruktur weitgehend von der Art der sozialen Arbeitsteilung bzw. den gesellschaftlichen Produktionsverhältnissen bestimmt (als Beispiel einer völlig anderen Familienstruktur siehe die vietnamesische *Großfamilie*, S. 282). Die spärlichen Untersuchungen zur Abhängigkeit der Sozialisation von gesellschaftlichen Bedingungen orientieren sich am sozioökonomischen Status der Eltern (Schichtmodell) und unterscheiden vorwiegend zwischen Ober-, Mittel- und Unterschicht (= Arbeiter).

Zunächst zur schi*chtspezifischen Familienstruktur*. Die »moderne Familie« in der westlichen Industriegesellschaft geht zurück auf die *traditionelle bürgerliche Kleinfamilie* der Oberschicht und oberen Mittelschicht am Ende des 19. Jahrhunderts. Durch die wirtschaftlich weitgehend unabhängige Stellung des Vaters besaß die traditionelle Familie eine relative Selbständigkeit gegenüber der restlichen Gesellschaft. Der Gehorsam gegenüber dem starken Vater wurde belohnt durch die Nachfolge in der väterlichen Position.

Das Sozialisationsziel dieser »autoritär-patriarchalischen« Familienstruktur, wie sie auch Freuds Erfahrungshorizont bildete, war der leistungsmotivierte selbständige Unternehmer, Offizier, höhere Beamte oder »Akademiker« – in positiver Version eine »große Persönlichkeit«, in negativer ein »Untertan«, wie Heinrich Mann ihn darstellte.

Am reinsten erhalten hat sich diese *patriarchalische* Familienstruktur bis heute in der »traditionsbewußten« *Oberschicht.* In der *Mittelschicht* entwickelte sich mehr und mehr eine egalitäre Familienstruktur mit flexibler Rollenverteilung, die den individuellen Fähigkeiten des einzelnen angepaßt, also *person-orientiert ist.* Demgegenüber ist die Rollenverteilung *zwischen Vater, Mutter und Kindern* in der »typischen Unterschichtfamilie« starrer und *statusorientiert.* Der für die primäre Sozialisation entscheidende häusliche Raum wird fast ausschließlich von der Mutter geprägt – die Position des Vaters ist, entsprechend seiner totalen ökonomischen Abhängigkeit, stark geschwächt, er kann der dominierenden Mutter gegenüber nur durch gelegentliche autoritäre Ausbrüche, die seine Rolle als Geldverdiener betonen, behaupten.

Die Erziehungsstile in der Mittel- und Unterschicht – für die Oberschicht gibt es kaum empirischen Erhebungen – zeigen den gleichen Trend, von den traditionellen »machtorientierten« Methoden mehr und mehr zur »liebes-orientierten« Erziehung überzugehen, wie sie in zunehmendem Maße auch von den Massenmedien propagiert wird. Empirische Erhebungen ergaben jedoch ein deutliches Nachhinken der Unterschicht bei dieser Entwicklung, also vergleichsweise mehr »macht-orientierte« Erziehungsmaßnahmen bei niedrigem sozioökonomischem Status. Deutlicher noch als in den Erziehungsstilen drückt sich der Schichtunterschied in den *Zielvorstellungen* der Eltern aus: Das »ideale« Kind der Unterschicht-Familie ist »artig«, im Vordergrund steht die Erziehung zu Gehorsam, Ordnung und Sauberkeit. Die Erziehungsziele der Mittelschicht sind demgegenüber stärker an Leistungsstreben und Wissensdrang orientiert (s. S. 232).

Bei der *sekundären Sozialisation* zeichnen sich, besonders in der Unterschicht und der unteren Mittelschicht, ein sukzessives Zurücktreten der Familie als Sozialisationsinstanz und eine zunehmende »Außenlenkung« des Individuums ab. Die mächtigen Interessengruppen der Industriegesellschaft überfluten den Heranwachsenden über die Massenmedien und die »Produktwerbung« mit Konsum-Leitbildern, die nach psychologischen Gesichtspunkten für die verschiedenen Altersgruppen vom Kindergarten an aufwärts gezielt entwickelt werden. Verglichen mit der außengeleiteten »einsamen Masse«, wie sie der amerikanische Soziologe David Riesman beschreibt, bietet die Sozialisation in der oberen Mittelschicht und in der Oberschicht weit bessere Chancen für die Entwicklung von »Ich-Stärke«.

Neue Entwicklungen innerhalb der »postmodernen« Dienstleistungsgesellschaft weisen jedoch darauf hin, daß auch die Ich-Stärke bzw. Ich-Identität der Mittel- und Oberschicht derzeit einem starken Wandlungsprozeß unterworfen ist (s. S. 356).

8. Denken, Sprechen, Handeln

8.1 Alltag und Kultur

8.11 Die alltägliche Lebenswelt

Womit soll die wissenschaftliche Analyse des menschlichen Handelns im Alltag beginnen? Psychologische Theorien sind oft reduktionistisch, d. h., sie gehen von einem viel zu einfachen Konzept aus, das den Phänomenen des Alltagshandelns in ihrer ganzen Vielfalt und Tiefe nicht gerecht wird. Der österreichische Soziologe Alfred Schütz (1899–1959) schreibt dazu einleitend in seinem Hauptwerk »Strukturen der Lebenswelt«: »Die Wissenschaften, die menschliches Handeln und Denken deuten und erklären wollen, müssen mit einer Beschreibung der Grundstrukturen der vorwissenschaftlichen, für den – in der natürlichen Einstellung verharrenden – Menschen selbstverständlichen Wirklichkeit beginnen. Diese Wirklichkeit ist die *alltägliche Lebenswelt* . . . Die Lebenswelt ist der Inbegriff einer Wirklichkeit, die erlebt, erfahren und erlitten wird. Sie ist aber auch eine Wirklichkeit, die im Tun bewältigt wird, und die Wirklichkeit, in welcher – und an welcher – unser Tun scheitert.«

Schütz geht es nicht um die Weltsicht

»Das menschliche Leben bildet ein Drama und dieses Drama ist Stoff für eine eigene Wissenschaft – die Psychologie.« (Georges Politzer)

Mannigfache Wirklichkeiten

Psychologisch besonders fruchtbar sind Alfred Schütz' Überlegungen zu den *anderen Wirklichkeiten,* die neben unserer Alltagswirklichkeit bestehen und in die wir willentlich oder unwillkürlich hineinwechseln können. Beispiele anderer Wirklichkeiten (oder Bewußtseinszustände, s. S. 150) sind z. B.

- die Phantasiewelten von Spiel, Witz, Kunst, Tagtraum;
- Traum- und Wahnwelten;
- Meditation und Ekstase;
- die Welt der wissenschaftlichen Theorien.

In jeder dieser »mannigfachen Wirklichkeiten« herrschen eine eigene Art der Aufmerksamkeit, ein spezifisches Zeiterleben und ein besonderer Erkenntnisstil mit bestimmten Wahrheitsregeln. Wenn wir in einer dieser Wirklichkeiten »leben«, sind wir uns dessen kaum bewußt. Doch die Rückkehr aus einer anderen Wirklichkeit in die Welt des Alltags verläuft oft »schockartig«, z. B., wenn sich im Theater der Vorhang schließt und das Licht angeht nach einem Schauspiel, das uns ganz in seinen Bann geschlagen hat.

einzelner Menschen, sondern um allgemeine Strukturen unseres Denkens und Handelns. Er bedient sich der aus der Philosophie stammenden Methode der *Phänomenologie* (= Lehre von den Phänomenen). Der Phänomenologe versucht, sein bereits vorhandenes theoretisches Wissen über die Welt »auszuklammern« und die einzig direkt zugänglichen Phänomene, d. h. die Erfahrungen seines eigenen Bewußtseins, möglichst vorurteilslos zu untersuchen.

Im folgenden sind die wichtigsten Ergebnisse von Schütz' phänomenologischer Analyse der Lebenswelt zusammengefaßt:

Die Welt ist für mich niemals eine Ansammlung von bloßen Sinneseindrücken, sondern sie erscheint mir in zusammenhängende Gegenstände, Menschen und Ereignisse gegliedert, die immer schon eine »Bedeutung« für mich haben. Mein Handeln ist durchgängig von *pragmatischen Motiven* bestimmt, d. h., mein Interesse richtet sich auf die anstehenden Probleme des praktischen Lebens. Die Lebenswelt ist der *Handlungsraum meiner alltäglichen Lebenspraxis.* Gleichzeitig stellt sie eine *Struktur meines Bewußtseins* dar, nämlich mein praktisches Wissen, das mir die aktive Teilnahme am Alltag ermöglicht. Diesen Wissensvorrat erwerbe ich im Laufe meine Sozialisation. Er besteht zum überwiegenden Teil aus »Selbstverständlichkeiten«, über die wir gewöhnlich nicht nachdenken. Dazu gehört mein Wissen um die eigene Person, um eine unabhängig von mir existierende Außenwelt und um deren räumliche, zeitliche und soziale Gliederung.

Der lebensweltliche *Raum* mit meiner Person als Mittelpunkt ist unterteilt in Zonen aktueller, potentieller und unerlangbarer Reichweite. Innerhalb der Zone aktueller Reichweite befindet sich meine *Wirkzone,* auf die ich durch direktes Handeln einwirken kann.

Die lebensweltliche *Zeit* setzt sich aus mehreren Zeitdimensionen zusammen. In der *subjektiven Zeit* des Bewußtseinsstroms (s. S. 110) verwandelt sich das gegenwärtige »Jetzt« in zwangsläufiger Abfolge in ein »gerade Vorhin« und wird ein »vergangenes Jetzt«. Ebenso enthält das »Jetzt« eine Vorausschau auf die unmittelbare, nähere und fernere Zukunft. Die subjektive Zeit ist eingebettet in meinen Tages- und Lebensplan, wobei wiederum Vergangenheit, Gegenwart und Zukunft unterschieden werden. Über die Uhr und den Kalender sind die subjektiven Zeitdimensionen des einzelnen mit der »sozialen Zeit« verknüpft und werden so mit den Zeitdimensionen anderer Menschen vergleichbar.

Die *soziale Welt* wird begründet durch die als selbstverständlich angenommene Existenz anderer Menschen, die wie ich mit Bewußtsein begabt sind, die die Welt in ihren wesentlichen Aspekten wie ich sehen und handelnd in sie eingreifen, um ihre den meinen ähnlichen Ziele zu verfolgen. Die soziale Welt gliedert sich für mich in die Umwelt (Menschen, die ich persönlich kenne), die Mitwelt (Zeitgenossen), die Vorwelt (Menschen vergangener Epochen) und die Nachwelt (Menschen künftiger Generationen). Grundlegend ist die Unterscheidung zwischen der »unmittelbaren Erfahrung« des Mitmenschen (Wir-Beziehung) in der leiblichen Gegenwart und den verschiedenen Stufen »mittelbarer Erfahrung« der Sozialwelt.

Besonders wichtig ist Schütz' Beitrag zum Problem der subjektiven *Sinngebung* (s. Abb. rechts). Neue Erfahrungen erhalten ihren Sinn erst dadurch, daß sie durch *Reflexion* in die *Schemata der Erfahrung* (oder *Deutungsmuster*) des Menschen eingeordnet werden. Diese Einordnung kann sich ebenso auf Einzelerfahrungen wie auf das gesamte Leben beziehen. Die Schemata der Erfahrung, z.B. auch in bezug auf das, was als »sinnvolles Leben« angesehen wird, sind sowohl kulturell vermittelt als auch abhängig von der Lebensgeschichte jedes einzelnen. Biographische Einflüsse auf die Sinngebung entstehen durch das im Laufe des Lebens angesammelte Wissen und durch die von Mensch zu Mensch unterschiedlichen Relevanzsysteme (Motivation, s. Kap. 6.), die unser Handeln leiten.

Schütz offenbart seine Verwandtschaft zur Philosophie des Existentialismus, wenn er hinter all unseren Hoffnungen und Befürchtungen, Wünschen und Plänen als letztes Motiv eine »grundlegende Sorge« annimmt: »Ich weiß, daß ich sterben werde, und ich fürchte mich davor.«

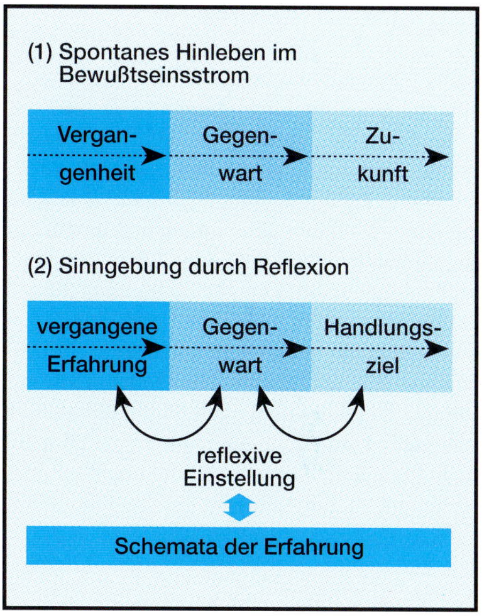

Subjektive Sinngebung: Im spontanen Hinleben des Bewußtseinsstromes hat mein Erleben noch keinen »Sinn«. Erst wenn ich mich diesem Erleben denkend (in der Reflexion) zuwende, lassen sich vergangene oder künftige »Erfahrungen« aus dem Strom ausgrenzen. Eine Erfahrung erhält ihren subjektiven Sinn, indem ich sie in die Schemata meiner Erfahrung (meine Deutungsmuster) einordne.

Die Bedeutung des Lebensweltkonzepts für die Psychologie besteht nicht in der Einführung eines neuen Begriffs, sondern in einer *neuen Sichtweise:* Denken, Sprechen und Handeln werden als ökologische und zugleich kulturelle Phänomene betrachtet. Im Gegensatz zum Umweltbegriff der naturwissenschaftlich orientierten Ökologie beinhaltet Lebenswelt eine für und durch menschliches Handeln gedeutete, d.h. sinnhafte Umwelt, ohne die auch das handelnde Individuum nicht verstanden werden kann.

8.12 Kulturelle Relativität

Schütz betont zwar die Kulturabhängigkeit all unserer Deutungsmuster und damit unseres gesamten Wahrnehmens, Denkens und Handelns, doch seine »Strukturen der Lebenswelt« beschreiben letztlich die Weltsicht eines europäischen Sozialwissenschaftlers der Jahrhundertmitte. Zur Überwindung des wissenschaftlichen »Eurozentrismus« ist ein Ausflug in die *Ethnologie* (Völkerkunde) und *Ethnolinguistik* (vergleichende Sprachwissenschaft) erforderlich, der einen Eindruck von der Vielfalt menschlicher Denkmuster und Lebensformen vermitteln soll. (Eine ähnliche Vielfalt findet sich übrigens auch bei den unterschiedlichen sozialen Schichten, Subkulturen und Minderheiten innerhalb unseres eigenen Kulturkreises.) Zugleich macht uns dieser Ausflug vertraut mit Methoden der *Feldforschung* (s. Kasten S. 281), die zwar in der Ethnologie entwickelt wurden, die aber auch für die Psychologie grundlegend sind, wenn es um die Erforschung fremder Lebenswelten geht.

Der amerikanische Sprachforscher Benjamin Whorf hat Variationen von Sprache und Denken in Abhängigkeit von geographischen und sozialen Umwelteinflüssen untersucht. So verglich er verschiedene Indianer- und Eskimosprachen mit geläufigen europäischen Sprachen.

Ein Beispiel: In den europäischen Sprachen bezeichnet das Wort »Schnee« ebenso fallenden Schnee wie Schnee auf dem Boden und zusammengedrückten Schnee. Der Eskimo hat für all diese unterschiedlichen Erscheinungsformen des Schnees verschiedene Wörter. Denn der Schnee ist für sein Leben ungleich wichtiger als für das des »Standard-Europäers«. Dementsprechend bildet die Eskimosprache andere sprachliche *Konzepte.* Die Abweichungen betreffen aber nicht nur den Wortschatz und damit die *semantischen Konzepte,* sondern auch die *syntaktische Struktur,* wie sie sich etwa in der Unterscheidung von Substantiv und Verb ausdrückt. Whorf schreibt dazu: »Unsere Sprache gibt uns eine bipolare Aufteilung der Natur. Die Natur selbst ist jedoch nicht so polarisiert. Wenn man behauptet, ›schlagen, drehen, rennen‹ seien Verben, weil sie zeitlich kurzdauernde Vorgänge, das heißt Aktionen bezeichnen, warum ist dann ›Faust‹ ein Substantiv? Sie ist auch nur ein zeitlich kurzdauerndes Ereignis. Warum sind ›Blitz, Funke, Welle, Wirbel, Puls, Flamme, Sturm, Phase, Zyklus, Spasmus, Geräusch, Gefühl‹ Substantive? Wenn ›Mann‹ und ›Haus‹ Substantive sind, weil sie langdauernde und stabile Vorgänge, das heißt Dinge bezeichnen, was haben dann ›behalten, strecken, hervorragen, fortfahren, beharren, wachsen, wohnen‹ usw. unter den Verben zu suchen? Man wird bemerken, daß es unmöglich ist, ›Vorgang, Ding, Objekt, Relation‹ usw. von der Natur der Phänomene her zu definieren. Solche Definitionen enthalten vielmehr stets eine zirkelhafte Rückkehr zu grammatischen Kategorien der Sprache dessen, der die Definition vornimmt.«

In der von Whorf untersuchten Sprache der Hopi-Indianer werden die Ereignisse tatsächlich je nach Dauer durch Verben oder Substantive bezeichnet: Blitz, Welle, Rauchwolke, Pulsschlag werden verbal ausgedrückt, Wolke und Sturm haben gerade die erforderliche Dauer für Substantive. Dieser syntaktischen Klassifizierung aufgrund der Länge des Vorgangs entspricht eine stärkere Betonung der subjektiven *Zeitdauer,* verglichen mit dem westlichen Denken, das von der physikalisch definierten *Uhrzeit* geprägt ist. Aus solchen kulturellen Sprach- und Denkunterschieden leitet Whorf seine *These der linguistischen Relativität von Wahrnehmung und Denken* ab: Wie wir die Welt »sehen«, hängt von den Konzepten und Strukturen ab, die unsere Muttersprache zur Verfügung stellt – die Sprache bestimmt die »Weltanschauung«!

Feldforschung

Augenzeugenberichte über die Lebensweise fremder Völker besitzen eine Tradition, die sich bis in vorgeschichtliche Zeiten zurückverfolgen läßt und die ihren Niederschlag in Erzählungen über »das Fremde« in Mythologie, Geschichtsschreibung und Literatur gefunden hat. Die sozialwissenschaftliche Feldforschung will wissenschaftliche Erkenntnisse durch direkten Kontakt des Forschers mit dem alltäglichen Leben der Beforschten gewinnen. Grundlegende Methoden sind die teilnehmende Beobachtung und das Gespräch. Die Ergebnisse werden als *Feldnotizen* protokolliert, daneben kommen technische Dokumentationsmethoden wie Film und Tonband zum Einsatz.

Für die *Ethnologie* waren vor allem die Arbeiten Bronislaw Malinowskis prägend, der während des Ersten Weltkriegs die Kultur der Trobriander erforschte (»Argonauten des westlichen Pazifik«, s. Abb. S. 282). Ihm ging es darum, »den Standpunkt des Eingeborenen, seinen Bezug zum Leben zu verstehen und sich *seine* Sicht *seiner* Welt vor Augen zu führen«. Dieses Ziel sollte erreicht werden durch ein möglichst vollständiges »Eintauchen« in die fremde Kultur und eine Haltung des gleichmütig-freundlichen Verstehens. So entstand ein »Mythos der Feldforschung«, dem erst die späte Veröffentlichung des persönlichen Tagebuchs von Malinowski (1985), in dem von Langeweile, Geringschätzung und erotischen Anfechtungen berichtet wird, ein Ende bereitete.

Die *Ethnopsychoanalyse* nimmt die auftretenden Schwierigkeiten, die Abwehr und die Ängste, die das Fremde beim Forscher auslöst, ernst und sieht darin eine wichtige Erkenntnisquelle. Durch Selbstreflexion macht sich der Forscher seine Widerstände bewußt und lernt dadurch, die Selbstverständlichkeiten der eigenen wie die der fremden Kultur in Frage zu stellen.

Soziologische und *psychologische Feldforschung* findet sich vor allem in Studien über das Zusammenleben von Minderheiten, in Organisations- und Gemeinwesenuntersuchungen sowie im Rahmen der Aktionsforschung (s. S. 26).

Beim *Forschungsprozeß* lassen sich mehrere Phasen unterscheiden:

● In der *Vorbereitungsphase* muß zunächst eine geeignete Fragestellung entwickelt werden. Davon hängen sowohl die Auswahl des Untersuchungsfeldes (z. B. ein Wohnviertel, ein Krankenhaus, eine Familie) als auch die darin zu untersuchenden Schauplätze, Geschehnisse und Personen ab. Eine wichtige Vorüberlegung betrifft die Zugänglichkeit der Schauplätze eines Feldes. Man unterscheidet offene (z. B. Straßen, Plätze), halboffene (z. B. Geschäfte) und geschlossene Schauplätze (z. B. Sitzungsraum eines Konzerns, Wohnzimmer). Um dem Feldforscher den Zugang zu geschlossenen Schauplätzen zu ermöglichen, bedarf es der Einführung durch Mittelsleute oder »Türhüter«. Bisweilen sind allerdings auch »Undercover«-Methoden à la Wallraff erforderlich, z. B., wenn es um die Aufdeckung sozialer Mißstände und krimineller Praktiken geht.

● Der *Einstieg ins Feld* gilt besonders Anfängern als das schwierigste Stadium der Feldforschung. Hierbei stellt sich zunächst die Frage, welche soziale Rolle der Forscher im Felde anstreben soll. Das Spektrum reicht von der unverfänglichen Zuschauerrolle bis zur Doppelrolle des eingreifenden Teilnehmers und Forschers. Die teilnehmende Beobachtung erfordert ein Hin-und-her-Pendeln zwischen Teilnehmer- und Beobachter- bzw. Forscherrolle. Im Normalfall läßt sich das am besten dadurch erreichen, daß der Forscher im Felde vertraute Rollen nutzt und gleichzeitig offen seine Forschungsinteressen mitteilt.

● Die *Explorationsphase* dient der Präzisierung der Fragestellung und der Auswahl besonders wichtiger Informanten bzw. Schauplätze.

● In der *Ausarbeitungsphase* werden dann gezielt Informationen gesammelt, wobei strukturiertere Methoden der Beobachtung und Befragung sowie Verlaufsuntersuchungen zum Einsatz kommen.

● Mit dem *Ausstieg aus dem Feld* enden gewöhnlich die eingegangenen Bindungen. In jedem Fall muß geklärt werden, welche Erwartungen der Feldforscher und die Informanten an künftige Beziehungen knüpfen.

Im Gegensatz zu Repräsentativerhebungen liefern Feldstudien keine exakten Zahlen, aufgrund ihrer Alltagsnähe und exemplarischen Detailgenauigkeit aber vermag diese Art der Forschung der Vielschichtigkeit menschlicher Lebenswelten besser gerecht zu werden (s. Legewie, 1987, 1991).

Das Zelt des Ethnographen. Dieses historische Foto veranschaulicht die Lebensweise Malinowskis unter den Eingeborenen an der Küste von Nu'agasi (Polynesien).

Die Kritiker dieser These haben darauf hingewiesen, daß die von Whorf angeführten Sprach- und Denkunterschiede ausgesuchte Beispiele darstellen, die keine allgemeine Beweiskraft besitzen. Der »Denkstil« einer Sprachgemeinschaft ist eine viel zu komplexe Struktur, als daß eindeutige Zuordnungen zur ebenfalls komplexen Sprachstruktur möglich wären.

Diese Kritik trifft sicher nicht auf die Feldforschungen zu, die der Ethnopsychiater Erich Wulff (er wurde bekannt mit dem Buch »Vietnamesische Lehrjahre – Sechs Jahre als deutscher Arzt in Vietnam«, das 1966 unter dem Pseudonym G.W. Alsheimer erschien) zur Untersuchung der Zusammenhänge von Familienform, Sozialisation und Rollenbeziehungen durchgeführt hat.

Sprachlich werden Rollenbeziehungen in unserem Kulturkreis unter anderem durch die Formen der Anrede ausgedrückt (Du, Sie, Anrede mit dem Vor- oder Familiennamen, Gebrauch von Titeln). Wulff greift in seinen Untersuchungen eine Besonderheit des Vietnamesischen auf, das Fehlen von persönlichen und besitzanzeigenden Fürwörtern: »Der Satz ›Du gehst nach Hué‹ ist ins Vietnamesische nicht direkt übersetzbar, und zwar deshalb, weil es das Wort ›Du‹ in dieser Sprache nicht gibt. Genauer gesagt gibt es dafür mehrere Wörter, aber keinen Allgemeinbegriff. Das deutsche ›Du‹ verlangt also, präzisiert zu werden. Wenn der Angesprochene ein Rikscha-Kuli ist, der Sprecher jedoch ein Angehöriger der Oberklasse, müßte es mit ›bác‹ (Onkel väterlicherseits) übersetzt werden.« Es wird hier also nicht die Individualität des einzelnen, sondern seine Rolle innerhalb der Gruppe ausgedrückt. Die Identifikation mit der Gruppe findet ihre Entsprechung in der vietnamesischen *Familienstruktur.* Das vietnamesische Kind wächst in einer Großfamilie auf. Die Kinder haben schon in den ersten Lebensjahren nicht nur zur

Mutter, sondern auch zu Geschwistern, Onkeln, Tanten, Vettern und Cousinen engsten Kontakt. Dementsprechend fehlt die Identifikation mit einem einzigen »Ich-Ideal« (Vater oder Mutter) – statt dessen lernt der Vietnamese, sich mit der ganzen Familie als Gruppe zu identifizieren. Wulff schreibt: »Das Ergebnis der Sozialisationspraktiken in der frühen Kindheit ist ein ›Gruppen-Ich‹, ein Ich, bei dem der Wunsch, ein Objekt zu besitzen, gewöhnlich von dem Wunsch begleitet ist, es (mit den Angehörigen seiner Gruppe) zu teilen; bei dem die Trennungslinien zwischen den Objekten wie zwischen den ›Individuen‹ vage bleiben, und dem das uns geläufige Beharren, ja Sichversteifen auf eine ›private‹ Intimsphäre, einen Bereich absoluter Eigenverfügbarkeit (der Gedanken-, Gefühls- und Empfindungswelt, der eigenen körperlichen Vorgänge) ziemlich fremd bleibt.«

Die Ursachen für diese vom abendländischen *Ideal der Selbstverwirklichung* so völlig abweichende Sozialisation sieht Wulff in der religiös verankerten Bedeutung von Großfamilie und Dorfgemeinschaft, die letztlich auf die in Vietnam bestehenden ökonomischen Verhältnisse zurückgeht: Der arbeitsteilig betriebene Reisanbau macht die *Kooperation* von Familie und Dorfgemeinschaft notwendig – im Gegensatz zu unserem Wirtschaftssystem, das auf individueller Konkurrenz basiert. Wulff konnte zeigen, daß sich diese kulturellen Unterschiede bis in die Erscheinungsformen psychischer Erkrankungen hinein, z. B. der Schizophrenie, auswirken.

8.2 Kommunikation und Sprache

8.21 Technische und menschliche Kommunikation

Die Informationstheorie (s. S. 82) wurde im Rahmen der Nachrichtentechnik entwickelt. In der menschlichen Kommunikation »von Angesicht zu Angesicht« – sei sie nun sprachlich (verbal) oder außersprachlich (nonverbal) – lassen sich die dort beschriebenen Elemente eines Kommunikationssystems (Kodierung – Sender – Übertragungskanal – Empfänger – Dekodierung) informationstheoretisch analysieren. Doch mit diesem »technischen« Aspekt ist für das psychologische Verständnis wenig gewonnen.

Vergegenwärtigen wir uns einige Besonderheiten menschlicher Kommunikation:

- Sie ist eingebettet in die Lebenswelt der Kommunizierenden, wobei die jeweilige konkrete *Sprechsituation* und die übergreifenden *kulturellen Regeln* das Kommunikationsgeschehen bis in seine Einzelheiten hinein mitbestimmen.
- Sie findet auf mehreren *Übertragungskanälen* gleichzeitig und unter Beteiligung verschiedener Systeme statt, die sich gegenseitig beeinflussen (Sprache, Gesten, Gesichtsausdruck).
- Die *nonverbale Kommunikation* durch Körperhaltung, Gestik, Mimik, Tonfall der Stimme etc. dient vorwiegend der Vermittlung emotionaler Vorgänge (s. S. 171), deren wir uns beim Kommunikationsaustausch oft gar nicht bewußt werden.
- Sprachliche Kommunikation unterscheidet sich von der nonverbalen unter anderem durch die Anordnung (Grammatik) der verwendeten Zeichen: Beim Sprechen (oder Schreiben) werden geordnete *Folgen von Lauten* erzeugt (akustisch oder optisch), die sich zu *Wörtern, Sätzen und Redebeiträgen* zusammensetzen.
- Die *Zuordnung von Zeichen und Bezeichnetem* (Zeichenauswahl, Kodierung) ist sprachlich *nicht eindeutig*. Ein Zeichen hat mehrere Bedeutungen (z. B. der Satz »Ich gehe zur Bank«), und eine Bedeutung kann durch mehrere Zeichen ausgedrückt werden (z. B. »Ich fühle mich wohl« oder »Es geht mir gut«).

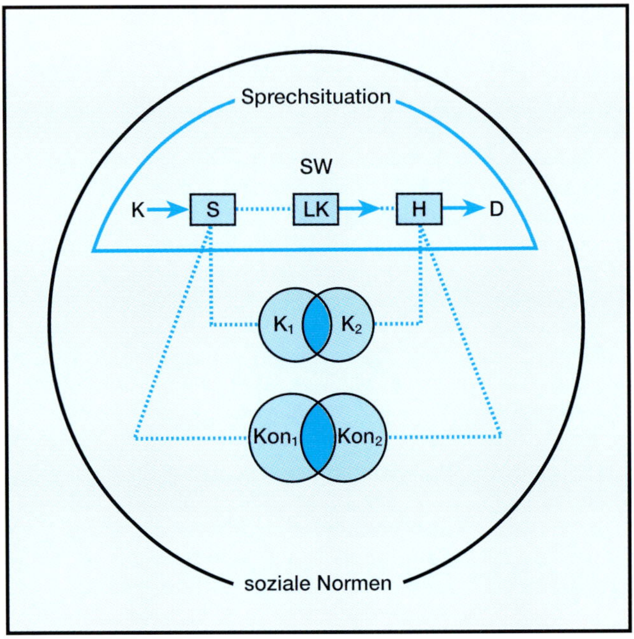

Sprachliche Kommunikation. Nachrichtentechnisch läßt sich das bekannte Kommunikationssystem von der Kodierung (K) über den Sprecher (S) und den Übertragungskanal (SW = Schallwellen, LK = Lautketten) zum Hörer (H) bis zur Dekodierung (D) unterscheiden. Besonderheiten der sprachlichen Kommunikation sind die Einbettung in die *Redesituation* und in *soziale Normen* – wodurch die Kodierungen »kontextabhängig« werden – und die sich bei Sprecher und Hörer nur teilweise überlappenden Kodierungsregeln (K_1, K_2 = Denotation, Kon_1, Kon_2 = Konnotation (nach Herrlitz, 1973).

● Die Kodierungen durch den Sprecher und die Dekodierungen durch den Hörer stimmen gewöhnlich nicht voll überein. Hinzu kommt, daß die sprachlichen Signale nicht nur eine inhaltliche Bedeutung (Denotation) haben, sondern auch einen gefühlsmäßigen Beiklang (Konnotation) (z.B. Gesicht – Antlitz – Fresse) (s. Abb. oben).

● Jeder *Sender ist zugleich Empfänger* (Sprecher und Hörer wechseln ihre Rollen). Dadurch besteht die Chance, Mißverständnisse durch Rückfragen auszuräumen oder unklare Punkte in einer Diskussion zu klären.

Wegen dieser Besonderheiten sind die Grundlagen für die Psychologie der menschlichen Kommunikation nicht in der mathematischen Informationstheorie zu suchen, sondern in geisteswissenschaftlichen Disziplinen, insbesondere der *Semiotik* (Lehre von den Zeichen; von *sema* = Zeichen) und *Linguistik* (Sprachwissenschaft). Dabei haben sich drei Betrachtungsweisen für die Analyse sprachlicher und außersprachlicher Zeichen bewährt: In der *Syntaktik* wird die innere Struktur und Ordnung der Zeichen untersucht, es geht um eine Theorie der Grammatik. In der *Semantik* geht es um die Beziehung zwischen Zeichen und Bedeutung bzw. zwischen Sprache und Welt. In der *Pragmatik* (von *pragma* = Handlung) werden Zeichengebrauch und Sprachverwendung in ihrem Zusammenhang mit der Handlungssituation betrachtet.

8.22 Die Struktur der Sprache

Die menschliche Sprache weist bei aller Vielfalt und Flüchtigkeit des Sprechens eine erstaunliche innere Ordnung auf. Wenn wir die vielen Variationen und scheinbaren grammatischen »Fehler« beim Sprechen im Alltag betrachten, ist diese Ordnung – die sich ebenso auf die Folge der Laute im Wort wie auf die Folge der Wörter im Satz bezieht – nicht immer auf Anhieb zu erkennen. Die Linguisten gehen in ihren syntaktischen Analysen deshalb meist von einem »idealen« Sprecher/Hörer aus. Als *Kriterium* dient das *Sprachgefühl,* das jeder besitzt, der seine Muttersprache beherrscht. Nehmen wir als Beispiel die folgenden Sätze:

(1) Ich lese das Buch.
(2) Ich lise das Boch.
(3) Buch das lesen ich.
(4) Das Osterei liest den Haarbeutel.

Wer die deutsche Sprache beherrscht, wird (1) als sprachlich richtigen Satz akzeptieren, (2)–(4) nicht. (2) ist phonetisch (lautlich) abweichend, (3) syntaktisch (grammatisch) und (4) semantisch.

Aufgrund welcher kognitiven Leistungen sind wir in der Lage, richtige von abweichenden Sätzen zu unterscheiden? Nach Auffassung des Behaviorismus werden Sätze wie (1)–(4) als Reiz-Reaktions-Ketten durch Konditionierung gelernt, wobei jeder Laut und jedes Wort einen Reiz darstellt, der mit einer gelernten Wahrscheinlichkeit den folgenden Laut bzw. das folgende Wort auslöst. Die Konditionierungstheorie der Sprache wurde von dem Sprachwissenschaftler Noam Chomsky einer radikalen Kritik unterzogen. In seinem Buch »Strukturen der Syntax« (»Syntactic Structures«, 1957) stellt Chomsky die *Kreativität der Sprache* an den Anfang seiner Überlegungen: Wer eine Sprache beherrscht, ist in der Lage, »sprachlich richtige« Sätze hervorzubringen oder zu verstehen, auch solche, die er nie zuvor gehört hat und die vielleicht *nie zuvor formuliert wurden.* Diese Eigenschaft unterscheidet die menschliche Sprache von den uns bekannten tierischen Kommunikationssystemen. Die *Sprachkompetenz* – so die Bezeichnung für diese Fähigkeit – beruht nicht darauf, daß wir alle möglichen Sätze im Gedächtnis gespeichert haben, sondern sie besteht *in einem System von Regeln,* die in vielfachen Kombinationen immer wieder zur Erzeugung neuer Sätze angewendet werden können. Dieses Regelsystem der »Generativen Grammatik« (*generativ* = erzeugend) ist im einzelnen äußerst kompliziert, das Prinzip jedoch ist sehr einfach: Ausgehend von einem »Satz« als Ganzem werden durch stufenweise Anwendung der Erzeugungsregeln die Einzelbestandteile (*Konstituenten*) des Satzes immer weiter spezifiziert. Jede größere Einheit ist der Ausgangspunkt für zwei weitere Konstituenten. Die Namen der einzelnen Konstituenten (Subjekt, Prädikat etc.) sind uns vielleicht noch aus der Schulgrammatik in schlechter Erinnerung. Der ganze Satz verzweigt sich wie ein Baum, dessen Äste die Struktur des Satzes angeben. Die letzten Verzweigungen enthalten Wörter:

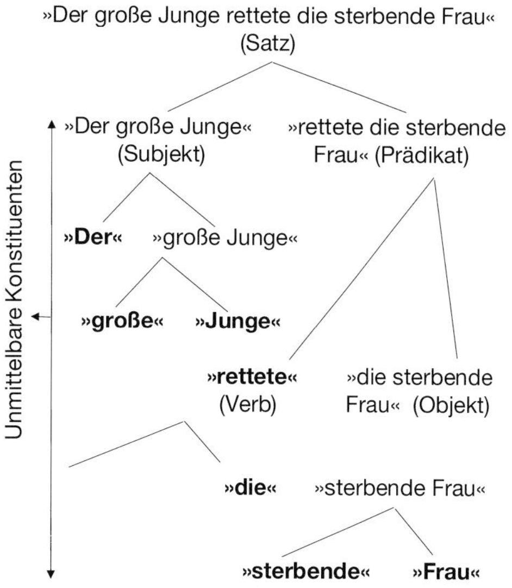

Inwieweit läßt sich im *psycholinguistischen* Experiment der »Stammbaum« der Satzstruktur als tatsächlich *für die Sprachverwendung relevant* nachweisen? Neal F. Johnson (1965) legte seinen Versuchs-

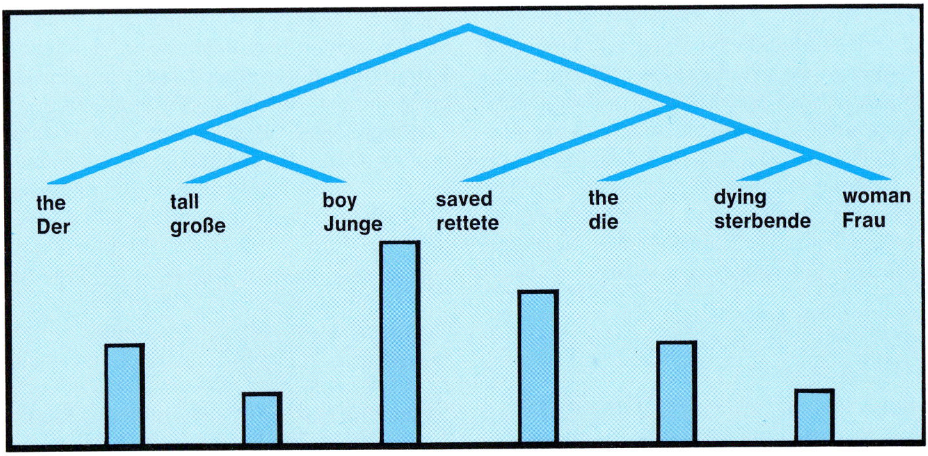

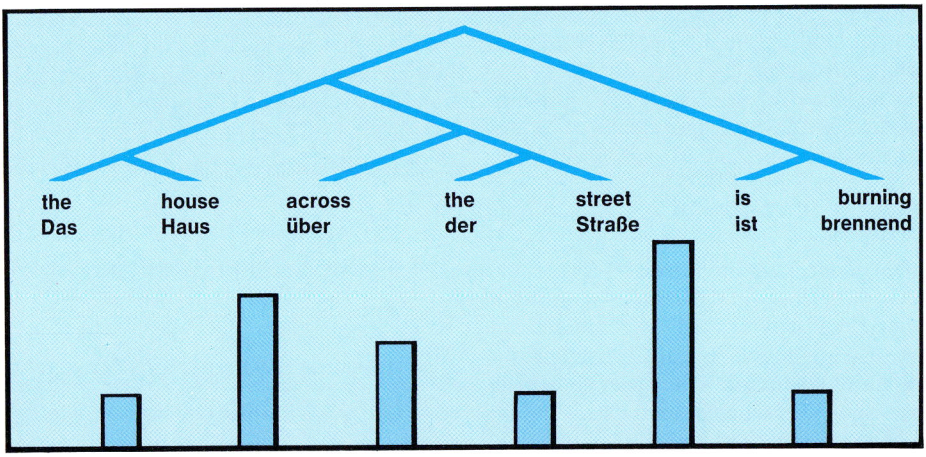

Zwei Sätze mit unterschiedlicher Baumstruktur aus Johnsons Experiment. Die Höhe der Säulen gibt an, wie viele Fehler beim Reproduzieren der Sätze an den verschiedenen Übergängen gemacht wurden.

personen mehrmals hintereinander acht verschiedene Sätze vor, die nach jeder Darbietung aus dem Gedächtnis wiederholt werden sollten. Eine Analyse der Fehler ergab, daß unrichtige Wörter vorwiegend vor größeren Konstituenten auftraten. Die Fehlerverteilung in verschiedenen Sätzen spiegelte recht genau die »Verzweigungsbäume« der Konstituenten wider (s. Abb. oben). Nach diesem Ergebnis werden die Wortketten beim Einprägen der Sätze offenbar zu größeren Einheiten zusammengefaßt, die genau den Satzkonstituenten entsprechen. Zunächst werden dann die Wortfolgen *innerhalb* der natürlichen Einheiten gelernt, erst später die Übergänge von einer Einheit zur nächsten. Johnsons Ergebnisse widersprechen der Konditionierungstheorie, die eine gleichmäßige Verteilung der Fehler

»Die Welt spricht zu uns wie ein Buch«

Der Ich-Erzähler in Umberto Ecos Roman »Der Name der Rose«, der Mönch Adson von Melk, berichtet zu Beginn, wie er in jungen Jahren zusammen mit seinem Meister, William von Baskerville, den steilen Weg zur Abtei erklimmt. An einer baumbewachsenen Wegbiegung verharrt Meister William einen Augenblick, um sorgfältig eine Spur im Schnee und ein paar abgeknickte Ästchen zu betrachten. Als anschließend eine Gruppe aufgeregter Mönche erscheint, erklärt er ihrem Anführer, daß »Brunellus, das Lieblingspferd des Abtes«, entlaufen sei, und beschreibt, wie es aussieht und wo es zu finden ist. Als die Mönche weitergerannt sind, entspinnt sich zwischen Schüler und Meister folgender Dialog:

»›Nun sagt mir aber‹, konnte ich schließlich nicht an mich halten, ›wie habt Ihr es angestellt, das alles zu wissen?‹

›Mein lieber Adson, schon während unserer ganzen Reise lehre ich dich, die Zeichen zu lesen, mit denen die Welt zu uns spricht wie ein großes Buch ... Ich schäme mich fast, dir zu wiederholen, was du doch wissen müßtest: Am Kreuzweg zeichneten sich im frischen Schnee sehr klar die Hufspuren eines Pferdes ab, die auf den Seitenpfad zu unserer Linken wiesen. Schön geformt und in gleichen Abständen voneinander, lehrten sie uns, daß der Huf klein und rund war und der Galopp von großer Regelmäßigkeit, woraus sich auf die Natur des Pferdes schließen ließ und daß es nicht aufgeregt rannte wie ein scheuendes Tier. An der Stelle, wo die Pinien eine Art natürliches Dach bildeten, waren einige Zweige frisch abgeknickt, genau in fünf Fuß Höhe. An einem der Maulbeersträucher – dort, wo das Tier kehrtgemacht haben mußte, um den rechten Seitenweg einzuschlagen mit stolzem Schwung seines prächtigen Schweifes – befanden sich zwischen den Dornen noch ein paar tiefschwarze Strähnen ...‹

›Gewiß‹, sagte ich, ›aber der schmale Kopf, die feinen Ohren, die großen Augen ...?‹

›Ich weiß nicht, ob der Rappe sie wirklich hat, aber ich bin überzeugt, daß die Mönche es glauben. Meister Isidor von Sevilla lehrt, die Schönheit eines Pferdes verlange, daß der Kopf schmal sei, die Augen groß, die Nüstern geöffnet, der Nacken aufgerichtet, Mähne und Schweif dicht ...‹

›Gut, gut‹, sagte ich, ›aber wieso »Brunellus«?‹

›Möge der Heilige Geist dir etwas mehr Grips in den Kürbis geben, mein Sohn!‹ rief der Meister aus. ›Welchen Namen hättest du ihm denn sonst gegeben, wenn selbst der große Buridan, der nun bald Rektor in Paris werden wird, keinen natürlicheren wußte, als er von einem schönen Pferd reden sollte?‹«

erwarten ließe. Der »Baum« der unmittelbaren Konstituenten stellt also auch psychologisch eine sinnvolle Beschreibung der Satzstruktur dar. Es wäre freilich verfehlt anzunehmen, daß wir beim Sprechen tatsächlich nach Chomskys Regeln verfahren. Die Regeln der Sprachverwendung sind bis heute nicht erforscht.

Chomskys Sprachtheorie (von der hier nur ein erster Eindruck vermittelt werden konnte) hat großen Einfluß auf die Linguistik und Psychologie gehabt. Es ist sein Verdienst, die Unhaltbarkeit des behavioristischen Ansatzes überzeugend nachgewiesen zu haben. Die Probleme der Sprachbedeutung und Sprachverwendung werden dabei allerdings nicht angemessen berücksichtigt.

8.23 Zeichen und Bedeutung

Umberto Eco ist nicht nur einer der führenden Semiotiker unserer Zeit, sondern auch der Autor erfolgreicher Romane, in denen die »Lehre von den Zeichen« eine zentrale Rolle spielt. Sein Roman »Der Name der Rose« (deutsch 1982) beginnt

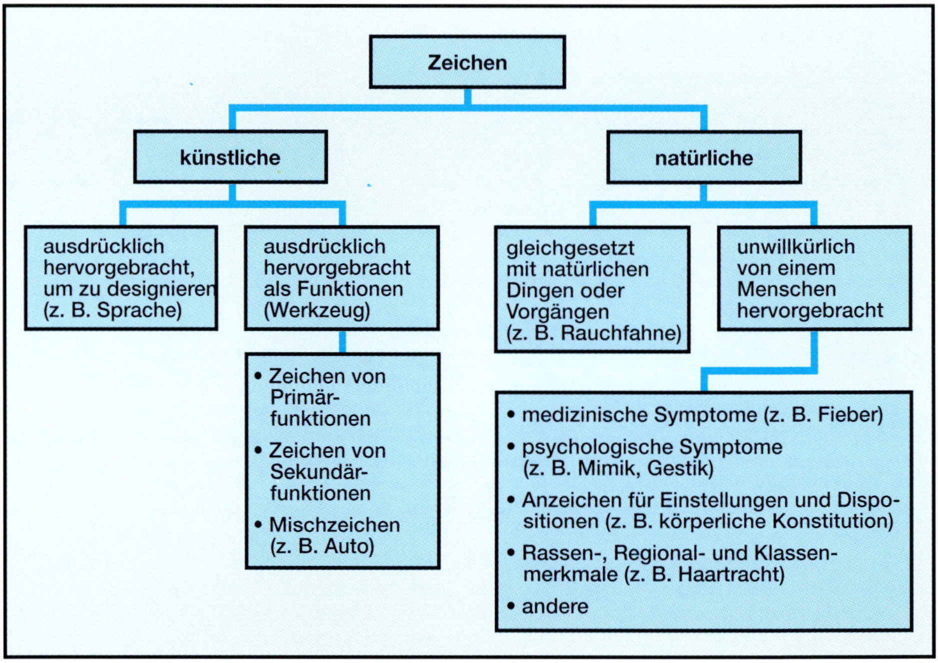

Einteilung der Zeichen (nach Eco 1977). Die Einteilung berücksichtigt nicht nur die Unterscheidung zwischen natürlichen und künstlichen Zeichen. Wichtig ist bei den Werkzeugen das Bezeichnen der Primärfunktion (z.B. eine Tür bezeichnet ihren primären Zweck – die Durchgangsmöglichkeit), aber auch der Sekundärfunktion (z.B. ein prächtiges Portal bezeichnet auch seinen sekundären Zweck – die Repräsentation).

mit einer Parabel über das Weltverstehen durch Zeichendeutung (s. Kasten S. 287). Eco veranschaulicht darin die unterschiedlichen Zusammenhänge, in denen Zeichen auftreten können, sei es als natürliche Zeichen (geknickte Zweige als Hinweis auf die Größe eines Pferdes) oder als künstliche Zeichen, die von Menschen gewählt werden, um eine bestimmte Idee zum Ausdruck zu bringen (der Name eines Pferdes, der sein edles Wesen anzeigen soll). Andernorts schlägt Eco eine noch differenziertere Einteilung der Zeichen vor, deren Systematik besonders auch für die psychologische Diagnostik wichtig ist (s. Abb. oben).

Der Zusammenhang zwischen Zeichen und Bedeutung, das Thema der *Semantik,* ist für Semiotik und Linguistik gleichermaßen zentral. Wodurch wird ein beliebiger physischer Sachverhalt (z.B. ein geknickter Zweig) zum Zeichen? Ecos Antwort lautet: Ein physischer Sachverhalt (der Zeichenträger) wird dadurch zum Zeichen, daß er *für jemanden* (den Interpreten) *für etwas anderes* (das Bezeichnete) steht. Schauen wir uns den Vorgang des Bezeichnens (nach Eco: *Semiose*) genauer an. Schon die Auswahl und Wahrnehmung eines physischen Vorgangs als bedeutsam »für etwas« vollziehen sich auf dem Hintergrund von Erfahrungswissen des Interpreten über die Lebenswelt. Die Interpretation des Zeichens als etwas *»an-*

deres« ist ein kreativer *Akt der Sinnfindung,* für den der Zusammenhang (Kontext) des Zeichens und das Erfahrungswissen des Interpreten bedeutsam sind. Jede Interpretation ist allerdings immer nur vorläufig, neue Gesichtspunkte können ihre Revision erforderlich machen. Der Vorgang der potentiell nie endenden Interpretation wird im *hermeneutischen Zirkel* (s. S. 19) anschaulich dargestellt.

Welche Beziehung besteht nun zwischen einem Zeichen und dem von ihm Bezeichneten? Die Informationstheorie (s. S. 82) liefert eine einfache Antwort: Das Zeichen (Signal) ist durch die *Kodierung* der Information zugeordnet. Die Kodierung ist eine Art Gebrauchsanweisung, wie man vom Zeichen zum Bezeichneten gelangt. Der menschliche Zeichengebrauch, besonders in der Sprache, ist jedoch in vielerlei Hinsicht komplexer. Die Auffassung des *naiven Realismus,* wonach die Zeichen den Gegenständen entsprechen, die sie bezeichnen, ist schon deshalb unhaltbar, weil es viele Zeichen gibt, zu denen keinerlei Gegenstand existiert. Als Beispiel wollen wir nach der Bedeutung des Wortes *Pferd* fragen (der gesprochenen Lautfolge oder der geschriebenen Buchstabenfolge /Pferd/). Ist ein bestimmtes Pferd gemeint, z.B. Brunellus oder der »kluge Hans«? Sind alle Pferde eingeschlossen? Wie steht es mit Fotos (s. S. 9) oder steinzeitlichen Strichzeichnungen? Und Pegasus, das geflügelte Pferd der antiken Sage? Ist mein Fahrrad ein Trampel-Pferd?

Die Beziehung zwischen Zeichen und Bezeichnetem wird durch das *semiotische Dreieck* dargestellt (s. Abb. rechts). Während *Zeichen* und *Referent* (Gegenstand) im semiotischen Dreieck offenbar eindeutig definiert sind, ist der *Begriff* bis heute in der Philosophie und Psychologie umstritten:

- Nach Auffassung des *Behaviorismus* entspricht er einer Tendenz, auf eine Klasse von Gegenständen mit dem ihnen zugeordneten Zeichen zu reagieren. (Ein Exemplar der Klasse »Pferd« löst das Zeichen /Pferd/ aus.)
- Nach Auffassung des *Mentalismus* (von *mens* = Geist) ist er eine nicht beobachtbare Vorstellung oder Idee (das »ideale Pferd«) im Bewußtsein der Menschen.

Umberto Eco verwirft beide Auffassungen. Der Begriff »Pferd« ist selbst ein Zeichen! Dieses Zeichen hat die Eigenschaft, sowohl das Zeichen /Pferd/ als auch beliebige Referenten, die ebenfalls /Pferd/ genannt werden können, zu *interpretieren.* Der *Begriff* wird deshalb auch *Interpretant* genannt. Ein Interpretant eines Zeichens hat die Eigenschaft, das erste Zeichen in eine andere »Ausdruckssubstanz« zu übersetzen. So kann als Interpretant des sprachlichen Zeichens /Pferd/ das Bild eines Pferdes dienen, umgekehrt kann für ein Bild (etwa in einer Kunstausstellung) das Wort /Pferd/ als Interpretant fungieren. Ob der Interpretant als Vorstellung im Kopf oder als kommunikatives Zei-

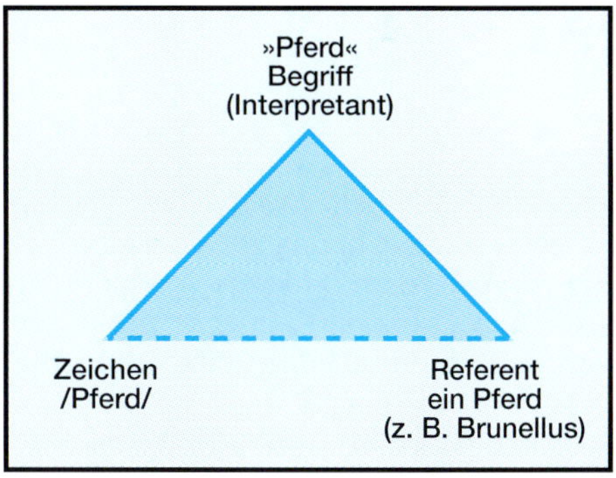

Semiotisches Dreieck. Das *Zeichen* /Pferd/ steht nicht einfach für einen Gegenstand, ein bestimmtes Pferd (Brunellus). Das sagenhafte Pferd Pegasus hat beispielsweise nie als Gegenstand existiert. Vielmehr ordnet das Zeichen /Pferd/ den *Begriff* der »Pferdhaftigkeit« einer offenen Klasse unterschiedlicher *Referenten* zu – lebenden, toten, gezeichneten, fotografierten, phantasierten Pferden, ja sogar Menschen (»Der Mann, den sie Pferd nannten«).

René Magritte spielt mit Bild, Wort und Kontext, indem er seine Pfeife einer sachlich-geradlinigen Pfeifendarstellung des Architekten Le Corbusier gegenüberstellt und mit der Unterschrift »Dies ist keine Pfeife« ironisch kommentiert (© VG Bild-Kunst, Bonn, 1992).

chen realisiert ist, spielt für den Vorgang des Bezeichnens keine wesentliche Rolle. Jeder Interpretant interpretiert ein Zeichen und läßt sich seinerseits durch ein Zeichen interpretieren. Begriffe sind keine vorgegebenen »Ideen«, sondern sie sind verwoben mit anderen Begriffen, durch die sie in einem prinzipiell unendlichen Prozeß interpretiert werden können (»unendliche Semiose«). Sie sind Knoten in einem Netz von Zeichen, die sich gegenseitig definieren. Dieses Netz nennt Eco Kultur: ein »System von Zeichensystemen«.

8.24 Sprechen im Handlungszusammenhang

Die meisten Sprachtheorien gehen davon aus, daß Sprache ein System zur Abbildung der Wirklichkeit ist. Dieser »Abbildtheorie« stellte der Philosoph Ludwig Wittgenstein in seinen »Philosophischen Untersuchungen« eine Handlungstheorie der Sprache entgegen. Wittgenstein vergleicht die Sprache mit einem Spiel:

»Das Wort ›Sprach*spiel*‹ soll hier hervorheben, daß das Sprechen der Sprache ein Teil ist einer Tätigkeit oder einer Lebensform. Führe dir die Mannigfaltigkeit der Sprachspiele an diesen Beispielen, und anderen, vor Augen:
Befehlen, und nach Befehlen handeln –
Beschreiben eines Gegenstands nach dem Ansehen, oder nach Messungen –
Herstellen eines Gegenstands nach einer Beschreibung (Zeichnung) –
Berichten eines Hergangs –
Über den Hergang Vermutungen anstellen –

Kommunikation auf der Baustelle

Als Beispiel für kommunikatives Handeln untersucht Habermas die soziale Situation auf einer Baustelle vor der Frühstückspause. Der Vorarbeiter wendet sich an einen »Neuen« mit der Aufforderung: »Mach dich auf die Socken zum Bierholen!« *Thema* der Kommunikation ist hier das bevorstehende Frühstück, die Versorgung mit Bier ist das *Handlungsziel,* die Gruppenhierarchie auf der Baustelle stellt den *sozialen Rahmen* für die Aufforderung dar. *Zeitlich* ist die Situation durch die Arbeitspause, *räumlich* durch die Nähe des nächsten Bierausschanks definiert. Wenn der Ausschank zu Fuß nicht zu erreichen ist, wird der »Neue« vielleicht antworten: »Ich habe aber keinen Wagen.« Eine ganz andere Antwort wäre der Hinweis: »Ich habe heute keinen Durst.« Den Hintergrund einer Äußerung bilden *Situationsdefinitionen* der beteiligten Personen, die hinreichend übereinstimmen müssen, wenn die Verständigung problemlos gelingen soll. Andernfalls müssen die Gesprächspartner versuchen, eine gemeinsame Situationsdefinition auszuhandeln. Im Fall der Antwort »Ich habe heute keinen Durst« wird der »Neue« den erstaunten Reaktionen seiner Kollegen entnehmen, daß das »Bier zum Frühstück« auf dem Bau eine Regel ohne Ausnahme ist und daß gewöhnlich der »Neue« zum Bierholen geschickt wird.

Die Äußerungen der Sprecher in diesem Beispiel beziehen sich auf drei unterschiedliche »Welten«:

- Die Aufforderung des Vorarbeiters – »Mach dich auf die Socken zum Bierholen!« – bezieht sich auf die *soziale Welt* der Rechte und Pflichten, d. h. auf die Normen des Zusammenlebens (wer darf wen auffordern?).
- Die Antwort des Angesprochenen – »Ich habe aber keinen Wagen.« – bezieht sich auf die *objektive Welt* der Tatsachen.
- Die Antwort »Ich habe heute keinen Durst« bezieht sich auf die *innere Welt* der Gefühle, Wünsche, Absichten und Gedanken.

Die hier getrennt dargestellten Bezüge zur sozialen, objektiven und subjektiven Welt sind bei den meisten Äußerungen miteinander verbunden. Wenn ich spreche, sage ich gewöhnlich zugleich etwas über mich, meine Beziehung zum Angesprochenen und über die äußere Welt.

Eine Hypothese aufstellen und prüfen –
Darstellen der Ergebnisse eines Experiments durch Tabellen und Diagramme –
Eine Geschichte erfinden; und lesen –
Theater spielen –
Reigen singen –
Rätsel raten –
Einen Witz machen; erzählen –
Ein angewandtes Rechenexempel lösen –
Aus einer Sprache in die andere übersetzen –
Bitten, Danken, Fluchen, Grüßen, Beten.«

Wittgenstein schuf mit seiner Theorie der »Sprachspiele« die Grundlagen für die linguistische *Sprechakttheorie,* in der es nicht länger um Syntax oder Semantik geht, sondern um den Handlungszusammenhang sprachlicher Äußerungen oder Sprechakte. Der Sprechakttheorie zufolge benutzen wir sprachliche Äußerungen, um

- zu sagen, wie etwas ist;
- andere zu veranlassen, etwas zu tun;
- zu versprechen, selber etwas zu tun;
- die Realität zu verändern;
- unsere Gedanken, Gefühle, Erfahrungen mitzuteilen.

Sprachliche Äußerungen sind somit in einen sozialen Kontext eingebettet: Behauptungen, Wünsche, Befehle und Fragen haben über ihren Inhalt hinaus *Verpflichtungen* zwischen Sprecher und Hörer zur Folge. So bindet mich etwa die Äußerung »Ich komme heute abend vorbei«, mein Versprechen auch zu halten.

Die Sprechakttheorie beschränkt sich

nicht auf elementare Sprechhandlungen. Einen Witz, eine Geschichte erzählen, sich entschuldigen, ein Streitgespräch führen, flirten, jemandem einen Heiratsantrag machen, über einen Konflikt diskutieren, jemanden verhören, einen Text oder das Handeln eines Menschen interpretieren – all dies sind Beispiele für komplexe Sprechhandlungen, die sich aus elementaren Sprechakten (und natürlich auch nichtsprachlichen Handlungskomponenten) zusammensetzen.

Hierauf aufbauend, formulierte der Soziologe und Philosoph Jürgen Habermas eine umfassende »Theorie des kommunikativen Handelns« (1981). Er stellt sich die grundsätzliche Frage, wie menschliches Zusammenleben möglich ist. Im Mittelpunkt steht dabei eine Analyse der *Verständigung* zwischen Menschen mit ihren unterschiedlichen Handlungsabsichten.

Verständigung erfolgt in *sozialen Situationen,* in denen aufgrund eines Problems oder Konfliktes ein Verständigungsbedarf entsteht. Die soziale Situation ist ein Ausschnitt aus der Lebenswelt der Beteiligten, der aufgrund von Interessen und Handlungszielen von mindestens einem Beteiligten zum *Thema* gemacht wird. Bestimmt wird die soziale Situation ferner durch den Ort, die Zeit, die sozialen Beziehungen der Beteiligten und die für das Thema bedeutsamen objektiven und subjektiven Rahmenbedingungen. Den Hintergrund kommunikativer Äußerungen bilden die lebensweltlichen *Situationsdefinitionen* der Beteiligten, die sich in ausreichendem Maße überlappen müssen, wenn die Verständigung gelingen soll. Anderenfalls muß zunächst versucht werden, eine gemeinsame Situationsdefinition auszuhandeln (s. Kasten S. 291).

Wenn Kommunikationsteilnehmer wirklich an einer *Verständigung* interessiert sind, d. h., wenn sie nicht die Absicht verfolgen, z. B. durch Täuschung zu manipulieren, müssen sie *meinen, was sie sagen.* Habermas spricht von *Geltungsansprüchen,* die der Sprecher mit seinen Äußerungen erhebt, wenn er ernst genommen werden will – und die der Hörer in Zweifel ziehen kann, wenn er sich getäuscht oder manipuliert fühlt. Die grundlegenden Geltungsansprüche als Voraussetzung für eine Verständigung beziehen sich auf drei »Welten«:

- Wenn ich etwas behaupte, muß meine Äußerung mit den Tatsachen übereinstimmen. Hier geht es um den Anspruch auf Wahrheit (objektive Welt).
- Wenn ich jemanden zu etwas auffordere, muß ich dazu berechtigt sein. Hier geht es um die Angemessenheit einer Äußerung (soziale Welt).
- Wenn ich über meine Absichten und Gefühle rede, muß ich dies auf ehrliche Weise tun. Hier geht es um Aufrichtigkeit (innere Welt).

Die Geltungsansprüche der Wahrheit, der Angemessenheit und Aufrichtigkeit sprachlicher Äußerungen begegnen uns in abgewandelter Form in verschiedenen psychologischen Sprachtheorien. So unterscheiden Watzlawick, Beavin und Jackson (»Menschliche Kommunikation«, 1969) zwischen dem Inhalts- und dem Beziehungsaspekt von Nachrichten (= Wahrheit und Angemessenheit). Karl Bühler nennt in seiner einflußreichen »Sprachtheorie« (1934) drei für die Sprache wesentliche Gesichtspunkte: Darstellung (= Wahrheit), Ausdruck (= Aufrichtigkeit) und Appell (= Angemessenheit). Friedemann Schulz von Thun (»Miteinander reden«, 1981) unterscheidet vier Seiten einer Nachricht: Selbstoffenbarung, Sachinhalt, Beziehung und Appell (s. Abb. S. 293).

Im Alltag werden die Idealforderungen nach Wahrheit, Angemessenheit und Aufrichtigkeit auch bei »gutem Willen« der Kommunikationspartner gewöhnlich nur unvollständig erfüllt. Habermas schreibt dazu:

»Typisch sind Zustände in der Grauzone zwischen Unverständnis und Mißver-

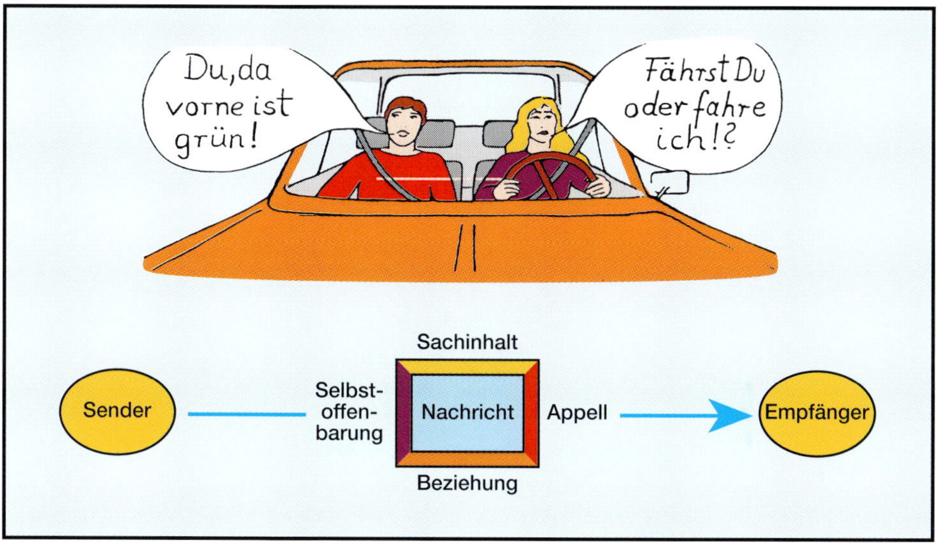

Die vier Seiten (Aspekte) einer Nachricht. Eine typische Alltagssituation: Die Frau sitzt am Steuer, der Mann ist Sender der Nachricht. Die Antwort der Frau macht deutlich, welchen Aspekt der Botschaft sie aufgreift (nach Schulz von Thun, 1981).

ständnis, beabsichtigter und unfreiwilliger Unwahrhaftigkeit, verschleierter und offener Nicht-Übereinstimmung einerseits, Vorverständigtsein und Verständigung andererseits; in dieser Zone muß Einverständnis aktiv herbeigeführt werden. Verständigung ist also ein Prozeß, der Unverständnis und Mißverständnis, Unwahrhaftigkeit sich und anderen gegenüber, schließlich Nicht-Übereinstimmungen auf der gemeinsamen Basis von Geltungsansprüchen zu überwinden sucht.«

Auch wenn es sich um Idealforderungen handelt, macht der Anspruch auf Wahrheit, Angemessenheit und Aufrichtigkeit eine Verständigung im Alltag überhaupt erst möglich. Im allgemeinen setzen wir voraus, daß sie erfüllt sind – dies ist der für ein Gespräch notwendige Vertrauensvorschuß, wobei geringfügige Verstöße gegen die genannten Forderungen toleriert werden, solange sie unsere Handlungsziele nicht stören.

Eine bewußte Verletzung der Geltungsansprüche wird beim *strategischen Handeln* eingesetzt. Strategisch nennt Habermas alle Formen sozialen Handelns, die das Durchsetzen von Interessen *ohne Rücksicht auf die Zustimmung der Betroffenen* anstreben (s. Abb. S. 294). Interessen-, Wert- und Machtkonflikte, Ungleichheit, Unterdrückung, Geltungsbedürfnis und Vorteilssuche – gelegentlich aber auch das »wohlverstandene Interesse« eines nicht verständigungsbereiten Kommunikationspartners – sind typische Situationen, in denen Menschen zu Methoden strategischer Kommunikation auf Kosten der Verständigung greifen.

Das Ideal der Verständigung findet an unüberbrückbaren Interessen- oder Wertkonflikten scheinbar seine Grenze. Man denke nur an die oft unvereinbaren Interessen von Hausbesitzern und Mietern oder an den Konflikt zwischen wirtschaftlichem Wachstum und Umweltschutz. Die

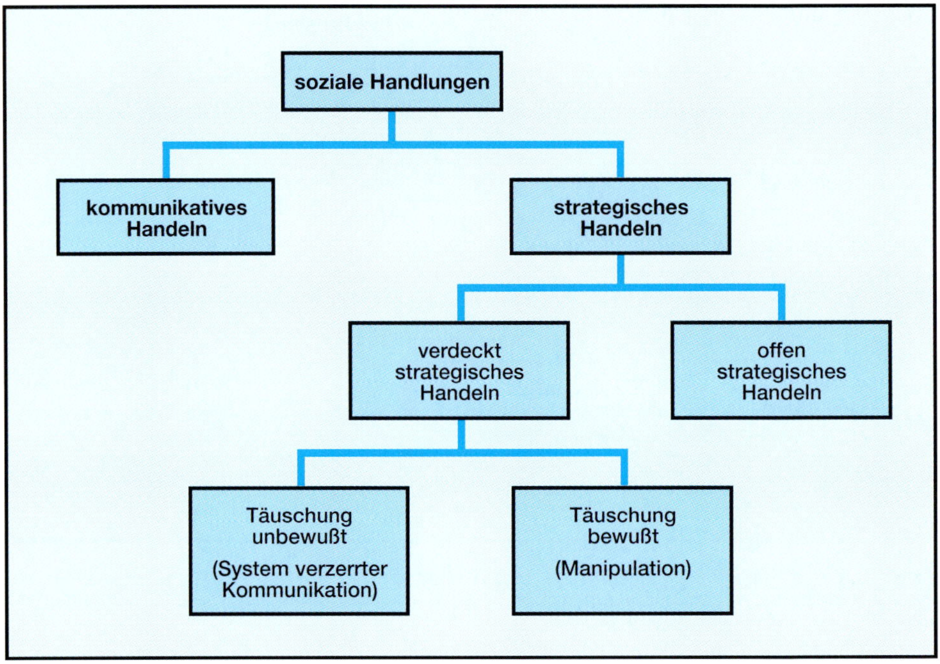

Typen sozialen Handelns. Habermas unterscheidet zwischen kommunikativem Handeln im engeren Sinn, das verständigungsorientiert ist, und strategischem Handeln, das erfolgsorientiert ist. Das offene strategische Handeln bedient sich der Machtmittel von Drohung und Belohnung, während das verdeckt strategische Handeln scheinbar verständigungsorientiert ist. Dabei können Täuschungen bewußt eingesetzt werden oder aber dem Sprecher selbst nicht bewußt sein (nach Habermas, 1981).

hieraus resultierenden Streitfälle können selbst bei entsprechender Bereitschaft der Kommunikationspartner nicht immer einvernehmlich gelöst werden (s. S. 241f.). Jede Gesellschaft entwickelt vielmehr Institutionen, solche Konflikte in einem Rahmen zu regeln, der über die Einsichtsfähigkeit oder Macht des einzelnen hinausgeht. Habermas entwirft die demokratische Utopie eines »herrschaftsfreien Diskurses«, in dem alle gleiche Rechte haben und in dem ein Ausgleich zwischen gemeinsamen und individuellen Interessen durch Konsens erfolgt. Das geht über die formale Demokratie weit hinaus, es handelt sich um eine Utopie des *freundlichen* Zusammenlebens«: »Diese Freundlichkeit schließt nicht etwa den Konflikt aus, sondern was sie meint, sind die humanen Formen, in denen man Konflikte überleben kann.«

8.25 Das Gespräch

In den meisten Psychologiebüchern sucht man vergeblich nach einem Kapitel über die grundlegende Tätigkeit, in der menschliche Kommunikation stattfindet, das Gespräch. Gespräche bestehen aus Sprechakten und Redebeiträgen der Gesprächsteilnehmer, die sich aufeinander beziehen. Sie können in den verschiedensten sozialen Situationen stattfinden, sich über sehr unterschiedliche Zeiträume erstrecken und unterschiedlichen Funktionen dienen.

Alltagsgespräche unterscheiden sich von anderen Gesprächstypen durch ihre Offenheit. Im Idealfall sind sie ungeplant, jeder kann sich beteiligen und die Themen sind nicht vorher durch eine »Tagesordnung« festgelegt. Sie werden beim Mittagessen in der Familie geführt, am Gartenzaun mit dem Nachbarn, als »Seitengespräch« während eines Vortrags, vor, während oder nach einer therapeutischen Sitzung, bei der Zollabfertigung am Flughafen. Wollte man eine Maxime für Alltagsgespräche aufstellen, so würde sie lauten: Die für andere Gesprächstypen (s. Kasten rechts) bestehenden einschränkenden Regeln gelten hier *nicht.* Das heißt allerdings nicht, daß es für Alltagsgespräche keine Regeln gäbe oder daß sich alle Teilnehmer gleich verhalten könnten: Alter, Geschlecht, Status und Herkunft der Beteiligten führen in verschiedenen Kulturen und sozialen Schichten zu unterschiedlichen Einschränkungen der »Redefreiheit«. So stoßen z.B. Familientherapeuten immer wieder auf extrem eingefahrene familiäre Kommunikationsrituale.

Das Alltagsgespräch ist die ursprünglichste Form menschlicher Kommunikation, es findet sich in sämtlichen Kulturen und wird als erstes gelernt. Alle anderen Gesprächstypen leiten sich von ihm durch Spezialisierung einzelner Funktionen und durch die Einführung besonderer Regeln ab (s. z.B. das Interview«, S. 305).

Bei all seiner Ungezwungenheit dient das Alltagsgespräch unterschiedlichen Zielen. Folgende Grundformen lassen sich unterscheiden:

- Kontaktgespräche zum Herstellen oder Festigen sozialer Beziehungen;
- Erzählungen zur Vermittlung von Erfahrungen;
- Klärungsgespräche zum Austausch von Informationen;

Gesprächstypen

Alltagsgespräch
Verkaufsgespräch
Befragung, Verhör
Examensgespräch
Unterrichtsgespräch
Interview
Beratungsgespräch
Therapeutisches Gespräch
Beichtgespräch
Arbeitsbesprechung
Gebet
Diskussion, Debatte
Schlichtungsgespräch
Prozeß

- Streitgespräche zum Austragen von Konflikten;
- Planungsgespräche zum Vorbereiten von Handlungen.

Jede Gesprächsform ist mit einer besonderen Art der Darstellung (Darstellungsschema) verbunden. Man denke nur an die Begrüßungs- und Abschiedsrituale. Zwei psychologisch besonders wichtige Darstellungsschemata, Erzählung und Argumentation, werden im folgenden Abschnitt behandelt.

In Alltagsgesprächen treten die verschiedenen Darstellungsschemata gewöhnlich in bunter Mischung auf. Bei formellen Gesprächstypen dagegen ist meist eine Funktion beherrschend und die Gesprächsform entsprechend festgelegt. Allgemein läßt sich sagen, daß sich die Gesprächstypen und -formen durch ihre Regeln oder Konventionen unterscheiden. Die Einhaltung wird von den Beteiligten wechselseitig erwartet, erfolgreiche Teilnahme setzt das Beherrschen der Regeln voraus: Ich muß wissen, was ich wann und wie zu wem sagen und nicht sagen kann (Teilnehmerrechte und -pflichten).

Regelverletzungen im Gespräch können auf Unkenntnis der Regeln beruhen, sie können als bewußte Manöver eingesetzt werden oder sie können aus einer unbewußten Dynamik erfolgen (verzerrte

Gesprächsorganisation

Gespräche sind zeitlich organisierte Handlungsketten. Man unterscheidet eine globale Organisation nach Gesprächsphasen und eine lokale Organisation nach Gesprächssequenzen bis hin zu Gesprächsschritten.

Die *Eröffnungsphase* mit ihrem Begrüßungszeremoniell und ihren Eingangsfloskeln dient vor allem der Herstellung des Kontakts. Sie geht fließend über in die *Orientierungsphase.* Die Teilnehmer machen sich bekannt oder frischen ihre Bekanntschaft auf. Ebenso wie bei der Begrüßung ist hier ein Abtasten zu konstatieren, es geht um Vertrauen oder Mißtrauen, um eine vorläufige Beziehungsdefinition (s. S. 300) und um die Klärung der Gesprächsfunktionen. In der *Kernphase* wird der eigentliche Zweck des Gesprächs verhandelt. In mehreren Sequenzen werden die betreffenden Themen erörtert. Die Teilnehmer signalisieren einander, wann ein Gegenstand erschöpft ist und was als nächstes besprochen werden soll. Dabei verfolgen sie mehr oder weniger bewußt ihre *Handlungspläne* (z. B. einen Freund um Geld bitten / diese Bitte ohne allzu große Kränkung abschlagen). Die Handlungspläne sind oft so miteinander verzahnt, daß es schwerfällt, sie einzelnen Gesprächsteilnehmern zuzuschreiben: »Das Tun des einen ist das Tun des anderen.« In der (vielfach fehlenden) *Bilanzphase* vergewissern sich die Teilnehmer des Ergebnisses und bereiten den Gesprächsabschluß vor. Die *Abschlußphase* dient der Aufhebung der Gesprächsbereitschaft. Sie endet mit dem Abschiedsritual, bei dem sich die Teilnehmer ihrer wechselseitigen Verbundenheit (auch während der Trennung) und ihrer künftigen Gesprächsbereitschaft versichern.

Die Grundeinheit auf lokaler Ebene ist der *Gesprächsschritt,* d. h. der einzelne Redebeitrag eines Sprechers. Die Reihenfolge und die Dauer der Gesprächsschritte und damit auch der Sprecherwechsel wird meist mit erstaunlicher Präzision von den Sprechern geregelt. Sie folgen dabei einem feingesponnenen Regelwerk, das normalerweise unbewußt beachtet wird. Als übergeordnete Regel dient ein allgemeines Kooperationsprinzip (das von Vielrednern häufig verletzt wird): »Gestalte deinen Redebeitrag (in bezug auf Form, Inhalt und Dauer) so, wie es der Gesprächsverlauf an diesem Punkt erfordert.«

Beim *Sprecherwechsel* wird unterschieden zwischen der Selbstwahl der Sprecherrolle (ich ergreife von mir aus das Wort) und der Fremdwahl (ich werde zum Sprechen aufgefordert, z. B. durch eine an mich gerichtete Frage). Sprecherwechsel erfolgen gewöhnlich an dafür geeigneten Stellen (*slots* = »Schlitze«), etwa wenn ein Thema abgeschlossen oder wenn der Vorredner eine Pause macht. Sprecher und Zuhörende verwenden aber auch eine Reihe von Signalen, die einen Sprecherwechsel entweder vorbereiten (z. B. Blickkontakt), erzwingen (»Gut, ja, prima! *Ich* meine . . .«) oder verhindern können (z. B. Vermeiden von Pausen und Blickkontakt, aber auch die Ankündigung eines längeren Redebeitrags: ». . . was ich noch erzählen wollte . . .«). Die Art und Weise des Sprecherwechsels und vor allem die dabei auftretenden Störungen sind ein besonders feiner, den Beteiligten kaum bewußter Indikator für die Gesprächsatmosphäre und die zwischen den Anwesenden bestehenden Beziehungsmuster.

Kommunikation, s. S. 301f.). Im Interaktionsverlauf werden sie oft »übergangen«, wirken sich aber auf das weitere Gespräch negativ aus. Sie können zu *Gesprächskrisen* führen, z. B. in Form von Themenwechseln, peinlichem Schweigen, Sanktionen (»Strafen«) bis hin zum Gesprächsabbruch.

Besonders gravierend sind Regelverletzungen, wenn sie die Identität eines Beteiligten bedrohen. Zur Korrektur solcher »Verletzungen« dient nach Untersuchungen des amerikanischen Soziologen Erving Goffman (»Das Individuum im öffentlichen Austausch«, 1974) ein Ritual des »korrektiven Austauschs«:

(1) A verletzt B.

(2) B wirft A die Regelverletzung vor

(wenn er das versäumt, »verliert er sein Gesicht«).
(3) A korrigiert sich entweder durch eine *Rechtfertigung* (er nennt »gute Gründe« für sein Handeln) oder durch eine *Entschuldigung* (er drückt sein Bedauern aus).
(4) B akzeptiert die Korrektur, oder er weist sie zurück.

Goffman betont die Bedeutung des »korrektiven Austauschs« für das Zusammenleben in primären Gruppen (Familie, Freundeskreis, Arbeitsplatz, Nachbarschaft): Durch die Bereitschaft zur Korrektur erweise ich mich als loyales, achtenswertes und eigenverantwortlich handelndes Mitglied der Gemeinschaft. Wer dagegen gravierende Regelverletzungen nicht korrigiert, stellt sich außerhalb der Gemeinschaft – entweder pocht er auf das Recht des Stärkeren, oder er erweist sich als nicht zurechnungsfähig.

8.26 Erzählung und Streitgespräch

Die *Erzählung* ermöglicht es den Gesprächsteilnehmern, vergangene Erfahrungen in die Gegenwart des Gesprächs einzubeziehen. Hierzu ist der Erzähler genötigt, die erzählte Situation für die Zuhörer nachvollziehbar zu machen. Um das zu erreichen, entwirft er – aus seiner gegenwärtigen Sicht – ein Bild von der Welt »damals und dort« mit ihren Personen und Ereignissen. Anders als beim sachlichen Bericht steht der Erzähler – wenn es sich um selbst erlebte Erfahrungen handelt – im Mittelpunkt seiner »Geschichte« und bringt seine *emotionale Beteiligung* zum Ausdruck.

Daß nicht nur literarische Erzählungen eine kunstvolle Form besitzen, haben die soziolinguistischen Untersuchungen von William Labov in den Slums von Harlem gezeigt. Labov ließ schwarze und puertorikanische Jugendliche von ihren Erlebnissen berichten (z. B. mit dem Erzählanstoß: »Hattest du schon einmal eine Schlägerei mit einem Typ, der stärker war als du?«). Er stellte fest, daß die gesammelten Stegreiferzählungen mehr oder weniger einem idealtypischen Darstellungsschema folgten, das auch in anderen sozialen Schichten und Sprachgemeinschaften nachgewiesen werden konnte. Dieses Darstellungsschema zeichnet sich unter anderem durch die Abfolge typischer Erzählphasen aus (s. Kasten unten). Im Zentrum der Erzählung steht die Handlungskomplikation (nur was »aus dem Rahmen fällt«, ist erzählenswert!). Die Bewertung (»Was soll das Ganze?«) bildet häufig keine abgrenzbare Erzählphase, sondern ergibt sich aus bewertenden Einzelkommentaren in den verschiedenen Phasen. (Als Beispiel s. die Erzählung S. 356.)

Das *Streitgespräch* (Debatte, Diskussion) dient der Konfliktklärung im Alltag (s. dazu S. 241 f.). Die Teilnehmer/Parteien beziehen zu einem strittigen Punkt oder Thema verschiedene *Positionen,* die sie –

Die Struktur der Erzählung

Erzählphase	*Funktion*
● Abstrakt	Ankündigung (Worum handelt es sich?)
● Orientierung	Charakteristik der Situation (Wer, wann, wo?)
● Komplikation	Ereignisdarstellung (Was passierte dann?)
● Resultat	Auflösung der Komplikation (Wie ging es aus?)
● Evaluation	Bewertung (Was soll das Ganze?)
● Schluß	Rückführung zum Gespräch (Das war's!)

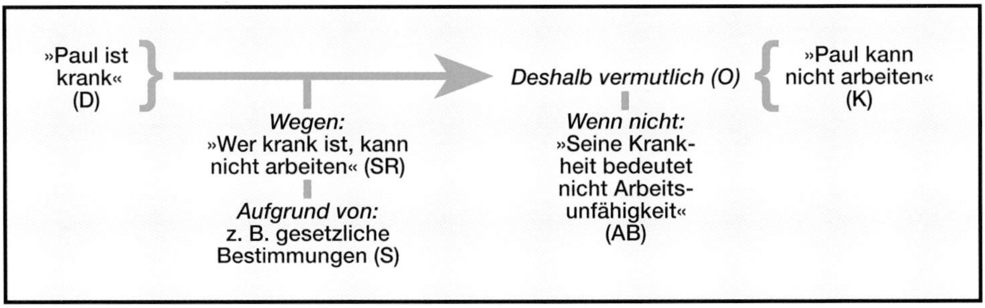

Argumentationsschema. Nach diesem Schema wird die strittige Behauptung (= Konklusion K) durch Argumente (= Daten D) begründet; der Übergang von D zu K wird gerechtfertigt durch eine Schlußregel (SR), die ihrerseits gestützt wird durch eine Stützung (S). Die Wahrscheinlichkeit von K wird durch den Operator (O) angebeten. Schließlich sind noch Ausnahmebedingungen (AB) angeführt, die die Gültigkeit von SR einschränken (nach Toulmin, 1975).

Acht Gebote der fairen Argumentation

1. Stringenzverletzung:
Unterlasse es, absichtlich in nicht stringenter (folgerichtiger) Weise zu argumentieren.

2. Begründungsverweigerung:
Unterlasse es, deine Behauptungen absichtlich nicht oder nur unzureichend bzw. scheinbar zu begründen.

3. Geltungsverzerrung:
Unterlasse es, für und mit etwas zu argumentieren, von dessen Geltung du selbst so nicht überzeugt bist.

4. Sinnentstellung:
Unterlasse es, eigene oder fremde Beiträge sowie Sachverhalte absichtlich sinnentstellend wiederzugeben.

5. Unerfüllbarkeit:
Unterlasse es, und sei es auch nur leichtfertig, für solche Handlungsaufforderungen zu argumentieren, von denen du weißt, daß sie vom Gegenüber nicht befolgt werden können.

6. Diskreditieren:
Unterlasse es, andere Teilnehmer/innen absichtlich oder leichtfertig zu diskreditieren.

7. Feindlichkeit:
Unterlasse es, deinen Gegner in der Sache absichtlich als persönlichen Feind zu behandeln.

8. Beteiligungseinschränkung:
Unterlasse es, absichtlich in einer Weise zu agieren, die das Mitwirken anderer Teilnehmer/innen an einer Klärung einschränkt oder verhindert.

(nach Sachtleber/Schreier, 1990)

Oberhandtechniken (nach Schulz von Thun, 1989)

Der Anführer einer Jugendlichen-Gang fühlt sich durch einen Rivalen bedroht:

Rivale: Nun mußt du aber auch sagen, wo es langgeht!

Anführer (ihn nachäffend): Nun mußt du aber saaagen . . . – Was muß ich denn saaagen? Ich muß gar nichts, kapierst du das?

Rivale: Ich mein, wir können doch hier nicht so lange rumpalavern . . .

Anführer (unterbricht ihn): Wer palavert denn hier? *Du* palaverst doch hier die ganze Zeit!

Rivale (mit abwehrender Handbewegung): Ich sag dazu nichts mehr!

Anführer (erstaunt tuend): Ach, du sagst dazu nichts mehr? So schnell zieht unser junger Freund den Schwanz ein, wenn es gefährlich wird?

Rivale (versucht noch einmal »mitzuhalten«, scherzend): Also, Schwanz habe ich bis jetzt hier noch nicht gesehen . . . (schaut lächelnd in die Runde)

Anführer: Ach, bist ein kleiner Witzbold, hm? Ist ja auch alles schrecklich witzig hier, nicht? Mach doch gleich noch einen Witz, ich hör so gern welche!

Rivale (lacht etwas gequält)

Anführer: Seht mal, er lacht – hoffentlich noch lange! (Die anderen lachen.) Zu Hause hast du wohl nicht viel zu lachen, was?

Rivale (gibt sich geschlagen): Komm, hör auf, Jürgen!

Anführer: Gut, Leute, also er ist mit dem Palavern fertig – dann können wir jetzt wohl in action gehen.

Je nach sozialer Situation haben die Oberhandtechniken entweder einen sehr direkten oder einen pseudohöflichen Charakter, ihr Konstruktionsmuster ist aber nach Schulz von Thun häufig das gleiche:

1. Man höre vor allem auf die »Ich-Botschaft« des vom Gegner Gesagten.
2. Daraus wird ein Aspekt herausgegriffen, aus dem sich ein Strick drehen läßt.
3. An diesen persönlichen Aspekt wird ein Maßstab angelegt, der den anderen abwertet. Der Maßstab wird natürlich nicht begründet.
4. Das »Defizit« wird dem Gegner vorgeworfen.
5. Der Vorwurf erfolgt möglichst unpersönlich, damit man selber keine Angriffsfläche bietet, z.B. durch Ironie oder Fragen.
6. Der Gegner bleibt im Nachteil, selbst wenn er schweigt (»Darauf wissen Sie nichts mehr zu sagen!«).
7. Wenn es dem Gegner gelingt, ein sachliches Argument vorzubringen, kann man die Ebene wechseln (»Warum werden Sie denn plötzlich so laut?«).

wenn es fair zugeht – durch *Argumente* zu stützen oder zu widerlegen suchen.

Das Darstellungsschema der Argumentation oder Beweisführung ist seit der Antike Gegenstand der Rhetorik (Kunst der Rede). Untersuchungen zur wissenschaftlichen Argumentation gehen meist vom »Toulmin-Schema« (s. Abb. S. 298) aus. Dieses Schema ist jedoch auf Argumentationen in Alltagsgesprächen nicht recht anwendbar. Zum einen werden normalerweise im Alltag die Voraussetzungen einer bestimmten Position und die Schlußregeln zu ihrer Begründung nicht explizit formuliert; sie sind vielmehr Teil des gemeinsamen Wissenshintergrundes der Diskussionspartner. Zum anderen beziehen sich lebensweltliche Argumente nicht nur auf Fakten (objektive Welt), sondern ebenso auf Werte (soziale Welt) und persönliche Motive (innere Welt).

Kommunikationspsychologisch zentral ist die Unterscheidung von verständigungsorientiertem und strategischem

Handeln (s. Abb. S. 294) im Streitgespräch. Der Psychologe Norbert Groeben und seine Mitarbeiter in Heidelberg haben ein Konzept der *Argumentationsintegrität* entwickelt: Bei der »redlichen« Argumentation versuchen die Gesprächspartner,

(1) für einen Streitpunkt
(2) durch kommunikative Auseinandersetzung
(3) eine möglichst rational begründete Lösung zu finden,
(4) die von den Streitenden akzeptiert werden kann.

Aus dieser idealtypischen Definition leiten sich »Gebote« für die faire Konfliktlösung im Gespräch ab, die sowohl zu kommunikationspsychologischen Analysen von Streitgesprächen als auch zur Entwicklung einer »Streitkultur« bei sozialen Konflikten herangezogen werden können (s. Kasten S. 298). In beispielhaft analysierten Streitgesprächen (z. B. der Talk-Show »Das Recht auf die Zigarette oder Raucher raus« und einem Streitgespräch zwischen Mutter und Tochter über »spätes Heimkommen«) entdeckten die Autoren immer wieder Gesprächsmanöver, die die Grundsätze einer fairen Argumentation verletzten. Eine besondere Rolle spielten dabei die Selbstaufwertung und die Diskreditierung des Gegners (s. dazu Kasten S. 299). Bei der Talk-Show muß freilich berücksichtigt werden, daß es darum ging, den Zuschauer zu überzeugen und nicht den Diskussionspartner. Auch das Streitgespräch zwischen Mutter und Tochter hatte aufgrund der zu Forschungszwecken durchgeführten Bandaufzeichnung einen halböffentlichen Charakter. In »geschlossenen« Streitgesprächen ohne kontrollierende Dritte dürfte die Vielfalt der Manöver eher größer sein.

Für die Anwendung der von Groeben und seinen Mitarbeitern entwickelten Kriterien ist der soziale Kontext des zur Debatte stehenden Gesprächs (z. B. Privatheit oder Öffentlichkeit) von grundsätzlicher Bedeutung. Der Schwerpunkt dieses Ansatzes liegt auf kognitiven Aspekten. Emotionale Gesichtspunkte, wie sie vor allem im privaten Bereich (Partnerschaft und Familie) sowie in sozialen Berufen (die »Gefühlsarbeit« des Lehrers oder der Krankenschwester) eine große Rolle spielen, bleiben dagegen ausgeklammert. Die Gebote fairen Argumentierens müssen deshalb ergänzt werden durch emotionale Kriterien für eine »Streitkultur« wie den Ausdruck von Wertschätzung, Einfühlungsvermögen, Offenheit und emotionales Engagement.

8.3 Kommunikationspsychologie

8.31 Die Beziehungsdefinition

Jede Kommunikation ist mit einem bestimmten Beziehungsmuster der Teilnehmer verbunden. Das Beziehungsmuster ist durch Alter, Status, Macht und Rollen der Beteiligten, aber auch durch ihre gemeinsame »Kommunikationsgeschichte« teilweise schon zu Gesprächsbeginn festgelegt. Es werden *symmetrische* (gleichberechtigte) und *asymmetrische* oder *komplementäre* (sich ergänzende) Beziehungen unterschieden (z. B. »Herr und Knecht«). Symmetrie oder Asymmetrie drücken sich häufig bereits in der Form der Anrede aus (»Du« und »Sie«, Titel ect.; s. dazu S. 282). Im Gesprächsverlauf werden jedoch von Fall zu Fall *neue Beziehungsdefinitionen* ausgehandelt. Zunächst asymmetrische Beziehungen können symmetrisch werden, oder es kann zum Rollentausch kommen, z. B. wenn ein anfangs überlegen erscheinender Teilnehmer die Rolle eines Hilfesuchenden übernimmt. Gesprächsmanöver, die der Veränderung der Beziehungsdefinition dienen, bleiben zum Teil unbewußt, prägen aber in hohem Maß die Gesprächsatmosphäre. Solche Manöver, bei denen z. B. mit Techniken der *Oberhandsicherung* gearbeitet wird, können bei verletzend-aggressivem Kommunikationsstil buchstäblich vernichtend wirken (s. Kasten/S. 299). Extreme Beispiele hierfür finden sich bei gestörten Beziehungen im Intimbereich »unter Ausschluß der Öffentlichkeit« (Paar- und Familienbeziehungen, Mißbrauch von Kindern und Abhängigen etc.).

Ein kommunikationspsychologisch bemerkenswertes Manöver wird eingesetzt, um eine symmetrische oder komplementäre in eine *metakomplementäre* Beziehung umzudefinieren. Das läßt sich dadurch erreichen, daß sich ein Teilnehmer absichtlich in eine unterlegene Position bringt, z.B. indem *er* seinen Gesprächspartner *bestimmt,* ihn »von oben herab« zu behandeln. So kann er ihn zu Beleidigungen oder Aggressionen provozieren, um als »Opfer« in eine moralisch überlegene Position zu gelangen. Als paradoxe Botschaften dienen metakomplementäre Manöver der Verunsicherung des Partners (z.B. »Sei spontaner!«). Als bewußte Regelverletzungen können sie aber auch durch ihren »Witz« provozieren. So im Falle des Angeklagten Fritz Teufel, der der Aufforderung des Gerichts, sich von seinem Platz zu erheben, mit der Bemerkung nachkam: »Wenn es der Wahrheitsfindung dient . . .«

Die Beziehungsdefinition beschränkt sich natürlich nicht auf Symmetrie oder Asymmetrie. Andere Aspekte betreffen die Art und Weise, wie die Teilnehmerrollen ausgefüllt werden, z.B. bezüglich der Dimensionen Nähe – Distanz, Wärme – Frostigkeit, Gereiztheit – Gelassenheit, Gleichgültigkeit – Engagement. Mit solchen Qualitäten läßt sich die *Atmosphäre* einer Beziehung bzw. das Klima, in dem ein Beziehungsangebot unterbreitet wird, beschreiben. In psychotherapeutischen Fallgeschichten spielen diese Nuancen eine wichtige Rolle, in die Forschung haben sie jedoch im Gegensatz zu dem »groben Raster« Symmetrie/Asymmetrie bisher kaum Eingang gefunden.

8.32 Verzerrte Kommunikation

Verständigung ist nicht nur vom »guten Willen« der Beteiligten abhängig. Täglich erleben wir bei uns selber und bei unseren Kommunikationspartnern, wie Ängste und Wunschdenken, damit zusammenhängende eingefahrene Kommunikationsmuster, Selbsttäuschungen und Lebenslügen »hinter unserem Rücken« Verständigung beeinträchtigen und Kommunikation verzerren können. Diese – mit Habermas zu sprechen – »innere Not« des Menschen, die Konflikte, die wir im alltäglichen Handeln mit uns selbst austragen, sind das bevorzugte Thema der Psychoanalyse. Sigmund Freud leitet die inneren Konflikte aus der Unvereinbarkeit unserer Triebregungen mit der Realität und den sozialen Normen ab. Seine Beobachtungen sind bis heute für die Kommunikation von grundlegender Bedeutung..

Die unbewußten Tendenzen zur Verzerrung der äußeren Realität wie der eigenen Gefühle und Wünsche werden als *Abwehrmechanismen* bezeichnet (s. S. 134f.). Abwehrmechanismen wirken sich besonders dann verzerrend auf die Kommunikation aus, wenn sich diese auf angstauslösende Konfliktthemen bezieht.

Als weiteres wichtiges Phänomen wurde von Freud – ursprünglich in der psychoanalytischen Behandlungssituation – die Verzerrung sozialer Beziehungen durch *Übertragung* und *Gegenübertragung* beschrieben (s. S. 387f.): Die Beziehung zwischen zwei Personen wird verzerrt, wenn der eine Partner unbewußte und unerledigte Konflikte mit wichtigen früheren Bezugspersonen und die daraus resultierenden Gefühle, Wünsche und Rollenerwartungen auf den anderen »überträgt«. So neigen Menschen mit einem unbewältigten Vaterkonflikt vermeintlichen Autoritätspersonen gegenüber zu übertriebener Unterwürfigkeit und/oder Auflehnung; unbewältigte Geschwisterkonflikte führen Altersgenossen gegenüber zu unangemessenem Rivalisieren; in einer Liebesbeziehung erwartet ein Partner, dem die Ablösung von der Mutter nicht gelungen ist, ständig »bemuttert« zu werden, gleichzeitig wehrt er sich womöglich übertrieben heftig gegen eine vermeintliche oder tatsächliche Bevormundung. Bei der Gegenübertragung finden die entsprechenden Verzerrungen auf seiten des anderen Kommunikationspartners statt. Man unterscheidet zwischen Gegenübertragung im weiteren Sinn (jede Form von Übertragung durch den zweiten Kommunikationspartner) und im engeren Sinn (die unbewußte »Antwort« auf Übertragungserscheinungen von seiten des ersten Partners).

Übertragung und Gegenübertragung haben sowohl mit der individuellen Entwicklung des einzelnen zu tun (persönlichkeitspsychologischer Aspekt) als auch mit dem Zusammenwirken der an einer Kommunikation Beteiligten (systemischer Aspekt). Friedemann Schulz von Thun untersucht in seinem Buch »Differentielle Psychologie der Kommunikation« (1989) typische *Kommunikationsstile,* die in unterschiedlicher Weise immer wieder zu verzerrten Kommunikationsmustern führen, sei es in Partnerschaft und Familie, im Freundeskreis, am Arbeitsplatz oder in der Politik. Aufgrund der kommunikationspsychologischen Literatur und eigener Studien unterscheidet Schulz von Thun insgesamt acht charakteristische Kommunikationsstile (s. Abb. S. 303):

● *Bedürftig-abhängiger Stil.* Die betreffende Person neigt dazu, sich als schwach, überfordert und hilflos darzustellen und an den Kommunikationspartner zu appellieren, ihr zu helfen und Verantwortung für sie zu übernehmen.

● *Helfender Stil.* Dieser Stil paßt zum vorigen wie der Schlüssel zum Schloß. Die betreffende Person signalisiert Stärke und Belastbarkeit, »springt an« auf Signale der Hilfsbedürftigkeit und bürdet sich die Probleme anderer Menschen auf. Dieser Stil findet sich besonders häufig in helfenden Berufen (»Helfersyndrom«; nach W. Schmidbauer, 1977).

● *Selbst-loser Stil.* Er ähnelt dem helfenden Stil. Doch während der Helfende sich überlegen, »von oben herab« gibt, macht sich der Selbstlose mit seiner Opferbereitschaft eher klein und unterwürfig. Dieser Stil entspricht dem Stereotyp der aufopferungsvoll liebenden Frau und Mutter.

● *Aggressiv-entwertender Stil.* Er bildet das Gegenstück zum selbst-losen Stil. In »feind-seliger« Haltung wird der Kommunikationspartner heruntergemacht, seine (oft nur vermeintlichen) Fehler werden angeprangert. Die hierbei besonders häufig angewendeten »Oberhandtechniken« sind an einem Beispiel in Kasten S. 299 dargestellt. Dieser Stil scheint Politikerkarrieren besonders förderlich zu sein.

● *Sich beweisender Stil.* Personen dieses Stils sind geprägt von der Tendenz, sich selbst als besonders fähig, gescheit, erfolgreich, großartig in Szene zu setzen. Oft handelt es sich um Vielredner. Nach unserer Erfahrung scheint dieser Stil unter anderem besonders zu einer wissenschaftlichen Karriere zu befähigen.

● *Bestimmend-kontrollierender Stil.* Unter seinem Einfluß neigen wir dazu, Kommunikationssituationen, Menschen und Dinge möglichst nach unseren Vorstellungen zu lenken und immer wieder kontrollierend einzugreifen.

● *Sich distanzierender Stil.* Hierbei halten wir Menschen und Gefühle (auch die eigenen) auf Distanz, indem wir um uns herum Barrieren aufbauen und förmlich oder abgehoben mit anderen sprechen.

● *Mitteilungsfreudig-dramatisierender Stil.* Menschen dieses Stils wirken bei der Kommunikation warmherzig und lebendig, sie neigen zu Übertreibungen und »tragen ihr Herz auf der Zunge«. Kommunikationspartner werden – ähnlich dem sich beweisenden Stil – leicht in die Rolle des beifallklatschenden Publikums gedrängt.

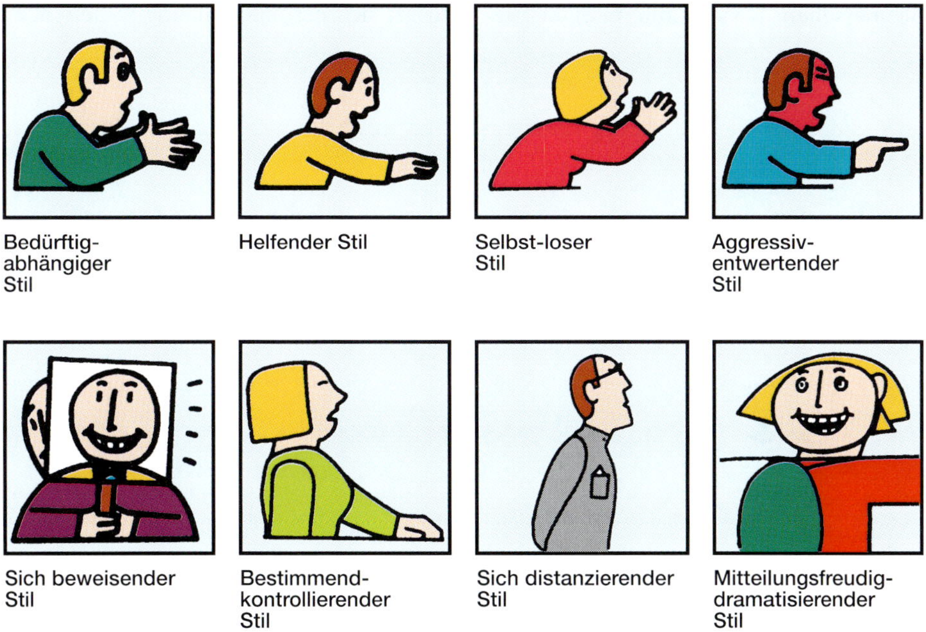

Typische Kommunikationsstile (nach Schulz von Thun, 1989).

Schulz von Thuns Beschreibung der Kommunikationsstile ist *idealtypisch,* d. h., die Stile finden sich in der Alltagskommunikation gewöhnlich nicht in reiner Form. Außerdem ist die Einteilung sicher nicht frei von Willkür. Man könnte ebensogut noch zusätzlich von einem *mißtrauischen* und einem *gekränkten Stil* sprechen oder, umgekehrt, die im Alltag auftretenden Kommunikationsmuster auf eine geringere Zahl von Grunddimensionen zurückführen. Die Kommunikationsstile sind keine feststehenden Persönlichkeitseigenschaften, sie besitzen lediglich heuristischen Wert, d. h., sie sollen unsere Wahrnehmung auf Besonderheiten des Kommunikationsgeschehens lenken. Mit dieser Einschränkung lassen sich den Stilen auch bestimmte innere Zustände zuordnen, sie entsprechen einem »Gemisch aus Bedürfnissen, Gefühlen, Stimmungen und Absichten«. So sind hinter dem helfenden, dem sich beweisenden und dem aggressiv-entwertenden Stil tiefgreifende, jeweils unterschiedliche Erfahrungen von Unsicherheit und Verletzlichkeit zu vermuten; Entsprechendes gilt für die anderen Stile. Im Alltag hat man es zumeist mit charakteristischen *Mischformen* der idealtypischen Kommunikationsstile zu tun, die sowohl in ein und derselben Situation als auch bei ein und demselben Menschen abwechseln können. (Jeder von uns wird sich in mehreren dieser Stile wiederfinden.) Gelingende Verständigung ist nicht »stillos«, sie bringt vielmehr die unterschiedlichen Tendenzen in ein »stimmiges Verhältnis« – während sich neurotische Verzerrungen der Kommunikation durch starres Festhalten an einem Kommunikationsmuster auszeichnen.

In jedem Fall ist es wichtig, die Kommunikationsstile in ihrer gegenseitigen Verschränkung zu analysieren. Schulz von

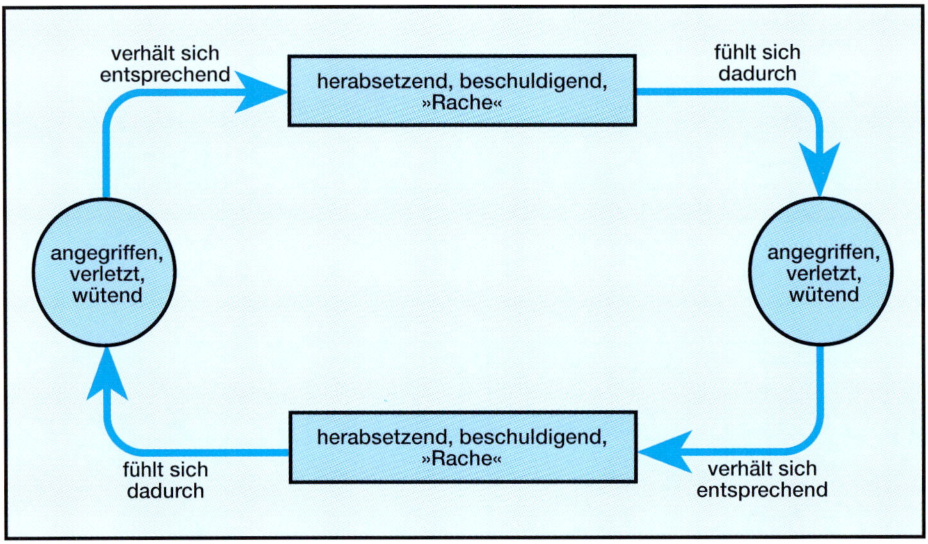

Teufelskreis bei eskalierender Aggression. Beide Kommunikationspartner fühlen sich vom anderen angegriffen und reagieren entsprechend aggressiv-entwertend (nach Schulz von Thun, 1989).

Thun führt eindrucksvolle Beispiele von sich aufschaukelnden *Teufelskreisen* an, etwa beim Zusammentreffen des bedürftig-abhängigen und des helfenden Stils, des selbst-losen und des aggressiv-entwertenden Stils oder auch beim Aufeinanderprallen zweier Kommunikationspartner mit aggressiv-entwertendem Stil (s. Abb. oben). Solche Teufelskreise führen oft zu »sozialen Katastrophen«, die vom »Ehekrieg« über das »Burn-out« (Ausgebranntsein) professioneller Helfer (Therapeuten, Angehörige von Pflege- und Sozialberufen, Lehrer u.a.) bis hin zum politischen Bereich reichen. Internationale Konflikte wie z.B. der Golfkrieg lassen sich gewiß nicht ausschließlich konfliktpsychologisch erklären. Dennoch spielen auch hier die oben beschriebenen Teufelskreise eine bedeutende Rolle. In der Konfliktberatung (s. S. 307) ist das Erkennen und Durchbrechen solcher Teufelskreise besonders wichtig.

8.33 Psychologische Gesprächsführung

Psychologische Gesprächsführung im fachlichen Sinn unterscheidet sich von Alltagsgesprächen psychologischen Inhalts zum einen durch den institutionellen Rahmen (Beratung, Therapie, Begutachtung, Forschung etc.) und die damit verbundene Zielsetzung, zum anderen durch die fachlich begründeten Regeln, die für die jeweilige Methode gelten. Fachliche Kompetenz bei der Anwendung dieser Methoden setzt »alltagspsychologisches« Gespür voraus, das aus der persönlichen Lebenserfahrung erwächst. Hinzukommen müssen theoretisches Wissen über menschliche Kommunikation und *angeleitete Praxiserfahrungen* in psychologischer Gesprächsführung. Die fachliche Kompetenz eines »guten Psychologen« besteht demnach nicht so sehr in der Fähigkeit, bestimmte Theorien auf die Praxis anwenden zu können, wie z.B. in technischen Berufen (s. dazu auch S. 319). Der Psychologe bringt vielmehr vor allem sich selbst als Wirkfaktor ein. Die Ausbildung hat deshalb die Person des Auszubildenden einzubeziehen, wie es Sigmund Freud mit der *Lehranalyse* (s. S. 390) erstmals eingeführt hat.

Ein allgemeines Aus- und Weiterbildungsmodell zur Reflexion der beruflichen Kommunikation auch jenseits der therapeutischen Anwendung stellt die *Supervision* (»Über-Sicht«) praktisch tätiger Psychologen und anderer im Sozialbereich arbeitender Berufsgruppen dar. Supervision erfolgt meist in Kleingruppen mit ca. 4–6 Teilnehmern unter Anleitung eines erfahrenen Supervisors. Jeder Teilnehmer hat die Gelegenheit, seine Erfahrungen mit »schwierigen« Situationen bzw. Klienten darzustellen. Die Gruppe gibt ihm Hinweise bezüglich seiner »blinden Flecken«, und es werden gemeinsam mit dem Supervisor Alternativen zum besseren Umgang mit der jeweiligen Situation gesucht. Besonders bei der Arbeit mit Gruppen und Familien werden daneben auch verschiedene Methoden der Life-Supervision angewendet (Anwesenheit des Supervisors während der Arbeit mit den Klienten).

8.34 Das Interview

Psychologische Interviews dienen sowohl diagnostischen Zwecken in der Praxis als auch der Forschung. Diagnostisches Gespräch, Exploration, Anamnese und offenes Interview sind verschiedene Bezeichnungen für ein prinzipiell gleichartiges methodisches Vorgehen. Je nach Fragestellung und theoretischem Hintergrund unterscheidet man mehrere Interviewformen, z. B. die biographische und tiefenpsychologische Anamnese, das narrative Interview (bei dem das Darstellungsschema der Erzählung ausgenutzt wird), das problemzentrierte und das fokussierte Interview sowie das Leitfadeninterview (mit vorbereitetem Fragenkatalog). Je offener die Interviewform ist, desto mehr kommt die Weltsicht des Interviewten zum Tragen. So wird z. B. beim narrativen Interview nur das Thema in Form eines »Erzählanstoßes« vorgegeben (s. S. 297). Strukturiertere Interviewformen gehen stärker von den Sichtweisen und Kategorien des Fragenden aus, sie liefern in der Regel Ergebnisse, die aufgrund der Vorstrukturierung besser vergleichbar sind, so z. B. das Leitfadeninterview und der weitgehend oder vollständig vorstrukturierte Fragebogen.

Das Interview unterscheidet sich vom Alltagsgespräch durch seine sachorientierte Zielsetzung (sprachliches Darstellen psychischer Phänomene durch den Interviewten) und die asymmetrische Rollenverteilung (einer fragt, der andere antwortet). Beides erfordert die Kooperation der Interviewpartner. Die Bedingungen verständigungsorientierten Handelns, wie sie Habermas beschrieben hat, können somit als Voraussetzungen für das Gelingen eines Interviews angesehen werden. Dem steht häufig entgegen, daß der Interviewer und der Interviewte mehr oder weniger unterschiedliche Interessen haben, besonders, wenn das Interview – wie bei der Begutachtung – für letzteren negative Folgen haben kann. Im konkreten Fall ergibt sich deshalb fast immer eine Mischung aus verständigungsorientierter und strategischer Kommunikation. Die Interviewäußerungen können sowohl absichtsvolle als auch unbewußte Täuschungen enthalten. Da jedoch nur die verständigungsorientierte Kommunikation den Geltungsansprüchen der Wahrheit, der sozialen Angemessenheit und der Aufrichtigkeit genügt, muß es ein übergeordnetes Ziel des Interviewers sein, während des gesamten Gesprächs für Bedingungen zu sorgen, die einer verständigungsorientierten Kommunikation dienlich sind. Das gelingt am besten, wenn der Interviewer selbst diese Bedingungen erfüllt, d. h., wenn er die Zielsetzung, das

Vorgehen und die Konsequenzen des Interviews transparent macht und auf strategische Manöver und Tricks verzichtet. Dies ist im übrigen schon aus ethischen und juristischen Gründen erforderlich, denn die Informationen des Interviewten unterliegen dem Schutz der Persönlichkeit (gesetzliche Regelung durch den Datenschutz und die berufliche Schweigepflicht, ihre Erfassung ist also in jedem Fall von der »informierten Zustimmung« des Interviewten abhängig.

Das Interview weist eine Phasenabfolge auf, die aus der für Alltagsgespräche typischen Organisation abgeleitet ist.

- Die *Vorphase* dient der Kontaktaufnahme und dem Vertrautwerden.
- In der *Orientierungsphase* müssen die Zielsetzung und die Rahmenbedingungen des Interviews ausgehandelt und die Voraussetzungen für die Kooperation in Form eines »Arbeitsbündnisses« geklärt werden. Wesentliche Punkte des Arbeitsbündnisses sind die Motivation zu einem »sachbezogenen« Arbeitsziel (z.B. Aufklärung eines Lebensproblems in der Beratungssituation oder – beim Forschungsinterview – in der Mitwirkung an einem Forschungsprojekt), die Garantie des Schutzes vor Mißbrauch der gegebenen Informationen, die Einwilligung in eine asymmetrische Kommunikation, der zeitliche Rahmen und gegebenenfalls die Konsequenzen des Interviews. All das sollte dem Interviewten in seiner eigenen Sprache und Vorstellungswelt vermittelt werden, und er sollte die Möglichkeit erhalten, seine Zustimmung oder Ablehnung zum Ausdruck zu bringen. Die Orientierungsphase ist deshalb von entscheidender Bedeutung für das Gelingen des Interviews. In der Praxis müssen die einzelnen Punkte allerdings nicht in jedem Fall ausdrücklich besprochen werden, da sie sich vielfach aus der Situation heraus ergeben.
- In der *Kernphase* hat der Interviewer die Aufgabe, unter Beachtung der jeweiligen Interviewmethode Gesprächsthemen vorzugeben, Fragen zu stellen, bei Unklarheiten nachzufragen und gleichzeitig durch seine Gesprächsführung für eine vertrauensvolle Atmosphäre zu sorgen. Dabei ist es besonders wichtig, einerseits für »Tiefgang« zu sorgen, d.h. die Konfrontation nicht zu scheuen und »heiklen« Themen nicht auszuweichen, andererseits aber mit *Gesprächskrisen* (s. Kasten S.307) in angemessener Weise umzugehen, so daß es nicht zum Abbruch des Gesprächs kommt. – Die Rolle des Interviewten besteht dem Arbeitsbündnis gemäß darin, angemessen zu kooperieren und sich wahrheitsgemäß und aufrichtig zu den jeweiligen Themen zu äußern.
- Die *Abschlußphase* dient der Bewertung des Gesprächsverlaufs durch den Interviewten. Hier werden gegebenenfalls auch Konsequenzen aus dem Interview gezogen, und es wird besprochen, wie es weitergehen soll.
- In der *Nachphase* kehren die Interviewpartner zur Alltagskommunikation zurück. Oft werden jetzt (bei abgeschaltetem Bandgerät) noch wichtige Bemerkungen zum Interview gemacht. Schließlich wird der Kontakt beendet.

Das Interview ist keine »objektive« Methode. Im Gegensatz etwa zu einem neutralen Fragebogen wird die Person des Interviewers den Verlauf mitbeeinflussen – weshalb eine »kunstgerechte« Interviewführung eine gründliche theoretische und praktische Schulung voraussetzt. Die Stärke des Interviews ist es, einen Zugang zu psychischen Bereichen zu eröffnen, die aufgrund ihrer Komplexität und emotionalen Bedeutung für die Interviewten mit »objektiven Methoden« nicht erreichbar wären. *Gütekriterien,* wie sie für diagnostische Testverfahren berechnet werden können (s. S.328f.), sind beim Interview weder sinnvoll noch praktikabel. Zu wissenschaftlichen Zwecken geführte Interviews werden gewöhnlich mit Ton- oder Videoband aufgezeichnet. Außerdem sind

Krisen beim Interview

- Kampf um die Rollenverteilung
- Kampf ums Thema
- Gegenfragen des Interviewten
- »Mauern«
- Pseudointerview (der Interviewte nimmt die Situation nicht »ernst«)
- Schweigen
- Weinen
- Vertrauensverlust/Kränkungen
- Wortschwall
- Aggressionen

ein Verlaufsprotokoll und eine schriftliche Fassung des Interviews erforderlich. Auf dieser Grundlage läßt sich eine Analyse des Interaktionsverlaufs durchführen, die im nachhinein eine Beurteilung der Interviewqualität erlaubt: Für das Interview als Ganzes ebenso wie für einzelne Äußerungen läßt sich abschätzen, inwieweit die Geltungsansprüche von Angemessenheit, Wahrheit und Aufrichtigkeit erfüllt sind. Die fachlich fundierte Überprüfung der Geltungsansprüche wird somit zu einem Äquivalent für die Gütekriterien der Testdiagnostik. (Zur Theorie des Interviews s. Legewie, 1987)

8.35 Konfliktberatung

Ein Anwendungsfeld psychologischer Gesprächsführung mit wachsender praktischer Bedeutung sind die *Konfliktberatung* und *Konfliktvermittlung(-mediation)* außerhalb des therapeutischen Rahmens. Konfliktberatung und Konfliktvermittlung unterscheiden sich (bei fließenden Übergängen) durch das Ausmaß des psychologischen Eingreifens: Der Berater macht Konfliktparteien auch inhaltliche Lösungsvorschläge, während der Vermittler sich auf eine faire und dem Konsens förderliche Verhandlungsführung beschränkt. Die Methoden der Konfliktberatung entstammen teils der Sozialpsychologie (s. S. 241f.), teils der Psychotherapie, und zwar insbesondere humanistischen und systemischen Ansätzen.
Psychologisch fundierte Konfliktberatung hat sich in ganz unterschiedlichen Bereichen bewährt; so in der Scheidungsberatung (»Vermittlung im Familienkonflikt«), bei der Organisationsentwicklung (Konflikte innerhalb und zwischen verschiedenen Arbeitsgruppen) und in der Politik – vom kommunalen Bereich (z. B. bei Standortkonflikten bei der Errichtung von Mülldeponien oder bei Konflikten zwischen unterschiedlichen Bevölkerungsgruppen) bis hin zur internationalen Ebene. Häufig treten angesehene Persönlichkeiten als Konfliktvermittler auf, z. B. als Schlichter in Tarifkonflikten oder als »Friedensstifter« bei internationalen Auseinandersetzungen. In solchen Fällen spielt die Psychologie als Institution keine Rolle. Dennoch wachsen auch hier die Bereitschaft und die Nachfrage nach psychologisch fundierten Methoden. Diese werden dann allerdings oft von Nichtpsychologen (z. B. von Juristen oder Unternehmensberatern) eingesetzt.

Aus der großen Zahl von Ansätzen psychologischer Konfliktberatung sei hier die von Friedemann Schulz von Thun und Christoph Thomann beschriebene »Klärungshilfe« (1988) als Beispiel herausgegriffen. Die Autoren haben ihre Methode an nahezu 50 auf Ton- und Videoband aufgezeichneten Konfliktklärungsgesprächen mit Paaren und Kleingruppen (z. B. Arbeitsteams) exemplifiziert und die einzelnen Schritte auf ihre kommunikationspsychologische Wirkung hin überprüft.

Die *Klärungshilfe* unterscheidet sich – trotz mancher Gemeinsamkeiten – in der Zielsetzung und, damit verbunden, in bezug auf das Rollenverständnis des Beraters nicht unwesentlich von der psychotherapeutischen Konfliktberatung. Der Klärungshelfer übernimmt eine Doppelrolle: Als Gastgeber sorgt er für einen störungsfreien Rahmen und achtet darauf, daß es jedem Beteiligten »gutgeht«. Als Regisseur des Geschehens gibt er eine Struktur vor und moderiert das Gespräch. Die Strukturierung erfordert vor allem bei eskalierenden Konflikten viel Kraft und Autorität. So muß er etwa das bei Streitenden übliche Einander-ins-Wort-Fallen energisch unterbinden, um zu gewährleisten, daß jeder Teilnehmer seine Sicht der Dinge wiedergeben kann. Ein (ca. $1^{1/2}$- bis 2-stündiges) Klärungsgespräch orientiert sich an folgenden Phasen:

- *Kontakt- und Situationsklärung.*

In der ersten Phase nimmt der Klärungshelfer mit jedem der Anwesenden Kontakt auf und fragt nach der Motivation für die Teilnahme. Es geht zu diesem Zeitpunkt noch nicht um die Klärung des Konflikts, sondern um den *Auftrag* an den Helfer, wie er sich aus der Sicht des Klienten darstellt, und um dessen Vorstellungen, Erwartungen und Befürchtungen. Gleichzeitig erläutert der Moderator seine Arbeitsweise und Arbeitsbedingungen (soweit das nicht schon im Vorgespräch geschehen ist). Diese Phase dient somit u. a. dem Abschluß eines Arbeitsbündnisses mit jedem Teilnehmer.

- *Thema herausfinden.*

»Was möchten Sie heute besprechen?« Diese Frage richtet der Moderator an jeden Teilnehmer. Anschließend stellt er mit den Teilnehmern eine Einigung über das für die Sitzung zentrale Thema her. Dies ist zugleich ein Test für die Einigungsbereitschaft der Konfliktparteien und für die Bereitschaft, selbst Verantwortung zu übernehmen.

- *Die Sichtweise jedes einzelnen.*

Die inhaltliche Klärungsarbeit beginnt mit einer weiteren Runde: Jeder erhält die Gelegenheit, alles zum Thema zu sagen, was ihm wichtig ist. Der Moderator unterbindet Einwürfe mit dem Hinweis, daß in dieser Phase einer nach dem anderen seine subjektive Sicht der Dinge darlegen soll.

Außerdem geht es jetzt darum, die Streitenden nach und nach dazu zu bringen, sich gegenseitig zuzuhören.

- *Gestalteter Dialog und Auseinandersetzung.*

»Wie reagieren Sie darauf, wenn Ihr Partner, wie gerade eben, sagt . . .?« Jetzt beginnt der direkte, vom Moderator unterstützte Austausch zwischen den Streitenden. Er achtet darauf, daß sie einander zuhören, und unterbricht, wenn eine Verständigung nicht gelingt. Für diesen Fall stehen Hilfstechniken zur Verbesserung der Kommunikation zur Verfügung. So erhalten die Streitenden etwa im *kontrollierten Dialog* die Aufgabe, sich jede Mitteilung in drei Schritten zu bestätigen: Äußerung von A; B sagt mit eigenen Worten, was er verstanden hat; A sagt, inwieweit er sich verstanden fühlt.

- *Vertiefung, Prägnanz der Gefühle bzw. sachliche Problemlösung.*

In dieser Phase hängt das Vorgehen stark vom jeweiligen Problem ab. Ein Partnerkonflikt erfordert eher eine Klärung emotionaler Verstrickungen, während es im beruflichen Zusammenhang häufiger um sachliche Problemlösungen geht. Zur Gefühlsklärung können neben dem Gespräch darstellerische Methoden wie das Rollenspiel oder bildnerische Gestaltung eingesetzt werden. Der Wechsel des Mediums führt oft zu neuen Möglichkeiten des gegenseitigen Verstehens.

- *Rationales Nachvollziehen und Einordnen, Vereinbarungen.*

Die Beteiligten werden vom Moderator dazu angeregt, ihre jeweilige subjektive Sicht zu erweitern und eine »gemeinsame Theorie« über den Konflikt zu entwickeln. Diese Theorie sollte nicht einen einzelnen zum Sündenbock machen, sondern den systemischen Zusammenhang betonen und außerdem Perspektiven für konkrete Schritte zur Veränderung des Systems eröffnen. Daraus können sich dann Absprachen über erste konkrete Schritte zur Veränderung ergeben.

● *Die Situation abschließen.*
In einem »Blitzlicht« erhält jeder Teilnehmer die Gelegenheit, das Gespräch aus seiner Sicht zu bewerten. Der Moderator (der als letzter an die Reihe kommt) bezieht sich dabei selbst mit ein. Dann klärt der Moderator, wie es weitergehen soll, möglicherweise durch die Verabredung einer neuen Sitzung.

Das hier skizzierte Verfahren muß den jeweiligen Umständen entsprechend zum Teil erheblich variiert werden. So sind beispielsweise »Psychospiele« in der Öffentlichkeit verpönt. Bei Gruppen- und Teamkonflikten mit einer größeren Teilnehmerzahl (ab ca. 4 bis 6 Teilnehmern) empfiehlt es sich, bei der Moderation Visualisierungshilfen einzusetzen (s. u.). Das Grundprinzip – Vorgabe einer Kommunikation und Vertrauen ermöglichenden Struktur und Stärkung des Verantwortungsgefühls der Beteiligten hinsichtlich der Konfliktbewältigung – aber bleibt dasselbe, ob es sich nun um einen festgefahrenen Partnerschaftskonflikt oder um eine seit Jahrzehnten schwelende internationale Krise handelt.

8.36 Gruppendynamik

Ebenso wie die Aktionsforschung (s. S. 26) wird die Gruppendynamik auf Kurt Lewin (1890–1947) zurückgeführt. Zunächst verstand man hierunter die sozialpsychologische Erforschung von Kleingruppenprozessen, z. B. in bezug auf Rollendifferenzierung und den Führungsstil in Gruppen (s. S. 273). Doch bei der Anwendung auf praktische Probleme, z. B. in Industriebetrieben, im Bildungsbereich und im Gemeinwesen, zeigte sich schon bald, daß das *Erfahren gruppendynamischer Prozesse* ein bisher nicht ausgeschöpftes Lernpotential für die Gruppe als Ganzes und für den einzelnen darstellt. So entstand 1946/47 die *Laboratoriumsmethode der Gruppendynamik:* Eine Gruppe von ca. 6 bis 20 Teilnehmern macht während einer mehrtägigen »Klausurtagung« unter Anleitung eines gruppendynamisch erfahrenen Leiters (es können auch mehrere sein) charakteristische Gruppenerfahrungen. Das Bewußtmachen der im Alltag meist unbemerkt ablaufenden Gruppenprozesse führt bei den Teilnehmern zu einem Wachstum der Persönlichkeit und zu mehr Kompetenz in der Gruppe (»Lernen durch Tun«). Entsprechende Veränderungen, z. B. differenziertere Selbstwahrnehmung und besseres Einfühlungsvermögen, Zunahme der Rollenflexibilität und ein gesteigertes Verantwortungsgefühl sowie die Abnahme rassistischer Vorurteile bei den Teilnehmern gemischter Gruppen, konnten auch empirisch nachgewiesen werden (s. Däumling und Mitarb., 1974).

Die Methoden der Gruppendynamik sind ebenso vielfältig wie ihre Anwendungsfelder. Nach der Zielsetzung unterscheiden sich Selbsterfahrungs- von problem- oder aufgabenorientierten Gruppen. In Selbsterfahrungsgruppen hält sich der Trainer (Leiter, Moderator) weitgehend zurück, um der Gruppe die Chance zu geben, sich ihres Zusammenwachsens, ihrer Rollendifferenzierung, ihrer Spannungen und Konflikte bewußt zu werden. Seine Aufgabe besteht vor allem darin, einen angstfreien Rahmen zu schaffen, der ein »Experimentieren« mit neuen Erfahrungen ermöglicht, und die ablaufenden Prozesse zu reflektieren.

In aufgabenorientierten Gruppen haben sich besondere Strukturierungsmethoden zum Erreichen des Arbeitszieles bewährt. So wird bei der *Moderationsmethode* der Arbeitsprozeß der Gruppe fortlaufend auf »Wandzeitungen« visualisiert (s. auch Zukunftswerkstatt, S. 424). Daneben gibt es eine Fülle von gruppendynamischen *Übungen* (z. B. Rollen-, Entscheidungs-, Feedback-Spiele), die sowohl in aufgaben- als auch in selbsterfahrungsorientierten Gruppen eingesetzt werden können, um bestimmte Gruppenphäno-

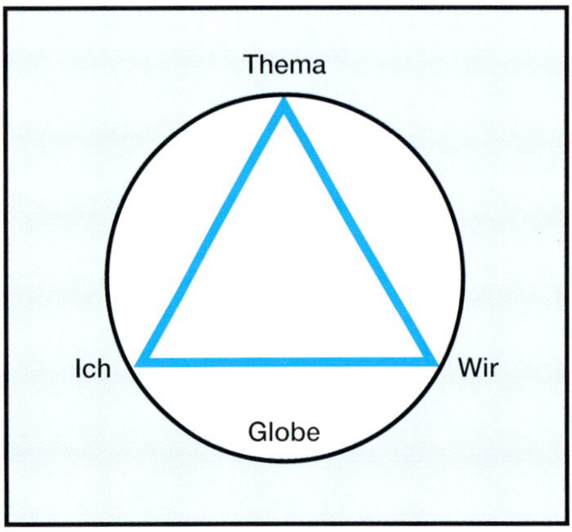

Balance in der Themenzentrierten Interaktion (TZI). Nach Ruth Cohn geht es darum, in lebendigen Gruppenprozessen eine Balance zwischen den persönlichen Bedürfnissen (Ich), der Gruppe (Wir) und der Aufgabe (Thema) zu erreichen, wobei immer auch die Randbedingungen (Globe) berücksichtigt werden müssen.

mene prägnanter erfahrbar zu machen. Nonverbale Übungen bieten dabei den Vorteil, auch Bereiche außerhalb der sprachlich-intellektuellen Ebene zugänglich zu machen.

Die Psychoanalytikerin Ruth Cohn (»Von der Psychoanalyse zur themenzentrierten Interaktion«, 1975) hat ein Konzept für die Gruppenarbeit entwickelt, das den Faktoren Selbsterfahrung und Aufgabenorientierung gleichermaßen Rechnung trägt, die *Themenzentrierte Interaktion* (TZI). Unter dem Eindruck ihrer Verfolgung aus rassischen Gründen während der Nazizeit, die sie zur Emigration in die USA zwang, setzte sie sich das Ziel, ihre Erfahrungen mit der Psychoanalyse und der Humanistischen Psychotherapie für ein *lebendiges Lernen* von Mitmenschlichkeit und Toleranz auch in nicht-therapeutischen Gruppen fruchtbar zu machen. Themenzentrierte Interaktion ist zugleich eine Haltung und eine Methode der Gruppenarbeit. Ruth Cohn geht aus vom Menschen als psycho-biologische Einheit, von der gleichzeitigen Autonomie und Interdependenz (Verbundenheit) des Menschen mit seinen Mitmenschen und mit dem Universum und von der Ehrfurcht gegenüber allem Lebendigen. In der Gruppenarbeit schlagen sich diese »Axiome« nieder in der Suche nach einer Balance zwischen den Bedürfnissen des einzelnen (Ich), dem Gruppengeschehen (Wir) und der Aufgabe (Thema). Wesentlich ist aber auch die Beachtung des Umfeldes (Globe) der Gruppe und ihrer Mitglieder (s. Abb. links). Lebendiges Lernen, kreatives Arbeiten und Problemlösen sind davon abhängig, daß es der Gruppe und ihrem Leiter immer wieder gelingt, diese dynamische Balance herzustellen. Die Bedürfnisse der Teilnehmer dürfen ebensowenig von den »Sachzwängen« einer Arbeitsgruppe überfahren werden wie die Aufgabe durch zu viel Selbsterfahrung oder Gruppendynamik aus dem Blick geraten darf. TZI gibt eine Struktur vor, die vom Leiter vermittelt wird, für deren Realisierung aber auch jedes Gruppenmitglied Verantwortung übernehmen muß. Eine wichtige Rolle spielt bei der Strukturvorgabe das *Thema,* das sorgfältig gewählt sein will, damit es die Gruppenmitglieder bei ihren Bedürfnissen »abholt«. Die angestrebte Balance zwischen Thema, Gruppengeschehen und persönlichen Bedürfnissen wird gefördert durch eine Reihe von Orientierungsregeln für die Gesprächsführung (s. Kasten S. 311). Der Leiter hat die Aufgabe, diese Regeln in der Gruppenarbeit so zu vermitteln, daß die Teilnehmer sie zunehmend in die eigene Verantwortung übernehmen, d.h. daß sie sich selber nicht nur leiten lassen, sondern daß sie auch selbst leiten. Die wichtigsten Regeln (»Sei dein eigener Leiter« und »Störungen haben Vorrang«) beziehen sich unmittelbar auf diese Eigenverantwortung, die *jedes* Gruppenmitglied trägt bzw. die es lernen sollte zu übernehmen.

»Kunstgerecht« durchgeführt, ist TZI eine vielseitige Methode psychologischer

TZI-Regeln für Gruppengespräche

- Sei dein eigener Leiter, deine eigene Leiterin: Übernimm die Verantwortung für dich selbst und für das, was du sagst und tust in der Gruppe – unter Berücksichtigung der Balance zwischen Ich, Gruppe, Thema und Randbedingungen.
- Störungen haben Vorrang: Unterbrich das Gespräch, wenn du nicht mehr folgen kannst.
- Vertritt dich selbst in deinen Aussagen, geh von deinen persönlichen Erfahrungen aus.
- Sei authentisch und selektiv, d.h., mach dir bewußt, was du fühlst und denkst, und wähle aus, was du davon mitteilen möchtest.
- Wenn du Fragen stellst, sage, warum du fragst.
- Halte dich bei anderen mit Interpretationen zurück, sprich statt dessen von deinen Reaktionen auf die anderen.
- Gespräche mit dem Nachbarn (»Seitengespräche«) sollen in die Gruppe eingebracht werden.
- Immer nur einer, nicht zu lange reden, zum Thema sprechen!

Gruppenarbeit. Darüber hinaus liefert dieser Ansatz allgemeine Leitlinien für gelingende Kommunikation und kann so zum Entstehen einer Kultur des »freundlichen Zusammenlebens« beitragen.

Die Gruppendynamik ist insgesamt mit dem Anspruch angetreten, einen psychologischen Beitrag zur Humanisierung des Alltags zu leisten. Die Bilanz nach fast 50 Jahren Praxis ist zwiespältig: In Industrie und Wirtschaft hat sich die Gruppendynamik einen festen Platz bei der Organisationsentwicklung und Mitarbeiterschulung erobert – der jährliche Aufwand der deutschen Wirtschaft für Kommunikationstraining unterschiedlichster Art wird auf drei bis fünf Milliarden DM geschätzt. Allerdings sind die Angebote sowohl in qualitativer Hinsicht als auch bezüglich ihres fachlichen Hintergrundes äußerst unterschiedlich und stammen nur zum Teil von Psychologen. Im Bildungswesen haben sich gruppendynamische Verfahren – wie überhaupt psychologische Erkenntnisse über Lern- und Bildungsprozesse – nur punktuell in reformpädagogischen Projekten durchsetzen können, während die Institutionen Schule und Universität sich in ihrer Gesamtheit als weitgehend erstarrte Systeme erweisen. Als dritter Bereich ist der »Psychomarkt« mit seinem schillernden Angebot zu nennen, das mit fließenden Übergängen von Scharlatanerie und New-Age-Kitsch bis zu ernst zu nehmenden gruppendynamischen Neuerungen reicht. Hier werden ohne Zweifel gesellschaftlich vorhandene Bedürfnisse angesprochen. Gruppendynamik kann aber zum Ersatz für ein im Alltag unerfülltes Leben werden oder auch zu einer verhängnisvollen »Psychologisierung des Alltags« beitragen, wobei die realen Lebensprobleme im Jargon gruppendynamischer Workshops (»Psycho Bubble«) zerredet werden. Der Anspruch einer Humanisierung der Alltagskommunikation wird hier ins Gegenteil verkehrt.

8.37 Qualitative Sozialforschung

Eine Darstellung der Kommunikationspsychologie wäre unvollständig ohne ihre Beziehung zur qualitativen Sozialforschung. Diese Forschungstradition hat sich zunächst schwerpunktmäßig in der Soziologie, der Ethnologie und in den »Textwissenschaften« entwickelt. Ein frühes Beispiel von Textinterpretation als psychologische Forschungsmethode ist Sigmund Freuds »Traumdeutung« (s. S. 126f.). Seit Anfang der 70er Jahre gewinnen qualitative Methoden auch in der Psychologie zunehmend an Bedeutung, und zwar als Alternative oder Ergänzung zur quantitativ-statistisch orientierten Forschung. Die Bezeichnung ist eigentlich irreführend, denn auch jede quantitative Forschung enthält qualitative Elemente, beide Ansätze können zudem miteinander kombiniert werden (als Beispiel hierfür s. die Tschernobyl-Studie, Kasten S. 422). Treffendere Benennungen wie *kommunikative, interpretative* oder *hermeneutische Forschung* konnten sich aber nicht durchsetzen.

Nach Habermas erschließt sich die menschliche Lebenswelt dem Forscher (wie dem »Laien«) nur durch Teilnahme an Kommunikation. Feldforschung, Interview und Gruppendiskussion sind wichtige kommunikative Forschungsmethoden, deren »Gütekriterien« sich nicht aus der Statistik, wohl aber aus der Theorie des kommunikativen Handelns ableiten lassen (s. S. 306). Doch qualitative Forschung umfaßt mehr als die Verwendung dieser Erhebungsmethoden, die ja durchaus auch quantitativ ausgewertet werden können. Im Gegensatz zur experimentellen Methode, bei der eine vorab formulierte Hypothese überprüft werden soll (s. S. 26), wird qualitative Forschung als *kommunikativer Prozeß* aufgefaßt, der dem Erkenntnismodell des hermeneutischen Zirkels entspricht (s. Abb. S. 19).

Am besten kommt dieser Prozeßcharakter in einem Verfahren zum Ausdruck, das in den 60er Jahren in den USA von Barney Glaser und Anselm Strauss bei medizinsoziologischen Krankenhausstudien ausgearbeitet wurde (u. a. »Interaktion mit Sterbenden«, 1974). Es zielt darauf ab, bei einer vorgegebenen Fragestellung über einen Ausschnitt aus der Lebenswelt eine »gegenstandsverankerte« Theorie (»Grounded Theory«) zu entwikkeln. Der Klassiker »The discovery of grounded theory – strategies for qualitative research« wurde 1967 veröffentlicht. Inzwischen ist eine ausgezeichnete aktuelle Darstellung aus der Feder von Anselm Strauss unter dem Titel »Grundlagen qualitativer Sozialforschung. Datenanalyse und Theoriebildung in der empirischen soziologischen Forschung« (1991) in deutscher Sprache erschienen. Die Methode beruht auf folgenden Prinzipien:

- *Prozeßcharakter.*

Der Forscher beginnt *nicht* mit theoretisch abgeleiteten Hypothesen über seinen Gegenstand, sondern er nutzt seine Annahmen und Vorkenntnisse in Form von *sensibilisierenden Konzepten,* die ihm helfen sollen, seine Wahrnehmung zu strukturieren. Durch den »Einstieg ins Feld« und durch die sukzessive Datenerhebung und -interpretation im weiteren Verlauf werden die Konzepte schrittweise präzisiert. Das erfordert in allen Stadien ein Pendeln zwischen Phasen der Datenerhebung und Phasen der Dateninterpretation, bis schließlich eine »gegenstandsverankerte Theorie« vorliegt.

- *Vielfalt der Erhebungsmethoden.*

Während des Forschungsprozesses wird auch darüber entschieden, welche Erhebungsmethoden der jeweiligen Fragestellung angemessen sind. Alltags- und Fachwissen der Forscher, bereits vorliegende Dokumente (auch solche mit quantitativen Daten), Beobachtungsprotokolle, Interviews, Gruppendiskussionen, Bildmaterial und Feldexperimente gehen gleichermaßen in die Datenerhebung ein.

- *Theoriegeleitete Erhebung.*

Die sich entwickelnde Theorie bestimmt darüber, welche Daten als nächste erhoben werden sollen. Repräsentative Zufallsstichproben werden ersetzt durch die *gezielte Erfassung* möglichst *gegensätzlicher Phänomene.* Dadurch wird sichergestellt, daß der untersuchte Komplex in seiner ganzen Breite und Vielschichtigkeit erforscht werden kann.

- *Sättigungsprinzip.*

Die Datenerhebung (und auch die Interpretationsarbeit) wird so lange fortgesetzt,

Offenes Kodieren

Textpassage	*Kodierungen*
(1) Also Milch zu trinken, Joghurt zu essen, solche Sachen, plötzlich alles, was irgendwie, ja was ich als, als gesund und natürlich und so empfunden hab (2) das war einfach alles weg. (3) Und das hat mir also das Gefühl einer unheimlichen Bedrohung so gegeben und dann wirklich eine, ja man kann nicht sagen Panik (4) ja also daß ich nicht imstande bin mein Kind, also dem eine Welt weiterzugeben, ja die man als lebbar ansehen kann . . . (aus einem Interview der Tschernobyl-Studie, s. S. 422)	Lebensweise Verantwortung als Mutter lebbare Welt zentrale Werte Identität . . . (weitere Kodierungen s. kursiv Gedrucktes im Memo)

Memo

(1) Gegensatz zu »Milch« und »Joghurt« wäre Tiefkühlkost, Konserven, chemisch behandelte Nahrung, auch Fleisch. Symbolwert der Milch: Muttermilch, *Mutter Natur.* Verbindung »natürlich« – »gesund«. Natur steht auch für gesunde *Lebensweise* (Naturapostel gegen McDonald's?). Hier sind *zentrale Werte* bedroht.

(2) »weg« ist das kürzeste Wort für *Verlust.* Was kann »einfach alles weg« sein? Job, Geld, Partner . . . Dauernder oder ersetzbarer *Verlust*? (Äußert sie sich dazu im Interview?) Drückt Plötzlichkeit und Fassungslosigkeit aus. *Verarbeitung* eines Verlusts. Z. B. plötzlicher Tod, lange Krankheit, Verlassenwerden. Frühkindliche Ängste durch Verlust von *Mutter Natur?* Der Verlust bedeutet *Kontrollverlust.* Warum? Ursache bzw. *Schuld.* Wer ist verantwortlich: Politiker, wir alle, sie als Mutter?

(3) »Bedrohung«: kommt von außen. »Unheimliche Bedrohung« ist keine bloße Steigerung, sondern besondere Qualität des *Unheimlichen,* taucht in vielen Interviews auf (»unheimliche Strahlen«): das *Tschernobyl-Gefühl.* Wie lange hielt oder hält das an? Suche nach Hinweisen auf Gefühlsqualitäten! Dazu paßt die »Panik« als Reaktion. Fehlleistung (»man kann nicht sagen Panik«): Ausdruck der immer noch belastenden Erinnerung?

(4) Was heißt *»lebbare Welt«?* Offenbar wieder eine Frage der zentralen Werte und damit der Identität. Letzlich steht dahinter die Frage nach dem guten, richtigen Leben. Sie fühlt sich »nicht imstande«, d. h. *Ohnmacht* angesichts einer scheinbaren Selbstverständlichkeit (*»eine lebbare Welt* weitergeben«). *Generationenvertrag* im Bezug auf die Umwelt. Sie fühlt sich als versagend in ihrer *Verantwortung* als Mutter für ihr Kind. Wo hört die Verantwortung einer Mutter auf? Wer ist noch verantwortlich (s. o.)? Wie sehen Jugendliche, Männer, kinderlose Frauen, Frauen mit größeren Kindern, alte Menschen ihre Verantwortung für die Weitergabe einer *»lebbaren Welt«*? Das muß in den anderen Interviews untersucht werden!

Zentrale Aussage: *Tschernobyl als Angriff auf die Identität.*

bis sich keine neuen Gesichtspunkte mehr ergeben.

● *Theoretisches Kodieren.*
Dies ist das Herzstück bei der Entwicklung gegenstandsverankerter Theorien. Es handelt sich um eine strukturierte und zugleich kreative *Methode der Textinterpretation* und des wissenschaftlichen Denkens. Textstellen werden als *Indikatoren* für psychische und soziale Phänomene aufgefaßt (»Protokollsätze«). Durch das Kodieren werden einer Textstelle ein oder mehrere *Kodes* (Begriffe, Stichwörter) zugeordnet. Jeder Kode verweist über die Textstelle auf ein bestimmtes Phänomen, gleichzeitig dient er als Hinweis auf ein Konzept, das sich beim Kodieren allmählich entwickelt (Indikator – Konzept – Modell).

Während des Kodierens hält der Inter-

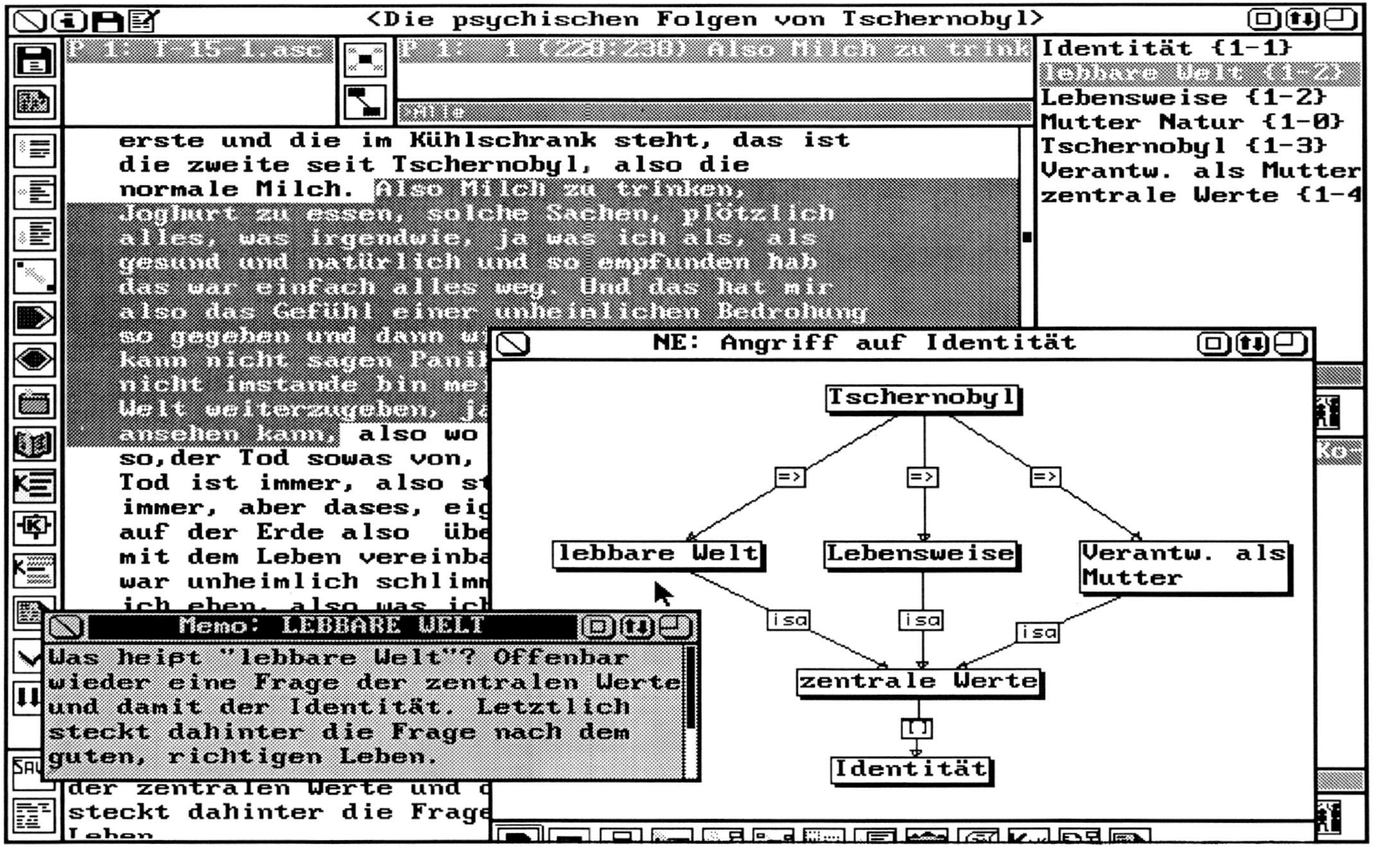

Textinterpretation auf dem Bildschirm (ATLAS/ti). Festgehalten wurde ein Arbeitsschritt auf dem Bildschirm, der dem Beispiel in Kasten S. 313 entspricht. Die Arbeitsergebnisse sind in unterschiedlichen »Fenstern« sichtbar: Primärtext links, Textpassage grau unterlegt, darunter Memo zu »lebbare Welt«. Kodeliste rechts oben, darunter zugehöriges Begriffsnetz. (Die vielen kleinen Bildchen am Rand sind »Bedienungsknöpfe«, mit deren Hilfe die Abläufe des Programms gesteuert werden.)

Computerunterstützte Textinterpretation

In einem interdisziplinären Forschungsprojekt an der Technischen Universität Berlin unterLeitung des Autors (H. L.) entwickelten Informatiker, Linguisten und Psychologen ein Computersystem, das den kreativen Umgang mit Textmaterial erleichtern soll. Das Gesamtsystem ATLAS (*A*rchiv für *T*echnik, *L*ebenswelt, *A*lltags-*S*prache) besteht aus einer Textbank und dem Interpretationsunterstützungssystem ATLAS/ti (ti für Textinterpretation). ATLAS/ti (Muhr, 1991) orientiert sich am Modell der »Grounded Theory« und beinhaltet Methoden zum »Aufbrechen« von Textdaten (textuelle Ebene) und zum Aufbau *gegenstandsverankerter Theorien* (konzeptionelle Ebene). Als »Denkwerkzeug« zwar ursprünglich für die sozialwissenschaftliche qualitative Forschung entwickelt, ist es offen für alle Anwendungsbereiche, für die ein kreativer Umgang mit Texten charakteristisch ist – z. B. für die Gewinnung von Expertenwissen aus Interviewtranskripten für den Aufbau von Expertensystemen oder die Bearbeitung von juristischen oder literarischen Texten. Dabei geht es nicht um die Automatisierung intellektueller Tätigkeiten, sondern um eine weitgehende Unterstützung von Routinearbeiten (Textsegmentierung, Suchen, Kodierung) und von explorativen Verfahren bei der Theoriekonstruktion.

Aus einem umfassenden Archiv mit Texten (Interviews, Diskussionen, Zeitungsberichte) und auch Bildern kann das für eine bestimmte Fragestellung interessante Material abgerufen werden. Diese »Primärtexte« bilden zusammen mit den im Verlauf der Interpretation entstehenden Kommentaren, Kodierungen und Theorienetzwerken eine »hermeneutische Einheit«. Der jeweils bearbeitete Text erscheint auf dem Bildschirm. Der Interpret markiert und kategorisiert einzelne Textstellen, indem er sie mit Kodes versieht, und schreibt dazu Kommentare (Memos). Ausgehend von den schon vergebenen Kodes beginnt nun der Aufbau von Begriffsnetzen mit Hilfe eines graphischen Netzwerk-Editors (s. Abb. S. 314). Als Resultat einer qualitativen Analyse entsteht dann durch Integration der einzelnen Interpretationstexte und Graphiken ein neuer, zusammenhängender Text, der die gegenstandsverankerte Theorie beschreibt. Vorteile gegenüber herkömmlichen Methoden sind, daß sich kodierte Textstellen und Kommentare zu Vergleichszwecken leicht wiederfinden (»Zettels Traum«) und die sich dynamisch entwickelnden, komplexen Wissensstrukturen gut handhaben lassen. Wieweit sich ein durch das elektronische »Denkwerkzeug« unterstütztes Denken positiv oder negativ auf kreative Prozesse der Interpretation auswirkt oder gar, ob das Hilfsmittel das persönliche Berührtsein durch den Text beeinträchtigt, kann nur durch vergleichende Praxisforschung beantwortet werden.

pret seine Einfälle und Überlegungen zu den Kodes und zu der sich entwickelnden Theorie fortlaufend in *Kommentaren* (Memos) fest. Bei der Interpretationsarbeit sichtet er die Texte – anfangs oft Zeile für Zeile, später unter Heranziehung möglichst unterschiedlicher Texte –, markiert wichtige Stellen, notiert am Rand seine Kodes und schreibt seine Memos. Dabei ist es wichtig, nicht nur den Inhalt der Textstelle zu kodieren (wie bei der Methode der qualitativen *Inhaltsanalyse,* S. 203). Vielmehr soll der vordergründige Inhalt durch *texterschließende Fragen,* die aus einem allgemeinen Handlungsmodell der sozialen Wirklichkeit abgeleitet sind, »aufgebrochen« werden. Solche Fragen beziehen sich z. B. auf die im Text angezeigten Phänomene (Welche Aspekte?), auf Ähnlichkeiten und Unterschiede (Wo findet sich Vergleichbares?), Entstehungsbedingungen (Warum?), Konsequenzen (Wozu?), das Interaktionsgeschehen (Was wird hier verhandelt?) und auf Strategien (Wie wird das Ziel erreicht?). Die Arbeit beginnt mit dem *offenen Kodieren* (s. Kasten S. 313). Dabei werden alle für die Fragestellung irgendwie bedeutsamen Textstellen bearbeitet. Später nimmt das Kodieren einen zunehmend selektiven

Charakter an, d. h., es geht dann um Phänomene und Textstellen, die sich auf zentrale Kategorien der entstehenden Theorie beziehen.

- *Theorie als Begriffsnetz.*

Mit fortschreitender Entwicklung der Theorie werden nicht nur Textstellen mit Kodes versehen, sondern die Kodes werden auch ihrerseits miteinander verknüpft und zu übergeordneten Kategorien zusammengefaßt. So schälen sich allmählich die Kernpunkte der Theorie heraus, und es entsteht ein komplexes Begriffsnetz (semantische Netze, s. S. 267). Die Abbildung auf S. 314 enthält ein Beispiel für ein solches Begriffsnetz im Frühstadium einer Theorie. Die einzelnen Begriffe sind in einer überprüfbaren Folge von Interpretationsschritten aus den Textstellen (»Protokollsätzen«) abgeleitet und somit in den Phänomenen verankert (Prinzip der Gegenstandsverankerung).
Die Entwicklung gegenstandsverankerter Theorien hat sich bei einer Vielzahl soziologischer und neuerdings auch psychologischer Studien bewährt. (Noch größer ist die Menge jener Forschungsarbeiten, die sich auf die »Grounded Theory« zwar berufen, deren strengen Kriterien aber nicht genügen.)
Ein besonderes Hemmnis bei der Anwendung ist der große Aufwand an Interpretationsarbeit. Hier eröffnen sich neue Möglichkeiten durch moderne Entwicklungen in der computergestützten Textarchivierung und -interpretation. Papier, Bleistift und Karteikarten lassen sich durch computerunterstützende »Denkwerkzeuge« ersetzen (s. Kasten S. 315).

Über den methodischen und technischen Fortschritten in der Textinterpretation darf aber nicht vergessen werden, daß der Forschungsprozeß ein *Dialog* zwischen dem Forscher und seinem Gegenstand ist. Auf der einen Seite gehen die persönlichen Interessen, Vorurteile und Ängste des Wissenschaftlers oder des Wissenschaftlerteams in diesen Dialog ein; daraus leitet sich die Forderung nach Selbstreflexion und wenn möglich nach Forschungssupervision ab (s. S. 305). Auf der anderen Seite steht der Dialog in einem Handlungszusammenhang, d. h., er hat für Forscher und Beforschte *Folgen,* die mitbedacht werden müssen.

8.4 Problemlösen und Intelligenz

8.41 Künstliche und leibhaftige Intelligenz

Die Entwicklung der »Künstlichen Intelligenz« (KI) seit etwa Mitte der 60er Jahre war mit hohen technischen Erwartungen verknüpft. In der *Kognitiven Psychologie,* die an den Fortschritten der KI wesentlich beteiligt ist, wurde in diesem Zusammenhang auch ein tieferes Verständnis intelligenten menschlichen Handelns erwartet. Ein wichtiger Schritt auf diesem Weg war die Entwicklung des Computerprogramms GPS (»General Problem Solver« – »Allgemeiner Problemlöser«) durch Allen Newell und Herbert Simon (1972). Die beiden Amerikaner hatten mehrere Versuchspersonen aufgefordert, beim Lösen von logischen Aufgaben und Rätseln »laut zu denken«. Dabei entdeckten sie (wie andere Denkpsychologen vor ihnen), daß die Probanden nicht etwa systematisch alle möglichen Lösungswege überprüften, sondern heuristische Regeln (»Finderegeln«) benutzten, die das Problemlösen erheblich abkürzen konnten. Newell und Simon simulierten solche Regeln mit Hilfe »heuristischer Programmprozeduren« in ihrem »Allgemeinen Problemlöser«. Sie glaubten, damit ein allgemeines Prinzip entdeckt und nachgeahmt zu haben, von dem sie annahmen, daß es auch dem menschlichen Problemlösen zugrunde liege: Ein Problem oder eine Aufgabe wird in einem »Problemraum« analysiert, der aus einer endlichen Zahl von Zuständen besteht und aus Operationen, die zu diesen Zuständen führen. Die Zustände sind mehr oder weniger erstrebenswert, sie müssen also bewertet werden. Problemlösen besteht demnach in einer Abfolge von Operationen, die zu einem (oder dem) erstrebenswerten Zustand führen. Durch die »heuristischen Regeln« wird erreicht, daß hierbei nicht alle denkbaren Alternativen getestet werden müssen, sondern in kurzer Zeit ein »guter Weg« gefunden wird. Newell und Simon schreiben: »Mit dieser Theorie können wir heuristische Prozesse im Menschen sowohl verstehen als auch auf Digitalcomputern simulieren. Intuition, Einsicht und Lernen sind nicht länger ausschließlich Besitz des Menschen. Jedem großen Hochgeschwindigkeitscomputer können sie einprogrammiert werden.«

Der GPS allerdings wurde diesem Anspruch kaum gerecht, denn das Programm konnte nur eine sehr spezielle Klasse von geometrischen Problemen lösen. Das Konzept eines *allgemeinen* Problemlösers wurde aufgegeben zugunsten von *Expertensystemen* für engumrissene Problembereiche. Ein Expertensystem besteht – ähnlich wie der GPS – aus einer »Wissensbasis« (Fakten und Regeln, die durch Befragen und Beobachten von menschlichen Experten gewonnen wurden) und einer »Entscheidungskomponente«, die aus der »Wissensbasis« aufgrund von Optimierungskriterien Schlüsse zieht. Doch auch die Expertensysteme konnten die in sie gesetzten Erwartungen nicht erfüllen. Terry Winograd, selbst ein Pionier der KI-Forschung, kommt in seinem neuen Buch »Erkenntnis Maschinen Verstehen« (1989, zusammen mit Fernando Flores) zu dem Schluß, daß die über 20 Jahre lang mit Milliardenbeträgen geförderte KI-Forschung heute als Fiasko angesehen werden muß: Expertensysteme versagen kläglich in allen Problembereichen, in denen es auch auf praktisches Alltagswissen ankommt. Erfolgreich sind sie dagegen auf Spezialgebieten, etwa beim Schach, oder bei der Auswertung von Elektrokardiogrammen in der Medizin. Der Philosoph Hubert Dreyfus, ein radikaler Kritiker der KI-Forschung, macht für das Scheitern den rationalistischen, letztlich auf Platon und Descartes zurückgehenden Ansatz der Kognitionswissenschaft (s. S. 15) verantwortlich. Dabei bezieht er sich auf phänomenologische Analysen seiner philosophischen Vorgänger Martin Heidegger und Maurice Merleau-Ponty.

Heidegger verwirft in seinem Hauptwerk »Sein und Zeit« die rationalistische Subjekt-Objekt-Trennung. Für ihn ist menschliches Dasein ein »In-der-Welt-Sein«. Erfahrung und Verstehen finden zunächst in der Praxis statt – ohne die Abbildung der Welt in einem inneren »Problemraum« (s. dazu auch die moderne Systemtheorie Maturanas S. 23). Im Anschluß an Heidegger analysiert Merleau-Ponty in seinem Buch »Phänomenologie der Wahrnehmung« das »In-der-Welt-Sein« als leib-haftige Erfahrung. Er stellt dem *Körper, den wir haben,* den *Leib, der wir sind,* gegenüber. Wahrnehmen, Denken und Handeln vollziehen sich immer nur »leibhaftig« in konkreten Situationen. Die *Perspektivität* unserer Wahrnehmung (was ist vorne, hinten, oben, unten, erreichbar etc.?) ist ebenso leibgebunden wie die »Atmosphäre« einer Situation oder einer Landschaft (heiter, bedrükkend, langweilig). Wir lernen nicht in erster Linie, was in der Welt ist, indem wir ein Modell der Welt verinnerlichen (Wissen, daß), sondern wir lernen, wie wir in der Welt als leibhaftige Menschen handeln (Wissen, wie; s. auch das Lernen von Fertigkeiten, S. 270).

Hierin erblickt Hubert Dreyfus einen fundamentalen Unterschied zwischen der »künstlichen« Intelligenz des Computers und der »leibhaftigen« Intelligenz des Menschen: Computer besitzen keinen Leib und können deshalb keine leibhaftigen Situationserfahrungen machen. (Dies

Fünf Stufen beim Fertigkeiten-Erwerb
(aus: Dreyfus/Dreyfus, 1987)

Stufe	Komponenten	Perspektive	Entscheidung	Einstellung
1. Neuling	Kontext-frei	Keine	Analytisch	Distanziert
2. Fortgeschrittener Anfänger	Kontext-frei und situational	Keine	Analytisch	Distanziert
3. Kompetenz	Kontext-frei und situational	Gewählt	Analytisch	Distanziertes Verstehen und Entscheiden. An Ergebnissen gefühlsmäßig beteiligt
4. Gewandtheit	Kontext-frei und situational	Erfahren	Analytisch	Teilnehmendes Verstehen Distanziertes Entscheiden
5. Experte	Kontext-frei und situational	Erfahren	Intuitiv	Gefühlsmäßig beteiligt

gilt natürlich nicht für die Robotik – doch die gegenwärtige Generation von Robotern kann sich nur in sehr speziellen Umgebungen orientieren.) Für Dreyfus sind menschliche Experten von KI-Expertensystemen durch Welten getrennt. Um das zu beweisen, führte er zusammen mit seinem Bruder Stuart Dreyfus, einem Spezialisten für Operations Research (Unternehmensforschung), eine phänomenologische Untersuchung zum menschlichen Expertentum in verschiedenen Praxisbereichen durch. Die beiden analysierten Autofahrer, Flugzeugpiloten, Schachspieler, Wirtschaftsmanager und Krankenpflegepersonal vom Anfängerstadium bis zur »Meisterschaft«. Unabhängig vom Tätigkeitsbereich ließen sich 5 Stufen des Fertigkeiten-Erwerbs unterscheiden (s. Kasten oben). Nur im Anfängerstadium findet sich ein Handeln nach festen Regeln (Wissen, daß), das dem Modell des Problemlösens als einem rationalen Sichentscheiden zwischen Alternativen entspricht. Bei zunehmender Kompetenz wird *nicht* das anfängliche Regelwissen verinnerlicht, sondern es kommt zum Erwerb eines neuartigen, situationsgebundenen und ganzheitlichen Erfahrungswissens (Wissen, wie) bei gleichzeitiger Zunahme des emotionalen Beteiligtseins:

»Schach-Großmeister können, wenn sie ganz im Spiel versunken sind, völlig das Bewußtsein darüber verlieren, daß sie Figuren auf einem Brett bewegen. Statt dessen empfinden sie sich als betroffene Bewohner einer Welt von Drohungen, Stärken, Schwächen, Hoffnungen und Ängsten ... Ebenso eingebunden in ihr Fachgebiet sind auch Business Manager, Chirurgen, Krankenschwestern und Lehrer – vorausgesetzt natürlich, daß sie Experten sind. *Wenn keine außergewöhnlichen Schwierigkeiten auftauchen, lösen Experten weder Probleme, noch treffen sie Entscheidungen; sie machen einfach, was normalerweise funktioniert ...«* (Dreyfus/Dreyfus, 1987).

Diesen Ergebnissen zufolge erreichen KI-Expertensysteme mit ihren regelgeleiteten, rationalen Entscheidungen nur die ersten Stufen auf dem Weg zum Expertentum. Besonders aufschlußreich ist die Diskrepanz zwischen dem distanzierten Routinier und dem echten Experten, der mit »Leidenschaft« bei der Sache ist. Außerhalb der Wissenschaft sind diese Zusammenhänge schon früher beschrieben worden. So ist im japanischen Zen-Buddhismus z.B. wahre Meisterschaft beim Bogenschießen durch das Einswerden des Schützen mit Pfeil, Bogen und Ziel gekennzeichnet: »Es schießt.« Auch Heinrich von Kleists berühmter Essay »Über das Marionettentheater« (1810) behandelt die gleichen Zusammenhänge.

Diese Befunde machen den immer wieder von theoretisch gutausgebildeten Berufsanfängern erlebten *Praxisschock* verständlich. Gleichzeitig erhebt sich die Frage, *wie* bei Experten neben der Intuition auch Fachwissen und Reflexion zur Geltung kommen. Die Brüder Dreyfus sprechen hier von der »besonnenen Rationalität« der Experten:

»Meist arbeiten Experten auf ihrem Fachgebiet zwar unreflektiert und ohne Distanz, wenn es die Zeit ihnen jedoch erlaubt und die Ergebnisse ihrer Arbeit besonders wichtig sind, werden auch Experten abwägen und überlegen, bevor sie handeln. Solche Überlegungen erfordern jedoch kein Problem-Lösen, bestehen vielmehr im kritischen Betrachten der eigenen Intuitionen ... Bei wichtigen Entscheidungen, bei denen die Zeit keine große Rolle spielt, ist eine grundlegendere Rationalität nötig als die des Anfängers. Eine solche *besonnene Rationalität* versucht nicht, Situationen in kontextfreie Elemente zu zerlegen, sondern *ganze Situationen besser zu erfassen.«*

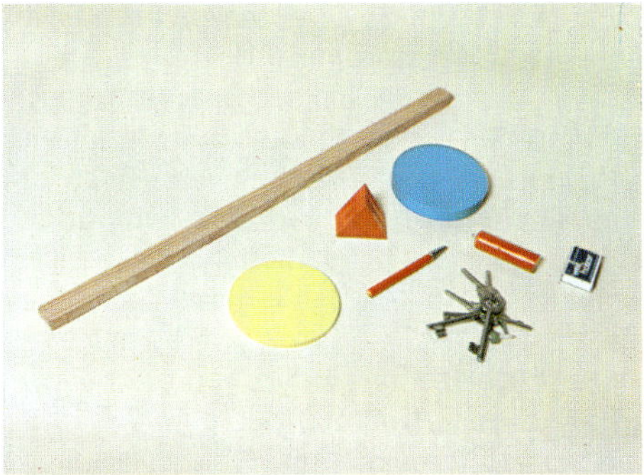

Erfindung: Der schwedische Psychologe L. Székely untersuchte 1950 eine Reihe von Denkproblemen. Mit der abgebildeten Situation konfrontiert, erhielt die Versuchsperson folgende Aufgabe: »Versuchen Sie, den Holzstab auf der oberen Kante des Dreiecks so auszubalancieren, daß sich ein Ende des Stabes nach ein paar Minuten automatisch herabsenkt, ohne daß Sie irgendwie eingreifen. Sie dürfen dabei nur Gegenstände verwenden, die auf dem Tuch liegen.« Nach Székely hatten die meisten Versuchspersonen die größte Mühe, eine Lösung für die Aufgabe zu »erfinden«. Wer an der Untersuchung von Problemlösungsprozessen interessiert ist, sollte sich drei Minuten lang bemühen, die »Nuß zu knakken«, und dabei möglichst alle Einfälle und Gedankengänge notieren. Nach drei Minuten bitte Seite 321 aufschlagen!

Die phänomenologische Theorie menschlicher Expertenschaft hat weitreichende Konsequenzen für die Vermittlung berufspraktischer Fähigkeiten und Kenntnisse; dies betrifft z.B. auch angehende Psychologen (s. psychologische Gesprächsführung, Seite 304). Theoretisches Wissen und Verhaltensregeln sind lediglich im Anfängerstadium hilfreich und können später sogar das situationsgebundene ganzheitliche Handeln behindern. Deshalb sind auch alle »Regeln« für die psychologische Gesprächsführung nur von begrenztem Wert. Wichtiger ist das situationsgebundene Lernen anhand konkreter Beispiele. Dazu eignen sich insbesondere »Lernfälle«, die den Umgang mit kritischen Situationen betreffen. Sie entziehen sich weitgehend dem Argumentationsschema (»Wenn-dann«-Beziehungen, s. S. 298) und lassen sich am besten durch *Erzählungen* wiedergeben. Unverzichtbar sind darüber hinaus leibhaftige Erfahrungen, die der Lernende in Echt-Situationen macht. Diesem Ziel dienen das Rollenspiel und vor allem ein beharrliches Üben in der Praxis. Das Prinzip der »besonnenen Rationalität« erfordert hierbei ein »kritisches Betrachten der eigenen Intuition«, wie es z.B. durch Supervision (s. S. 305) angeregt werden kann.

8.42 Komplexes Problemlösen

Wie gehen Menschen beim Lösen von Problemen, d.h. bei der Bewältigung von Aufgaben, für die es zunächst kein fertiges »Rezept« gibt, im einzelnen vor? Die Bedeutung der »Einsicht« für das Lösen von Problemen haben wir schon im Zusammenhang mit dem Werkzeuggebrauch von Menschenaffen kennengelernt (s. S. 264). Der Gestaltpsychologe Max Wertheimer hat in seinem Buch »Produktives Denken« an einer Fülle von Beispielen – von einfachen Denksportaufgaben bis zur Relativitätstheorie Albert Einsteins – solche Erkenntnisprozesse untersucht. Wertheimer betont die Plötzlichkeit der Einsicht (»Aha-Erlebnis«) und interpretiert sie als *Umstrukturierung* von Wahrnehmung und Denken. Sein Schüler Karl Duncker untersuchte als erster den gesamten Weg der Problemlösung, wobei er auch Aufgaben einbezog, die mühsames Suchen erfordern. Eine seiner typischen Fragestellungen ist das »Bestrahlungsproblem«: Wie kann eine inoperable Magengeschwulst durch Bestrahlung zerstört werden, ohne daß das umliegende gesunde Gewebe zu sehr in Mitleidenschaft gezogen wird? Duncker zufolge läßt sich der Denkprozeß beim Problemlösen als Analyse des »Konflikts« zwischen dem Ziel und den vorhandenen Mitteln beschreiben.

Bei einer ersten Untersuchung der Gesamtsituation werden die verfügbaren Gegenstände und Methoden nach ihrem »Funktionswert«, d.h. nach ihrer Tauglichkeit als Mittel zum Zweck, ausgewertet. So ergeben sich verzweigte Lösungswege oder »Lösungsstammbäume«. Ihre Hauptverzweigungen stellen unterschiedliche Lösungsstrategien dar, die weiteren Verästelungen führen zu immer konkreteren Einzelschritten. Es ist wichtig, daß die Einfälle sowohl »von oben nach unten« (von der allgemeinen Strategie zu den konkreten Schritten) als auch »von unten nach oben« (von einer ganz konkreten Idee aus hin zu der allgemeinen Strategie) erfolgen können. Der Leser ist aufgefordert, sein eigenes Vorgehen anhand der Denkaufgabe in Abbildung S. 319 zu überprüfen (Lösungen S. 321 und 324).

Die Probleme, mit denen wir es im Alltag zu tun haben, sind allerdings meist sehr viel komplexer als die Standardaufgaben der Denkpsychologen und die »Kopfnüsse« in der Rätselecke unserer Zeitungen. Der Bamberger Psychologe Dietrich Dörner wurde bekannt durch seine Studien zum planvollen Handeln angesichts hochkomplexer Situationen oder »Szenarios«, wie sie etwa ein Manager in der modernen Arbeitswelt oder Verwaltung zu meistern hat. Solche Probleme zeichnen sich nach Dörner durch folgende Besonderheiten aus:

- Komplexität: Es werden mehrere Anforderungen gleichzeitig gestellt.
- Vernetztheit: Verschiedene Teilprobleme hängen eng miteinander zusammen.
- Dynamik: Die Entscheidungen haben sowohl kurz- als auch langfristige Folgen und Nebenwirkungen.
- Unbestimmtheit: Nicht nur die Mittel, die dem Erreichen der Ziele dienen, sondern auch die Ziele selbst sind nicht genau festgelegt.
- Polytelie (von griechisch *polys* = viel und *telos* = Ziel): Es gilt, mehrere Ziele,

die einander teilweise widersprechen können, gleichzeitig im Auge zu behalten.

● Intransparenz: Es fehlen genaue und zuverlässige Informationen über alle vorgenannten Bedingungen.

● Indeterminiertheit: Es muß mit dem Eintreten unvorhersehbarer neuer Entwicklungen und Einflüsse gerechnet werden.

Um den »Umgang mit Unbestimmtheit und Komplexität« einer experimentellen Untersuchung zugänglich zu machen, entwickelte Dörner verschiedene »Szenarios«, deren dynamische Veränderungen nach Eingriffen durch die Versuchspersonen an einem Computermodell simuliert wurden. Sein bekanntestes Experiment bezieht sich auf die fiktive Kleinstadt Lohhausen; es handelt sich dabei um ein Szenario, das die Planungen und Entscheidungen von Versuchspersonen in der Rolle des »Bürgermeisters« zu analysieren erlaubt (s. Kasten S. 322). Die kognitiven und emotionalen Leistungen der »Bürgermeister« unterteilt Dörner nach vier Aspekten:

● Informationsgewinnung und -integration: Zu Beginn haben die Vpn nur eine sehr globale Vorstellung von ihrer Aufgabe und von der Struktur des Systems (es geht um den Aufbau einer kleinen Gemeinde). Es sind spezifische Strategien der Informationsgewinnung zu entwickeln, die »richtigen« Fragen müssen gestellt werden. Ziel ist es, sich ein möglichst detailliertes und konkretes Bild von der für die Entscheidungen relevanten »Welt« zu machen.

● Zielausarbeitung und -ausbalancierung: Meist sind die Ziele nur sehr global und vage vorgegeben (z. B. Zufriedenheit der Bewohner). Diese allgemeinen Vorstellungen gilt es zu konkretisieren. Außerdem ist eine Gewichtung unterschiedlicher Ziele vorzunehmen, und es müssen Teilziele, die einander widersprechen, also nicht gemeinsam realisierbar sind, ausbalanciert werden.

Voraussage: Bei diesem Problem lautet die Frage: »Was passiert, wenn die Kerze allmählich abbrennt?« Sie haben es leichter als Székelys Versuchspersonen, weil Sie schon das Erfindungsproblem kennen. Für Ihre Überlegungen haben Sie diesmal zwei Minuten Zeit (anschließend bitte Seite 324 lesen). Székely fand, daß die »Voraussage« im Durchschnitt weniger Schwierigkeiten machte als die »Erfindung«.

● Maßnahmenplanung und Entscheidung: Wenn der Handelnde ein angemessenes Bild von der Situation und den anzustrebenden Zielen besitzt, kann er an die Planung von Maßnahmen gehen. Dabei handelt es sich gewöhnlich nicht um Einzelmaßnahmen, sondern um komplexe Maßnahmenbündel, bei denen die richtige Reihenfolge eine große Rolle spielt.

● Selbstmanagement: Die Tätigkeit eines »Bürgermeisters« ist mit Zeitdruck, Streß, Frustrationen und Konflikten verbunden (soll er sich mehr für die Gesundheit der Bevölkerung oder für die Steigerung der Produktivität einsetzen?). Dörner spricht hier von Selbstmanagement, worunter er die Fähigkeit versteht, die eigenen Bedürfnisse und Gewohnheiten den Anforderungen der Situation anzupassen.

Dörners Experimente liefern eine Fülle von Erkenntnissen über die kognitiven Prozesse beim komplexen Problemlösen, die hier nicht einmal angedeutet werden können. Die von den Versuchspersonen

Die »Bürgermeister« von Lohhausen

Wie verhalten sich Menschen beim Umgang mit sehr komplexen Aufgaben, z.B. der, die Geschicke einer Kleinstadt zu lenken? Dörner und seine Mitarbeiter (1983) gaben ihren Versuchspersonen (48 Studenten unterschiedlicher Fachrichtungen) einen Stadtplan von »Lohhausen« (Abb. S. 323) mit folgender (hier gekürzter) Instruktion:

»Stellen Sie sich vor, Sie werden plötzlich Bürgermeister von Lohhausen (an der Lohe). Lohhausen ist ein Kleinstädtchen mit 3372 Einwohnern und liegt in einer hübschen, waldreichen Gegend etwa 60 km von einer größeren Stadt entfernt. Auf dem Stadtplan sehen Sie, daß es einen Bahnhof gibt; außer durch die Eisenbahn ist Lohhausen noch durch Buslinien mit der Außenwelt und der näheren Umgebung verbunden.

Lohhausen verfügt über die üblichen Einrichtungen einer mitteleuropäischen Kleinstadt; vielleicht ist Lohhausen sogar etwas überdurchschnittlich gut ausgestattet. Zum Teil sind die Einrichtungen auf dem Stadtplan, den Sie vor sich haben, eingezeichnet, aber aus diesem Plan sind natürlich nicht alle Feinheiten ersichtlich . . .

Lohhausen existiert natürlich nicht tatsächlich. Aber alle Verhältnisse in Lohhausen sind so, daß sie tatsächlich existieren könnten. Allerdings sind die Verhältnisse in Lohhausen einfacher als in der Realität, wiewohl immer noch kompliziert genug, um Ihnen Schwierigkeiten zu bereiten.

Sie betreten also nun am 2. Januar 1976 das Rathaus, um Ihr neues Amt anzutreten. Wieder im Gegensatz zur Realität haben Sie fast diktatorische Vollmachten. Alles, was Sie beschließen, wird tatsächlich durchgeführt. Ihre Aufgabe ist es, für das Wohlergehen der Stadt in der näheren und ferneren Zukunft zu sorgen. Was Sie dafür unternehmen, ist Ihre Sache.

Da Sie Lohhausen bislang nicht kannten und durch die wenigen und globalen Informationen dieser Instruktion wohl auch kaum genau genug kennengelernt haben, nun noch einige Hinweise:

Der Versuchsleiter repräsentiert für Sie so etwas wie eine allgemeine Informationsquelle. Er hält für Sie detaillierte Informationen auf Abruf bereit, nach denen Sie nur fragen müssen. Er ist bereit, Ihnen die Auskünfte eines ›Mannes von der Straße‹, eines Ressortchefs der städtischen Finanzen, des Leitungsteams der Lohhausener Uhrenfabrik, des städtischen Bademeisters oder andere zu geben. Fragen Sie ihn also, wenn Sie Ihr Bild über Lohhausen vervollständigen wollen. Natürlich können Sie nur solche Dinge erfragen, die in der Realität für Sie auch erfahrbar wären.

In jeder der 8 folgenden Versuchssitzungen haben Sie 2 Stunden Zeit, um Maßnahmen zu überlegen und um Entscheidungen zu treffen. Innerhalb dieser zwei Stunden können Sie überlegen und fragen, wie Sie wollen. Sie können sich zu bestimmten Maßnahmen entschließen, diese wieder rückgängig machen, ganz wie Sie wollen. Am Schluß der Sitzung sollten Sie sich aber für bestimmte Maßnahmen fest entscheiden. Diese werden dann durchgeführt, was konkret so aussieht, daß sie dem Computer, der Lohhausen simuliert, zugeführt werden. Der Computer simuliert sodann Lohhausen für den Zeitraum, den Sie wünschen, mindestens aber einen Monat. Bei der nächsten Sitzung bekommen Sie dann Nachricht über die Effekte Ihrer Bemühungen.«

Die Vpn hatten die Aufgabe, während der 8 Sitzungen eine »Amtszeit« von insgesamt 10 Jahren zu absolvieren. Dabei konnten die Forscher feststellen, ob und wie der jeweilige »Bürgermeister« das Städtchen »herunterwirtschaftete« oder zu einem blühenden Gemeinwesen machte, in dem allgemeine Zufriedenheit herrschte (s. Abb. S. 323). Durch Verlaufsprotokolle, Befragungen und »lautes Denken« der Vpn bei der Arbeit ließen sich außerdem die begleitenden Denk-, Planungs- und Entscheidungsprozesse analysieren.

geforderten Qualitäten wie Umsicht, Steuerungsfähigkeit in bezug auf kognitive Operationen und das Verfügen über Heurismen (Suchfunktionen) faßt Dörner unter dem Begriff *operative Intelligenz* zusammen. Diese Art von Intelligenz, die dem Bewältigen komplexer Probleme dient, unterscheidet sich deutlich von jener, die durch Intelligenztests (s. S. 327f.) erfaßt wird. Im Lichte der phänomenolo-

Stadtplan von Lohhausen (nach Dörner, 1983).

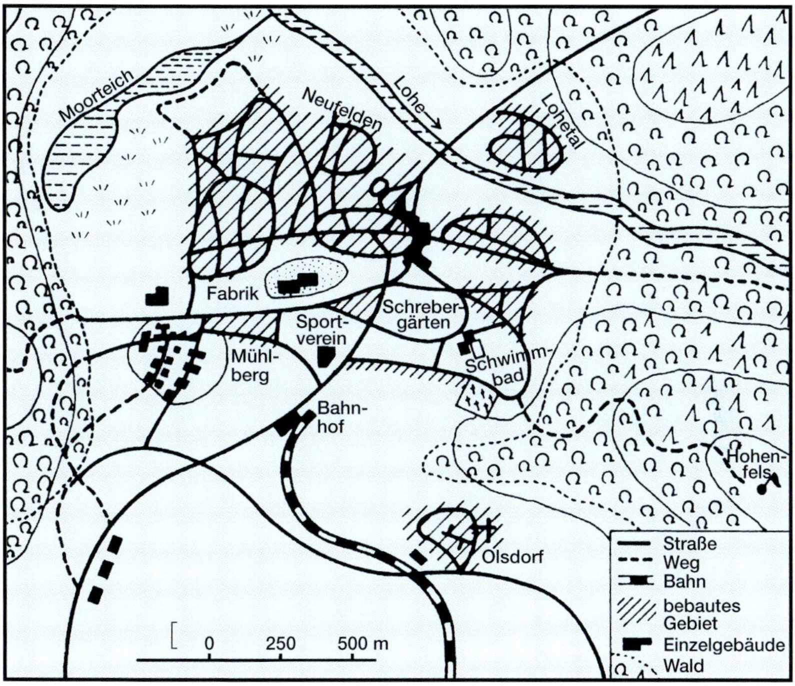

Stadtplan von Lohhausen (nach Dörner u. a., 1983).

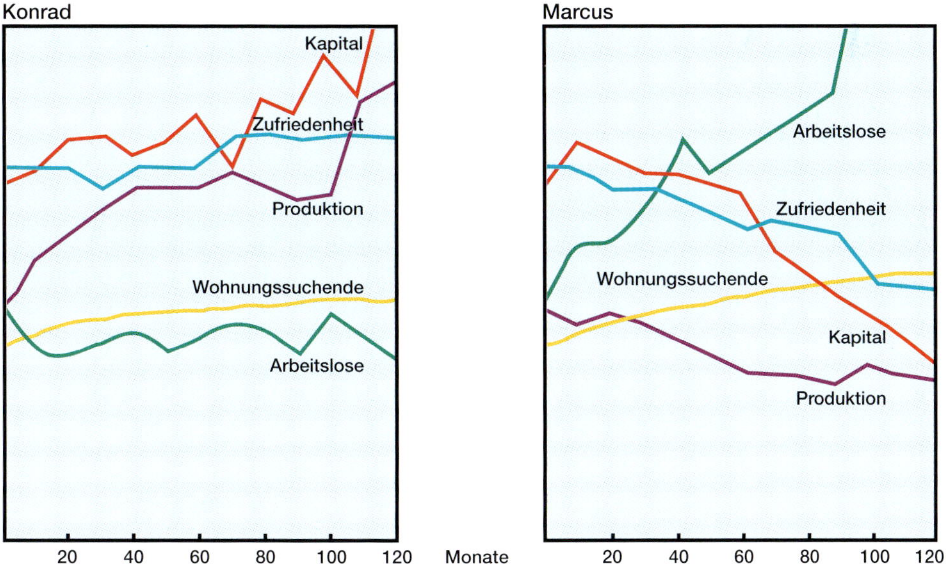

Verläufe von fünf »Kernvariablen« des Zustands von Lohhausen für eine sehr gute (»Konrad«) und eine sehr schlechte (»Marcus«) Versuchsperson (nach Dörner, 1983).

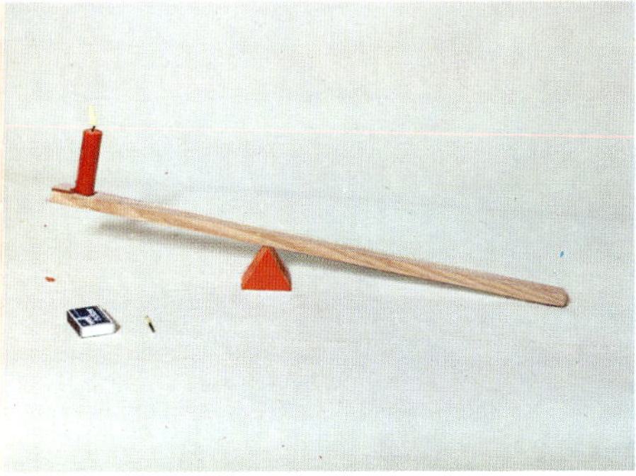

Erklärung: Hier sieht die Versuchsperson, wie sich der Stab automatisch herabsenkt. Die Aufgabe lautet: »Erkläre, warum sich der Stab aus der Balance bewegt hat.« Die »Erklärung« erwies sich als die leichteste von den drei gestellten Aufgaben (s. S. 319, 321). Nehmen Sie sich wieder zwei Minuten Zeit für Ihre Überlegungen.

gischen Untersuchungen zum menschlichen Expertentum (s. S. 318) müssen allerdings Einschränkungen in ihrer Verallgemeinbarkeit gemacht werden: Der abstrakte Umgang mit Informationen aus dem Computer schränkt die Möglichkeiten für eine ganzheitlich-intuitive, auch leibgebundene Erfassung der Situation erheblich ein. Die »Bürgermeister« von Lohhausen waren »Schreibtischtäter«. In modernen Managementkonzepten wichtige Faktoren wie zwischenmenschliche Beziehungen, Teamarbeit und Menschenführung waren durch die Versuchsanordnung ausgeblendet. Ein Bürgermeister mit »fast diktatorischen Vollmachten«, der den »Mann auf der Straße« ebenso wie seine »Ressortchefs« lediglich zum Rapport bittet, liefert nicht unbedingt ein zeitgemäßes Modell für komplexes, vernetztes Handeln. Mit dieser Einschränkung liefern Dörners Ergebnisse jedoch wertvolle Anregungen für komplexes Problemlösen in Realsituationen, die in Wirtschaft, Verwaltung und Politik ihre Anwendung finden sollten.

8.43 Intelligenzdiagnostik

Wenn es um das Lösen kniffliger Probleme geht oder um Lernfähigkeit, Schul- und Berufserfolg, unterscheiden wir im Alltag zwischen mehr oder weniger intelligenten Menschen, ohne uns Rechenschaft darüber abzulegen, worin Intelligenz im einzelnen besteht. Auch in der wissenschaftlichen Psychologie ist das Wesen der Intelligenz bis heute umstritten. Auf der einen Seite stehen theoretische und experimentelle Bemühungen, die Gesetzmäßigkeiten der kognitiven Entwicklung und des Denkens zu erfassen. Auf der anderen Seite hat sich seit Beginn unseres Jahrhunderts aus praktischen Bedürfnissen die Intelligenzdiagnostik mit Hilfe von Tests entwickelt.

1904 erhielt der französische Psychologe Alfred Binet vom Erziehungsministerium den Auftrag, ein Verfahren zur Vorhersage des Schulerfolgs in der Grundschule zu entwickeln. Mit dieser Methode sollten minderbegabte Kinder für Sonderschulen ausgewählt werden. Frühere Untersuchungen hatten ergeben, daß der Schulerfolg nicht von einzelnen Eigenschaften abhängig ist (etwa von der Sehschärfe oder der Reaktionsgeschwindigkeit). Binet suchte deshalb nach Aufgaben, die möglichst unterschiedliche und komplexe Fähigkeiten erfordern: Sprachverständnis, gutes Gedächtnis, logisches Denkvermögen, manuelle Geschicklichkeit u. a. Die Lösung solcher Aufgaben sollte Rückschlüsse erlauben auf die allgemeine Fähigkeit »Intelligenz«, die offenbar eine wichtige Voraussetzung für den Schulerfolg war. So entwickelte Binet den ersten *Intelligenztest,* der sich in revidierter Form bis heute gehalten hat und zugleich das Vorbild für die meisten anderen Intelligenz- und Leistungstests war.

Wie wir schon sahen (S. 72), besteht Messen darin, daß das »Meßobjekt« mit einem »Maßstab« verglichen wird. Für die Intelligenz gibt es jedoch keinen absoluten

Statistik

Wie in anderen Humanwissenschaften (Ökonomie, Soziologie) werden in der experimentellen Psychologie häufig *statistische Methoden* eingesetzt. Der Grund dafür liegt in der Streubreite psychologischer Ergebnisse. Jedes einzelne Resultat wird von zahlreichen unkontrollierbaren »Störfaktoren« beeinflußt, die sich als Variation bemerkbar machen (s. S. 72). Deshalb ist es oft notwendig, Experimente und Tests mehrfach durchzuführen. Die *mathematische Statistik* liefert Modelle und Verfahren, die es ermöglichen, von Meßwerten aus *Stichproben* auf die Werte in einer *Grundgesamtheit* zu schließen. Zum besseren Verständnis wollen wir einige wichtige statistische Begriffe erläutern (ausführlich s. »Knaurs Buch der modernen Statistik«).

Wahrscheinlichkeit: Der Begriff der Wahrscheinlichkeit ist grundlegend für die gesamte Statistik. Wenn man viele Male eine Münze wirft, wird »auf lange Sicht« bei der Hälfte der Würfe die »Zahl« oben liegen. Die Wahrscheinlichkeit (p) eines Ereignisses A (= »Zahl« beim Münzwurf) ist gleich der *relativen Häufigkeit* des Auftretens von A »auf lange Sicht«. Beim Münzwurf gilt:

$$p = \frac{\text{Anzahl der Würfe mit dem Ergebnis A}}{\text{Gesamtzahl aller Würfe in einer Serie von »Wurfexperimenten«}} \approx 0{,}5$$

Je mehr Würfe erfolgen, desto genauer wird in die *empirisch ermittelte Wahrscheinlichkeit* der theoretischen Wahrscheinlichkeit (p = 0,5) entsprechen (*Gesetz der großen Zahl*). Ein psychologisches Beispiel für die Abschätzung der Wahrscheinlichkeit: Eine Aufgabe in einem Intelligenztest wird von 10 Vpn aus einer Stichprobe von 100 Vpn gelöst. Die Wahrscheinlichkeit, daß eine *zufällig* aus der Gesamtheit herausgegriffene Vp die Aufgabe löst, ist dann p = 1/10 = 0,1, – vorausgesetzt, alle Vpn haben die gleichen Voraussetzungen. Wenn keine der Vpn die Aufgabe gelöst hätte, wäre die Wahrscheinlichkeit p = 0/100 = 0, wenn alle die Aufgabe gelöst hätten, wäre sie p = 100/100 = 1.

Grundgesamtheit und Stichprobe: Unter *Grundgesamtheit* versteht man alle Individuen, denen ein bestimmtes Merkmal gemeinsam ist. Bei der Eichung von Intelligenztests sprechen wir etwa von der Grundgesamtheit aller Zehnjährigen oder der Grundgesamtheit aller erwachsenen Einwohner der Bundesrepublik. Eine Stichprobe ist eine *zufällig* (z. B. durch Los) der Grundgesamtheit entnommene Anzahl von Individuen. Da es aus praktischen Gründen meist nicht möglich ist, alle Individuen der Grundgesamtheit zu »testen«, begnügt man sich mit der Untersuchung einer Stichprobe. Die statistischen Methoden erlauben es, aufgrund von Meßwerten in der Stichprobe die entsprechenden Werte der Grundgesamtheit abzuschätzen.

Statistischer Test: Stellen wir uns vor, ein Intelligenztest hat in einer Stichprobe von 50 Physikstudenten einen durchschnittlichen oder mittleren IQ (Intelligenzquotient, s. S. 327) von 120 ergeben, in einer Stichprobe von 50 Medizinstudenten einen mittleren IQ von 115. Das Ergebnis kann zwei Ursachen haben:

(1) Die Grundgesamtheiten der Medizin- und Physikstudenten besitzen den gleichen mittleren IQ – der Unterschied ist »zufallsbedingt«, das heißt, in der Stichprobe der Physikstudenten haben wir zufällig mehr Individuen mit höherem IQ erfaßt (»kein Unterschied der Mittelwerte« ist hier die »Null-Hypothese«).

(2) Die Grundgesamtheiten unterscheiden sich im IQ (»Alternativ-Hypothese«).

Es läßt sich nicht mit Sicherheit entscheiden, welche dieser Hypothesen zutrifft, da Stichproben immer nur Schätzungen der Werte in den Grundgesamtheiten darstellen. Wir können aber mit Hilfe eines *statistischen Tests* berechnen, welche Risiken wir bei der Annahme oder beim Verwerfen der »Null-Hypothese« eingehen, das heißt, wie groß die *Wahrscheinlichkeit für die Null-Hypothese* ist. Nur wenn die Wahrscheinlichkeit für eine Zufallsabweichung (Null-Hypothese) sehr niedrig ist, werden wir gewillt sein anzunehmen, daß Physikstudenten durchschnittlich einen höheren IQ haben (Alternativ-Hypothese). Es ist üblich, wissenschaftliche Ergebnisse für einigermaßen gesichert zu halten (»signifikant«), wenn die Wahrscheinlichkeit für ein »Zufallsergebnis« 0,05 oder kleiner ist (Signifikanz-Niveau = 0,05 oder 5%). Das bedeutet: Unter 20 wissenschaftlichen Ergebnissen ist durchschnittlich ein Zufallsergebnis, das wir unberechtigterweise als nicht zufallsbedingt akzeptieren würden. Im täglichen Leben sind wir meist sehr viel eher bereit, ein Zusammentreffen von Ereignissen als nicht zufallsbedingt zu betrachten.

Häufigkeitsverteilung: Wenn wir bei den Individuen einer Stichprobe Meßwerte eines Merkmals erheben (z. B. Körpergröße bei 100 Personen), so lassen sich die Ergebnisse in einem Koordinatensystem als »Häufigkeitsverteilung« darstellen. Die x-Achse dient als Skala der Meßwerte (z. B. cm), auf der y-Achse wird abgetragen, wie häufig jeder Meßwert in der Stichprobe vorkommt. Bei biologischen Meßwerten treten oft Häufigkeitsverteilungen auf, die der *Normalverteilung* (*Glockenkurve*) entsprechen. Diese Verteilung läßt sich durch zwei »statistische Kerngrößen« beschreiben: durch den Mittelwert (arithmetisches Mittel M) und durch die Streuung (Standardabweichung s).

Korrelation: Wenn wir bei jedem Individuum einer Stichprobe *nicht ein, sondern zwei* Merkmale erfassen (z. B. Körpergröße und Gewicht), läßt sich für beide Merkmale eine gemeinsame Häufigkeitsverteilung ermitteln. Das Bild dieser gemeinsamen Häufigkeitsverteilung gibt einen Anhaltspunkt dafür, ob die beiden Merkmale in der Stichprobe voneinander abhängig sind oder nicht. Bei Körpergröße und Körpergewicht liegt eine deutliche Abhängigkeit vor: Größere Personen sind meist auch schwerer als kleinere. Die Abhängigkeit oder der Zusammenhang der beiden Merkmale wird als *Korrelation* bezeichnet und zahlenmäßig durch den Korrelationskoeffizienten (r) beschrieben. Der Korrelationskoeffizient kann Werte zwischen – 1 und + 1 annehmen. Solche Korrelationsberechnungen spielen in der Psychologie eine bedeutende Rolle, z. B. bei der Erfassung des Zusammenhangs oder der »Ähnlichkeit« zwischen verschiedenen Tests (s. S. 327). Es ist wichtig, sich klarzumachen, daß zur Berechnung einer Korrelation *bei jedem Individuum zwei Meßwerte* vorliegen müssen.

Faktorenanalyse: Bei vielen psychologischen Fragestellungen ergeben sich pro Individuum nicht nur zwei, sondern 10, 20 oder mehr Meßwerte. Jeden dieser Meßwerte kann man mit jedem anderen zur Berechnung einer Korrelation kombinieren. Bei zehn Meßwerten pro Individuum lassen sich 45 verschiedene Korrelationen berechnen. Eine *Korrelationsmatrix* enthält alle zwischen den Merkmalen bestehenden Ähnlichkeits- oder Zusammenhangsbeziehungen. Die *Faktorenanalyse* ist ein Verfahren, mit dem versucht wird, die den Ähnlichkeitsbeziehungen zugrunde sliegenden *Dimensionen* oder *Faktoren* abzuschätzen. Die Faktorenanalyse spielt besonders in der Testpsychologie eine bedeutende Rolle (s. S. 327). Ihre Anwendung ist allerdings an mathematisch-statistische Voraussetzugen gebunden, die in der psychologischen Forschung meist nicht gegeben sind.

Maßstab. Binet hatte die Idee, die Intelligenz der »Testperson« *an der durchschnittlichen Leistung einer Gruppe* zu »messen«. Ergebnisse von Intelligenztests sind also – wie die Punkte oder Noten in manchen Sportarten – relative Maße, die angeben, welchen Rangplatz die Testperson innerhalb der Bezugsgruppe einnimmt. Binet ging bei der Beurteilung der kognitiven Fähigkeiten von der *Altersentwicklung* aus: Ein »durchschnittliches« dreijähriges Kind kann auf Aufforderung Nase, Ohren, Augen und Mund zeigen, ein Neunjähriger ist imstande, die Monatsnamen aufzuzählen. Für eine Sammlung von Testaufgaben stellte Binet zunächst für verschiedene Altersgruppen *Altersnormen* auf. Die Aufgaben ließen sich somit in einer *Altersskala* anordnen: Lösbar vom Durchschnitt der Dreijährigen, der Vierjährigen, der Fünf-, Sechs-, . . . Elfjährigen. Die Normen wurden an einer größeren Zahl drei- bis elfjähriger Kinder erhoben, die eine *Stichprobe* aus der Gesamtzahl aller Kinder darstellten (*Eichstichprobe,* s. Kasten S. 325). Aufgrund der Normen kann man der Testperson ein *Intelligenzalter* als relatives Maß der Intelligenz zuordnen. »Intelligenzalter« ist also keine Alters-, sondern eine *Leistungsangabe anhand von durchschnittlichen Altersnormen.* Wenn bei einem Kind von sieben Jahren das »Intelligenzalter« 7 ermittelt wird, besitzt es eine altersgemäß entwickelte Intelligenz. Bei einem Neunjährigen dagegen weist das »Intelligenzalter« 7 auf einen intellektuellen Entwicklungsrückstand von zwei Jahren hin. Die Interpretation des »Intelligenzalters« ist abhängig vom Lebensalter. Der Psychologe William Stern führte 1911 den *Intelligenzquotienten* (IQ) ein, indem er das »Intelligenzalter« (Maß für die Leistung der Testperson) durch das »Lebensalter« (Maß für die Durchschnittsleistung der Altersgruppe der Testperson) dividierte: IQ = 100 × (Intelligenzalter/Lebensalter). Für das siebenjährige Kind in unserem Beispiel beträgt der IQ 100 × 7/7 = 100 (»durchschnittliche Intelligenz«), für das neunjährige Kind 100 × 7/9 = 78 (»Minderbegabung«, s. u.).

Bei Erwachsenen ist es wenig sinnvoll, den IQ aus Intelligenzalter und Lebensalter zu berechnen. Nach Beginn der Pubertät steigt die intellektuelle Leistungsfähigkeit nur noch sehr langsam an, mit etwa 25 Jahren ist meist schon das Maximum erreicht (jedenfalls nach den Ergebnissen der üblichen Intelligenztests, s. Abb. S. 328). Seit den Untersuchungen des Amerikaners David Wechsler hat es sich deshalb eingebürgert, den IQ für Kinder und Erwachsene einheitlich nach einem etwas anderen Verfahren zu bestimmen. Die Normen für die Testaufgaben werden nach wie vor durch Altersgruppen-Stichproben ermittelt. Die Abweichung der Testperson vom *Mittelwert M* ihrer Altersgruppe wird aber durch ein rein statistisches Abweichungsmaß (Standardabweichung) berechnet.

Eine *Interpretation* des IQ ergibt sich aus seiner Häufigkeitsverteilung in der Eichstichprobe (Mittelwert = 100, Standardabweichung = 15):

IQ unter 70	»Schwachsinn«	2%
70–85	»Minderbegabung	14%
85–115	»Durchschnitt« der Bevölkerung	68%
115–130	»hohe Intelligenz«	14%
über 130	»Höchstbegabung«	2%

8.44 Was Intelligenztests messen

Eine boshafte Definition von Intelligenz lautet: »Intelligenz ist das, was Intelligenztests messen.« Dahinter verbirgt sich ein grundsätzlicher Mangel der üblichen Intelligenztests: Sie sind nicht aus einem theoretischen Verständnis von Intelligenz hervorgegangen, sondern aus dem Bedürfnis, *statistisch abgesicherte* Vorhersagen über die menschliche Leistungsfähigkeit in komplexen Situationen treffen zu können (z. B. Schulerfolg, Berufserfolg, Eignung für das Militär). Zu diesem Zweck werden die Aufgaben eines Intelligenztests in der *Testkonstruktion* mittels statistischer Verfahren wie Korrelationsrechnung und Faktorenanalyse (s. Kasten S. 325) ausgewählt und analysiert.

Der *Korrelationskoeffizient* (r) stellt ein Maß für die *Ähnlichkeit* zweier Tests dar. Die Anwendung der Korrelationsrechnung ergab, daß die verschiedenen Aufgabentypen Gemeinsamkeiten besitzen: Wer bei einem Aufgabentyp gut abschneidet, löst meist auch andere Aufgaben zufriedenstellend. Mit Hilfe der *Faktorenanalyse* ließ sich diese Gemeinsamkeit der Aufgabentypen zahlenmäßig als *Generalfaktor* (»G-Faktor der Intelligenz«) erfassen, daneben eruierte man einen *Spezialfaktor* als Besonderheit des jeweiligen Aufgabentyps. Nach dieser »Zwei-Faktoren-Theorie« der Intelligenz sollten möglichst unterschiedliche Aufgabentypen zur Berechnung des IQ zusammengefaßt werden, um den Einfluß der Spezialfaktoren durch Mittelung ausgleichen zu können. Diese einfache Vorstellung ließ sich jedoch nicht aufrechterhalten.

Der Amerikaner L. Thurstone führte in den 30er Jahren Faktorenanalysen an einer sehr großen Anzahl verschiedener Aufgabentypen durch. Dabei ergab sich eine zusätzliche Gliederung der Aufgabentypen nach *Gruppenfaktoren.* Die sieben wichtigsten Gruppenfaktoren werden

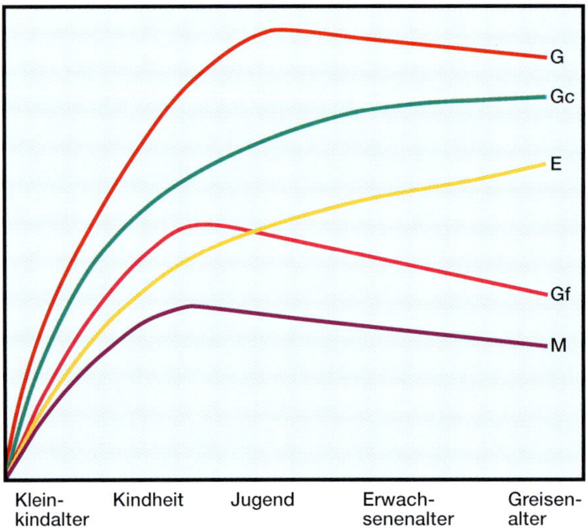

Entwicklung der mittleren Intelligenzleistung (IQ) in Querschnittsuntersuchungen.
G: Allgemeinfähigkeit; Gc: Kristalline Intelligenz; E: Anhäufung von Schädigungen der neuralen Strukturen; Gf: fluide Intelligenz; M: Reifung und Verminderung neuraler Strukturen (nach Horn, 1979).

als *Primärfähigkeiten der Intelligenz* (*primary mental abilities*) bezeichnet. Es handelt sich um Sprachbeherrschung, Wortgewandtheit, Geschick beim Rechnen, räumliche Vorstellungskraft, Auffassungsgabe, Erinnerungsvermögen und um die Fähigkeit zu schlußfolgerndem Denken. Spätere Untersuchungen führten zu im-

Ein Untertest aus dem »Handlungsteil« des HAWIE: der Mosaik-Test. Mit Hilfe der bunten Klötzchen müssen entsprechend einer Vorlage verschiedene Muster nachgelegt werden.

mer mehr Gruppenfaktoren, die man zu Faktoren 2. Ordnung zusammenzufassen pflegt. So unterscheidet der amerikanische Intelligenzforscher J. P. Guilford zwischen »konvergierendem Denken« (der systematischen Ausarbeitung einer vorgegebenen Idee) und »divergierendem Denken« (der Produktion verschiedener neuartiger Ideen). Guilford entwickelte eine Reihe von Testaufgaben für divergierendes Denken, das mit *Kreativität* (s. Kasten S. 334) gleichgesetzt wurde. Der Engländer Raimond B. Cattell setzt die Akzente etwas anders und stellt der »flüssigen« (fluiden) die »kristalline« Intelligenz gegenüber. Die flüssige Intelligenz soll im Zentralnervensystem ihre erbliche Grundlage haben, während die kristallisierte Intelligenz ein Produkt des umweltbedingten Lernens sein soll (s. Abb. oben).

Ein weiterer anwendungsorientierter Zugang zur Frage, was Intelligenztests messen, ergibt sich aus den *Gütekriterien* der Tests, die dem Anwender sagen sollen, wie objektiv und zuverlässig die Messung ist und welche Vorhersagen ein Test erlaubt. Die Gütekriterien Objektivität und

Beispiel eines Intelligenztests: Der HAWIE

Zu den in Deutschland verbreitetsten Intelligenztests zählen der »Hamburg-Wechsler-Intelligenztest für Erwachsene« (HAWIE) und der »Hamburg-Wechsler-Intelligenztest für Kinder« (HAWIK). Diese Tests wurden schon in den fünfziger Jahren auf der Grundlage der amerikanischen Wechsler-Intelligenzskalen in verschiedenen Ländern der Bundesrepublik »geeicht«. Für den HAWIE bestand die Eichstichprobe aus etwa 1600 Testpersonen im Alter von 10 bis 59 Jahren, deren Alters- und Berufsverteilung etwa der der Bevölkerung der Bundesrepublik entsprach.

Der Autor des Tests, David Wechsler, hat seinem Test die folgende Intelligenz-Definition zugrunde gelegt:

»Intelligenz ist die zusammengesetzte oder globale Fähigkeit des Individuums, zweckvoll zu handeln, vernünftig zu denken und sich mit seiner Umgebung wirkungsvoll auseinanderzusetzen. Sie ist global, weil sie das Verhalten des Individuums als Ganzes charakterisiert (G-Faktor); sie ist zusammengesetzt, weil sie aus Elementen oder Fähigkeiten besteht, die, wenn auch nicht vollständig unabhängig, doch qualitativ unterscheidbar sind (Gruppenfaktoren).«

Der Test besteht aus einem Verbal- und einem Handlungsteil mit insgesamt 11 Untertests:

Verbalteil:

1. Allgemeines Wissen (Beispiel: »Wer ist der Präsident der Vereinigten Staaten?« [leichteste Frage] – »Wer schrieb ›Faust‹?« [mittelschwer] – »Was sind Apokryphen?« [schwerste Frage])
2. Allgemeines Verständnis (Beispiel: »Warum sollen wir uns von schlechter Gesellschaft fernhalten?« Bewertung der Antwort: »Eine 2-Punkte-Antwort muß das Erkennen des moralischen Einflusses der schlechten Gesellschaft auf Charakter und Persönlichkeit ausdrücken«, z. B. »sie färbt ab«. – Bei Strafgefangenen empfehlen die Autoren hierfür eine Ersatzfrage: »Warum soll man Geld sparen?«)
3. Zahlennachsprechen (vorwärts und rückwärts, maximal 9 Zahlen, z. B. 2 7 5 8 6 2 6 8 4)
4. Rechnerisches Denken (»Wieviel sind 4 Mark und 5 Mark?« als leichteste Aufgabe)
5. Gemeinsamkeiten (»Was ist das Gemeinsame an Fliege und Baum?« als schwerste Frage)

Handlungsteil:

7. Zahlen-Symbol-Test (Zuordnung von Symbolen [–, N, I, . .] zu Zahlen)
8. Bilderordnen (3 bis 6 Bildchen müssen in eine sinnvolle Reihenfolge gebracht werden)
9. Bilderergänzen (z. B.: Es fehlt auf einem Bild die Krawatte!)
10. Mosaik-Test (s. Abb. S. 328)
11. Figurenlegen (relativ einfache »Puzzles«)

Die Wertpunkte der Untertests ergeben ein *Testprofil,* das Schwerpunkte der Begabung erkennen lassen soll. Der Vergleich einzelner Untertests (»Profilinterpretation«) ist jedoch kaum gerechtfertigt, da die Untertests jeder für sich genommen zu große statistische Fehler aufweisen. Der Gesamt-IQ, der aus der Summe der Wertpunkte resultiert, gleicht »zufällige« Leistungsschwankungen in einzelnen Untertests weitgehend aus.

Die Durchführung des HAWIE dauert etwa eine Stunde und erfordert einige Übung, da die Anweisungen genau eingehalten werden müssen. HAWIE und HAWIK sind nur für die Einzeldurchführung geeignet, sie werden besonders in der *Klinischen Psychologie* (Testen von Patienten) eingesetzt. Aufgrund der Kritik an der mangelnden Verläßlichkeit der Profilinterpretation und dem unverhältnismäßig großen Aufwand für eine bloße IQ-Bestimmung wurde eine Kurzform des HAWIE entwickelt (WIP, »Wechsler-Intelligenztest für psychisch Kranke«), die inzwischen auch für Nichtpatienten geeicht ist. Der WIP besteht aus den Untertests Allgemeines Wissen, Gemeinsamkeiten, Bilderergänzen und Mosaik-Test.

Für Eignungsprüfungen und in der Berufsberatung benutzt man überwiegend reine »Papier- und Bleistift-Tests«, die auch als Gruppentests durchgeführt werden können (z. B. den »Intelligenz-Struktur-Test« IST 70 von Amthauer). Als »Schulreifetests« dienen überwiegend Kurzfassungen von Intelligenztests (s. Brickenkamp, 1975).

Reliabilität werden gewöhnlich bei der Eichung des Tests ermittelt, die Validität wird meist erst später bei der Anwendung erfaßt.

● *Objektivität*

Bei einem objektiven Test ist das Ergebnis unabhängig vom Untersucher – das unterscheidet ein Testergebnis vom subjektiven Urteil, etwa dem eines Lehrers oder Vorgesetzten. Die Objektivität bezieht sich sowohl auf die Testdurchführung als auch auf die Testauswertung und -interpretation. Die *Objektivität der Testdurchführung* ist nur in beschränktem Umfang kontrollierbar, da verschiedene Untersuchungssituationen und Untersucher die Motivation der »Testperson« beeinflussen. Die *Objektivität der Testauswertung* ist bei Aufgaben mit eindeutig festgelegter Antwort (z.B. Rechenaufgaben, Mehrfachwahl-Antworten) voll gewährleistet. Bei mehrdeutigen Antworten (s. das Beispiel für »Allgemeines Verständnis«, Kasten S. 329) hilft man sich mit Auswertungsrichtlinien. Die *Interpretationsobjektivität* bezieht sich auf die Schlußfolgerungen, die aus dem Testergebnis gezogen werden. Da bei Testinterpretationen gewöhnlich nicht nur Einzelergebnisse berücksichtigt werden, ist eine streng objektive Interpretation eines Tests – wie sie etwa bei der Computerdiagnostik vorgegeben wird – in vielen Anwendungsbereichen nicht sinnvoll. Zur empirischen Überprüfung der Objektivität wird der gleiche Test an einer Reihe von Personen von mehreren Versuchsleitern *unabhängig voneinander* durchgeführt, ausgewertet und interpretiert. Die Übereinstimmung der Ergebnisse läßt sich dann mit Hilfe eines Korrelationsmaßes beschreiben (*Untersucherübereinstimmung* als Objektivitätsmaß). Das Objektivitätsmaß gibt also an, *inwieweit verschiedene Versuchsleiter mittels eines Tests zum gleichen Ergebnis kommen.*

● *Reliabilität* (*Zuverlässigkeit*)

Wenn ein Test Vorhersagen (z.B. in bezug auf den Schulerfolg) ermöglichen soll, so darf das Ergebnis nicht allzusehr vom »Zufall« abhängen. Das bedeutet, daß sowohl der Test als auch die zu messende Eigenschaft über längere Zeit *stabil* sein müssen (Eigenschaftsmodell in der Diagnostik). Schwankungen und Veränderungen von Testergebnissen werden als »Zufallseinflüsse« interpretiert. Die Zuverlässigkeit des Tests ist ein Maß für den Umfang, in dem solche Zufallseinflüsse auf das Ergebnis einwirken. Man ermittelt die Zuverlässigkeit oder Reliabilität, indem man bei einer Reihe von Testpersonen zwei (oder mehr) Testergebnisse miteinander vergleicht. Bei der *Halbierungszuverlässigkeit* (*split-half reliability*) teilt man die Testaufgaben in zwei Hälften und wertet diese getrennt aus. Bei der *Wiederholungszuverlässigkeit* (*retest reliability*) führt man bei den gleichen Personen einen Test zweimal hintereinander durch oder man benutzt beim zweitenmal einen gleichwertigen Test (*Paralleltest*). Als Maß der Reliabilität (*Reliabilitätskoeffizient*) wird die Korrelation zwischen den Ergebnispaaren berechnet. Der Reliabilitätskoeffizient gibt also an, *wie hoch der Test* »mit sich selbst« korreliert. Die Reliabilität ist das am meisten untersuchte und zugleich problematischste Gütekriterium. Auf der einen Seite erlauben die Testergebnisse keine Vorhersagen, wenn sie nicht als zeitlich stabil angenommen werden können. Auf der anderen Seite sind psychische Phänomene *ihrem Wesen nach* der Entwicklung und Veränderung unterworfen. Die Testtheorie beruht aber auf der Annahme zeitlich stabiler Eigenschaften (z.B. Intelligenz) – Änderungen bei wiederholter Messung, z.B. durch Lernen, werden als Meßfehler interpretiert. Das Problem der Erfassung solcher Änderungen ist bis heute nicht befriedigend gelöst.

● *Validität* (*Gültigkeit*)

Objektivität und Reliabilität sind testinterne Kriterien. Die *Validität* dagegen gibt die Güte an, mit der ein Test das mißt, was zu messen beabsichtigt ist, sie bezieht sich also auf das Testziel. Die Bestimmung der Validität setzt voraus, daß über die zu messende Fähigkeit oder Eigenschaft unabhängige Informationen (ein *Außen*kriterium) vorliegen. Meist wird die Validität in Ermangelung eines Außenkriteriums bei der Datenerhebung nicht direkt geprüft, sondern aus Plausibilitätsgründen als gegeben angesehen (*Eindrucks-Validität*). Bei der empirischen Validitätsermittlung wird unterschieden zwischen *Konstrukt-Validität* (der Test erfaßt ein theoretisches Konstrukt wie z.B. »Intelligenz«), *Inhalts-Validität* (die Testaufgaben stimmen mit der zu messenden Leistung inhaltlich überein) und *Kriteriums-Validität* (etwa wenn ein Intelligenztest den Schulerfolg prognostizieren soll). Als Außenkriterium für den Schulerfolg können z.B. der Notendurchschnitt im Abschlußzeugnis oder eine gesondert erhobene Beurteilung durch Lehrer herangezogen werden. Als Gültigkeitsmaß berechnet man in diesem Fall die Korrelation zwischen Testergebnis und Schulerfolg bei allen Getesteten. Dieser *Validitätskoeffizient* gibt an, *wie* hoch das *Testergebnis* mit dem zugehörigen *Außenkriterium* korreliert. Das Beispiel des Schulerfolgs zeigt deutlich die Grenzen der Validitätsbestimmung: Der Schulerfolg hängt außer von der Intelligenz von vielen zusätzlichen Faktoren ab (»Fleiß«, »Betragen«, Sympathie des Lehrers, Elternhaus u.a.). Ein Intelligenztest, der sehr hoch mit dem Schulerfolg korrelieren soll, müßte alle diese Faktoren mitberücksichtigen. Damit wäre er aber kein reiner Intelligenztest mehr!

Die Problematik der Validitätsbestimmung hat verschiedene Ursachen:

- Die meisten Leistungssituationen, für die psychologische Tests Vorhersagen ermöglichen sollen, sind überhaupt nicht durch ein eindeutiges »Kriterium« zu erfassen.
- Falls Kriterien existieren (z.B. Schulerfolg entsprechend dem Abschlußzeugnis, Berufserfolg nach der Höhe des Einkommens), sind diese von sehr vielen verschiedenartigen Faktoren jenseits der Intelligenz abhängig, die zum Teil gar nicht bekannt sind.
- Zudem sind die Kriterien meist weniger objektiv und zuverlässig als die Testergebnisse, mit denen sie korreliert werden sollen (z.B. Schulnoten im Vergleich zu Intelligenztests).

Eine weitere Schwierigkeit resultiert aus der *statistischen Testtheorie.* Der *Validitätskoeffizient* gibt an, inwieweit die Testergebnisse bei *einer Gruppe von Individuen* Vorhersagen über das Außenkriterium in bezug auf die *Gruppe* erlauben. Dadurch kann lediglich die *durchschnittliche* Qualität der Auslese verbessert werden: Aufgrund eines validen Tests werden zwar mehr für eine bestimmte Tätigkeit geeignete Personen als per Zufall oder bei Verwendung eines weniger validen Tests ausgewählt. Für den einzelnen Bewerber aber bedeutet ein schlechtes Testergebnis nicht, daß er für die gestellte Aufgabe ungeeignet wäre. Es ist nämlich nicht festzustellen, wie groß der »Fehleranteil« eines Einzelergebnisses ist. Die »Stichprobentheorie« erlaubt zwar eine statistische Abschätzung des »durchschnittlichen Fehlers«, aber diese Abschätzung beruht auf der Annahme, daß die Fehler bei den einzelnen Testpersonen nach dem Zufallsprinzip verteilt sind. (Daß diese Annahme nicht zutrifft, wird deutlich, wenn wir etwa an einen Schüler denken, der keine Lust hat, dem Psychologen zu erzählen, wer den »Faust« geschrieben hat.)

Angesichts dieser grundsätzlichen Mängel stellt sich die Frage, weshalb die Intelligenzmessung einen so bedeutenden Stellenwert in der Psychologie, der Pädagogik und der beruflichen Eignungsdiagnostik besitzt. Der Berliner Intelligenzforscher Adolf Otto Jäger schreibt dazu in einem Aufsatz über »Validität von Intelligenztests« (1986): »Wir vertreten die These, ...

daß diese Entwicklung primär auf den hohen Stellenwert der Intelligenz, ihre davon ausgehende Faszination und auf die zentrale und generalisierte Funktion dieser Fähigkeit im Menschenbild unserer Kultur zurückzuführen ist. Die Entwicklung von Intelligenztests folgte dem Trend des von *Descartes* kristallisierten ›Zeitgeistes‹ der Aufklärung mit seinem Leitbild des von Rationalität durchdrungenen ›l'homme machine‹. Die empirische Bewährung der Tests war nicht gleichgültig, aber sekundär. Dominant war und ist die rationale Entlastungsfunktion dieser Instrumente bei besonders bedeutsamen und objektiv schwierigen Entscheidungen von und über Menschen. Das alle westlichen Ideologien, den common sense und die Forschung durchdringende Idealbild des primär rational gesteuerten Menschen hat zu einer erheblichen Überschätzung der Varianzanteile im Verhalten geführt, die sich auf intellektuelle Fähigkeiten zurückführen lassen. Das Ideal rationalen Verhaltens stimmt mit der Realität der tatsächlichen Verhaltensdeterminanten nur begrenzt überein. Interpretationen von Intelligenzmessungen sind von Wunschdenken geprägt und mit unrealistischen Erwartungshypotheken überfrachtet, die sich empirisch nicht einlösen lassen. Viele Intelligenzforscher und Testkonstrukteure haben diese überhöhten Erwartungen verstärkt. Es ist an der Zeit, sie auf einen der gegenwärtigen Realität des Verhaltens entsprechenden Pegel zurückzuschrauben.«

8.45 Schicht- und Kulturabhängigkeit der Testintelligenz

Einen wichtigen Beleg für Jägers These liefern Studien zur Schicht- und Kulturabhängigkeit der Testintelligenz. In zahlreichen Untersuchungen stellte sich heraus, daß der IQ ebenso wie der Schulerfolg von der sozialen Schicht der Testperson mitbestimmt wird: Unterschichtkinder haben im Durchschnitt einen um 10 bis 20 Punkte niedrigeren IQ als Kinder der Mittel- und Oberschicht. Geht diese Ungleichheit auf angeborene Begabungsunterschiede zurück, etwa im Sinne einer »natürlichen Selektion«, die höherbegabte Individuen vorwiegend der Mittel- und Oberschicht zuordnet? Diese Ansicht ist zumindest unter Angehörigen der privilegierten Schichten sehr verbreitet. Besonders in den USA sind die hiermit zusammenhängenden Fragen auch in der Psychologie äußerst kontrovers diskutiert worden. Da Schwarze in der Unterschicht die Mehrheit bilden, wurde das schlechtere Abschneiden der Unterschichtkinder als genetisch bedingte intellektuelle Unterlegenheit der schwarzen Bevölkerung interpretiert. Ein ähnliches Ergebnis erbrachten kulturvergleichende Untersuchungen: Die Angehörigen anderer Kulturkreise schnitten – auch bei sorgfältig übersetzten Testaufgaben – im Durchschnitt deutlich schlechter ab als Testpersonen aus der weißen Mittelschicht. Liefern solche Befunde einen Beweis für die intellektuelle Überlegenheit der weißen Rasse und der abendländischen Zivilisation? Zur Stützung der Hypothese von der Erblichkeit der Intelligenz werden von wissenschaftlicher Seite Untersuchungen angeführt, nach denen die IQs von eineiigen, also erbgleichen Zwillingen einander sehr ähnlich sind (Korrelation: $r \approx 0{,}90$). Eine Erhebung von B. Bloom (USA) ergab demgegenüber, daß diese Ähnlichkeit weitgehend verschwindet, wenn man eineiige Zwillinge vergleicht, die getrennt *in einem sehr unterschiedlichen Sozialmilieu* aufwuchsen ($r \approx 0{,}24$).

Die gründlichste Untersuchung des Zusammenhangs zwischen Intelligenzleistung und Schichtzugehörigkeit wurde an den neun- bis zehn- und dreizehn- bis vierzehnjährigen Schülern einer amerikanischen Industriestadt von 100000 Einwohnern durchgeführt (K. Eells, A. Davis u. a.,

Aufgabenbeispiel aus dem *unterschicht-fairen Intelligenztest* (Davis/Eells/Games). Frage: »Welcher Junge schafft es, alle drei Pakete auf einmal mitzunehmen?«

1951). Dabei ergab sich unter anderem, daß der IQ-Rückstand der Unterschichtkinder in der Gruppe der Dreizehn- bis Vierzehnjährigen deutlich größer war. Dieses sogenannte »kumulative Defizit« der Unterschicht spricht gegen die Erbbedingtheit der Schichtunterschiede. Die Autoren gingen vor allem der Frage nach, bei welchen der 650 Testaufgaben (aus zehn in den USA verbreiteten Intelligenztests) die Unterschichtkinder besonders schlecht abschnitten. In der Gruppe der Jüngeren zeigten sich bei 50% der Aufgaben Schichtunterschiede, bei den Älteren dagegen bei 85%. Wo sich schichtabhängige Diskrepanzen ergaben, spielte durchweg das Sprachverständnis eine bedeutende Rolle, während z.B. bei Aufgaben mit geometrischen Mustern oder Bildern kaum Unterschiede auftraten.

Das Ergebnis der Eells-Studie macht deutlich, daß die üblichen Intelligenztests den Angehörigen der Unterschicht gegenüber »ungerecht« sind und eine *Mittelschicht-Bevorzugung* (*middle-class-bias*) enthalten. Das äußert sich in mehreren Aspekten:

- Zahlreiche Untersuchungen haben ebenso wie die Eells-Studie ergeben, daß Angehörige der Unterschicht besonders bei verbalen Intelligenzleistungen benachteiligt sind. Sprachabhängige Intelligenztests erfassen vornehmlich die Fähigkeiten beim Umgang mit der eher abstrakten Sprache der Mittelschicht. Die »Sprachbarriere« ist die Hauptursache für die Ungleichheit der Bildungschancen.
- Die Aufgaben und Normen der Tests entstammen überwiegend dem Erfahrungsbereich der Mittelschicht (s. die Beispiele für »Allgemeines Wissen« und »Allgemeines Verständnis« auf S. 329).
- Die Testsituation bevorzugt das Mittelschichtkind, da der Versuchsleiter derselben Schicht entstammt und dem Kind die Testsituation weniger fremd ist als dem Unterschichtkind (besonders bei Schulreifetests).
- Die Testdurchführung hängt in hohem Maße von der Leistungsmotivation ab, die bei der Erziehung in Mittelschichtfamilien (s. S. 233f.) eine große Rolle spielt. (Die Motivationsunterschiede wirken sich im übrigen noch weit stärker auf den Schulerfolg aus als auf die Ergebnisse von Intelligenztests.)
- Die Tests werden teilweise von den Lehrern selber durchgeführt, meist erfahren sie zumindest die Ergebnisse. Wie empirische Untersuchungen ergaben (s. S. 11), fördern Lehrer vor allem diejenigen Schüler, die sie für besonders intelligent halten (einmal ganz abgesehen von der ebenfalls gesicherten Bevorzugung der Schüler aus »gutem Hause«). Bedingt durch die Lehrererwartung, steigt der IQ dieser Kinder schon im Laufe eines Jahres merklich an. Der IQ beeinflußt den Schul- und Berufserfolg in Richtung der Testvorhersage (»sich selbst erfüllende Prophezeiung«).

Kreativitätsforschung

In der Denkpsychologie wurden Kreativität und Problemlösen zunächst kaum unterschieden. Der »Sputnik-Schock« Anfang der 60er Jahre regte in den USA die Entstehung einer eigenständigen Kreativitätsforschung an, die stark an praktischer Verwertbarkeit orientiert war und sich auf 4 Aspekte (die 4 »P«) konzentrierte: Produkt, Prozeß, Persönlichkeit und »Press« (Umweltbedingungen):

- Die *Produkte* von Kreativität lassen sich bis heute nicht eindeutig identifizieren. Neuheit, Originalität und Nützlichkeit sind Kriterien, die in hohem Maße von bereits bestehenden Normen abhängen. Das bedeutet, daß wirklich originelle Ideen und Erfindungen oft unerkannt bleiben, weil sie ihrer Zeit zu sehr voraus sind.
- Der kreative *Prozeß* steht im Mittelpunkt der Untersuchungen, die sich mit dem Problemlösen beschäftigen. Dörner weist darauf hin, daß kreatives Problemlösen vor allem dann zur Geltung kommt, wenn bezüglich des Ziels nur eine vage Vorstellung existiert. Oft kreist das kreative Denken um die »richtige« Problem*definition,* und die anschließende Lösung kann zur bloßen Routineangelegenheit werden. Es sind verschiedene Phaseneinteilungen des kreativen Prozesses vorgeschlagen worden. Am populärsten ist bis heute das auf den französischen Mathematiker Poincaré zurückgehende 4-Phasen-Schema. Danach rückt das Problem in der *Präparationsphase* ins Bewußtsein, und das vorhandene Wissen wird aktiviert. In der anschließenden *Inkubationsphase* (»schöpferische Pause«) stehen unbewußte Verarbeitungsprozesse im Vordergrund. Die *Illuminationsphase* bringt den erleuchtenden Einfall (Aha-Erlebnis). Abschließend wird in der *Evaluationsphase* der Einfall bewertet und ausgearbeitet. Dieser Phasenzyklus stellt aber lediglich eine grobe Orientierung dar. Es gibt sehr unterschiedliche Formen des kreativen Prozesses, und die einzelnen Phasen können – bei umfangreichen Problemen – mehrfach durchlaufen werden.
- Zur Erfassung der kreativen *Persönlichkeit* wurden Fremdbeurteilungen, Produkt- und Prozeßanalysen sowie speziell entworfene *Kreativitätstests* eingesetzt. Sofern diese Tests den Gütekriterien der Testkonstruktion genügen (s. S. 330), sind sie kaum von den üblichen Intelligenztests abgrenzbar (z. B. wenn es um die Anzahl der Wörter geht, die einem Probanden in zwei Minuten zu einem Thema einfallen). Als kreativitätsfördernde Eigenschaften wurden unter anderem Selbstvertrauen, Autonomie und Ambiguitätstoleranz (die Fähigkeit, Mehrdeutigkeiten zu ertragen) ermittelt. Es ist äußerst zweifelhaft, ob sich diese statistisch gewonnenen Ergebnisse auf kreative Leistungen im Alltag übertragen lassen, zumal inhaltliche Aspekte wie Interesse oder Erfahrung in dem jeweiligen Aufgabenbereich ausgeblendet bleiben.
- Die äußeren Voraussetzungen für Kreativität sind wissenschaftlich noch kaum erforscht. Es existiert jedoch ein umfangreiches, wenig systematisiertes praktisches Wissen über kreativitätshemmende und kreativitätsfördernde Bedingungen und Techniken (z. B. gruppendynamische Methoden wie das »Brainstorming« und die Zukunftswerkstatt, s. S. 424). Hierher gehören aber auch reformpädagogische Ansätze wie das Summerhill-Modell, die Montessori-Pädagogik und die Pädagogik der Befreiung von Paulo Freire, die eine langfristige Förderung der schöpferischen Anlagen zum Ziel haben.

Die Kreativitätsforschung ist – etwa im Vergleich zur Intelligenzforschung – ein stark vernachlässigtes Gebiet der Psychologie, was in krassem Gegensatz zum gesellschaftlichen Bedarf an Kreativität steht.

Aufgrund ihrer Untersuchung über die Schichtabhängigkeit des IQ haben A. Davis und K. Eells 1953 einen »schicht-fairen« Intelligenztest entwickelt. Der Test wird, um die schichtabhängige Leistungsmotivation auszuschalten, in spielerischer Form durchgeführt, die Instruktionen sind sehr einfach, die Aufgaben entstammen dem Erfahrungsbereich der Unterschichtkinder (s. Abb. S. 333). Der Test erfaßt vorwiegend die Fähigkeit zum Problemlösen. Seine Korrelation mit den üblichen Intelligenztests ist ziemlich niedrig ($r \approx 0{,}40$). Zur Vorhersage des Schulerfolges ist der Test weniger gut geeignet – verständlich, wenn man bedenkt, daß die Schule ja deutlich die Kinder der Mittelschicht begünstigt. Bei den in neuerer Zeit entwickelten *Kreativitätstests* (s. Kasten S. 334) stellt sich ein ähnliches Problem: Sie erfassen Fähigkeiten, die weitgehend unabhängig von der Testintelligenz sind und kaum Einfluß auf den Erfolg in den heute existierenden Schulen haben. Empirischen Untersuchungen zufolge werden Kinder in der Schule für Originalität weniger gelobt als getadelt!

Schicht- und kultur-faire Tests stellen sicherlich einen Fortschritt in der Intelligenzdiagnostik dar. Doch solange unser Schulsystem den Leistungsnormen der Mittelschicht verpflichtet ist, können verbesserte Tests die soziale Benachteiligung im Bildungswesen nicht beseitigen. Zudem stellt sich die weiterreichende Frage, ob eine Testpraxis, die an der Zuschreibung stabiler Eigenschaften orientiert ist, dem Anspruch auf eine möglichst optimale Förderung jedes einzelnen gerecht wird. Als Alternative bieten sich diagnostische Instrumente an, die schwerpunktmäßig auf intellektuelle *Entwicklungspotentiale* hinweisen.

8.46 Von der Erwachsenen-Intelligenz zur Weisheit

Ein »Skandal der Intelligenzforschung« ist der Befund, daß für die meisten Intelligenztests ein Leistungsmaximum in der die Zeit zwischen dem zwanzigsten und fünfundzwanzigsten Lebensjahr zufinden ist (s. Abb. S. 328). Mit zunehmendem Alter sinken die Leistungswerte deutlich ab. Dies entspricht in keiner Weise den beruflichen und kulturellen Spitzenleistungen, die überwiegend von Menschen im zweiten und dritten Lebensdrittel erbracht werden. Neuere Untersuchungen haben ergeben, daß die altersbedingte Abnahme der Testleistung vor allem auf Aufgabentypen zurückgeht, die der »flüssigen« Intelligenz (nach R. B. Cattell; s. S. 328) zugerechnet werden, während Leistungen der »kristalline« Intelligenz bis ins höhere Alter stabil bleiben. Zudem läßt sich zeigen, daß auch der Leistungsabfall im Bereich der flüssigen Intelligenz nicht unabänderlich ist und durch gezieltes Training bei alten Menschen erheblich hinausgeschoben werden kann. Insgesamt erscheinen sowohl die für die flüssige als auch die für die kristalline Intelligenz verwendeten Testaufgaben wenig geeignet, die Fähigkeiten älterer Menschen angemessen zu erfassen.

Diese unbefriedigende Situation veranlaßte die Berliner Psychologin Freya Dittmann-Kohli, *Weisheit* als qualitativ andersartiges Konzept der Intelligenzentwicklung im Erwachsenenalter einzuführen: »Weisheit ist eine Bezeichnung für geistige Fähigkeiten, die nach allgemeiner Vorstellung eher mit höherem Lebensalter verbunden ist. Weise sind ältere Personen, die sich durch besondere Einsichten und durch weitsichtiges Urteil in Situationen oder zu Themen auszeichnen, in denen es um wichtige menschliche Belange geht (und nicht um Expertentum in spezialisierten beruflichen oder in bekannten alltäglichen Tätigkeiten).« Dittmann-Kohli sieht in der kristallinen und in der flüssigen Testintelligenz lediglich kleine Bausteine, die durch Erfahrung und Lebenspraxis zur Ausbildung von komplexeren Strukturen inhaltlichen Wissens (s. Wissensrepräsentation, S. 267) *und* von Problemlösungsfähigkeiten (operative Intelligenz, s. S. 324) beitragen. Weisheit definiert sie als »Expertise (Expertentum) im Umgang mit existentiellen Problemen«:

- Weisheit bezieht sich auf »Fragen mit existentieller Relevanz«. Diese Probleme sind komplex, stark vernetzt und nicht eindeutig lösbar, sie betreffen menschliche Gefühle, Werte und Grundbedürfnisse und haben allgemeinmenschliche und gesellschaftliche Dimensionen.

- Dem Weisen geht es nicht nur um das Lösen von Problemen, sondern ebenso um eine angemessene Problem*definition.* Im Gegensatz zum intelligenten jüngeren Menschen betrachtet er Probleme in einem sehr weiten Rahmen.
- Die Weltsicht des Weisen ist nicht abgetrennt von der Sicht seiner selbst, er berücksichtigt die eigenen Gefühle ebenso wie die Begrenztheit seiner Perspektive und seiner Erkenntnismöglichkeiten.
- Das Wissen des Weisen ist auf das Wesentliche bezogen. Er ist weder ein Spezialist noch ein von allem etwas verstehender Generalist, sondern ein »Experte des Wesentlichen«. Er läßt sich in seinem Urteil nicht von sozialen Normen, sondern von eigenen Kriterien leiten, ohne allerdings die Bedeutung bestehender Normen und Erkenntnisse zu ignorieren.

Dittmann-Kohli unterscheidet drei Domänen (Bereiche) der Weisheit. Die *praktische Weisheit* ist verwandt mit persönlicher Weitsicht und Lebensklugheit. Hier geht es um eine weise, d. h. an den eigenen »wahren Bedürfnissen« (s. S. 241) *und* den realen Möglichkeiten orientierte Lebensplanung und Selbstverwirklichung. Die Selbstverwirklichung kann mehr auf äußere Ziele (beruflicher Erfolg, befriedigende Partnerschaft) oder stärker auf innere Werte (Entfaltung der Persönlichkeit, Erlangen von Weisheit) ausgerichtet sein. In jedem Fall ist eine gute »Theorie über sich selbst« (Selbsterkenntnis) wichtig, wie sie gewöhnlich erst im mittleren Erwachsenenalter erreichbar wird. Dittmann-Kohli grenzt die *interpersonelle Weisheit* – etwas willkürlich – von der praktischen Weisheit ab. Hier geht es um mehr als nur soziale Kompetenzen (s. S. 304). Die langfristigen und wesentlichen Gefühle, Belange und Ziele wichtiger Mitmenschen müssen wahrgenommen und unterstützt werden können. Dazu gehören neben Wissen auch Empathie und Güte. Dittmann-Kohli führt hier neben Beispielen aus Partnerschaft und Familienleben solche aus der Praxis erfolgreicher Therapeuten, Konfliktvermittler und Führungspersönlichkeiten an. Die *philosophische Weisheit* bezieht sich auf die Grundfragen menschlicher Existenz, die aus einer integrierten Kenntnis der Natur des Menschen und der Gesellschaft betrachtet werden. Sie schließt ein Wissen um menschliche Grenzen, Leiden, Leidenschaften, Tragik und Tod sowie die Relativität von Lebensformen und kulturellen Werten ein, wie es im Ideal des »souveränen Menschen« verkörpert ist (s. S. 428). Zur philosophischen Weisheit gehört schließlich auch die Auseinandersetzung mit der Transzendenz, d.h. mit religiösen bzw. spirituellen Fragen.

Dieses kognitionspsychologische Weisheitskonzept stellt eine Ergänzung dar zu verwandten Ansätzen mit psychoanalytischem Hintergrund (»Integrität«, nach Erik H. Erikson, s. S. 355; »Individuation«, nach Carl Gustav Jung) und aus der Humanistischen Psychologie (die »voll funktionierende Person« – *fully functioning person,* nach Carl Rogers; der sich »selbstverwirklichende Mensch«, nach Abraham Maslow). Es betont die kognitiven Aspekte der Weisheit und deren Zusammenhang mit kulturellen Leistungen.

Aus kulturpsychologischer Perspektive ergeben sich darüber hinaus Einsichten in die gesellschaftliche Bedingtheit von Weisheit. In unserer Gesellschaft wird die im Laufe eines Lebens durch Erfahrung erreichbare Weisheit durch die moderne »Wissensexplosion« und das Vorhandensein von professionellen Experten in fast allen Lebensbereichen (z. B. auch Psychologen) in hohem Maße entwertet. Auf der anderen Seite bieten das kulturell verfügbare Wissen und das moderne Bildungssystem für den einzelnen tendenziell sehr viel mehr Möglichkeiten, Wissensstrukturen auszubilden, die als Grundlage für den persönlichen Erwerb von Weisheit dienen können. In unserer durchrationalisierten Welt stellt die Wiederentdeckung neuer-alter Formen der Weisheit zweifellos ein unschätzbares Humanpotential dar.

8.5 Entwicklung der Persönlichkeit

8.51 Entwicklungstheorien

Die Entwicklung von Denken, Sprechen und Handeln ist ein Prozeß, in dem biologische Reifung, individuelles Lernen und Sozialisation in komplexer Weise ineinandergreifen (s. S. 245). Dieser Prozeß ist eingebettet in die Entwicklung anderer psychischer Funktionen: Wahrnehmung, Körpermotorik, Emotionen, Motivation.

Es gibt zwei grundlegende Entwicklungstheorien. Die eine stammt von Sigmund Freud, die andere von dem Genfer Entwicklungspsychologen Jean Piaget. Beide gehen von dem Gedanken aus, daß sich die inneren Strukturen und damit die Fähigkeiten des Menschen in seiner Kindheit entwickeln, indem er sich aktiv mit den Anforderungen seiner Umwelt auseinandersetzt. Sowohl Freud als auch Piaget nehmen eine regelhafte Folge von Entwicklungsphasen an, in denen »Lösungen« für alterstypische *Entwicklungsaufgaben* gefunden werden müssen. Piaget untersuchte schwerpunktmäßig die Entwicklung des Denkens anhand der kindlichen Auseinandersetzung mit der Welt der Dinge. Freud analysierte die Entwicklung der Bedürfnisse und Gefühle anhand der Auseinandersetzung des Kindes mit der sozialen Welt, d.h. mit seinen ersten Bezugspersonen (s. S. 179). Am Ende einer gelungenen kindlichen Entwicklung stehen für beide Forscher besondere Fähigkeiten und diesen entsprechende innere Strukturen, die für die seelische Gesundheit erforderlich sind. Bei Piaget ist das die Fähigkeit zu formalen Denkoperationen mit den ihnen entsprechenden kognitiven Schemata. Bei Freud ist es die Fähigkeit zu »Liebe und Arbeit« mit der entsprechenden Persönlichkeitsstruktur, geprägt von einem Ausgleich zwischen Es, Ich und Über-Ich, d.h. zwischen den Triebimpulsen, den Anforderungen der Realität und den sozialen Normen (s. S. 136).

8.52 Stadien der kognitiven Entwicklung

Jean Piaget (1896–1980) begann seine Untersuchungen zur kognitiven Entwicklung vor mehr als 70 Jahren mit seinen eigenen drei Kindern als »Versuchspersonen«. Dabei stützte er sich auf systematische Beobachtungen über lange Zeitabschnitte (»Längsschnitt-Untersuchungen«) und originelle, spielartige Stegreif-Experimente, die er in Tagebüchern ausführlich protokollierte.

Nach Piaget verläuft die kognitive Entwicklung nicht kontinuierlich, sondern es lassen sich *Stadien der Entwicklung* unterscheiden, die jedes Kind in etwa der gleichen Reihenfolge durchläuft (s. Kasten S. 338). In jedem Stadium werden charakteristische *Schemata* ausgebildet, die zur fortschreitenden *Strukturierung* von Wahrnehmung und Denken führen. Ein »Schema« ist ein *Plan, der die Organisation von Wahrnehmung, Denken und Handeln ermöglicht.*

Als Beleg für die Entwicklung einfacher Schemata hier ein Beispiel aus Piagets Tagebuch:

»*2 Monate 4 Tage:* Laurent schaut zufällig auf seinen rechten Zeigefinger.

11 Tage: Schaut kurz auf seine rechte Hand, die zufällig in sein Gesichtsfeld kommt.

14 Tage: Folgt der Bewegung seiner Hand für einen Moment, schaut mehrmals auf die Hand, während sie sich in Richtung der Nase bewegt.

19 Tage: Lächelt, als seine Hand er-

Piagets Stadien der kognitiven Entwicklung

Ungefähres Alter	*Entwicklungsstadium*	*Beschreibung*
Geburt bis 2 Jahre	Sensomotorische Periode	Der Säugling lernt, sich selber von der Umwelt zu unterscheiden; er sucht Stimulation und strebt nach der Wiederholung interessanter Ereignisse. Durch Manipulation an Objekten entsteht das Gegenstands-Schema: Die Dinge bleiben trotz Veränderungen in Raum und Zeit »sie selbst«.
2–7 Jahre	Präoperationale Periode	Beginn des Symbolgebrauchs; Spracherwerb.
2–4 Jahre	(Egozentrische Phase)	Das Kind ist noch unfähig, die Perspektive anderer einzunehmen; es klassifiziert Dinge nach nur einer Haupteigenschaft
4–7 Jahre	(Intuitive Phase)	Das Kind beginnt, in Klassen und Relationen zu denken und mit Zahlen zu operieren. Diese Operationen sind aber noch rein »anschaulich«.
7–11 Jahre	Periode der konkreten Operationen	Das Kind beherrscht in konkreten Situationen logische Operationen wie Umkehrbarkeit, Klassifikation, Herstellen von Rangordnungen.
11–15 Jahre	Periode der formalen Operationen	Übergang zum abstrakten Denken; Fähigkeit, Hypothesen zu testen (»Gedankenexperimente«).

scheint, nachdem er elfmal hintereinander nach ihr geschaut hat. Ich wickle seine Hand ein – als ich sie nach einer halben Stunde wieder freimache, taucht sie wieder vor seinen Augen auf, und Laurent lächelt ihr zu. Am gleichen Tag schaut er sehr aufmerksam auf seine zwei gefalteten Händchen.

21 Tage: Hält seine beiden Fäustchen in die Luft und schaut auf das linke, dann bewegt er es langsam auf sein Gesicht zu und reibt Nase und Augen. Einen Moment später kommt die linke Hand wieder auf das Gesicht zu, er schaut sie an und berührt die Nase. Er fängt von vorn an und lacht fünf- bis sechsmal hintereinander, während er die Hand zur Nase bewegt. Er scheint schon zu lächeln, bevor die Bewegung beginnt ...«

Es existieren hier zunächst *getrennte Schemata* für das Sehen und für Handbewegungen. Beide Schemata werden im Zuge des wiederholten gemeinsamen Auftretens und der Wechselwirkung zwischen Sehen und Bewegung zum *komplexeren Schema der visuell kontrollierten Handbewegung* vereinigt.

Neue Schemata entwickeln sich dadurch, *daß sich das Kind mit seiner Umwelt auseinandersetzt.* Dabei unterscheidet Piaget zwei gegensätzliche Prozesse: *Assimilation und Akkommodation.* Durch *Assimilation* können Aspekte der Umwelt verarbeitet werden, für die schon ein passendes Schema vorliegt. Die Assimilation allein treibt also die Entwicklung nicht voran, denn sie läßt die Schemata unverändert. Die Ausbildung neuer Schemata erfolgt durch die Akkommodation: Wenn die Widersprüche zwischen dem real gegebenen und dem inneren Schema zu groß werden, führt dies zur Akkommodation des Schemas an die Realität – das Schema wird so lange umstrukturiert, bis es der Realität gerecht wird.

8.53 Das Gegenstands-Schema (»Ich« und »Nicht-Ich«)

Die Wahrnehmungswelt des Neugeborenen dürfte aus einer diffusen Zusammenfassung aller nebeneinander auftretenden Reize bestehen, die *teils aus dem eigenen Körper, teils aus der Umwelt* stammen. Darüber hinaus muß aber schon eine angeborene Gliederung der Wahrnehmung in *Figur und Grund* (s. S. 90) vorliegen, denn nach neueren Untersuchungen können Neugeborene unter bestimmten Bedingungen einem bewegten Gegenstand mit dem Blick folgen.

Auf der Grundlage einer noch weitgehend undifferenzierten Reizflut entwickeln sich im Laufe des ersten Lebensjahres stufenweise zwei elementare kognitive Schemata: Die Trennung der Reizwelt in »Ich« und »Umwelt« und die Konstruktion von festen »Gegenständen« in der sich verändernden Reizwelt. Diese Schemata sind gleichermaßen grundlegend für Wahrnehmung, Bewußtsein, Denken und Handeln.

Die Trennung der Welt in »Ich« und »Nicht-Ich«, »Innenwelt« und »Außenwelt« oder »Subjekt« und »Objekt« wurde bisher noch kaum untersucht – wir sind hier weitgehend auf Hypothesen und Spekulationen angewiesen. Die Aufhebung des »Ich-Bewußtseins« können wir beim Einschlafen und bei sonstigen *veränderten Bewußtseinszuständen* erleben (s. S. 145). Inwieweit solche Zustände bei Erwachsenen allerdings mit denen der frühesten Kindheit vergleichbar sind, bleibt völlig offen.

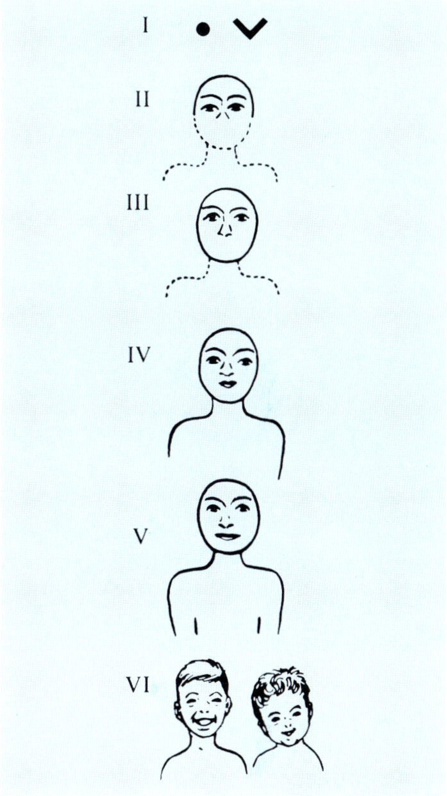

Zwischen dem 2. und 6. Monat differenzieren sich die Wahrnehmungsreize, die zur *Reaktion des Lächelns* führen (nach Attrappen-Versuchen von R. Ahrens 1954). Zunächst genügen einfache Punkte oder Winkel (I), dann ist allein die Augenpartie von Bedeutung (II), etwas später kommt der Gesichtsumriß hinzu (III), schließlich der Mund (IV), dessen Bewegungen zunehmend wichtiger werden (V). Erst mit ungefähr 6 Monaten ist das Baby in der Lage, verschiedene Gesichtsausdrücke und individuelle Gesichter zu unterscheiden (VI).

Piagets Tagebuchauszug zur »Entdeckung« der Hand gibt auch einen Hinweis auf die Entwicklung des »Ich-Bewußtseins«. Es ist offenbar die *Eigenaktivität* des Kindes, die der wahrgenommenen

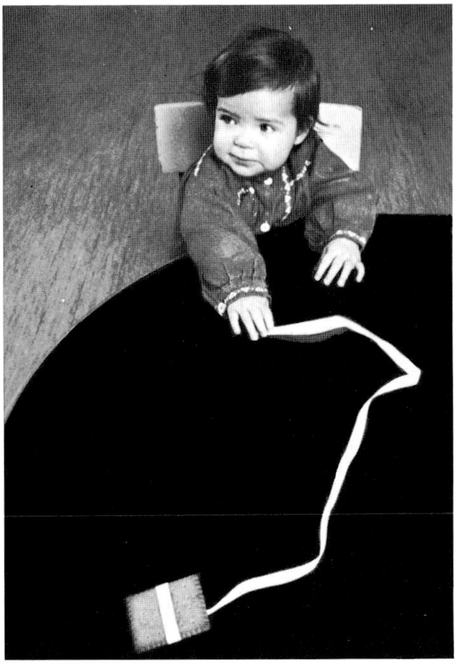

Hand im Vergleich zur Bettdecke ganz besondere Qualitäten verleiht:

- Die Handbewegung, die zum Erscheinen der Hand im Blickfeld führt, ist mit einer Rückmeldung aus der Muskulatur verbunden (Propriozeption).
- Das Erscheinen der Hand, das dem Baby Spaß macht (Lächeln), ist zunächst rein zufällig. Das Baby lernt aber bald, diesen angenehmen Anblick durch gezielte Bewegungen immer wieder »willentlich« hervorzurufen (Lernen am Erfolg).

Den Handlungsablauf – Spontanaktivität, angenehmes Ergebnis, gezielte Wiederholung – nennt Piaget »*Zirkulärreaktion*«. Bei der Zirkulärreaktion erfährt das Kind, welche Aktionen von ihm selber ausgelöst und beeinflußt werden können. Fortschreitend komplexere Zirkulärreaktionen sind kennzeichnend für die frühkindliche Intelligenzentwicklung.

Durch die Eigenaktivität bei den Zirkulärreaktionen sammelt der Säugling über viele Monate hinweg Erfahrungen, die bei allem mit ihm selbst Zusammenhängenden (seine »Körpergefühle«, seine Bewegungen, die wahrnehmbaren Aspekte seiner *Inneren Prozesse*) anders geartet sind, als wenn es sich um Reize der Außenwelt handelt. Die Scheidung von »Innenwelt« und »Außenwelt« ergibt sich schließlich aus dem Gemeinsamen, das alle »inneren Wahrnehmungen« gegenüber der Wahrnehmung äußerer Reize auszeichnet. Das spätere »Ich« ist der Anteil der Welt, der bei allem Wechsel als gleichbleibend oder *invariant* erlebt wird.

Bei der Entwicklung des *Gegenstands-Schemas* spielt die Invarianten-Bildung eine ebenso bedeutende Rolle. Durch Verschmelzung von Einzelschemata des Sehens, Hörens und Tastens bilden sich vom

Mit dem Gegenstands-Schema entwickeln sich gegen Ende des ersten Lebensjahres auch erste Ansätze des Werkzeuggebrauchs und der Fähigkeit zur *Problemlösung durch Einsicht.* Die dargestellte Situation enthält alle wesentlichen Aspekte, die beim Problemlösen oder Denken gewöhnlich ins Spiel kommen: 1. Die *Motivation* – Appetit auf den Keks, 2. das *Problem* – der Keks ist nicht direkt erreichbar, 3. *Einsicht* in einen Lösungsweg – durch Ziehen am Band läßt sich der Keks erreichen. Die Lösung erfolgt typischerweise *nicht rein zufällig* beim Herumprobieren, sondern nach einer kürzeren oder längeren Phase des *Nachdenkens.*

zweiten bis zum sechsten Monat komplexe Wahrnehmungsgestalten heraus. René A. Spitz hat diesen Prozeß in bezug auf das Erkennen des *menschlichen Gesichts* untersucht: Mit etwa sechs Monaten ist das Kind in der Lage, zwischen dem Gesicht der Mutter und einem fremden zu unterscheiden.

Das Wiedererkennen von Gesichtern setzt zweierlei voraus:

- Es muß eine *Formkonstanz* erreicht sein (Invarianz bei unterschiedlichen Blickwinkeln, s. S. 95).
- Die Wahrnehmungsgestalt muß eine bleibende Gedächtnisspur hinterlassen haben.

Damit ist das Gegenstands-Schema aber keineswegs voll ausgebildet. Das Baby versucht noch nicht, nach einem Gegenstand zu greifen, wenn man ihn verdeckt. Wenn man dem Säugling die Flasche »verkehrt herum« reicht, wird er den Sauger nur dann zum Mund drehen, wenn er sichtbar ist. Die Wahrnehmungsgestalten haben über ihre Sichtbarkeit hinaus offenbar noch keine Dauer und werden mit ihrem Verschwinden aus dem Blickfeld praktisch inexistent. Auch wenn das Baby darauf wartet, daß die Mutter wieder erscheint, ist damit für das Kind nicht verbunden, daß die Mutter außerhalb seiner Wahrnehmung fortbesteht. Sie taucht jedesmal von neuem aus dem Nichts auf.

Das Gegenstands-Schema »verfestigt« sich im Alter von acht bis zwölf Monaten. Jetzt ist das Kind in der Lage, einen Gegenstand dort zu suchen, wo er verschwand. Die Zirkulärreaktion Suchen/Finden führt zur Entdeckung des »Versteckenspielens«.

Das vollständige Gegenstands-Schema ist ein über die unmittelbare Wahrnehmung hinausgehendes *kognitives Schema*, das die *Invarianz der Gegenstände bei Veränderungen in Raum und Zeit* voraussetzt. Nach Piaget ist hiermit eine erste Beherrschung der *Schemata von Raum, Zeit und Kausalität* verbunden.

Kritisch anzumerken ist, daß Piagets Theorie der kognitiven Entwicklung die Wechselwirkungen zwischen den kognitiven und den emotional-motivationalen Aspekten kaum berücksichtigt. Piaget beschreibt vorwiegend, wie sich das Kind mit »Gegenständen« auseinandersetzt – während ganz offenbar die Mutter eine sehr viel größere Bedeutung für das Kind hat als sein Spielzeug.

Die Untersuchungen von René A. Spitz (s. S. 177ff.) stellen demgegenüber die Bedeutung der Mutter-Kind-Beziehung für die kognitive Entwicklung in den Vordergrund. Dementsprechend findet Spitz neben der »Konstruktion des Gegenstandes« als wichtigstes Ergebnis der frühkindlichen Entwicklung den *Aufbau der ersten Partnerbeziehung*. Die Mutter – oder eine »Mutter-Figur« – wird im Laufe der ersten acht Monate zum unverwechselbaren »Du«, zum ersten Partner, an den alle Wünsche und Hoffnungen des Kindes geknüpft werden (in psychoanalytischer Ausdrucksweise: Die Mutter wird zum ersten »Libido-Objekt«). Wie sehr bei einer Störung dieser ersten Partnerbeziehung auch die kognitive Entwicklung beeinträchtigt wird, zeigt der von Spitz und anderen untersuchte Entwicklungsrückstand von Heimkindern (*Hospitalismus.*).

8.54 Konkrete und formale Operationen

Um die Zeit der Schulreife findet nach Piagets Untersuchungen eine wichtige weitere Veränderung im Denken des Kindes statt. Bis etwa zum sechsten Lebensjahr werden Probleme anschaulich-intuitiv gelöst; das *anschauliche Denken* ist meist auf nur einen Aspekt des Problems »zentriert«.

Den Übergang zur Anwendung »*konkreter logischer Denkoperationen*« erläutert Piaget mit Hilfe eines einfachen Experiments: In einer Schachtel liegen siebzehn rote und drei blaue Glasperlen. Auf die Frage: »Gibt es in der Schachtel mehr rote Perlen oder mehr Glasperlen?«, antworten Kinder unter sieben Jahren meist: »Mehr rote, denn es sind ja nur drei blaue.« Das Kind weiß zwar, daß alle Perlen aus Glas sind, wenn die Aufmerksamkeit aber auf die roten Perlen gelenkt wird, verschwindet dieser Aspekt aus dem Bewußtsein, und nur der Eindruck der blauen Perlen bleibt haften (anschauliche »Zentrierung« des Denkens auf die Farbe). Etwas ältere Kinder dagegen beantworten die Frage richtig und können dies mit »logischen Argumenten« begründen.

Wie Piagets Analyse des Experiments ergab, tritt an die Stelle der »Zentrierung« auf einen anschaulichen Aspekt (Farbe *oder* Glas) die Handhabung der »logischen Operation« zum Bilden und Zerlegen von Klassen: Die Teilklasse der roten und die Teilklasse der blauen Perlen werden vereinigt zur Gesamtklasse der Glasperlen.

Im Gegensatz zur Anschauung ist die logische Operation der Klassenvereinigung jederzeit umkehrbar (*reversibel*):

»rote Perlen« + »blaue Perlen« ↔ »Glasperlen«

Der »unbewußte« Gebrauch solcher »reversibler Operationen« wurde schon anläßlich der Behandlung der Spracherzeugung erörtert (s. S. 284f). Im »Stadium der konkreten Operationen« läßt sich an

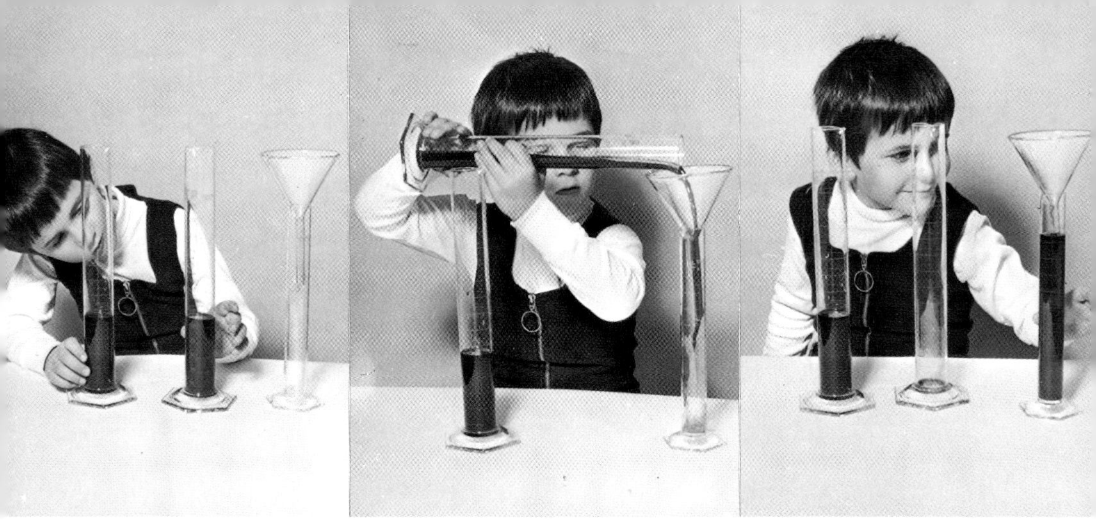

Zum *Konzept der Erhaltung des Volumens*: Ein Fünf- bis Sechsjähriger glaubt, in dem schmalen Gefäß sei mehr Flüssigkeit, obwohl er die Flüssigkeitsmengen unmittelbar vorher in den gleich weiten Gefäßen noch als gleich eingeschätzt hatte.

einfachen Experimenten verfolgen, wie solche »reversiblen Operationen« zunehmend zur Lösung von praktischen Denkproblemen eingesetzt werden. Piaget hat die Anwendung der »konkreten Operationen« insbesondere an der Entwicklung der physikalischen *Mengenbegriffe* untersucht. Erst mit dem Beherrschen der reversiblen Operationen begreift das Kind, daß sich die Masse einer Knetgummikugel nicht ändert, wenn man sie zu einer Wurst ausrollt. Das Konzept der *Erhaltung* (s. Abb. oben) entwickelt sich im allgemeinen zunächst für die Masse (5–6 Jahre), dann für das Gewicht (6–7 Jahre) und zuletzt für das Volumen (7–8 Jahre).

Etwa mit Einsetzen der Pubertät beginnt eine neue Form des Denkens: *das abstrakte Denken mit Hilfe formaler logischer Operationen.* Während die konkreten Operationen nur benutzt wurden, um Schlüsse aus dem unmittelbar Gegebenen zu ziehen, erlauben es die formalen Operationen, aus hypothetischen Annahmen rein formal begründete Schlußfolgerungen abzuleiten (theoretisches oder hypothetisch-deduktives Denken). Die formalen Operationen stellen somit Verallgemeinerungen ihrer konkreten Vorläufer dar.

Die formalen Denkoperationen sind sicherlich kulturelle Neuerwerbungen, die in hohem Maße mit der in unserer wissenschaftlich-technischen Zivilisation herrschenden Art des Denkens und mit den Anforderungen unseres Bildungs- und Schulsystems zusammenhängen. In anderen, nicht so sehr auf formale Denkprinzipien bauenden Kulturen und in bildungsfernen sozialen Schichten unserer eigenen Kultur ist die Fähigkeit zu formalen Denkoperationen zwar ebenfalls nachweisbar, ihre Anwendung ist jedoch wesentlich weniger verbreitet.

8.55 Die Entwicklung moralischer Konzepte

Die Entwicklung moralischer Instanzen und Konzepte ist eines der ältesten Themen in Philosophie und Pädagogik. In der Psychologie finden sich hierzu Beiträge aus drei verschiedenen Denktraditionen. Der Behaviorismus nimmt an, moralisches oder »prosoziales« Verhalten werde durch positive oder negative Verstärkung erlernt. Insbesondere B.F. Skinner hat mit seinem Science-fiction-Roman »Walden Two« (1948; deutsch: »Futurum Zwei«, 1960) und seinem programmatischen Buch »Jenseits von Freiheit und Würde« (deutsch 1973) für die behavioristische »Entmystifizierung« von Moral und für die Lösung aller ethischen Konflikte im menschlichen Zusammenleben durch Manipulation der Umweltbedingungen geworben.

Die Psychoanalyse knüpft mit ihrer Theorie des ödipalen Konflikts an die antike Tragödie und die dort dargestellte menschliche Verstrickung und Schuld an. Die These, daß die elterlichen Normen vom Kind in Form des Über-Ich verinnerlicht werden, erlaubt im Einzelfall eine biographische Begründung der Art und der Stärke moralischer Werte sowie der Dynamik von Moral und Schuld.

In der Kognitiven Psychologie hat sich unter dem Einfluß von Piaget demgegenüber eine Forschungstradition entwickelt, die sich mit den kognitiven Strukturen des moralischen Urteils befaßt.

1932 veröffentlichte Piaget sein Buch »Das moralische Urteil beim Kinde«. Auf der Basis umfangreicher Befragungen von 5 bis 13 Jahre alten Kindern untersuchte er darin die Denkoperationen, die Kinder bei der Beurteilung moralischer Dilemmata (Konflikte zwischen unterschiedlichen Handlungsweisen) anwenden. Ein typisches Beispiel: »Was ist schlimmer – wenn ein Kind aus Ungeschicklichkeit neun Tassen zerbricht oder wenn ein anderes aus Wut absichtlich eine Tasse zerschlägt?« Piaget unterscheidet zwei Stufen der moralischen Entwicklung: heteronome (an Autoritäten gebundene) und autonome (selbstverantwortliche) Moral.

Piagets Arbeiten zur Entwicklung des moralischen Urteils wurden vor allem von dem amerikanischen Piaget-Schüler Lawrence Kohlberg weitergeführt. Dieser operierte mit ganz konkreten Geschichten, z.B. dem Dilemma eines Mannes, der nur durch einen Einbruch in eine Apotheke das Leben seiner krebskranken Frau retten kann. Bei der Analyse achtete Kohlberg nicht so sehr auf die Entscheidung der Befragten (meist Jugendliche unterschiedlichen Alters), sondern auf die Art der Begründungen. Kohlberg fand neben einer »vormoralischen« Entwicklungsstufe drei aufeinanderfolgende Phasen in der Entwicklung moralischer Konzepte:

- Auf der vormoralischen Stufe werden keine moralischen Regeln zur Begründung des Urteils herangezogen, sondern das Lust-/Unlust-Prinzip (»weil es Spaß macht« bzw. »weil es weh tut«).
- In der vorkonventionellen Phase orientiert sich das Kind an Bestrafung und Gehorsam, oder es nimmt eine Abwägung des konkreten Nutzens und Schadens vor. (Beispiel: »Der Mann sollte das Medikament stehlen. Wenn er ins Gefängnis kommt, hat er immer noch seine Frau.«)
- In der konventionellen Phase werden moralische Normen als Erwartungen der Familie, der Altersgruppe, der Nation oder Religion unbefragt akzeptiert. (Beispiel: »Wenn man heiratet, schwört man sich Liebe und Treue. Das verpflichtet den Mann, auch wenn er deswegen ins Gefängnis muß.«)
- In der postkonventionellen Phase werden moralische Werte und Prinzipien gesucht, die unabhängig von der Autorität einzelner und von Gruppennormen sind. Das moralische Konzept dieser Phase entspricht dem berühmten »kategorischen Imperativ« von Immanuel Kant: »Handle so, daß die Maxime (der Grundsatz) deines Willens zugleich als Prinzip einer allgemeinen Gesetzgebung gelten könnte.« (Beispiel: »Das menschliche Leben hat Vorrang vor dem Gebot, nicht zu stehlen. Selbst wenn der Mann seine Frau nicht lieben würde, müßte er sie retten, denn das Leben ist ein Wert an sich.«)

Kohlberg sieht die postkonventionelle Phase des moralischen Urteils im Zusammenhang mit der Ausbildung der Fähigkeit zu formalen Operationen. Er nimmt an, daß die von ihm beschriebenen drei Phasen (die er ihrerseits jeweils in je zwei Stufen aufteilt) eine natürliche Entwicklungsrichtung darstellen. Die Phasen und Stufen, so seine These, werden normalerweise nur in aufsteigender Richtung durchlaufen, ohne daß freilich alle Menschen die höchsten Stufen tatsächlich erreichen. Kohlberg ist nicht so naiv anzunehmen, daß dem entwickelten moralischen Urteil ein hochentwickeltes moralisches Handeln entsprechen müßte. Er hält aber die postkonventionelle Phase der moralischen Urteilsfähigkeit für eine notwendige (wenn auch nicht hinreichende) Voraussetzung für hochentwickeltes moralisches Handeln. Dies widerspricht der Alltagserfahrung, die zeigt, daß man nicht unbedingt ein Philosophieprofessor sein muß, um auch unter Inkaufnahme persönlicher Nachteile das moralisch Gebotene zu tun. Der amerikanische Psychologe S. R. Yussen konnte zeigen, daß Jugendliche und Studenten neben ihrem eigenen Urteil zu einem Kohlbergschen moralischen Dilemma auch Stellungnahmen etwa aus der Sicht eines typischen »Polizisten« oder »Philosophen« abzugeben in der Lage waren, wobei das Niveau der Argumentation des »Philosophen« das der eigenen meist deutlich überstieg. Nach diesen Ergebnissen entspricht die eigene Argumentation keineswegs der Obergrenze der erreichten kognitiven Entwicklung.

Eine Interpretation dieses Befundes könnte lauten, daß neben dem Niveau des moralischen Urteils noch andere Bedingungen für die Selbsteinschätzung bei moralischem Handeln wirksam sind. Schon Piaget hatte angenommen, daß hier das Einfühlungsvermögen als zusätzliche kognitive Fähigkeit ins Spiel kommt.

Die feministische Psychologin Carol Gilligan, eine Schülerin Kohlbergs, kritisiert dessen Ansatz als einseitig an männlichen Moralvorstellungen orientiert. In einer Studie zu den moralischen Konflikten von Frauen, die einen Schwangerschaftsabbruch in Erwägung zogen, fand Gilligan neben dem Gesichtspunkt der Gerechtigkeit, wie er im moralischen Urteil zur Geltung kommt, häufig eine ganz andersartige Sichtweise des moralischen Dilemmas, die die Aspekte Fürsorge und Bindung an andere Menschen in den Vordergrund stellt. Die öffentliche, von Männern beherrschte Abtreibungsdebatte ist von Gerechtigkeitsprinzipien geprägt, was in der philosophischen Frage gipfelt, ob der Fötus schon eine Person ist und ob seine Rechte gegenüber denen der Schwangeren Vorrang haben. Für die Schwangeren dagegen ist das Problem der Fürsorge offenbar wichtiger: »Ins Zentrum der Aufmerksamkeit rückt die Verbindung zwischen Fötus und schwangerer Frau, zur Hauptfrage wird, ob es verantwortlich oder unverantwortlich, fürsorglich oder leichtsinnig ist, diese Verbindung fortzusetzen oder zu beenden« (Gilligan, 1991).

Spätere Untersuchungen haben ergeben, daß von Männern wie von Frauen beide Perspektiven, prinzipiengeleitete Gerechtigkeit ebenso wie von der konkreten Situation ausgehende Fürsorge, als Maßstäbe für moralisches Handeln akzeptiert werden. Frauen lassen jedoch in moralischen Konfliktsituationen eher »Fürsorge vor Recht« ergehen. Gilligans Thesen haben eine bis heute andauernde Kontroverse um die Existenz einer spezifisch weiblichen Moral ausgelöst. Unbestreitbar ist ihr Verdienst, einer einseitig kognitiven Moraltheorie eine Auffassung entgegengesetzt zu haben, die der »Weisheit des Herzens« neben der prinzipiengeleiteten Vernunft ihren Platz einräumt. Und es ist Carol Gilligan darin zuzustimmen, daß die gegenwärtige Überlebenskrise der Menschheit nicht allein mit Hilfe einer Gerechtigkeitsethik bewältigt werden kann, sondern daß dazu ebensosehr oder vielleicht noch mehr eine Ethik der Fürsorge, der menschlichen Verbunden-

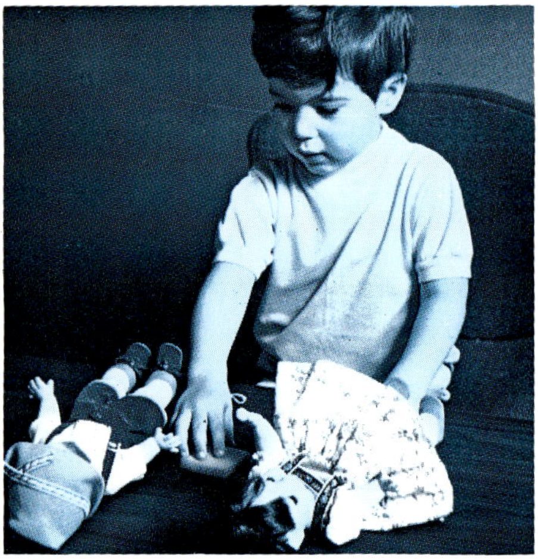

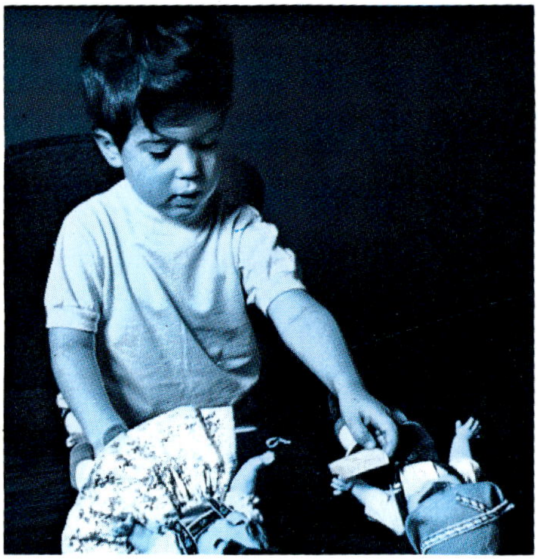

heit und der Verantwortung für künftige Generationen benötigt wird.

Der Philosoph Hans Jonas hat in seinem Buch »Das Prinzip Verantwortung« (1979) die Grundlagen einer solchen Ethik formuliert. Sein »kategorischer Imperativ der technischen Zivilisation« lautet: »Handle so, daß die Wirkungen deiner Handlung verträglich sind mit der Permanenz (dauernden Existenz) echten menschlichen Lebens auf Erden.«

8.56 Spracherwerb

Mit dem ersten Atemzug tut das Neugeborene auch seinen ersten *Schrei.* Aus der Lautäußerung des Schreiens entwickelt sich im Laufe der frühen Kindheit zusammen mit der Differenzierung der Emotionen (s. S. 177) ein *außersprachliches Kommunikationssystem* zum Ausdruck von Affekten: Schreien, Stöhnen, Weinen, Lachen, Jauchzen ... Die Lautäußerungen der Tiere, besonders der Menschenaffen, bilden ein vergleichbares außersprachliches Kommunikationssystem.

Mit etwa acht Wochen kommt es erstmals zu Lautäußerungen, die einen anderen Klangcharakter haben: Das Baby beginnt zu »lallen«. Das »Lallen« ist eine notwendige Vorstufe zum Spracherwerb. In der ersten Phase, etwa bis zum vierten Monat, werden spielerisch alle nur möglichen Laute produziert, auch solche, die es in der Muttersprache des Kindes gar nicht gibt. Zwischen dem vierten und dem achten Monat nimmt das Lallen vorübergehend ab. Das Kind scheint in dieser Zeit damit zu beginnen, auf die Lautäußerungen der Erwachsenen zu horchen: In den »Lall-Monologen« wird mehr und mehr die Nachahmung des Gehörten erkennbar.

Nach phonetischen Untersuchungen werden die einzelnen Laute der Sprache durch Kombinationen von etwa einem Dutzend verschiedener *Innervationsmuster* für die Sprechmuskulatur produziert. Diese Kombinationen werden offenbar *nicht durch schrittweise operante Konditionierung* (»Shaping«, nach Skinner, s. S. 260), sondern durch Nachahmung erlernt: Die Eltern belohnen oder verstärken keineswegs einzelne Lautkombinationen. Das Kind ahmt *zunächst die Gesamt-*

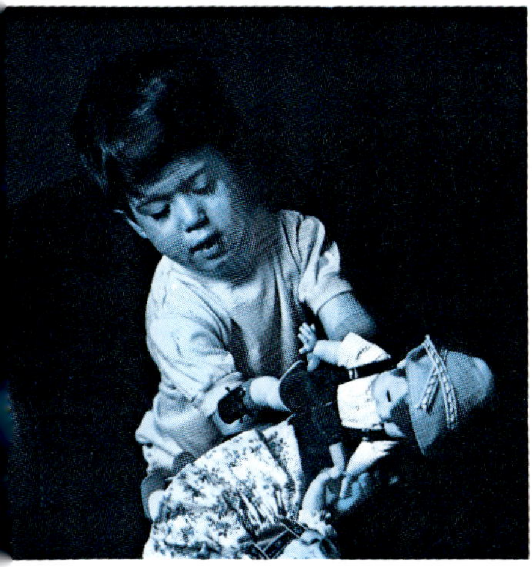

Wer wäscht wen? Die Psychologin Ursula Bellughi (USA) entwickelte eine Reihe origineller Tests, um die syntaktische Sprachentwicklung zu untersuchen. Hier ein Test zum Konzept der *Passiv-Transformation,* den jeder Interessierte mit Kindern verschiedenen Alters nachmachen kann: Das Kind bekommt zwei verschiedengeschlechtliche Puppen vorgelegt. Dann gibt der »Spielleiter« die Anweisung zu folgenden Spielen: (1) »Der Junge wäscht das Mädchen«, (2) »Das Mädchen wäscht den Jungen«, (3) »Der Junge wird vom Mädchen gewaschen«. Ein etwa dreijähriges Kind kann den einfachen Sätzen (1) und (2) meist schon recht gut folgen (Kernsätze im Aktiv!). Statt Satz (3) wird es aber meist (1) spielen. (Die Passiv-Transformation gelingt erst älteren Kindern.) Mit etwas Phantasie lassen sich entsprechende Puppenspiel-Tests für andere syntaktische und semantische Konzepte durchführen: Verneinung, Frage, Mehrzahl, verschiedene Formen von Satzgefügen usw.

intonation des Gehörten nach. Etwas später erfolgt die Unterscheidung von Vokalen und Konsonanten, diese differenzieren sich ihrerseits schrittweise in weitere Untergruppen. Wir finden bei der Entwicklung der Lautbildung das »Baum-Schema« wieder, das uns von der Satzstruktur (s. S. 285) her bereits bekannt ist.

Bevor das Kind alle Einzelheiten des Lautrepertoires beherrscht, *beginnt es zu sprechen, d. h.,* es fängt an, *Lautkomplexe mit Bedeutungskomplexen zu verbinden.* Zu den ersten nicht nur nachgeahmten, sondern »mit Absicht« gesprochenen Wörtern kommt es gewöhnlich gegen Anfang des zweiten Lebensjahres. Abgesehen von ihrer noch unentwickelten lautlichen Ausformung weichen diese ersten Sprachäußerungen auch syntaktisch und semantisch noch erheblich von der Erwachsenensprache ab.

Wir wollen ausgehen von einer außersprachlichen Kommunikation: Ein fast einjähriges Kind sitzt im Ställchen und kann den herausgeworfenen Ball nicht erreichen – es streckt die Hand danach aus und weint. Das gleiche Kommunikationsverhalten – hinweisende Bewegung und Ausdruck einer Emotion – zeigt ein Hund, der zur Tür läuft und winselt, weil er hinauswill.

Etwas später jedoch wird das Kind nicht mehr wimmern, sondern statt dessen »Ball« sagen. Was hat sich geändert? Das Kind ersetzt ein Element der Situation durch eine (vorher gehörte und durch Nachahmung geübte) *konventionelle Lautfolge* – »Ball«. Das erste gesprochene Wort ist entsprechend seiner Funktion ein echter Satz (»Ein-Wort-Satz«). Der »Ein-Wort-Satz« wird allerdings erst durch die Situation zu einem vollständigen Satz: Die ausgestreckte Hand macht den Satz »Ball« verständlich, ist damit doch ein »Ich möchte . . .« ausgedrückt.

»Ein-Wort-Sätze«, die durch die Situation bzw. durch Gesten ergänzt werden, gibt es auch in der Sprache der Erwachsenen (z. B. wenn ich meinem Gesprächspartner eine Schachtel Zigaretten mit der Frage »Zigarette?« reiche und er »Gern« antwortet). Ebenso wie in der »Ein-Wort-Sprache« des Kindes handelt es sich hier nicht um einzelne Wörter, sondern um *verkürzte Sätze,* die nur verständlich sind, weil ihre fehlenden Teile aufgrund der

Situation vom Hörer ergänzt werden können.

Die »Ein-Wort-Sprache« wurde zu Anfang des Jahrhunderts von den Entwicklungspsychologen Clara und William Stern (»Die Kindersprache«, 1927) gründlich untersucht. Hier der »Sprachschatz« ihrer 13 Monate alten Tochter Eva:

ata: (seit dem neunten Monat) für Vater und Mutter; das Wort »Mutter« spricht sie trotz Vorsagens nicht richtig nach.

puppe: für ihre Puppe und abgebildete Kinder.

wauwau: für ihren Spielzeughund, gelegentlich auch für abgebildete Tiere.

muh: für viele Tiere im Bilderbuch und für das Schaukelpferd.

baba: (häßlich) als richtige Reaktion auf die Aufforderung »nicht nuppeln« (»nuppeln« = in den Mund nehmen).

hap oder *pappap:* für Essen.

kuckuck: beim Versteckspiel.

dudu: als spaßiger Drohruf.

da: beim Abgeben ihrer Semmel.

Die Phase der »Ein-Wort-Sätze« dauert etwa ein halbes Jahr. Bevor das Kind beginnt, längere Sätze zu bilden, lernt es rund fünfzig verschiedene Wörter.

Wir erinnern uns, daß die »Generative Grammatik« (s. S. 285) vom Satz als einem Ganzen ausgeht, das erst durch »Erzeugungsregeln« strukturiert wird (»Baum-Struktur«). Die »Generative Grammatik« für den »Ein-Wort-Satz« ist extrem einfach:

Die weitere Entwicklung der »Generativen Grammatik« wird in dem nachfolgenden Stadium des »Zwei-Wort-Satzes« erkennbar. Es scheint nur eine sehr kurze Übergangsphase zu geben, während der zwei »Ein-Wort-Sätze« einfach nebeneinandergestellt werden. (Ein Beispiel aus der »Praxis« der 17 Monate alten Stern-Tochter: »Ata Puppe« = »Sieh mal, Vater, ich habe eine Puppe.«) Typische »Zwei-Wort-Sätze« sehen dagegen so aus:

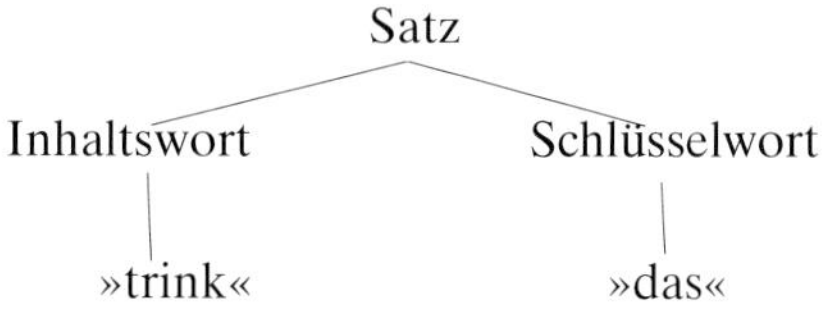

Die »Satzteile« sind hier nicht mehr gleichwertig: Das verwendete »Lexikon« besteht aus zwei Wortklassen, der großen Klasse der *Inhaltswörter* (»find', trink, Strumpf, Milch, Nuß . . .«) und einer kleineren Klasse von »*Schlüsselwörtern*« (»das, hier, mehr . . .«).

Die ersten Stufen der Sprachentwicklung (»Ein-Wort-Satz« → Aufgliederung in »Zwei-Wort-Sätze« → weitere Aufgliederung) sind eine eindrucksvolle indirekte Bestätigung der Satzerzeugungs-Theorie Chomskys: Der strukturierte Satz entsteht auch entwicklungspsychologisch gesehen durch schrittweise Aufgliederung aus einer Einheit als »Satzkeim«.

Mit dem »Drei-Wort-Satz« vergrößert sich die syntaktische und lexikalische Sprachkompetenz zusehends. Mit etwa drei bis vier Jahren beherrscht das Kind praktisch alle Satztypen. Die später gebildeten, immer komplizierter und länger werdenden Sätze lassen sich aus diesen Grundtypen durch mehrfache Anwendung von Transformationsregeln ableiten.

8.57 Die Zeichenfunktion

Wir haben gesehen, daß die scheinbar »sinnlose« Nachahmung von Sprechlauten dem sinnvollen Sprechen vorangeht. Eine andere Voraussetzung hierfür ist die Entwicklung von Gegenstandsschemata bzw. die Konzeptbildung. Erst wenn das Kind beides beherrscht – Laut- und Konzeptbildung – entwickelt sich mit dem Eintritt ins zweite Lebensjahr das für die Sprache entscheidende kognitive Schema der *Zeichenfunktion:* die Fähigkeit, für Konzepte Zeichen oder Symbole zu benutzen (s. S. 287f.).

Im »Ein-Wort-Stadium« sind die sprachlichen Symbole noch völlig eingebettet in die Gesamtsituation. Statt vergeblich nach dem Ball außerhalb des Ställchens zu greifen, ruft das Kind durch den Satz »Ball« die Mutter herbei. Wie ist hier die Bedeutung von »Ball« definiert? Das Wort bzw. der »Ein-Wort-Satz« *erhält seine Funktion erst in der Sprechsituation.* »Ball« ist ebenso ein Teil der Situation wie vorher das Greifen nach dem Ball.

Gegen Anfang des »Zwei-Wort-Stadiums« entdeckt das Kind, *daß die Gegenstände Namen haben.* Aus dieser »Entdeckung der Symbolfunktion des Wortes« resultiert das »Erste Fragealter«: Das Kind zeigt auf Gegenstände und fragt die Mutter nach den Namen, ein Vorgang, der zur *Definition durch Hinweisen* führt. Durch das aktive Fragen (»Is'n das?«) erwirbt das Kind in kurzer Zeit einen sehr viel größeren Wortschatz.

Clara und William Sterns Beobachtungen lassen erkennen, daß mit der Entdekkung der Symbolfunktion dem Kind tatsächlich der »Witz« der Sprache aufgeht: »Die Freude am Benennen der Gegenstände ist groß. Heute stellte sich der Knabe (ein Jahr und zehn Monate) mitten ins Zimmer, zeigte auf die einzelnen Dinge und sagte dabei: ›das Lampe, das Srank, das Kob (Korb) . . .‹« Diese Entdeckung ist dem Erwachsenen nicht mehr zugänglich, weil die frühkindlichen Erlebnisse später vergessen werden.

Auch Erwachsene fragen nach den Namen der Dinge und bedienen sich der dadurch möglichen *Definition durch Hinweisen,* wenn sie in ein Land mit einer ihnen unbekannten Sprache kommen. In philosophischen und psychologischen Theorien zum *Problem der Bedeutung* wird immer wieder auf die Definition durch Hinweisen zurückgegriffen. Beim Spracherwerb bildet sie aber nur einen Teilaspekt des Zusammenhangs zwischen Wort und Bedeutung:

- Das Fragen nach dem Namen setzt eine schon relativ entwickelte Sprache voraus, unter anderem das Konzept der Symbolfunktion der Wörter, die Syntax für Frage- und Antwortsätze sowie einen angemessenen Wortschatz.
- Die Welt muß für den Fragenden und den Antwortenden annähernd die gleiche kognitive Struktur haben. Dies wird deutlich, wenn man bedenkt, daß sich die Wörter (außer den Eigennamen) nicht auf einzelne Gegenstände, sondern auf *offene Klassen* beziehen. Jeder Gegenstand ist aber theoretisch nach unendlich vielen Konzepten klassifizierbar. Fragender und Antwortender müssen dieselben Konzepte zur Klassifizierung des Gegenstandes »ansprechen«, wenn die Antwort »richtig« sein soll. Wie wenig selbstverständlich die Gemeinsamkeit der Konzepte ist, zeigt eine hübsche Anekdote von Margaret Mead: Die Völkerkundlerin wollte die Sprache eines unbekannten Indianerstammes erlernen und deutete mit fragenden Gesten auf verschiedene Dinge. Stets bekam sie die gleiche Antwort – später stellte sich heraus, daß es sich dabei um das Wort für »Zeigefinger« handelte!
- Für einen Großteil der Wörter läßt sich durch Hinweise gar nicht angeben, was sie »bezeichnen«. Hierzu gehören einmal alle Wörter, die sich auf Innere Prozesse (z. B. »Traurigkeit«) und auf abstrakte Begriffe (z. B. »Gesetz«) beziehen, zum anderen all jene mit vorwiegend syntaktischer Funktion, also auch die schon im »Zwei-Wort-Stadium« auftauchenden »Schlüsselwörter« (»das«, »hier«).

Damit gelangen wir zur dritten Form der Definition von Bedeutung – zur *Definition durch die Sprache.* Wenn wir ein »einsprachiges« Wörterbuch aufschlagen, finden wir die Bedeutung eines jeden Wortes durch andere Wörter definiert. Was »Definition durch die Sprache« heißt, wird übrigens auch in diesem Text »durch die Sprache« (!) erläutert.

Heinz Werner und Bernhard Kaplan führten 1952 ein hübsches Experiment zur Definition durch die Sprache mit 125 Kindern zwischen 8 und 13 Jahren durch. Sie entwickelten einen »Wort-Kontext-Test«: Eine Reihe von »Kunstwörtern« (wie CORPLUM) wurde in verschiedene Sätze (Kontexte) eingefügt. Nach jedem Satz wurden die Kinder gefragt, was das »Kunstwort« wohl bedeute. Hier ein Beispiel. (Es ist aufschlußreich und amüsant, sich beim Lesen die Entstehung der Bedeutung von Satz zu Satz klarzumachen und diese zu protokollieren.)

1. Ein CORPLUM kann als Stütze verwendet werden.
2. Mit CORPLUMS kann man einen Platz einzäunen.
3. Ein CORPLUM kann kurz oder lang, dick oder dünn, stark oder schwach sein.
4. Ein nasses CORPLUM brennt nicht.
5. Mit Sandpapier kann man ein CORPLUM glätten.
6. Der Maler verwendet ein CORPLUM zum Mischen der Farben.

Was ist ein CORPLUM?

Die Ergebnisse zeigten, daß die jüngeren Kinder oft nicht zwischen der Satz- und der Wortbedeutung unterschieden: »CORPLUM heißt, daß man einen Platz einzäunen kann.« Auch auf der semantischen Ebene hat offenbar der ganze Satz Vorrang vor dem einzelnen Wort. Je älter die Kinder waren, desto präziser fielen ihre Antworten aus.

Wenn das Kind die »Definition durch die Sprache« beherrscht, ist es nicht mehr nur auf die eigene Erfahrung angewiesen: Durch *Partizipation an der Sprache* besitzt es Zugang zur gesamten Erfahrung seiner Lebensgemeinschaft (Sozialisation, siehe S. 270f.). Die Entwicklung der semantischen Strukturen verläuft allerdings sehr viel langsamer als die der Syntax. Bis ins Erwachsenenalter hinein werden neue Wörter ins »Lexikon« aufgenommen, und die Bedeutung bereits bekannter Wörter ist ständigen Erweiterungen und Präzisierungen unterworfen.

8.58 Biologische Grundlagen von Sprache und Denken

Die Entwicklung von Sprache und Denken führt uns zurück zum Verhältnis von Lernen und Reifung (s. S. 245). Die lernpsychologische Sichtweise hat ihren Ursprung in der Erkenntnistheorie des in England entstandenen *Empirismus.* John Lockes »Versuch über den menschlichen Verstand« zufolge stammt alle Erkenntnis aus der Erfahrung. Ein kleines Kind ist zunächst ein »unbeschriebenes Blatt«, eine »Tabula rasa«, erst die *Erfahrung* macht aus den »nackten Sinnesdaten« die Wahrnehmung von Raum und Gegenständen sowie die Erkenntnis von Zusammenhängen.

Die *Kognitive Psychologie* greift dagegen Konzepte auf, die vom *Rationalismus* entwickelt wurden. Der Begründer dieser philosophischen Schule, René Descartes, schreibt über den Ursprung des Denkens: »Der Gesichtssinn vermittelt für sich genommen nichts als Bilder, das Gehör nur Stimmen oder Laute, so daß alle die Dinge, die wir außer diesen Stimmen oder Bildern als durch sie symbolisiert denken, sich uns darstellen durch *Ideen, die keinen anderen Ursprung haben können als unsere Denkfähigkeit* und uns daher mit jener angeboren sind, das heißt, uns *als Möglichkeit* immer schon *innewohnen.*«

Die Position des Rationalismus wird durch reichhaltiges biologisches und psychologisches Material gestützt, das Eric Lenneberg in seinem Buch »Biologische Grundlagen der Sprache« (deutsch 1967) zusammengetragen hat. Lenneberg stellt eine Reihe von empirisch begründeten Thesen zum biologischen Ursprung der Sprache auf:

- *Kognitive Funktionen sind artspezi-*

fisch. Jakob von Uexküll, ein Vorläufer der modernen vergleichenden Verhaltensforschung (Ethologie), hat diesen Gesichtspunkt in seiner »Umweltlehre« erstmals ausführlich untersucht. Danach besitzt jeder Organismus eine Umwelt, die durch die Struktur seiner Sinnesorgane, seines Zentralnervensystems und seines Bewegungssystems definiert ist. Die kognitiven Funktionen vermitteln in *artspezifischer Weise* zwischen sensorischem Input und motorischem Output. Hierher gehören beim Menschen auch die sprachrelevanten Fähigkeiten zur Konzeptbildung, zum Symbolgebrauch und zur Konstruktion phonetischer, syntaktischer und semantischer Strukturpläne.

● *Bestimmte Äußerungen kognitiver Funktionen sind bei jedem Mitglied einer Art zu finden.*

Eine solche Äußerung ist der Sprachgebrauch des Menschen. Nach Lennebergs Untersuchungen erwirbt jeder Mensch Sprachkompetenz, auch unter sehr ungünstigen Bedingungen wie Taubheit und Blindheit oder starker Vernachlässigung. Die Intelligenz ist – abgesehen von schwerstem Schwachsinn – kein wesentlicher Faktor: Ob jemand eine Sprache erlernt, hängt nicht von seiner Intelligenz ab, sondern davon, daß er ein Mensch ist. Hochgradig Schwachsinnige, die bei anderen kognitiven Funktionen und auch in bezug auf die Größe des Gehirns von Schimpansen übertroffen werden, erwerben trotzdem eine Sprachkompetenz, die ein Affe nicht erreicht.

● *Kognitive Fähigkeiten werden im Zuge der Reifung des Organismus spontan entfaltet.*

Hierfür spricht vor allem der äußerst regelmäßige Beginn und Verlauf der Sprachentwicklung beim Kinde. Wenn durch äußere Umstände (etwa völlige soziale Isolierung: »Wolfskinder«) der Spracherwerb bis zur Pubertät verhindert wird, ist das Erlernen einer Sprache nicht mehr möglich. Es gibt demnach eine *kritische Periode* für den Spracherwerb – ein zusätzlicher Hinweis darauf, daß Reifungsvorgänge eine wesentliche Rolle spielen. Die Reifungshypothese beinhaltet *nicht,* daß äußere Faktoren – etwa das Aufwachsen in einer Sprachgemeinschaft – ohne Bedeutung wären: Viele Reifungsprozesse benötigen, um *realisiert* werden zu können, spezifische Umweltbedingungen.

● *Gewisse Verhaltensweisen von Lebewesen entwickeln sich erst durch Anpassung an das Verhalten anderer Artgenossen.*

Diese These weist darauf hin, daß für das Sozialverhalten im Tierreich wie beim Menschen erbliche Voraussetzungen mitbestimmend sind. Die Grundschemata des Sozialverhaltens – also besonders auch der Sprache – werden zwar durch »soziale Stimulation« ausgelöst, nicht aber erlernt. Was durch Lernvorgänge beeinflußt werden kann, sind nicht die Grundschemata selbst, sondern deren Variationen. Der Mensch ist »als ein Sprecher in eine Welt von Sprechern hineingeboren«. Dieser biologische Aspekt von Sprache und Sozialverhalten betrifft allerdings nur die artspezifischen Unterschiede zwischen Mensch und Tier – auf die starken *umweltbedingten Variationen innerhalb der menschlichen Art* haben wir mehrfach hingewiesen.

Zum *stammesgeschichtlichen Ursprung* der Sprache gibt es bisher nur vage Hypothesen. Neuere paläoanthropologische (die Vor- und Frühgeschichte der Menschheit betreffende) Forschungen deuten darauf hin, daß schon die gemeinsamen Vorfahren der Menschen und der Menschenaffen wesentliche kognitive Voraussetzungen für die Entwicklung der Sprache besaßen. Diese bilden auch die Grundlage für die aufwendigen Experimente, bei denen Schimpansen die Taubstummensprache erlernten (s. Kasten S. 352). Die »Erfindung« der Sprache hängt freilich eng mit der Menschwerdung

»Sprachtraining« bei Affen

Affen haben ein relativ hochentwickeltes Sozialleben. Die Kommunikation in der Gruppe erfolgt durch Gesten und Lautäußerungen, sie bezieht sich auf die Umwelt (z. B. auf Futter oder die Bedrohung durch Feinde) oder auf Rollenbeziehungen in der Gruppe (Drohgebärden des »Bosses«, um seine Position abzusichern). Es gibt aber keine Hinweise darauf, daß Affen zur Bezeichnung von Gegenstands- oder Ereignisklassen spontan Signale verwenden.

Das Psychologenehepaar Alan und Beatrice Gardner ging der Frage nach, ob ein Menschen affe durch intensives Training dazu gebracht werden kann, sich einer sprachähnlichen Kommunikation zu bedienen. Die Schimpansin Washoe war etwa zehn Monate alt, als das Training begann. Ihr Tagesablauf wurde ähnlich dem eines gleichaltrigen menschlichen Babys gestaltet. Da frühere Experimente ergeben hatten, daß Schimpansen beim Erlernen menschlicher Laute auf unüberwindliche Schwierigkeiten stoßen, unterhielten sich die »Eltern« mit Washoe in einer Zeichensprache (amerikanische Taubstummensprache). Allmählich entwickelte Washoe eine große Anhänglichkeit gegenüber ihren »Eltern«. Nach 22 Monaten beherrschte das Affenkind 34 Zeichen. Hier einige Beispiele:

Zeichen	Beschreibung	Kontext
Trinken (Drink)	Der von der Faust abgespreizte Daumen berührt den Mund.	Für Wasser, Medizin, Limonade usw. Bei Limonade oft mit »Süß« kombiniert.
Süß (Sweet)	Zeige- oder Zeige- und Mittelfinger berühren die wackelnde Zungenspitze.	Für Nachtisch, spontan am Ende der Mahlzeit. Auch für Bonbons.
Baby (Baby)	Ein Unterarm wird in die Armbeuge des anderen gelegt, wie wenn man ein Kind wiegt.	Für Puppen und Tierspielzeug wie ein Pferd oder eine Ente.
Ich/mich (I/me)	Zeigefinger deutet auf die eigene Brust.	Zeigt an, daß Washoe dran ist, wenn sie sich etwas (Essen, Trinken usw.) mit jemandem teilt. Auch in satzartigen Kombinationen wie »Ich trinken« oder als Antwort auf die Zeichenfrage »Wer ich kitzeln?« (Washoe: »mich«).

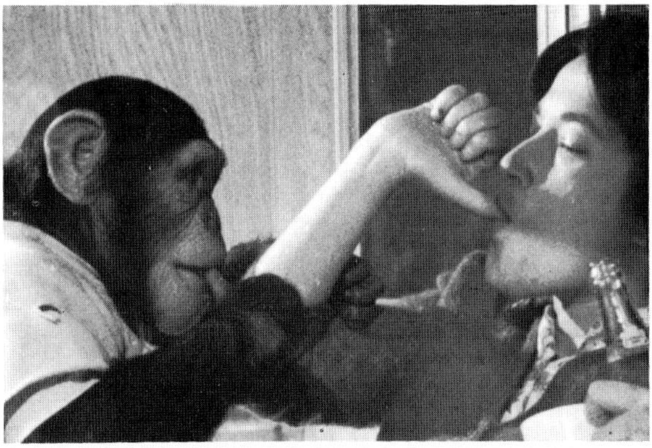

Die Schimpansin Washoe ahmt das Zeichen für »Trinken« nach.

zusammen. Aus Schädelfunden geht hervor, daß sich vor 500000 bis 50000 Jahren, in einer für genetische Veränderungen erstaunlich kurzen Zeit, das menschliche Gehirn zu seiner heutigen Größe entwikkelt hat. Für den Spracherwerb ist jedoch nicht die *Hirngröße* maßgeblich, es dürften eher genetische Veränderungen der *Struktur des Nervensystems* eine Rolle spielen. Aus dem Werkzeuggebrauch und den ersten symbolischen Darstellungen (Höhlenzeichnungen) kann man schließen, daß die Neandertaler und die Cro-Magnon-Menschen (vor ca. 100000 bis 50000 Jahren) über Sprachkompetenz verfügten.

8.59 Lebenslange Persönlichkeitsentwicklung

Die Entwicklung von Denken, Sprechen und Handeln ist mit dem Erreichen des Erwachsenenalters keineswegs abgeschlossen, wie es die Pionierarbeiten zur kindlichen Entwicklung vermuten lassen könnten. In letzter Zeit hat sich das entwicklungspsychologische Forschungsinteresse zunehmend auf die lebenslange Entwicklung (*life-span development*) verlagert.

Einer der ersten Ansätze zur Psychologie des Lebenslaufs stammt von dem Psychoanalytiker Erik H. Erikson. In einem Artikel über »Wachstum und Krisen der gesunden Persönlichkeit« (deutsch 1966) verbindet er die Frage der Lebenslangen Entwicklung mit dem Problem der seelischen Gesundheit (s. S. 359f.). Der Motor der Entwicklung ist eine für jede Lebensphase typische *Entwicklungsaufgabe* und ein damit verbundener Konflikt zwischen Triebimpulsen und sozialen Anforderungen. Für die Kindheitsentwicklung bezieht sich Erikson auf die Phasen der psychosexuellen Entwicklung, wie sie Freud beschrieben hat (s. S. 187f.), ordnet diesen jedoch psychosoziale Entwicklungsaufgaben zu. So hat das Kind in der oralen

Die volkstümliche »Lebenstreppe« in der Version des Karikaturisten Saul Steinberg (© VG Bild-Kunst, Bonn, 1992).

Entwicklungsaufgaben in verschiedenen Perioden der menschlichen Biographie
(aus: Oerter/Montada, 1982)

Entwicklungsperiode	Entwicklungsaufgaben
Frühe Kindheit (0–2 Jahre)	1. Anhänglichkeit (*social attachment*) 2. Objektpermanenz 3. Sensomotorische Intelligenz und einfache Kausalität 4. Motorische Funktionen
Kindheit (2–4 Jahre)	1. Selbstkontrolle (vor allem motorisch) 2. Sprachentwicklung 3. Phantasie und Spiel 4. Verfeinerung motorischer Funktionen
Schulübergang und frühes Schulalter (5–7 Jahre)	1. Geschlechtsrollenidentifikation 2. Einfache moralische Unterscheidungen treffen 3. Konkrete Operationen 4. Spiel in Gruppen
Mittleres Schulalter (6–12 Jahre)	1. Soziale Kooperation 2. Selbstbewußtsein (fleißig, tüchtig) 3. Erwerb der Kulturtechniken (Lesen, Schreiben etc.) 4. Spielen und Arbeiten im Team
Adoleszenz (13–17 Jahre)	1. Körperliche Reifung 2. Formale Operationen 3. Gemeinschaft mit Gleichaltrigen 4. Heterosexuelle Beziehungen
Jugend (18–22 Jahre)	1. Autonomie von den Eltern 2. Identität in der Geschlechtsrolle 3. Internalisiertes moralisches Bewußtsein 4. Berufswahl
Frühes Erwachsenenalter (23–30 Jahre)	1. Heirat 2. Geburt von Kindern 3. Arbeit/Beruf 4. Lebensstil finden
Mittleres Erwachsenenalter (31–50 Jahre)	1. Heim/Haushalt führen 2. Kinder aufziehen 3. Beruflihe Karriere
Spätes Erwachsenenalter (51 und älter)	1. Energien auf neue Rollen lenken 2. Akzeptieren des eigenen Lebens 3. Eine Haltung zum Sterben entwickeln

Phase die »Aufgabe«, ein Urvertrauen in seine Existenz zu entwickeln, wofür das liebevolle Angenommenwerden von seiten der Eltern eine unabdingbare Voraussetzung ist. In der analen Phase besteht die dominierende Entwicklungsaufgabe im Erwerb von Autonomie (»Trotzalter«), in der phallischen Phase entwickeln sich Initiative und die Identifikation mit der Geschlechtsrolle, die Latenzphase (Grundschulalter) dient der Entwicklung einer leistungsbezogenen Arbeitshaltung.

Nach Abschluß der Kindheit nimmt Erikson vier weitere Entwicklungsphasen an. In der Pubertät und während der Adoleszenz steht der Heranwachsende vor der Aufgabe, seinen Platz in der Erwachsenenwelt zu finden, d.h. eine Antwort zu finden auf die Fragen »Wer bin ich?« und »Wer will ich sein?« Die aus diesem Suchen resultierende Persönlichkeitsstruktur ist die *Ich-Identität:* »Das Gefühl der Ich-Identität ist also das angesammelte Vertrauen darauf, daß der Einheitlichkeit und Kontinuität, die man in den Augen anderer hat, eine Fähigkeit entspricht, eine innere Einheitlichkeit und Kontinuität (also das Ich im Sinne der Psychologie) aufrechtzuerhalten.« Beim Scheitern an dieser Aufgabe resultiert eine Identitätsdiffusion, die bis zu psychotischen Persönlichkeitsstörungen führen kann.

Im frühen Erwachsenenalter kommt es wesentlich darauf an, persönliche Bindungen (Partnerschaft und Freundschaften) eingehen zu können. Gelingt dies nicht, sind Selbstbezogenheit und Isolation die Folge. Im mittleren Erwachsenenalter stellt sich die Aufgabe, Verantwortung für die eigenen Kinder oder für ein »Lebenswerk« zu übernehmen. Schlägt dies fehl, so entsteht ein Gefühl innerer Leere. An der Schwelle des Alters muß sich das Individuum mit körperlichem Abbau und mit sozialem Funktionsverlust auseinandersetzen und ist mit der Endlichkeit des eigenen Lebens konfrontiert. Der alternde Mensch steht vor der Aufgabe, eine reife Identität bzw. *Integrität* zu entwickeln. Dazu gehört die »Annahme seines einen und einzigen Lebenszyklus und der Menschen, die in ihm notwendig da sein mußten und durch keine anderen ersetzt werden können«. Andernfalls besteht die Gefahr, in Verzweiflung und Lebensüberdruß zu verfallen.

Eriksons Entwicklungstheorie des Erwachsenenalters orientiert sich am Familienzyklus und an einer idealisierten Durchschnittsbiographie (s. dazu das populäre Stufenmodell, Abb. S. 353). Die Bedeutung anderer Lebensbereiche, z.B. der beruflichen Arbeit, oder auch einschneidende Ereignisse wie der Verlust des Partners, eine schwere Krankheit oder Abhängigkeit im Alter sind darin nicht berücksichtigt. Das Konzept der Entwicklungsaufgaben wird deshalb heute konkreter gefaßt (s. Kasten S. 354); es ist ein Schlüssel für das Verständnis von Entwicklungs- und Reifungskrisen, von denen man nicht mehr annimmt, daß sie an eine strenge Phasenabfolge gebunden sind. Ein Beispiel für die Bewältigung einer solchen Reifungskrise bei einer 90jährigen findet sich in dem Kasten auf S. 356.

Eriksons Theorie der Ich-Identität hat jahrzehntelang einen bedeutenden Einfluß ausgeübt. Identität wurde zu einem sozialwissenschaftlichen Schlüssel- und Modebegriff. In der aktuellen Diskussion über den »postmodernen Menschen« ist jedoch vom »Ende des Subjekts« die Rede: Die Vielfalt der Lebensformen und Wertmuster gestatte keinen zusammenhängenden (kohärenten) Lebensentwurf mehr und mache es somit unmöglich, eine einheitliche Identität zu entwickeln. Die von Erikson als pathologisch charakterisierte »Identitätsdiffusion« werde zunehmend zum Regelfall, die moderne Ich-Identität werde von postmodernen »multiplen Identitäten« abgelöst, die sich zunehmend der wechselnden Klischees von Werbung, Medien und Moden bedienten. Die gesellschaftlichen Hinter-

Sinnkrise als Risiko und Entwicklungschance

Wenn Menschen nach dem Sinn ihres Lebens gefragt werden, antworten sie meist in Gemeinplätzen (z. B. »eine Aufgabe haben«). Im Alltag stellt sich die Frage nach dem Sinn normalerweise nicht – unser Tun ist auf selbstverständliche Weise sinn-voll. Anders in Krisensituationen, bei schweren Verlusten, Erkrankungen und angesichts des Todes: Die gewohnten Sinnzusammenhänge brechen auseinander, zuvor unbemerkte Bedrohungen, aber auch unbefriedigte Bedürfnisse und nicht entwickelte Fähigkeiten treten ins Bewußtsein. Dabei geraten größere Lebenszusammenhänge in den Blick, bisweilen kommt es zu einer Bilanzierung des gesamten bisherigen Lebens. Am Ende solcher »Sinnkrisen« – wie sie auch in der Lebensmitte oder am Ende bestimmter Lebensabschnitte auftreten – steht oft ein andauernder Sinnverlust, verbunden mit Resignation, Depression, Krankheit oder gar Tod. Sinnkrisen können aber auch neue, vorher nicht erkannte Lebensperspektiven eröffnen, Kräfte mobilisieren und zu neuer Sinnfindung führen.

Die vom Autor (H. L.) dokumentierte Erzählung einer 90jährigen, die sich angesichts des bevorstehenden Verlusts ihrer Wohnung das Leben nehmen wollte, ist ein eindrucksvolles Beispiel für die Überwindung einer schweren Krise. Frau H. hatte 65 Jahre lang in ihrer »Kochstube«, einer Einzimmerwohnung in einem alten Berliner Arbeiterviertel, gelebt. Das Haus war bis auf eine türkische Familie und Frau H. für den Abriß entmietet. Kurz nach ihrem 90. Geburtstag sollte Frau H. in einem Heim untergebracht werden. Das Interview (aus Legewie, 1987) fand unmittelbar davor in Frau H.s alter Wohnung statt:

Frau H.

- Wie alt wollen Sie denn werden?
- Von mir aus . . . kann schon jetzt ableben. 90 Jahren ist schon allerhand.
- Und dann sind Sie nicht traurig, wenn . . . wenn der Tod kommt?
- Nein. Da hat man'n Alter. Denn sterb ich. Sie werden lachen, ich wollt' mir schon mal's Leben nehmen. Und das soll ich nicht tun. Wissen Sie, wie das war? Ich hab mir besorgt 60 Tabletten und will die abends spät einrühr'n, zum Trinken, was. Da klopft es . . . Und ich denk mir nichts dabei, und ich geh da hin und mach auf, da ist das der Herr gewesen, der mal hier bei uns im Haus gewohnt hat. Ein Herr! Abends so spät! Der kommt denn immer so spät. Und ich wollt' ihn nicht reinlassen, und da hat er gesagt: »Weg« und ist hier reingegangen; da sagt er »Was soll das sein?« Ich sag »Hab Durst, will trinken«. »Ach Quatsch«, sagt er, »wissen Se was das sind, das sind doch Tabletten! Was wollen Sie denn machen?« Da sag ich: »Ich will nicht mehr leben, bin alt genug.« Und der hat mir alles weggenommen. Die Tabletten, alles hat er mir weggenommen.
- Und warum wollten Sie sich denn da das Leben nehmen? Waren Sie so traurig?
- Ja . . . Weil ich nicht gewußt habe, wo ich hin soll, wo ich mit die Klamotten hin soll, und wo ich mit allem hin soll. Hab ich mir gedacht: »Denn weißte von nischt. Weg!« Und das hab ich mir im Kopf gesetzt und wollte es tun. Und der Herrgott hat mir einen hergeschickt, der mußt' mir das klauen. Also sollte ich leben – da glaube ich daran. Hab ich gesagt: »Laß es drauf ankommen, wie's kommt, wird's kommen.« Hab wieder gleicht den Mut gehabt.

gründe dieses als Schreckgespenst beschworenen Zerfalls der Persönlichkeit hat der Soziologe Ulrich Beck unter dem Stichwort eines neuen »Individualisierungsschubs« in der »Postmoderne« analysiert. In seinem Buch »Risikogesellschaft« (1986) schreibt er dazu: »Die Menschen werden *freigesetzt* aus den Lebensformen und Selbstverständlichkeiten der industriegesellschaftlichen Epoche der Moderne . . . Das Koordinatensystem, in dem das Leben und Denken in der industriellen Moderne befestigt ist – die Achsen von Familie und Beruf, der Glaube an Wissenschaft und Fortschritt –, gerät ins Wanken, und es entsteht ein neues Zwielicht von Chancen und Risiken . . .«

Hier knüpft der Münchener Sozialpsychologe Heiner Keupp mit seinen Überlegungen zu den *Chancen* neuer Identitätsformen an. Er spricht von einer »Patchwork-Identität«: »Das Erlebnis einer widersprüchlichen und segmentierten Alltagswelt, die sich nicht mehr in einen umfassenden Weltentwurf integrieren läßt, es sei denn um den Preis esoterischer Sektenbildung, erzwingt eine Haltung, die Widersprüchliches nebeneinander stehen lassen kann und die nicht mehr von einem ›Identitätszwang‹ beherrscht wird . . . Gesellschaftliche Freisetzungsprozesse bedeuten einen objektiven Zugewinn persönlicher Gestaltungskompetenz, aber auch deren Notwendigkeit. Sie erfordern vom Subjekt vermehrt die Verknüpfung und Kombination multipler Realitäten und produzieren das Subjekt mit den multiplen Identitäten . . . Das Gefühl der Kohärenz der eigenen Lebenssituation entsteht nicht nur durch die Reproduktion von in sich fest gefügten und vorgezeichneten Lebensentwürfen, sondern auch aus dem kreativen Patchwork einer nach vorne offenen Identitätsarbeit.«

Keupp betont, daß die Entwicklung einer offenen Identität, die auch für neue Lebensformen Raum läßt, an materielle und soziale Basis-Ressourcen (s. S. 241) gebunden ist. Unter diesen Voraussetzungen kann der Werte- und Identitätswandel als Chance für die Entwicklung postmaterieller Lebensformen begriffen werden, wie sie angesichts der ökologischen Krise dringend geboten erscheinen.

9. Psychotherapie und seelische Gesundheit

9.1 Seelische Gesundheit und Krankheit

9.11 Der Gesundheitsbegriff

Was heißt Gesundheit? Gesetzlich ist nur ihr Gegenteil definiert. Nach der Reichsversicherungsordnung (RVO) ist Krankheit »ein regelwidriger Körper- oder Geisteszustand, der ärztlicher Behandlung bedarf oder – zugleich oder ausschließlich – Arbeitsunfähigkeit zur Folge hat«. Unter Gesundheit wird demnach das Nichtvorhandensein von Krankheit verstanden. Demgegenüber findet sich in der Gründungsurkunde der Weltgesundheitsorganisation (WHO) aus dem Jahre 1946 eine positive Umschreibung, wonach Gesundheit »ein Zustand vollkommenen körperlichen, geistigen und sozialen Wohlbefindens ... und nicht allein das Fehlen von Krankheiten und Gebrechen« ist.

Die gesetzliche Krankheitsdefinition spricht von einem »regelwidrigen Körper- oder Geisteszustand« – ähnlich einem Motorschaden. Dieses »Defekt-Modell« läßt sich vielleicht bei akuten organischen Erkrankungen, z.B. Infektionskrankheiten oder Knochenbrüchen, anwenden. Doch heute stehen andere Leiden im Vordergrund: chronische psychosomatische Krankheiten, subjektive Beschwerden und Beeinträchtigungen ohne organischen Befund, psychische Störungen wie Süchte, Depressionen und Selbsttötungsabsichten. Auf all diese Leiden trifft das Defekt-Modell nicht zu, denn es handelt sich nicht nur um »regelwidrige Zustände« bei Individuen, sondern um gestörte Beziehungen zwischen den Individuen und ihrer Umwelt. Zwar bleibt die Entscheidung darüber, was ein »regelwidriger Zustand« ist und was nicht, grundsätzlich den Ärzten überlassen (»Krank- und Gesundschreiben«). *Tatsächlich* aber werden die meisten Erkrankungen im sogenannten »Laiensystem« (d.h. im Familien-, Freundes- und Bekanntenkreis) diagnostiziert und auch behandelt. Der Arzt kommt oft erst dann zum Zug, wenn der Patient und seine privaten Ratgeber nicht mehr weiter wissen. Ein weiterer Einwand betrifft die »Arbeitsunfähigkeit« als Kriterium für Krankheit. Es ist nicht einzusehen, warum dieser Punkt gegenüber anderen mit Krankheit einhergehenden Einbußen besonders hervorgehoben wird, ganz abgesehen davon, daß nach diesem Maßstab Kinder und Greise grundsätzlich als krank bezeichnet werden müßten.

Die Definition der Weltgesundheitsorganisation bietet demgegenüber zwei Vorteile: Sie bezieht sich auf den ganzen Menschen in seinen körperlichen, seelischen und sozialen Aspekten, und sie geht vom subjektiven Befinden aus. Angesichts der »unheilbaren« Bedürftigkeit des menschlichen Daseins und der Unabwendbarkeit von Verlust, Trennung und Tod muß das Ideal des »umfassenden Wohlbefindens« jedoch utopisch erscheinen. Hinter dieser Vorstellung steht die Fortschrittsgläubigkeit der 40er bis 60er Jahre, der menschliches Leiden als letztlich besiegbar galt. Leiden und Lebenskrisen sind aber nicht nur ein unvermeidliches Übel, sie bringen nicht nur eine erhöhte Anfälligkeit für körperliche und seelische Krankheiten mit sich, sondern sie sind auch eine Chance und ein notwendiger Anstoß für die persönliche Entwicklung und den Erhalt der Gesundheit (s.S. 356). So betrachtet, kann »umfassendes Wohlbefinden« kein erstrebenswerter Dauerzustand sein.

Wenn wir uns der seelischen Gesundheit im engeren Sinn zuwenden, ist es wichtig zu beachten, daß zwischen ihr und der körperlichen Gesundheit keine strenge Trennung möglich ist. Eine von Sigmund Freud stammende Kurzformel für seelische Gesundheit lautet: Liebes- und Arbeitsfähigkeit.

Die Psychologin Marie Jahoda sichtete 1958 in den USA im Auftrag einer staatlichen »Kommission für seelische Gesundheit und Krankheit« die gesamte psychologische, psychotherapeutische und psychiatrische Literatur. Dabei stellte sie fest, daß es weder für körperliche noch für seelische Gesundheit eine allgemein akzeptierte Definition gibt. Nach epidemiologischen Untersuchungen (Erhebungen über die Verbreitung von Krankheiten) existiert ein »großes Niemandsland« zwischen seelischer Gesundheit und Krankheit, so daß keine klare Grenze gezogen werden kann. Dementsprechend läßt sich seelische Gesundheit auch nicht als das Fehlen seelischer Krankheit bestimmen. Ein besonderes Problem besteht in der Tatsache, daß alle inhaltlichen Kriterien seelischer Gesundheit in hohem Maße von kulturbedingten Normen bezüglich des »richtigen Lebens« geprägt sind. Trotz dieser Schwierigkeiten betont Jahoda die Wichtigkeit einer positiven Definition seelischer Gesundheit, für die sie folgende Kriterien eruierte:

- Die Einstellung eines Individuums zu seinem Selbst, positive und zugleich realistische Selbsteinschätzung, Annehmen des eigenen Ich, Selbstvertrauen.
- Stil und Ausmaß des Wachstums, der Entwicklung, der Selbstverwirklichung und der Sinnfindung des Individuums.
- Integration der verschiedenen psychischen Energien und widerstreitenden Kräfte zu einer einheitlichen und gleichzeitig flexiblen Ich-Identität.
- Autonomie gegenüber sozialen Einflüssen, Fähigkeit zur Selbstbestimmung des Handelns.
- Unverzerrte Wahrnehmung der Realität, insbesondere die Fähigkeit zum Unterscheiden von Wunsch und Wirklichkeit.
- Fähigkeit zum Meistern der Umweltanforderungen. Dazu gehören Durchsetzungs- und Anpassungsvermögen, aber auch die von Freud hervorgehobene Fähigkeit, lieben und arbeiten zu können.

Diesen Kriterien fehlt es an begrifflicher Schärfe, sie sind weder in sich einheitlich noch frei von Widersprüchen. Außerdem sind sie in hohem Maße kulturabhängig und entsprechen im wesentlichen dem Wertsystem der Gesundheitsspezialisten und der bürgerlich-intellektuellen Schicht, aus der diese stammen. Und ihr gravierendster Mangel: Seelische Gesundheit wird als individuelles Problem und nicht als Wechselwirkung zwischen dem Individuum und seiner Umwelt angesehen. Demgemäß eignen sich die apostrophierten Kriterien durchaus für die Zieldefinition einer beim einzelnen ansetzenden Psychotherapie, sie sind jedoch unzureichend, wenn es um umfassendere Maßnahmen der Prävention und Gesundheitsförderung geht (s. S. 412f.).

9.12 Verbreitung psychischer Störungen und psychosoziale Versorgung

Ärzte und Therapeuten haben sich mehr mit psychischen Krankheiten und Störungen beschäftigt als mit der Gesundheit. Dies hat zu ausgefeilten Klassifikationssystemen geführt, die der Einteilung psychischer Störungen dienen (s. Tabelle S. 361). Durch Krankheitsstatistiken und epidemiologische Erhebungen sind in den letzten Jahren auch Schätzungen hinsichtlich der Verbreitung psychischer Störungen und Krankheiten in der Gesamtbevölkerung möglich geworden. Nach der im Auftrag des Bundestages erstellten »Enquete zur Lage der Psychiatrie« (1975) macht etwa jeder dritte Bundesbürger einmal in seinem Leben eine psychische Krankheit durch. 10–20 % der Patienten, die einen

Auszug aus der Internationalen Klassifikation psychischer Störungen (ICD-10)

F4 Neurotische, Belastungs- und somatoforme Störungen

F40 phobische Störung

- F40.0 Agoraphobie
  - .00 ohne Panikstörung
  - .01 mit Panikstörung
- F40.1 soziale Phobien
- F40.2 spezifische (isolierte) Phobien
- F40.8 andere
- F40.9 nicht näher bezeichnete

F41 andere Angststörungen

- F41.0 Panikstörung (episodisch paroxysmale Angst)
- F41.1 generalisierte Angststörung
- F41.2 Angst und depressive Störung, gemischt
- F41.3 andere gemischte Angststörungen
- F41.8 andere näher bezeichnete
- F41.9 nicht näher bezeichnete

F42 Zwangsstörung

- F42.0 vorwiegend Zwangsgedanken oder Grübelzwang
- F42.1 vorwiegend Zwangshandlungen (Zwangsrituale)
- F42.2 Zwangsgedanken und -handlungen, gemischt
- F42.8 andere
- F42.9 nicht näher bezeichnete

F43 Reaktionen auf schwere Belastungen und Anpassungsstörungen

- F43.0 akute Belastungsreaktion
- F43.1 posttraumatische Belastungsstörung
- F43.2 Anpassungsstörungen
  - .20 kurze depressive Reaktion
  - .21 längere depressive Reaktion
  - .22 Angst und depressive Reaktion, gemischt
  - .23 mit vorwiegender Beeinträchtigung von anderen Gefühlen
  - .24 mit vorwiegender Störung des Sozialverhaltens
  - .25 mit gemischter Störung von Gefühl und Sozialverhalten
  - .28 andere spezifische Anpassungsstörung
- F43.8 andere
- F43.9 nicht näher bezeichnete

F44 dissoziative Störungen (Konversionsstörungen)

- F44.0 dissoziative Amnesie
- F44.1 dissoziative Fugue
- F44.2 dissoziativer Stupor
- F44.3 Trance und Besessenheitszustände
- F44.4 dissoziative Bewegungsstörungen
- F44.5 dissoziative Anfälle
- F44.6 dissoziative Sensibilitäts- und Empfindungsstörungen
- F44.7 dissoziative Störungen (Konversionsstörungen), gemischt
- F44.8 andere
  - .80 Ganser-Syndrom
  - .81 multiple Persönlichkeit
  - .82 vorübergehende dissoziative Störungen (Konversionsstörung) in der Kindheit oder Jugend
  - .88 andere näher bezeichnete
- F44.9 nicht näher bezeichnete

F45 somatoforme Störungen

- F45.0 Somatisierungsstörung
- F45.1 undifferenzierte somatoforme Störung
- F45.2 hypochondrische Störung
- F45.3 somatoforme autonome (vegetative) Funktionsstörung
  - .30 kardiovaskuläres System
  - .31 oberer Gastrointestinaltrakt
  - .32 unterer Gastrointestinaltrakt
  - .33 respiratorisches System
  - .34 Urogenitalsystem
  - .38 andere
- F45.4 anhaltende somatoforme Schmerzstörung
- F45.8 andere
- F45.9 nicht näher bezeichnete

F48 andere neurotische Störung

- F48.0 Neurasthenie (Erschöpfungssyndrom)
- F48.1 Depersonalisations-, Derealisationssyndrom
- F48.8 andere näher bezeichnete
- F48.9 nicht näher bezeichnete

Prävalenzart	Psy.-Som.	Neurosen	Pers.-Stör.	Summe
Wahre Prävalenz				11,3 %
	11,6	7,16	7,16	25,9 %
Administrative Prävalenz	9,0	11,0	1,2	21,2 %
– Praxen – Allgemein-Arzt	19,9		3,3	23,2 %
				29,3 %
– Internisten				33,1 %
– Internistische Abteilungen				28,0 %
				38,4 %
– Stationäre Pat.				31,4–42 %
Behandelte Prävalenz (ambulante Psychotherapie)		– DAK-Versicherte		0,42 %
		– TK-Versicherte		0,52 %
		– West-Berlin		0,40 %
		– GKV		0,19 %

Die Schätzung verschiedener Prävalenzarten (bestehende Krankheitsfälle in einer spezifischen Population) zeigt den Anteil psychosomatisch-psychoneurotischer Störungen in den alten Bundesländern in verschiedenen Untersuchungsstichproben. Die Zusammenstellung basiert auf 13 unabhängigen Untersuchungen, die im Gutachten zum Psychotherapeutengesetz (A. E. Meyer u. a., 1991) zusammenfassend dargestellt wurden.

Arzt für Allgemeinmedizin aufsuchen, leiden unter psychischen Krisen, Krankheiten oder vorwiegend psychisch bedingten körperlichen Beschwerden, ca. 2 % der Bevölkerung erweisen sich als dringend psychiatrisch oder psychotherapeutisch behandlungsbedürftig.

Die Zahlen der Psychiatrie-Enquete beruhen auf Behandlungsstatistiken und ergeben somit ein verzerrtes Bild. Neuere epidemiologische Erhebungen beziehen sich demgegenüber auf repräsentative Stichproben aus der Gesamtbevölkerung einer Region und erlauben eine Abschätzung der »wahren« Krankheitsverteilung (Wahre Prävalenz = Anzahl der Erkrankten zu einem Zeitpunkt, s. Tabelle oben).

So konnten Heinz Schepank und seine Mitarbeiter bei einer epidemiologischen Feldstudie in Mannheim durch eine repräsentative Stichprobenerhebung eine genauere Abschätzung des Psychotherapiebedarfs einer 25- bis 45jährigen Großstadtbevölkerung vornehmen (s. Abb. S. 363). Es ist erstaunlich, daß hierbei nur 40 % der Einwohner keinen Bedarf an Psychotherapie haben, weil sie als gesund einzustufen sind. Als psychotherapeutisch nicht behandelbar wurden 8 % der Stichprobe beurteilt. 25 % benötigen eine intensive ambulante Psychotherapie oder eine Kurzzeitpsychotherapie. Zusätzlich sollen 23 % der Bevölkerung durch Beratung und Betreuung in der psychosomatischen Grundversorgung erreicht werden. Für 4 % ist eine stationäre Psychotherapie erforderlich.

Die Krankenkassen tragen diesem Bedarf an psychotherapeutischer Behandlung nur in ungenügender Weise Rechnung. Psychisch oder psychosomatisch Erkrankte werden mit großem Aufwand organmedizinisch oder bestenfalls mit Psychopharmaka behandelt, und die enorm kostspielige stationäre psychiatrische Behandlung ist viel zuwenig mit fachpsychotherapeutischen Behandlungsmöglichkeiten verbunden. Diese Mißstände kommen auch darin zum Ausdruck, daß im Schnitt sieben Jahre bis zum Beginn einer Fachpsychotherapie vergehen (s. das Forschungsgutachten zum »Psychotherapeutengesetz«, Meyer u. a., 1991).

Da eine psychotherapeutische Versorgung in einer zu großen Anzahl von Fällen erst dann erfolgt, wenn die Krankheit chronisch geworden ist, müßte aus Qualitäts- wie aus Kostengründen an der Gesundheitsplanung der Länder eine Korrektur vorgenommen werden, die eine Verstärkung der Grundversorgung auch von Psychotherapiepatienten zum Ziel hat. Die Einrichtung eines Beratungsdienstes in Allgemeinkrankenhäusern könnte hier weiterhelfen, wobei gleichzeitig die fachpsychotherapeutische stationäre Versorgung der heilungsbedürftigen Patienten gesichert werden müßte (s. dazu aber auch den Abschnitt über Gemeindepsychologie S. 412). Die Forderung nach ei-

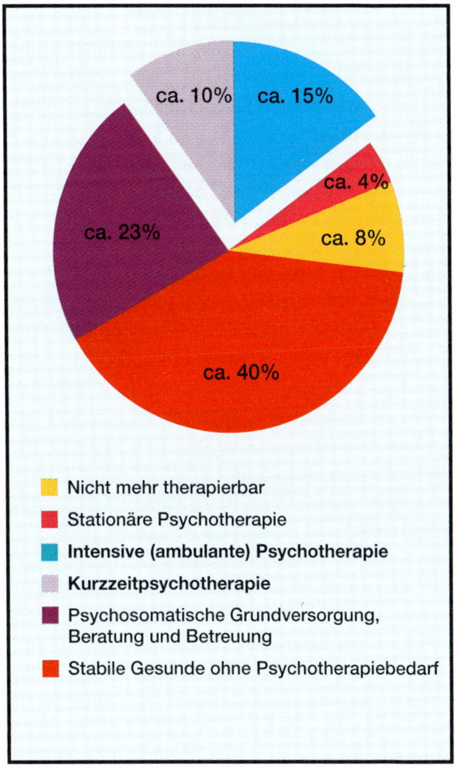

Geschätzter Bedarf an Psychotherapie in einer 25- bis 45-jährigen Großstadtbevölkerung (nach Schepank, 1990).

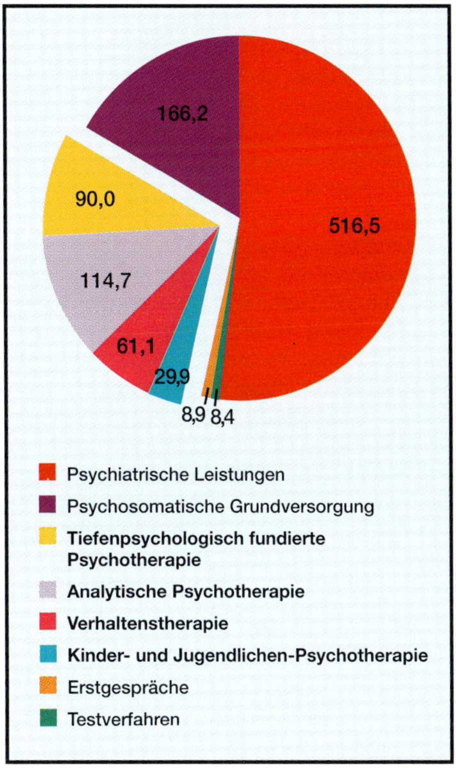

Aufteilung der finanziellen Aufwendungen der GKV für Gebührenordnungskapitel GII-GV in Mio. DM; 1989: 995,7 Mio DM (Quelle: KBV; nach Meyer u. a., 1991).

nem bedarfsgerechten Ausbau der ambulanten psychosozialen Versorgung und der Psychotherapie wurde schon in der »Enquete zur Lage der Psychiatrie« (1975) erhoben, ohne daß jedoch bisher grundlegende Verbesserungen erreicht worden wären. Dies trifft ganz besonders zu für die ebenfalls seit der »Psychiatrie-Enquete« immer wieder angemahnte Zulassung von Psychologen zum Heilberuf des Psychotherapeuten (»Psychotherapeutengesetz«).

Bisher arbeiten »Klinische Psychologen« berufsrechtlich gesehen auf der Grundlage des aus der Nazizeit stammenden Heilpraktikergesetzes, das sie gegenüber der Ärzteschaft erheblich diskriminiert. Sie besitzen im Unterschied zu Ärzten, Steuerberatern und Rechtsanwälten kein Aussageverweigerungsrecht, das ihre Klienten schützt. Eine Kassenabrechnung von durch Psychologen erbrachter Psychotherapie ist nur für psychoanalytische und verhaltenstherapeutische Leistungen möglich, die von einem Arzt angeordnet sein müssen (Delegationsverfahren). Das seit langem in der Planung befindliche, von allen Parteien des Bundestages befürwortete »Psychotherapeutengesetz« soll zwar zu einer berufs- und kassenrechtlichen Besserstellung von psychoanalytisch oder verhaltenstherapeutisch qualifizierten Psychologen führen, die vorgesehene Ausklammerung anderer psychotherapeutischer Richtungen wie Gesprächspsychotherapie (s. S. 392f.) und Familientherapie (s. S. 366) muß aber als wissenschaftlich nicht begründet zurückgewiesen werden.

9.2 Die psychotherapeutischen Schulen

Die Psychoanalyse wurde von Anfang an von der Medizin geprägt, auch wenn wichtige Beiträge zu ihrer Weiterentwicklung von Psychologen stammen. Andere psychotherapeutische Richtungen wie die Verhaltenstherapie und die Gesprächspsychotherapie haben ihren Ursprung innerhalb der Psychologie. Diese unterschiedliche Herkunft drückt sich auch in der Terminologie aus: Das eine Mal ist von Patienten die Rede (Medizin), das andere Mal von Klienten (Psychologie). Wir werden beide Bezeichnungen undogmatisch verwenden.

Die Psychoanalyse ist die bis heute verbreitetste Form der Psychotherapie. In der Nachfolge Freuds haben sich viele weitere Therapieschulen etabliert, deren Zusammenhalt durch die psychotherapeutischen Lehrmeinungen ihrer Gründer über lange Jahre gesichert wurde. Hier seien einige wichtige Psychotherapeuten genannt, die aufgrund ihrer Beiträge zur Psychopathologie und zur Persönlichkeitstheorie der Neurosen sowie zu deren Behandlung andere Psychologen und Ärzte um sich sammeln konnten.

- *Carl Gustav Jung,* anfangs ein Bewunderer S. Freuds, brach später mit diesem, weil er Freuds Theorie, wonach die Sexualität entscheidend an der Entstehung psychischer Störungen beteiligt ist, nicht akzeptierte. Seiner eigenen psychologischen Theorie und seinem System der Behandlung psychischer Störungen gab er den Namen »Analytische Psychologie«. Wichtige Elemente seines Konzepts sind das Symbol, der Schatten, Animus und Anima, das Selbst, die Persona, Introversion/Extraversion, Bewußtseinsfunktionen und Synchronizität.
- *Alfred Adler,* wie Jung ein Schüler Freuds, ist der Begründer der Individualpsychologie, einer Richtung, deren Aktionsfeld vor allem die Einzel- und Familienberatung ist. Zentrale Techniken sind: Veränderung des kognitiven Bezugssystems des Kranken, Konfliktlösung, paradoxe Kommunikation. Die Psychopathologie beschreibt die Minderwertigkeits-Überlegenheits-Dynamik und betont die Ganzheit der Persönlichkeit: Es ist der falsche Lebensstil, der zur Neurose führt.

Eine Reihe wichtiger Beiträge stammt von Frauen. Insbesondere sind hier Karen Horney und Melanie Klein zu nennen:

- *Karen Horney* befaßte sich zu Beginn ihrer psychoanalytischen Arbeit mit der Psychologie der Frau. Sie zog in Zweifel, daß die Freudsche Lehre vom Masochismus der Frau biologisch begründet sei. Sie stellte fest, daß die klassischen psychoanalytischen Konzepte nicht mit ihren eigenen klinischen Beobachtungen übereinstimmten und trug so zu einem tieferen Verständnis von Patienten beiderlei Geschlechts bei. Sie glaubte an die konstruktiven inneren Kräfte des Menschen und an seine angeborene Fähigkeit, sich frei entscheiden und sein Leben selbst bestimmen zu können. Für sie bestand die Aufgabe des Analytikers darin, dem Patienten zu helfen, sich von den »Blockierungen« zu befreien, die der Entfaltung seines Selbstbewußtseins und seiner Selbstverwirklichung im Wege stehen.
- *Melanie Klein* entwickelte eine eigene psychoanalytische Theorie und Technik, die noch heute in England und Südamerika sehr einflußreich ist. Sie teilte mit Freud die Überzeugung von der Existenz eines Lebens- und Todestriebes, dessen orale Auswirkungen sich in den Gefühlen Neid, Gier und Eifersucht zeigen. Von diesen triebhaften Impulsen leiten sich unbewußte Phantasien ab, die den späteren Liebes- und Haßbeziehungen ihre Grundmuster einprägen. In der Auseinandersetzung mit der Realität entwickelt sich das Ich, für das mit dem Eintritt ins Leben schon vier Grundfunktionen zur Verfügung stehen: Abwehr von Angst, Prozesse der Introjektion und Projektion, Objektbeziehungen und Integration. Diese Mechanismen sind gleichzeitig Wachstumsprozesse und Abwehrmanöver. Den Schwerpunkt der Arbeit von Melanie Klein bildete die Beschreibung ödipaler und präödipaler Konflikte des ersten Lebensjahres. Heute entwickelt sich eine empirisch-psychoanalytische Säuglingsforschung (s. S. 177), die zu teilweise völlig anderen Ergebnissen kommt und damit die Einseitigkeit von infantilen Rekonstruktionen in der psychoanalytischen Therapie von Erwachsenen demonstriert.

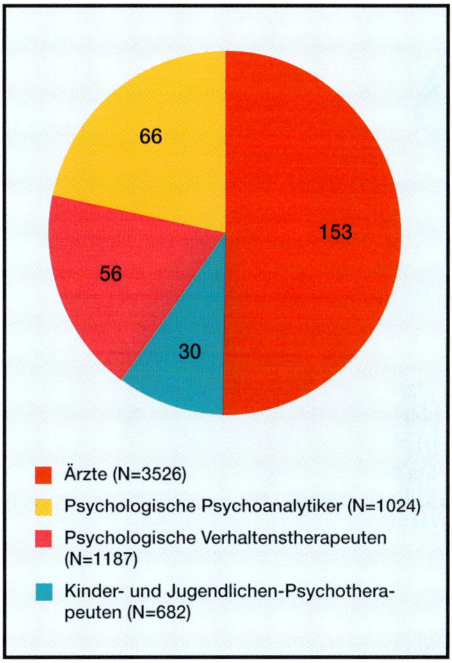

Der Anteil der Kassenabrechnung von Psychologen in der Richtlinien-Psychotherapie ist gleichgewichtig zu dem der Ärzte, ohne daß die Psychologen die gleiche berufsrechtliche Stellung hätten. Die Sektoren der Abbildung verdeutlichen die Anteile am Finanzierungsbedarf aufgeschlüsselt nach Leistungserbringern der Richtlinien-Psychotherapie in Millionen; 1989: 304,6 Mio DM (Quelle: KBV; nach Meyer u. a., 1991).

Als Gegenbewegung zur Psychoanalyse entstand auf dem Hintergrund des Behaviorismus die auf Lerngesetzen (s. S. 398) fußende *Verhaltenstherapie.* Die systematische Anwendung von Lernprinzipien bei der Analyse und Behandlung von Verhaltensstörungen läßt sich bis in die 20er Jahre unseres Jahrhunderts zurückverfolgen. Diese frühen Berichte über Verhaltenstherapien hatten jedoch zunächst nur geringen Einfluß auf Psychiatrie und Klinische Psychologie. Zu einer verstärkten klinischen Anwendung kam es nach dem Krieg in den USA und in Großbritannien. Die Verhaltenstherapie fand damals als wissenschaftlich fundierte psychologische Therapie begeisterte Aufnahme.

Seit 1968 wurden in der Bundesrepublik Gesellschaften zur Förderung der Verhaltenstherapie gegründet, und diese hat binnen kurzem ihren gesicherten Platz in der ambulanten Krankenversorgung gefunden, wie die Statistik der kassenärztlichen Bundesvereinigung von 1989 zeigt (s. Abb. S. 369). Hierbei ist zu berücksichtigen, daß die Verhaltenstherapie erst seit 1987 als eigenständige Methode in den Psychotherapierichtlinien des Bundesausschusses der Ärzte und Krankenkassen anerkannt wird.

Außerhalb der Medizin hat sich auch die *Humanistische Psychologie* (s. S. 14) entwickelt, die als Reaktion auf den Behaviorismus in der Psychotherapie Ziele verwirklicht sehen will, die im Rahmen der bloßen Verhaltensmodifikation keine Beachtung mehr fanden, z. B. Selbstverwirklichung, Kreativität, Liebe, höhere Werte, inneres Wachstum, Freude und Transzendenz. Als Theoretiker dieser Bewegung gelten Abraham Maslow, Carl R. Rogers, Charlotte Bühler, Erich Fromm, Viktor E. Frankl (Logotherapie), Fritz Perls (Gestalttherapie) und Ruth Cohn (Themenzentrierte Interaktion, s. S. 310).

Zur Charakterisierung der Humanistischen Psychologie sei stellvertretend das Konzept der *Gesprächspsychotherapie* von Carl R. Rogers vorgestellt. Als Basis dient die Fähigkeit des Menschen zur Selbsterforschung, die ihm die Möglichkeit zu Veränderungen gibt. Der Schwerpunkt der Therapie liegt nicht auf der Persönlichkeitsstruktur des Patienten, sondern auf dem Prozeß der Beziehung zwischen Klient und Therapeut. Dieser muß bereit sein, dem Klienten zu helfen, ihm seine Fürsorge angedeihen lassen und ihm ein Verständnis entgegenbringen, das frei von moralischen Urteilen ist. Als motivierende Kraft innerhalb der Therapie fungiert die Fähigkeit zur Selbstverwirklichung.

Die in der Nachfolge von Rogers verstärkt betriebene Prozeßforschung hat zu einer wesentlichen Bereicherung der empirischen Psychotherapieforschung geführt (s. S. 392).

Die Umgestaltung des Behandlungsrahmens erschloß der Psychotherapie zusätzliche Anwendungsbereiche. So sind durch die Einbeziehung von Paaren und Gruppen neue Therapieschulen entstanden.

Die *Familien-* und *Paartherapie* baut auf dem Grundgedanken auf, daß das Wohlbefinden des einzelnen eng mit dem seiner Familie oder seines Partners verbunden ist und daß die Ursachen von psychischen Störungen häufig nicht im Individuum, sondern in gestörten familiären Beziehungen zu suchen sind. Alfred Adler führte bereits 1930 in London Therapiegespräche mit ganzen Familien. In den 60er und 70er Jahren wurden nach einschlägigen Kommunikationsforschungen nicht nur schizophrene Kinder, sondern auch deren Familien im Krankenhaus aufgenommen. Murray Bowen hatte mit derartigen Untersuchungen schon 1951 in der bekannten Menninger-Klinik begonnen. Die Kommunikationstheorie der Forschungsgruppe um den Ethnologen Gregory Bateson in Palo Alto (USA) gründet auf diesen Erfahrungen. 1958 versuchte Nathan Ackermann in New York, mehrere Familienmitglieder in einer Gruppe psychoanalytisch zu therapieren. Heute lassen sich in der Familientherapie ein psychoanalytischer, ein systemischer (s. Systemtheorie, S. 20) und ein wachstumsorientierter, der Humanistischen Psychologie verbundener Ansatz unterscheiden. In Deutschland waren es vor allem Helm Stierlin mit seinem Buch »Von der Psychoanalyse zur Familientherapie« (1975), E. Sperling mit sei-

Mit dem *Psychodrama* wurde zu Beginn der zwanziger Jahre von dem Wiener Psychiater J. L. Moreno, dem Begründer der modernen Gruppenpsychotherapie, eine Methode entwickelt, bei der Konflikte und seelische Störungen durch improvisiertes Spiel bearbeitet werden. Durch die Reinszenierung traumatischer Situationen wird nicht nur Einsicht in die Ursachen gewonnen, sondern es ist auch ein kathartisches Ausagieren von Konflikten möglich. Im anschließenden Gruppengespräch kommen gruppenanalytische und gruppendynamische Verfahrensweisen zum Einsatz. Als *Behaviordrama* kann das psychodramatische Spiel systematisch für die Verhaltensmodifikation verwendet werden.
Das Bild zeigt eine Studentengruppe unter Leitung von H. Petzold beim Behaviordrama. Im Selbstbehauptungstraining *(assertive training)* soll sich der jüngere Bruder gegen den älteren durchsetzen. Durch die Technik des »High chair«, des »hohen Stuhls«, wird er in eine überlegene Position gebracht, von der aus es ihm leichtfällt, seine Aggressionen zu äußern.

nem Konzept der Mehrgenerationentherapie und M. Wirsching mit seiner Untersuchung über die Bedeutung der Familie für psychosomatische Erkrankungen, die der Familientherapie zur Anerkennung verhalfen.

Die *Gruppenpsychotherapie* gehört zu den von den Kassen finanzierten Therapiemethoden, sofern sie nach dem Konzept der analytischen Psychotherapie oder der Verhaltenstherapie durchgeführt wird. Ihre Entwicklung ist sowohl in Amerika als auch in Europa von zahlreichen Forschern und Therapeuten geprägt worden. Schon 1905 organisierte der amerikanische Internist Joseph H. Pratt eine Gruppentherapie mit Tuberkulosepatienten. Er behandelte diese schwerkranken, mutlosen und von ihrer Umwelt ausgegrenzten Patienten wie eine Schulklasse, indem er ihnen Vorlesungen über die Diagnostik und Therapie der Tuberkulose hielt. Berichte von Patienten über Heilerfolge sollten den Neuankömmlingen Mut machen. Die Einführung der psychoanalytischen Methode in die Gruppenpsychotherapie geht auf den von C. G. Jung analysierten Amerikaner T. Burrow (1925) zurück. In den Gruppensitzungen ermunterte er seine Patienten, offen über ihre Gedanken und Gefühle zu sprechen. Gruppenmitglieder waren für ihn Beobachter und Beobachtete zugleich.

Die Entwicklung der gruppenpsychotherapeutischen Arbeit in Europa wurde von drei verschiedenen theoretischen Ansätzen geprägt.

● Schon 1910 erläuterte Jacob L. Moreno in Wien seine Technik des *Psychodramas* mit Methoden der Dramaturgie. Der Gruppenleiter fungierte als »Regisseur«, der den Patienten ermutigte, spontan Situationen aus seinem Leben durchzuspielen. Die anderen Gruppenteilnehmer waren das Publikum, das Kommentare abgeben und dem »Spieler« helfen konnte, sein Problem zu lösen, indem es »Nebenrollen« übernahm.

● Sigmund Freud schuf 1921 die theoretischen Grundlagen der *psychoanalytischen Gruppentherapie* durch die anthropologische Analyse von Gruppenprozessen in seiner Abhandlung »Massenpsychologie und Ich-Analyse«. Seiner Meinung nach waren Gruppenprozesse nur dann verständlich, wenn man die Rolle des Führers genau untersuchte. Freuds früherer Schüler Alfred Adler beschrieb die Beziehung der Gruppe zu ihrem Leiter als Widerspiegelung der Klassenbeziehung zwischen Proletariat und Bourgeoisie. Von daher war die Schaffung einer Atmosphäre sozialer Gleichheit in Gruppen sein wesentliches Ziel. Michael Balint entwickelte dann aus dem gruppenpsychoanalytischen Ansatz ein Weiterbildungs- und Supervisionsinstrument für angehende Psychotherapeuten, Ärzte und Angehörige anderer sozialer Berufe (Balint-Gruppen).

● Von größter theoretischer Wichtigkeit war der Einfluß des in die USA emigrierten deutschen Psychologen Kurt Lewin, der 1935 den Begriff der *Gruppendynamik* (s. S. 309) einführte. Gruppe und Individuum wirken aufeinander ein, beide zusammen ergeben ein Ganzes, eine Gestalt.

Aus den wechselseitigen Erwartungen der Gruppenmitglieder resultieren Gruppenmeinungen, eine Gruppenethik und gemeinsame Ziele, die verhaltensregulierend wirken können.

Die große Zahl kriegsbedingter psychischer Erkrankungen nach dem Zweiten Weltkrieg ließ in England eine eigene *Britische Schule der Gruppenpsychotherapie* entstehen. Von Wilfried Bion stammt das Konzept der Gruppe als Ganzheit (Gruppen-Ich), die von unbewußten Strukturen gebildet wird. Die Abhängigkeit vom Gruppenleiter ist in der Suche nach dem Führer begründet. Paarbildung kann aus dieser Abhängigkeit herausführen. Die Routine der Gruppenarbeit mündet schließlich in einem Protestverhalten, an dessen Ende das Verlassen der Gruppe oder ein Neuanfang stehen sollte. Die Bedeutung von Gefühlsübertragungen in Gruppen wurde vor allem von dem Organisator der Gruppentherapiebewegung in Großbritannien, S. H. Foulkes (1965), herausgearbeitet. Für ihn ist die Gruppe ein Netzwerk aus zwischenmenschlichen Interaktionen, das die Krankheit der Patienten zutage fördert und behandelbar macht.

Vor allem an den Gegenbewegungen, die sich innerhalb der Psychoanalyse und des Behaviorismus entwickelt haben, ist abzulesen, wie das Überschreiten von Erkenntnisschranken zu Korrekturen führt, die jeder Art von Messianismus entgegenwirken, und es ist zu vermuten, daß sich die Theorien und Verfahrensweisen mit Rücksicht auf neue Forschungsergebnisse auch in Zukunft immer wieder verändern werden. Unsere Darstellung beschränkt sich im folgenden auf die Psychoanalyse, die Gesprächs- und die Verhaltenstherapie. Dabei werden die wissenschaftlichen Grundlagen dieser Methoden und die Ergebnisse der empirischen Psychotherapieforschung im Vordergrund stehen.

9.3 Wirksamkeit und Wirkfaktoren

9.31 Psychotherapieforschung

Auf dem »Psychomarkt« werden Hunderte von psychotherapeutischen Verfahren angeboten, die Liste wird jährlich länger. Für den psychotherapiebedürftigen Laien wie für die Gesundheitspolitiker und Entscheidungsträger der Krankenkassen ist es daher äußerst schwierig, die Spreu vom Weizen zu trennen. Unter der Bezeichnung Psychotherapie konkurrieren Scharlatanerie und esoterisches Sektierertum mit wissenschaftlich und praktisch fundierten psychotherapeutischen Vorgehensweisen. Diese Situation macht es erforderlich, für die zur Heilbehandlung zugelassenen Psychotherapieverfahren wissenschaftlich überprüfbare Kriterien der Wirksamkeitskontrolle einzuführen. Vor diesem Hintergrund hat in der gegenwärtigen gesundheitspolitischen und fachlichen Diskussion die Psychotherapieforschung eine zentrale Bedeutung erhalten. Während die therapeutische Wirksamkeit von Medikamenten und somatischen Behandlungsmethoden durch Tierversuche und klinische Doppelblindprüfungen vergleichsweise objektiv nachgewiesen werden kann, steht die Psychotherapieforschung wegen der Besonderheiten der psychotherapeutischen Behandlungssituation vor erheblichen methodischen und auch ethischen Problemen:

- Psychotherapie ist ein Interaktionsgeschehen zwischen Patient und Therapeut, das Monate bis Jahre in Anspruch nimmt und daher kaum standardisierbar ist.
- Psychotherapie wirkt nicht nur auf eindeutig beobachtbare Krankheitssymptome ein. Es ist deshalb schwierig, Erfolgskriterien für die komplexen Ziele der Behandlung zu definieren. Hinzu kommt, daß sich die verschiedenen therapeutischen Richtungen in ihren Therapiezielen erheblich unterscheiden.
- Psychotherapie tritt in Wechselwirkung mit einer Vielzahl biographischer Einflüsse, denen der Patient vor, während und nach der Therapie ausgesetzt ist. Alle diese Einflüsse, einschließlich der Psychotherapie, werden vom Patienten bei der Auseinandersetzung mit seinem Leiden aktiv verarbeitet, so daß wir es bei der Beurteilung der Wirksamkeit von Psychotherapie mit sehr komplexen Zusammenhängen zu tun haben.
- Aus ethischen Gründen sind bei psychischen Leiden kontrollierte Prüfbedingungen kaum erreichbar. So muß davon ausgegangen werden, daß die Patienten in »unbehandelten Kontrollgruppen« selber nach anderen Behandlungsmöglichkeiten suchen.

Skeptiker haben der Psychotherapie jede Wirksamkeit, die über »Spontanheilungen« und »Placeboeffekte« (= Suggestionswirkungen) hinausgeht, abgesprochen. Insbesondere die Unzufriedenheit mit der psychoanalytischen Therapie, die außerordentlich zeitaufwendig und kostspielig ist, führte schon sehr früh zu Kritik auch von wissenschaftlicher Seite.

Der Berner Psychologe Klaus Grawe, Gutachter der Bundesregierung beim »Psychotherapeutengesetz«, schrieb in der »Psychologischen Rundschau« (1992): »Psychoanalytische Therapie von nicht zu kurzer Dauer hat sich jedoch insbesondere bei der ambulanten Behandlung von neurotischen und Persönlichkeitsstörungen als ausreichend wirksam erwiesen, um zu den bewährten Therapieverfahren gezählt werden zu können. In diese Aussage sind allerdings ausdrücklich keine Langzeitanalysen von mehreren hundert Stunden Dauer eingeschlossen. Zu diesen liegen überhaupt keine kontrollierten Wirksamkeitsstudien vor, und in der einen Untersuchung, die am ehesten Aussagen darüber erlaubt, die monumentale Men-

Wirksamkeit der psychoanalytischen Kurztherapie (nach Grawe u. a., 1990)

Art des Vergleiches	Globale Erfolgs-beurteilung	Hauptsymptomatik Individuell definiert	Hauptsymptomatik für alle Patienten gleich	Sonstige Befindlich-keitsmasse	Persönlichkeit oder Fähigkeits-bereich	Zwischen-menschlicher Bereich	Freizeit	Arbeit	Sexualität	Psycho-physiologische Masse
Prä-Post-Vergleich	0/1	4/4	+ 1/5 – 1/5	3/7	+ 1/4 – 1/4	– 1/5		1/1	0/1	– 1/2
Kontrollgruppen-vergleich	0/2	1/3	+ 1/6 ± 1/6 + 1/6	1/8	1/2	1/4	0/1	0/1	1/2	– 1/3
Alkoholiker					1/1					
Neurosen und Persönlichkeitsstörungen		3/3		2/3		– 1/3		1/1		
Psychosomatische Störungen			– 1/3	0/2	0/2	0/1	0/1			– 1/2
Partnerprobleme		1/1	1/1	0/1	– 1/1	0/1			0/1	
Schizophrenie	0/1		0/1	1/1	0/1					
Psychoanalytische Kurztherapie vs. Medikamentöse Behandlung	– 1/1	1/2	+ 2/5 ± 1/5	2/4	+ 2/3 – 1/3	+ 1/4 ± 1/4 – 1/4	1/3	1/2	+ 1/2 – 1/2	0/1
Psychoanalytische Kurztherapie vs. Verhaltenstherapie	– 1/4	– 2/5	– 2/7	– 1/6	2/5	– 3/4	0/1	0/2	1/2	– 1/1

Die Wirksamkeit der psychoanalytischen Kurzthe-apie ist in verschiedenen Versuchsplänen erkundet worden: Zeile 1 und 3–7 (Prä-Post-Vergleich), Zeile 2 (Kontrollgruppenvergleich), Zeile 8 (Vergleich mit medikamentöser Behandlung, Zeile 9 (Vergleich mit verschiedenen Formen der Verhaltenstherapie).

Zum Verständnis der Zahlen in den Tabellen auf S. 370 und S. 371: D e Zahl hinter dem Schrägstrich gibt jeweils die Anzahl der Behandlungsbedingungen an, für die in diesem Bereich Messungen erhoben und entsprechende statistische Vergleiche durchgeführt wurden, die Zahl davor, wie oft dabei ein statistisch signifikanter Unterschied festgestellt wurde ($p = .05$). Ein Minus vor der Zahl bedeutet, daß der statistische Vergleich zuungunsten der hier untersuchten Therapien ausfiel.

Wirksamkeit der Gesprächspsychotherapie (nach Grawe u. a., 1990)

Art des Vergleiches	Globale Erfolgs-beurteilung	Hauptsymptomatik Individuell definiert	für alle Patienten gleich	Sonstige Befindlich-keitsmasse	Persönlichkeit oder Fähigkeits-bereich	Zwischen-menschlicher Bereich	Freizeit	Arbeit	Sexualität	Psycho-physiologische Masse
Prä-Post-Vergleich	0/1	3/4	11/11	8/8	11/14	6/10	1/1	0/1	0/1	
Kontrollgruppen-vergleich	2/5	4/4	10/12	13/16	12/16 – 1/16	9/13 – 1/13	1/1	0/2	0/1	
Gesprächs-psychotherapie (GT) vs.Psychoanalytische Therapie	0/2	0/1	0/2	1/1	1/2	1/1				
GT vs. Verhaltenstherapie	1/2	–11/19	1/ – 3/11	1/ – 4/6	– 1	1/ 0/17	0/1	0/1	0/1	
GT vs. unspezifizierte Psychotherapie	0/1	0/1	0/1							
GT vs. Autogenes Training			0/1							
GT vs. Milieutherapie			0/1	1/1	– 1/1					
GT vs. Kombination von GT + VT	– 1/1		– 1/1		0/1					

Die Wirksamkeit der Gesprächstherapie ist in verschiedenen Versuchsplänen erkundet worden: Zeile 1 (Prä-Post-Vergleich), Zeile 2 (Kontrollgruppenvergleich), Zeile 3 (Vergleich mit psychoanalytischer Therapie), Zeile 4 (Vergleich mit verschiedenen Formen der Verhaltenstherapie), Zeile 5–8 (Vergleich mit verschiedenen anderen Therapieformen).

Wirksamkeit der verhaltenstherapeutischen Methode »Training sozialer Kompetenz« (Selbstsicherheitstraining u. ä.) (nach Grawe u. a., 1990)

Art der Wirksamkeitsprüfung	Globale Erfolgsbeurteilung	Hauptsymptomatik Individuell definiert	für alle Patienten gleich	Sonstige Befindlichkeitsmasse	Persönlichkeit oder Fähigkeitsbereich	Zwischenmenschlicher Bereich	Freizeit	Arbeit	Sexualität	Psychophysiologische Masse
Prä-Post-Vergleich	0/1	5/7	24/30	10/16	5/9	19/23		1/2		
Kontrollgruppenvergleich	1/3	0/1	23/31	1/12	2/4	12/18		0/1	0/1	

Wirksamkeit der kognitiven Therapien im Kontrollgruppen-Vergleich (nach Grawe u. a., 1990)

Therapieform	Globale Erfolgsbeurteilung	Hauptsymptomatik Individuell definiert	für alle Patienten gleich	Sonstige Befindlichkeitsmasse	Persönlichkeit oder Fähigkeitsbereich	Zwischenmenschlicher Bereich	Freizeit	Arbeit	Sexualität	Psychophysiologische Masse
RET (Rational-emotive Therapie nach Ellis)	1/4	1/1	3/5	5/7	4/8	2/3		0/1		0/3
Bewältigungstraining (nach Meichenbaum u. a.)	0/2		11/18	5/10	1/4	1/2		0/1		0/5
Kognitive Therapie nach Beck	0/1		6/7	1/4	2/2	0/1	0/1	0/1		
Problemlösetherapie	1/3	1/1	2/5	2/4	3/5	3/6				
Kognitive Therapie/Gesamt	2/10	2/2	22/35	13/25	10/19	6/12	0/1	0/3		0/8

Wirksamkeit der drei Reizkonfrontationsmethoden im Prä-Post-Vergleich (nach Grawe u. a., 1990)

Prä-Post-Wirksamkeitsprüfung für	Globale Erfolgsbeurteilung	Hauptsymptomatik		Sonstige Befindlichkeitsmasse	Persönlichkeit oder Fähigkeitsbereich	Zwischenmenschlicher Bereich	Freizeit	Arbeit	Sexualität	Psychophysiologische Masse
		Individuell definiert	für alle Patienten gleich							
Reizüberflutung in der Vorstellung	1/1	1/6	11/14	6/11	2/4	1/4				2/6
Massierte reale Reizkonfrontation	0/2	11/13	24/27	7/19	0/4	3/7	2/7	2/7		2/18
Graduierte reale Reizkonfrontation	1/1	12/23	28/31	10/23	0/5	5/20	1/3	2/3	0/3	2/8

Zum Verständnis der Zahlen in den Tabellen auf S. 372 und S. 373. Die Zahl hinter dem Schrägstrich gibt jeweils die Anzahl der Behandlungsbedingungen an, für die in diesem Bereich Messungen erhoben und entsprechende statistische Vergleiche durchgeführt wurden, die Zahl davor, wie oft dabei ein statistisch signifikanter Unterschied festgestellt wurde ($p = .05$). Ein Minus vor der Zahl bedeutet, daß der statistische Vergleich zuungunsten der hier untersuchten Therapien ausfiel.

Wirksamkeit der verhaltenstherapeutischen Methode der systematischen Desensibilisierung (nach Grawe u. a., 1990)

Art der Wirksamkeitsprüfung	Globale Erfolgsberurteilung	Hauptsymptomatik		Sonstige Befindlichkeitsmasse	Persönlichkeit oder Fähigkeitsbereich	Zwischenmenschlicher Bereich	Freizeit	Arbeit	Sexualität	Psychophysiologische Masse
		Individuell definiert	für alle Patienten gleich							
Prä-Post-Vergleich	1/2	4/7	32/36	12/25	2/4	2/10	0/2	0/3	1/3	4/10
Kontrollgruppenvergleich	1/4	2/8	23/33	10/24	4/10	2/16	0/2	0/4	2/6	0/9

ninger-Studie (Wallerstein, 1989) haben sich praktisch alle Annahmen, mit denen Langzeitpsychoanalysen begründet werden, nicht bestätigt.« Dabei werden schon seit sehr langer Zeit empirische Untersuchungen zur Effektivität von Psychoanalysen durchgeführt.

Der Hamburger Psychoanalytiker Adolph Ernst Meyer, der beauftragt war, für die deutsche Bundesregierung das Fachgutachten zum »Psychotherapeutengesetz« zu erstellen, unterteilt die psychotherapeutische Wirksamkeitsforschung in drei Phasen.

● Die *Frühphase* beginnt 1895 mit Freuds und Breuers »Studien über Hysterie«. Der Vergleich der Befunde vor und nach der Therapie diente als Grundlage dafür, ob ein Patient als »geheilt, gebessert, unverändert oder verschlechtert« eingestuft wurde. In einer Sammelstatistik wurde die Prozentrate des Therapieerfolges in verschiedenen psychoanalytischen Institutionen, z. B. in Berlin oder Chicago, berechnet. In Berlin wurden in dem Zeitraum zwischen 1920 und 1930 nach einem statistischen Bericht von Otto Fenichel über die therapeutische Tätigkeit des Psychoanalytischen Instituts 604 Patienten behandelt. 241 von ihnen brachen die Behandlung ab, 200 Patienten beendeten die Therapie wesentlich gebessert oder geheilt, bei 116 hatte sich der Zustand gebessert, 47 waren ungeheilt. Somit konnte die Psychoanalyse ca. 73 % der behandelten Patienten helfen. Die Behandlungsdauer reichte von 6 bis 60 Monaten, mit einem Maximum bei 12 Monaten.

● Die methodische Kritik, die der Londoner Psychologe Hans Jürgen Eysenck an diesem Vorgehen übte, leitete eine *Rechtfertigungsphase* ein, in der auch Kontrollgruppen mit unbehandelten oder anders behandelten Patienten zum Vergleich herangezogen wurden. Ziel war es, herauszufinden, ob die am Patienten beobachteten Veränderungen wirklich auf das untersuchte Behandlungsverfahren und nicht auf andere Einflußfaktoren zurückzuführen sind. Die Objektivierung der Therapieeffekte und die Einhaltung von kontrollierten Versuchsplänen erscheinen nach den Maßstäben der heutigen Wirksamkeitsforschung aber als nicht ausreichend, weil das Forschungsproblem viel komplexer ist, als es die bisherigen Versuchspläne unterstellen, die sich damit begnügen zu fragen: »Welche Behandlungsmaßnahme führt zu welchem Ergebnis?«

● Erforderlich ist daher eine *Differentielle Psychotherapie-Effizienz-Forschung.* Eine Sichtung der zwischen 1936 und 1983 durchgeführten Psychotherapiestudien durch Klaus Grawe und seine Mitarbeiter hat etwa 3500 einschlägige Untersuchungen zutage gefördert. Aus 897 dieser Arbeiten ließ sich unter dem Aspekt der klinischen Relevanz ein zusammenfassendes Urteil über die Wirkung einzelner Therapieverfahren gewinnen. Während man früher in Sammelreferaten lediglich einen Überblick über das jeweilige Behandlungsverfahren gab, wurde nunmehr ein Bewertungskatalog entwickelt, mit dessen Hilfe jede Studie detailliert dokumentiert und begutachtet werden konnte. Die Analyse einer Therapiestudie durch einen der 16 geschulten Auswerter nahm ca. 9 Stunden in Anspruch. Wir werden auf die Ergebnisse dieser empirisch-methodisch geleiteten Literaturanalyse (»Metaanalyse«) im folgenden bei der Darstellung einzelner Therapiemethoden noch zurückkommen.

9.32 Wirkfaktoren nach dem »Generischen Modell«

Die Bewertung einzelner Therapieverfahren ist nicht das einzige, wozu solche Metaanalysen taugen, sie helfen auch bei der Entwicklung von neuen, über die schulengebundenen Ansätze hinausweisenden Forschungsmodellen, die sich mit der Wirksamkeit von Psychotherapie befassen.

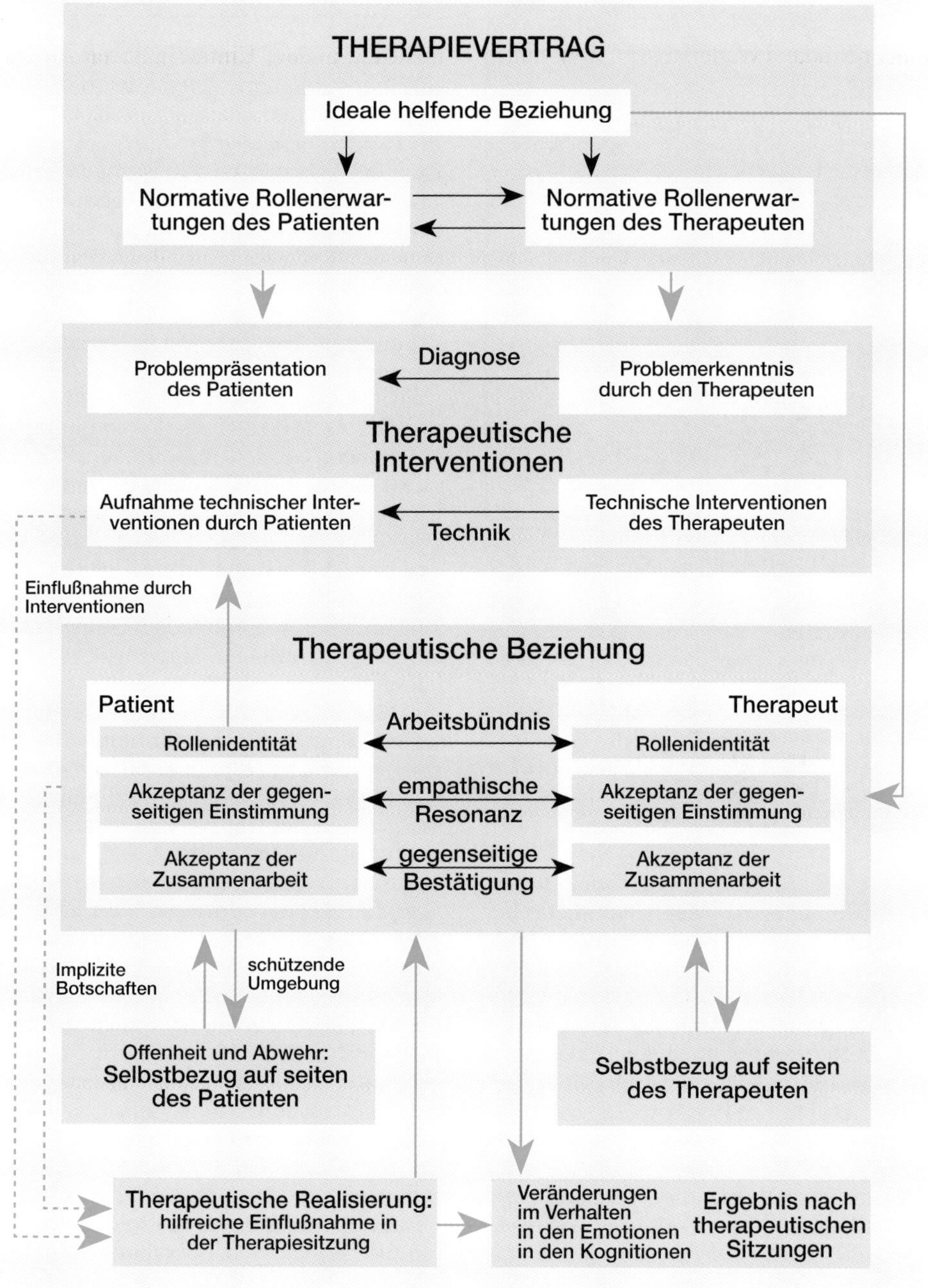

Die therapeutischen Wirkfaktoren und ihre wechselseitigen Beziehungen. Diesem Modell liegen 1100 statistisch abgesicherte Zusammenhänge zwischen Merkmalen des therapeutischen Prozesses und des Therapieerfolges zugrunde (nach Orlinsky und Howard, 1986).

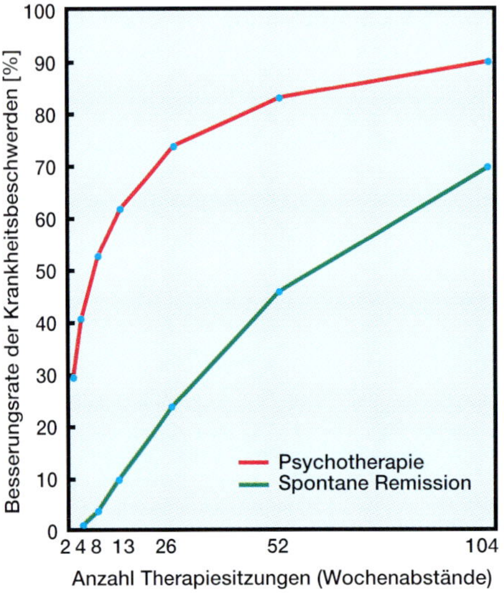

Einfluß der Therapiedauer: Der »Dosis-Wirkungs-Zusammenhang« zeigt einen kurvenlinearen Trend im Verlauf der Behandlungszeit (obere Kurve). Auch ohne definierte Therapie kann eine Verbesserung der Krankheitsbeschwerden (spontane Remission) im Zeitverlauf eintreten (untere Kurve) (nach McNeilly u. Howard, 1991).

Jede psychotherapeutische Behandlungsmethode operiert mit hypothetischen Wirkfaktoren. Inwieweit die durch Tradition übermittelten Techniken tatsächlich eine Veränderung in Richtung der Therapieziele bewirken, kann nur durch wissenschaftliche Untersuchungen geklärt werden. Als Beispiel für ein solches Modell der Wirkfaktoren von Psychotherapie mag das Ergebnis der Metaanalyse von David E. Orlinsky und Kenneth I. Howard aus Chicago dienen. Für das von den beiden Amerikanern entwickelte »Generische Modell« (engl. *generic* = allgemein, gattungsmäßig) wurden ausschließlich Studien herangezogen, die einen überzufälligen Zusammenhang zwischen Merkmalen der Therapiedurchführung und des Therapieerfolges nachweisen konnten. Auf der Grundlage von rund 1100 statistisch abgesicherten Zusammenhängen wurden fünf Wirkfaktorenkomplexe ermittelt:

● *Der Therapievertrag*

Zu den Wirkfaktoren des Therapievertrages gehören der Einfluß der Therapiedauer auf das Therapieergebnis, die Vorbereitung des Therapeuten und des Patienten hinsichtlich des Rollenverständnisses während der Therapie wie auch die Finanzierung und die Zahl der wöchentlichen Sitzungen.

Die Therapiedauer ist ein besonders gut erforschtes Merkmal der Psychotherapie. Untersucht wurden insbesondere Therapien, die 10 bis 70 Sitzungen umfaßten. Eine intensive Sekundäranalyse von 2400 Patienten durch Kenneth I. Howard und seine Mitarbeiter zeigte, daß bei über 50 % der Patienten schon nach acht Sitzungen eine symptomatische Besserung eintrat, jeder weitere Fortschritt aber zunehmend Zeit erforderte. Um bei 75 % der Patienten eine Besserung zu erzielen, waren 26, im Falle von 90 % gar 104 Sitzungen nötig (s. Abb. links). Eine Reanalyse der Untersuchungen von Eysenck mit dieser Methode führte zu einer Neubewertung seiner Feststellung, daß Patienten auf einer Warteliste eine höhere Besserungsrate (72 %) aufwiesen als solche, die eine Psychotherapie erhalten hatten. Nimmt man an, daß die Patienten der Warteliste einmal in der Woche statt des Psychotherapeuten ihren Arzt aufsuchten, zeigt sich, daß die Besserungsrate der sogenannten unbehandelten Patienten aus der Untersuchung von Eysenck im ersten Jahr der »Wartezeit« niedriger war als die des von Howard und seinen Mitarbeitern untersuchten Patientenkollektivs. Eysencks provokante Hypothese von der Unterlegenheit der psychoanalytischen Therapie kann somit als wissenschaftlich irreführende Behauptung eingestuft werden.

● *Aufnahmebereitschaft des Patienten*

Da jede therapeutische Richtung mit einer

spezifischen Technik operiert, ist zu prüfen, inwieweit die Offenheit für oder der Widerstand gegen das jeweilige Therapieangebot das Therapieergebnis beeinflußt. Das Resultat ist eindeutig: Aus 14 von 16 Untersuchungen geht hervor, daß die Offenheit des Patienten als Wirkfaktor eine Rolle spielt. In der Psychoanalyse gilt es daher, den Zusammenhang von freier Assoziation und Widerstand zu beachten. Die Bereitschaft, in der freien Assoziation das Auftreten unbewußter Konflikte zu erkennen, wird nämlich durch den Widerstand gegen den Prozeß oder den Therapeuten eingeschränkt. Die Gesprächspsychotherapie schenkt diesem Faktor bei der Selbstexploration des Patienten Beachtung.

- *Therapeutische Interventionen*

Die Einflußnahme des Psychotherapeuten wird am deutlichsten in seinen Interventionen. In bezug auf diese unterscheidet man: Deutung, Konfrontation, Exploration, Unterstützung, Ratschlag, Reflexion, Offenheit und Geschicklichkeit. Genauso wichtig sind die Reaktionen des Patienten auf Interventionen. Hier sind Selbstexploration und emotionale Beteiligung sowie die Fokussierung auf Probleme und die aktuelle Beziehung zu nennen. Allen bisherigen Untersuchungen zufolge hat die Konfrontation eine eindeutig positive Wirkung, ebenso natürlich die Geschicklichkeit des Therapeuten. Ausgesprochen negative Folgen haben – auch dies sicher keine Überraschung – feindselige Gefühle, zumal wenn beide Seiten davon betroffen sind und sie den Therapieprozeß über die Anfangsphase hinaus belasten. Zu dem Komplex »Interventionen« gehören auch die psychoanalytische Deutung und die »Verbalisierung emotionaler Erlebnisinhalte des Klienten« durch den Therapeuten in der Gesprächspsychotherapie, Techniken, auf die wir später noch zu sprechen kommen werden.

- *Die therapeutische Beziehung*

Die Herstellung und Aufrechterhaltung einer guten Beziehung zwischen Patient und Therapeut ist der wohl am besten gesicherte Wirkfaktor, liegen hierzu doch mehrere hundert empirische Befunde vor. Der Aufbau und die Gestaltung dieser Beziehung spielen vor allem in der Psychoanalyse und in der Gesprächspsychotherapie eine wichtige Rolle. Im analytischen Prozeß kommt die therapeutische Beziehung insbesondere bei der Übertragung und beim Arbeitsbündnis zur Geltung. In der Gesprächspsychotherapie sind die »Echtheit« des Verhaltens des Therapeuten und die emotionale Zuwendung ihre wesentlichen positiven Kennzeichen. 53 von 54 Untersuchungen stellen einen Zusammenhang zwischen dem Therapieerfolg und der Fähigkeit des Therapeuten zu einer hilfreichen Beziehung fest. Die Bedeutung des entsprechenden Beitrags des Patienten wurde in allen 17 zu diesem Thema durchgeführten Studien nachgewiesen. Es ist demnach äußerst wichtig, die Arbeitsbeziehung genau zu reflektieren, bevor ein lang dauernder Therapieprozeß eingeleitet wird.

- *Therapeutische Realisierung*

Die Realisierung während der Therapie zielt ab auf Einsichten, Problemlösungen, Angstreduktion, Kontrolle problematischer Verhaltensweisen und die Aufgabe irrationaler Überzeugungen. 14 der 18 untersuchten Publikationen zufolge wird dadurch das Therapieergebnis positiv beeinflußt. Die Verhaltenstherapie betont am stärksten den Zusammenhang zwischen der Definition von Erfolgsmaßnahmen und den für die Verhaltensmodifikationen eingesetzten Maßnahmen. Darum finden sich bei diesem Wirkfaktor wohl auch die meisten Variablen aus diesem Bereich.

Die Wirkfaktoren des »Generischen Modells« sind zwar gegen Zufallsbefunde abgesichert und von daher eine wissenschaftliche Arbeitsgrundlage. Offen bleibt bei diesem Vorgehen aber, welche Folgen eine Psychotherapie im Einzelfall für die Kommunikation zwischen Klient und

Therapeut hat. Außerdem geben die statistischen Einzelzusammenhänge keinen Aufschluß über die äußerst komplexe Wechselbeziehung zwischen den unmittelbaren Wirkungen der Psychotherapie und krisenhaften Ereignissen, denen der Patient während und nach Abschluß der Therapie ausgesetzt ist, da keine Möglichkeit besteht, entsprechende Kontrollgruppen zu untersuchen. Die statistisch orientierte Wirkungsforschung muß deshalb durch Psychotherapie-Prozeßforschung an Einzelfällen und durch biographische Längsschnittstudien über den Einfluß von Psychotherapie auf das weitere Leben ergänzt werden. Angesichts der Komplexität des Gegenstandes bedürfte es für solche Studien einer Kombination von quantitativen und qualitativen Forschungsmethoden.

Die einzelfallorientierte Prozeßforschung hat sich inzwischen etabliert, wie z.B. der von Horst Kächele und Klaus Grawe geleitete Forschungsverbund »Psychotherapie – Einzelfall – Prozeßforschung (PEP)« zeigt, an dem mehr als 20 Forschergruppen beteiligt sind. Methodisch befriedigende vergleichende biographische Längsschnittstudien, in denen an wohldefinierten Patientengruppen die »natürliche Geschichte« der Krankheitsentwicklung mit und ohne Psychotherapie über eine längere Lebensspanne hinweg untersucht werden kann, fehlen dagegen bisher weitgehend. Eine Ausnahme freilich soll nicht unerwähnt bleiben: Der klinische Bericht von Robert S. Wallerstein über 42 Behandlungsverläufe und ihre katamnestische Untersuchung beschreibt die Lebensläufe ausgesuchter Patienten des Psychotherapieprojekts der Menninger Foundation über einen Zeitraum von 30 Jahren. Jede Fallgeschichte wurde so konzipiert, daß der Leser über die Herkunft des Patienten, seine Krankheit, die Planung und Durchführung seiner Therapie, das Behandlungsergebnis und den weiteren Verlauf nach der Therapie informiert wird. Zusätzliche Studien müßten das komplexe Wechselspiel zwischen Therapie und Alltag erforschen. Statistisch-katamnestische Ansätze sind hierfür kein Ersatz.

Eine auf einzelfallorientierte Prozeßforschung und vergleichende biographische Wirkungsforschung setzende Forschungsstrategie würde nicht nur ein besseres, weil ganzheitliches Verständnis der Wirksamkeit von Psychotherapie ermöglichen, sondern auch gezielt zur Verbesserung der Psychotherapieausbildung beitragen. So könnten auch die empirisch abgesicherten Wirkfaktoren konkretisiert werden durch beispielhafte Falldarstellungen einschließlich der biographischen Entwicklung nach der Therapie.

9.33 Schädliche Auswirkungen von Psychotherapie

Wie jede wirksame Behandlung kann Psychotherapie auch negative Folgen haben, eine Erscheinung, die erst in letzter Zeit ein weitergehendes wissenschaftliches Interesse findet. Über »Das Risiko Therapie« schreiben die Berliner Psychologen Eckhard Giese und Dieter Kleiber: »Risiken existieren für Klienten, Therapeuten und die (sich entwickelnde Therapie-)Gesellschaft. Auf Klientenseite etwa sind potentielle Abhängigkeit von Therapeut/innen, Fehlerwartungen und damit zusammenhängend Enttäuschungen, Therapiesüchtigkeit oder die Zerstörung eigener Problemlösekompetenzen durch Überantwortung an vermeintliche Experten etc. zu benennen. Für die Therapeuten beinhaltet die von Widersprüchen geprägte, emotional beanspruchende Arbeit mit Menschen berufstypische Risiken, die in den letzten Jahren verstärkt unter Stichworten wie hilfloser Helfer oder »Burnout« beschrieben und untersucht worden sind.«

Zu schädlichen Wirkungen von Psychotherapie liegen eindrucksvolle Selbstbeschreibungen von Betroffenen vor, aber vergleichsweise wenige empirische Untersuchungen. Der Hamburger Psychologe und Gesprächspsychotherapeut Reinhard Tausch konstatierte in drei verschiedenen Studien mit insgesamt 378 Klienten bei 8% eine Verschlechterung des subjektiven Befindens nach Abschluß der Therapie gegenüber 23% Verschlechterung in einer Kontrollgrunpe mit Klienten der »Warteliste«. Ursache der Verschlechterung können die gewählte Therapietechnik, fehlerhafte Anwendungen durch den Psychotherapeuten und/oder Besonderheiten des Patienten sein. Durch sorgfältige Diagnose und Indikationsstellung vor Therapiebeginn sowie durch gründliche Vorbereitung des Patienten in einer Probetherapie lassen sich grobe Schädigungen durch Psychotherapie sicher weitgehend vermeiden, aber nicht völlig ausschließen. Auf zwei besonders gravierende Probleme wollen wir näher eingehen.

Der *Patientensuizid* (Selbsttötung von Patienten, die sich in Psychotherapie befinden) betrifft vor allem den psychiatrischen Bereich. Der Sozialpsychiater Asmus Finzen (1988) berichtet, daß manche schwer psychisch Kranke weder durch Psychotherapie noch durch Pharmakotherapie und Unterbringung in einer geschlossenen Anstalt von einer Selbsttötung abzuhalten sind. Darüber hinaus fand Finzen aber auch Fehleinschätzungen bei der Diagnose, in bezug auf die Psychopathologie des Patienten sowie hinsichtlich der Dynamik der therapeutischen Beziehung als mögliche Teilursachen des Patientensuizids.

Der *sexuelle Mißbrauch* während der Behandlung ist seit den Anfängen der Psychotherapie im vorigen Jahrhundert ein strittiges Thema. Es ist somit vielleicht ein Kennzeichen unserer »Pseudoaufgeklärtheit«, daß es bis vor kurzem in der fachlichen Diskussion mehr oder weniger ausgespart blieb. Die Verbreitung sexueller Kontakte in therapeutischen Beziehungen ist schwer zu ermitteln. Sexuelle Beziehungen werden überwiegend von männlichen Therapeuten zu ihren Klientinnen aufgenommen. Bei verschiedenen anonymen Befragungen unter Ärzten, Psychiatern, Psychologen und Sozialarbeitern in den USA gaben zwischen 5% und 12% der männlichen und 1% bis 3% der weiblichen Befragten an, sexuelle Beziehungen mit Klienten eingegangen zu sein. In einer ersten Untersuchung dieser Problematik in der Bundesrepublik haben Eva Arnold und Anita Retsch 1989 dreihundert Mitglieder der »Deutschen Gesellschaft für Verhaltenstherapie« anonym befragt. Der Rücklauf von 47,6% entsprach weitgehend dem Ergebnis der amerikanischen Untersuchungen. In den 138 auswertbaren Fragebögen gaben 38% der Befragten an, sich schon einmal in einen Klienten oder eine Klientin verliebt zu haben, aber nur 11% hatten dies ihren Klienten auch mitgeteilt. Über die Möglichkeit des Geschlechtsverkehrs hatten 6% mit dem Patienten gesprochen. Die Frage nach sexuellen Kontakten während der Therapie bejahten 2,2%. Für die Zeit nach dem Abschluß der Therapie erhöhte sich diese Zahl auf über 8%.

Nach den vorliegenden Untersuchungen ähneln die psychischen Folgen einer sexuellen Beziehung während der Psychotherapie denen von Vergewaltigungen und von sexuellem Mißbrauch in der Kindheit: Es kommt zu Depressionen, Angstzuständen, Suizidversuchen und psychotischen Reaktionen.

9.4 Psychoanalyse

9.41 Symptom und verdrängter Konflikt

Die *psychoanalytische Behandlungsmethode* beruht auf der Freudschen Lehre vom Unbewußten (s. S. 127). Danach wird

Der Pariser Neurologe Jean Martin *Charcot* (1825-1893) führt seinen Kollegen eine durch psychische Störungen (Hysterie) gelähmte Patientin vor, die unter Hypnoseeinwirkung von ihrem Bett aufstehen kann. Auch Sigmund Freud weilte bei Charcot, der sich besonders mit Hysterie, Hypnotismus und Systemerkrankungen des Rückenmarks befaßte.

das Verhalten eines jeden von Einstellungen, Wünschen und Motiven bestimmt, die seinem bewußten Erleben mehr oder weniger verborgen bleiben, da sie »verdrängten« Konfliktsituationen der frühen Kindheit entstammen. (»Phasen der psychosexuellen Entwicklung«, s. S. 187). Das »mehr oder weniger« entscheidet darüber, ob wir gesund bleiben oder zu Neurotikern werden. Wie kam Freud zu dieser Auffassung? Im Jahre 1881 machte der Wiener Arzt Josef Breuer bei der Behandlung seiner an *Hysterie* leidenden Patientin Anna O. eine überraschende Entdekkung, die Freud bei seinen eigenen Patienten bestätigt fand: Die hysterischen Symptome können zum Verschwinden gebracht werden, wenn unbewußte *traumatische Erlebnisse,* die den Symptomen offenbar zugrunde liegen, unter *Hypnose* erinnert und unter Entwicklung starker Affekte abreagiert werden.

Breuer berichtet: »Es war im Sommer eine Zeit intensiver Hitze gewesen, und die Patientin hatte sehr arg durch Durst gelitten; denn ohne einen Grund angeben zu können, war ihr plötzlich unmöglich geworden zu trinken ... Als das etwa sechs Wochen gedauert hatte, räsonierte sie einmal in der Hypnose über ihre englische Gesellschafterin, die sie nicht liebte, und erzählte dann mit allen Zeichen des Abscheus, wie sie auf deren Zimmer gekommen sei, und da deren kleiner Hund, das ekelhafte Tier, aus einem Glas getrunken habe. Sie habe nichts gesagt, denn sie wolle höflich sein. Nachdem sie ihrem steckengebliebenen Ärger noch energisch Ausdruck gegeben, verlangte sie zu trinken, trank ohne Hemmung eine große Menge Wasser und erwachte aus der Hypnose mit dem Glas an den Lippen. Die Störung war damit für immer verschwunden.«

Freud verwendete von da an bei der Behandlung von Hysterien die von Breuers Patientin (Anna O.) entdeckte Methode der *»Katharsis«* (griechisch; »Reinigung«). Später mußte er jedoch feststellen, daß die Katharsis die neurotischen Symptome nicht zum Verschwinden bringt. Deshalb suchte Freud nach anderen Wegen, verdrängte Konflikte bewußtzumachen und zu lösen. Dabei stieß er auf die freie Assoziation und die Analyse der Übertragung. Je mehr Erfahrungen Freud und seine Schüler mit diesen Techniken sammeln konnten, um so deutlicher wurde, welche Bedeutung der Charakter oder – aus heutiger Sicht – die Persönlichkeit des Patienten für die Erkrankung hat.

9.42 Analyse der Persönlichkeit

Die Psychoanalyse wurde zunehmend eine Psychotherapie der kranken Anteile der Persönlichkeitsstruktur, die die verdrängten Konflikte und ihre Scheinlösungen konservieren. Die kranke Persönlichkeit wurde als ein Ergebnis der unveränderten Fortsetzung von kindlichen, unausgereiften Triebwünschen und der dagegen gerichteten Abwehr erkannt. Bei der Formulierung dynamischer Konflikte waren Sigmund Freud, Karl Abraham und Ernest Jones wegweisend.

● Dem *oralen Charakter* werden zwei typische Persönlichkeitsstrukturen zugeordnet, die als Ergebnis der triebdynamischen Konflikte beim Saugen und Beißen in der oralen Phase entstehen können. Der »Optimist« hat eine weitgehende Befriedigung seiner Bedürfnisse beim Saugen erfahren und ist daher freigebig, offen und von unerschütterlichem Optimismus in bezug auf die Zukunft. Beim »Pessimisten«, wie er häufig unter depressiven Persönlichkeiten zu finden ist, resultieren aus oralen Frustrationen anspruchsvolles und anklammerndes Verhalten gegenüber anderen. Das Alleinsein ist für ihn unerträglich, und seine Einstellung zur Zukunft ist aufgrund fortgesetzter Enttäuschungen von Sorgen und Pessimismus geprägt.

● Dem *analen Charakter* geht es darum, beim Hergeben und Zurückhalten einen möglichst großen Lustgewinn zu erzielen. In der Beziehung zu anderen soll die Selbstbestimmung über diese analen Funktionen gewahrt bleiben. Spielen beim Kind noch Erlebnisse beim Sauberkeitstraining eine wichtige Rolle, so zentrieren sich beim Erwachsenen die analen Konflikte auf den Umgang mit Geld oder Besitz. Das Zurückhalten und Hergeben kann sensorische Lust erzeugen, aber auch andere Emotionen, die aus dem Gefühl herrühren, die Eltern zufriedengestellt zu haben. Es kann jedoch auch der Befriedigung aggressiver Impulse dienen, wenn das Kind erkennt, welche Macht es mit seiner Willkür über die Eltern gewinnt. Beim analen Charakter lassen sich drei Formen unterscheiden:
1. Sozial unerwünschte Charakterzüge, die sich aus der sensorischen Lust beim Umgang mit Besitz ableiten lassen, führen zu Schlampigkeit und Unordnung. 2. Erwünschte Charakterzüge sind Ordentlichkeit, Sparsamkeit, Freizügigkeit, Freude am Schenken oder am Malen und Modellieren. 3. Bei den Reaktionsbildungen wird die Triebkontrolle über- oder untertrieben, so z. B. bei übersteigerter Reinlichkeit, Verschwendungssucht, Eigensinn oder Geiz.

● Der *geschlechtsspezifische phallische Charakter* ist an die Entstehung des ödipalen Konflikts gebunden, der das Sichhingezogenfühlen zum gegen- oder gleichgeschlechtlichen Elternteil und die Ablehnung des Dritten im Bunde zum Inhalt hat. Die Differenzierung der Geschlechterrollen führt bei Männern und Frauen zu unterschiedlichen krankhaften Charakterbildungen: Feindselige Persönlichkeitszüge bei Frauen (der »Rachetyp«) basieren auf dem ihnen vom Vater oder der Gesellschaft zugefügten Unrecht. Die Zerstörung und Herabsetzung dieser Instanzen, zumindest aber die Enttäuschung über sie prägen auch das Handeln. Die Racheimpulse des Mannes gelten der strengen Mutter oder Repräsentanten der Gesellschaft. Im Umgang ist er zurückhaltend bis kalt, und er neigt zu abwertenden Äußerungen. Die Überbetonung der eigenen Würde und sein Überlegenheitsgefühl führen zu arrogantem Auftreten.

Jede Persönlichkeitsstruktur hat also ihre zentralen dynamischen Konflikte. Der dynamische Gesichtspunkt der Konfliktlehre macht darauf aufmerksam, daß es seelische Kräfte sind, die sich aus der Natur der Triebe und Affekte herleiten und die miteinander in Konflikt geraten. Unter dem »topischen Gesichtspunkt« wurde zunächst untersucht, in welchem psychischen System oder zwischen welchen Systemen sich der Konflikt abspielt.

Die Betonung des Unbewußten gegenüber dem Vorbewußten und Bewußten (s. S. 135) führte zu der Bezeichnung »Tiefenpsychologie«. Die »Ich-Psychologie« hingegen wendet sich den Funktionsweisen des Ichs zu und bildet zusammen mit der Strukturtheorie eine neue psychologische Theorie, die versucht, zwischen gesunden und kranken Anteilen der Persönlichkeit genauer zu unterscheiden. Nicht in jedem Fall muß eine Konfliktsituation zu einer Erkrankung führen. Phasentypische Konflikte können durchaus auch die Entwicklung fördern.

So ist zum Beispiel die Entstehung von Gefühlen der Eifersucht bei der Ankunft eines Geschwisters nicht nur Auslöser für krankhafte Entwicklungen, sondern kann auch dazu anregen zu fragen, woher die Kinder kommen, und selbständig Nachforschungen über Geburt und Empfängnis anzustellen (s. 5.23).

Daher ist die Reife der Ich-Entwicklung ein wichtiges Kriterium für die Beurteilung der Gesundheit einer Persönlichkeitsstruktur. Beim oralen Charakter z. B. kann zwischen dem gut auf die Realität eingestellten Optimisten und dem »Depressiven« unterschieden werden, bei dem das strenge Über-Ich als strafende Instanz auftritt, die den Wert der Handlungen des Betreffenden in Frage stellt, ihn verurteilt und bestraft.

Die weitere Entwicklung der Ich-Psychologie hin zur Psychologie des Selbst hat auch zu einer Ergänzung der Theorie der Persönlichkeitsstörungen geführt. Das Selbst ist in der Psychoanalyse keineswegs identisch mit dem Ich, sondern etwas Umfassenderes. Die Ideengeschichte des Selbst geht auf Freud zurück, die damit verbundene psychologische Richtung aber ist eher als ein Produkt der amerikanischen Psychoanalyse zu betrachten.

Die amerikanischen Ich-Psychologen H. Hartmann und R. M. Loewenstein sehen das Selbst in enger Verbindung mit dem Ich-Ideal. Ob dieses mehr von früher Selbstidealisierung oder stärker von der Idealisierung des Objekts in der Kindheit geprägt wird, entscheidet über die krankhafte Entwicklung der Persönlichkeit im Erwachsenenalter. Im Gegensatz hierzu faßt Heinz Kohut das Selbst als eigenständige Struktur innerhalb der Psyche auf – so wie das Ich, das Es und das Über-Ich –, weil es mit Triebenergie besetzt ist und zeitliche Kontinuität besitzt. Zu Störungen kommt es bei einem narzißtischen Trauma: Das Selbst verschmilzt nicht mit dem wesentlichen Ich-Inhalt, sondern wird in unveränderter Form beibehalten und strebt danach, seine frühkindlichen Ziele zu erreichen.

Für Edith Jacobson ist das Selbst keine psychische Struktur, sondern die Totalität der psychischen und körperlichen Person sowie der unbewußten, vorbewußten und bewußten endopsychischen Repräsentationen des körperlichen und geistigen Selbst im System-Ich. Das Selbst wird also in seiner Relation zum Objekt beschrieben, um von einer rein intrapsychischen Betrachtung der psychischen Struktur zu einer kommunikationspsychologischen Sicht der Selbst-Objekt-Beziehung zu gelangen.

Anhand des sogenannten Borderline-Syndroms läßt sich mehr über die störbaren Persönlichkeitsaspekte des Selbst erfahren. Die hierbei auftretenden psychischen Beschwerden wirken oft wie eine karikaturhafte Übersteigerung der Klagen des modernen Menschen: Quälende Gefühle der Leere, der Sinn- und Orientierungslosigkeit angesichts einer als undurchschaubar und bedrohlich empfundenen Welt sind Zeichen der Unreife des Ichs, das auf diese Situation mit früh angelegten Abwehrmechanismen reagiert. Im Umgang mit anderen Menschen fühlen sich die Patienten oft unsicher und unterlegen. Das Fehlen entsprechender Über-Ich-Strukturen verhindert die Wahrnehmung eigener Fehler und das Entstehen von »Schuldsignalen«. So kommt es meist zu massiver Kritik von seiten der Umwelt, was wiederum zu wahnhaften, paranoiden Reaktionen des Patienten führen kann. Die Welt ist für ihn voller gefährlicher Objekte, wogegen er sich mit einem idealisierten Selbstbild zur Wehr setzt. Hieraus resultiert eine unrealistische Einschätzung anderer Menschen, ohne Therapie ist der Betroffene zu keinem echten Mitgefühl fähig. Dennoch ist die Grenze (*borderline* = Grenzlinie) zur Psychose eindeutig, denn die Realitätswahrnehmung bleibt erhalten, was oft auch mit einer besseren psychotherapeutischen Prognose verbunden ist.

Die Diagnose der psychodynamischen Konflikte und der Ich-Funktionen ebenso wie die der Objektbeziehungen ist eine wesentliche Voraussetzung für den psychoanalytischen Zugang zu den Krankheitssymptomen des Patienten.

9.43 Freie Assoziation und gleichschwebende Aufmerksamkeit

Freud machte bei der Behandlung von Neurosen die Erfahrung, daß sich nicht alle Patienten hypnotisieren ließen. Er gab deshalb die Hypnose als therapeutische Methode auf und versuchte, die verdrängten Erinnerungen auf andere Weise zum Vorschein zu bringen. Er forderte die Kranken auf, sich auf seine »Couch« zu legen (s. Abb. S. 384), die Augen zu schließen und ihren Gedanken freien Lauf zu lassen. Die liegende Körperhaltung sollte einen entspannten Wachzustand unterstützen und so der Entstehung spontaner Einfälle zugute kommen.

Auch heute noch ist die »freie Assoziation« die »Grundregel« der Psychoanalyse. Der Patient wird aufgefordert, alles zu äußern, was ihm durch den Kopf geht, auch wenn es ihm schwerfällt. Der Sozialpsychologe Peter R. Hofstätter hat die Einführung der »freien Assoziation« als einen »Geniestreich Freuds« bezeichnet, weil bei dieser die Konventionen der Alltagskonversation (s. S. 295) außer Kraft gesetzt sind. Insbesondere peinliche oder beleidigende Gedanken, an deren Äußerung uns üblicherweise Höflichkeits- und Anstandsnormen hindern, werden durch die psychoanalytische Grundregel »ins Gespräch« gebracht und können so bearbeitet werden. Der Psychoanalytiker kann intensiv auf die Anzeichen unbewußter Konflikte achten und so dem Verdrängten auf die Spur kommen. Er ist imstande, dem Patienten Dinge bewußtzumachen, die sonst nur im Symptom ihren Ausdruck finden könnten.

Der besonderen Kommunikationssituation, in der sich der Patient befindet, entspricht eine spezifische Erkenntnishaltung des Analytikers. Analog zur »freien Asso-

Die berühmte Couch in Freuds Arbeits- und Sprechzimmer. Die auf der Couch liegenden Patienten waren angehalten, ohne jeden Vorbehalt zu erzählen, was ihnen in den Sinn kam. Sie sollten dabei weder auf einen Zusammenhang achten noch irgendein Detail zurückhalten, etwa weil es ihnen der Erwähnung nicht wert schien. Im Laufe der Zeit entdeckte Freud, daß gerade die Dinge von besonderer Bedeutung für die Analyse waren, bei denen die Patienten Schwierigkeiten hatten, sic zu äußern (Abdruck mit freundlicher Genehmigung des Sigmund Freud Museums, London).

ziation« soll dieser eine »gleichschwebende Aufmerksamkeit« entwickeln, die ihn offen sein läßt für alle vom Patienten geäußerten Einfälle. Diese Regel soll verhindern, daß er sich von seinem abstrakten theoretischen Wissen leiten läßt und es versäumt, den Patienten in seiner Einzigartigkeit und Unvergleichbarkeit wahrzunehmen. Die gleichschwebende Aufmerksamkeit unterscheidet sich grundlegend von zielgerichtetem Denken und ähnelt der geistigen Sammlung bei der Meditation oder auch beim kreativen Problemlösen (s. S. 334). Die gleichschwebende Aufmerksamkeit liefert dem Psychoanalytiker eine Vielzahl von Einfällen zu den Äußerungen des Patienten, die er als Ausgangspunkt für seine Deutungen (s. S. 385) benutzt. Auf der Grundlage dieser Kommunikationsregeln (s. S. 301) kann sich zwischen Paticnt und Psychoanalytiker ein positives oder negatives Arbeitsbündnis entwickeln, das als wichtiger Prädiktor (lat. *praedicare* = vorhersagen) für das Therapieergebnis den psychoanalytischen Prozeß wesentlich mitgestaltet (s. S. 390).

Oft macht es den Patienten Schwierigkeiten, all ihre Gedanken auszusprechen, wie es die analytische Grundregel von ihnen verlangt. Der sogenannte Verdrängungswiderstand (s. S. 387) wirkt der freien Assoziation entgegen. Freud hat diesen unbewußten Widerstand sehr anschaulich beschrieben: »Bald behauptet der Patient, es fiele ihm nichts ein, bald, es dränge sich ihm so vieles auf, daß er nichts zu erfassen vermöge, dann merken wir mit mißvergnügtem Erstaunen, daß er bald dieser, bald jener kritischen Einwendung nachgegeben hat; er verrät sich uns nämlich durch die langen Pausen, die er in seiner Rede eintreten läßt. Er gesteht dann zu, das könne er wirklich nicht sagen, er schäme sich, und läßt dieses Motiv gegen sein Versprechen gelten.« Der unbewußte Widerstand, den Freud hinter diesen Ausflüchten der Patienten erkannte, führte ihn zu den Konflikten, die dem Symptom zugrunde lagen.

Michael Hölzer untersuchte in einer experimentellen Analogstudie, welche Auswirkungen Ängstlichkeit, Sitzen oder Liegen auf die Fähigkeit zur freien Assoziation haben. Bei nicht zu Ängstlichkeit neigenden Probanden war diese Fähigkeit stärker ausgeprägt, was auf den geringen Verdrängungswiderstand zurückgeführt wurde, den solche Menschen angstbesetzten Assoziationen gegenüber entwickeln. Das Liegen erwies sich dem Sitzen keineswegs als überlegen, wie bis dahin in den Lehrbüchern der psychoanalytischen Technik behauptet wurde. Dies Ergebnis zeigt, daß klinische Erfahrungen zu Verallgemeinerungen führen können, deren Dogmatismus nicht mehr erkannt wird. Es wäre zu wünschen, daß mit Hilfe von weiteren experimentellen Analogstudien mehr über die hinter der klinisch so fruchtbaren analytischen Grundregel und der gleichschwebenden Aufmerksamkeit verborgenen kognitiven Mechanismen in Erfahrung gebracht wird.

9.44 Der Deutungsprozeß

Die freie Assoziation des Patienten und die Deutungen des Analytikers sind eingebettet in ein komplexes Beziehungsfeld, in dem zahlreiche Austauschprozesse zwischen Patient und Psychoanalytiker auch auf der Ebene nichtverbaler Kommunikation (s. S. 283) stattfinden. Dennoch war die sprachlich geäußerte Deutung über lange Jahre das wichtigste Hilfsmittel der Psychoanalyse, um die Widerstände des Patienten aufzulösen und die unbewußten Motive bewußtzumachen. Bei diesem Vorgehen ist aber äußerste Vorsicht geboten, denn die Deutung darf weder zu früh noch zu spät erfolgen. Die Grundregel dabei lautet: »Keine inhaltliche Deutung, wenn eine Widerstandsdeutung notwendig ist.« Zuerst muß der Patient darauf aufmerksam gemacht werden, daß er Widerstände hat, dann, wie sie sich äußern, und erst zum Schluß, wogegen sie gerichtet sind. Beginnt man vor der Auflösung der Widerstände mit der Deutung, so geht deren therapeutischer Effekt verloren, ihre Wirkung verpufft, ohne Einsicht erzeugt zu haben. Diese Gefahr soll an einem Fall verdeutlicht werden, von dem der Freud-Schüler Wilhelm Reich berichtet, der die Technik der Widerstandsanalyse weiterentwickelt hat: »Ein Patient mit verschiedenen sexuellen ›Perversionen‹ war bei einem Kollegen acht Monate in der Analyse gewesen, und in dieser Zeit hatte er unausgesetzt geredet und Material aus tiefen Schichten gebracht; dieses war kontinuierlich gedeutet worden. Schließlich mußte die Analyse aus äußeren Gründen abgebrochen werden, und der Patient kam zu mir. Mir fiel auf, daß der Patient ununterbrochen unbewußtes Material produzierte, etwa ganz genau die feinsten Mechanismen des ›einfachen und doppelten *Ödipuskomplexes*‹ darzustellen wußte; ich fragte den Patienten, ob er denn auch all das glaube, was er sage und gehört hatte. ›Keine Spur‹, meinte er darauf, ›im Gegenteil, ich kann mich bei all dem eines inneren Lächelns nicht erwehren.‹ Als ich ihn fragte, warum er das dem ersten Analytiker nicht gesagt hatte, meinte er, das hätte er nicht für nötig gehalten. – Es war nichts mehr zu machen, trotz energischer Analyse seines Lächelns, denn er hatte zu viel erfahren; die Deutungen waren alle verpufft, und meine eigenen Deutungen prallten sämtlich an seinem Lächeln ab. Ich gab ihn nach vier Monaten auf, um eine Erfahrung reicher ...«

Wie läßt sich feststellen, ob eine Deutung »richtig« ist? Nach der Auffassung Freuds entscheidet darüber weder die Ablehnung noch die Zustimmung des Patienten – hinter beiden mag sich ein Widerstand verbergen. Einzig das Sichbewähren im weiteren Therapieverlauf und die Förderung von Einsichten, die zum Verschwinden der Symptome führen, sind gültige »empirische« Kriterien.

Angesichts der zentralen Stellung, die der Deutungstechnik in der Psychoanalyse zukommt, erhebt sich die Frage, welche Art von Deutungen am wirksamsten ist. Die meisten Analytiker haben sich bis vor wenigen Jahren geweigert, ihre therapeutischen Sitzungen einer empirischen Kontrolle zu unterziehen. Es existieren daher nur wenige Untersuchungen zum Thema analytische Deutungstechnik. Eine frühe Studie hierzu stammt von Joseph C. Speisman, der 1959 den Zusammenhang zwischen der *Deutung* des Therapeuten und der *Intensität des Widerstands* beim Patienten überprüfte. Das Maß für die Stärke des Widerstands war für Speisman, inwieweit der Patient sich gegen eine tiefer gehende Auseinandersetzung mit seinen Problemen wehrte. Die Untersuchung ergab, daß der Widerstand zunimmt, wenn die Deutung des Therapeuten

- vollkommen an der Oberfläche bleibt (der Therapeut wiederholt mehr oder weniger nur das, was der Patient gesagt hat);
- weit über das hinausgeht, was der Patient bewußt erfassen kann.

Am schwächsten ist der Widerstand bei *»mäßigen« Deutungen* – wenn der Analytiker die Äußerungen des Patienten in einen neuen Zusammenhang bringt, der von diesem zwar nicht unmittelbar erfaßt wird, für ihn aber naheliegt. Offenbar regen gerade solche Deutungen das Nachdenken über die eigene Person an. *Tiefergehende Interpretationen* greifen dagegen die unbewußten Schichten des Patienten an und aktivieren somit die Widerstände. *Oberflächliche Deutungen* scheinen keinen Anreiz zu weiterführenden Explorationen zu bieten. Abzuklären bleibt jedoch, inwieweit *bestimmte Deutungen*, die *Verminderung der Widerstände* und die *zunehmende Auseinandersetzung mit der eigenen Person* tatsächlich mit dem *Therapieerfolg* verknüpft sind.

In den letzten Jahren hat es viele kritische Stimmen gegeben, die bezweifelten, ob von Deutungen überhaupt eine therapeutische Wirkung ausgeht. An dem Beispiel von W. Reich war zu sehen, daß Deutungen völlig wirkungslos bleiben können, wenn der Aspekt der Beziehung nicht berücksichtigt wird. Es ist daher wichtig, verschiedene Deutungstypen zu unterscheiden und einen Zusammenhang zwischen der Deutung und anderen verbalen und nichtverbalen Interventionen herzustellen. Die Deutung als Mittel, die Einsicht in das Entstehen des neurotischen Konflikts oder der Persönlichkeitsstörung zu fördern, muß somit ergänzt werden durch andere verbale Interventionen wie Konfrontation und Klärung. Die Konfrontation gehört zu den Schritten, die der Vorbereitung des Deutungsprozesses dienen. Sie lenkt die Aufmerksamkeit des Patienten auf ein bestimmtes Phänomen. Die fokussierende Arbeit an diesem Phänomen dient der Klärung weiterer Zusammenhänge. Erst nach dieser Vorarbeit ist der Boden für eine Deutung bereitet. Die unterschiedlichen Deutungstypen sollen unbewußte Sinnzusammenhänge aufzeigen.

- Inhaltliche Deutungen des Unbewußten sollten, anders als in dem Beispiel von W. Reich, erst nach der Auflösung des dazugehörigen Übertragungswiderstandes erfolgen.
- Die Übertragungsdeutung soll dem Patienten demonstrieren, daß er seine gegenwärtige Beziehung zum Therapeuten

aufgrund der Vergangenheit verzerrt wahrnimmt.

- Die genetische Deutung hat ein frühes Erlebnis zum Gegenstand, ohne daß ein Bezug zur gegenwärtigen Übertragung hergestellt wird. Diese Deutungen sind oft sehr riskant, könnten sie doch das populäre Mißverständnis der Psychoanalyse nähren, demzufolge durch die Aufdeckung von Geheimnissen aus der Vergangenheit die Symptome auf magische Weise verschwinden. Ohne das Durcharbeiten und die emotionalen Auseinandersetzungen innerhalb der Übertragungsbeziehungen aber nützen die Worte der Deutung gar nichts.

9.45 Übertragung und Widerstand im analytischen Prozeß

Übertragungen können zum »größten Widerstand« gegen, aber auch zum »mächtigsten Hilfsmittel« für die Therapie werden: Der Patient wiederholt (»überträgt«) in seiner Beziehung zum Analytiker Einstellungen und Gefühle, die den konflikthaften Bindungen seiner frühen Kindheit entstammen (zu Eltern, Geschwistern usw.) und Ausdruck seiner neurotischen Störung sind. Freud erlebte zum ersten Mal die negativen Auswirkungen einer Übertragungsbeziehung, als eine seiner Patientinnen (Dora) die Analyse vorzeitig abbrach, offenbar, weil er ihr nicht rechtzeitig die Ablehnung bewußtgemacht hatte, die sie von ihrem Geliebten (der stellvertretende Funktion für ihren Vater hatte) auf ihn übertrug. Ein Traum hatte den unmittelbar bevorstehenden Abbruch der Therapie angekündigt, aber Freud hatte dieses Warnzeichen überhört. Die Patientin rächte sich durch ihren Weggang am Analytiker (Freud), wie sie sich einst an ihrem Geliebten gerächt hatte.

Im Gegensatz zu dieser *negativen Übertragung* bildet die *positive Übertragung,* die sich vor allem in Gefühlen der Zuneigung, der Sympathie und des Vertrauens zum Analytiker äußert, die wichtigste Grundlage der Therapie. Freud schreibt dazu: »Wenn der Kranke den Normalkonflikt mit den Widerständen durchzukämpfen hat, die wir ihm in der Analyse aufgedeckt haben, so bedarf es eines mächtigen Antriebes, der die Entscheidung in dem von uns gewünschten Sinne beeinflußt. Sonst könnte es geschehen, daß er sich für die Wiederholung des früheren Ausgangs entscheidet und das ins Bewußtsein Gehobene wieder in die Verdrängung gleiten läßt. Den Ausschlag in diesem Kampf gibt dann nicht seine intellektuelle Einsicht – die ist weder stark noch frei genug für solche Leistung, sondern einzig sein Verhältnis zum Arzt.« Am Ende der Therapie muß diese positive Übertragungsbeziehung zum Analytiker wieder aufgehoben werden. Oft kommt es dabei zu Schwierigkeiten – wenn die Ablösung jedoch gelingt, so ist damit der letzte Schritt zur Heilung getan, der Patient hat sich von seiner neurotischen Beziehung befreit.

Der Analyseprozeß bezieht sich auf die regressive Entstehung, Durcharbeitung, Interpretation und Auflösung der Übertragungsphänomene. Die Regression macht ein erneutes Auftreten kindlicher Konflikte möglich und führt zur Ausbildung einer Übertragungsneurose. Gefühle und Wünsche konzentrieren sich auf die Person des Analytikers, werden an ihm und mit ihm erneut erlebt und müssen als Manifestation einer Wiederholung erkannt und durchgearbeitet werden. Neben dieser erwünschten Regression kann es zu einer zerstörenden Regression kommen, die zu einer Verschlechterung der Ich-Leistungen führt, was zunehmendes Leid zur Folge hat. Ein stabiles Arbeitsbündnis wirkt als Puffer gegen übermäßige Ich-Regressionen.

In idealisierter Form läßt sich der Analyseprozeß in drei Phasen unterteilen, wie dies z. B. der amerikanische Psychoanalytiker W. W. Meissner getan hat.

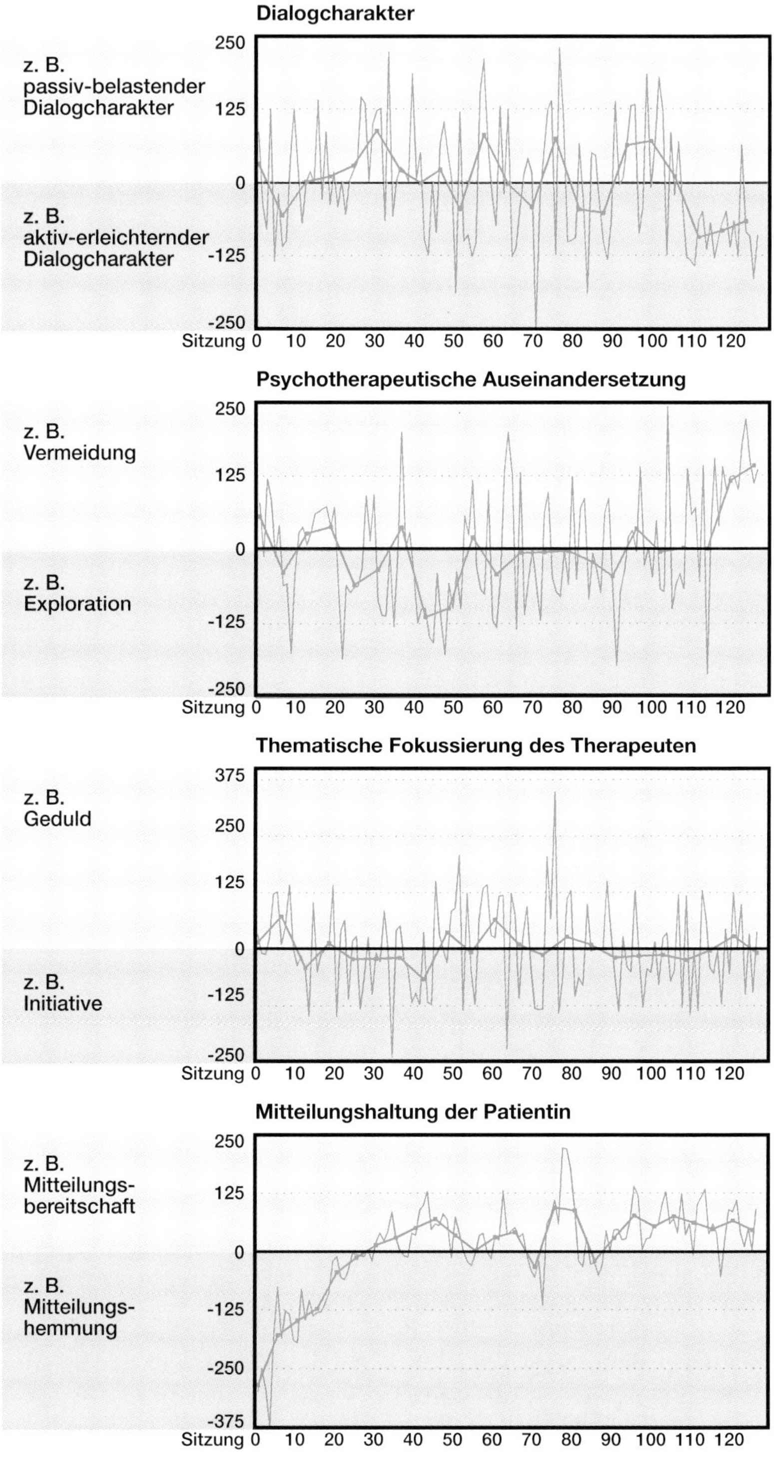
Dialogcharakter
z. B. passiv-belastender Dialogcharakter
z. B. aktiv-erleichternder Dialogcharakter
250
125
0
-125
-250
Sitzung 0 10 20 30 40 50 60 70 80 90 100 110 120
Psychotherapeutische Auseinandersetzung
z. B. Vermeidung
z. B. Exploration
250
125
0
-125
-250
Sitzung 0 10 20 30 40 50 60 70 80 90 100 110 120
Thematische Fokussierung des Therapeuten
z. B. Geduld
z. B. Initiative
375
250
125
0
-125
-250
Sitzung 0 10 20 30 40 50 60 70 80 90 100 110 120
Mitteilungshaltung der Patientin
z. B. Mitteilungs-bereitschaft
z. B. Mitteilungs-hemmung
250
125
0
-125
-250
-375
Sitzung 0 10 20 30 40 50 60 70 80 90 100 110 120

- In der ersten Phase wird vom Patienten verlangt, ein Bündnis einzugehen, das es aufrechtzuerhalten und zu festigen gilt. Es bedarf bestimmter Fähigkeiten, um den Anforderungen der Psychoanalyse gerecht zu werden. Der Patient muß die Begrenzungen der Analysesituation und der Person des Analytikers akzeptieren können, ebenso seine eigenen Grenzen und Mängel. Er muß imstande sein zu erkennen, daß die Versagungen in der analytischen Situation nicht auf Feindseligkeit und Ablehnung von seiten des Analytikers zurückzuführen sind. Der Analytiker entspricht in der Übertragungssituation einem Elternteil, der auf die Aspekte der Regression, der Passivität und Abhängigkeit in der infantilen Neurose reagiert.
- In der zweiten Phase führt die Regression zur Ausbildung der Übertragungsneurose, die es erlaubt, die wiederauflebenden ödipalen Konflikte durchzuarbeiten. Dies erfordert die Neutralisierung von aggressiven Energien, die durch die Rivalität mit dem gleichgeschlechtlichen Elternteil mobilisiert werden. Das Lösen der ödipalen Probleme schafft die Voraussetzung für eine positive Entwicklung.
- In der dritten Phase muß der Patient die Fähigkeit entwickeln, Trennung und Verlust zu ertragen und die aus ihnen resultierenden negativen Gefühle über die positive Identifikation mit dem Analytiker in sein protestierendes Selbst zu integrieren. Damit ist das Problem der Autonomie angesprochen, die zu erlangen nicht einfach ist, weil mit der bevorstehenden Beendigung der Analyse Passivitäts- und Abhängigkeitswünsche wieder intensiviert werden. Da der Analytiker nicht mehr lange als Elternersatz dienen kann, entstehen Ängste und Depressionen, die durch Trauerarbeit bewältigt werden müssen. In dieser Endphase ähnelt der Analytiker den Eltern eines Jugendlichen in der späten Adoleszenz, wenn es gilt, dessen Reifung und Autonomie zu fördern.

Gegen diese idealisierte Form der Darstellung des analytischen Prozesses setzen die empirisch arbeitenden Psychoanalytiker Helmut Thomä und Horst Kächele ein Modell, das auch neuen Forschungsergebnissen gegenüber offen ist. Sie gehen von einer Reihe von Brennpunkten (Foci) aus, die, bestehend aus Konflikten, nacheinander abgearbeitet werden können, und unterstellen einen individuell unterschiedlichen Prozeßverlauf. Für jeden Patienten müssen die Foci neu bestimmt werden, so daß einzelne Therapiephasen erst nachträglich erkennbar sind. Ein solcher Analyseverlauf kann mit Hilfe quantitativer Indikatoren gemessen und anhand einer Kurve dargestellt werden (s. Abb. S. 388).

9.46 Gegenübertragung und Lehranalyse

Schon 1910 betonte Freud, »daß jeder Psychoanalytiker nur soweit kommt, als seine eigenen Komplexe und inneren Widerstände es gestatten«. Wie bereits berichtet, studierte Freud bei der Analyse seiner Patientin Dora die Auswirkungen von Übertragung und Widerstand. Den Abbruch der Analyse Ende Dezember 1910 empfand er als Niederlage. Er gab offen zu, daß es ihm nicht gelungen war, der Über-

< Merkmale der Therapeut-Patient-Interaktion und -Beziehung und ihr Verlauf über 127 Sitzungen einer analytischen Psychotherapie. Die Merkmale »Dialogcharakter«, »Psychotherapeutische Auseinandersetzung«, »Thematische Fokussierung« und »Mitteilungshaltung der Patientin« wurden faktorenanalytisch gewonnen. Auf der Ordinate ist die quantitative Ausprägung der einzelnen Faktoren (= Merkmale) abgetragen. Die Verläufe sind so nomiert, daß die Nullinie den Mittelwert des jeweiligen Merkmals über alle Sitzungen bei einer Standardabweichung von 100 repräsentiert (nach Czogalik, 1992).

tragung Herr zu werden. Freud erkannte, daß seine Wahrnehmung als Therapeut durch unreflektierte eigene Gefühle getrübt wurde. Im Fall Doras war er besessen von der Leidenschaft zu heilen – einer Leidenschaft, deren nachteilige Folgen für die Psychoanalyse ihm später bewußt werden sollten. Aufgrund dieser Erfahrungen forderte Freud, der Analytiker müsse seine Gegenübertragung erkennen und meistern. In den 1920er Jahren führten die psychoanalytischen Institute die Lehranalyse ein in der Erwartung, die Ausbildungskandidaten könnten mit deren Hilfe ihre Komplexe und Widerstände aufdekken und womöglich bewältigen. Dies scheint jedoch nur in Grenzen zu gelingen. Statt von einer »Unfehlbarkeit« der Lehranalyse auszugehen, sollte sich der Psychoanalytiker seiner »Restneurose« bewußt sein und schwierige Situationen, auch wenn er über noch soviel Erfahrung verfügt, in der Supervision bearbeiten.

Es hat mehr als 40 Jahre gedauert, ehe erkannt wurde, daß sich Übertragung und Gegenübertragung wechselseitig beeinflussen können. Die Vermeidung der Gegenübertragung durch extreme Zurückhaltung, die sich bis zur Gefühlskälte steigern kann, ist in den 50er Jahren zunehmend kritisiert worden. Psychoanalytiker wie Michael Balint und Paula Heimann haben den Wert der Gegenübertragung als wichtiges diagnostisches Hilfsmittel hervorgehoben. Es dauerte weitere 20 Jahre, bis Paula Heimann von dieser Position wieder abrückte: Durch die Nutzung der Gegenübertragung geriet der Psychoanalytiker in die Rolle des »Unfehlbaren«, der seine negativen Gefühle – die dem zugrunde liegenden Modell gemäß nie von ihm selber, sondern stets vom Patienten erzeugt wurden – auch in seine Deutungen einfließen ließ. Helmut Thomä hat diese komplizierten Austauschprozesse mit einem Bühnendialog verglichen: »In der Selbstdarstellung des Patienten kommen bevorzugte Hauptrollen und hintergründige Nebenrollen zum Ausdruck, deren latente Bedeutungen dem Analytiker besonders wichtig sind ... Daß der Regisseur auch selbst auf der Bühne steht, zeigt sich besonders bei den Übertragungsdeutungen, die das Zwiegespräch dramatisch vertiefen.« So kann in bestimmten Situationen starker Regression der Analytiker nicht nur als Verfolger empfunden werden, sondern auch, aufgrund seiner nachstellenden Deutungen im Rollenspiel, unbewußt tatsächlich zum Verfolger werden, weil er seine averbalen Signale nicht ständig zu kontrollieren imstande ist. Tonbandaufzeichnungen solcher Sitzungen lassen den Psychoanalytiker im nachhinein diese Verwicklungen erkennen. Zur Nutzung der Gegenübertragung als diagnostischen Zugang zum »Fremden« siehe auch die entsprechenden Überlegungen in der Ethnopsychoanalyse (S. 281).

9.47 Arbeitsbündnis, Therapievertrag und Setting

Die Psychoanalyse schafft eine in hohem Maß vom Alltag abweichende, in dieser Form einmalige Gesprächssituation, einen Freiraum für die Äußerung intimer Gefühle. Die Herstellung dieses Freiraums ist an äußere und innere Bedingungen geknüpft, auf deren Einhaltung in der Psychoanalyse besonderes Gewicht gelegt wird. Das vertrauensvolle Zusammenwirken von Patient und Therapeut wird durch das Arbeitsbündnis gewährleistet. Vom Patienten wird verlangt, daß er trotz der Regression in der Therapie immer auch als verantwortlich handelnder Erwachsener auftritt. Hierzu gehört insbesondere das Bemühen um die Befolgung der Grundregel, aber auch die Respektierung des Therapievertrags und der Abstinenz des Analytikers. Vom Analytiker wird neben fachlichem Können und Engagement für das Wohl des Patienten die Einhaltung der Abstinenzregel gefordert. Er darf zum Patienten nicht in eine über die Notwendigkeiten der Therapie hinausgehende persönliche Beziehung treten, insbesondere in keine Freundschafts- oder Liebesbeziehung. Das Arbeitsbündnis wird vom Therapeuten zu Beginn und im weiteren Verlauf der Therapie systematisch gefördert. Auf seiten des Patienten setzt es ein Mindestmaß an Ich-Stärke und Ernsthaftigkeit voraus, ohne das die Therapie zum Scheitern verurteilt ist.

Im Therapievertrag, den Therapeut und Patient gewöhnlich zu Beginn der Therapie abschließen, kommen weitere Einzelheiten des therapeutischen Settings zur Sprache: Länge und Häufigkeit der Sitzungen, voraussichtliche Gesamtdauer, Ferienregelung, Bezahlung. Dauer, Häufigkeit und Gesamtzahl der Sitzungen haben auf die Intensität und die Dynamik des therapeutischen Prozesses einen erheblichen Einfluß. Insbesondere die Übertragungsintensität und die Strukturierung von Konfrontation, Aufnahmebereitschaft und Verarbeitung sind in hohem Maße zeitabhängig. Freuds »Prinzip der Stundenmiete«, an der Praxis der Musiklehrer seiner Zeit orientiert, hat sich als äußerst wirkungsvoll für die Krankenbehandlung erwiesen. Heute variiert die wöchentliche Sitzungszahl zwischen einer und fünf Stunden. Neben der klassischen »großen Psychoanalyse«, die aus mehreren hundert Stunden »auf der Couch« mit hoher wöchentlicher Frequenz besteht, haben sich verschiedene Formen der psychoanalytischen Kurztherapie eingebürgert. Kurztherapien werden gewöhnlich im Sitzen durchgeführt. Die Wochenfrequenz beträgt eine bis zwei Stunden, die Dauer ist auf ca. 20 bis 40 Sitzungen beschränkt (die Kassenrichtlinien lassen 25 Sitzungen ohne Gutachterverfahren zu). In der Kurztherapie wird schwerpunktmäßig ein aktueller Konflikt oder Fokus bearbeitet (daher auch die Bezeichnung Fokaltherapie).

Was die Gestaltung des Sprechzimmers angeht, so ist es besonders wichtig, daß Patient und Psychoanalytiker gegen ungünstige und störende Umwelteinflüsse abgeschirmt sind. Nicht umsonst wurde Freuds Couch aus der Zeit der Jahrhundertwende (s. Abb. S. 384) zum Symbol für eine Geborgenheit spendende Atmosphäre, in der man es wagen kann, »sein Innerstes nach außen zu kehren«.

Der Begriff »Stundenmiete« legt bereits nahe, wie eng auch in der Psychoanalyse die Zeit mit dem Geld verbunden ist. Dies ist noch verstärkt in Ländern der Fall, in denen es keine solche Absicherung gegen Krankheiten gibt wie in der Bundesrepublik Deutschland. Aber auch die Finanzierung durch die Krankenkassen bringt ihre Probleme mit sich, denn die Auseinandersetzungen um »das liebe Geld« sind keineswegs so harmlos, wie es diese Redensart suggeriert. Es hängt von der Persönlichkeit des Patienten ab, ob eine Finanzierung durch die Krankenkasse für ihn akzeptabel ist. Klinische Erfahrungen von Hans Thomä und Horst Kächele sprechen dafür, daß depressive Patienten dazu neigen anzunehmen, die analytische Psychotherapie sei nicht anerkannt und sie selbst könnten das Honorar nicht bezahlen. Andere erwarten ganz selbstverständlich eine kostenlose Beseitigung ihrer Probleme, ohne sich Gedanken darüber zu machen, ob diese als »Krankheit« anzusehen sind. Die Abhängigkeit vom Geldgeber als dem »Dritten im Bunde« sollte weder vom Psychoanalytiker noch vom Patienten außer acht gelassen werden, beeinflußt sie doch auch die therapeutische Beziehung. Zusammenfassend kann gesagt werden, daß die zum Therapievertrag gehörenden Wirkfaktoren in der Psychoanalyse eine äußerst wichtige Rolle spielen. In der wissenschaftlichen Diskussion wird zunehmend die Forderung nach ihrer systematischen statistischen Erforschung als Einflußgröße für den Therapieerfolg erhoben.

9.5 Gesprächspsychotherapie

Im Spektrum der humanistischen Therapieverfahren ist die Gesprächspsychotherapie mit der größten Anzahl von kontrollierten Wirksamkeitsprüfungen als wissenschaftlich am besten begründete Psychotherapie ausgewiesen. Bis 1983 lagen nach Grawe 31 Studien mit 42 Behandlungsbedingungen vor, in denen Gesprächspsychotherapie in reiner Form untersucht wurde. Das von Grawe ermittelte Güteprofil zeigt, daß die Untersuchungen bezüglich der experimentellen Versuchsplanung die Qualität der Studien zur Verhaltenstherapie nicht ganz erreichte und daß sie von etwas geringerer klinischer Relevanz waren als die Untersuchungen zur Psychoanalyse.

Die besondere Stärke der gesprächspsychotherapeutischen Ergebnisforschung liegt in ihrer differenzierten Wirksamkeitsuntersuchung. Die Wirksamkeitsprüfung der Gesprächspsychotherapie im Prä-Post-Vergleich weist nach, daß es zu erheblichen Symptom- und Befindlichkeitsverbesserungen kommt. Viele Studien dokumentieren auch deutliche Veränderungen im Persönlichkeits- und Beziehungsbereich. Durch den Vergleich mit unbehandelten Kontrollgruppen läßt sich beurteilen, ob diese Veränderungen auch ohne die Gesprächspsychotherapie zustande gekommen wären. Dabei zeigt sich, daß nach einer Therapie deutlich mehr Veränderungen der Hauptsymptomatik und Verbesserungen der Befindlichkeit festzustellen sind. Der Vergleich mit anderen Verfahren (s. Tabelle S. 371) läßt erkennen, daß gegenüber der psychoanalytischen Kurztherapie kaum signifikante Unterschiede zu ermitteln sind. Dagegen weist der Vergleich mit verschiedenen Formen der Verhaltenstherapie auf eine Überlegenheit der Verhaltenstherapie in fast allen Veränderungsbereichen (Hauptsymptomatik, Befindlichkeit, Persönlichkeit, zwischenmenschlicher Bereich, Freizeit, Arbeit, Sexualität) hin. Ganz besonders gilt dies für Veränderungen der jeweiligen Hauptsymptomatik.

Die Gesprächspsychotherapie ist somit ein Behandlungsverfahren mit nachgewiesener klinischer Wirksamkeit. Vom wissenschaftlichen Standpunkt aus gesehen, erscheint ihr Ausschluß aus der kassenärztlichen Versorgung ungerechtfertigt. Im folgenden soll daher der Beitrag, den die Gesprächspsychotherapie zur Untersuchung von Wirkfaktoren leistet, ausführlich dargestellt werden.

Carl Rogers formulierte 1957 drei Verhaltensdimensionen des Psychotherapeuten, die er als »notwendig und hinreichend« für eine erfolgreiche Psychotherapie ansah:

- »Wertschätzung« und emotionale Wärme.
- »Einfühlendes Verstehen«.
- »Echtheit« gegenüber dem Klienten.

Diese »grundlegenden Therapeutenmerkmale« mußten aufgrund empirischer Untersuchungen stark differenziert werden. In der folgenden Darstellung sind diese Veränderungen gemäß der gegenwärtigen gesprächspsychotherapeutischen Praxis berücksichtigt.

9.51 Psychotherapeutenmerkmale

Im Gegensatz zur Psychoanalyse, die auf der Deutung unbewußter Prozesse beruht, stellt Rogers die Selbstheilungskräfte des Patienten in den Vordergrund. Daher spricht er auch lieber vom Klienten als vom Patienten, wie es die somatische Medizin tut. Nach Rogers ist der Klient unter optimalen Bedingungen in der Lage, seine Probleme selbständig zu klären. Diese Bedingungen zu schaffen ist die Aufgabe des Psychotherapeuten. Die psychotherapeutische Unterstützung für das Individuum ist dann besonders wirksam, wenn der Psychotherapeut sich aufgrund einfühlenden Verstehens am inneren Bezugsrahmen des

Ausschnitt aus einem klientenzentrierten Gespräch
(aus: Reinhard Tausch, »Gesprächspsychotherapie«, 1970)

(Klient, zweiter Kontakt, mit schweren Beeinträchtigungen seiner Berufstätigkeit aufgrund innerer Hemmungen sowie gewisser Angstzustände bei täglichen Eisenbahnfahrten)

Kl: »Aber diese Situation, da ist es dann so, daß ich mich doch in gewissem Sinne – da irgendwie – wenn ich allein fahre oder sonst irgendwohin gehe, dann ist es also so, daß diese Beschwerden dann verstärkt auftreten. Ganz verstärkt treten sie eben dann auf, wenn ich im Zug sitze und mir sitzen dann – ein junges Mädchen gegenüber. Dann sind die Beschwerden sehr stark, daß ich – ich kann mich dann auch nicht irgendwie zwingen, mich zu irgend etwas anderem zu konzentrieren.«

Ps: »Das ist es, was Ihnen am meisten zusetzt?«

Kl: »Ja.«

Ps: »Und das gelingt Ihnen nicht, daß Sie sich dabei ablenken, da –«

Kl: »Ja, das – und das bedrückt mich auch so, daß das eben so ist, und daß ich einmal – erstens, daß ich einmal diese Beschwerden habe, zweitens, daß – die Tatsache, daß es so ist.«

Ps: »Daß es – es ist hart für Sie, daß so etwas gerade bei Ihnen gegenüber jungen Mädchen auftritt, das ist hart für Sie hinzunehmen.«

Kl: »Ja. – Es ist mir persönlich auch an sich unangenehm, weil ich eben darin auch nichts Natürliches sehe. Wenn mich das sexuell reizen würde, dann würde, dann würde ich darin etwas Natürliches sehen. Aber, wenn ich dann so aufgeregt werde und mich das dann so aus dem Gleichgewicht wirft, dann – es ist so – dann halte ich – dann empfinde ich das als sehr unangenehm.«

Skala für die Einschätzung der »Selbstexploration« des Klienten (Stufe 1, 3 und 9):

Stufe 1: Der Klient berichtet nichts über sich selbst, weder über sein Verhalten noch über sein Erleben. Er spricht ausschließlich über Tatbestände, die wenig mit seiner Person zu tun haben.

Stufe 3: Der Klient berichtet von äußeren Vorgängen und von seinem eigenen Verhalten, jedoch ohne von seinen spezifischen persönlichen Erlebnissen zu sprechen, die dazu in Beziehung stehen.

Stufe 9: Der Klient schildert ausführlich seine inneren Erlebnisse. Es wird deutlich, daß er neue Aspekte und Zusammenhänge in seinem inneren Erleben findet.

Skala für die Einschätzung der »Verbalisierung emotionaler Erlebnisinhalte« des Klienten (Stufe 2, 6 und 12):

Stufe 2: Keine Verbalisierung der vom Klienten wiedergegebenen persönlich-emotionalen Erlebnisinhalte durch den Psychotherapeuten. Auch keine Äußerungen zu den vom Klienten vorgebrachten äußeren Sachverhalten. Die Äußerung besteht etwa in einer Belehrung oder Ermahnung.

Stufe 6: Verbalisierung nebensächlicher, vom Klienten wiedergegebenen Erlebnisinhalte. Es werden *nicht* diejenigen Erlebnisinhalte vom Therapeuten verbalisiert, auf die der Klient das Hauptgewicht legte.

Stufe 12: Exakte Verbalisierung aller wesentlichen vom Klienten geäußerten persönlich-emotionalen Inhalte des Erlebens durch den Therapeuten.

Klienten orientieren kann. Er muß also die sprachlichen und nichtsprachlichen Botschaften nachvollziehen und dem Klienten mitteilen, wie er sie verstanden hat. Der Klient bekommt so die Aufgabe, sich selbst zu überprüfen und zu korrigieren, falls er anders verstanden sein will. Ratschläge und Empfehlungen wie in der kognitiven Verhaltenstherapie oder Deutungen wie in der Psychoanalyse sind demnach kontraindiziert. Dagegen ist die Verbalisierung emotionaler Erlebnisinhalte des Klienten durch den Therapeuten eine geeignete Realisierung des Merkmals einfühlendes Verstehen (s. das Beispiel in dem Kasten auf S. 393).

»Einfühlendes Verstehen« stellt hohe Anforderungen an das Können des Therapeuten. Er darf nicht echohaft bei den unmittelbaren Äußerungen des Klienten stehenbleiben. Sein Sprachverhalten sollte flexibel sein, und er muß eigene Formulierungen für die Sichtweise des Gesprächspartners finden. Dabei gilt es vor allem, die emotionale Botschaft zu berücksichtigen und an den eigenen Äußerungen innerlich beteiligt zu sein. Die Sprache des Therapeuten sollte nicht abstrakt, sondern konkret und klar sein.

Bei der Realisierung des einfühlenden Verstehens sind die beiden anderen Merkmalsbereiche äußerst wichtig. Seine emotionale Zuwendung und »Echtheit« machen den Therapeuten erst als wirklich auf den Klienten zentriert erlebbar. Die emotionale Zuwendung ist an der tiefen Achtung des Therapeuten vor dem Wert der Person des Klienten zu erkennen. Der Therapeut urteilt nicht nach seinen eigenen Wertmaßstäben, sondern zeigt echte und tiefe Fürsorge für den Klienten. Die »Echtheit« ist daran zu erkennen, daß der Therapeut in all seinen Äußerungen unzweideutig er selbst ist. Er braucht seine Gefühle nicht immer mitzuteilen, aber es muß klar sein, daß seine Äußerungen nicht im Gegensatz zu seinem inneren Erleben stehen.

9.52 Selbstexploration des Klienten

Damit die stark empathische Einstellung des Therapeuten Früchte tragen kann, müssen die Klienten in der Lage sein, dieses therapeutische Angebot auch zu nutzen. Dabei geht es um die Fähigkeit der Klienten zur Selbstexploration, die sich auf ihre Gefühle und Bedürfnisse richten sollte. Hier zeigt sich – ähnlich wie bei der Psychoanalyse – eine Selektionstendenz der Gesprächspsychotherapie im Sinne der Bevorzugung verbalisierungsfähiger Klienten. Nicht nur die Verbalisierungsfähigkeit, sondern auch die Bereitschaft, über eigene Gefühle zu sprechen, ist jedoch in hohem Maße schicht-, kultur-, geschlechts- und altersabhängig. Wenn der Gesprächspsychotherapeut diese im weiteren Sinne kulturellen Aspekte nicht berücksichtigt, läuft er Gefahr, dem Klienten eine »Selbstexploration« aufzunötigen, die diesem nicht gemäß ist. Läßt sich der Klient jedoch auf die Selbstexploration ein, so kommt gewöhnlich ein intensiver innerer Umstrukturierungsprozeß in Gang.

Daß die Erkundung der eigenen Gefühle mit einer Aktivierung des Kreislaufs einhergeht und damit auch in ihrem Verlauf erfaßt werden kann, zeigt eine Einzelfalluntersuchung von Robert P. Anderson (1956). Er führte bei zehn gesprächstherapeutischen Sitzungen mit einem Klienten EKG-Messungen durch. Gleichzeitig taxierte der Forscher die »Stärke der Emotionen« während jeder Stunde anhand einer Skala. Dabei ergab sich für die *Herzschlagfrequenz* und deren *Schwankungsbreite* ein ähnlicher Kurvenverlauf wie für die *Einschätzung der emotionalen Beteiligung des Klienten* (s. Abb. S. 396). Ein Anwachsen der psychischen Spannung war jeweils mit einem schnellen, wenig variablen Herzschlag, ein Absinken der Spannung dagegen mit einem langsamen, variableren Herzschlag verbunden. In der mittleren Phase der Gesprächspsychothe-

Ausschnitte aus dem Anfangs- und Endkontakt einer Gesprächstherapie bei einem 22 Jahre alten Klienten (aus: Reinhard Tausch, »Gesprächspsychotherapie«, 1970)

1. Kontakt:

Kl: »Ich weiß nur nicht, wie ich es anfangen soll! (Pause) Es ist da noch etwas anderes. Ich – eh – bin schrecklich – eh – gehemmt, ich erwähnte das wohl schon. Das ist auch eine – eh – Folge meiner Erziehung, der Überbehütung und allem, was damit zusammenhängt. Dieses Gehemmtsein macht sich nun ganz besonders auf – eh – einem Gebiet bemerkbar, so eh – so – eh – in Beziehung mit Mädchen. Ich habe da überhaupt keine Erfahrungen, wie Sie sich denken können. Ich – eh – möchte sehr gerne – eh – eine Freundin oder – eh – so was haben, weiß aber nicht, wie ich das anfangen soll!«

Kl: »Ich müßte mein Verhalten irgendwie in die Hand kriegen – ich meine so, daß ich mich – eh – mehr – eh – kontrolliere, daß ich mehr Mut habe – eh – nur bin ich mir selbst so wenig sicher . . . Selbstverachtung ist wohl das richtige Wort, das ich empfinde. Es ist doch auch so ein – eh – Versagen, wie ich überhaupt überall versage, in äußeren und inneren Dingen. Ja, so, ich kann mir nicht helfen – ich kann das Leben – eh – nicht meistern, ich bin den Anforderungen einfach nicht gewachsen . . . Ich bin auch so labil, ich traue mir jedenfalls nichts zu. Es ist einfach zu viel.«

Letzter Kontakt:

Kl: »Ich habe damals eingesehen, daß ich selbständiger werden müßte, das hatte ich mir als Ziel gesteckt. Und ich muß sagen, ich habe es ziemlich erreicht . . .«

Kl: »Ich dachte, gehst du doch mal auf den Tennisplatz. Ich traf dort eine Menge von Bekannten, unter anderem ein Mädchen. Wir hatten früher immer schon mal miteinander gespielt, vornehmlich aber hatte sie mich damals geärgert. Ich war doch vor allem Mädchen gegenüber so gehemmt. Also wir spielten miteinander, und ich verlor haushoch. Sie machte sich sofort über mich lustig. Aber im Gegensatz zu früher schoß ich – eh – zurück. Wir unterhielten uns nach dem Spiel noch lange Zeit über alles mögliche, was früher nie möglich gewesen wäre. Und ich konnte mich mal wieder selber wundern, denn ich war in keinster Weise befangen.«

Kl: »Wenn ich das alles jetzt so neutral betrachte, dann waren meine Schwierigkeiten eigentlich kinderleicht zu überwinden, und doch erschienen sie mir unüberwindlich. Wie verzweifelt war ich damals mit all diesen Sachen auf dem Buckel! Und heute! Ja, gewiß, heute könnte mir jedenfalls etwas Ähnliches nicht mehr passieren. Heute weiß ich ganz gut, wie man Problemen begegnen kann, und außerdem wird es auch nicht mehr so viele für mich geben, da ich nicht mehr so leicht – eh – angreifbar bin . . . Ja, das ist also meine heutige Situation, die mit der vor sechs Wochen kaum noch etwas gemeinsam hat.«

rapie erreichte die emotionale wie die physiologische Aktivierung des Klienten ihren Höhepunkt.

Am Schluß der Gespräche lagen beide Werte niedriger als die bei den Anfangskontakten konstatierten, besonders deutlich war diese Abnahme bei der physiologischen Aktivierung.

Bei einer genaueren Analyse der Emotionen des Klienten stellte sich heraus, daß die physiologische Aktivierung besonders dann auftritt, wenn der Klient sich über negative oder konfliktreiche Gefühle äußert, die ihn ganz persönlich und aktuell betreffen. Es scheint so zu sein, daß der Klient sich in der Mitte der Gespräche auf dem Höhepunkt der Auseinandersetzung mit seinen Problemen befindet, die nach und nach einer Lösung zugeführt werden, so daß gegen Ende der Therapie positive Gefühle und ein Nachlassen der Aktivierung überwiegen.

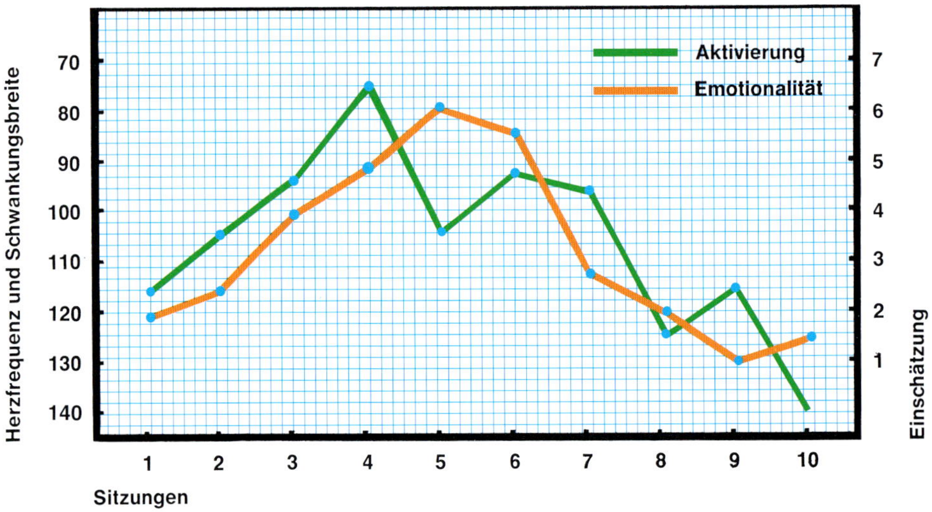

Während einer zehnstündigen Gesprächspsychotherapie wurden bei einem Patienten gleichzeitig Messungen seiner »physiologischen Aktivierung« (Herzfrequenz und Schwankungsbreite) sowie Einschätzungen seiner »emotionalen Beteiligung« vorgenommen. Beide Kurven zeigten einen ähnlichen Verlauf.

In einer anderen Untersuchung konnte James E. Dittes (1957) bei einem 36 Jahre alten männlichen Neurotiker bei zunehmenden Gesprächskontakten (insgesamt 43) einen Abfall der »galvanischen Hautreaktion« (PGR s. S. 165) beobachten. Dittes untersuchte außerdem den Zusammenhang zwischen der »Wärme und Akzeptierung« des Therapeuten und dem »psychischen Widerstand« sowie der »galvanischen Hautreaktion« (PGR) des Klienten. Er nahm an, daß mit zunehmender Akzeptierung die PGR des Klienten abnehmen und sich gleichzeitig die Bereitschaft zur »Selbstexploration« vergrößern würde (Abnahme des psychischen Widerstandes). Diese Vermutung bestätigte sich. Offenbar kann der Klient seine Ängste und Verteidigungshaltungen und die damit verbundenen physiologischen Spannungen weitgehend abbauen, wenn ihm die Haltung des Therapeuten Geborgenheit gibt. Jede Schwankung im Verhalten des Therapeuten, also z. B. eine Abnahme der Wertschätzung, schlägt sich in der Hautreaktion des Klienten nieder; Angst, Abwehr und Spannung nehmen dann bei ihm zu.

Damit eine Basis für die gemeinsame Arbeit an seinem Problem geschaffen werden kann, ist es erforderlich, daß der Klient seinen inneren Bezugsrahmen offenlegt. Um einer Präzisierung, Klärung und Lösung des Konfliktes näher zu kommen, muß der Klient zu selbstexplorativen Äußerungen seiner Gefühle, Wünsche, Hoffnungen und Interessen in der Lage sein oder diese Fähigkeit im Verlauf der Therapie erwerben. Das Eingehen des Psychotherapeuten auf entsprechende Äußerungen macht es möglich, den inneren Bezugsrahmen immer stärker ins Zentrum der Therapie zu rücken. Wie die Forschungsarbeiten des Gesprächstherapeuten H. J. Schwartz über die Zuwendung des Klienten zu seinem Erleben zeigen, setzt sich die Selbstexploration aus mehreren Faktoren zusammen: 1. Differenziertheit der Klientenäußerungen, 2. Intensität der Auseinandersetzung des Klienten mit sich selbst, 3. Sprechen über emotionale Erlebnisinhalte, 4. emotionale Nähe des Klienten zu seinen Äußerungen, 5. Spontaneität des Sprechens, 6. Akzeptierung der eigenen Gefühle. Unter dem Blickwinkel der Wirksamkeit ist die »Akzeptierung der eigenen Gefühle« ein wesentlicher Teilaspekt der Aufnahmebereitschaft des Patienten im Rahmen der Gesprächspsychotherapie.

Bei der Selbstexploration schildert der Klient seine Problemlage. Mit fortschreitender Interaktion zwischen Klient und Therapeut wird die Problemsicht des Klienten immmer deutlicher herausgearbeitet. Das heißt, daß die Analyse des Problems im Gegensatz zur Verhaltenstherapie nicht am Anfang eines diagnostischen Prozesses zu Beginn der Therapie stattfindet. Vielmehr entwickelt sich diese »diagnostische« Sicht erst im Verlauf des therapeutischen Klärungsprozesses.

9.53 Training des Gesprächstherapeuten

Nachdem die Bedeutung der Grundmerkmale des Therapeutenverhaltens dargelegt worden ist, stellt sich die Frage, ob dieses Verhalten erlernbar ist und welche Methoden hierbei eingesetzt werden können. Bestimmte Verhaltensweisen von Klienten machen es dem Therapeuten schwer, den Forderungen nach Akzeptierung, Wärme, Echtheit und Verstehen in der Therapie nachzukommen. So kann es z. B. sein, daß das Denken, die Einstellungen und Bewertungen eines Klienten extrem von denen des Therapeuten abweichen. Ebenso kann verschiedenen Untersuchungen zufolge ein dominantes und feindseliges Verhalten von seiten des Klienten Unsicherheit, Ängstlichkeit oder gleichfalls Feindseligkeit beim Therapeuten hervorrufen. Rogers wie auch der amerikanische Psychotherapieforscher Truax haben deshalb ein spezielles Training vorgeschlagen, das es dem Gesprächstherapeuten ermöglichen soll, auch unter erschwerten Bedingungen Verständnis für den Klienten aufzubringen und ihn zu akzeptieren. Dieses Training setzt sich aus den folgenden Abschnitten zusammen:

- Vorführung von Ton- und Videoaufnahmen von »Modelltherapeuten«.
- Einschätzung von Gesprächsausschnitten mit Therapeuten anhand der »Truax-Skalen«. Das sind eigens entwickelte Beurteilungsskalen für die drei zentralen Therapeutenmerkmale.
- Anwesenheit bei gesprächstherapeutischen Sitzungen.
- Training in gespielten und realen therapeutischen Situationen.

Neutrale Gutachter stellen fest, ob der zukünftige Therapeut in den Gesprächssituationen die geforderten Verhaltensweisen hinreichend realisiert hat.

Trotz eines solchen Trainings entsteht für den Gesprächspsychotherapeuten ein Konflikt zwischen der Forderung nach Wertschätzung des Klienten und der nach »Echtheit«, wenn ein Klient in ihm massive Ablehnung auslöst. In einer solchen Situation hat er die Wahl, entweder die Therapie abzubrechen (mit womöglich schädlichen Folgen für den Klienten – und für seine Praxis) oder dem Klienten »unechte Wertschätzung« vorzuspielen. Dieses Problem stellt sich auch bei anderen Therapieformen. In der Psychoanalyse wird es unter der Perspektive der Gegenübertragung im Therapieprozeß reflektiert. Rogers' tief verwurzelter Glaube an den »guten Menschen« führt in der Gesprächspsychotherapie in besonderem Maße zu der Gefahr einer Mystifizierung der »Echtheit« des Therapeuten (s. dazu auch die entsprechende Diskussion in der Feldforschung, S. 281).

Die Bemühungen, den Klienten verstehen zu lernen, sich ihm gegenüber echt und akzeptierend zu verhalten und ihm emotionale Geborgenheit zu geben, sollten nicht auf Gesprächstherapeuten beschränkt bleiben. Auch Therapeuten anderer Richtungen haben mehr Erfolg, wenn sie sich ihren Klienten gegenüber auf diese Weise verhalten. H.H.Strupp (1964) fragte 80 Klienten drei Jahre nach Abschluß ihrer psychoanalytischen Behandlung nach den Verhaltensmerkmalen ihrer Therapeuten und nach dem Ausmaß der durch die Therapie bewirkten Veränderungen. Dabei zeigte sich, daß »emotionale Wärme«, »Respekt« und »Interesse« eines Therapeuten überwiegend zu konstruktiven Veränderungen bei den Klienten geführt hatten (Korrelation 0,53 und 0,63), während sich »undurchsichtiges Verhalten« und »Gebrauch technischer Termini« negative Folgen zeitigten (Korrelation −0,57 und −0,39).

Das gesprächstherapeutische Training hat den Vorteil, daß es im Vergleich mit der psychoanalytischen Ausbildung relativ weniger Zeit in Anspruch nimmt und weniger theoretische Voraussetzungen als vielmehr persönliches Engagement erfordert. Nach einer Untersuchung von Truax (1966) sind z.B. psychiatrische Hilfskräfte, wenn sie ein solches Training absolviert haben, ebenso in der Lage, eine erfolgreiche Gesprächspsychotherapie durchzuführen wie wissenschaftlich ausgebildete Psychologen oder Psychiater. Wichtig ist dabei nur, daß sich diese *Laientherapeuten* in gleicher Weise wie die Fachkräfte einer ständigen Kontrolle durch neutrale Beurteiler, z.B. Kollegen, unterziehen.

Trotz aller Forschungsbemühungen muß festgehalten werden, daß noch weitgehend ungeklärt ist, wie sich psychotherapeutische Kompetenz durch Training und Erfahrung verbessern läßt. Die nachstehenden Hinweise folgen der Darstellung von Hanko Bommert (1987):

- Trainingserfolge sind in quantitativer wie in qualitativer Hinsicht davon abhängig, inwieweit der Trainer selbst imstande ist, gesprächstherapeutische Grundmerkmale zu realisieren.
- Es besteht ein Zusammenhang zwischen den Persönlichkeitsmerkmalen des Psychotherapeuten und der Verwirklichung der drei Grundmerkmale. So haben positive Einstellung, Gelassenheit und Geselligkeit sowie ein gutes Allgemeinbefinden des Therapeuten offenbar einen günstigen Einfluß auf seine therapeutische Funktionsfähigkeit im Sinne des einfühlenden Verstehens, der Wärme und Echtheit.
- Begleiterscheinungen von psychotherapeutischem Training sind konstruktive Persönlichkeitsveränderungen beim angehenden Therapeuten.
- Von erfahrenen Psychotherapeuten geht mehr Wärme und Akzeptierung aus als von weniger versierten.
- Erfahrung und Training führen zu weniger direktivem Sprachverhalten.

Trotz aller Absichtserklärungen die diagnostische Unvoreingenommenheit gegenüber dem Klienten betreffend setzt sich in letzter Zeit die Erkenntnis durch, daß den unterschiedlichen Fähigkeiten der Therapeuten in gleicher Weise unterschiedliche Patientenmerkmale gegenüberstehen, die für das Gelingen einer Therapie von Bedeutung sind. Eine angemessene Schlußfolgerung aus dieser Einsicht wäre es, auch in der Gesprächspsychotherapie die Schulung der diagnostischen Fähigkeiten der Therapeuten zu verstärken.

9.6 Verhaltenstherapie

9.61 Das Symptom als gelerntes Verhalten

Das Entstehen der Verhaltenstherapie ist eng verknüpft mit der behavioristischen Lerntheorie und der experimentellen Methode. Psychische Störungen und Krankheiten wurden lerntheoretisch interpretiert, klassische und operante Konditionierung zur Erklärung des Auftretens und der Aufrechterhaltung von Krankheitssymptomen herangezogen. Nach dieser Auffassung *ist* das gelernte Symptom die Krankheit.

In der verhaltenstherapeutischen Praxis drückt sich dies nicht nur aus in der Betonung von meist sehr strukturiert eingesetzten Konditionierungs- und Trainingsverfahren, die den experimentell erforschten Lernprinzipien nachempfunden sind, sondern auch in der verhaltenstherapeutischen Diagnostik, der Verhaltensanalyse. Die klassische Verhaltensanalyse orientiert sich an der auf F.H. Kanfer zurückgehenden Verhaltensformel S-O-R-C-K: Das Symptomverhalten (R) wird daraufhin untersucht, von welchen Stimuli (S) es ausgelöst wird, welche Organismusvariablen (O) dabei eine Rolle spielen, welche belohnenden oder bestrafenden Konsequenzen (C) dem Verhalten folgen und welche zeitlichen Kontingenzen (K) dabei im Spiel sind.

Mehr und mehr wurde erkannt, daß die behavioristischen Lerngesetze zu mechanistisch sind. Ende der 60er Jahre erfolgte auch innerhalb der Verhaltenstherapie eine »kognitive Wende« (s. S. 15). Neuere Konzeptionen des menschlichen Verhaltens sind durch zunehmende Komplexität gekennzeichnet. Damit will man dem Anspruch gerecht werden, eine Theorie der Verhaltensmodifikation zu entwickeln, die experimentell überprüfbare Therapieformen begründen kann. Verfahren zur Symptomtherapie wie operantes Konditionieren, Desensibilisierung und Reizüberflutung wurden ergänzt durch kognitive Therapieformen, die es erlauben, Pläne oder irrationale Annahmen des Kranken in seiner Lebensgeschichte zu identifizieren, um sie dann zu korrigieren.

Bezüglich der Bedeutung von Wirkfaktoren ist die moderne Verhaltenstherapie in ihren Annahmen flexibel. Grundsätzlich kann das gesamte Spektrum der experimentell und empirisch ermittelten psychologischen Gesetzmäßigkeiten genutzt werden. Ein Defizit besteht vor allem noch hinsichtlich der Kommunikationsaspekte von Psychotherapie. Wirkfaktoren wie die Aufnahmebereitschaft des Patienten und die therapeutische Beziehung spielen bisher lediglich eine untergeordnete Rolle. Die Anwendung spezifischer Verfahren ist mehr von Erfolgsuntersuchungen für einzelne Symptome bestimmt als von Überlegungen auf der Basis einer Konflikt- und Persönlichkeitstheorie. So kann die Verhaltensanalyse der Störung zu Beginn der Therapie für die Wahl eines therapeutischen Verfahrens eingesetzt werden, das für das Symptom maßgeschneidert ist. Dieses Vorgehen ist erfolgreich, wenn sich das psychische Leiden in einem umgrenzten Symptom äußert und keine schwerwiegenden Persönlichkeitsstörungen dessen Hintergrund bilden.

Wir wenden uns daher den wichtigsten verhaltenstherapeutischen Techniken und ihren Anwendungsmöglichkeiten zu. Das verhaltenstherapeutische Bestreben, Technik und Störungsbild unmittelbar aufeinander abzustimmen, führt in der Regel zu hohen Erfolgsraten (Effektstärken) bei der symptombezogenen Wirksamkeitsbeurteilung (s. Tabelle S. 372). Verglichen mit den jeweiligen Zielsymptomen werden andere Bereiche wie Persönlichkeit, Freizeit, Arbeit und körperliches Befinden weit weniger beeinflußt, wie aus Grawes Metaanalyse für Reizkonfrontation, Desensibilisierung, kognitive Therapie und Selbstregulation deutlich wird (s. Tabelle S. 373).

Eine Stärke der Verhaltenstherapie ist die geringe Abhängigkeit der Konditionierungsmethoden von der Verbalisierungsfähigkeit, der Motivation und der Intelligenz des Patienten. Dadurch werden auch schwerste Formen psychischer und intellektueller Beeinträchtigung der verhaltenstherapeutischen Beeinflussung zugänglich. Gleichzeitig besteht allerdings in besonderem Maße die Gefahr eines manipulativen Mißbrauchs verhaltenstherapeutischer Methoden, wie ihn der Film »Clockwork orange« (»Uhrwerk Orange«) in grotesker Übertreibung »für die heute weitgehend aufgegebene Aversionstherapie« (systematische Bestrafung unerwünschten Verhaltens durch Schmerzreize) vorführt.

9.62 Operantes Konditionieren

Um die Entstehung von Symptomen mit emotionalen und willkürmotorischen Verhaltensmustern zu beschreiben, werden Komponenten des klassischen und operanten Konditionierens (s. S. 257) nach dem Modell einer »Reiz-Reaktions-Maschine« herangezogen. Der Verhaltenstherapeut Dirk Revenstorf hat die zunehmende Komplexität der verhaltenstherapeutischen Konzeptionen in einem Schema dargestellt, das an das Black-Box-Modell (s. 33 ff.) anschließt (s. Abb. S. 401). Nehmen wir zum Beispiel einen Studenten mit Studienproblemen, dem es schwerfällt, Bücher zu lesen, Referate zu schreiben, in Seminare zu gehen. Die Verhaltensanalyse zeigt eine Verkettung von Reaktionen (R), Auslösern (S) und Konsequenzen (C), die einen Ansatz für die Therapie bieten. Die Angst vor Seminaren läßt sich durch Desensibilisierung in bezug auf angstauslösende Reize (s. S. 405) oder durch Sozialtraining, verbunden mit dem Auffinden von verstärkendem Verhalten, reduzieren. Die Ausbildung von fachorientiertem Diskussionsverhalten schafft eine Kompetenz, die verstärkenden Charakter hat (C+). Die Begegnung mit dem Professor (konditionierter Reiz = CS) löst beim Studenten vielleicht Angst aus (konditionierte Reaktion = CR). Diese Autoritätsfigur liefert zugleich aber einen Auslöser für die Reizdifferenzierung (SD = CS1 und CS2, s. S. 251), und es kommt zu einer fachspezifischen Diskussion. Das macht dem Professor erfahrungsgemäß Spaß und nimmt dem Schüler nicht nur die Angst (negative Kontingenz, C–) sondern verhilft ihm auch zu einem Erfolgserlebnis (positive Kontingenz, C+). Aus all dem ergibt sich die spezifische Diagnose der Verhaltensstörung, aus der die konkrete Therapieplanung resultiert. Die Diagnose der Verhaltensstörung lehnt sich eng an die psychiatrische Beschreibung der Verhaltensstörung z. B. im DSM-III-R an (s. Abb. S. 404).

Man geht also davon aus, daß die Verhaltenssymptome in gesonderten Lernprozessen erworben und ebenso wieder verlernt werden können. Defizite im Verhalten entstehen durch negative oder fehlende Erfahrungen in dem jeweiligen Verhaltensbereich. Generalisierungsprozesse sorgen dafür, daß eine neu erworbene Verhaltensweise (Selbstsicherheit in bezug auf den speziellen angstauslösenden Reiz, hier der Professor) auch auf weitere Stimuli (andere Hochschullehrer, die Seminargruppe) übertragen werden kann.

Nach der kognitiven Wende verwandelte sich das Modell der Reiz-Reaktionsmaschine zum Modell des Handlungsplaners. Die soziale Kommunikation (S-Komm.) nimmt Bezug auf Motivationen, Ziele und Pläne und steht in Wechselwirkung mit den verhaltensrelevanten auffälligen Emotionen. Das Wahrnehmungssystem ist zur Beobachtung dieser Emotionen ausgestattet und kann unter Berücksichtigung dieser Rückmeldung die soziale Kommunikation modifizieren (s. 9.65).

Bei *chronisch Schizophrenen,* die durch jahrelangen Anstaltsaufenthalt jede soziale Kommunikationsfähigkeit verloren haben, sind verbale therapeutische Methoden kaum noch erfolgreich anzuwenden. Hier haben sich *operante Konditionierungsmethoden* (s. S. 257) besonders bewährt. O. R. Lindsley entwickelte 1956 einen »Verstärkungsapparat«: Die Patienten müssen einen bestimmten Hebel drücken, um anschließend eine Beloh-

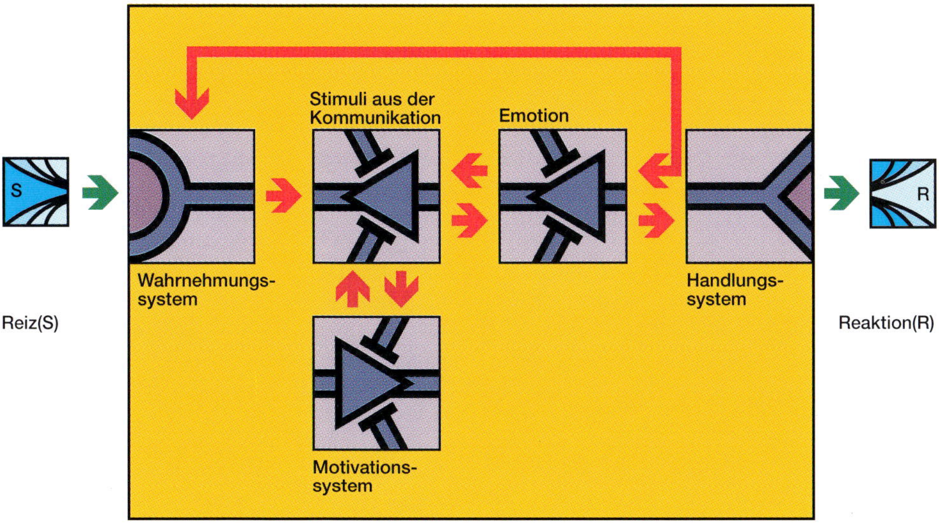

Handlungs-Planer

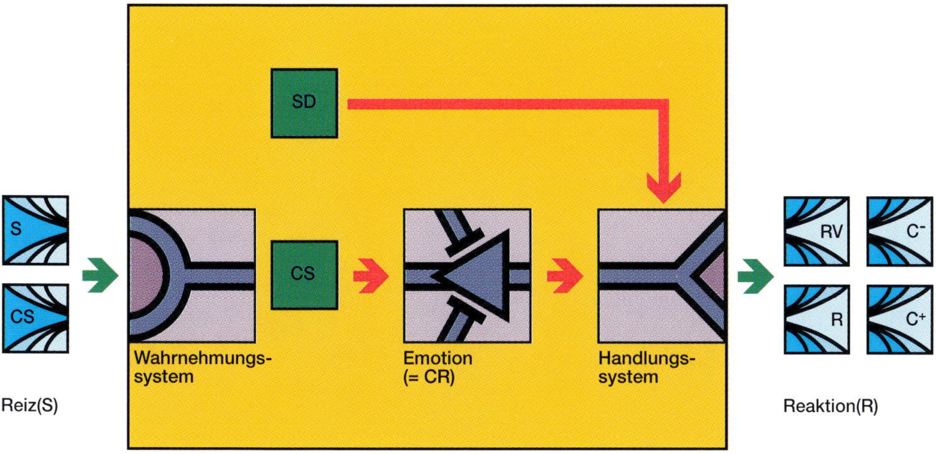

Reiz-Reaktions-Maschine

Zwei Verhaltensmodelle zunehmender Komplexität: Der Mensch als Reiz-Reaktionsmaschine wird von Umgebungsreizen gesteuert. Der Mensch als Handlungsplaner wird von übergeordneten Zielen und Motiven bestimmt. Legende: S = Stimulus, SD = differenzierender Stimulus, CS = konditionierter Stimulus, R = Reaktion, CR = konditionierte Reaktion, RV = vermeidende Reaktion wie z. B. suchtvermeidende Reaktion, C^+ und C^- = pos. und neg. Konsequenz (nach Revenstorf, 1989).

nung, z.B. Bonbons, Zigaretten, Münzen usw., zu erhalten. G.F. King und seine Mitarbeiter konnten 1960 zeigen, daß Schizophrene nach diesem Prinzip komplexere motorische Aufgaben und Probleme zu lösen lernen. Darüber hinaus war es möglich, die Patienten zur Kontaktaufnahme und zu Hilfeleistungen bei der Lösung der Aufgaben zu motivieren, wenn sie dafür belohnt wurden. Die Behandlung hatte den Effekt, daß sich das sprachliche Niveau verbesserte und die Motivation, die Station zu verlassen, größer wurde. Diese Verhaltensänderungen erwiesen sich als dauerhaft.

A. Ayllon gelang es 1960, Schizophrenen eine Reihe von Eigenarten abzugewöhnen (z. B. die Verweigerung der Nahrungsaufnahme oder das Horten irgendwelcher Gegenstände), indem er das Pflegepersonal anwies, diese »fehlangepaßten« Verhaltensweisen zu ignorieren, und gleichzeitig jeden Ansatz des gewünschten Verhaltens, den die Patienten zeigten, zu verstärken. Das Verschwinden der Symptome führte oft zu einer unmittelbaren Verbesserung der Beziehungen zu Pflegepersonal, Mitpatienten und Verwandten sowie zu einer Erhöhung der allgemeinen Rehabilitationschancen. Chronisch Schizophrene können durch operantes Konditionieren zwar nicht geheilt werden, offensichtlich ist es aber möglich, die Patienten auf diese Weise aus ihrer sozialen Isolierung zu befreien. Damit verbessern sich auch die Aussichten auf eine verbale psychotherapeutische Einflußnahme im Einzel- oder Gruppenverfahren. Die Verfahren der »token economy«, an die man in den 60er Jahren große Erwartungen knüpfte, wurden inzwischen allerdings weitgehend aufgegeben und durch ganzheitliche sozialpsychiatrische Rehabilitationsprogramme ersetzt (s. S. 413).

Der amerikanische Verhaltenstherapeut O. Ivar Lovaas entwickelte 1967 eine spezielle Methode zur Behandlung *»autistischer Kinder«*, die aus einer Kombination von *operantem Konditionieren* (*Shaping*) und *Modell-Lernen* besteht. Autistische Kinder sind die meiste Zeit mit sich selbst beschäftigt und nehmen wenig von

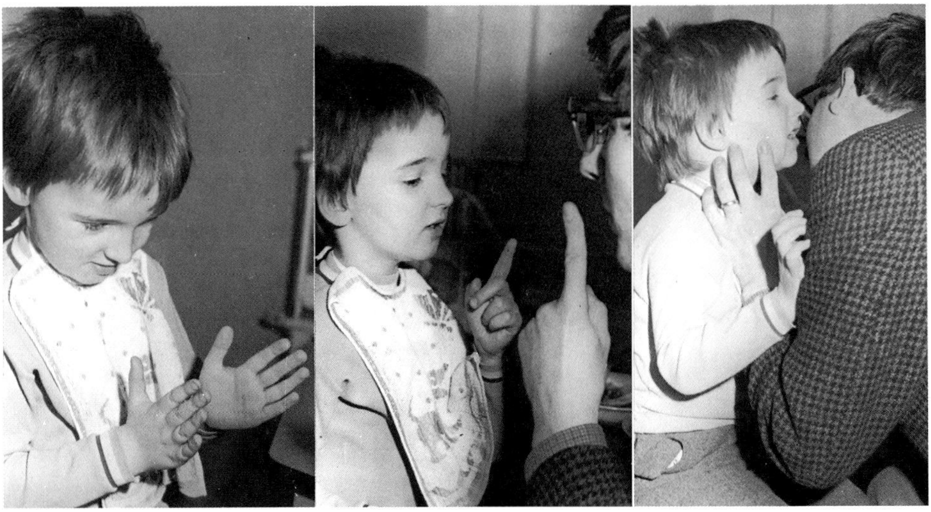

Verhaltenstherapie bei einem autistischen Jungen: Imitation von Gesten (Händeklatschen), Imitation von Lautzeichen (Zeichen für den Laut »p«), Aufbau einer Toleranz für Körperkontakt (Kuß geben) – nach einem Therapieexperiment von Ott und Gottwald, 1972.

dem wahr, was um sie herum geschieht. Oft beobachtet man bei ihnen stereotype Körperbewegungen, mit denen sie sich selbst stimulieren oder auch verletzen. Ihre Beziehung zur sozialen Umwelt ist stark gestört, sie lernen deshalb auch nicht sprechen. Die Hauptaufgabe des Therapeuten besteht zunächst darin, die Aufmerksamkeit des autistischen Kindes auf sich zu lenken, da er das »Lernmodell" für das Kind darstellt. Er setzt sich dem Kind unmittelbar gegenüber und fordert es auf, ihn anzuschauen. Er versucht zu verhindern, daß sich das Kind der Situation entzieht, notfalls hält er es gewaltsam davon ab, bestraft es z. B. mit einem Klaps auf die Hand oder mit einem strengen Blick. Jedes Zeichen der Aufmerksamkeit von seiten des Kindes wird dagegen belohnt. Als wirksame »Verstärkung« haben sich besonders Streicheln und verbales Lob in Verbindung mit einem Löffel süßer Speise bewährt. Wenn das Kind einen bestimmten Zustand der Konzentration erreicht hat, beginnt der Therapeut mit dem Sprachtraining. Zuerst belohnt er jeden spontanen Laut, den das Kind äußert, später nur die Laute, die er vorgesprochen hat. Mit der Zeit lernt das Kind, Buchstaben, Silben und ganze Wörter zu sprechen. Durch diese »Shaping«-Methode können autistische Kinder auch andere, meist körperliche Ausdrucksformen und Gesten des sozialen Kontaktes erlernen (s. Abb. S. 402). Für den Lernerfolg ist besonders wichtig, daß die Belohnungen ausschließlich mit den verbalen Äußerungen des Kindes und nicht mit zufälligen anderen Verhaltensweisen verknüpft werden. Das Kind lernt auch nur dann eine genaue und deutliche Aussprache, wenn es die Verstärkungen ausschließlich bei präziser Wiederholung der vom Therapeuten vorgesprochenen Silben oder Wörter bekommt.

9.63 Systematische Desensibilisierung und Reizüberflutung

Die Therapie der Angst (vgl. Abb. S. 404) erfordert das Löschen von unerwünschten Verhaltensweisen. Hier wird im Rahmen der Verhaltenstherapie am deutlichsten, wie sich experimentell gewonnene Ergebnisse der Lernpsychologie für die Therapie nutzen lassen.

In einer Reihe von Tierversuchen und in einem klassischen Experiment am Menschen (s. S. 184) gelang es den Verhaltenspsychologen zu demonstrieren, wie »experimentelle Neurosen« (s. S. 253) ähnlich anderen Verhaltensweisen erlernt und wieder »gelöscht« werden können.

Ende der vierziger Jahre trainierte der südafrikanische Psychiater Joseph Wolpe Katzen darauf, nach einem Summergeräusch die Klappe eines Futterkastens zu öffnen und zu fressen. In der zweiten Versuchsphase erhielten die Katzen jedesmal, wenn sie den Futterkasten öffneten, einen elektrischen Schock. Auf diese Weise entwickelten die Tiere ein »neurotisches Vermeidungsverhalten« gegenüber der Einnahme des Futters in einem bestimmten Käfig. Sie sträubten sich heftig, wenn sie in den »Schockkäfig« gesetzt werden sollten, und verweigerten das Fressen, das dort für sie aufgestellt war. Wolpe konnte die Furchtreaktionen der Katzen nur dadurch zum »Erlöschen« bringen, daß er die Tiere ganz allmählich wieder an den »Schockkäfig« gewöhnte. Er fütterte die Katzen nacheinander in verschiedenen Käfigen, die anfangs nur wenig, nach und nach aber immer etwas mehr Ähnlichkeit mit dem gefürchteten Käfig hatten, bis die Tiere auch in diesem Käfig wieder ohne Furcht zu fressen begannen.

Nach Wolpes Interpretation ist der Vorgang der Futteraufnahme mit der Furchtreaktion unvereinbar (*Gesetz der reziproken Hemmung*): »Wenn man erreichen kann, daß eine angsthemmende Reaktion in Gegenwart von angstauslösenden Rei-

Differentialdiagnose der Angststörungen

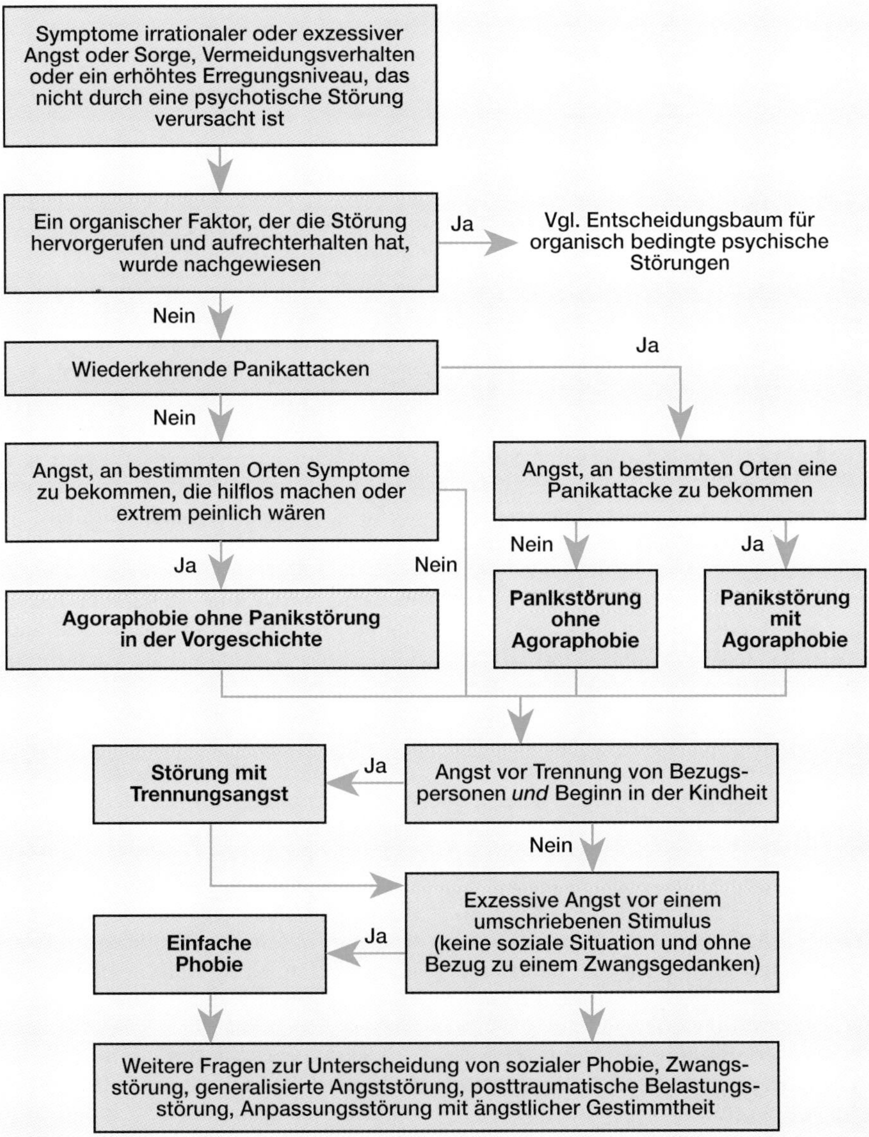

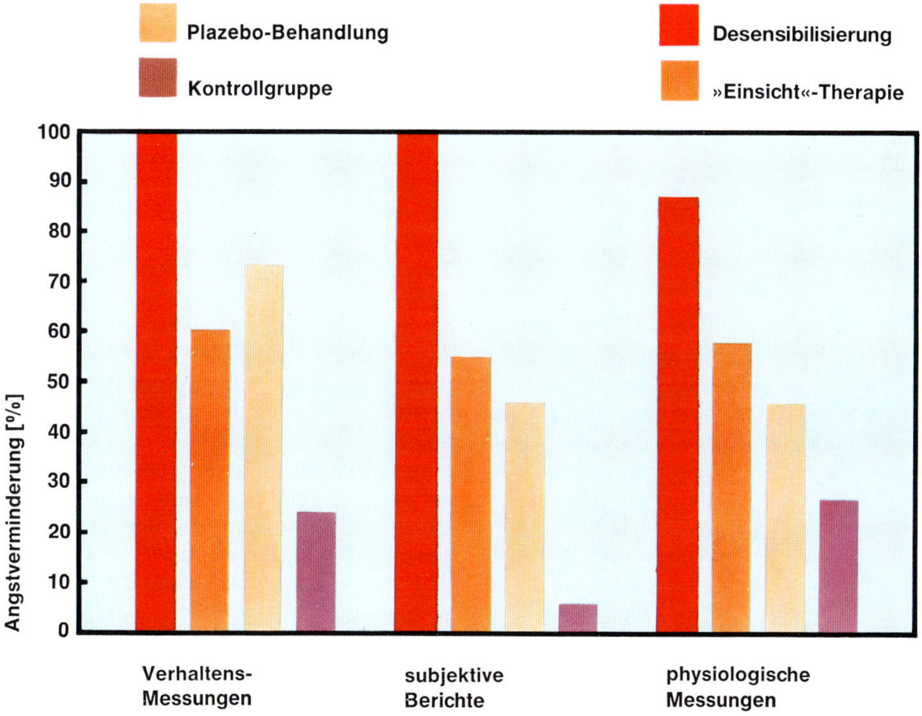

Studenten mit »Angst vor öffentlichem Sprechen«, die eine Desensibilisierungsbehandlung erhielten, zeigten sich gegenüber anders behandelten Gruppen (Plazebo-, »Einsicht«-Therapie) bei allen Erfolgsmessungen überlegen; nur in dieser Gruppe war die Angstverminderung auch auf physiologischem Gebiet gegenüber der Kontrollgruppe signifikant nachweisbar.

zen auftritt, so daß damit eine vollständige oder teilweise Unterdrückung der Angstreaktion einhergeht, so werden die Verbindungen zwischen den Reizen und den Angstreaktionen abgeschwächt.« Wolpe suchte nun nach angsthemmenden Reaktionen, die er für die Therapie von *Phobien* beim Menschen verwenden konnte. Als besonders geeignet erwies sich die physiologische *Muskelentspannung*. Seine tierexperimentellen Erfahrungen mit dem

< Die Differentialdiagnose der Angst erfordert die Abfrage eines Entscheidungsbaumes, aus dem hier ein Ausschnitt gezeigt wird (nach Diagnostisches und statistisches Manual psychischer Störungen III-R).

Beispiel einer »Angsthierarchie«
(Wolpe)

1. Abwertende Bemerkungen von seiten des Ehemannes
2. Abwertende Bemerkungen von Freunden
3. Spott vom Ehemann oder von Freunden
4. Bemängelnde Kritik
5. Eine Gruppe ansprechen
6. An einer Geselligkeit von mehr als vier Personen teilnehmen
7. Sich um eine Stelle bewerben
8. Von einer Gruppenveranstaltung ausgeschlossen werden
9. Mit jemandem konfrontiert werden, der einen von oben herab behandelt

Prinzip der Entspannung verbindend, entwickelte Wolpe schließlich eine praktikable Therapieform, die *»systematische Desensibilisierung«* (1950). Die Methode gliedert sich in drei Abschnitte:

- Intensives Entspannungstraining.
- Aufstellung einer »Hierarchie« von angstauslösenden Reizen (siehe Kasten S. 405).
- Stufenweise Kombination von Angstreizen und Entspannungsreaktionen.

Durch gezielte Explorationen versucht der Therapeut zu klären, welche Reizsituationen beim Patienten Angst erzeugen. Die »Angstreize« werden in einer Liste zusammengestellt, und der Patient erhält die Aufgabe, sie in eine Rangordnung zu bringen.

Vor Beginn der Desensibilisierung wird mit dem Patienten in einigen vorbereitenden Stunden ein *Entspannungstraining* nach E. Jacobson (1938) durchgeführt. (Im deutschen Sprachraum tritt an dessen Stelle häufig das »Autogene Training« nach J. H. Schultz.)

Die eigentliche Desensibilisierung beginnt damit, daß sich der Patient weit zurückgelehnt in einem Sessel möglichst tief entspannt. Zur Unterstützung der Entspannung wird gelegentlich auch die Hypnose (s. S. 154) eingesetzt. Dann wird der Patient aufgefordert, sich den schwächsten Reiz der Angsthierarchie ein paar Sekunden lang vorzustellen. Sobald bei der Vorstellung Angst auftritt, muß der Patient den Finger heben. Der Therapeut gibt Anweisung, die vorgestellte Szene sofort zu unterbrechen und sich wieder völlig zu entspannen. Danach wird die Vorstellung von neuem geübt. Erst wenn sie vollkommen angstfrei ertragen werden kann, geht der Therapeut zu der nächsten Angstszene über. Schritt für Schritt bewältigt der Patient immer höhere Stufen der Angsthierarchie, bis auch die intensivste Vorstellung ihren Angstcharakter verloren hat. Gewöhnlich sind etwa zehn bis zwanzig Sitzungen dazu notwendig. Die Erfahrung hat gezeigt, daß Patienten, die auf diese Weise in ihren Vorstellungen »desensibilisiert« worden sind, oft auch in realen Situationen keine Angst mehr empfinden.

Nach einem Literaturbericht von Isaac M. Marks und Michael G. Gelder hat sich die »systematische Desensibilisierung« besonders bei der Behandlung von *Tierphobien, Prüfungsängsten, »Angst vor öffentlichem Sprechen«, Platzangst und »Angst vor geschlossenen Räumen«* bewährt. Die Arbeit schenkt dem Vergleich des Therapieerfolges mit dem anderer Methoden besonderes Augenmerk. Es zeigte sich in mehreren Untersuchungen, daß *Entspannungsübungen* allein oder das *Durcharbeiten der Angsthierarchie* ohne gleichzeitige Entspannung weniger erfolgreich waren als die Kombination beider Komponenten in Form der systematischen Desensibilisierung.

In einer Untersuchung wurde die Desensibilisierung mit einer *Kurzpsychotherapie* (die dem Erzeugen von »Einsicht« diente und sonst nicht näher beschrieben ist) und einer *Plazebobehandlung* verglichen, bei der den Studenten die Beseitigung ihrer Angst durch ein Medikament suggeriert wurde. In allen drei Gruppen trat eine Besserung in bezug auf die »Angst vor öffentlichem Sprechen« ein, aber nur in der Desensibilisierungsgruppe konnte dieser Effekt auch physiologisch nachgewiesen werden (Reduktion der Pulsfrequenz und der Hautleitfähigkeit). Die Desensibilisierung scheint demnach sowohl eine Veränderung der Intensität der erlebten Emotionen (s. S. 405) als auch der autonomen Reaktionen zu bewirken.

Im Gegensatz zur Desensibilisierung wird bei den Methoden der Reizkonfrontation dem Patienten gerade zu dem geraten, wovor er am meisten Angst hat, nämlich die Angst möglichst stark zu empfinden, um dann festzustellen, daß eigentlich gar nichts passiert. Das Märchen von dem, der auszog, das Gruseln zu lernen, liefert ein Beispiel für diese Technik, die als Überspielen von Angst (kontraphobische Reaktion) von vielen Menschen im Alltag praktiziert wird.

Eine der berühmtesten Selbstbehandlungen mit der Methode der Reizkonfrontation schildert Johann Wolfgang von Goethe. Er stieg auf den höchsten Punkt des Straßburger Münsters, besuchte medizinische Demonstrationen und einsame Orte, näherte sich lärmenden Menschenansammlungen und ging nachts auf den Friedhof – alles mit dem Ziel, die Angst vor der Höhe, vor Tod, Krankheit und Einengung so lange intensiv zu spüren, bis sie verschwunden war.

Während eines Angstanfalls erleben die Patienten eine Reihe von körperlichen Symptomen, die oft zu zahlreichen Arztbesuchen führen. Schnelle und unregelmäßige Herzschläge, Schwindel oder Benommenheit, Atemnot, Übelkeit oder Magen-Darm-Beschwerden, Schwitzen, Beklemmung, Schmerzen oder Druck auf der Brust sowie Zittern veranlassen die Ärzte zu einer Vielzahl von differentialdiagnostischen Laboruntersuchungen, wie eine Studie des amerikanischen Arztes H. J. Boyd aus dem Jahr 1986 ergab. Erst wenn die emotionalen und kognitiven Symptome von Arzt und Patient klar erkannt worden sind, kann eine Psychotherapie hilfreich sein. Als kognitive Symptome gelten die Angst vor Kontrollverlust, vor katastrophalen Konsequenzen der Körpersymptome, Depersonalisation und Derealisation (= Veränderung des Person- und Welterlebens). Bei einer Phobie wird die Angst als von einem Objekt kommend erlebt (z. B. von Tieren = Tierphobie; von engen Räumen = Klaustrophobie; von Menschenansammlungen = Agoraphobie).

Die Zwei-Faktoren-Theorie der Angst stellt einen Versuch dar, die phobische Bindung der Angst und ihre Überwindung durch die Reizkonfrontation zu erklären. Ursprünglich neutrale Stimuli werden aufgrund traumatischer Ereignisse mit einem zentralen Angstzustand im Sinne der klassischen Konditionierung assoziiert. Die Vermeidung dieser Stimuli reduziert den aversiven Angstzustand und führt zu einem operanten Erlernen der Vermeidung. Durch die Vermeidung des konditionierten Angstreizes kann die Verbindung zwischen Angstreiz und Angstverhalten nicht gelöscht werden – dazu wäre eine wiederholte Darbietung ohne die Reaktivierung des ursprünglich traumatischen Ereignisses erforderlich.

Durch die Methode der Reizkonfrontation wird versucht, den Teufelskreis von Vermeidung und Verschlimmerung der Erwartungsangst, die wieder zur Vermeidung führt, zu durchbrechen. Die Patienten sollen lernen, die Angst zu ertragen und zu erkennen, daß die befürchteten katastrophalen Konsequenzen nicht eintreffen. Sie werden instruiert, so lange in der Angstsituation zu bleiben, bis die Angst von selbst nachläßt. Die Verringerung der Angst kann zum einen mit der physiologischen Habituation und der Erschöpfung der körperlichen Überaktivierung (Alarm- und Orientierungsreaktion, s. S. 114) erklärt werden. Zum andern ist jede folgende Konfrontation mit einer geringeren Aktivierung der körperlichen Begleiterscheinungen der Angst verbunden. Insgesamt haben sich die Konfrontationstechniken erfolgreicher als die Desensibilisierungstechniken erwiesen, vor allem führen sie in kürzerer Zeit zum Erfolg. Eine Voraussetzung hierfür scheint eine Expositionsdauer gegenüber dem Angstreiz von etwa einer Stunde zu sein. Dies ist natürlich am ehesten bei In-vivo-Expositionen (z. B. Aufsuchen von öffentlichen Plätzen) möglich. Daß darüber hinaus auch kognitive Faktoren eine Rolle spielen, ist an den Selbstgesprächen der ängstlichen Patienten oder den Ermunterungen durch ihre Begleiter zu erkennen (»Das schaffe ich . . . tief durchatmen und einfach durchstehen«).

9.64 Modell-Lernen und Training sozialer Kompetenz

Soziales Lernen (s. S. 269) basiert unter anderem auf dem Nachahmen von Vorbildern (»Modellen«). Durch Beobachtung, Identifikation und Rollenübernahme kommt es zu erwünschten, aber auch unerwünschten Verhaltensänderungen im Sozialisationsprozeß. Die gleichen Mechanismen können auch für die Therapie genutzt werden. So ermutigte der amerikanische Verhaltenstherapeut Albert Bandura Patienten zur Nachahmung von Vorbildern (Modellen), die furchtlos mit angsterregenden Stimuli umgingen.

Die Übernahme der gezeigten Verhaltensweisen wird erleichtert, wenn das Modell mit hohem Prestige ausgestattet ist und wenn den zu erlernenden Verhaltensweisen Relevanz und Glaubwürdigkeit attestiert wird. Bandura experimentierte unter anderem mit Menschen, die an einer Schlangen- oder Hundephobie litten: »Schlangenphobiker« hatten zunächst die Gelegenheit, den »lässigen« Umgang mit einer Schlange bei anderen Personen oder einem Therapeuten zu beobachten. Dann sollten sie sich selber langsam der Schlange nähern. Der Therapeut leistete dabei Hilfestellung. Er zeigte ihnen, wie man die Schlange mit beiden Händen am Kopf- und am Schwanzende anfaßt und hochhebt (s. Abb. links). Zuerst sollten die Vpn die Schlange nur berühren, während der Therapeut sie festhielt. Nach und nach sollten sie die Schlange selbst halten, zum Schluß ganz ohne die Assistenz des Therapeuten. Bandura stellte fest, daß diese Methode die Furcht und das Vermeidungs-

< Phobiker, die in der Realität gegenüber Schlangen desensibilisiert worden waren (in Verbindung mit gleichzeitigem Modell-Lernen), schnitten im Durchschnitt im »Annäherungstest« wesentlich besser ab als eine andere Gruppe, die lediglich aufgrund von Vorstellungen desensibilisiert worden war.

verhalten der Phobiker wesentlich mehr minderte als die übliche Desensibilisierung (s. Abb. rechts). Dieses Ergebnis wurde durch andere Untersuchungen zu diesem Problem bestätigt.

Auch beim Verlernen von Suchtverhalten werden Reaktionen, die schon ausgebildet sind, entsprechend den Verhaltensweisen des Vorbilds modifiziert. Vor allem in Situationen, in denen sich das Individuum unsicher fühlt, haben Vorbilder eine wichtige Funktion. Die Vermittlung von positiven Verhaltensnormen kann durch diese aus dem Modell-Lernen gewonnenen Erkenntnisse erleichtert werden.

Als besonders wirksam erwies sich das Nachahmungslernen beim *Selbstsicherheitstraining,* wo es darum geht, soziale Fertigkeiten zu erlangen, durchsetzungsfähiger zu werden und auf die Wahrung seiner Rechte zu achten. Das Modell-Lernen wird hier vor allem durch den Einsatz des Rollenspiels gefördert. Beim sozialen Kompetenztraining hat der Klient zunächst die Gelegenheit, erwünschte Verhaltensweisen am Modell des Trainers (oder eines kompetenten Klienten) zu beobachten, um sie dann selbst zu erproben. Das meist in Gruppen durchgeführte Training zum Erwerb von Selbstsicherheit und sozialen Fertigkeiten gehört zu den in der Praxis häufig anzutreffenden verhaltenstherapeutischen Verfahren. Es wird in großem Umfang auch außerhalb des therapeutischen Rahmens beim Kommunikationstraining (s. S. 311) angewendet. Dabei braucht die theoretische Ausrichtung nicht unbedingt verhaltenstherapeutisch zu sein; oft ist sie vom pädagogischen Rollenspiel und von Konzepten der Humanistischen Psychologie geprägt.

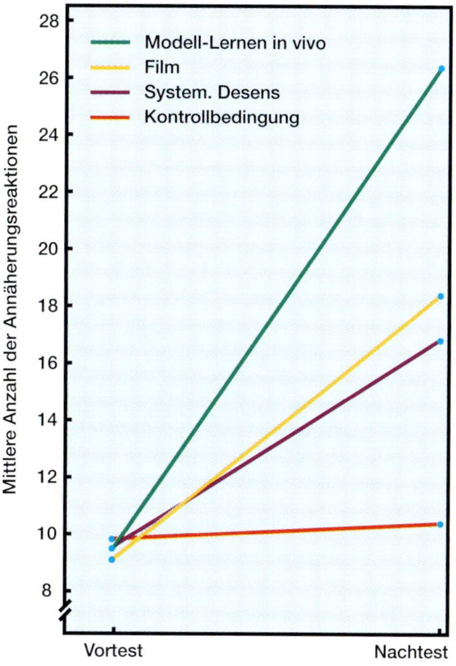

Wirkung von Film-Modell und Vivo-Modell, verglichen mit systematischer Desensibilisierung bei der Überwindung einer Schlangenphobie (nach Bandura, Blanchard und Ritter, 1969).

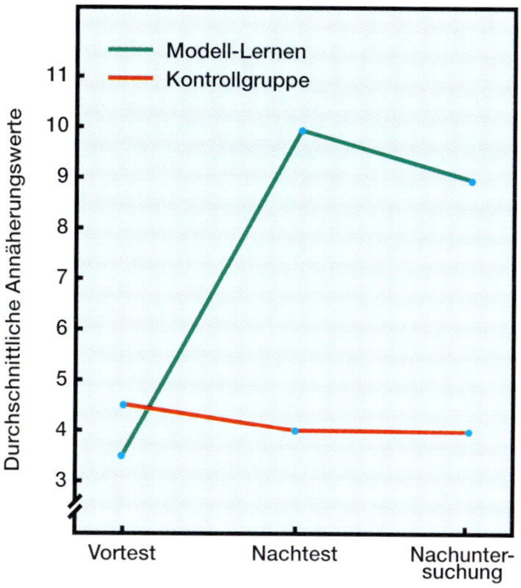

Wirkung des Modellverhaltens bei der Überwindung einer Hundephobie. Durchschnittliche Annäherung an den Hund für Experimental- und Kontrollgruppe (nach Bandura/Grusec/Menlove, 1966).

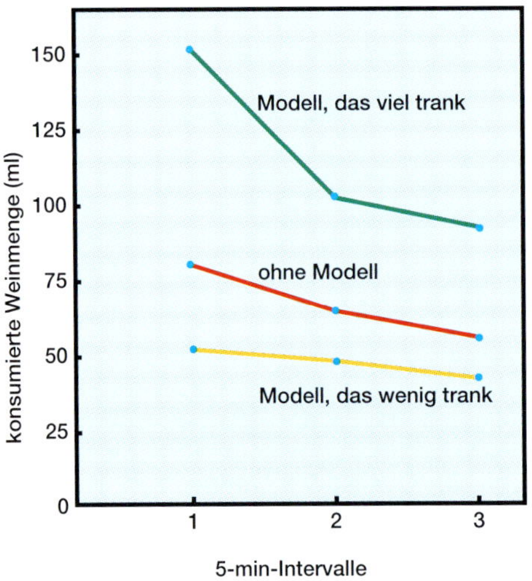

Die Wirkung von Modellverhalten beim Alkoholkonsum (nach Caudill/Marlatt, 1978).

9.65 Kognitive Verhaltenstherapie

Die kognitive Wende in der Verhaltenstherapie führte unter anderem zur Entwicklung von Methoden, die nicht am beobachtbaren Verhalten, sondern an der kognitiven Informationsverarbeitung ansetzten. Diese kognitiven Therapiemethoden wurden bisher vor allem bei depressiven Störungen, bei Angstsymptomen und bei der Behandlung von Suchtkrankheiten eingesetzt. Neuerdings werden auch in der Verhaltensmedizin die psychischen Folgen von körperlichen Erkrankungen mit kognitiven Methoden behandelt. Derzeit sind dabei vier Hauptansätze zu unterscheiden:

● *Kognitives Bewältigungstrainung:* Nach Auffassung des Amerikaners D. W. Meichenbaum wird die Interpretation der Umweltreize in hohem Maße von den Selbstkommentaren des Menschen (»innerer Dialog«) bestimmt. Fehlende oder »falsche« Selbstgespräche können erheblich zur Entstehung und Aufrechterhaltung von Verhaltensstörungen beitragen. Im Selbstinstruktionstraining werden mit Hilfe des Therapeuten systematisch positive Selbstinstruktionen aufgebaut, die der Störung entgegenwirken.

● *Selbstregulation:* F. H. Kanfer empfiehlt in neueren Arbeiten den systematischen Einsatz der Selbstregulation, die er als dreistufigen kognitiven Vorgang beschreibt: Die Fähigkeit des Subjekts zur Selbstbeobachtung ermöglicht in einem ersten Schritt eine interne Analyse der Verhaltenssequenzen, noch bevor der Verhaltensabschnitt beendet ist und zu irgendwelchen Konsequenzen geführt hat. Der zweite Schritt besteht in einer internen Bewertung im Vergleich mit einem selbstgesetzten Standard. Nach der Bewertung erfolgt als dritter Schritt die Selbstverstärkung. Durch die Bewältigung der Situation belohnt sich das Individuum selbst. In diesem Modell der Informationsverarbeitung bestimmen nicht mehr allein externe Faktoren wie Reiz und Konsequenz das Verhalten. Der Mensch gewinnt wieder ein Stück Autonomie (s. Abb. S. 401).

● Beim *Problemlösungstraining* wird den Klienten anhand ihrer aktuellen Problemlage Kompetenz in bezug auf das systematische Bearbeiten der eigenen Lebensprobleme vermittelt. Das Vorgehen orientiert sich an den aus der Denkpsychologie bekannten Phasen des Problemlösungsprozesses (s. S. 320 u. 334): Vorklärung – Problemanalyse – Entwicklung und Bewertung von Lösungsstrategien – Entscheidung für eine Alternative – Verwirklichung – Bewertung des Ergebnisses. Das Problemlösungstraining soll zur Lösung des aktuellen Problems beitragen und andererseits eine übertragbare Kompetenz in bezug auf die Bewältigung künftiger problematischer Situationen bereitstellen. In Deutschland hat sich vor allem Peter Fiedler wissenschaftlich mit dem Problemlösungstraining beschäftigt.

● Die *rational-emotive Therapie* (RET) befaßt sich mit negativen Gefühlen wie Abneigung und Ekel, Wut und Ärger, Traurigkeit und Depression, Scham und Schuld, Neid und Eifersucht, Angst und Panik. Diese Gefühle werden nach Ellis in erster Linie durch sogenannte irrationale Überzeugungen hervorgerufen, wenn ein aktivierendes äußeres oder inneres Ereignis eine kognitive Verarbeitung auslöst. Es werden vier Grundformen von irrationalen Überzeugungen unterschieden, denen jeweils spezifische Strategien für die Kommunikation oder die Verhaltenssteuerung zugeordnet sind:

1. »Muß-Forderungen« sind absolute Ansprüche und Verbote, mit denen der Patient seinen Verhaltensspielraum einschränkt und seine emotionale Belastung vergrößert. Mit verbalen und verhaltenszentrierten Strategien kann diesen pathologischen Überzeugungen begegnet werden. Dem Verbot »Ich darf im Gespräch nichts Falsches sagen« läßt sich z.B. dadurch entgegenwirken, daß man plant, absichtlich etwas »Dummes« zu sagen.

2. Überzeugungen, die sich zu Katastrophenvorstellungen aufschaukeln, können durch eine Relativierung der Bedrohung entkräftet werden, ohne daß dadurch die reale Gefahr verharmlost wird. Eine »Katastrophenskala« kann die Überbewertung von Ereignissen demonstrieren. Das Durchleben vermeintlich schrecklicher

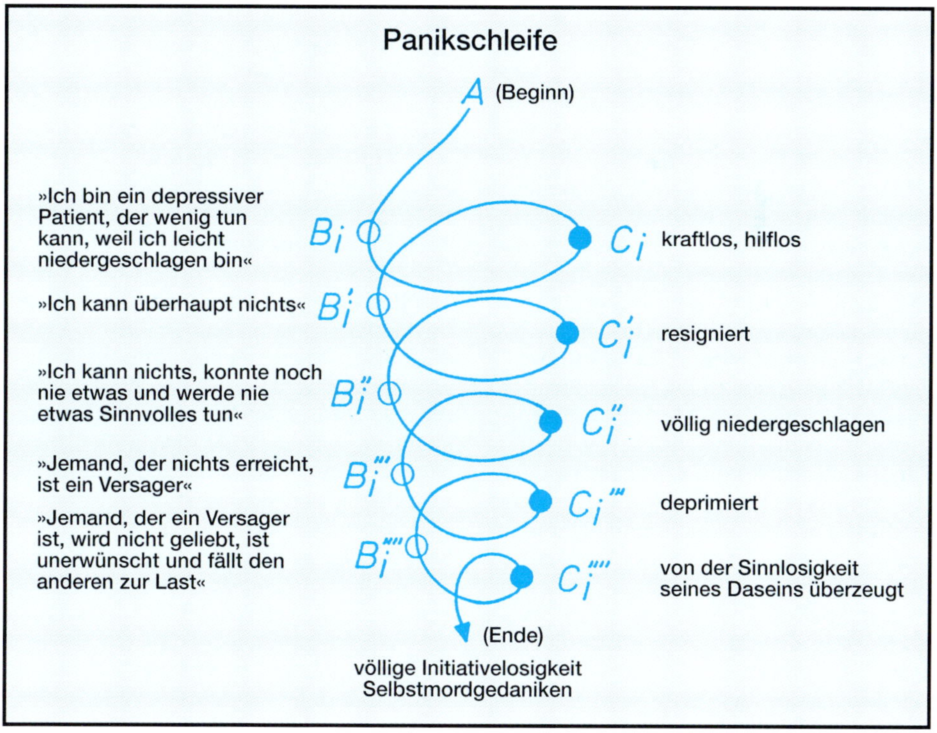

Beispiele irrationaler Überzeugungen in einer Panikschleife für einen depressiven Gedankengang (nach Revenstorf, 1989)

Vorfälle läßt sich nutzen, um die Erfahrung der Abnahme von körperlicher Erregung zu vermitteln.

3. Die Angst vor persönlichem Wertverlust erfordert ein Training der Selbständigkeit und der Unabhängigkeit von Personen und Situationen, die zu einer negativen Bewertung beitragen könnten. Die gezielte Provokation negativer Bewertungen durch andere Personen kann eine bewußt eingesetzte Therapiestrategie sein.

4. Geringer Frustrationstoleranz wird entgegengewirkt durch die Überzeugung, daß alle Ereignisse, die nicht direkt lebensbedrohlich sind, auch ausgehalten werden können. Durch das bewußte Ausführen von unangenehmen und unbequemen Tätigkeiten läßt sich die Frustrationstoleranz erheblich erhöhen.

● Für verschiedene Symptomgruppen wie etwa *depressive Störungen* wurden spezifische kognitive Therapiemethoden entwickelt. Die Amerikaner A.T. Beck und M.E.P. Seligman entwickelten kognitionstheoretische Modelle der Depression, die konkrete Ziele der Symptommodifikation erkennen lassen. Techniken wie kognitives Umstrukturieren, realistische Selbstbewertung und die Modifikation von falschen Attributionen sind auf eine Erhöhung des Selbstwertgefühls depressiver Patienten ausgerichtet. Durch gelenktes Fragen, im Sinne einer sokratischen Gesprächsführung, sollen Veränderungen auf kognitiver Ebene erreicht werden. Automatische Gedanken (wie z.B. »Das schaffe ich nicht«) oder depressive Überzeugungen und Einstellungen (»Ich verliere immer«) sollen dadurch einer Realitätsprüfung zugänglich gemacht werden. Es geht nicht darum, die Patienten bei einem Widerspruch zu ertappen, vielmehr sollen nach der Einsicht in die kognitiven Fehler »rationale Alternativen« gefunden werden. Durch das Erkennen von Alternativen bieten sich für den depressiv eingeengten Patienten neue Handlungsmöglichkeiten.

Die kognitiven verhaltenstherapeutischen Methoden werden in Zukunft sicher eine zunehmend größere Rolle spielen. Wie die Wirksamkeitsforschung zeigt (s. Tabelle S. 372), haben alle diese Verfahren zwar keinen deutlichen Einfluß auf die physiologischen Aspekte von Angst und Depression, aber sie wirken sich doch in erheblichem Maß günstig auf das körperliche Befinden aus. In gleicher Weise werden die Bereiche Persönlichkeit, zwischenmenschliche Beziehungen und Arbeit positiv verändert. Die Schwäche dieser Methoden liegt in der einseitig kognitiv-rationalen Problemsicht, die dem Überwiegen emotionaler und sozialer Konflikte bei psychisch leidenden Menschen nicht gerecht wird. Es ist jedoch die Tendenz zu verzeichnen, Erkenntnisse anderer therapeutischer Richtungen wie etwa der Psychoanalyse in die kognitive Verhaltenstherapie zu integrieren.

9.7 Gemeindepsychologie und Gesundheitsförderung

9.71 Gemeindepsychologie in der Psychiatriereform

Nach der Logik eines »bedarfsgerechten« Psychotherapieangebots müßte mindestens jeder zweite Bundesbürger eine Psychotherapie erhalten (s. Verbreitung psychischer Störungen, S. 362). Die Gemeindepsychologie bezieht gegenüber dieser Utopie einer voll »psychotherapierten Gesellschaft« eine kritische Gegenposition: Wer angesichts der Verbreitung psychischen Leidens nur oder hauptsächlich an Psychotherapie denkt, gleicht einem Menschen, der bei überlaufender Badewanne die Überschwemmung mit Eimer und Feudel bekämpft, ohne sich die Mühe zu machen, den Wasserhahn zuzudrehen!

Die Gemeindepsychologie entstand zusammen mit der Gemeindepsychiatrie in den fünfziger und sechziger Jahren in den

USA. Dabei spielten drei Faktoren eine Rolle:

- eine bis zum Beginn des Jahrhunderts zurückreichende, vom liberalen Bürgertum getragene Protestbewegung gegen die Mißstände der Anstaltspsychiatrie (Mental-Health-Bewegung),
- die Reformprogramme gegen das psychosoziale Elend und gegen die Armut unter den Präsidenten Kennedy und Johnson und
- die gleichzeitig durchgeführten sozialepidemiologischen Gemeindestudien über den Zusammenhang zwischen sozialen Lebenslagen und psychischem Leiden.

Die Reformimpulse und wissenschaftlichen Erkenntnisse haben in den USA und in anderen westlichen Industrienationen wie England, Frankreich, den skandinavischen Ländern, Holland, Italien und Deutschland zu unterschiedlichen Entwicklungen und Veränderungen des Gesundheitssystems geführt, deren gemeinsamer Nenner das Ziel einer »gemeindenahen psychosozialen Versorgung« war.

Im deutschsprachigen Raum wurden diese Ideen mit erheblicher Verzögerung, erst Anfang der 70er Jahre, aufgegriffen. Der Bundestag beauftragte 1971 eine Expertenkommission, die Mißstände in der psychosozialen Versorgung zu untersuchen und Reformvorschläge auszuarbeiten. Diese Kommission, die mehrheitlich aus Vertretern der traditionellen Psychiatrie bestand und an der fast keine Psychologen beteiligt waren, legte 1975 ihren 1800 Seiten starken »Bericht zur Lage der Psychiatrie in der Bundesrepublik Deutschland« (Psychiatrie-Enquete) vor. Darin werden vordringlich die Beseitigung »grober, inhumaner Mißstände« an den psychiatrischen Großkliniken und eine Ergänzung des bestehenden Versorgungssystems durch gemeindenahe Einrichtungen gefordert. Für Regionen mit etwa 250000 Einwohnern (»Standardversorgungsgebiete«) wird eine Kette von Behandlungsdiensten vorgeschlagen: Beratungsstellen, sozialpsychiatrische Dienste zur ambulanten Behandlung und Krisenintervention, Tages- und Nachtkliniken, kleine psychiatrische Abteilungen an Allgemeinkrankenhäusern, beschützende Wohnungsmöglichkeiten und Arbeitsplätze.

Die Reformvorschläge sollten in den folgenden Jahren durch das »Modellprogramm Psychiatrie« der Bundesregierung erprobt und umgesetzt werden. Dabei wurden allerdings bis auf eine Modernisierung der Anstaltspsychiatrie und die Schaffung von zusätzlichen Einrichtungen im ambulanten und Nachsorgebereich kaum durchgreifende qualitative Veränderungen der allgemein kritisierten Versorgungsstrukturen erreicht.

Insbesondere die *Prävention,* also vorbeugende Maßnahmen gegen psychische und psychosomatische Erkrankungen, die ursprünglich ebenfalls zu den Reformforderungen gehörte, blieb weitgehend auf der Strecke. Eine Bilanz des Reformvorhabens faßt das Ergebnis unter der Überschrift »Modernisierung statt Reform« (Bonss u. a., 1985) zusammen.

Das Reformklima der 70er Jahre ermöglichte jedoch die Entstehung einer Vielzahl von sozialpsychiatrischen und gemeindepsychologischen Projekten, die weit über die halbherzigen Reformvorschläge der »Psychiatrie-Enquete« hinausgingen. Die *gemeindepsychologische Perspektive* (s. Keupp u. Rerrich, 1982) stellt innerhalb dieser Bemühungen den Versuch dar, sich von dem medizinischen Erbe der Gemeindepsychiatrie zu befreien und das Problem der seelischen Gesundheit in einem sozialen und ökologischen Rahmen zu betrachten: Seelisches Leiden ist demnach gesellschaftlich determiniert, und zwar durch die Lebensbedingungen im Gemeinwesen. Konsequenterweise müssen dann auch gesellschaftliche Strategien zur Verhütung und Behandlung seelischen Leidens eingesetzt werden. Dies gilt sowohl für die überlokale Ebene als auch für die der Kommune und des Wohnquartiers und schließlich der Hausgemeinschaft und Familie.

Gemeindepsychologie muß helfen, diese Ziele praktisch umzusetzen: Außer den individualpsychologischen sind soziale, ökonomische und ökologische Aspekte von Gesundheit und Krankheit zu berücksichtigen. Bei der Frage nach Entstehung, Verhütung und Behandlung psychischer Erkrankungen müssen die sozialen Beziehungen, die Arbeits-, Wohn- und sonstigen Lebensverhältnisse sowie die kulturellen Prägungen und Gewohnheiten unterschiedlicher Bevölkerungsgruppen eines Gemeinwesens gleichermaßen berücksichtigt werden. Damit wird Psychotherapie zwar nicht überflüssig, aber sie erhält einen neuen Stellenwert als *zusätzliche Maßnahme* neben der grundlegenden Sicherung gesundheitsfördernder Lebensbedingungen (s. S. 241). Psychotherapie muß zudem die Lebenswelt der Klienten in die Behandlung einbeziehen.

9.72 Gemeindepsychologisches Handeln

Gemeindepsychologie versteht sich nicht als eine Methode oder Technik unter anderen, sondern als *kritische Perspektive,* die gegen die isolierte Anwendung von psychologischen und psychotherapeutischen Techniken gerichtet ist. Das hat ihr den Vorwurf der Utopie bzw. Ideologie eingebracht, zumal das Anwendungsfeld einer gemeindepsychologischen Praxis – im Gegensatz etwa zur Psychotherapie – bisher weder gesellschaftlich anerkannt noch eindeutig definiert ist. Deshalb stellt sich besonders dringend die Frage, wie gemeindepsychologisches Handeln gegenwärtig im Gemeinwesen und in Institutionen der Gesundheitsversorgung auszusehen hat. Einen Einblick gibt das 1992 erschienene gemeindepsychologische »Werkstattbuch« (Böhm u. a.). Hier können nur die wichtigsten Ansatzpunkte gemeindepsychologischer Praxis genannt werden:

● *Soziale Unterstützung*

Vereinsamung und Isolation gehören zu den wichtigsten Ursachen und Folgen psychischer Erkrankungen, tragfähige »soziale Netze« schützen vor Erkrankung und helfen bei der Bewältigung von Lebenskrisen, Krankheiten und Behinderungen. Die Bedeutung des Umfangs und der Qualität sozialer Beziehungen für die seelische Gesundheit wurde durch eine Vielzahl empirischer Untersuchungen bestätigt. Im einzelnen wird unterschieden zwischen lebenspraktischer Unterstützung durch tätige Hilfe, emotionaler Unterstützung, die vor allem durch den Intimpartner und enge Vertraute geleistet wird, informationeller Unterstützung und Unterstützung durch Kontakt und Geselligkeit. In der gemeindepsychologischen Praxis geht es darum, soziale Netze gezielt zu fördern, verschüttete Beziehungen wiederzubeleben und marginalisierten (ausgegrenzten) Menschen Möglichkeiten zur Knüpfung neuer Beziehungsnetze zu schaffen. All dies muß mit dem Abbau von Vorurteilen und mit Konfliktklärung verbunden werden, weil die sozialen Beziehungen oft gestört und belastet sind. In jedem Falle handelt es sich um eine Arbeit, die sich nicht auf das einzelne Individuum, sondern auf »natürliche« Gruppen bezieht.

● *Selbsthilfe, Selbstorganisation und »Empowerment«*

Die Selbsthilfebewegung im Gesundheitswesen erwuchs aus der Kritik an der »Expertenherrschaft« von Ärzten und Psychotherapeuten. In den 80er Jahren entstanden zahlreiche *Selbsthilfegruppen* von chronisch körperlich und psychisch Kranken und von Menschen mit psychischen und sozialen Lebensproblemen. Ein Teil dieser Gruppen wendet sich ausdrücklich gegen den Einfluß von Experten, die Mehrzahl freilich arbeitet mit Fachleuten zusammen und versteht sich als ergänzendes Angebot. Diese Gruppen (Anonyme Alkoholiker, Synanon u. a.), deren Erfolge z. B. im Suchtbereich sich durchaus mit denen der Psychotherapie messen können, sind eine Herausforderung für die traditionellen Experten und stellen deren Rolle in Frage. Im Zusammenhang mit der Selbsthilfebewegung ist auch die Forderung nach Bürgerbeteiligung und Selbstorganisation im Gesundheits- und im Gemeinwesen zu sehen. Der amerikanische Gemeindepsychologe Julian Rappaport prägte 1980 für die Freisetzung der Selbstorganisationskräfte den Begriff »Empowerment« (Bemächtigung, von *power* = Macht). In der neueren Gemeindepsychologie wird Empowerment, d. h. die Unterstützung der Eigenkräfte in Familie, Nachbarschaft, Institutionen und Gemeinwesen, ausdrücklich der von Experten konzipierten Prävention (Vorbeugung von Krankheiten) entgegengesetzt. Gelingendes Empowerment wirkt zweifach: einmal durch die gezielte Beeinflussung krank machender Lebensbedingungen und zum anderen, indem es den Beteiligten das Bewußtsein vermittelt, ihre Lebensbedingungen selbst bestimmen zu können, und damit der verbreiteten Resignation entgegenarbeitet. Auf der anderen Seite besteht beim Scheitern von Empowerment-Projekten die Gefahr einer Vergrößerung von Kontrollverlust und Resignation. Gemeindepsychologen verstehen sich heute als Experten für die Unterstützung von Empowerment-Prozessen.

- *Gemeinwesenentwicklung*

Der umfassendste gemeindepsychologische Ansatz bezieht sich auf konkrete Projekte der Gemeinwesenentwicklung, die gewöhnlich an aktuelle Mißstände und Defizite anknüpfen. Gemeindepsychologen haben dabei die Rolle von Anregern und Mittlern, die den Betroffenen ihren Sachverstand und bestimmte Methoden für die planvolle Entwicklungsarbeit zur Verfügung stellen: So können aktive Gemeindemitglieder mit gemeindepsychologischer Unterstützung eine Basis-Gesundheitsversorgung aufbauen, für Obdach und eine ökologische Infrastruktur sowie für Arbeitsmöglichkeiten in sozialen Brennpunkten sorgen. Die Methoden entstammen überwiegend der angewandten Sozialpsychologie: Gruppenarbeit (siehe S. 309), Konfliktberatung (s. S. 307), Aktionsforschung (s. S. 26), aber auch Kompetenztraining und gezielte Förderung von Empowerment. Die Gemeinwesenentwicklung hat im hochindustrialisierten Wohlfahrtsstaat vergleichsweise geringe Chancen – im Zusammenhang mit dem mit Milliardenaufwand organisierten »Aufschwung Ost« etwa wurden die hier bestehenden Möglichkeiten kaum diskutiert. Dagegen gibt es eindrucksvolle Beispiele für Gemeinwesenentwicklungsprojekte in sogenannten Dritte-Welt-Ländern (s. Sonderband »Gemeindepsychologie in Lateinamerika« der Zeitschrift »Applied Psychology« 1991).

9.73 Gesundheitsförderung

Die gemeindepsychologische Diskussion wird seit Beginn der 80er Jahre durch neuartige gesellschaftliche Probleme und, ausgehend von der Weltgesundheitsorganisation (WHO), durch einen veränderten Gesundheitsbegriff bestimmt. Bei den neuen Problemen handelt es sich u. a. um

- die Auswirkungen der gesellschaftlichen Wandlungsprozesse auf das »postmoderne Subjekt« (s. S. 356),
- die Wiederbelebung von Nationalismus, Fremdenhaß und Fundamentalismus,
- die Entstehung einer »Zwei-Drittel-Gesellschaft« und die damit verbundene »neue Armut«,
- die gesundheitlichen und psychosozialen Folgen der ökologischen Krise (s. Kapitel 10.).

Angesichts dieser gesellschaftlichen Herausforderungen legte die WHO als

Wortlaut der Charta von Ottawa:

Gesundheit für alle!

Gesundheitsförderung zielt auf einen Prozeß, allen Menschen ein höheres Maß an Selbstbestimmung über ihre Gesundheit zu ermöglichen und sie damit zur Stärkung ihrer Gesundheit zu befähigen. Um ein umfassendes körperliches, seelisches und soziales Wohlbefinden zu erlangen, ist es notwendig, daß sowohl einzelne als auch Gruppen ihre Bedürfnisse befriedigen, ihre Wünsche und Hoffnungen wahrnehmen und verwirklichen sowie ihre Umwelt meistern bzw. verändern können. In diesem Sinne ist die Gesundheit als ein wesentlicher Bestandteil des alltäglichen Lebens zu verstehen und nicht als vorrangiges Lebensziel. Gesundheit steht für ein positives Konzept, das in gleicher Weise die Bedeutung sozialer und individueller Ressourcen für die Gesundheit betont wie die körperlichen Fähigkeiten. Die Verantwortung für Gesundheitsförderung liegt deshalb nicht nur bei dem Gesundheitssektor, sondern bei allen Politikbereichen und zielt über die Entwicklung gesünderer Lebensweisen hinaus auf die Förderung von umfassendem Wohlbefinden hin.

- **Voraussetzungen für die Gesundheit**

Grundlegende Bedingungen und konstituierende Momente von Gesundheit sind Frieden, angemessene Wohnbedingungen, Bildung, Ernährung, Einkommen, ein stabiles Öko-System, eine sorgfältige Verwendung vorhandener Naturressourcen, soziale Gerechtigkeit und Chancengleichheit. Jede Verbesserung des Gesundheitszustandes ist zwangsläufig fest an diese Grundvoraussetzungen gebunden.

- **Interessen vertreten**

Ein guter Gesundheitszustand ist eine wesentliche Bedingung für soziale, ökonomische und persönliche Entwicklung und entscheidender Bestandteil der Lebensqualität. Politische, ökonomische, soziale, kulturelle, biologische sowie Umwelt- und Verhaltensfaktoren können alle entweder der Gesundheit zuträglich sein oder auch sie schädigen. Gesundheitsförderndes Handeln zielt darauf ab, durch aktives anwaltschaftliches Eintreten diese Faktoren positiv zu beeinflussen und der Gesundheit zuträglich zu machen.

- **Befähigen und ermöglichen**

Gesundheitsförderung ist auf Chancengleicheit auf dem Gebiet der Gesundheit gerichtet. Gesundheitsförderndes Handeln bemüht sich darum, bestehende soziale Unterschiede des Gesundheitszustandes zu verringern sowie gleiche Möglichkeiten und Voraussetzungen zu schaffen, damit alle Menschen befähigt werden, ihr größtmögliches Gesundheitspotential zu verwirklichen. Dies umfaßt sowohl Geborgenheit und Verwurzelung in einer unterstützenden sozialen Umwelt, den Zugang zu allen wesentlichen Informationen, die Entfaltung von praktischen Fertigkeiten, als auch die Möglichkeit, selber Entscheidungen in bezug auf ihre persönliche Gesundheit treffen zu können. Menschen können ihr Gesundheitspotential nur dann weitestgehend entfalten, wenn sie auf die Faktoren, die ihre Gesundheit beeinflussen, auch Einfluß nehmen können. Dies gilt für Frauen ebenso wie für Männer.

- **Vermitteln und vernetzen**

Der Gesundheitssektor allein ist nicht in der Lage, die Voraussetzungen und guten Perspektiven für die Gesundheit zu garantieren. Gesundheitsförderung verlangt vielmehr ein koordiniertes Zusammenwirken unter Beteiligung der Verantwortlichen in Regierungen, im Gesundheits-, Sozial- und Wirtschaftssektor, in nichtstaatlichen und selbstorganisierten Verbänden und Initiativen sowie in lokalen Institutionen, in der Industrie und den Medien. Menschen in allen Lebensbereichen sind daran zu beteiligen als einzelne, als Familien und Gemeinschaften. Die Berufsgruppen und sozialen Gruppierungen sowie die Mitarbeiter des Gesundheitswesens tragen große Verantwortung für eine gesundheitsorientierte Vermittlung zwischen den unterschiedlichen Interessen in der Gesellschaft. Die Programme und Strategien zur Gesundheitsförderung sollten den örtlichen Bedürfnissen und Möglichkeiten der Länder und Regionen angepaßt sein und die unterschiedlichen Gesellschafts- und Wirtschaftssysteme sowie die kulturellen Gegebenheiten berücksichtigen.

(Es folgen Einzelempfehlungen – Übersetzung aus Hildebrandt/Trojan, 1987).

dringend benötigte »konkrete Utopie« eine neue Konzeption von Gesundheit vor. Auf der ersten Internationalen Konferenz zur Gesundheitsförderung wurde am 21. November 1986 die Charta von Ottawa verabschiedet, in der »Gesundheit für alle« gefordert wird (s. Kasten S. 416).

Das neue Gesundheitskonzept der WHO enthält wesentliche gemeindepsychologische Zielsetzungen, eingebettet in ein umfassendes Verständnis von Gesundheitsförderung. Eine solche gesundheitspolitische Deklaration kann natürlich nicht umstandslos in die Praxis umgesetzt werden, zumal die bestehenden Institutionen der Gesundheitsversorgung einseitig am medizinischen Modell der Behandlung bereits vorhandener Krankheiten orientiert sind (kuratives Modell). Auf der anderen Seite zwingt die in allen Industrienationen eingetretene *Krise des Gesundheitssystems* – Kostenexplosion und fehlende Wirksamkeit angesichts der zunehmenden chronischen Erkrankungen – die Gesundheitspolitiker und -planer zum Umdenken. In der Bundesrepublik Deutschland gibt es gegenwärtig drei offizielle Bestrebungen, die neue Gesundheitskonzeption der WHO praktisch umzusetzen:

- Im Rahmen des »Gesundheitsreformgesetzes« werden erstmals auch psychologische Gesundheitsförderungsmaßnahmen von den Krankenkassen in größerem Umfang finanziert.
- Die Bundesregierung stellt Mittel für interdisziplinäre Studiengänge und Forschungsschwerpunkte zum Thema *Gesundheitswissenschaften* (Public Health) zur Verfügung, in denen – im Gegensatz zur kurativen Medizin – die Gesundheitsförderung im Mittelpunkt stehen soll.
- Einzelne Kommunen haben sich zu einem Netzwerk *»Gesunde Städte«* zusammengeschlossen, in dem mit Unterstützung der WHO unterschiedliche Formen der Gesundheitsförderung erprobt werden sollen.

Diese positiven Ansätze, bei denen die Gemeindepsychologie ebenso wie das im Entstehen begriffene Spezialgebiet Gesundheitspsychologie eine wichtige Rolle spielen könnten, sind allerdings – ebenso wie die in den 70er Jahren angestrebte Psychiatriereform – durch das überwiegend reformfeindliche Denken politisch-bürokratischer, standespolitischer und wissenschaftlicher Machteliten bedroht. Hinzu kommt eine starke Tendenz, das traditionell expertenorientierte Denken und Planen auch auf diesen Bereich zu übertragen. An die Stelle von Selbstorganisation und Bürgerbeteiligung droht eine mit großem Aufwand betriebene, falsch verstandene »Verwissenschaftlichung« zu treten, die dem Reformansatz der Charta von Ottawa zuwiderläuft, »allen Menschen ein höheres Maß an Selbstbestimmung über ihre Gesundheit zu ermöglichen«

»Wenn ich einmal aufstehe« nennt die türkische Künstlerin Serpil Yeter ihre unter dem Eindruck der Katastrophe von Tschernobyl gemalte Vision.

10. Psychologie in der Krise

10.1 Identitätskrise der modernen Psychologie

Als Ausblick am Ende dieses Buches stellen wir uns noch einmal die Frage nach der gesellschaftlichen Bedeutung der Psychologie. Welche Aufgaben verleihen der modernen Psychologie ihre Existenzberechtigung? Welche Probleme sind mit ihrer Hilfe besser zu lösen? Worin bestehen die fachlichen Kompetenzen von Psychologen in Abgrenzung zu anderen Berufsgruppen wie Ärzten, Heilpraktikern, Seelsorgern, Soziologen, Romanschriftstellern, Sektengründern, Werbefachleuten, Managern, Philosophen oder Statistikern?

Diese Fragen zielen auf das Selbstverständnis der Psychologie und die berufliche Identität der Psychologen. Ihre Aktualität ist ein Ausdruck der tiefgreifenden Krise, in die die Psychologie nach einer beispiellosen Phase der Expansion geraten ist. Die Krise der Psychologie am Ende unseres Jahrhunderts hat sowohl gesellschaftliche als auch fachinterne Ursachen.

1970 wurden anläßlich der Volks- und Berufszählung in der Bundesrepublik und Westberlin ungefähr 3600 Psychologen ermittelt. Heute liegen die Schätzungen für die alten Bundesländer bei annähernd 29000 Psychologen, mit einer Zuwachsrate von jährlich über 1700 Hochschulabsolventen. Die Zahlen signalisieren einen Zuwachs von ca. 830 Prozent. In der ehemaligen DDR hat eine vergleichbare Expansion der Psychologie nicht stattgefunden. Gegenwärtig gibt es in den neuen Bundesländern etwa 4000 Diplompsychologen, davon 2600 Klinische Psychologen.

Die Expansion der Psychologie in den 70er Jahren hängt zusammen mit gesellschaftlichen Veränderungen, die mit einer starken Vereinzelung der Menschen – bedingt durch das Zurücktreten traditioneller Bindungen in Familie, Nachbarschaft und Freundeskreis – einhergingen (»Individualisierungsschub«, s. S. 356). Damit verbunden war ein wachsender Bedarf an fachlicher Hilfe bei Problemen des Zusammenlebens. Im Zuge sozialer Reformen wurden für diesen gesellschaftlichen Bedarf Psychologenarbeitsplätze im Gesundheits-, Sozial- und Bildungsbereich geschaffen. Für Besserverdienende entstanden psychologische Privatpraxen und das schillernde Angebot des Psychomarktes à la »Selbsterfahrungsgruppe in der Toskana«.

Die sozialpolitische »Wende« Anfang der 80er Jahre leitete eine Entwicklung zur »Zweidrittelgesellschaft« ein, die auf der einen Seite durch eine neue, von High-Tech bis zur Kulturindustrie reichende Wachstumseuphorie gekennzeichnet ist, auf der anderen Seite durch eine immer mehr ins Abseits geratende »Restgesellschaft« von Arbeitslosen, Sozialhilfeempfängern, Frührentnern und so weiter. Diese Entwicklung ließ den Bedarf an psychologischen Dienstleistungen auf beiden Seiten des gesellschaftlichen Grabens steigen, zumal durch die Umweltkrise neuartige Formen psychischer Belastung auftraten.

Durch den Fall der Mauer 1989 und die deutsche Vereinigung hat sich die Situation weiter zugespitzt. Massenarbeitslosigkeit, soziale und ökologische Verödung ganzer Regionen, Resignation, Gewalt und Rechtsextremismus sind nicht nur ökonomisch bedingt, sondern haben – zumindest zum Teil – auch psychologische Wurzeln und Konsequenzen. Der psychologische Aspekt aber wird beim »Aufschwung Ost« und bei den angelaufenen

Beschäftigungs-, Qualifizierungs- und Sanierungsprogrammen in der ehemaligen DDR kaum berücksichtigt.

Dem wachsenden Bedarf an psychologischen Dienstleistungen steht eine steigende Arbeitslosigkeit von Psychologen gegenüber. Mit dem Ende der Reformpolitik entfielen neugeschaffene Arbeitsplätze im öffentlichen Dienst. Durch die zunehmende Arbeitslosigkeit in benachbarten Berufsfeldern (Ärzte, Sozialarbeiter, Pädagogen, Soziologen) ergab sich eine Konkurrenzsituation, die zum beruflichen Abstieg eines Großteils der Berufsanfänger durch die erzwungene Übernahme nicht ursprünglich psychologischer Tätigkeiten führte. So lag die offizielle Arbeitslosenzahl für Psychologen 1985 in der Bundesrepublik bei 3500 (22 Prozent). Unter Berücksichtigung der verdeckten Arbeitslosigkeit ergibt sich derzeitig eine geschätzte Arbeitslosenquote von 40 bis 50 Prozent.

Die hohe Psychologenarbeitslosigkeit bei gleichzeitig bestehendem Bedarf an psychologischen Dienstleistungen ist jedoch nur *ein* Symptom für die Krise des Faches. Ein weiteres Krisensymptom ist die völlig unzureichende berufsrechtliche Absicherung der Psychologentätigkeit. Psychologen besitzen im Gegensatz zu Ärzten und Steuerberatern kein Aussageverweigerungsrecht. Psychotherapie durch Psychologen wird bis heute über das »Heilpraktiker-Gesetz« geregelt, obwohl schon in der »Enquete zur Lage der Psychiatrie« (1975) ein »Psychotherapeuten-gesetz« gefordert wurde und seit mehr als zehn Jahren entsprechende Gesetzentwürfe in der Schublade liegen (s. dazu S. 364).

Die wichtigste Ursache jedoch ist zweifellos im inneren Zustand des Faches zu suchen. Hier äußert sich die Krise in einem absurden Widerspruch zwischen der gesellschaftlichen Enthaltsamkeit der akademischen Psychologie in Lehre und Forschung einerseits und den brisanten sozialen Anforderungen der Berufspraxis von Psychologen andererseits. Lehre und Forschung und die sie tragende Politik der »Deutschen Gesellschaft für Psychologie« sind einseitig an einem überkommenen naturwissenschaftlichen Psychologieverständnis orientiert: Der methodische Zugang basiert auf Statistik, Psychometrie und Laborexperimenten. (Wie wir gesehen haben [S. 20], wird dieses Wissenschaftsverständnis in den Naturwissenschaften selbst inzwischen zunehmend in Frage gestellt.) Drängende Themen – wie etwa gesellschaftlich-technischer Wandel, Armut, ökologische Krise und Kriegsgefahr, Identitäts- und Sinnverlust – werden kaum zur Kenntnis genommen, nicht zuletzt deshalb, weil sie sich dem Wissenschaftsverständnis und den Methoden der akademischen Psychologie entziehen. Die überwiegende Mehrzahl der praktisch tätigen Psychologen (etwa 80 Prozent) ist demgegenüber mit Aufgaben konfrontiert, die völlig andersartige psychologische Wissensbestände und Fähigkeiten erfordern. Ob Psychologen im klinisch-therapeutischen, sozialen, pädagogischen oder betrieblichen Bereich arbeiten, der gemeinsame Nenner ihrer beruflichen Fähigkeiten ließe sich mit *Expertentum für menschliches Zusammenleben* beschreiben. Gefordert sind für dieses Expertentum fachliche Qualifikationen in bezug auf das Verstehen und die Lösung von Konfliktsituationen beim einzelnen Individuum und in Gruppen – Paarbeziehung, Familie, Schulklasse, Arbeitsgruppe, Betrieb, Nachbarschaft, Gemeinde.

Die Diskrepanz zwischen den Praxisanforderungen an Psychologen im Beruf und dem Selbstverständnis der akademischen Psychologie schlägt sich insbesondere in der *Studienordnung für Psychologen* nieder. In der Methodenausbildung sind Statistik und Experimentalpraktika vorherrschend. Gesprächsführung und Gruppendynamik werden allenfalls im zweiten Studienabschnitt, und zwar überwiegend im Anwendungsfach Klinische Psychologie, vermittelt. Die Mißstände der Psychologenausbildung werden zwar von allen Seiten beklagt, 1985 wurden jedoch Empfehlungen zur »Studienreform« durchgesetzt, die auf eine noch stärker (naturwissenschaftliche Orientierung des Studiums durch Vermehrung der Methoden- und Forschungsanteile und Einschränkung der Wahlmöglichkeiten im Hauptstudium hinauslaufen – auf Kosten der noch am ehesten lebenspraktisch orientierten Klinischen Psychologie!

Erst in letzter Zeit hat sich eine Gruppe von Hochschullehrern, Wissenschaftlern und Praktikern zu einer *»Initiative zur Erneuerung der Psychologie«* zusammengeschlossen. In ihrem Aufruf vom Herbst 1989 heißt es unter anderem: »Psychologie als wissenschaftliche Disziplin entstand im vorigen Jahrhundert aus natur- und kulturwissenschaftlichen Wurzeln. Ihr Gegenstand war das Subjekt in seiner Geschichtlichkeit, der Mensch in seiner Auseinandersetzung mit sich selbst, seiner Umwelt und seinen Mitmenschen. Das Gemeinsame der Berufstätigkeit von Psychologen in unterschiedlichen Praxisfeldern liegt in der Auseinandersetzung mit Fragen des menschlichen Zusammenlebens im Alltag. Die akademische, einseitig naturwissenschaftlich orientierte Psychologie trägt den gesellschaftlichen Erfordernissen und damit der Berufspraxis von Psychologen jedoch weder in ihren wissenschaftlichen Zielsetzungen noch in ihrer Forschung und auch nicht in ihren Ausbildungsgängen Rechnung.« Die Initiative stieß auf große Zustimmung innerhalb und außerhalb der Universitäten. Daraufhin wurde 1991 auf einem Gründungskongreß die »Neue Gesellschaft für Psychologie« ins Leben gerufen. Ihre Ziele sieht diese neue wissenschaftliche Gesellschaft in der Durchsetzung eines erweiterten Verständnisses von Psychologie in der Öffentlichkeit und in einer entsprechenden Einflußnahme auf psychologische Ausbildungsgänge, Forschungsprojekte und gesellschaftliche Aufgaben der Psychologie.

10.2 Die Krise der wissenschaftlich-technischen Zivilisation

Die Krise der Psychologie am Ende des 2. Jahrtausends ist nicht als isoliertes Phänomen zu betrachten. In seinem Buch »Die Zeit drängt« (1988) schreibt der Philosoph und Zukunftsforscher Carl Friedrich von Weizsäcker: »Die Menschheit befindet sich heute in einer Krise, deren katastrophaler Höhepunkt wahrscheinlich noch vor uns liegt.« Weizsäcker nennt drei Menschheitsprobleme:

- Armut und soziale Ungerechtigkeit
- Kriegsgefahr
- Naturzerstörung.

Diese Probleme sind nach Weizsäcker nicht vom Himmel gefallen, sondern von Menschen geschaffen. Sie sind ein Nebenprodukt der Entstehung von Hochkulturen in den letzten 6000 bis 10000 Jahren der Menschheitsgeschichte. Die Konzentration von Macht sowie Städtebau und Staatsbildung gingen einher mit der Entstehung der großen Religionen und philosophischen Systeme. Insbesondere die *rationalistische Tradition* als Hauptströmung des abendländischen Denkens (s. S. 18) ermöglichte durch ihre Entfaltung in der neuzeitlichen Wissenschaft und Technik eine immer weiter fortschreitende Naturbeherrschung, die jetzt an ihre Grenzen stößt und ein selbstzerstörerisches Potential entwickelt.

Die von zahlreichen Experten diagnostizierte und in den Medien durch täglich neue Katastrophenmeldungen bestätigte ökologische Krise hat im Bewußtsein breiter Bevölkerungsschichten einen Wandel ausgelöst, wobei auf Technik setzende Fortschrittsgläubigkeit zunehmend der Skepsis und Zukunftsangst angesichts erlebter oder befürchteter negativer Technikfolgen wich. Die Reaktorkatastrophe

Die psychischen Folgen von Tschernobyl

Am 26. April 1986 ereignete sich im Kernkraftwerk Tschernobyl in der Ukraine der von Experten praktisch für unmöglich gehaltene »Größte Anzunehmende Unfall« (GAU), das Durchschmelzen eines Reaktorkerns. Große Mengen von radioaktiven Substanzen wurden freigesetzt und verteilten sich in den folgenden Wochen über ganz Europa. Über das Ausmaß der gesundheitlichen Schäden streiten sich die Experten bis heute. Tschernobyl wurde wie kein zweites Ereignis seit den Atombombenabwürfen auf Hiroshima und Nagasaki in der Öffentlichkeit zum Symbol für die Bedrohung unserer Lebensgrundlagen durch technikbedingte Risiken.

Wir nahmen Tschernobyl in einer Arbeitsgruppe von Psychologen an der Technischen Universität Berlin zum Anlaß, die *psychische Verarbeitung* der zunehmenden Umweltzerstörung in einer Langzeitstudie zu untersuchen (Legewie u. a., 1990). In den ersten Wochen und Monaten nach dem Reaktorunfall führten wir Befragungen mit »Schlüsselpersonen« über die Reaktionen der Bevölkerung durch (z. B. Gemüsehändler, Apotheker und Ärzte, Personal von Strahlenmeßstellen). Gleichzeitig befragten wir in ausführlichen offenen Interviews (s. S. 305) mehr als 50 Berliner Männer und Frauen aller Altersgruppen und sozialen Schichten. Mit einer Auswahl von 20 dieser Befragten wurden die Interviews zwischen 1987 und 1989 insgesamt dreimal wiederholt. Ergänzend führten wir 1987 und 1988 eine repräsentative Befragung per Telefon bei 200 Personen durch. Laut Repräsentativbefragung fühlten sich durch den Reaktorunfall über 50 % der Bevölkerung in ihrem Wohlbefinden beeinträchtigt, 30 % reagierten mit Angst, 30 % mit Hilflosigkeit und Depression, 12 % mit Wut oder Haß; 34 % erwarteten längerfristige Beeinträchtigungen ihrer Gesundheit. 65 % sahen die Zukunft aufgrund der fortschreitenden Umweltzerstörung insgesamt pessimistisch, nur 13 % glaubten, daß es besser werde – aber lediglich 4 % zeigten eine Bereitschaft zu umweltpolitischem Engagement.

Sehr viel aufschlußreicher, weil in die Tiefe gehend, waren die Ergebnisse der offenen Interviews. Nach der psychischen Verarbeitung der Bedrohung lassen sich 3 Gruppen unterscheiden:

- *Erleben von intensiven Bedrohtheitsgefühlen*

In diese Gruppe fallen 10 Befragte (7 Frauen und 3 Männer, mit einer Ausnahme alle im frühen und mittleren Erwachsenenalter). Die Befragten beschreiben heftige Emotionen wie Schock, Panik, Entsetzen, Angst, Aufregung. Diese Reaktionen waren verbunden mit Gefühlen von Hilflosigkeit, Ohnmacht und Wut, die trotz der von vielen angegebenen Tendenz zur Vermeidung oder Kontrolle von Gefühlen intensiv erlebt und in der Interviewsituation mehr oder weniger stark reaktiviert wurden.

- *Vermeiden von Bedrohtheitsgefühlen*

In diese Gruppe fallen 5 Befragte, mit einer Ausnahme Frauen. Hier finden sich Äußerungen zur wahrgenommenen Gefahr, verbunden mit dem Hinweis, daß man sich zur Ruhe gezwungen habe, weil »Panik sinnlos« sei. Jüngere Befragte nennen eher »Galgenhumor« als Mittel der Gefühlskontrolle, oder sie beklagen ihre Tendenz zur »Verdrängung«. Die Aussagen in den Interviews waren in der Regel sachlich-distanziert. Mehrere Befragte der Gruppen 1 und 2 erklärten, während der ersten Wochen ein starkes Gefühl der Fremdheit, des Unheimlichen, eines Ausnahmezustandes erlebt zu haben. Zur Interpretation dieses merkwürdigen, von uns als »Tschernobyl-Gefühl« bezeichneten Zustands lassen sich – abgesehen vom Ausmaß des psychischen Schocks – das völlige Fehlen von Einordnungsmöglichkeiten der Informationen, die Unanschaulichkeit der Gefahr und die erlebte »Umwertung aller Werte« (die »strahlend schöne« Natur und gesunde, natürliche Nahrung sind plötzlich giftig) heranziehen. Das »Tschernobyl-Gefühl« klang im allgemeinen nach wenigen Wochen ab.

- *Verneinen von Bedrohtheitsgefühlen*

In diese Gruppe fallen 5 Befragte (4 davon waren Männer, ebenfalls 4 ältere Menschen). Typische Äußerungen in dieser Gruppe sind: »Keine Reaktion«, »normal«, »man geht zur Tagesordnung über«, »es ist eben passiert«. Eine Analyse der Interviews erbrachte jedoch ohne Ausnahme Hinweise darauf, daß diese Befragten keineswegs angstfrei waren, daß sie vielmehr ihre Ängste besonders massiv abwehren mußten. Eine Frau beteuerte beispielsweise wiederholt, daß der Reaktorunfall sie »überhaupt nicht« berührt habe, um dann beiläufig zu äußern: »Vielleicht trauen wir uns gar nicht, uns Angst zu machen, weil wir so hilflos sind.« Andere äußerten sich voller Zynismus und Resignation, die bis zur Vernichtungssehnsucht reichte (»Vielleicht sollte die Menschheit vernichtet werden, und die Natur kann sich wieder erholen«).

Im *Zeitverlauf* der Verarbeitung ließen sich 4 Phasen unterscheiden: (1) eine *Orientierungsphase,* in der für die Befragten noch unklar war, ob die erhöhte Radioaktivität sie auch persönlich bedrohen könnte; (2) eine *Bedrohtheitsphase* (mehrere Wochen bis Monate) mit Unsicherheit, Angst und Verhaltensänderungen in den Gruppen 1 und 2; (3) eine *Beruhigungsphase,* in der sich das Leben für die meisten wieder normalisierte, obwohl die Bedrohung noch gegenwärtig war, und (4) eine *Gewöhnungsphase,* in der Tschernobyl in den Hintergrund des Bewußtseins gerückt war und neben den neuen Katastrophenmeldungen (Rheinvergiftung, Robbensterben etc.) zu einem allgemeinen resignativen Lebensgefühl beitrug.

Bei einzelnen Befragten war die Gewöhnung jedoch nicht mit einer durchgehenden Abwehr der Bedrohtheitsgefühle verbunden. Die fortwährend erlebte Angst, Hilflosigkeit und Ohnmacht führten entweder in eine länger anhaltende schwere Depression, oder die andauernden Bedrohtheitsgefühle konnten bei günstigen persönlichen und sozialen Bedingungen – z. B. erlebter Gruppensolidarität – den Anstoß zu einer intensiveren und bewußten Auseinandersetzung mit den eigenen Werten und der gesamten Lebensführung geben.

Das wichtigste Ergebnis der Studie besagt, daß nicht Uninformiertheit oder Gleichgültigkeit, sondern *Resignation* die Menschen an konsequent umweltbewußtem Handeln hindert.

von Tschernobyl 1986 und die Reaktion der Öffentlichkeit auf diesen »Größten Anzunehmenden Unfall« (GAU) hatten eine besondere Signalwirkung für diese Entwicklung (s. Kasten S. 422). Die allenthalben erlebte Angst und die Ohnmacht angesichts der ökologischen Krise führten aber weder beim einzelnen noch in der breiten Öffentlichkeit oder bei den verantwortlichen Politikern zu entschlossenem Handeln, sondern bestenfalls zu halbherzigen Maßnahmen, aber mehr noch zu Resignation, Zynismus oder gar Untergangssehnsucht. Der Zukunftsforscher Robert Jungk, der seit den 50er Jahren vor den ökologischen und gesellschaftlichen Folgen einer ungebremsten technischen Entwicklung warnt, hält Resignation, Apathie und Zynismus für Symptome einer »Innenweltzerstörung«, die er als ebenso gefährlich wie die Umweltzerstörung einschätzt.

Carl Friedrich von Weizsäcker und Robert Jungk stimmen – bei aller Unterschiedlichkeit ihrer liberalen bzw. »linken« Positionen – darin überein, daß nur

Demonstration gegen Atomkraftwerke in Berlin nach dem Reaktorunfall in Tschernobyl

Zukunftswerkstatt

»Was will und was ist eine Zukunftswerkstatt? Dem sogenannten ›mündigen‹ Bürger wird praktisch ein direktes Mitspracherecht vorenthalten. Unser Leben, unsere Arbeit, Umwelt und Zukunft werden von Politikern, Industriellen und Experten entworfen und festgelegt. Um diesen undemokratischen Zustand umzukehren und zu zeigen, daß es auch anders geht, haben Robert Jungk und seine Mitarbeiter seit gut 20 Jahren das Projekt der Zukunftswerkstatt entwickelt und erprobt. Dabei wird davon ausgegangen, daß die ungehörte Masse der Bevölkerung sehr wohl etwas zur Ausgestaltung ihrer Wohnviertel und Städte, ihrer Arbeitsplätze und Industriegebiete oder zu ihrer Energieversorgung zu sagen hat. Man muß sie nur auf ihre Erfahrungen und Bedürfnisse ansprechen, dann öffnet sich ein riesiges Reservoir an Ideen und Vorschlägen und es tritt ein Einfallsreichtum zutage, der es durchaus mit den Gutachten der Experten aufnehmen kann. In den Zukunftswerkstätten soll dieser Schatz gehoben werden.«

So oder ähnlich könnte die Einführung in eine Zukunftswerkstatt beginnen (s. Robert Jungk/Norbert R. Müllert: »Zukunftswerkstätten«, 1981). Die Zukunftswerkstatt ist ein psychologisch begründetes Vorgehen, mit dessen Hilfe kleine Arbeitsgruppen (ca. 6 bis maximal 20 Teilnehmer) kreative Ideen und konkrete Pläne zur Gestaltung ihrer Lebens- und Arbeitsbedingungen entwickeln. Vor Beginn der Zukunftswerkstatt wird ein *Thema* festgelegt, das alle Beteiligten angeht, z. B.: Wie gestalten wir ein lebenswertes Wohnviertel? Die Zukunftswerkstatt arbeitet ein bis drei Tage an dem Thema, als Ergebnis entstehen ein oder mehrere Aktionspläne, die bei entsprechendem Engagement der Teilnehmer in einer »permanenten Werkstatt« realisiert werden können. Die Arbeit der Zukunftswerkstatt gliedert sich in drei Phasen:

- In der *Kritikphase* werden von den Teilnehmern Kritikpunkte, Mißstände und Mängel zusammengetragen und zu einer »Problemlandschaft« geordnet.
- In der *Phantasiephase* gilt es, frei von »Realitätskontrolle« kreative Ideen bis hin zu den ausgefallensten Utopien zur Beseitigung der schlimmsten Mißstände zu entwickeln.
- In der *Realisierungsphase* werden eine oder mehrere der erfolgversprechendsten Ideen auf ihre Umsetzbarkeit hin getestet, und es wird ein realistischer Aktionsplan ausgearbeitet.

Die *Arbeitsmethoden* in der Zukunftswerkstatt sind einfach und wirkungsvoll: Durch kreative Spiele wird eine entspannte, die Phantasie fördernde Atmosphäre erreicht. Alle Diskussionsbeiträge werden in gut lesbaren Stichworten (Druckbuchstaben!) auf Wandzeitungen visualisiert (Moderation durch Visualisierung), so daß kein Beitrag verlorengeht und (als Nebeneffekt) die bekannten Vielredner gebremst werden. Die Stichworte ermöglichen zudem eine einfache Auswahl für die Weiterarbeit in Form von Punktvergaben durch die Gruppenmitglieder.
Zur Durchführung einer Zukunftswerkstatt benötigt die Gruppe einen genügend großen Raum mit Bewegungsfreiheit und freien Wänden, Packpapier, Schere, Klebeband und Filzstifte – sowie einen oder mehrere erfahrene Moderatoren, die auf das Einhalten der Regeln achten. Es ist erstaunlich, welche Freude es den Teilnehmern einer Zukunftswerkstatt macht, ihre kreativen Fähigkeiten zu entdecken – und wieviel menschenfreundlicher die Planungsergebnisse von Zukunftswerkstätten im Vergleich zu expertenorientierten Planungen meist sind.

ein *globaler Bewußtseinswandel,* der mit der Ausbeutung der Natur und der Ideologie des Wachstums bricht, die gegenwärtige Menschheitskrise bannen kann. Inhaltlich soll sich das neue Bewußtsein nach Weizsäcker durch ein Schöpfungsverständnis auszeichnen, das Mensch und Natur im Zusammenhang sieht, durch einen ökologischen Verpflichtungsrahmen für die Weltwirtschaft, durch »demokratische Askese«, d. h. den Verzicht auf grenzenloses Wachstum, und vor allem durch die Abschaffung des Krieges als Mittel der Konfliktlösung.

Um diesen Wandel herbeizuführen, setzt Weizsäcker auf die Vernunft nationaler und internationaler Institutionen, aber auch auf die großen Weltreligionen, die seit Jahrtausenden das Bewußtsein der Menschen geprägt haben. Jungk plädiert demgegenüber in seinem Buch »Projekt Ermutigung« (1988) für einen »Wandel des Bewußtseins«, der sich aus den brachliegenden Kräften menschlicher *Phantasie und Kreativität* entwickeln soll. Als Werkzeug zur Freisetzung der Kreativität hat er das Instrument der »Zukunftswerkstätten« geschaffen (s. Kasten S. 424). Im Gegensatz zu Weizsäcker erwartet Jungk den Wandel nicht von etablierten Institutionen wie Staat und Kirche, sondern von unten durch eine Vielzahl *sozialer Experimente,* die »wie gezielte Nadelstiche der Akupunktur ... im schwerfälligen Körper der Gesellschaft einen Heilungsvorgang anregen«.

10.3 Herausforderung für die Psychologie

Der allenthalben geforderte Bewußtseinswandel stellt nicht nur für den einzelnen, die Öffentlichkeit und die Politiker eine Herausforderung dar, sondern auch für die Sozialwissenschaften und die Psychologie. Diese These soll am Bericht der *Weltkommission für Umwelt und Entwicklung* »Unsere gemeinsame Zukunft« (1987) verdeutlicht werden. Die Kommission, die sich aus Mitgliedern westlicher und östlicher Industrienationen sowie Ländern der Dritten Welt zusammensetzt, führte von 1984 bis 1987 im Auftrag der UNO in allen Teilen der Welt Hearings zum Zustand der Umwelt durch. Dem Bericht zufolge sind umweltzerstörende Technologien nur die eine Seite der Krise. Weitaus wichtiger sind die sozialen, wirtschaftlichen und politischen Bedingungen, die dem zerstörerischen Wachstum zugrunde liegen. Die Industrienationen verbrauchen mit ihrem ungebremsten industriellen Wachstum und ihrem Konsum den Löwenanteil an Energie und Ressourcen und sind mit ihrem zerstörerischen Lebensstil ein verhängnisvolles Vorbild für die armen Länder im Süden und Osten. Die Mehrzahl der Menschheit leidet an Armut und Hunger und ist auf wirtschaftliches Wachstum und Raubbau an der Natur angewiesen, um die grundlegenden Bedürfnisse befriedigen zu können. Durch das Bevölkerungswachstum wird jeder ökonomische Fortschritt buchstäblich aufgezehrt, es bleibt kein Spielraum für die erforderlichen sozialpolitischen Reformen.

Als Ausweg aus der Krise empfiehlt die Kommission das Rahmenkonzept einer *nachhaltigen Entwicklung,* »die die Bedürfnisse der Gegenwart befriedigt, ohne zu riskieren, daß künftige Generationen ihre eigenen Bedürfnisse nicht befriedigen können«. Nachhaltige Entwicklung soll sich an folgenden Zielen einer weltweiten Entwicklungspolitik orientieren:

- Belebung des Wachstums bei veränderter Wachstumsqualität
- Befriedigung der Grundbedürfnisse in bezug auf Nahrung, Energie, Wasser, Hygiene, Arbeit und Bildung
- Sicherung konstanter Bevölkerungszahlen
- Erhaltung und Stärkung der Ressourcenbasis
- Neuorientierung von Technologie und Handhabung von Risiken
- Verbindung von Ökonomie und Ökologie in den Entscheidungsprozessen.

Das Programm der Weltkommission ist alles andere als radikal zu nennen, vielmehr stellt es einen Minimalkonsens von regierungsnahen Umweltpolitikern dar. Welches sind dann die Gründe dafür, daß seine Forderungen in der internationalen, nationalen und regionalen Politik, im großen wie im kleinen, kaum durchgesetzt werden? (als aktuelles Beispiel s. Kasten S. 427.)

Diese Frage weist auf einen zentralen Schwachpunkt des Berichts. Trotz seiner wegweisenden Ansätze ist er, wie fast alle Umweltprogramme, einseitig technisch orientiert. Während beispielsweise dem Aussterben der Arten ein eigenes Kapitel gewidmet ist, werden die in ihren Konsequenzen vielleicht ebenso verheerende weltweite Zerstörung kultureller Vielfalt und Identität und ihr Ersatz durch die westliche »Industriekultur« nur am Rande erwähnt. Die Voraussetzungen der ökologischen Krise in Politik, Bildung, Kultur, Religion und nicht zuletzt in der subjektiven Verfassung der Menschen kommen kaum zur Sprache, die gesellschaftlichen Interessen- und Wertkonflikte, die Bedeutung von Nationalismus, Macht, Unterdrückung, Kriminalität und Menschenrechtsverletzungen werden nicht mit der gleichen Gründlichkeit wie die »harten« Fakten des Bevölkerungswachstums, der Weltwirtschaftskrise und der Umweltzerstörung analysiert. Doch dieser Mangel wird in dem Bericht zumindest benannt. So äußert ein von der Kommission befragter Experte: »Um globale Probleme erfolgreich zu lösen, müssen wir neue Denkmethoden entwickeln und zu neuen moralischen Wertkriterien sowie zu neuen Verhaltensmustern gelangen. Wir sollten nicht nur die Expansion der materiellen, wissenschaftlichen und technischen Basis vorantreiben, sondern es ist wichtig, neue Werte und humanistische Ziele in der Human-Psychologie zu begründen, denn Weisheit und Menschlichkeit sind die ewigen ›Wahrheiten‹, die die Grundlage der Menschheit darstellen. Wir brauchen neue soziale, moralische, wissenschaftliche und ökologische Begriffe, die sich nach den neuen Bedingungen im Leben der Menschheit heute und in der Zukunft richten.«

Solche Erwartungen, die die Psychologie als neue Heilslehre erscheinen lassen, müssen zurückgewiesen werden, sie enthalten aber einen bedenkenswerten Kern. Neue Werte und humanistische Ziele sind nach unserer Auffassung nicht *in der Psychologie* begründbar, sondern nur *in den Menschen.* Aufgabe der Psychologie sollte es sein, Menschen – von primären Gruppen bis hin zur Völkergemeinschaft – dabei zu unterstützen, solche humanistischen Ziele *selber* immer wieder neu *zu finden* bzw. die psychischen Barrieren, die ihrer Realisierung im Wege stehen, zu überwinden. Psychologen in der Praxis – sei es im Wirtschafts-, Erziehungs- oder Gesundheitsbereich – haben, vorbei am akademischen Psychologieverständnis, Erfahrungswissen und Können in großem Umfang erworben, das sich auf *Konflikte im menschlichen Zusammenleben, Identitätskrisen, die Förderung von Kreativität und Gruppenprozessen* bezieht. Was kann dieses Potential zur Bewältigung der weltweiten Krise beitragen? Oder ist die Anwendung psychologischen Wissens verfrüht, weil unser Wissen zu ungesichert erscheint? Sollte die Psychologie sich auf die kritische Reflexion der bestehenden Mißstände beschränken? Oder sollten psychologisches Wissen und praktische Erfahrungen in großem Umfang als *Dienstleistungen* für die Aufgaben der ökologischen Umgestaltung der Gesellschaft zur Verfügung gestellt werden? Trotz aller Gefahren der »Psychologisierung« gesellschaftlicher Probleme plädieren wir für eine breite Nutzung psychologischen Wissens und Könnens zur Sicherung einer *nachhaltigen Entwicklung,* wie sie von der Weltkommission gefordert wird. Ansatzpunkte sehen wir in der Pädagogik des Bewußtseinswandels, der Gruppenarbeit und Organisationsentwicklung sowie in der psychologischen Konfliktanalyse und -beratung.

Für die *Pädagogik des Bewußtseinswandels* sind die Ergebnisse psychologischer Untersuchungen zum alltäglichen Risikobewußtsein und zur Zukunftsangst angesichts der Naturzerstörung von Bedeutung. Die weitverbreiteten Ängste werden – unbewußt oder bewußt – beiseite geschoben, damit die Anforderungen des Alltags bewältigt werden können. Der Preis ist ein doppelter: Die abgewehrten Ängste tragen bei zu einem Hintergrundgefühl von Resignation und Pessimismus –

Der Gipfel für Umwelt und Entwicklung in Rio 1992

Die Verhandlungen der Uno-Konferenz für Umwelt und Entwicklung (UNCED) in Rio de Janeiro im Juni 1992 sollten die »Erklärung von Rio« und drei völkerrechtlich verbindliche Abkommen schaffen, die der Umweltzerstörung Einhalt gebieten sollen: die Klimakonvention, die Artenschutzkonvention und eine Konvention zum Schutz der Wälder. Durch monatelanges Feilschen wurden die Konventionen jeder Verbindlichkeit beraubt, die USA weigerten sich zudem, die Artenschutzkonvention zu unterzeichen.

Bei einer Vorlesung am Rande des Umweltgipfels hat der französische Meeresforscher Jacques Cousteau warnend auf die explosive Zunahme der Erdbevölkerung hingewiesen. In den nächsten 80 Jahren wird eine Verdreifachung der Weltbevölkerung auf 16 Milliarden Menschen vorausgesagt. Angesichts der vielfältigen Bemühungen zur Rettung des Planeten erscheint der internationalen Umweltorganisation »Greenpeace« die Eigensucht der reichsten Industrienationen verhängnisvoll. Der Greenpeace-Sprecher Clif Curtis kritisierte in Rio das Argument des amerikanischen Präsidenten Bush, ein Unterzeichnen der Uno-Konvention zur Artenvielfalt würde zahlreiche Arbeitsplätze in den USA gefährden: »Fünf Monate vor den Wahlen in den USA versuche Bush nur, seinen eigenen Job zu retten.«

Einige Eckdaten verdeutlichen, wie die Menschen und ihre Wirtschaft die Erde zerstören:

- Allein in unserer Generation ist die Hälfte der Urwälder verschwunden.
- Der CO_2- Ausstoß der menschichen Bewirtschaftung der Erde hat sich in dieser Zeitspanne verdoppelt.

Abhilfe soll in den Entwicklungsländern geschaffen werden. Von der Weltbank flossen in den letzten zehn Jahren rund 55 Milliarden Dollar Wirtschaftshilfe in die Entwicklungsländer, wobei die Natur und die Ressourcen gnadenlos ausgebeutet wurden. Der Schuldendienst und der Gewinntransfer der multinationalen Konzerne betrug 175 Milliarden Dollar. Der Hauptverantwortliche für die Wirtschaftspolitik der Weltbank, Lawrence Summers, hat eine bedenkliche Alternative zu all diesen Problemen: »Meine private Meinung: Sollte die Weltbank nicht die Verlegung von ›schmutzigen‹ Industrien in die weniger entwickelten Länder unterstützen?« Die Länder der Dritten Welt sind mißtrauisch: Sollen sie ökologische Disziplin wahren, während die Menschen in Nordamerika, Europa und Japan kaum bereit sind, ihre gefährdende Lebensweise zu ändern? (Quelle: Friedrich Guber, Sonntag Aktuell, 7. Juni, 1992).

und die Motivation für eine aktive Auseinandersetzung mit der ökologischen Krise durch umweltbewußtes Handeln und Engagement erlischt. Dem Bewußtseinswandel steht demnach nicht so sehr mangelndes Wissen um die globale Krise im Wege, sondern eine tiefgreifende psychologische »Demoralisierung«. Hier müssen die Überlegungen zur Pädagogik des Bewußtseinswandels ansetzen. Es geht um die *Selbstbemächtigung* der Menschen, die Gestaltung ihrer Lebensbedingungen selber in die Hand zu nehmen (Empowerment, s. S. 414). Und es geht um die schrittweise Bildung eines ökologischen Lebensstils in unserer Lebensführung, in Haushalt, Nachbarschaft, Freizeit, im sozialen Nahraum und bei der Arbeit.

Aus psychologischer Sicht ist es wichtig, daß hier nicht Verbote, Pflicht und Askese im Vordergrund stehen, sondern die Wiederentdeckung von Quellen der Lebensfreude, die durch unseren modernen, krank machenden Lebensstil größtenteils verschüttet sind. Es geht darum, in einer »Überlebensreform« die dreifache Entfremdung des Menschen schrittweise zu überwinden:

- die Entfremdung von der Natur, einschließlich des eigenen Körpers
- die Entfremdung von den Mitmenschen
- die Entfremdung von sich selbst.

Religiös gebundene Menschen werden hier noch die Entfremdung des Menschen von Gott anfügen.

Zur Bewältigung von gesundheitlichen Problemen, Beziehungsstörungen und Identitätskrisen stehen heute die verschiedensten Therapien sowie das reichhaltige Angebot des Psycho- und Esoterikmarktes zur Verfügung. Das kann für den einzelnen seinen guten Sinn haben, geht aber am Kern des Problems vorbei und ist insofern sogar gefährlich, als es zur weiteren Vereinzelung der Lösungsversuche beiträgt.

Die Überlebensreform muß demgegenüber beim Bewußtsein und Handeln zugleich ansetzen. Im Vordergrund hat dabei nicht das getrennte Sammeln von Hausmüll für das Recycling oder umweltbewußtes Einkaufen zu stehen, obwohl solche praktischen Schritte unerläßlich sind. Vielmehr geht es um weit elementarere Gewohnheiten, z. B.

- um ein neues Verhältnis zur Zeit, d. h., sich Zeit lassen zum Handeln und Nachdenken, weg vom Fetisch der »Produktionssteigerung«, den wir ja mittlerweile bis tief in die persönliche Lebensgestaltung hinein verinnerlicht haben;
- um ein neues Verhältnis zur Wahrnehmung, d. h. Schutz vor der »informatorischen Umweltverschmutzung«, der immer größeren Überflutung mit immer irrelevanteren Informationen durch Medien, Alltag, Freizeit- und Kulturindustrie;
- um eine Rückeroberung unseres verschütteten Natur- und Leiberlebens.

Hier muß die Umweltpädagogik ansetzen, mit einem bloßen Anprangern der Umweltzerstörung ist es nicht getan.

Der Philosoph Gernot Böhme hat in seinen »Darmstädter Vorlesungen« (1985) anthropologische Grundlagen für einen solchen Bewußtseinswandel skizziert. Er stellt dem von Immanuel Kant beschriebenen modernen Ideal des *autonomen Vernunftmenschen* eine bescheidenere »postmoderne« *Utopie des souveränen Menschen* gegenüber. Souveränität versteht Böhme *nicht* im Sinne von Herrschaft über sich selbst und andere, sondern er meint damit Gelassenheit, Selbstbeschränkung und Geltenlassen des anderen: »Der souveräne Mensch weiß, daß er nicht die ganze Wahrheit vertritt und daß seine Form des Daseins nur einen Teil des Menschseins ausmacht. Er wird nicht ängstlich um sein Ich bangen, weil er dahinter das Selbst spürt. Er wird seinen Leib nicht für ein körperliches Instrument seines Willens halten, seine Gefühle nicht für Produkte seines Bewußtseins. Er wird mit sich selbst leben als Teil eines größeren Zusammenhanges.« Trotz oder vielleicht gerade wegen der katastrophalen Lage der Menschheit sieht Böhme Chancen für den souveränen Menschen: »Die außerordentliche Anhäufung von Wissen über Menschen, die Möglichkeiten realer Kulturbegegnungen, das vielfache Angebot zur Erlernung von Praktiken, die den Übergang von einem Zustand des Daseins zum anderen ermöglichen, erlauben, das Andere kennenzulernen und an sich selbst zu erfahren. Doch dem sind schnell Grenzen gesetzt. Soll Souveränität länger als einen Augenblick anhalten oder mehr als eine exzeptionelle Erfahrung sein, soll sie eine Lebensform werden, so muß sie von anderen mitgetragen werden. Wie die Möglichkeit, die Wahrheit zu sagen, nichts ist ohne jemanden, der sie hören kann, so wird die Fähigkeit, seine Gefühle zu leben, nichts sein ohne jemanden, der das Ausleben von Gefühlen des anderen ertragen kann. Die Gemeinschaft der souveränen Menschen aber wird nicht ohne eine neue Kultur möglich sein. Dafür müssen Formen leiblicher Kommunikation, Formen für die Wirklichkeit von Gefühlen und die Gestaltung von Lebensereignissen erst gefunden werden. Das heißt nicht, daß es solche Formen in den bestehenden menschlichen Kulturen nicht bereits gibt. Aber uns, als Angehörigen einer entwikkelten technischen Zivilisation, die wir als einzelne heute die Chance der Souveränität haben, fehlen sie gerade.«

Böhmes Utopie einer »Gemeinschaft

souveräner Menschen« mag verblüffen angesichts der Tatsache, daß gegenwärtig Fremdenhaß, Nationalismus und Fundamentalismus in unterschiedlichen Weltregionen auf dem Vormarsch sind. Doch der Sinn von Utopien ist es nicht, die Wirklichkeit zu beschreiben, sie sind vielmehr Wunsch- und Leitbilder, die der Orientierung dienen, auch wenn sie sich nicht realisieren lassen. Seit Beginn der Neuzeit hat es verschiedene *Lebensreform*-Bewegungen gegeben, die ähnliche Ziele verwirklichen wollten. Heute können solche Forderungen aber nicht mehr die Sache kleiner, teils sektiererischer Grüppchen sein, sondern sie werden buchstäblich zur Überlebensnotwendigkeit. Deshalb müssen sie in einer großen politischen, pädagogischen, kulturellen und wissenschaftlichen Anstrengung zum Allgemeingut einer pluralistischen Gesellschaft gemacht werden.

Der ökologische Bewußtseinswandel erfordert den Einsatz jedes einzelnen in seiner *Bezugsgruppe*, in Familie und Nachbarschaft, bei der Arbeit und in *gesellschaftlichen Organisationen* (Verbände, Parteien, Kirchen, Gewerkschaften). Eine zunehmend wichtige Rolle spielen hier auch die Umweltinitiativen und Umweltschutzorganisationen, nicht nur aufgrund der politischen Ergebnisse ihres Wirkens, sondern auch wegen der persönlichen Erfahrungen ihrer Mitglieder. Solidarität und emotionale Bindungen in der Gruppe erlauben es den Engagierten im günstigen Fall, hier die Erfahrung eines sinnvollen gemeinsamen Handelns zu machen *und* sich die Gefahr und die eigene Angst einzugestehen. Es spricht einiges dafür, daß die Umweltbewegung zu einer weltweiten und einflußreichen Massenbewegung mit entsprechendem politischen Gewicht werden kann, zumal sich die herkömmlichen Formen der politischen Willensbildung angesichts der globalen Krise zunehmend als unzureichend erweisen. Psychologie kann hier aufklärend und unterstützend wirken, indem sie die Hemmnisse, aber auch die Förderungsmöglichkeiten beim einzelnen und in der Gruppe erkennen hilft und indem sie dazu beiträgt, Situationen und Verfahren zu entwickeln, die Bewußtseinswandel, Kreativität und ökologisches Handeln begünstigen.

Ein besonders wichtiger Anwendungsbereich ist die psychologische *Konfliktanalyse* und *-beratung*, deren potentielle Bedeutung für eine sozial- und umweltverträgliche Zukunftsgestaltung noch kaum wahrgenommen worden ist (siehe S. 307f.). Der Ansatzpunkt besteht in der Erkenntnis, daß die sozialen und ökologischen Probleme nicht in erster Linie »technischer« Natur, sondern von Menschen gemacht sind. Die Gestaltung unserer zukünftigen Lebensbedingungen ist danach nicht das Produkt unbeeinflußbarer Sachzwänge und Entwicklungsprozesse, sondern das Ergebnis der Handlungen und Unterlassungen menschlicher Akteure, d.h. Personen, Gruppen und Institutionen. Sie wird im Konfliktfeld unterschiedlicher Interessen zwischen Fachleuten, Politikern und betroffenen Bürgern in einer – mehr oder weniger öffentlichen – Diskussion, einem *Diskurs*, ausgehandelt. Es ist dieser Diskurs, den es in der Konfliktanalyse zu verstehen und zu verändern gilt. Psychologische Methoden sollen dabei die Interessengegensätze nicht verdekken, sondern den beteiligten Akteuren helfen, die bestehenden Konflikte besser zu begreifen und konstruktive Lösungen zu finden. Im überschaubaren Rahmen von Gemeinwesenprojekten wurden dazu Methoden der Konfliktanalyse, Konfliktvermittlung und Aktionsforschung entwickelt (s. S. 26). In der psychologischen Friedensforschung wird versucht, entsprechende Konzepte auf nationale und internationale Konfliktfelder zu übertragen. Hier besteht ein beträchtlicher Nachholbedarf, aber auch eine große Chance für die Psychologie.

Wir sind uns der Gefahren eines Plädoyers für den Einsatz psychologischer

Methoden bei der Lösung gesellschaftlicher Konflikte bewußt. Eine dieser Gefahren ist der Mißbrauch von Psychologie zur *Psychologisierung des Alltags.* Wenn Psychologie als Allheilmittel erscheint, entstehen neue Abhängigkeiten von einer psychologischen »Priesterschaft«, statt daß die Menschen bei der Entfaltung ihrer humanen Potentiale unterstützt werden (Empowerment, s. S. 414). Doch die ökologische Krise konfrontiert uns – neben all den anderen Schwierigkeiten, z. B. technischer, ökonomischer und sozialer Natur – auch mit psychologischen Problemen. Diese werden gewöhnlich auch ohne Psychologen mehr oder weniger gut bewältigt: von engagierten Bürgern, Pädagogen, Stadtplanern, Ingenieuren, Volks- und Betriebswirten, Verwaltungsfachleuten, Politikern etc., kurz, von jenen, die die Verantwortung für die Gestaltung unserer Lebensbedingungen tragen. Die *wissenschaftliche Psychologie* wird sich daran zu bewähren haben, inwieweit sie die Grundlagen für ein Wissen und Handeln liefern kann, das *über den Alltagsverstand* hinausreicht. So könnte die Psychologie, gemeinsam mit anderen Sozial- und Naturwissenschaften, *zur Gestaltung einer lebenswerten Zukunft beitragen.*

Literaturhinweise

1. Kapitel

T. W. Adorno et al.: Der Positivismusstreit in der deutschen Soziologie. Luchterhand, Neuwied, 1969 – **U. Beck:** Risikogesellschaft. Auf dem Weg in eine andere Moderne. Suhrkamp, Frankfurt/M., 1986 – **U. Beck, E. Beck-Gernsheim:** Das ganz normale Chaos der Liebe. Suhrkamp, Frankfurt/M., 1990 – **G. Böhme:** Alternativen der Wissenschaft. Suhrkamp, Frankfurt/M., 1980 – **K. E. Boulding:** General systems theory – The skeleton of science, 1956. In W. Buckley (Ed.): Modern systems research for the behavioral scientist. Aldine, Chicago, 1968 – **H. Danner:** Methoden geisteswissenschaftlicher Pädagogik. Reinhardt, München, 1979 – **G. Devereux:** Angst und Methode in den Verhaltenswissenschaften. Ullstein, Frankfurt/M., 1973 – **W. Dilthey:** Ideen über eine beschreibende und zergliedernde Psychologie. (1984). In Gesammelte Schriften Bd. 5. Teubner, Stuttgart, 1957 – **H.-G. Gadamer:** Wahrheit und Methode. Mohr, Tübingen, 1960 – **J. Habermas:** Erkenntnis und Interesse. Suhrkamp, Frankfurt/M., 1968 – **H. Haken:** Erfolgsgeheimnisse der Natur: Synergetik: die Lehre vom Zusammenwirken. Ullstein, Frankfurt/M., 1990 – **W. Hinte, R. Runge:** Humanistische Psychologie. In R. Asanger, G. Wenninger (Hrsg.): Handwörterbuch Psychologie. Psychologie Verlags Union, München, 1988 – **K. Holzkamp:** Kritische Psychologie – Vorbereitende Arbeiten. Fischer-Taschenbuch, Frankfurt/M., 1972 – **K. Holzkamp:** Grundlegung der Psychologie. Campus, Frankfurt/M., 1983 – **Th. Kuhn:** The structure of scientific revolutions, (1962), deutsch: Die Struktur wissenschaftlicher Revolutionen. Suhrkamp, Frankfurt/M., 1976 – **K. Lewin:** Action research and minority problems (1946), deutsch in Die Lösung sozialer Konflikte. Christian, Bad Nauheim, 1953 – **H. E. Lück, R. Miller, W. Rechtien:** Geschichte der Psychologie. Ein Handbuch in Schlüsselbegriffen. Urban & Schwarzenberg, München, 1984 – **N. Luhmann:** Soziale Systeme. Grundriß einer allgemeinen Theorie. Suhrkamp, Frankfurt/M., 1984 – **H. Maturana, F. Varela:** Der Baum der Erkenntnis. Scherz, Bern, 1987 – **M. Mies:** Frauenforschung oder feministische Forschung? Beiträge zur feministischen Theorie und Praxis (1984) 11: 40–60 – **G. A. Miller et al.** (1973) (s. Kap. 2) – **H. Nowotny, K. Hansen (Hrsg.):** Wie männlich ist die Wissenschaft? Suhrkamp, Frankfurt/M., 1986 – **O. Pfungst:** Das Pferd des Herrn von Osten (Der kluge Hans). Einleitung von C. Stumpf. Johann Ambrosius Barth, Leipzig, 1907 – **K. Popper:** Logik der Forschung. Mohr, Tübingen, 1966 – **R. Rosenthal:** Experimenter effects in behavioral research. Appleton-Century-Crofts, New York, 1966 – **H. Thomae, H. Feger:** Hauptströmungen der neueren Psychologie. Akadem. Verlagsges., Frankfurt/M., 1969 – **L. Wittgenstein:** Philosophische Untersuchungen. Suhrkamp, Frankfurt/M., 1960

2. Kapitel

W. Ross Ashby: The contribution of information theory to pathological mechanisms in psychiatry. British J. Psychiat. (1968) 114: 1485–1498 – **N. Birbaumer:** Physiologische Psychologie. Springer, Berlin, 1975 – **N. Birbaumer, R. F. Schmidt:** Biologische Psychologie. Springer, Berlin, 1990 – **O. D. Creutzfeldt:** Psychologie der Hirnrinde. Jahrbuch der Max-Planck-Gesellschaft, 1968, 62–89 – **J. Delgado:** Physical control of the mind. Harper & Row, New York, 1969 – **E. W. Kent:** The brains of men and machines. Byte/McGraw-Hill, New York/Peterborough, NJ, 1981 – **W. S. McCulloch, W. H. Pitts:** A logical calculus of the ideas immanent in nervous activity (1943). In W. Buckley (Ed.): Modern systems research for the behavioral scientist. Aldine, Chicago, 1968 – **G. A. Miller, E. Galanter, K. H. Pribram:** Strategien des Handelns. Pläne und Strukturen des Verhaltens. Klett, Stuttgart, 1973 – **M. L. Minsky:** Artificial intelligence. Scientific American, 1966. In: Mathematical thinking in behavioral sciences. Readings from Scientific American, 1968 – **W. Penfield, L. Roberts:** Speech and brain-mechanisms. Princeton Univ. Press, Princeton, 1959 – **B. Rockstoh, Th. Elbert, N. Birbaumer, W. Lutzenberger:** Slow brain potentials and behavior. Urban & Schwarzenberg, München, 2. Aufl. 1989 – **K. H. Pribram, D. McGuinness:** Arousal, activation, and effort in the control of attention. Psychol. Rev. (1975) 82: 116–149 – **R. F. Schmidt (Ed.):** Grundriß der Neurophysiologie. Springer, Berlin, 1972 – **C. F. Stevens:** Die Nervenzelle. Spektrum der Wissenschaft (1979) 11: 47–56

3. Kapitel

W. Ross Ashby: Information processing in everyday human activity. Bio-Science (1968) 18: 190–192 – **N. Birbaumer, R. F. Schmidt:** (s. Kap. 2) – **I. Ditzinger, H. Haken:** Oscillation in the perception of ambiguous patterns. Biol. Cybern. (1989) 61: 279–287 – **J. Dudel:** Allgemeine Sinnesphysiologie. In R. F. Schmidt, G. Thews (Hrsg.): Physiologie des Menschen. Springer, Berlin, 22. Aufl. 1985, S. 191–208 – **R. L. Gregory:** Auge und Gehirn. Kindler, München, 1966 – **D. O. Hebb:** The organisation of behavior. Wiley, New York, 1949 – **D. H. Hubel, T. N. Wiesel:** Receptive fields, binocular interaction and functional architecture in the cat's visual cortex. J. Physiol. (1962) 160: 106–154 – **W. D. Keidel:** Sinnesphysiologie, Teil 1. Springer, Berlin, 1971 – **E. Marg, J. E. Adams, B. Rutkin:** Receptive fields of cells in the human visual cortex. Experientia (1968) 24: 348–350 – **W. Mende, A. Ploeger:** Das Verhalten und Erleben von Bergleuten in der Extrembelastung des Eingeschlossenseins. Der Nervenarzt (1966) 37: 209–219 – **J. von Neumann:** The general and logical theory of automata (1951). In W. Buckley (Ed.): Modern systems research for the behavioral scientist. Aldine, Chicago, 1969 – **L. Scad-**

den: A tactual substitute for sight. New Scientist, March 1969: 677–678 – **O. G. Selfridge, U. Neisser:** Pattern recognition by machine. Scientific American, 1960 – **K. Steinbuch:** Automat und Mensch. Heidelberger Taschenbücher, Heidelberg, 1971 – **J. P. Zubek:** Sensory deprivation: Fifteen years of research. Appleton-Century-Crofts, New York, 1969

4. Kapitel

G. K. Aghajanian, B. S. Bunney: Central dopamine neurons: Neurophysiological identification and response to drugs. In E. Usdin, S. H. Snyder (Eds.): Frontiers in Catecholamine research. Pergamon Press, Oxford, 1973 – **G. W. Allport, L. Postman:** The psychology of rumor. Holt & Co, New York, 1947 – **M. Argyle:** Soziale Interaktion. Kiepenheuer & Witsch, Köln, 1972 – **A. Arkin, J. Hastey, M. Reiser:** Posthypnotically stimulated sleep-talking. J. Nervous Mental Disease (1966) 142: 293–309 – **E. Aserinsky, N. Kleitman:** Regularly occuring periods of eye motility, and concomitant phenomena, during sleep. Science (1953) 118: 273–274 – **D. E. Berlyne:** Conflict and information-theory variables as determinants of human perceptual curiosity. J. Experiment. Psychol. (1957) 53: 399–404 – **N. Birbaumer, T. Elbert, A. Canavan, B. Rockstroh:** Slow cortical potentials and behavior. Physiol. Rev. (1990) 70: 1–4 – **N. Birbaumer, R. F. Schmidt:** (s. Kap. 2) – **J. Bruner, C. Goodman:** Value and need as organizing factors in perception. J. Abnorm. Soc. Psychol. (1947) 42: 33–44 – **M. Bunge, R. Ardila:** Philosophy of Psychology. Springer, New York, 1987 – **A. Carlsson, M. Lindquist:** Effect of chlorpromazine and haloperidol on formation of 3-methoxytyramine and normetanephrine in mouse brain. Acta Pharmacol. Toxicol. (1963) 20: 140 – **C. Cherry:** On human communication. M. I. T. Press, Cambridge (Mass.), 1966 – **A. J. Deikman:** Experimental meditation. In Ch. Tart (Ed.): Altered states of consciousness. Wiley, New York, 1969 – **W. Dement:** The effect of dream deprivation. Science (1960) 131: 1705–1707 – **W. Ehlers, D. Czogalik:** Dimensionen der klinischen Beurteilung von Abwehrmechanismen. Prax. Psychother. Psychosom. (1984) 29: 129–138 – **W. Ehlers, I. Gitzinger, R. Peter:** Experimental analysis of defense in a clinical setting. Abstract XXIV. International Congress of Psychology, Sydney, 1988 – **D. Foulkes:** Die Psychologie des Schlafs. Fischer, Frankfurt/M., 1969 – **S. Freud:** Die Traumdeutung. Ges. Werke II/III. Fischer, Frankfurt/M., 1968 – **S. Freud:** Das Ich und das Es. Ges. Werke XIII. Fischer, Frankfurt/M., 1968 – **W. W. Harman et al.:** Psychedelic agents in creative problem solving. Psychol. Rep. (1966) 19: 211–227 – **E. Hilgard:** The experience of hypnosis. Harcourt & Co, New York, 1965 – **W. James:** The principles of psychology. Vol. 1. Holt & Co, New York, 1890 – **K. Jaspers:** Allgemeine Psychopathologie. Springer, Berlin, 1959 (1. Aufl. 1913) – **J. Joyce:** Ulysses. (1922). Übersetzung v. H. Wollschläger, Suhrkamp, Frankfurt/M., 1975 – **H. Kächele, W. Ehlers, M. Hölzer:** Experiment und Empirie in der Psychoanalyse. In F. Schneider, M. Bartels, K. Foerster, H. J. Gärtner (Hrsg.): Perspektiven der Psychiatrie. Forschung-Diagnose-Therapie. Fischer, Stuttgart, 1991 – **J. Kamiya:** Operant control of the EEG alpha rhythm and some of its reported effects on consciousness. In Ch. Tart (s. o.) – **P. D. Kanof, P. Greengard:** Brain histamin receptors as targets for antidepressant drugs. Nature (1978) 272: 329 – **A. Kasamatsu, T. Hirai:** An electroencephalographic study on the Zen Meditation. In Ch. Tart (s. o.) – **W. Kuhlo, D. Lehmann:** Das Einschlaferleben und seine neurophysiologischen Korrelate. Archiv Psychiatrie Nervenkrankh. (1964) 205: 687–716 – **R. Laing, H. Philipson, A. Lee:** Interpersonelle Wahrnehmung. Suhrkamp, Frankfurt/M., 1971 – **H. Leuner:** Die experimentelle Psychose. Springer Monographien 95. Springer, Berlin, 1962 – **E. McGinnies:** Emotionality and perceptual defense. Psychol. Rev. (1949) 56: 244–251 – **W. Mertens (Hrsg.):** Neue Perspektiven der Psychoanalyse. Kohlhammer, Stuttgart, 1981 – **G. A. Miller:** The magical number seven, plus or minus two: Some limits on our capacity for processing information. Psychol. Rev. (1956) 63: 81–97 – **U. Neisser:** Cognitive psychology. Appleton-Century-Crofts, New York, 1967 – **D. A. Norman:** Aufmerksamkeit und Gedächtnis. Beltz Studienbuch, Weinheim, 1973 – **A. Öhman:** The orienting response, attention and learning: An information processing perspective. In H. D. Kimmel, E. H. van Olst, J. F. Orlebeke (Eds.): The orienting reflex in humans. Erlbaum, Hillsdale, N. J., 1979, 443–471 – **K. H. Pribram, D. McGuinness:** (s. Kap. 2) – **D. Rapaport:** Die Struktur der Psychoanalytischen Theorie. Klett, Stuttgart, 1970 – **F. Rösler:** Elektrophysiologische Korrelate kognitiver Prozesse. Springer, Berlin, 1982 – **P. Seeman, T. Lee, M. Chau-Wong, K. Wong:** Antipsychotic drug doses and neuroleptic/dopamine receptors. Nature (1976) 261: 717 – **D. G. Shulman:** The investigation of psychoanalytic theory by means of the experimental method. Int. J. Psychoanal. (1990) 71: 487 – **H. Silberer:** Bericht über eine Methode, gewisse symbolische Halluzinations-Erscheinungen hervorzurufen und zu beobachten. Jahrbuch der Psychoanalyse. Bd. I (1909) – **B. F. Skinner:** Has Gertrude Stein a secret? Atlantic Monthly (1934) 153: 50–57 – **G. Smith, U. Hentschel:** Perceptgenesis and defense-mechanisms. In U. Hentschel, G. Smith, W. Ehlers, J. Draguns (Hrsg.): Defense mechanisms. Theory and practice in contemporary psychology. Springer, New York, 1992 – **S. H. Snyder:** Grundlagenwissenschaften der Pharmakologie in A. M. Freedman u. a. (Hrsg.): Biologische und organische Psychiatrie. Thieme, Stuttgart, 1986, 28–44 – **Y. N. Sokolov:** Perception and the conditioned reflex. Pergamon Press, Oxford, 1963

5. Kapitel

M. B. Arnold: Emotion and personality. Columbia Univ., New York, 1960, 2 – **A. F. Ax:** The physiological differentiation of fear and anger in humans. Psychosom. Med. (1953) 15: 433–442 – **E. Bänninger-Huber, U. Moser, F. Steiner:** Mikroanalytische Untersuchung affektiver Regulierungsprozesse in Paar-Interaktionen. Zeitschrift für Klinische Psychologie (1990) 19: 123–143 – **A. Bandura, R. H. Walters:** Adolescent aggression. Ronald, New York, 1959 – **N. Birbaumer, R. F. Schmidt:** (s. Kap. 2) – **R. L. Birdwhistell:** Kinesics and Context. Allen Lane, The Penguin Press, London, 1971 – **E. Bottenberg:** Empirische Dimensionierung emotionaler Vorgänge. Dissertation,

Philosophische Fakultät der Universität Würzburg, 1970 – **J.V. Brady:** Ulcers in »Executive« Monkeys. Sci. Am. (1958) 199: 95–103 – **K.M. Bridges:** Emotional development in early infancy. Child. Dev. (1932) 3: 324–341 – **W.B. Cannon:** The James-Lange theory of emotion. Am. J. Psychol. (1927) 39: 106–124 – **Ch. Darwin:** The expression of emotions in man and animals. John Murray, London, 1872 – **P. Ekman, W.V. Friesen:** The repertoire of nonverbal behavior: Categories, origins, usage and coding. Semiotica (1969) 1: 49–98 – **P. Ekman, W.V. Friesen:** Unmasking the face. Prentice Hall, Englewood Cliffs, N.J., 1975 – **P. Ekman, W.V. Friesen:** Manual for the facial action code. Consulting Psychologist Press, Palo Alto, 1978 – **P. Ekman, W.V. Friesen:** Facial Action Coding System (FACS). A technique for the measurement of facial action. Consulting Psychologist Press, Palo Alto, 1978 – **P. Ekman:** Universelle emotionale Gesichtsausdrücke. In G. Kahle (Hrsg.): Die soziale Dimension der Gefühle. Suhrkamp, Frankfurt/M., 1981 – **N. Elias:** Über den Prozeß der Zivilisation. 2 Bde. Suhrkamp, Frankfurt/M., 1939 – **E.H. Erikson:** Kindheit und Gesellschaft. Klett, Stuttgart, 1957 – **S. Freud:** Über infantile Sexualtheorien. Ges. Werke VII. Fischer, Frankfurt/M., 1968 – **A. Heller:** Theorie der Gefühle. VSA-Verlag, Hamburg, 1981 – **H.F. Harlow:** The nature of love. Am. Psychol. (1958) 13: 673–685 – **C.E. Izard:** Human Emotions. Plenum Press, New York, London, 1977 – **C.E. Izard:** Die Emotionen des Menschen. Beltz, Weinheim, 1991 – **W. James, O.G. Lange:** The emotions. Williams & Wilkins, Baltimore, 1922 – **A.J. Jersild:** Emotional development. In L. Charmichael (Eds.): Manual of Child Psychology. Wiley, New York, 1946, 752–790 – **G. Jüttemann (Hrsg.):** Wegbereiter der Historischen Psychologie. Beltz – Psychologie Verlags Union, München, 1988 – **H. Klüver, P.C. Bucy:** Preliminary analysis of functions of the temporal lobes in monkeys. Arch. Neurolog. Psychiat. (1939) 42: 979–1000 – **P.H. Knapp:** Expression of the emotions in man. Internat. Univ. Press, New York, 1963, 199–205 – **R. Krause:** Eine Taxonomie der Affekte und ihre Anwendung auf das Verständnis der »frühen« Störungen. Zs. Psychother. Med. Psychol. (1988) 38: 77–86 – **O. Kruse:** Emotionsentwicklung und Neurosenentstehung. Enke, Stuttgart, 1991 – **R.S. Lazarus:** Cognitive and personality factors underlying threat and coping. In M.H. Appley, S.R. Trumbull (Eds.): Psychological stress. Appleton-Century-Crofts, New York, 1967, 151–169 – **R.S. Lazarus:** Stress und Stressbewältigung – ein Paradigma. In S.-H. Filipp (Hrsg.): Kritische Lebensereignisse. Urban & Schwarzenberg, München, 1991 – **U. Lehr, H. Thomae:** Alltagspsychologie. Wissenschaftliche Buchgesellschaft, Darmstadt, 1991 – **M. Lewis, L. Michalson:** The sozialisation of emotions. In T. Field, A. Fogel (Hrsg.): Emotion and early interaction. Lawrence Erlbaum, Hillsdale, 1982 – **G.F. Mahl:** Disturbances in the patient's speech as a function of anxiety. Paper presented at Annual Meeting of Eastern Psychol. Assoc., 1956 – **G. Marañon:** Contribution à l'étude de l'action émotive de l'adrénaline. Rev. Fr. Endoctrinol (1924) 2: 301–325 – **R. Melzack:** Brain mechanisms and emotion. In D.C. Glass (Ed.): Neurophysiology and behavior. Rockefeller Univ. Press, New York, 1967, 60–69 – **B. Mittelmann, H.G. Wolff:** Emotions and gastroduodenal function. Psychosom. Med. (1942) 4: 5–61 – **R. Plutchik:** Emotion – Facts, Theories and a New Model. University of Nebraska Press, Lincoln, 1972 – **K.H. Pribram:** Psychophysiological basis of emotion. In P.J. Vinken, G.W. Bruyn (Eds.): Handbook of Clinical Neurology (1969) 3: 316–342 – **W. Reich:** Charakteranalyse. Selbstverlag, 1933 – **S. Schachter, J.E. Singer:** Cognitive, social, and physiological determinants of emotional state. Psychol. Rev. (1962) 69: 379–399 – **H. Schlosberg:** Three dimensions of emotion. Psychol. Rev. (1954) 61: 81–88 – **R.U. Sperry:** Neurology and the mind-brain problem. American Scientist (1952) 40: 291–312 – **R.A. Spitz, K.M. Wolf:** Anaclitic depression; an inquiry into the genesis of psychiatric conditions in early childhood, II. In A. Freud et al. (Eds.): The psychoanalytic study of the child. Vol. II. Int. Univ. Press, New York, 1946, 313–342 – **L. Temoshok:** Emotion, adaptation and disease: A multidimensional theory. In L. Temoshok, C.v. Dyke, L.S. Zeyans (Eds.): Emotions in health and illness. Grune & Stratton, New York 1983 – **W. Traxel:** Die Bestimmung einer Unterschiedsschwelle für Gefühle. Psychol. Forsch. (1959) 25: 433–454 – **P.T. Young:** Studies in affective psychology. Am. J. Psychol. (1927) 38: 157–193

6. Kapitel

D.E. Berlyne: Conflict, arousal, and curiosity. McGraw-Hill, New York, 1960 – **N. Birbaumer, R.F. Schmidt:** (s. Kap. 2) – **D.E. Broadbent:** A reformulation of the Yerkes-Dodson law. J. Math. Statist. Psychol. (1965) 18: 145–157 – **W.B. Cannon:** Bodily changes in pain, hunger, fear and rage. Banford, New York, 1929 – **W.B. Cannon:** The wisdom of the body. Norton, New York, 1932 – **G. Caplan, H. Grunebaum:** Perspektiven primärer Prävention. In G. Sommer, H. Ernst (Hrsg.): Gemeindepsychologie. Urban & Schwarzenberg, München, 1977 – **M. Deutsch:** Konfliktregelung. Konstruktive und destruktive Prozesse. Reinhardt, München, 1976 – **J. Dollard, N.E. Miller, L.W. Dolb, O.H. Mowrer, R.R. Sears:** Frustration and aggression. Yale Univ. Press, New Haven, 1939, 1950 – **E. Duffy:** Activation and behavior. Wiley, New York, 1962 – **W. Ehlers:** Psychischer Apparat, Hirnmodelle und Neurose. In H. Enke, V. Tschuschke, W. Volk: Psychotherapeutisches Handeln. Kohlhammer, Stuttgart, 1983 – **M.M. Fichter, I. Meister, H.J. Koch:** The measurement of body image disturbances in anorexia nervosa. Experimental comparison of different methods [Messung von Körperbild-Störungen bei anorektischen Patientinnen. Ein experimenteller Vergleich verschiedener Methoden]. British Journal of Psychiatry (1986) 148: 453–461 – **J.P. Flynn:** The Neurological Basis of Aggression in Cats. In D.C. Glass (Ed.): Neurophysiology and Emotion. Rockefeller University Press, New York, 1967 – **S. Folkman, R.S. Lazarus, C. Dunkel-Schetter, A. Delongis, R.J. Gruer:** Dynamics of stressful encounter: Cognitive appraisal, coping, and encounter outcomes. Journal of Personality and Social Psychology (1986) 50: 992–1103 – **D.C. Fowles:** The three arousal model: Implications of Gray's two factor theory for heart-rate, electrodermal activity and psychopathy. Psychophysiology (1980) 17: 87–104 – **S. Freud:** Formulierungen über zwei Prinzipien des psychischen Geschehens. Ges. Werke VIII. Fischer,

Frankfurt/M., 1968 – **S. Gasiet:** Menschliche Bedürfnisse. Eine theoretische Synthese. Campus, Frankfurt/M., 1991 – **C. F. Grauman:** Motivation. Einführung in die Psychologie. Akademische Verlagsges., Frankfurt/M., 1969 – **J. A. Gray:** Elements of a two-process theory of learning. Academic Press, New York, 1975 – **J. A. Gray:** The behavioral inhibition system: A possible substrate for anxiety. In M. P. Feldman, A. M. Broodhurst (Eds.): Theoretical and experimental base of behaviour modification. Wiley, New York, 1976 – **R. N. Haber:** Current Research in Motivation. Holt, Rinehart and Winston, New York, 1966 – **F. Hacker:** Aggression. Die Brutalisierung der modernen Welt. Molden, Wien, München, 1971 – **H. F. Harlow:** The heterosexual affectional system in monkeys. Am. Psychol. (1962) 17: 1–9 – **H. Heckhausen:** Hoffnung und Furcht in der Leistungsmotivation. Hain, Meisenheim, 1963 – **T. H. Holmes, R. H. Rahe:** The social readjustment rating scale. Journal of Psychosomatic Research (1967) 11: 213–218 – **T. H. Holmes, M. Masuda:** Life change and illness susceptibility. In B. S. Dohrenwend, B. P. Dohrenwend (Eds.): Stressful life events: Their nature and effects. Wiley, New York, 1974 – **E. von Holst:** Vom Wirkungsgefüge der Triebe. Naturwissenschaften (1960) 47: 409–422 – **M. R. Jones:** Nebraska symposium on motivation. Lincoln, Nebraska, University of Nebraska Press (annual publication) – **D. Krailing:** Amount of reward as a variable in training. J. Comp. Physiol. Psychol. (1961) 54: 560–565 – **R. S. Lazarus:** Psychological stress and coping in adaptation and illness. In Z. J. Lipowski, D. R. Lippsitt, P. C. Shybrow (Eds.): Psychosomatic medicine: Current trends and clinical applications. Oxford University Press, New York, 1977 – **K. Lorenz:** Das sogenannte Böse. Schöller-Verlag, Wien, 1963 – **A. H. Maslow:** Motivation and personality (1954), deutsch: Motivation und Persönlichkeit. Rowohlt, Reinbek, 1981 – **W. H. Masters, V. Johnson:** Die sexuelle Reaktion. Akademische Verlagsges., Frankfurt/M., 1967 – **M. Mead:** Sex and Temperament in three primitive societies. Routledge, London, 1935 – **N. E. Miller:** Learnable drives and rewards. In S. S. Stevens (Ed.): Handbook of experimental psychology. Wiley, New York, London, 1951, 435–472 – **St. Milgram:** Behavioral Study of Obedience. J. Abnorm. Soc. Psychol. (1963) 67: 371–378 – **J. Olds:** Physiological mechanisms of reward. In M. R. Jones (Ed.): Nebraska symposium on motivation. Lincoln, Univ. of Nebraska Press, 1955, 70–139 – **B. W. Robinson:** Forebrain alimentary response: some organisational principles. In M. J. Wayner (Ed.): Thirst, First international symposium on thirst in the regulation of body water. Pergamon Press, New York, 1964 – **W. Schmidbauer:** Die sogenannte Aggression. Hoffmann & Campe, Hamburg, 1972 – **H. Selye:** The physiology and pathology of exposure to stress. Montreal: Acta, Inc. (1952). The story of the adaptation syndrom. Montreal: Acta, Inc. (1956). The stress of live. McGraw-Hill, New York, 1950 – **R. L. Solomon:** An opponent-process theory of acquired motivation: The affective dynamics of addiction. In J. D. Maser, M. E. P. Seligman (Eds.): Psychopathology: Experimental models. Freeman, San Francisco, 1977 – **E. Stellar:** The physiology of motivation. Psychol. Rev. (1954) 61: 5–22 – **P. Teitelbaum:** Disturbances in feeding and drinking behavior after hypothalamic lesions. In Nebraska symposium on motivation. Univ. of Nebraska Press, Lincoln, Nebr., 1961 – **W. Toman:** Motivation, Persönlichkeit, Umwelt. Hogrefe, Göttingen, 1968 – **B. Weiner, D. Russel, D. Lerman:** The cognition-emotion process in achievement-related contexts. Journal of Personality and Social Psychology (1979) 37: 1211–1220

7. Kapitel

R. Ader, N. Cohen: Behaviorally conditioned immunosuppression and murine systemic lupus erythemosus. Science (1982) 215 (4539): 1534–1536 – **J. R. Anderson:** Acquisition of cognitive skill. Psychol. Rev. (1982) 89: 369–406 – **P. K. Anokhin:** A new conception of the physiological architecture of conditioned reflex. In Brain mechanisms and learning. Blackwell, Oxford, 1961, 189–229 – **A. Bandura, R. H. Walters:** Social learning and personality development. Holt, New York, 1963 – **R. Dahrendorf:** Homo sociologicus. Ein Versuch zur Geschichte, Bedeutung und Kritik der Kategorie der sozialen Rolle. Westdeutscher Verlag, Köln, 1968 – **T. Dolezol:** Adam zeugte Adam. Abstammung und Urgeschichte des Menschen. Meyster, Wien, 1979 – **P. D. Eimas:** Sprachwahrnehmung beim Säugling. Spektrum der Wissenschaft (1985) 3: 76–83 – **K. Foppa:** Lernen, Gedächtnis, Verhalten. Kiepenheuer & Witsch, Köln, 1970 – **P. Gottwald:** Kybernetische Analyse von Lernprozessen. Oldenburg, München, 1971 – **J. Habermas:** Thesen zur Theorie der Sozialisation. Stichworte und Literatur zur Vorlesung. Frankfurt/M., Sommersemester 1968 – **F. H. Harlow:** The formation of learning sets. Psychol. Rev. (1949) 56: 51–65 – **E. Heidbreder:** The attainment of concepts. I–III. J. General Psychol. (1946) 35: 173–223; J. Psychol. (1947) 24: 93–138 – **E. Hilgard, G. H. Bower:** Theorien des Lernens (2 Bde.). Klett, Stuttgart, 1971 – **W. Köhler:** Intelligenzprüfungen an Anthropoiden I. Psycholog. Forschung (1921) 1: 2–46 – **H. Legewie:** Biofeedback-Therapie. In Die Psychologie des 20. Jahrhunderts (Bd. X). Ergebnisse für die Medizin (2). Kindler, Zürich, 1980, 1033–1042 – **M. McLuhan, Q. Fiore:** The Medium is the Message. Bantam Books, New York, London, Toronto, 1967 – **G. H. Mead:** Mind, self and society (1934). deutsch: Geist, Identität und Gesellschaft. Suhrkamp, Frankfurt/M., 1968 – **N. E. Miller:** Learning of visceral and glandular responses. Science (1969) 163: 434–445 – **J. L. Moreno:** Die grundlegende Soziometrie. Westdeutscher Verlag, Köln/Opladen, 1954 – **I. P. Pawlow:** Zwanzigjährige Erfahrungen mit dem objektiven Studium der höheren Nerventätigkeit (des Verhaltens) der Tiere. Sämtliche Werke III. Akademie, Berlin, 1953 – **F. G. Patterson:** Linguistic abilities of a young lowland gorilla. Paper presented at the American Association for the Advancement of Science. Symposium: An Account of the Visual Mode: Man versus Ape. Denver, 1977 – **G. Razran:** The observable unconscious and the inferable conscious in current soviet psychophysiology. Interceptive conditioning, semantic conditioning, and the orienting reflex. Psychol. Rev. (1961) 68: 81–147 – **E. Rosch:** Principles of categorization. In E. Rosch, B. B. Lloyd (Hrsg.): Cognition and Categorization. Erlbaum, Hillsdale, 1978 – **M. Sader:** Psychologie der Gruppe. Juventa, München, 1976 – **R. C. Schank, R. P. Abelson:** Scripts, plans, goals, and understanding. Erlbaum, Hillsdale, 1977 – **R. R. Sears, E. E. Maccoby, H. Levin:** Patterns of child rearing. Row, Peterson & Co, Evanston, 1957 – **R. Sinz:** Lernen und Gedächtnis. Gustav Fischer, Stuttgart, 1980 – **B. F. Skinner:** Reinforcement today. Am. Psychologist (1958) 13: 94–99 – **B. F. Skinner:** The science of learning and the art of teaching. In A. A. Lumsdaine, R. Glaser (Eds.): Teaching machines and programmed learning. Dept. audio-visual instruction. Nat. Educ. Assoc., Washington, 1960, 99–113 – **E. C. Tolman:** Purposive behavior in animals and men. Appleton-Century-Crofts, New York, 1932 – **E. L. Thorndike:** The fundamentals of learning. Teachers College, New York, 1932 – **J. B. Watson:** Psychology as the behaviorist views it. Psychol. Rev. (1913) 20: 158–177 – **B. Weidenmann, A. Krapp (Hrsg.):** Pädagogische Psychologie. Psychologie Verlags Union, München, 1986 – **J. Wolpe:** Experimental neuroses as learned behavior. Brit. J. Psychol. (1952) 43: 243–268

8. Kapitel

R. Ahrens: Beiträge zur Entwicklung des Physiognomie- und Mimikerkennens. Z. f. Exp. u. Angew. Psychol. (1954) 2: 412–454 – **U. Bellugi, R. Brown (Hrsg.):** The acquisition of language. Lafayette, 1964 – **B. S. Bloom:** Stability and change in human characteristics. Wiley, New York, 1964 – **R. Brickenkamp:** Handbuch psychologischer und pädagogischer Tests. Hogrefe, Göttingen, 1975 – **K. Bühler:** Sprachtheorie. Fischer, Jena, 1934 – **R. B. Cattell:** Fluid and crystallized intelligence. Psychology Today (1968) 3: 56–62 – **N. Chomsky:** Sprache und Geist. Suhrkamp, Frankfurt/M., 1970 – **R. Cohn:** Von der Psychoanalyse zur themenzentrierten Interaktion. Klett, Stuttgart, 1975 – **A. M. Däumling u. a.:** Angewandte Gruppendynamik. Klett, Stuttgart, 1974 – **F. Dittmann-Kohli:** Weisheit als mögliches Ergebnis der Intelligenzentwicklung im Erwachsenenalter. Sprache & Kognition (1984) 2: 112–132 – **D. Dörner (Hrsg.):** Lohausen – Vom Umgang mit Unbestimmtheit und Komplexität. Huber, Bern, 1983 – **H. L. Dreyfus, S. E. Dreyfus:** Künstliche Intelligenz – Von den Grenzen der Denkmaschine und dem Wert der Intuition. Rowohlt, Reinbek, 1987 – **K. Dunker:** Zur Psychologie des produktiven Denkens. (1935). Springer, Berlin, 1966 – **U. Eco:** Der Name der Rose. Hanser, München, 1982 – **U. Eco:** Zeichen. Einführung in einen Begriff und seine Geschichte. Suhrkamp, Frankfurt/M., 1977 – **K. Eells, A. Davis et al.:** Intelligence and cultural differences. Univ. Chicago Press, Chicago, 1951 – **E. H. Erikson:** Wachstum und Krisen der gesunden Persönlichkeit. In Identität und Lebenszyklus. Suhrkamp, Frankfurt/M., 1966 – **A. Gardner:** Teaching sign language to a chimpanzee. Science (1969) 165: 664–672 – **C. Gilligan:** Moralische Orientierung und moralische Entwicklung. In G. Nunner-Winkler (Hrsg.): Weibliche Moral – Die Kontroverse um eine geschlechtsspezifische moralische Orientierung. Campus, Frankfurt/M., 1991 – **B. Glaser, A. Strauss:** Interaktion mit Sterbenden. Vandenhoeck & Ruprecht, Göttingen, 1974 – **B. Glaser, A. Strauss:** The discovery of grounded theory: Strategies for qualitative research. Aldine, Chicago, 1967 – **E. Goffman:** Das Individuum im öffentlichen Austausch. Suhrkamp, Frankfurt/M., 1974 – **N. Groeben, M. Schreier, U. Christmann:** Argumentationsintegrität (I): Herleitung, Explikation und Binnenstrukturierung des Konstrukts. Psychologisches Institut, Heidelberg, 1990 – **J. P. Guilford:** Kreativität. In G. Ulmann (Hrsg.): Kreativitätsforschung. Kiepenheuer & Witsch, Köln, 1973 – **J. Habermas:** Theorie des kommunikativen Handelns. 2 Bde., Suhrkamp, Frankfurt/M., 1981 – **M. Heidegger:** Sein und Zeit (1927). Niemeyer, Tübingen, 1986 – **W. Herrlitz:** Aufbau eines Modells der sprachlichen Kommunikation. In Funkkolleg Sprache, Bd. I. Fischer, Frankfurt/M., 1973 – **J. L. Horn:** Systematisierung von Daten zur Entwicklung menschlicher Fähigkeiten über die Lebensspanne hinweg. In P. B. Baltes, L. H. Ekkensberger (Hrsg.): Entwicklungspsychologie der Lebensspanne. Klett-Cotta, Stuttgart, 1979 – **A. O. Jäger:** Validität von Intelligenztests. Diagnostica (1986) 32: 272–289 – **N. F. Johnson:** The psychological reality of phrase-structure rules. J. Verbal Learning and Verbal Behavior (1965) 4: 469–475 – **H. Jonas:** Das Prinzip Verantwortung. Insel, Frankfurt/M., 1979 – **H. Keupp:** Auf dem Weg zur Patchwork-Identität? Verhaltenstherapie und psychosoziale Praxis (1988) 4: 425–438 – **L. Kohlberg:** Moral stages and moralization: The cognitive-developmental approach. In T. Lickona (Ed.): Moral development and behavior. Holt, Rinehart & Winston, New York, 1976 – **W. Labov:** Der Niederschlag von Erfahrungen in der Syntax von Erzählungen. In Sprache im sozialen Kontext. Bd. 2. Skriptor, Königstein, 1978 – **H. Legewie:** Theoretische Grundlagen psychologischer Forschungsmethoden in der Psychiatrie. In K. P. Kisker u. a. (Hrsg.): Psychiatrie der Gegenwart Bd. I. Springer, Heidelberg, 1979 – **H. Legewie:** Interpretation und Validierung biographischer Interviews. In G. Jüttemann, H. Thomae (Hrsg.): Biographie und Psychologie. Springer, Heidelberg, 1987 – **H. Legewie:** Alltag und seelische Gesundheit. Gespräche mit Menschen aus dem Berliner Stephanviertel. Psychiatrie Verlag, Bonn, 1987 – **H. Legewie:** Feldforschung und teilnehmende Beobachtung. In U. Flick u. a. (Hrsg.): Handbuch qualitativer Sozialforschung. Psychologie Verlags Union, München, 1991 – **E. Lenneberg:** Biologische Grundlagen der Sprache. Suhrkamp, Frankfurt/M., 1972 – **B. Malinowski:** Argonauten des westlichen Pazifik. Syndikat, Frankfurt/M., 1979 – **B. Malinowski:** Ein Tagebuch im strikten Sinn des Wortes – Neuguinea 1914–1918. Syndikat, Frankfurt/M., 1985 – **M. Merleau-Ponty:** Phänomenologie der Wahrnehmung. De Gruyter, Berlin, 1974 – **Th. Muhr:** ATLAS/ti – A prototype for the support of text interpretation. Qualitative Sociology (1991) 14, No. 4: 349–371 – **A. Newell, H. A. Simon:** Human problem solving. Prentice-Hall, Englewood Cliffs, 1972 – **R. Oerter, L. Montada:** Entwicklungspsychologie. Urban & Schwarzenberg, München, 1982 – **J. Piaget:** Das moralische Urteil beim Kinde. Zürich, 1954 (Orig. 1932) – **J. Piaget:** Psychologie der Intelligenz. Rascher, Zürich, 1966 – **J. Piaget:** Das Erwachen der Intelligenz beim Kinde. Klett, Stuttgart, 1969 (Orig. 1936) – **G. Politzer:** Kritik der klassischen Psychologie. Europäische Verlagsanstalt, Köln, 1974 (Orig. 1929) – **H. Ramge:** Alltagsgespräche. Diesterweg, Frankfurt/M., 1978 – **S. Sachtleber, M. Schreier:** Argumentationsintegrität (IV): Sprachliche Manifestationen argumentativer Unintegrität. Psychologisches Institut, Heidelberg, 1990 – **W. Schmidbauer:** Die hilflosen Helfer. Rowohlt, Reinbek, 1977 – **A. Schütz, Th. Luckmann:** Strukturen der Lebenswelt. Suhrkamp, Frankfurt/M., Bd. 1 (1979), Bd. 2 (1984) – **F. Schulz von Thun:** Miteinander reden: Störungen und Klärungen. Rowohlt, Reinbek, 1981 – **F. Schulz von Thun:** Miteinander reden 2: Stile, Werte und Persönlichkeitsentwicklung. Differentielle Psychologie der Kommunikation. Rowohlt, Reinbek, 1989 – **B. F. Skinner:** Walden Two (1948). deutsch: Futurum Zwei. Wegner, Hamburg, 1970 – **B. F. Skinner:** Jenseits von Freiheit und Würde. (Beyond freedom and dignity). Rowohlt, Reinbek, 1973 – **R. A. Spitz:** Vom Säugling zum Kleinkind. Klett, Stuttgart, 1967 – **C. Stern, W. Stern:** Die Kindersprache. Barth, Leipzig, 1927 – **A. Strauss:** Grundlagen qualitativer Sozialforschung. Datenanalyse und Theoriebildung in der empirischen soziologischen Forschung. Wilhelm Fink, München, 1991 – **L. Székely:** Knowledge and thinking. Acta Psychologica (1950) 7: 1–24 – **Ch. Thomann, F. Schulz von Thun:** Klärungshilfe. Handbuch für Therapeuten, Gesprächshelfer und Moderatoren in schwierigen Gesprächen. Rowohlt, Reinbek, 1988 – **L. Thurstone:** Primary mental abilities. Univ. Chicago Press, Chicago, 1938 – **S. Toulmin:** Der Gebrauch von Argumenten. Scriptor, Kronberg/Ts., 1975 – **P. Watzlawick, J. H. Beavin, D. D. Jackson:** Menschliche Kommunikation. Formen, Störungen, Paradoxien. Huber, Bern, 1969 – **D. Wechsler:** Die Messung der Intelligenz Erwachsener. Huber, Bern, 1964 – **H. Werner, B. Kaplan:** The acquisition of word meanings; a developmental study. Monogr. Soc. Res. Child Developm. (1952) 15: 190–200 – **M. Wertheimer:** Produktives Denken. Kramer, Freiburg, 1964 – **B. Whorf:** Sprache, Denken, Wirklichkeit. Rowohlt, Hamburg, 1963 – **E. Wulff:** Psychiatrie und Klassengesellschaft. Fischer, Frankfurt, 1972 – **S. R. Yussen:** Moral reasoning from the perspective of others. Child Development (1976) 47: 551–555

9. Kapitel

K. Abraham: Ergänzungen zur Lehre vom Analcharakter. In K. A.: Psychoanalyt. Studien zur Charakterbildung und andere Schriften. Fischer, Frankfurt/M., 1969, 184–204 – **K. Abraham:** Beiträge der Oralerotik zur Charakterbildung. In K. A.: Psychoanalyt. Studien zur Charakterbildung und andere Schriften. Fischer, Frankfurt/M., 1969, 205–217 – **K. Abraham:** Zur Charakterbildung auf der »genitalen« Entwicklungsstufe. In K. A.: Psychoanalyt. Studien zur Charakterbildung und andere Schriften. Fischer, Frankfurt/M., 1969, 217–226 – **N. W. Ackermann:** Psychodynamics of Family Life: Diagnosis and Treatment of Family Relationships. Basic Books, New York, 1958 – **N. W. Ackermann:** Treating the Troubled Family. Basic Books, New York, 1966 – **H. L. Ansbacher:** Alfred Adler. Einführung. In A. M. Freedman (Hrsg.): Psychiatrie in Praxis und Klinik: in 7 Bdn. Thieme, Stuttgart, New York, 1988, 117 – **H. L. Ansbacher:** Alfred Adler. Individualpsychologie als Bewegung. In A. M. Freedman (Hrsg.): Psychiatrie in Praxis und Klinik: in 7 Bdn. Thieme, Stuttgart, New York, 1988, 130 – **E. Arnold, A. Retsch:** Liebe, Sexualität und Erotik zwischen Therapeuten und Klientinnen. Verhaltenstherapie & psychosoziale Praxis (1991) 23: 273–288 – **T. A. N. Ayllon:** The token economy. A motivational system for therapy and rehabilitation. Appleton-Century-Crofts, New York, 1968 – **T. Ayllon, M. D. Roberts:** The token economy: Now. In W. S. Agras: Behavior Modification: Principles and Clinical Applications. Little, Brown, Boston, 1972 – **M. Balint, E. Balint:** Psychotherapeutic Techniques in Medicine, Tavistock, London, 1961. deutsch: Psychotherapeutische Techniken in der Medizin, Huber/Klett, Bern/Stuttgart, 1963 – **M. Balint:** The Doctor, His Patient, and the Illness. Pitman, London, 1964. deutsch: Der Arzt, sein Patient und die Krankheit. Klett, Stuttgart, 3. Aufl., 1965 – **J. Bancroft, G. J. Jones, B. R. Pullan:** A simple transducer for measuring penile erection, with comments on its use in the treatment of sexual disorders. Behav. Res. Ther. (1966) 4: 239 – **A. Bandura, J. E. Grusec, F. L. Menlove:** Observational learning as a function of symbolization and incentive set. Child development (1966), 37: 499–506 – **A. Bandura:** Principles of Behavior Modification. Holt, Rinehart and Winston, New York, 1969 – **A. Bandura, E. B. Blanchard, B. Ritter:** Relative efficacy of desensitization and modelling approaches for indueing behavioural, effective and attitudenal changes. J. Personal. Soc. Psychol. (1969) 37: 499–506 – **G. Bateson et al.:** Schizophrenie und Familie. Suhrkamp, Frankfurt/M., 1969 – **G. Bateson:** Steps to an Ecology of Mind. Ballantine Books, 1972. deutsch: Ökologie des Geistes. Suhrkamp, Frankfurt/M., 1981 – **A. T. Beck:** Cognitive Therapy and the Emotional Disorders. International Universities Press, New York, 1976 – **J. E. Bell:** Familientherapie. Techniken. In A. M. Freedman (Hrsg.): Psychiatrie in Praxis und Klinik: in 7 Bdn. Thieme, Stuttgart, New York 1988, 493 – **J. Böhm u. a. (Hrsg.):** Gemeindepsychologisches Handeln. Ein Werkstattbuch. Lambertus, Freiburg, 1992 – **H. Bommert:** Grundlagen der Gesprächspsychotherapie: Theorie – Praxis – Forschung. 4., veränd. u. erg. Aufl. Kohlhammer, Stuttgart, 1987 – **W. Bonß, E. v. Kardoff, B. Riedmüller:** Modernisierung statt Reform – Gemeindepsychiatrie in der Krise des Sozialstaats. Campus, Frankfurt/M., 1985 – **M. Bowen:** Family Therapy in Clinical Practice. Aronson, New York, 1978 – **J. H. Boyd:** Use of mental health services for treatment of panic disorder. Amer. J. Psychiat. (1986) 143: 1569–1574 – **B. D. Caudill, G. A. Marlatt:** Einflüsse des Modell-Lernens auf das soziale Trinken: eine experimentelle Analogie. In R. E. Vogler und D. Revenstorff (Hrsg.): Alkoholmißbrauch. Urban & Schwarzenberg, München, 1978 – **D. Czogalik:** Psychotherapie als Prozeß: Mehrebenenanalytische Untersuchungen zu Struktur und Verlauf psychotherapeutischer Interaktionen. Habilitationsschrift, Fakultät für theoretische Medizin, Lehrstuhl für klinische Sozialpsychologie, Universität Ulm, 1992 – **Diagnostisches und Statistisches Manual Psychischer Störungen:** DSM-III-R; übersetzt nach der Revision der 3. Auflage des Diagnostic and Statistical Manual of Mental Disorders der American Psychiatric Association/dt. Bearb. u. Einf. von H.-U. Wittchen u. a. Beltz, Weinheim, Basel, 1989 (Titel der Originalausgabe: American Psychiatric Association: Diagnostic and Statistical Manual of Mental Disorders, Third Edition, Revised. Washington, DC, American Psychiatric Association, 1987) – **J. E. Ditties:** Galvanic skin responses as a measure of patient's reaction to therapist's permissiveness. J. Abnorm. Soc. Psychol. (1957) 54: 187 – **A. Dührssen:** Analytische Psychotherapie in Theorie, Praxis und Ergebnissen. Vandenhoeck & Ruprecht, Göttingen, 1972 – **A. Dührssen, E. Jorswieck:** Eine empirisch-statistische Untersuchung zur Leistungsfähigkeit psychoanalytischer Behandlung. Nervenarzt (1965) 36: 166–169 – **S. Elhardt:** Tiefenpsychologie. Urban-Taschenbücher, 1971 – **D. Elkind:** Carl Gustav Jung. Andere Konzepte der Jungschen Lehre. In A. M. Freedman (Hrsg.): Psychiatrie in Praxis und Klinik: in 7 Bdn. Thieme, Stuttgart, New York 1988, 136 – **A. Ellis:** Growth Through Reason: Verbatim Cases in Rational Emotive Therapy. Science and Behavior Books. Palo Alto/Calif., 1971 – **H. J. Eysenck:** The effects of psychotherapy: An evaluation. J. cons. Psychol. (1952) 16: 319 – **H. J. Eysenck, S. Rachman:** The Causes and Cures of Neuroses. Routledge and Kegan Paul, London, 1965 – **P. A. Fiedler (Hrsg.):** Psychotherapieziel Selbstbehandlung. edition psychologie, Weinheim, 1981 – **A. Finzen:** Der Patientensuizid. Psychiatrie-Verlag, Bonn, 1988 – **V. Frankl:** Der Mensch vor der Frage nach dem Sinn. Piper, München, 1985 – **A. M. Freedman (Hrsg.):** Psychiatrie in Praxis und Klinik: in 7 Bdn. Thieme, Stuttgart, New York, 1988 – **S. Freud:** Studien über Hysterie. Frühe Schriften zur Neurosenlehre, 1, 1892–1899. Fischer, Frankfurt/M., 1968 – **S. Freud:** Werke aus den Jahren 1909–1913. Ges. Werke VIII. Fischer, Frankfurt/M., 1968 – **S. Freud:** Werke aus den Jahren 1913–1917. Ges. Werke X. Fischer, Frankfurt/M., 1968 – **S. L. Garfield, A. E. Bergin (Eds.):** Handbook of psychotherapy and behavior change. Wiley, New York, 3. Aufl., 1986 – **E. Giese, D. Kleiber (Hrsg.):** Das Risiko Therapie. Beltz, Weinheim, 1989 – **P. Gottwald, W. Redlin:** Verhaltenstherapie bei geistig behinderten Kindern. Hogrefe, Göttingen, 1972 – **K. Grawe, F. Bernauer, R. Donati:** Psychotherapien im Vergleich. Haben wirklich alle einen Preis verdient? Zeitschrift für Psychotherapie, Psychosomatik und medizinische Psychologie (1990) 40: 102–114 – **K. Grawe, F. Caspar, H. Ambühl:** Differentielle Psychotherapieforschung: Vier Therapieformen im Vergleich. Zeitschrift für Klinische Psychologie (1990) 19: 4, ganzes Heft – **K. Grawe, U. Mezenen:** Therapeutische Mißerfolge im Spiegel der empirischen Psychotherapieforschung. Zeitschrift für personenzentrierte Psychologie und Psychotherapie (1985) 4: 355–377 – **K. Grawe, J. Siegfried, F. Bernauer, R. Donati, C. Louis:** Qualitätsanalyse der Psychotherapieforschung. Eine empirische Untersuchung. Schweizerische Zeitschrift für Psychologie (1988) 46: 259–266 – **H. Hartmann, R. M. Loewenstein:** Notes on the Superego. In The Psychoanalytic Study of the Child (1962) 17: 42–81 – **H. Hildebrandt, A. Trojan:** Gesündere Städte – kommunale Gesundheitsförderung. Institut für Medizinsoziologie, Hamburg, 1987 – **M. Hölzer, H. Heckmann, H. Robben, H. Kächele:** Die freie Assoziation als Funktion der Habituellen Ängstlichkeit und anderer Variablen. Zeitschrift für Klinische Psychologie (1988) 17: 148–161 – **M. Hölzer, H. Kächele:** Die Entwicklung der freien Assoziation durch Sigmund Freud. Jahrbuch der Psychoanalyse. (Band 22). Frommann-Holzboog, Stuttgart, 1988, 184–217 – **E. Jacobson:** Progressive Relaxation. University Press, Chicago, 1938 – **M. Jahoda:** Current concepts of mental health. Basic Books, New York, 1958 – **E. Jones:** Über analerotische Charakterzüge. Int. Zeitschrift f. Psa. (1919) 5: 69–92 – **F. H. Kanfer, G. Saslow:** Verhaltenstheoretische Diagnostik. In D. Schulte (Hrsg.): Diagnostik in der Verhaltenstherapie. Urban & Schwarzenberg, München, 1974 – **F. H. Kanfer:** The many taces of self-control, or behavior modification changes its focus. In R. B. Stuart (Ed.): Behavioral self-management: Strategies, techniques, and outcomes. Brunner/Mazel, New York, 1977 – **O. F. Kernberg:** Melanie Klein. Kritik. In A. M. Freedman (Hrsg.): Psychiatrie in Praxis und Klinik: in 7 Bdn. Thieme, Stuttgart, New York 1988, 179 – **H. Keupp, D. Rerrich (Hrsg.):** Psychosoziale Praxis – gemeindepsychologische Perspektiven. Urban & Schwarzenberg, München, 1982 – **G. F. King, S. G. Armitage, J. R. Tilton:** A therapeutic approach to schizophrenics of extreme pathology. J. Abnorm. Soc. Psychol. (1960) 61: 276 – **P. J. Lang, A. D. Lazowik, D. J. Reynolds:** Desensitisation, suggestibility and pseudotherapy. J. Abnorm. Soc. Psychol. (1966) 6: 395 – **H. Leitenberg, W. S. Agras, D. H. Barlow, D. L. Oliveau:** Contribution of selective positive reenforcement and therapeutic instructions to systematic desensitisation therapy. J. Abnorm. Soc. Psychol., (1969) 74: 113 – **O. R. Lindslay:** Operant conditioning methods applied to research in chronic schizophrenia. Psychiat. Res. Rep., (1956) 5: 118 – **O. I. Lovaas:** A program for the establishment of speech in psychotic children. In J. K. Wing (Ed.): Early Childhood Autism, Pergamon Press, Oxford, 1966 – **I. M. Marks, M. Gelder:** A controlled retrospective study of behavior therapy in phobic patients. Br. J. Psychiat (1965) 111: 561 – **P. A. Martin:** Ehetherapie. Ehetherapie und Sexualtherapie. In A. M. Freedman (Hrsg.): Psychiatrie in Praxis und Klinik: in 7 Bdn. Thieme, Stuttgart, New York 1988, 514 – **A. H. Maslow (Ed.):** New Knowledge in Human Values. Harper & Bros., New York, 1959 – **A. H. Maslow:** Various meanings of transcendence. Journal of Transpersonal Psychology (1968) 1: 56–66 – **C. McNeilly, K. I. Howard:** The effects of psychotherapy: An reevaluation based on dosage. Psychotherapy Research (1991) 1: 74–78 – **D. Meichenbaum, D. C. Turk:** The cognitive-behavioral management of anxiety, depression and pain. In P. O. Davison (Ed.): The behavioral management of anxiety, depression and pain. Brunner/Mazel, New York, 1976 – **A.-E. Meyer, R. Richter, K. Grawe, J.-M. Graf v. d. Schulenburg, B. Schulte:** Forschungsgutachten zu Fragen eines Psychotherapeutengesetzes im Auftrag des Bundesministeriums für Jugend, Familie, Frauen und Gesundheit. Universitäts-Krankenhaus Hamburg-Eppendorf, 1991 – **S. Minuchin:** Families and Family Therapy: A Structural Approach. Harvard University Press, Cambridge/Mass., 1974 – **U. V. Ofman:** Existentielle Psychotherapie. In A. M. Freedman (Hrsg.): Psychiatrie in Praxis und Klinik: in 7 Bdn. Thieme, Stuttgart, New York 1988, 256 – **D. E. Orlinsky, K. I. Howard:** Process and outcome in psychotherapy. In S. L. Garfield, A. E. Bergin (Eds.): Handbook of psychotherapy and behavior change. Wiley, New York, 3. Aufl., 1986, 311-381 – **D. E. Orlinsky, K. I. Howard:** Ein allgemeines Psychotherapiemodell. Integrative Therapie (1988) 14: 281–308 – **Psychiatrie-Enquête:** Bericht über die Lage der Psychiatrie in der Bundesrepublik Deutschland. Bundestagsdrucksache 7/4201. Heger, Bonn, 1975 – **S. Rachman:** Studies in desensitisation. 2. Flooding. Behav. Res. Ther. (1966) 4: 1 – **J. Rappaport:** Ein Plädoyer für die Widersprüchlichkeit: Ein sozialpolitisches Konzept des »empowerment« anstelle präventiver Ansätze. In Verhaltenstherapie und psychosoziale Praxis (1985) 2: 257–278 – **D. Revenstorf:** Psychotherapeutische Verfahren. Band II: Verhaltenstherapie. Kohlhammer, Stuttgart, 1989 – **C. R. Rogers, R. F. Dymond (Eds.):** Psychotherapy and Personality Change. Chicago, 1954 – **B. J. Sadock:** Gruppentherapie. In A. M. Freedman (Hrsg.): Psychiatrie in Praxis und Klinik: in 7 Bdn. Thieme, Stuttgart, New York 1988, 435 – **H. Schepang (Hrsg.):** Verläufe – Seelische Gesundheit und psychogene Erkrankungen heute. Springer, Berlin, 1990 – **J. H. Schultz:** Das autogene Training. Thieme, Stuttgart, 1964 – **H.-J. Schwartz:** Prozeßforschung in klientenzentrierter Gesprächspsychotherapie: Bedingungen des Behandlungseffektes im Anfangsgespräch. Dissertation, Univ. Hamburg, 1975 – **M. E. P. Seligman:** Erlernte Hilflosigkeit. Urban & Schwarzenberg, München, 1979 – **D. G. Shulman:** The investigation of psychoanalytic theory by means of the experimental method. International Journal of Psychoanalysis (1990) 71: 487 – **H. Stierlin:** Von der Psychoanalyse zur Familientherapie: Theorie, Klinik. 2. Aufl. Klett-Cotta, Stuttgart, 1980 – **H. H. Strupp, R. E. Fox, K. Lessler:** Patients view their psychotherapy. Johns Hopkins, Baltimore, 1969 – **H. H. Strupp, M. S. Wallach, M. Wogan:** Psychotherapy experience in retrospect: Questionaire survey of former patients and their therapists. Psychol. Monographs (1964) 78: 11, Whole, No. 588 – **A. Symonds, M. Symonds:** Karen Horney. Einleitung. In A. M. Freedman (Hrsg.): Psychiatrie in Praxis und Klinik: in 7 Bdn. Thieme, Stuttgart, New York 1988, 182 – **A. Symonds, M. Symonds:** Karen Horney. Karen Horney und die Psychologie der Frau. In A. M. Freedman (Hrsg.): Psychiatrie in Praxis und Klinik: in 7 Bdn. Thieme, Stuttgart, New York 1988, 193 – **R. Tausch:** Gesprächspsychotherapie. Hogrefe, Göttingen, 1970 – **R. Tausch:** Schädigungen von Klienten durch Psychotherapie und Möglichkeiten ihrer Verminderung. In D. Kleiber, A. Kuhr (Hrsg.): Handlungsfehler und Mißerfolge in der Psychotherapie. DGVT, Tübingen, 1988 – **H. Thomä, H. Kächele:** Lehrbuch der psychoanalytischen Therapie. Bd. 1: Grundlagen. Springer, Berlin, 1985 – **H. Thomä, H. Kächele:** Lehrbuch der psychoanalytischen Therapie. Bd. 2: Praxis. Springer, Berlin, 1988 – **Ch. B. Truax, R. R. Carkhuff:** Toward Effective Counseling and Psychotherapy: Training and Practice. Aldine, Chicago, 1967 – **P. E. Wachtel:** Psychoanalysis and Behavior Therapy: Toward an Integration. Basic Books, New York, 1977 – **J. Wolpe:** Psychotherapy by Reciprocal Inhibition. Stanford University Press, 1958 – **J. Wolpe:** The systematic desensitisation treatment of neuroses. J. Nerv. Ment. Disease (1961) 132: 189 – **J. Wolpe:** The Practice of Behavior Therapy. Pergamon Press, New York, 1969

10. Kapitel

U. Beck: (s. Kap. 1) – **A. Böhm, A. Faas, H. Legewie:** Angst allein genügt nicht. Thema: Umwelt-Krisen. Beltz, Weinheim, 1989 – **G. Böhme:** Anthropologie in pragmatischer Hinsicht. Darmstädter Vorlesungen. Suhrkamp, Frankfurt/M., 1985 – **R. Jungk:** Projekt Ermutigung. Streitschrift wider die Resignation. Rotbuch Verlag, Berlin, 1988 – **R. Jungk, N. R. Müllert:** Zukunftswerkstätten. Mit Phantasie gegen Routine und Resignation. Heyne, München, 1981 – **H. Legewie:** Der psychologische Blick. Psychologie Heute, November 1989, 58–63 – **H. Legewie:** Krise der Psychologie oder Psychologie der Krise? Psychologie & Gesellschaftskritik (1991) 15: 13–29 – **H. Legewie u. a.:** Längerfristige psychische Folgen von Umweltbelastungen: Das Beispiel Tschernobyl. Forschungsbericht Nr. 90-7, Institut für Psychologie der TU, Berlin, 1990 – **C. F. von Weizsäcker:** Die Zeit drängt. Eine Weltversammlung der Christen für Gerechtigkeit, Frieden und die Bewahrung der Schöpfung. Hanser, München, 1986 – **Weltkommission für Umwelt und Entwicklung:** Unsere gemeinsame Zukunft. Eggenkamp Verlag, Greven, 1987

Register

Die mit * gekennzeichneten Seitenzahlen verweisen auf Abbildungen und Tabellen

Bildnachweis

R. Ahrens, aus: Zeitschrift für experimentelle und angewandte Psychologie, 1954: 339
E. Bänninger-Huber, U. Moser, F. Steiner, aus: Zeitschrift für Klinische Psychologie, 1990, 19: 172
A. Bandura, Stanford University, Stanford: 185, 408
N. Birbaumer, R. F. Schmidt: Biologische Psychologie, Springer, Berlin, 1990: 54, 77, 199 (links), 226 (unten)
Archiv A. M. Boerne: 10, 11, 232, 253, 328
L. J. Cronbach, World Book Company: 333
Culver Pictures, New York: 282, 380
Reproduced from Davis-Eelles Games Test, Copyright 1952 by Harcourt Brace Jovanovich, Inc. Reproduced by special permission of the publisher.
J. Deese, John Hopkins University: 168
J. M. R. Delgado: 60
Design-Studio Fleischer, aus: K. Pollak, Knaurs Großes Gesundheitslexikon, Droemer Knaur Verlag, München, 3. Auflage, 1990: 202
DVA, Bild der Wissenschaft – Binder: 258
G. Eichinger: 277, 356
M. C. Escher – Cordon Art – Baarn: 22
Collection Escher Foundation – Haags Gemeentemuseum – The Hague: 92
H. Erbe: 99
S. Fischer Verlag, Frankfurt/M., aus S. Freud, Gesammelte Werke, Band II/III, Band XIII: 131, 133
J. P. Flynn, The Rockefeller University, New York, and The Russel Sage Foundation: 237
Beatrice T. und R. A. Gardner, University of Nevada: 352
P. Glaser: 423
P. Gottwald und H. Ott: 402
H. F. Harlow, Wisconsin Regional Primate Research Center, Academic Press Inc. New York: 180 (unten), 181, 182 (unten links), 231
Inter-Society Color Council, Troy, N. Y., aus R. W. Burnham, Color, John Wiley and Sons: 76
P. Jay Dolhinow, University of California, Berkeley, aus: Behavior of Nonhuman Primates, Academic Press, Inc., New York: 217
R. Katz, aus: D. Katz, Psychologischer Atlas: 9
M. Klima / H. Schneeberger, aus: K. Pollak, Knaurs Großes Gesundheitslexikon, Droemer Knaur Verlag, München, 3. Auflage, 1990: 43
W. Köhler, Intelligenzprüfungen an Menschenaffen, Springer-Verlag, Berlin, Göttingen, Heidelberg 1921: 264, 268
H. Lechleitner (aus »Zen-Meditation«, Fernsehfilm des Bayer. Rundfunks): 159
H. Lechleitner und D. Mantell (aus »Abraham«, Fernsehfilm des Bayer. Rundfunks): 239 (Photos)
N. Lee – Pix Inc., New York: 257
H. Leuner: 155 (Photo)
W. MacDonald, aus: Developmental Psychology Today, CRM Books, Del Mar, California 1971: 346, 347
B. Malinowski: Argonauten des westlichen Pazifik, Syndikat, Frankfurt/M., 1979: 282
N. E. Miller, The Rockefeller University, New York: 213
St. Moses, aus: Bühler, Psychologie im Leben unserer Zeit, Droemer Knaur Verlag, München 1962: 340, 341
Museum Dr. Guislain, Vastenheiligen, Wondermeisjes en Hongerkunstenaars. Een geschiedenis van magerzucht. Gent, Lfg. 24. 10. 1991 – 19. 01. 1992: 215
J. Olds / P. M. Milner, aus: Scientific American, Oktober 1956: 224
W. Penfield, aus: Penfield/Roberts, Speach and Brainmechanisms, Princeton University Press: 56
H. Petzold: 367
W. Reinert-Reetz und B. Rensch: 269
B. Rockstroh, Th. Elbert, N. Birbaumer, W. Lutzenberger: Slow Brain Potentials and Behavior. Urban & Schwarzenberg, München, 2. Auflage, 1989: 54
H. Rorschach, Psychodiagnostik. Tafelserie, Verlag Hans Huber, Bern, Stuttgart, Wien: 233
Serpil Yeter: 418
Sigmund Freud Museum, London: 384
Sowjetunion heute, Presseagentur Nowosti (APN): 247
R. W. Sperry, aus: N. Birbaumer, R. F. Schmidt: Biologische Psychologie, Springer, Berlin, 1990: 199 (rechts)
DER SPIEGEL, Spiegel Verlag Rudolf Augstein KG (Photo, 1959): 127
R. A. Spitz, aus: Vom Säugling zum Kleinkind, Klett-Verlag, Stuttgart: 180 (oben), 182 (oben, Photo; unten rechts)
L. Springorum: 156, 262, 343, 319, 321, 324, 328
Stern Magazin, Nr. 13/1970, Gruner + Jahr GmbH & Co., Hamburg: 272
Ph. Stöhr jr.: 57
Loh Seng Tsai, California State College, Fullerton, aus: Whittaker/Saunders, 1965: 238
Ullstein-Bilderdienst, Berlin: 71 (Photo)
United Features Syndicate, Inc.: 122
W. Vandivert, New York, aus: Scientific American, April 1959 und November 1960: 93, 141
VG Bild-Kunst, Bonn, 1992: 290, 353
Ch. Wilp: 142 (Photo), 144 (Photo), 167 (Photo) (Modell: R. Lisson)
A. L. Yarbus, aus: Eye Movements and Vision, Plenum Publishing Corp., New York: 110

Nicht näher bezeichnete Abbildungen stammen aus dem Archiv der Autoren oder des Droemer Knaur Verlages